Ralf Meister (Hg.)
Fünf Minuten
mit Gott

Fünf Minuten mit Gott

Denkanstöße für jeden Tag

Herausgegeben von Ralf Meister
in Zusammenarbeit mit Jan von Lingen,
Fritz Baltruweit, Christina vom Brocke, Marianne Gorka,
Ralf Tyra und Albert Wieblitz

Dieses Buch wurde auf FSC®-zertifiziertem Papier gedruckt.
FSC (Forest Stewardship Council®) ist eine nichtstaatliche, gemeinnützige
Organisation, die sich für eine ökologische und sozialverantwortliche Nutzung
der Wälder unserer Erde einsetzt.

Die Bibelstellen sind der Lutherbibel, revidierter Text 1984, durchgesehene Ausgabe in
neuer Rechtschreibung, © 1999 Deutsche Bibelgesellschaft, Stuttgart, entnommen.

Bibliografische Information der Deutschen Nationalbibliothek

Die Deutsche Nationalbibliothek verzeichnet diese Publikation in der Deutschen
Nationalbibliografie; detaillierte bibliografische Daten sind im Internet über
http://dnb.d-nb.de abrufbar.

2. Auflage 2013
© 2012 Neukirchener Verlagsgesellschaft mbH, Neukirchen-Vluyn
Alle Rechte vorbehalten
Umschlaggestaltung: www.JoussenKarliczek.de, Schorndorf,
unter Verwendung eines Bildes von © Carölchen (photocase)
Lektorat: Kathrin Glaus
DTP: Andreas Sonnhüter, Düsseldorf
Verwendete Schriften: Auto, Excelsior, Swift
Gesamtherstellung: CPI – Ebner & Spiegel, Ulm
Printed in Germany
ISBN 978-3-7615-5967-3

www.neukirchener-verlage.de

Inhalt

JANUAR

AUFBRÜCHE: ALLES IST MÖGLICH?

Das Jahr beginnt	12
Sternsinger	16
Abraham und Sara	19
Senfkorn	25
Geschenktes Leben	30
Erdenbürger	33
Tischgeschichten	36
Holocaust-Gedenktag	39
Steingeschichten	41

FEBRUAR

ERWACHSEN GLAUBEN – KIND BLEIBEN?

Paulus	46
Von Kindheit an	56
Der verlorene Sohn	60
Geschwistergeschichten	64
Jona – ein religiöser Rebell	67
Beten	71

MÄRZ

WER BIN ICH UND WAS TRÄGT MICH?

Weltgebetstag	76
Woche der Brüderlichkeit	77
Petrus	78
Das Wunder des Neuanfangs	82
Wer ist Gott für mich?	86
Neues wachsen lassen	90
Heilung des Gelähmten	92
Frauen bei Jesus	96
Ich bin geliebt	103
Passion	107
Ostern	111

APRIL

FRÜHLINGSGEFÜHLE UND SCHMETTERLINGE IM BAUCH

Maria Magdalena	116
Lebenslust	123
Gerechtigkeit – weltweit	128
Findungen	133
Melodien des Lebens	137
Tschernobyl-Gedenktag	141
Trösten	144

MAI

IN GOTTES SCHÖPFUNG LEBEN – WEISE WERDEN

Tag der Arbeit	148
Schöpfung	149
Die Arche Noah in unserer Zeit	157
Rettungsgeschichten für die Erde	163
Weisheiten	169
Kirche weltweit	172
Himmelfahrt	179
Pfingsten	181

JUNI

LEBENSBILDER, LEBENSCHANCEN, LEBENSZIELE

David	184
Starke Frauen	189
Josef	191
Ich und du, Gott	197
Jeremia	199
Lebens-Weisheit	205
Mut und Besonnenheit	211

JULI
SUCHEN UND FINDEN: DIE SEELE BAUMELN LASSEN

Alles hat seine Zeit	216
Salz der Erde	221
Licht der Welt	222
Moses	223
Gemeinsam unterwegs	228
Spuren der Jesusgeschichte	231
Beten – und Handeln!	235
Zöllner und Pharisäer	236
Garten	240
Johann Sebastian Bach	243
Summertime / Ferien	244

AUGUST
UMDENKEN, NEU STARTEN

Angst überwinden	248
Sommerferien	252
Daniel	257
Wege	262
Jakob	267
Die Arbeiter im Weinberg	273

SEPTEMBER
MIT HERZ UND HAND FÜR ANDERE DA SEIN

Mit Herz	280
Barmherziger Samariter	288
Leben mit einer Behinderung	293
Lebensgebote	297
Rut	298
Die Zehn Gebote	303
Michaelistag	308

OKTOBER
ERNTE UND DANK, ERFOLG UND SCHEITERN, LEBEN UND LEISTUNG

Dankbar auf das Leben schauen	312
Tag der Deutschen Einheit	314
Psalm 23	319
Schatz im Acker	323
Gott entdecken	327
Liebe	330
Eine Reise nach Israel	335
Reformation	339

NOVEMBER
LEBEN UND ABSCHIED, LOSLASSEN UND FRIEDEN FINDEN

Zuversicht	344
Glück und Seligkeit	348
Seligpreisungen	349
Martinstage	353
Frieden in der Welt	355
Buß- und Bettag	359
Vergebung	361
Wenn ein Mensch gestorben ist	365
Todes- und Lebensengel	372

DEZEMBER
ADVENT FÜR DIE SEELE – WAS MIR GUT TUT

Die Vorgeschichte der Weihnacht	376
Nikolaus	380
Vorbereitungen im Advent	382
Ankunft und Warten	388
Lieder zur Weihnachtszeit	394
Advent	396
Heiligabend	400
1. Weihnachtstag	401
2. Weihnachtstag	402
Weihnachten	403
Zwischen den Jahren	405
Silvester	407

ZUSÄTZLICHE EINHEITEN

Geburtstag	410
Geburt	411
Taufe	412
Konfirmation	416
Trauung	417
Tod und Trauer	418
Zu guter Letzt	421

ANHANG

Bibelstellenregister	422
Stichwortverzeichnis	427
Kürzelerklärungen	432
Die Autorinnen und Autoren	433
Die Lyrikerinnen	436
Die Herausgebenden	437
Quellenverzeichnis	438

Fünf Minuten, die viel zu wertvoll sind, um sie verstreichen zu lassen

{

Fünf Minuten fürs Gedächtnis
Fünf Minuten für straffe Muskeln
Fünf Minuten für besseres Sehen

}

... – die Liste der „Fünf Minuten täglich"-Empfehlungen ist lang. Will man sie alle beherzigen, ist der Tag schon gut gefüllt. Und jetzt auch noch

Fünf Minuten mit Gott?

Ja, davon bin ich überzeugt! Täglich etwa fünf Minuten mit Gott sind eine gut gefüllte und wertvolle Zeit. Es ist Zeit für den Glauben und die Fragen, die er zuweilen aufwirft, Zeit für die eigene Seele ...

Dieses Buch regt dazu an, täglich eine „himmlische" Aus-Zeit zu erleben. „Fünf Minuten mit Gott" ist ein Nachfolge- oder auch Ergänzungsband zu dem erfolgreichen Buch „Fünf Minuten mit dem lieben Gott. 365 Andachten für Kinder und die ganze Familie", das bereits in der vierten Auflage erschienen ist. Mit diesem Folgeband wenden wir uns nun an Sie: an junge Erwachsene oder Menschen mittleren Alters, in jedem Fall: an Männer und Frauen mitten im Leben.

Für jeden Tag des Jahres finden Sie einen ausgewählten Bibelvers. Meist sind es dieselben Verse, die in der Kinder- und Familienausgabe zu lesen sind. Die Idee ist, dass so ein Gespräch zwischen den Generationen möglich wird: „Was hast du heute für eine Geschichte gele-

sen? Was hat Josef bei dir erlebt? Ging es bei dir auch um das Thema Zeit?"

Auf den Bibelvers folgen Texte, die den Alltag wohltuend unterbrechen: eine Erzählung oder eine Tagesnotiz, eine Kolumne oder Anekdote, ein lyrischer Text oder ein Porträt. Die tägliche Lesung wird so zu einer Schatzsuche in biblischen Geschichten und Gedanken, in christlichen Traditionen und Festen.

Auf diese Weise entstehen zugleich kleine Momente, die große Fragen ansprechen. Denn dieses „Lese- und Lebebuch" verbindet die christliche Botschaft mit Themen, die uns im alltäglichen Leben bewegen. Es geht um uns, wie wir streiten oder uns versöhnen, verliebt oder gerade getrennt sind, wie wir um Anerkennung kämpfen oder einen Erfolg erzielen. Es geht um Lebenssinn und Grenzerfahrung.

Wir haben dem Jahreskreis verschiedene Serien zugeordnet und den Monaten bzw. Tagen Schwerpunktthemen zugeordnet: Der Bogen spannt sich vom Thema „Aufbruch" zu Beginn über „Lebensziele" in der Mitte bis zum „Loslassen" am Ende des Jahres. Schöpfungslob wechselt mit Gewissensfragen, biblische Weggefährten wie Rut oder Petrus begleiten uns. Aber auch Feier- und Gedenktage wie der „Holocaust-Gedenktag", der „Tag der Deutschen Einheit" oder der „Tag der Arbeit" werden bedacht. Zusätzliche Einheiten zu christlichen Feiertagen oder kirchlichen Festen erzählen, wo und wie uns Gott überall begegnet. Dabei sollen diese täglichen Denkanstöße niemals belehrend sein. „Fünf Minuten mit Gott" sind vielmehr Angebote zum Nachdenken und Festhalten.

Ich freue mich, wenn Ihnen diese Impulse Lust machen, ein tägliches kleines Ritual daraus zu entwickeln. Können Sie dafür eine bestimmte Zeit am Tag einplanen und einen eigenen Ort dafür finden? Vielleicht zünden Sie eine Kerze dazu an oder genießen dabei eine Tasse Kaffee.

Und wenn Sie Kinder haben, gestalten Sie ihr tägliches Lesen vielleicht auch gemeinsam und kommen dann miteinander ins Gespräch. Oder Sie verschenken dieses Buch an Freunde und sprechen im Austausch über Ihre Gedanken und Erfahrungen. Sie sehen: Mit diesem Buch kann ein spannender Prozess entstehen! Wir würden uns sehr freuen, wenn wir Sie mit den vielfältigen Impulsen fünf Minuten täglich für den Glauben begeistern können.

Noch eines: Die Andachten und Impulstexte sind von vielen verschiedenen Autorinnen und Autoren verfasst worden, so dass Sie eine bunte Vielfalt der Texte vorfinden werden. Pastorinnen und Pastoren, Bischöfe, Radioautoren sowie Gastautoren aus Stiftungen und Politik sind dabei. Sogar ein Kirchentags- und ein Ministerpräsident, ein „Gewissensexperte" und ein britischer Bischof melden sich zu Wort. Ich danke allen, die ihre Zeit und ihre Gedanken für dieses Buch zur Verfügung gestellt haben – unter den Tagestexten finden Sie Namenskürzel, deren Bedeutung im Register erklärt wird. Auf Honorare haben alle Autorinnen und Autoren erfreulicherweise verzichtet, um die Kosten möglichst niedrig zu halten. Den Verkaufserlös spenden wir für einen guten Zweck.

Schließlich danke ich allen, die dieses Projekt der „Fünf Minuten mit Gott" initiiert und erarbeitet haben. Allen voran Katja Arnold und Kathrin Glaus von der Neukirchener Verlagsgesellschaft. Dazu der Herausgeberkreis um Jan von Lingen mit Fritz Baltruweit, Christina vom Brocke, Marianne Gorka, Ralf Tyra und Albert Wieblitz. Sie haben – nach dem Familienbuch – erneut das Konzept bearbeitet, Autorinnen und Autoren gewonnen, selbst reichlich Texte beigesteuert und schließlich das gesamte Material zu dem nun vorliegenden Band gesichtet, redigiert und zusammengestellt. Wie schon der Andachtsband für Familien zeigt auch dieses Buch für Erwachsene die Vielfalt und Bodenständigkeit theologischen Denkens und Redens in unserer Kirche.

Wir wünschen Ihnen eine erfüllte Zeit mit diesem Streifzug durch ein Jahr. Wir hoffen, dass Sie erleben: Fünf Minuten sind viel zu wertvoll, um sie einfach verstreichen zu lassen. Täglich fünf Minuten mit Gott können den Tag verändern – und vielleicht sogar ein ganzes Leben prägen.

Ralf Meister, Landesbischof der Ev.-luth. Landeskirche Hannovers

Zum Geleit

Mit diesem Buch können Sie Tag für Tag „Fünf Minuten mit Gott" verbringen. So entsteht von Januar bis Dezember eine „Spur des Glaubens".

Auf jeder Seite finden Sie zunächst einen ausgewählten Bibelvers in der Übersetzung Martin Luthers. Dann folgt eine kurze Erklärung des Bibelverses oder eine Geschichte. Schließlich gibt es für jeden Tag einen ergänzenden Zusatztext wie ein Gebet, eine Meditation oder ein Liedvers. Viele Liedtexte stammen aus dem Evangelischen Gesangbuch (EG). Der Start einer neuen Serie von Texten wird in der Dachzeile durch eine stärkere Schrift hervorgehoben.

Die Autorinnen und Autoren werden in den Texten mit Namenskürzeln angegeben. Ein **Kürzelregister** im Anhang klärt die Autorenschaft auf, ein weiteres **Namensregister** hält Informationen über die Person bereit.

Die rund 400 Andachten beziehen sich nicht auf ein bestimmtes Jahr, sondern können „wiederkehrend" gelesen werden. Folgende „bewegliche" Festzeiten wurden an bestimmte Monate angefügt:

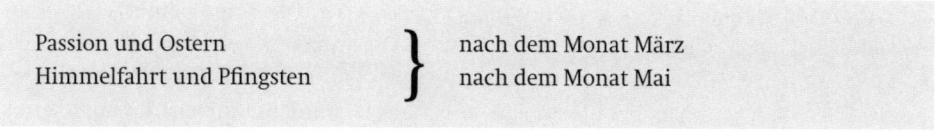

Passion und Ostern } nach dem Monat März
Himmelfahrt und Pfingsten nach dem Monat Mai

Bitte fügen Sie diese Andachten in der täglichen Lesezeit ein, wenn die Festtage im Kirchenjahr anstehen.

Zudem finden Sie einige „biografische" Andachten am Ende des Buches zu den Themen

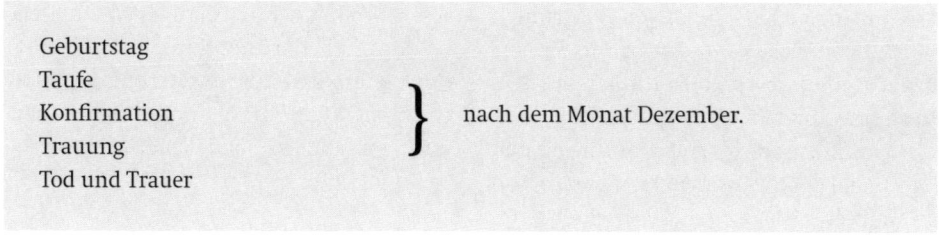

Geburtstag
Taufe
Konfirmation } nach dem Monat Dezember.
Trauung
Tod und Trauer

Wenn Sie nach einzelnen Themen oder Stichworten suchen, steht Ihnen dafür ein umfangreiches **Stichwortverzeichnis** zur Verfügung. Außerdem können Sie über ein **Bibelregister** Andachten zu bestimmten Bibeltexten finden.

JANUAR

AUFBRÜCHE:
ALLES IST MÖGLICH?

Das Jahr beginnt
Sterndeuter
Abraham und Sara
Senfkorn
Geschenktes Leben
Erdenbürger
Tischgeschichten
Holocaust-Gedenktag
Steingeschichten

Das Jahr beginnt

Ich aber habe für dich gebeten,
dass dein Glaube nicht aufhöre.
LUKAS 22,32

Lass nicht los!

Die Festtage sind vorbei, die Wohligkeit von Weihnachten weicht, die gespannte Erwartung, die uns am Jahreswechsel begleitet, beruhigt sich. Das neue Jahr liegt vor uns. Der Alltag breitet sich aus und mit ihm die Fragen und Sorgen, die wir kurz vor Weihnachten zurückgestellt haben. „Jetzt kommen erst mal die Feiertage!" hüllte uns ein wie ein warmer, schützender Mantel. Der Alltag konnte draußen bleiben.

Nun ist er wieder da und mit ihm die Fragen: was bleibt von der Güte Gottes, von der in den Weihnachtsgottesdiensten gesungen wurde, wo bleibt der „Trost der ganzen Welt", wenn in den Büros, Schulen und Fabriken der Alltag beginnt? Jahreswechsel sind oft gekennzeichnet von Nachrichten und Bildern, die die weihnachtliche Botschaft scheinbar verdrängen.

„Ich aber habe für dich gebeten, dass dein Glaube nicht aufhöre", sagt Jesus zu Petrus. Der Glaube ist immer in Gefahr „aufzuhören". Weil Gott Gebete nicht erhört, weil er viele unserer Bitten nicht erfüllt, Krankheiten, Kriege und Katastrophen zulässt und anders ist, als wir es wünschen. Jesus selbst bittet: Verlier den Glauben nicht. Lass nicht los! Gott sucht den Menschen. Auch wenn er nicht alle Tränen trocknet, wenn er nicht alle Wunden heilt und Naturkatastrophen nicht verhindert – Gott sucht den Menschen und lässt nicht los. Es ist nicht der Gott, den wir als Kinder liebten und fürchteten, weil er alles konnte. Sondern der Gott, der Heiligabend als hilfloses Kind in der Krippe lag. So ist er der Gott, der uns nahe bleibt, was immer auf dieser Erde auch geschieht. So heiligt er die Tränen der Menschen, weil er sie selber weint. Nicht als Allmächtiger, sondern als Mitleidender. Wir sind ihm nicht gleichgültig. Lass nicht los! Ein neues Jahr mag mit vielen Fragen und Sorgen beginnen: Gott weiß davon – und er lässt uns nicht los.

rm

HIMMLISCHES BUCH

Ich danke dir dafür, dass ich wunderbar gemacht bin; wunderbar sind deine Werke; das erkennt meine Seele. [...] Deine Augen sahen mich, als ich noch nicht bereitet war, und alle Tage waren in dein Buch geschrieben, die noch werden sollten und von denen keiner da war.

Psalm 139,14+16

Meine Zeit steht in deinen Händen.
PSALM 31,16

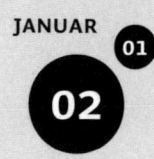

Leben in Gottes Zeit

Sie ist eine besondere Attraktion in der Lübecker St. Marienkirche: die Astronomische Uhr. Jeden Tag um zwölf Uhr versammeln sich viele Menschen vor dieser Uhr, um den Lauf der Figuren zu sehen, die sich vor Christus verbeugen und von ihm gesegnet werden. In viele große Stadtkirchen wurden im Mittelalter solche astronomische Uhren eingebaut. Diese astronomischen Uhren sind so groß, weil sie nicht nur die Zeit, sondern auch noch den Gang der Sterne anzeigen. Dazu auch Mond- und Sonnenfinsternisse vorausdatieren und die Termine des Osterfestes und die Heiligentage zeigen. Solche Uhren sind technische Wunderwerke ihrer Zeit gewesen und zeigen damit auch die Kunst der Uhrmachermeister.

Vor allem aber wollen diese Uhren dazu verführen, über die Zeit selbst nachzudenken. Uhren können die Zeit messen, aber sie können nicht erzählen, was die Zeit eigentlich ist. Die Minuten, in denen unsere Kinder geboren wurden, die Sterbestunde der Großmutter – in diesen Momenten wird die messbare Zeit zweitrangig. Und selbst wenn die Uhren dieser Welt sekundengenau unerbittlich weiterticken, manchmal steht die Zeit still, im Glück oder im Unglück. Da gab es Momente, in denen das Leben einfach nur wehtat. Oder es gab zärtliche Begegnungen und wunderbar erfüllte Stunden, die wie kleine Ewigkeiten waren.

Im Psalm 31 heißt es: „Meine Zeit steht in deinen Händen." Nicht auf den größten oder genauesten Uhren können wir lesen, wie lange unser Leben dauert und wie erfüllt es sein wird. Das allein liegt in Gottes Hand.
In einem meiner Lieblingsgebete kommt das zum Ausdruck:
„Millionen Jahre waren, ehe es mich gab, Gott. Jahrmillionen werden vielleicht nach mir sein. Irgendwo in ihrer Mitte sind ein paar Sommer, in denen für mich Tag ist auf dieser Erde. Für diese Spanne Zeit danke ich dir."

rm

DIE BOTSCHAFT DER KIRCHENUHR
Es gibt eine seltsame Kirchturmuhr in Laatzen, in der Nähe von Hannover. Das Zifferblatt der Kirchturmuhr hat keine Zahlen, sondern Buchstaben. „Zeit ist Gnade" – ist dort zu lesen. Das sind genau zwölf Buchstaben, die anstelle der Zahlen stehen. Und in jeder Stunde weisen die Zeiger bei ihren Runden auf diese Worte: „Zeit ist Gnade".

Mir gefällt diese Kirchturmuhr. Sie macht deutlich: Zeit ist eben nicht allein etwas, das wir messen können. Zeit ist nicht nur die gezählte Minute und vergehende Stunde. Zeit hat noch eine ganz andere Dimension: Zeit ist Gnade! Der Anfang eines neuen Jahres ist eine gute Zeit, um darüber nachzudenken.

jvl

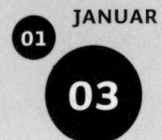
Ein Mensch sieht, was vor Augen ist; der
HERR aber sieht das Herz an.
1. SAMUEL 16,7

Manche überleben nicht die erste Nacht

Einige schaffen ein paar Tage, der Rest ist Mitte Januar vergessen: die guten Vorsätze. In der Wende vom alten zum neuen Jahr haben sie zunächst Hochkonjunktur und sorgen für Gesprächsstoff in der Silvesternacht. An den ersten Tagen des neuen Jahres trifft man sich noch und brüstet sich stolz: „Ich rauch nicht mehr", oder „Alkohol jetzt nur noch am Wochenende" und „Ich geh jetzt regelmäßig ins Fitnessstudio." Zwei Drittel der Bevölkerung nimmt sich das alle Jahre wieder vor. Doch schon beim Neujahrsempfang in der Firma am ersten Arbeitstag nach den Feiertagen sieht man den Abstinenzler wieder mit dem Sektglas und ab März ist wieder Flaute in den Fitnessstudios. Jahr um Jahr das gleiche Spiel: Alles, was mich schon lange an mir selbst stört, soll endlich verändert werden. Egal wie glücklich ich durchs Leben gehe, irgendeine Kleinigkeit sollte sich doch noch verbessern lassen. Nie ist es gut genug.

Der Jahreswechsel ist der Zeitpunkt der Bilanzen, auch der persönlichen Bilanz. Was war gut, was lief schlecht, was muss sich ändern? Die Erfahrung zeigt: Es ist gut, sich nicht zu überfordern. Es braucht nicht nur gute Vorsätze und ihre Realisierung, sondern auch die Fähigkeit, mit dem Scheitern umzugehen. Ich brauche beides, die Vorsätze und Anstrengungen, in meinem Leben etwas zu verändern und die Gelassenheit, wenn es nicht klappt, nicht zu verzweifeln.

Heute Morgen im Spiegel habe ich mich angesehen. Und war froh, dass das nicht die einzige Perspektive auf mein Leben ist: „Der Mensch sieht, was vor Augen ist; der HERR aber sieht das Herz an."

rm

DIE LANGE BANK DES TEUFELS

Die guten Vorsätze lagern oft auf einer langen Bank – bis zum nächsten Jahr. Dieses beliebte Möbelstück zum Ablegen aller möglichen unangenehmen Dinge ist das „Lieblingsmöbel des Teufels", hat mal jemand gesagt. Ich fühlte mich ertappt. So manches schiebe ich auf die „lange Bank": Briefe, die ich beantworten muss, die ungeliebte Steuererklärung, Gespräche, die absolut nötig wären, zu denen ich aber keine Lust habe. Außerdem liegen so viele gute Vorsätze auf dieser Bank – da kann ich das Ende der Bank nur bei klarem Wetter sehen. Und da sind wir sozusagen „beim Teufel". Gute Vorsätze in die Tat umsetzen – vielleicht sogar umkehren von bösen Wegen –, wie Jesus es sagt, ist schwierig und hart. Aber vielleicht ist es der einzige Weg, der hilft. Und wenn ich aufhöre, alles auf die lange Bank zu schieben, dann mache ich diese wunderbare Erfahrung: Die lange Bank des Teufels wird immer kürzer! Versuchen Sie es doch einmal!

bü

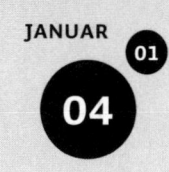

So seht nun sorgfältig darauf, wie ihr euer Leben führt, nicht als Unweise, sondern als Weise, und kauft die Zeit aus [...].
EPHESER 5,15-16A

Ein Reichtum von 30 000 000 Sekunden

Ein wunderschöner „Schildbürgerstreich" wird über die Bürger von Schilda erzählt. Vor 400 Jahren soll sich diese Geschichte zugetragen haben. Beim Bau ihres Rathauses haben die – zugegeben nicht ganz hellen – Schildbürger leider die Fenster vergessen, es war stockdunkel im Rathaus. Da wusste einer einen Rat:
„Wer weiß, ob die Luft und der Tag sich nicht in einem Sack tragen ließe, gleichwie das Wasser in einem Eimer getragen wird. Unser Keiner hat es jemals versucht, darum, wenn es euch gefällt, so wollen wir dran gehen."

Gesagt, getan – die Schildbürger versuchen also, das Tageslicht in das dunkle Rathaus zu tragen:
„Etliche hatten lange Säcke, darein ließen sie die Sonne scheinen bis auf den Boden, knüpften ihn dann eilends zu und liefen damit ins Haus, den Tag auszuschütten. Andere thaten deßgleichen mit andern Gefäßen, wie Kessel und Zuber und was dergleichen ist. Der Eine lud den Tag mit einer Heugabel in einen Korb, der andere mit einer Schaufel. Ein Schildbürger soll sonderlich nicht vergessen werden, welcher den Tag in einer Mausfalle vermeinte zu fangen, und also mit Gewalt zu bezwingen und ins Haus zu bringen. Daß ich's kurz mache, Jeder hielt sich, wie sein närrischer Kopf es ihm an- und eingab."

Zum Jahresbeginn kommt mir diese Geschichte in den Sinn und sie „leuchtet" mir buchstäblich ein: Menschen können zwar Fenster in Gebäuden planen. Doch letztlich ist die Sonne für uns nicht verfügbar. Auch lässt sich „ein Tag" nicht auf eine Schaufel laden und schon gar nicht mit der Mäusefalle einfangen. Weder das Licht, das durch die Fenster fällt, noch die Zeit, die unseren Tag bestimmt, haben wir in der Hand.

Und trotzdem verfügen wir über ungeheuren Reichtum: Genau jetzt beginnt eine neue Minute. 60 wunderbare Sekunden liegen vor uns, ohne dass wir dafür etwas können. Die kommende Stunde hat 3600 Sekunden, der heutige Tag mehr als 86 000 Sekunden, diese Woche rund 600 000 Sekunden. Und das neue Jahr umfasst mehr als 30 000 000 Sekunden und keine einzige lässt sich einfangen und festhalten. Denn jede neue Sekunde, jede Minute, jede Stunde und jeder Tag ist ein großartiges Geschenk an Lebenszeit.

jvl

ALLES HAT SEINE ZEIT
Ein jegliches hat seine Zeit, und alles Vorhaben unter dem Himmel hat seine Stunde: geboren werden hat seine Zeit, sterben hat seine Zeit; pflanzen hat seine Zeit, ausreißen, was gepflanzt ist, hat seine Zeit; [...]
abbrechen hat seine Zeit, bauen hat seine Zeit; weinen hat seine Zeit, lachen hat seine Zeit; klagen hat seine Zeit, tanzen hat seine Zeit.

Prediger Salomo 3,1-4

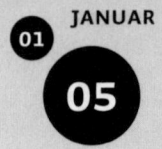
> Als Jesus geboren war in Bethlehem [...] siehe, da kamen Weise aus dem Morgenland nach Jerusalem und sprachen: Wo ist der neugeborene König der Juden? Wir haben seinen Stern gesehen im Morgenland und sind gekommen, ihn anzubeten.
>
> MATTHÄUS 2,1+2

Die Sternsingerinnen sind hier zu Hause

Drei Mädchen klingelten Anfang Januar an meiner Tür. Sie hatten sich mit bunten Tüchern und Hüten verkleidet und lustig geschminkt. „Guten Tag", sagte eine von ihnen. „Du hast bestimmt schon auf uns gewartet." „Nein", sagte ich. „Wer seid ihr denn?" „Wir sind die drei heiligen Königinnen", sagte eine andere. „Und wir singen dir was vor. Pass auf!" Und schon sangen die drei aus voller Kehle „Stern über Bethlehem".

Als sie mit ihrem Lied fertig waren, sagte das dritte Mädchen: „Jetzt bekommen wir eine Spende. Es ist für arme Kinder in aller Welt." „Das finde ich gut", sagte ich. Und ich tat ihnen etwas in ihre Büchse. „Nun bekommst du auch deinen Segen", sagte eines der Mädchen, und mit einem Stück Kreide, das sie an einen langen Stock gesteckt hatte, schrieb sie drei Buchstaben oben an meinen Türrahmen: C M B. „Das heißt nicht Caspar, Melchior und Balthasar", erklärte sie dazu, „sondern: Christus segne dieses Haus. Auf lateinisch: ‚Christus mansionem benedicat.' Der Pastor hat's uns erklärt."

„Weißt du was?", fragte mich dann eines der Mädchen. „Die Chinesen gucken alle so", und dann zog sie mit den Fingern die Augenwinkel zu den Schläfen hin, so dass ihre Augen nur noch dünne Schlitze waren. Die anderen Mädchen taten es ihr nach, und dann kicherten sie alle. Ich musste auch lachen, denn eines der Mädchen hatte asiatische Eltern. Sie hatte von sich aus solche Augen, wie sie es mir jetzt vorzumachen versuchten. Aber das war den Mädchen anscheinend gar nicht klar. Sie kannten sich einfach so, wie sie waren und konnten nicht erkennen, dass sie unterschiedlich aussahen.

„Kennt ihr denn jemanden aus China?", fragte ich. „Nein, aber die Sterndeuter kommen aus Europa, Afrika und Asien", sagte das Mädchen mit den schmalen Augen. „Und wir sind alle von hier", sagte eine andere. „In unserer Stadt kommen Leute aus allen Völkern vor. Wir wohnen ja alle hier und sind hier zu Hause." Dann gingen die drei. Wir wohnen alle hier und sind hier zu Hause, dachte ich. Wie gut, dass das so ist. Danke, ihr heiligen drei Königinnen.

em

DIE WEISEN

wo gehen sie hin
wo kommen sie her
von weit übers Land übers Meer
von Prag nach Hamburg
von Pretoria nach Shanghai
von New York nach Berlin
sie ziehen unermüdlich dahin
in den Händen die Gaben
im Kopf einen Traum
sie nehmen dich mit
weit durch den Raum

as

Die Weisen aus dem Morgenland

Als Jesus geboren war in Bethlehem in
Judäa zur Zeit des Königs Herodes,
siehe, da kamen Weise aus dem Morgenland
nach Jerusalem
und sprachen:
Wo ist der neugeborene König der Juden?
Wir haben seinen Stern gesehen im Morgenland
und sind gekommen, ihn anzubeten.

Als das der König Herodes hörte,
erschrak er und mit ihm ganz Jerusalem,
und er ließ zusammenkommen alle Hohenpriester
und Schriftgelehrten des Volkes
und erforschte von ihnen,
wo der Christus geboren werden sollte.
Und sie sagten ihm:
In Bethlehem in Judäa;
denn so steht geschrieben durch den Propheten (Micha 5,1):
„Und du, Bethlehem im jüdischen Lande,
bist keineswegs die kleinste unter den Städten in Juda;
denn aus dir wird kommen der Fürst,
der mein Volk Israel weiden soll."

Da rief Herodes die Weisen heimlich zu sich
und erkundete genau von ihnen,
wann der Stern erschienen wäre,
und schickte sie nach Bethlehem
und sprach:

Zieht hin und forscht fleißig nach dem
Kindlein;
und wenn ihr's findet,
so sagt mir's wieder,
dass auch ich komme
und es anbete.

Als sie nun den König gehört hatten,
zogen sie hin.
Und siehe, der Stern,
den sie im Morgenland gesehen hatten,
ging vor ihnen her,
bis er über dem Ort stand,
wo das Kindlein war.

Als sie den Stern sahen,
wurden sie hocherfreut
und gingen in das Haus
und fanden das Kindlein
mit Maria, seiner Mutter,
und fielen nieder
und beteten es an
und taten ihre Schätze auf
und schenkten ihm Gold, Weihrauch und
Myrrhe.

Und Gott befahl ihnen im Traum,
nicht wieder zu Herodes zurückzukehren;
und sie zogen auf einem andern Weg wieder in ihr Land.

Matthäus 2,1-12

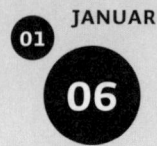
Sie fielen nieder und beteten das Kind an
und taten ihre Schätze auf und schenkten
ihm Gold, Weihrauch und Myrrhe.
MATTHÄUS 2,11

Die heiligen drei Königinnen

Frage: Was wäre gewesen, wenn die Heiligen Drei Könige Frauen gewesen wären? Antwort: Sie wären rechtzeitig erschienen und nicht erst zwei Wochen nach der Geburt von Jesus. Sie hätten Maria bei der Entbindung geholfen, hätten den Stall saubergemacht, und mitgebracht hätten sie etwas zu essen und Geschenke, die man wirklich braucht. – Das ist natürlich ein Witz.

Auf meinem Schreibtisch steht eine Postkarte mit einem Bild, das die Weisen aus dem Morgenland so zeigt, eben als Frauen. Afrikanerinnen sind sie und tragen bunte Kleider. Alle drei tragen auch etwas auf dem Kopf: Die eine balanciert einen Kochtopf – vielleicht ist Wasser darin – die Zweite ein Bündel Feuerholz, und die Dritte eine Schale mit frischem Gemüse. Das, was man wirklich braucht, schenken sie, so dass man sich mit dem Nötigen versorgen kann, also kochen und essen.

Jetzt sehe ich unter ihren Füßen Worte geschrieben. In ganz kleiner Schrift steht da: Gold, Weihrauch und Myrrhe. Anscheinend bringen sie also beides: die Dinge, die das Jesuskind und seine Eltern benötigen, um satt zu werden, und die Dinge, die sie brauchen, um zu verstehen, was so besonders ist an diesem Kind. Gold. Das ist so etwas wie ein goldener Siegerkranz, mit dem der neugeborene König geehrt wird. Und dann: Weihrauch! Gelbliche Körner aus Harz, die stark duften,

wenn man sie verbrennt. So, wie Rauch und Duft des Weihrauchs nach oben steigen, so gehen auch unsere Gebete hinauf zu dir, soll das bedeuten. Und schließlich: Myrrhe! Das ist eine Heilpflanze, aus der Arzneien zubereitet werden – ein Geschenk für den „Heiland", der uns heilen will.

So sieht es also aus, wenn Frauen zu Sterndeutern werden: Sie bringen ihm Zeichen ihres Glaubens; Gold, Weihrauch und Myrrhe. Aber sie sorgen auch dafür, dass seine Familie etwas zu essen bekommt – darum schenken sie den Topf, das Feuerholz und das Gemüse. Sie glauben eben nicht nur an Jesus, sondern setzen ihren Glauben auch in die Tat um. Und genau das gefällt mir an den weisen Frauen aus dem Morgenland!

em

DER STERN HEUTE
ein zündender Gedanke
der dich weckt
zum Weitergehen
der dich trägt über Wüsten
verbrannter Hoffnung
der dich treibt
nach Leben zu tasten
auf Feldern der Finsternis

as

Abraham und Sara

Und der HERR sprach zu Abram: Geh aus deinem Vaterland und von deiner Verwandtschaft und aus deines Vaters Hause in ein Land, das ich dir zeigen will. Und ich will dich zum großen Volk machen.

1. MOSE 12,1+2A

Der Sehnsucht folgen

Die Koffer sind gepackt, die Wohnung geräumt. Der Möbeltransport hatte die Sachen schon am Vortag abgeholt. Leer und kahl wirken jetzt die Räume. Für viele Jahre hatten sie ihr ein gemütliches Heim gegeben. Hier hat sie gelebt, geliebt, gearbeitet, sich geplagt und ihr Leben genossen. Da steht sie nun mitten in der Leere. Sie ist noch einmal zurückgekommen, um Gedanken nachzuhängen, Abschied zu nehmen, einen letzten Blick auf ihr altes Leben zu werfen. Aber da ist nicht mehr viel.

Sie wollte die Veränderung, das Neue: eine neue Stadt, eine neue Arbeitsstelle, eine neue Umgebung, neue Menschen um sich. Und doch ist eine gewisse Unsicherheit in ihr geblieben. Ist es richtig, alles abzubrechen und das Gewohnte einfach aufzugeben? Geht das überhaupt? Kann man ein Leben einfach abstreifen wie ein altes Hemd und dann kurzerhand neu beginnen? Freunde, Kollegen, Familie einfach zurücklassen?

Ja! Sie will! Und wie gerne! Nicht, dass das Alte schlecht gewesen wäre! Wie gesagt, sie hat ein gemütliches Heim gehabt, hat ihr Leben durchaus genossen. Sie mochte die Menschen um sich.
Aber da war diese Sehnsucht in ihr. Diese Stimme, die sagte: „Es ist nicht alles. Versuch es neu, versuch es anders. Du kannst etwas. Wage es!" Natürlich hatte es auch Gegenstimmen gegeben, am meisten von der Familie:

Sie solle bleiben, nichts leichtsinnig zerstören. Außerdem: wer gibt schon so einfach ein gutes Leben auf?
Trotzdem: die Stimme war stärker. Und dann?

Ja, dann hat sie den Möbeltransport bestellt und die Koffer gepackt. Jetzt ist sie nur kurz gekommen, um einen letzten Blick zu werfen und Abschied zu nehmen. Aber es gibt nichts mehr, was sie halten könnte.
Sie folgt der Sehnsucht. Und mit sicherem Schritt verlässt sie ihre alte Wohnung.

ap

AUFBRUCH
Gott, ich möchte aufbrechen in diesen Tag wie in ein neues Leben.
Ich möchte alles hinter mir lassen, was hinderlich sein könnte und mich einengt.
Gott, ich möchte diesen Tag mit der Gewissheit leben, dass er durch deine Hilfe neu werden kann.

ap

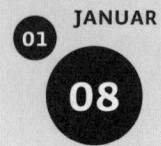
Und der HERR sprach zu Abram: [...] Ich will
segnen, die dich segnen [...] und in dir sollen
gesegnet werden alle Geschlechter auf Erden.

1. MOSE 12,1A+3B

Ich bin gesegnet

Das gilt ja auch mir, denke ich. Ich bin doch
einer von allen Menschen:
Ich bin gesegnet! Auf mir liegt Gottes Segen.
Schön? Erfreulich? Gut!
Aber was heißt das? Gelingt mir deshalb
alles, was ich beginne?
Klettere ich die Karriereleiter hinauf? Habe
ich berufliche oder private Erfolge?
Habe ich eine Art Schutzmantel und kann
mir nichts passieren, egal was ich tue?
Nein, das stimmt doch alles nicht.

Trotzdem: Ich bin gesegnet!
Sonntag für Sonntag wird der Segen ausge-
sprochen und zugesagt. Auch mir.
Tag für Tag beginne ich mit Gottes Segen.
Manches gelingt, manches geht schief.
Manchmal bin ich glücklich, manchmal
quäle ich mich. Aber ich bin gesegnet.

Auf mir liegt Gottes Segen.
Gutes ist mir zugesagt. Gottes Kraft verspro-
chen. Mein kleines Leben beinhaltet Freude
und Glück trotz aller Schwierigkeiten. Ich
erlebe Bewahrung und Trost.
Ich kann hoffen, glauben, lieben. Mir wird
vergeben. Ich kann immer wieder neu
beginnen. Wie gerade jetzt.
Und was mir gilt, gilt allen Menschen.
Auch diesen Gedanken will ich nicht außer
Acht lassen.
Auf uns liegt Gottes Segen.

In Gottes Augen sind wir alle seine geliebten Kinder.

ap

UNTER GOTTES SEGEN
Der Herr segne dich und behüte dich.
Er schaffe dir Rat und Schutz in allen
Ängsten.
Er gebe dir den Mut, aufzubrechen,
und die Kraft,
neue Wege zu gehen.
Er schenke dir Gewissheit,
heimzukommen.
Der Herr lasse sein Angesicht
leuchten über dir
und sei dir gnädig.
Gott sei Licht auf deinem Wege.
Er sei bei dir, wenn du Umwege
und Irrwege gehst.
Er nehme dich bei der Hand
und gebe dir Zeichen seiner Nähe.
Er erhebe sein Angesicht auf dich
und gebe
dir seinen Frieden.
Ganzsein von Seele und Leib.
Das Bewusstsein der Geborgenheit.
Ein Vertrauen, das immer größer wird
und sich nicht beirren lässt.
So segne dich Gott Vater, Sohn
und Heiliger Geist.

ap

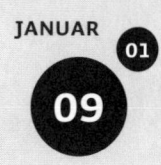

Und Gott ließ Abraham hinausgehen und sprach: Sieh gen Himmel und zähle die Sterne; kannst du sie zählen? Und sprach zu ihm: So zahlreich sollen deine Nachkommen sein!
1. MOSE 15,5

Menschen wie Sterne

Eine sternklare Nacht. In der Stadt kommt sie nicht so oft in diesen Genuss.

Dort ist der Himmel leider oft verhangen, die Wolkendecke, der Smog zu dicht.

Sonst wandert ihr Blick auch nicht so oft zum Himmel. Vielleicht deshalb, weil es in der Stadt zu viel elektrisches Licht gibt, auf alle Fälle genug, um ohne leuchtende Sterne auszukommen.

Aber jetzt steht sie da und schaut in den Himmel. Was für ein Flimmern und Funkeln, was für ein Glitzern und Leuchten. Wie unermesslich die Weite! Wie unzählbar Sterne, Planeten, Sternkonstellationen!

300 Milliarden soll es geben. Und wenn sie sich vorstellt, dass die Milchstraße nur eine unter zahllosen anderen sein soll. Lichtjahre entfernt. Alles unvorstellbar in Größe und Zahl! Wie klein unser Planet im Vergleich zu der Fülle ist! Wie winzig der Mensch vor dieser Unendlichkeit.

Und sie selbst unbedeutend, ein Nichts. Wann hat sie es zuletzt so gesehen?

So voll Staunen und gleichzeitig so voll Grauen. Oder ist es mehr ein Erschrecken vor der riesigen Unendlichkeit?

Diese sternklare Nacht! Wie die Gedanken da ins Wandern kommen!

Eine alte Geschichte fällt ihr ein: Da steht sie wie Abraham mit dem Blick in den Himmel. Hat er nicht Gottes Stimme gehört?

„Zähle! So zahlreich sollen die Menschenkinder sein!"

Menschen wie Sterne! Die Menge ist auf alle Fälle unvorstellbar.

Aber – Menschen wie Sterne! Leuchtend, funkelnd, glitzernd.

Jeder, jede einzelne ein funkelnder Stern: wunderbar, wertvoll in den Augen Gottes.

Sie selbst auch.

Das gefällt ihr, obwohl auch das nicht wirklich vorstellbar ist. Aber der Gedanke nimmt ihr ein wenig das Grauen angesichts dieser Weite und Unendlichkeit.

ap

UNBEGREIFLICH

Gott, wie soll ich begreifen,
wie erfassen die Größe
und Weite deiner Welt?
Wenn ich den Himmel sehe,
den Mond und die Sterne,
die du bereitet hast.
Was ist der Mensch,
dass du seiner gedenkst,
und des Menschen Kind,
dass du dich seiner annimmst?
Ich bitte dich, lass mich an diesem Tag
deine Nähe spüren.

nach Psalm 8

Gott sprach zu Abraham: So haltet nun meinen
Bund, du und deine Nachkommen von
Geschlecht zu Geschlecht.

1. MOSE 17,9

Der Bund fürs Leben

Ich liebe dich. Das haben sie sich gegenseitig
versichert.
Ich liebe dich. Ich will zu dir gehören, mein
Leben mit dir teilen. Für immer.
Das haben sie sich gesagt. Er und sie.

Ich liebe dich. So hat es angefangen.
Und dann haben sie den Bund geschlossen.
Schöne Worte, tiefe Gefühle, ein großes Vor-
haben: der Bund!

Der Bund der Liebe: ein Freundschaftsbund,
ein Bund des Vertrauens, der gegenseitigen
Stütze, des Miteinanders und des Zusammengehörens.
Der Bund zweier Menschen.
Wie schwierig diese Verbindung ist, haben sie
bald gemerkt.
Die Liebe und Freundschaft waren Geschenk
und Gabe, der Bund Aufgabe, immer wieder
auch Mühe. Er verändert sich, sie genauso und
damit ihr Bund. Vielleicht wird er so nicht
bestehen bleiben. Vielleicht ist das Vorhaben
zu groß, die Aufgabe zu mühsam. Normale
Veränderungen, Scheitern oder Glück, wer
kann es sagen?

Aber ihr Bund ist Teil eines größeren Bundes.
Dieser hat vor Ewigkeiten begonnen. Auch
mit: Ich liebe dich.
Die gleichen schönen Worte. Tiefe Gefühle,
ein großes Vorhaben: Der Bund Gottes mit
uns Menschen. Ein Freundschaftsbund, ein

Bund des Zusammengehörens. Auch eine gro-
ße Aufgabe, auch Mühe, auch mit Verantwor-
tung für andere, für unsere Welt verbunden.
Aber aus dieser Verbindung können wir trotz
Veränderungen, trotz Fehler, Schwächen und
Scheitern nicht herausfallen.
Dieser Bund ist unser Glück.

ap

GOTTES FREUNDSCHAFTSBUND

Gott, da bin ich. Ich habe so viele Fragen,
aber die Antworten fehlen.
Dabei möchte ich verstehen
und verlässlich sein.
Ich möchte mich einsetzen,
verantwortungsvoll handeln ...
Voller Energie möchte ich sein
und dann geht mir die Luft aus.
Voller Hoffnung fange ich an
und dann machen sich Zweifel breit.
Voller Mut beginne ich,
dann fürchte ich Konsequenzen.
Voller Vertrauen gehe ich auf andere zu
und dann verliere ich den Boden
unter den Füßen.
Ich möchte sinnvolle Schritte setzen und
stattdessen werden es Rückschritte.
Gott, ich brauche jemand,
der bedingungslos zu mir steht.
Ich brauche deine Liebe und deine
Vergebung.

ap

Dann soll Sara, deine Frau einen Sohn haben. Das hörte Sara hinter ihm, hinter der Tür des Zeltes. Und sie waren beide, Abraham und Sara, alt und hoch betagt [...] Darum lachte sie bei sich selbst [...] Da sprach der HERR zu Abraham: Warum lacht Sara? [...] Sollte dem HERRN etwas unmöglich sein?
1. MOSE 18,10B-14

Der Zukunft entgegenlachen

Sie lachte, ja sie lachte. Es saß tief in ihr, brach sich Bahn und kam fröhlich glucksend aus ihr heraus. Herrlich, dieses Lachen! Einfach herrlich!

Ach, wie lange hatte sie nicht mehr so gelacht?

Früher als kleines Mädchen und auch noch als junge Frau, da lachte sie oft und da freute sich ihr Vater immer an diesem sprudelnden, fröhlichen Lachen. „Wie du lachen kannst!", hatte er sie oft genug ermuntert.

Und dann mit der Zeit war ihr Lachen verloren gegangen, wohl in der Mühe des Alltags, bei der Plage mit den Kindern, im Stress des Berufs. Sie hatte es vergessen.

Es einfach nicht mehr getan, warum auch immer.

Aber da war es wieder, ihr Lachen. Befreit, fröhlich, wunderbar!

Was machte es schon aus, wenn die anderen sie verwundert, fast missbilligend ansahen. Sie lachte, sie war frei, eigentlich befreit. Endlich!

Mit diesem Lachen verändert sich ihr Leben. Sie wird sich auf Neues einlassen. Sie weiß es jetzt genau. Das Lachen zeigt ihr, dass es geht. Sie kann es. Ja, sie wird es einfach tun. Sei es, wie es ist. Komme, was wolle. Warum sollten nicht einmal lang gehegte Wünsche und Träume wahr werden?

Ob man Wünsche und Träume „erlachen" kann? Fast kam es ihr so vor.

Auf alle Fälle war es herrlich, so fröhlich, so befreit lachen zu können.

ap

GOTTES LACHEN UNTER UNS

Gott, wenn bei dir alles möglich ist,
dann schenke mir die Offenheit,
diesen Möglichkeiten leichten Herzens zu begegnen.
Schenke mir den Mut, ihnen fröhlich entgegenzutreten.
Und schenke mir die Kraft, sie lachend zu empfangen.

ap

Gehört ihr aber Christus an,
so seid ihr ja Abrahams Kinder
und nach der Verheißung Erben.
GALATER 3,29

Zur Familie gehören

Sie ist stolz darauf, Tochter ihrer Eltern zu sein. Natürlich sieht sie sich nicht als Produkt ihrer Eltern. Sie ist sie selbst, aber oft genug denkt sie, das habe ich vom Vater, dieses von der Mutter. Das liegt eben in der Familie. Das habe ich geerbt. Ja, sie ist eindeutig Tochter ihrer Eltern und trotzdem ganz anders, ein eigenständiges Wesen. Als Jugendliche konnte sie diese Tatsache nicht wirklich schätzen. Da war die Familie lästig, peinlich, ärgerlich. Da wollte sie nicht dazugehören, nur sie selbst sein.

Aber jetzt ist es faszinierend, Ähnlichkeiten und Verbindungen zu entdecken, sich als Teil einer Familientradition zu sehen, Teil einer großen Gemeinschaft zu sein. Irgendwann hat es begonnen. Generationen vor ihr.

Sie mag die alten Geschichten. „Familiengeschichten!" Man muss sie einfach weitergeben. Auch sie wird es tun, an ihre Kinder und diese dann ebenso. Damals als ... da sind ... da hat einmal ... Ja, da geschah es ...! Natürlich wird im Laufe der Zeit auch viel vergessen, verdrängt oder verschwiegen. Natürlich kommt im Laufe der Zeit immer wieder Neues hinzu. Die Welt und das Leben ändern sich, und damit auch die Menschen. Oder kommt ihr das nur so vor? Und in Wirklichkeit ändert sich gar nicht so viel?

Das Wesentliche ist doch die Zugehörigkeit und das Bewusstsein des Zusammengehörens. Ihr Dazugehören! Sie darf stolzes Kind ihrer Eltern und ein bisschen wie jene sein. Das ist ihr Erbe. Und gleichzeitig ist sie doch so ganz besonders anders. Ja, das ist es! Das gilt in der großen Menschenfamilie wie in der Familie der Kinder Gottes. Im Grunde ist es die gleiche Familie.

ap

GOTTES FAMILIE

Gott, ich bin Teil einer großen Familie,
ich bin Teil deiner Familie.
Zu dir darf ich mein Leben lang gehören.
Als dein Kind darf ich leben und mein Leben gestalten.
Nichts kann mich von deiner Liebe trennen.
Mit dieser Gewissheit lass mich in diesen Tag gehen.

ap

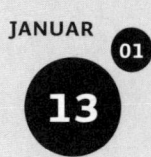
Das Himmelreich gleicht einem Senfkorn, das ein Mensch
nahm und auf seinen Acker säte [...].
MATTHÄUS 13,31B

Das Himmelreich

Sie sind wirklich winzig, die Samen des schwarzen oder weißen Senfs. Kein Wunder, dass sie in westlichen wie in asiatischen Kulturen Metaphern für etwas sehr Kleines sind. Und mit diesen winzigen Samen vergleicht Jesus das Himmelreich, das Reich Gottes! Für die ersten Hörer und Hörerinnen Jesu muss das ziemlich überraschend gewesen sein. Denn viele von ihnen hatten ganz andere Vorstellungen vom Reich Gottes, von einer Welt, in der Gott herrscht. Sie dachten eher an einen großartigen Triumph Gottes über die Feinde Israels.

„Das Himmelreich gleicht einem Senfkorn" – Jesus sprach dabei wohl auch von seinem eigenen Wirken. Nicht mit himmlischen Heeren, sondern mit irdischen, fehlbaren Jüngern, nicht in einem Sieg über die damalige Besatzungsmacht, die Römer, sondern in der unspektakulären Zuwendung zu Verachteten, Armen und Kranken wird das Gottesreich Wirklichkeit!

In der Geschichte der Kirche ist das oft vergessen worden. Jahrhundertelang wurden Kirche und Reich Gottes gleichgesetzt. Die Kirche als mächtige Institution hatte nicht selten etwas Triumphales, verhielt sich wie eine Siegermacht. In unserer Zeit, in welcher der gesellschaftliche Einfluss der Kirche abnimmt, können wir vielleicht auf neue Weise aufmerksam sein für die Botschaft des Gleich-

nisses: „Das Himmelreich gleicht einem Senfkorn".

Und wir können daraus Mut schöpfen: Denn wie Menschen in der Begegnung mit Jesus können auch wir „Senfkorn-Erfahrungen" machen. Und andere durch uns. Erfahrungen von Annahme und Anerkennung, von Vergebung und Versöhnung. Die Erfahrung, dass in kleinen, vergleichsweise unscheinbaren Ereignissen unseres Alltags etwas vom Himmelreich aufscheint.

hg

UNTER DEM ZURUF DES HIMMELS
Ich ahne
Menschenmögliches
zwischen Menschen
aller Rassen und Nationen
zwischen Menschen
aller Generationen
zwischen Mann und Frau
ich ahne
Menschenmögliches
im Unmöglichen
Menschenunmögliches
als Mögliches
unter dem Zuruf
des Himmels

as

> Das Senfkorn ist das kleinste unter allen
> Samenkörnern; wenn es aber gewachsen ist,
> so ist es größer als alle Kräuter und wird ein
> Baum, sodass die Vögel unter dem Himmel
> kommen und wohnen in seinen Zweigen.
>
> MATTHÄUS13,32

Gottes Reich erfahrbar machen

Es fing alles ganz klein an: Am 1. Dezember 1955 weigerte sich in Montgomery, Alabama, die afro-amerikanische Näherin Rosa Parks, ihren Platz im Bus für einen Weißen zu räumen und nach hinten zu gehen, wie es die Gesetze zur Rassentrennung im öffentlichen Verkehrswesen verlangten. Sie wurde sofort verhaftet. Daraufhin organisierten Mitglieder schwarzer Kirchengemeinden einen Busboykott. In der ersten Resolution der Bürgerrechtler wurde die Rassentrennung allerdings nicht grundsätzlich in Frage gestellt! Der afro-amerikanische Pastor Martin Luther King und seine Mitstreiter verlangten nur, dass die schwarzen Fahrgäste in Zukunft in den Bussen höflich behandelt wurden und dass die Fahrgäste sich in der Reihenfolge, wie sie eingestiegen waren, setzen durften – die Schwarzen von hinten nach vorn, die Weißen von vorn nach hinten.

Doch aus einem winzigen Senfkornsamen mit einem Durchmesser von etwa einem Millimeter kann eine große Staude von zwei bis drei Metern werden.

Auch der begrenzte Protest in Montgomery wuchs sich zu etwas Großem aus: zu einer Bürgerrechtsbewegung, die schließlich zur Abschaffung der gesetzlichen Rassentrennung in den USA führte; sie wurde zum Vorbild für weitere Befreiungsbewegungen, z. B. von Frauen, Indianern, Landarbeitern.

Feindesliebe und Gewaltfreiheit waren von Anfang an die Leitmotive der Bürgerrechtler. Sie orientierten sich an Worten Jesu aus der Bergpredigt. Damals wie heute gilt: Wo Ausgegrenzte ein neues Gefühl ihrer eigenen Würde gewinnen, wird das Reich Gottes unter uns erfahrbar. Auch wir können einen Beitrag dazu leisten.

hg

**BARACK OBAMA UND
MARTIN LUTHER KING**
Am 28. August 1963 war der berühmte Marsch auf Washington. Damals demonstrierten 250.000 Amerikaner, die meisten Schwarze, gegen Rassendiskriminierung, für gemeinsame Schulen von Schwarzen und Weißen und für das Wahlrecht der Schwarzen. Martin Luther King, der Pastor und Bürgerrechtler, sprach von seinem „Traum", dass „eines Tages die Söhne früherer Sklaven und die Söhne früherer Sklavenhalter miteinander am Tisch der Brüderlichkeit sitzen können". Am 28. August 2008 wurde der erste schwarze Präsidentschaftskandidat nominiert: Barack Obama. Auf den Tag genau 45 Jahre nach der berühmten Rede von Martin Luther King in Washington.

jvl

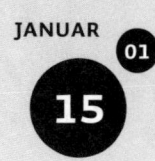
Denn wer der Kleinste ist unter euch allen, der ist groß.
LUKAS 9,48B

Ein Tambourmajor für Gerechtigkeit und Frieden

Als Jesu engste Vertraute, seine Jünger, wieder einmal darüber stritten, wer unter ihnen der Größte sei, stellte er ein Kind vor sie hin mit den Worten: „Wer immer dieses Kind aufnimmt um meines Namens willen, nimmt mich auf und den, der mich gesandt hat. Denn wer der Kleinste unter euch allen ist, der ist groß." Die Kleinen und Schwachen sind in der Perspektive Jesu besonders wichtig, weil sie vor Gott „groß" sind.

Rangstreit: Wir kennen das nicht nur aus dem Familien- und Privatleben. Auch in Politik, Wirtschaft und Kultur werden wir ständig mit Rankings konfrontiert. Welche Maßstäbe haben wir für wahre Größe?

Einer, der etwas von der „Revolution der Werte" begriffen hatte, für die Jesus stand, war Martin Luther King. Der afro-amerikanische Bürgerrechtler setzte sein Leben ein im Kampf gegen Rassismus, Armut und Krieg. Heute ist sein Geburtstag. Sein Geburtsjahr ist 1929.

In einer Predigt über einen Rangstreit unter Jesu Jüngern erklärte er: „Auch wir haben dieses elementare Verlangen nach Anerkennung, nach Bedeutsamkeit, nach Beachtung. Wir alle haben den Tambourmajor-Instinkt. Wir wollen wichtig sein, andere übertreffen, etwas Besonderes sein, die Parade anführen." Und dann machte King – zwei Monate vor seinem Tod – deutlich, worauf es ihm ankam:

Er wollte ein „Tambourmajor für Gerechtigkeit", ein „Tambourmajor für Frieden" sein, nichts anderes als „ein hingebungsvolles Leben hinterlassen".

Martin Luther King hat sich in der Nachfolge Jesu eingesetzt für die „Kleinen" – für die schwarze Minderheit und die Armen in den USA, für Kriegsopfer in Vietnam und Hungernde in Indien. Im Eintreten für die „Kleinen" bestand seine Größe. Lassen wir uns von seinem Beispiel begeistern!

Geboren wurde Martin Luther King am 15. Januar 1929 in Atlanta/Georgia. Ermordet wurde er am 4. April 1968 in Memphis/Tennessee.

hg

WIE DENN
wenn Worte Welten schaffen
wenn Worte zu Bausteinen werden
neuer Welten ohne Zwietracht
ohne Kleinmut und Übermut
Welten für den ortlosen Menschen
dass Boden wächst unter den Füßen
sicherer zu gehen unter der Sonne
leichter zu werden unter dem Wort

as

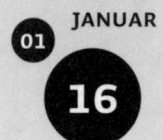

Sie sollen mich alle erkennen, beide, Klein
und Groß, spricht der HERR [...].
JEREMIA 31,34B

Gott erkennen

Das Buch Jeremia enthält eine Vielzahl von prophetischen Gerichtsworten über Menschen in Israel und in anderen Völkern aus dem siebten und sechsten Jahrhundert vor Christus. Aber im 31. Kapitel wird für eine noch ausstehende Zukunft nur Positives und Heilvolles angekündigt. Ein Kennzeichen dieser Zeit soll sein, dass alle Menschen ohne Ausnahme zur Gotteserkenntnis kommen.

Was bedeutet: Gott erkennen? Erkennen, dass eine göttliche Kraft in dieser Welt wirkt? Dass ich Sinn finde in meinem Leben? Dass ich zu Glaube, Hoffnung und Liebe fähig werde? Dass ich entdecke, was der Wille Gottes für mich und meine Welt sein könnte?

„Klein und Groß" können zur Gotteserkenntnis kommen: Niemand ist von dieser Möglichkeit ausgeschlossen auf Grund seines Alters, seines Bildungsstandes oder seiner sozialen Situation. Aber es gibt keinen Weg, der garantiert zu Gotteserkenntnis führt. Und in einer Zeit verbreiteter religiöser Intoleranz sollten wir gegenüber denjenigen, die genau zu wissen meinen, wer Gott ist und was Gottes Wille ist, kritisch und wachsam sein. Hilfreich finde ich dagegen die ehrlichen Aussagen und Bitten in einem Kirchenlied aus unseren Tagen:

Manchmal kennen wir Gottes Willen,
manchmal kennen wir nichts.
Erleuchte uns, Herr, wenn die Fragen kommen.

Manchmal sehen wir Gottes Zukunft,
manchmal sehen wir nichts.
Bewahre uns, Herr, wenn die Zweifel kommen.
Manchmal spüren wir Gottes Liebe,
manchmal spüren wir nichts.
Begleite uns, Herr, wenn die Ängste kommen.
Manchmal wirken wir Gottes Frieden,
manchmal wirken wir nichts.
Erwecke uns, Herr, dass dein Friede kommt.
Text: Kurt Marti und Arnim Juhre, EG 594

hg

WEIL DIE ZEIT DRÄNGT
Dein Leiden an der Welt
dein Kampf um Gerechtigkeit
dein prophetischer Aufschrei

weil die Zeit drängt
rüttelst du an Grundmauern
beschwörst die Vernunft
sprengst den Stumpfsinn

weil die Zeit drängt
für ein neues Menschenbild
für eine andere Geschichte
für eine neue Sprache
für eine begehbare Zukunft

weil die Zeit drängt
setzt du auf die Liebe zu Gott
die Widerstand heißt

as

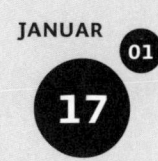
Seht zu, dass ihr nicht einen
von diesen Kleinen verachtet.
MATTHÄUS 18,10A

Die Kleinen

Dreimal ist im 18. Kapitel des Matthäus-Evangeliums die Rede von „diesen Kleinen". An wen dachte der Evangelist? In diesem Fall wohl nicht an kleine Kinder, sondern an die Mitglieder der christlichen Gemeinden. Denn hier geht es um Leitlinien für das Leben in der Gemeinde. Die ersten Christen und Christinnen hatten wenig gesellschaftliche Macht, die meisten hatten einen geringen sozialen Status und waren in den Augen ihrer Umgebung eher bedeutungslos.

Heute gehören die Mitglieder christlicher Gemeinden, zumindest in Europa, meist nicht zu den „Kleinen". Sie gehören überwiegend zu den sozial Abgesicherten und gesellschaftlich Angesehenen.

Wer sind „die Kleinen" bei uns heute? Alle, die durch ihre Lebensumstände klein gehalten werden, die klein gemacht und gering geachtet werden. Das können sowohl Kinder als auch Erwachsene sein. In dem „Tafel-Café", das wir in unserer Kirchengemeinde für Kunden der „Tafel", der Lebensmittelausgabe für Bedürftige, eingerichtet haben, begegne ich ihnen. Hier erfahren sie anstelle von Ausgrenzung und Verachtung die oft vermisste Wertschätzung.

„Seht zu, dass ihr nicht einen von diesen Kleinen verachtet." Martin Luther King war einer, der diese Mahnung in seinen Worten und Taten ernst genommen hat. Er wurde zu einem mutigen Anwalt der „Kleinen", denn er war überzeugt, „dass Gott besonders die Leidenden, Hilflosen und Verachteten unter seinen Kindern am Herzen liegen." Er erinnert uns: „Wir sind gerufen, für die Schwachen zu sprechen, für die, die keine Stimme haben."

Jede und jeder von uns kann diesem Ruf, dieser Berufung folgen und „Kleine" in unserer Gesellschaft Wertschätzung und Gerechtigkeit statt Verachtung erfahren lassen.

hg

GOTT TRÄUMEN
Gott träumen
in dieser Welt
ihn wahrnehmen
im Wunder neuer Geburt
einen Funken auffangen
zu zünden ein Feuer
in ausgebrannten Herzen

as

Der Geist Gottes hat mich gemacht, und der Odem des
Allmächtigen hat mir das Leben gegeben.
HIOB 33,4

Lebensatem

Wie von ferne höre ich eine Stimme: „So atmen Sie doch!" Ich kann aber nicht. Angst zu ersticken überfällt mich, eine schlimme Angst. „Zieh doch einfach den Schlauch raus", höre ich eine andere Stimme, auch noch weit weg. Noch eine furchtbare Schrecksekunde. Dann gelingt es mir zu atmen. Wahrhaftig: Ich atme aus eigener Kraft! Ich lebe! Noch! Wieder!

„Ihre Frau ist am Telefon. Wollen Sie mit ihr sprechen?" Und ob ich will! Dabei kann ich nur mit Mühe sprechen. Die Luft ist noch knapp. Kein Wunder nach einer Operation, bei der den Herzarterien drei Bypässe gelegt wurden und bei der mich die Herz-Lungen-Maschine „beatmet" hatte.

„So atmen Sie doch!" Das ist hängen geblieben. Mir kommt Haydns „Schöpfung" in den Sinn: „Den Atem des Lebens hauchte er in sein Angesicht. Und der Mensch wurde zur lebendigen Seele." Des Öfteren hatte ich das Haydn-Rezitativ gesungen. Jetzt betraf es mich selbst. „Lebensatem" – Luther benutzt in seiner Übersetzung noch das poetischer klingende Wort „Odem". Es hat mehr vom Geheimnis des Lebens. „Der Odem des Allmächtigen hat mir das Leben gegeben", heißt es etwa bei Hiob, dem Leidgeprüften. „Odem", scheint mir, sei ein anderes Wort für „Gott". Nicht umsonst ist „ruach", die Gotteskraft, der bewegende Heilige Geist, für viele Glaubende der wichtigste Name für „Gott" („ruach" ist das hebräische Wort im Alten Testament für „Wind"

und „Geist Gottes"). Diese Kraft erlebt der Prophet Elia in seiner Felsspalte als „sanftes Säuseln" und die verängstigten Jüngerinnen und Jünger erleben sie zu Pfingsten als „gewaltiges Brausen vom Himmel" .

Sind diese Hinweise nicht zu groß für mein bisschen Atmen nach der OP? Für mich selbst jedenfalls nicht.

os

MEDITATION ZUM ATMEN

Gott atmet in mir, Gott atmet auch in dir. Wenn ich atme, ereignet sich das Geschenk meines Lebens immer neu. Weder den Atem noch das Leben haben wir uns selbst gegeben. Dass wir atmen und leben, ist das kostbarste Geschenk.

Eine kleine spirituelle Übung: Lassen Sie Ihren Atem fließen und sagen Sie sich wie die Mönche vom Berge Athos beim Einatmen: „Du, Gott, zu mir", beim Ausatmen: „Ich zu dir, Gott" ...

jvl

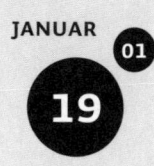

Und dient einander,
ein jeder mit der Gabe,
die er empfangen hat.
1. PETRUS 4,10A

Eine besondere Begabung

Die Ärzte waren zufrieden. Der Tag nach der Bypass-Operation verlief vielversprechend. Ich erholte mich schneller als erwartet. Ich war gut drauf und zuversichtlich gestimmt. Jedenfalls bis der Abend kam.

Die zweite Nacht nach einer Herzoperation sei besonders kritisch, hatte ich gehört. Ich mochte es nicht glauben. Aber die Information wirkte wohl im Unterbewusstsein. Mir ging es tatsächlich schlechter als tagsüber. Die Unruhe wuchs von Minute zu Minute. Die Operation hatte ich glücklich überstanden und jetzt sollte doch noch etwas Unvorhergesehenes passieren? Ich steigerte mich in eine völlig ungewohnte Panik. Ich klingelte nach der Nachtschwester. Sie erschien umgehend und war hilflos: „Das ist mir noch nicht begegnet. Sie waren doch eben noch ganz in Ordnung! Ich hole schnell einen Arzt!" Die Minuten kamen mir vor wie eine Ewigkeit. Ob dies das Ende war?

Die Tür ging auf. Herein eilte eine junge, strahlende Ärztin. Mit der einen Hand griff sie nach meinem Arm, um den Puls zu fühlen, mit der anderen strich sie über meinen Kopf: „Das werden wir gleich haben!" Meine Panik legte sich so rasch, wie sie gekommen war. Es war, als strahlte eine große Kraft von dieser Frau aus. Spontan vertraute ich ihr. Ohne jede Hektik erteilte sie ihre Anweisungen. „Ich gebe Ihnen jetzt eine leichte Spritze und sie werden schlafen wie in Abrahams Schoß! Ihr Herz arbeitet einwandfrei!"

Ich habe diese junge Ärztin leider nie wiedergesehen. Sie war am nächsten Tag nach Afrika gereist, um in ihrem Urlaub den Menschen in einem der Krisengebiete beizustehen. Mit ihren Begabungen hat sie bestimmt vielen Menschen geholfen.

Da bin ich ganz sicher.

os

BERUF UND BERUFUNG

Martin Luther hat einmal gesagt: „Beruf kommt von Berufung." Damals vor bald 500 Jahren war das ein revolutionärer Gedanke. Allein die Priester fühlten sich bis dahin von Gott in ihr Amt „berufen". Nun meinte der Reformator: Das gelte auch für Handwerker, Händler und Mägde. Auf diese Weise folgt sogar ein Bauer beim Ausmisten des Stalls einem „Ruf" Gottes. Das Wort „Be-Ruf" ist sogar eine Sprachschöpfung Luthers. Jedes Ausfüllen einer Rechnung, das Herstellen eines Kleidungsstückes, sogar das Ausfegen der Stube sei eine „heilige Handlung", lehrte Luther. Man solle, was auch man tue, für Gott tun und darum mit Freude. Denn ein Beruf sei so etwas wie ein „Gottesdienst im Alltag".

jvl

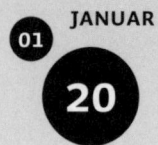

Denn meine Gedanken sind nicht eure Gedanken,
und eure Wege sind nicht meine Wege,
spricht der HERR.

JESAJA 55,8

Die unergründlichen Wege Gottes

Morgens hatte mich meine Mutter bei der Klavierlehrerin angemeldet. Abends gab es Fliegeralarm. Wir saßen im Luftschutzkeller. Eine Phosphorbombe suchte sich ausgerechnet unsere Wohnung aus und verwüstete sie. Samt Klavier. Aus der Traum! Das war im Herbst 1944.

Mein Vater steckte in russischer Gefangenschaft. Er kam 1948 nach Hause. Ein gebrochener Mann. An den Kauf eines Klaviers war nicht zu denken. Als ich vierzehn war, entdeckte ich ein Harmonium auf einem Schrotthaufen. Ein befreundeter Schreiner setzte es instand. Das Spielen habe ich mir alleine beigebracht. Auch habe ich autodidaktisch „Kontrapunkt" studiert und „Harmonielehren" durchgeackert. Aber das langte später nicht für ein Musikstudium. Ich hatte es gewusst und war dennoch maßlos enttäuscht. Dahin war mein Traum – endgültig! Dennoch habe ich irgendwie die nötigen Prüfungen in Sachen Chorleitung geschafft, es langte für eine Gesangsausbildung und auch für ein wenig Komponieren. Ein kleiner Trost.

„Meine Gedanken sind nicht eure Gedanken." Statt der Musik habe ich Psychologie und Theologie studiert, habe ein Zeitungsvolontariat angehängt usw. ... Das war ja auch alles gut und schön, aber mein Herz gehörte der Musik. Eindeutig. Gegenwärtig leite ich drei Chöre. Chorleiter sind Mangelware auf dem Land.

„Meine Wege sind nicht eure Wege." Mitunter sehen die Wege nach Umwegen aus. Nach „Holzwegen". Nach Sackgassen. Manchmal sieht es auch so aus, als wären die Wege bereits das Ziel. Und in der Tat ist unterwegs zu sein allemal besser, als auf der Stelle zu treten. Wie gut ist es, darauf zu vertrauen, dass alle Wege schließlich doch „seine" Wege sind!

os

LEBENSSPUREN

Eine Winterlandschaft an einem kalten Januarmorgen. Es hat in der Nacht geschneit. Vor mir liegt ein weißes Tuch aus Schnee. Es knirscht unter den Füßen und jeder Schritt hinterlässt einen Abdruck. Ich schaue zurück und sehe meine Schritte. Meine Spur wird die Spuren anderer Menschen kreuzen. Es warten Begegnungen auf mich. Auch Glätte und Kälte gehören dazu, vielleicht Matsch und Sturm. Aber ich nehme mir etwas vor: mich zu freuen auf diesen Weg. Ich will offen sein für Menschen und Ereignisse.

So will ich auch meine Wege am Anfang eines Jahres kräftig ausschreiten – wie bei einem Spaziergang in einer Winterlandschaft am frühen Morgen.

jvl

Baut Häuser und wohnt darin; pflanzt Gärten und esst ihre Früchte; nehmt euch Frauen und zeugt Söhne und Töchter, nehmt für eure Söhne Frauen, und gebt eure Töchter Männern, dass sie Söhne und Töchter gebären; mehret euch dort, dass ihr nicht weniger werdet.
JEREMIA 29,5+6

Unsere Verantwortung für die Schöpfung

„Lebt jetzt! Sagt ja zu eurer Zukunft und sorgt für Nachwuchs." So der Aufruf Gottes an das Volk Israel, ihr Leben nach der Vertreibung neu einzurichten. In Babylon bauten sich die Israeliten unter schwierigsten Bedingungen eine neue Heimat auf. Dafür waren sie auf Arbeitskräfte und somit auch auf genügend Nachwuchs angewiesen.

Die Zeiten haben sich jedoch geändert: Im Jahr 2011 wurde Erdenbürger Nummer „7 Milliarden" geboren. Davon, dass wir „weniger werden", kann global gesehen nicht die Rede sein. Jährlich wächst die Weltbevölkerung um rund 80 Millionen Menschen – das entspricht der Einwohnerzahl Deutschlands. Natürlich ist jedes neue Leben ein Grund zur Freude. Problematisch ist jedoch, dass 40 Prozent der Schwangerschaften in den Entwicklungsländern ungewollt sind. Gerade dort, wo die Armut am größten ist, fehlt es häufig an Aufklärung und Zugang zu Verhütungsmitteln: 215 Millionen Frauen in den weniger entwickelten Regionen der Erde haben keinen Zugang zu sicheren Verhütungsmitteln. Gerade dort wächst auch die Bevölkerung am schnellsten.

Die Entwicklung der Länder kann mit dem rasanten Bevölkerungswachstum häufig nicht Schritt halten. Krankenhäuser und Schulen sind überfüllt. Zudem sind Schwangerschaften im jungen Alter oder in zu kurzen Abständen oft lebensbedrohlich: Nach wie vor stirbt alle 90 Sekunden eine Frau an den Folgen von Schwangerschaft oder Geburt.

In der Bibel steht auch, dass wir die Schöpfung bebauen und pflegen sollen. Das bedeutet: Wir sollen verantwortlich mit ihr umgehen. Damit Frauen in den ärmsten Ländern diese Verantwortung übernehmen können, brauchen sie dringend einen verbesserten Zugang zu Bildung, Aufklärung und Familienplanung. Denn nur dann können sie sagen: „Ich plane nur so viele Kinder, wie ich versorgen kann – damit sie eine Zukunft haben."

rb

Die Autorin Renate Bähr ist Generalsekretärin der Stiftung „Weltbevölkerung".
(Foto jvl / Stand der Zählung auf dem Bild: April 2012)

> Du lässt Gras wachsen für das Vieh und Saat zu Nutz den
> Menschen, dass du Brot aus der Erde hervorbringst, dass
> der Wein erfreue des Menschen Herz und sein Anlitz schön
> werde vom Öl und das Brot des Menschen Herz stärke.
> **PSALM 104,14+15**

Für eine gerechtere Welt

Danket dem Herrn! Dafür, dass der Blick auf seine Schöpfung uns zum Staunen bringt – über all die kleinen und großen Wunder, die die Welt für uns bereithält. Ich bin dankbar und glücklich darüber, dass ich das Leben in vollen Zügen genießen kann.

Wie gut es mir geht, wird mir besonders auf meinen Reisen und Projektbesuchen in Afrika bewusst. Dort machen sich viele Menschen jeden Tag Sorgen darüber, ob ihre Familien genug zu essen haben werden. Im Vergleich zu der Lebensrealität von fast einer Milliarde Menschen, die täglich hungern, wirken meine Probleme und Sorgen aus dem Alltag in Deutschland auf einmal unwichtig und nebensächlich. Wir haben nicht nur genug Brot zum Sattwerden, sondern auch Öl und Wein – also Überfluss und Luxus. Sozusagen ein Leben „all inclusive", alles eingeschlossen. Aber sollten dabei nicht auch alle eingeschlossen sein?

Der krasse Gegensatz zwischen diesen zwei Welten und die schreiende Ungerechtigkeit können einen zur Verzweiflung bringen. Aber: Anstatt zu resignieren, kann man das Elend und den Hunger der Welt auch als Aufruf zum Handeln sehen. Ich ziehe aus der Vision einer gerechteren Welt ohne Armut, Krankheit und Ungerechtigkeit die Motivation für meine tägliche Arbeit. Dabei sehe ich immer wieder Erfolge, die Mut machen: Fortschritte im Kampf gegen Aids und Müttersterblichkeit, verbesser-

te Bildungschancen von Mädchen und Frauen und eine wachsende Anzahl von Politikern, die sich auf globaler Ebene für den Kampf gegen Armut und Hunger einsetzen. Das zeigt, dass aus der Vision einer gerechten Welt Wirklichkeit werden kann – wenn wir mit vereinten Kräften daran arbeiten. Eine Welt, in der sich alle Menschen an den Wundern der Schöpfung erfreuen können.

rb

STIFTUNG „WELTBEVÖLKERUNG"

Alles begann mit einem Artikel in einer Zeitung. Ein Unternehmer las darin über das rasante Wachstum der Weltbevölkerung. Er war erschüttert: Innerhalb der letzten 40 Jahre hatte sich die Bevölkerung in den Entwicklungsländern mehr als verdoppelt. Die Probleme der armen Länder wie der mangelnde Zugang zu Bildung und Gesundheitsversorgung würden dadurch noch verschärft. Der Unternehmer begann nachzuforschen und stellte fest, dass es bis dahin in Deutschland keine Organisation gab, die sich mit dem Thema Bevölkerungswachstum beschäftigte. Er fand, dass es höchste Zeit war, das zu ändern. Am 12. Dezember 1991 wurde die „Stiftung Weltbevölkerung" gegründet.

rb

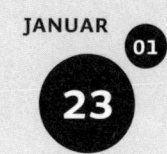
Du lässest Wasser in den Tälern quellen, dass sie
zwischen den Bergen dahinfließen, dass alle Tiere des
Feldes trinken und das Wild seinen Durst lösche.
Darüber sitzen die Vögel des Himmels und singen unter
den Zweigen. Du feuchtest die Berge von oben her, du
machst das Land voll Früchte, die du schaffest.

PSALM 104,10-13

Die Schöpfung bewahren

Gewaltige Baumriesen, faszinierende Schlingpflanzen und Lianen bilden über mir ein Dach in den verschiedensten Grüntönen. Ein Rascheln und Raunen von Vögeln, Insekten und Affen liegt in der Luft. Ich befinde mich im Bonga Forest im Südwesten Äthiopiens – ein Ort von scheinbar unberührter, überwältigender Natur. Der Wald ist Heimat von fast 300 Tierarten und etwa ebenso vielen Pflanzenarten, darunter der äthiopische Wildkaffee, die „Mutter allen Kaffees".

Die scheinbare Idylle steht jedoch im Widerspruch zur Realität: Der äthiopische Regenwald ist bedroht – und mit ihm die Lebensgrundlage seiner Bewohner. Denn der Wald dient als Wasserspeicher und versorgt die Äcker der Region mit Feuchtigkeit. Auch als „grüne Lunge" bekannt, ist der Regenwald von großer Bedeutung für das Klima der Erde. Ende der 1960er Jahre waren noch 40 Prozent von Äthiopiens Landesfläche von dichtem Wald bewachsen – heute sind es weniger als drei Prozent. Der Wald steht am Rande der Zerstörung. Armut ist die Hauptursache für die Abholzung des Regenwaldes. Sie wird verstärkt durch ein rasantes Bevölkerungswachstum, das für die Waldbewohner und die Natur eine immense Belastung bedeutet. Die meisten Menschen hier sind Subsistenzbauern, das heißt, sie leben von dem, was sie anbauen. Das reicht allerdings häufig nicht aus, um ihre Familien zu ernähren. Viele Bauern roden den Wald und bebauen das Land, um das Überleben ihrer kinderreichen Familien zu sichern.

Hier setzt die Arbeit der Stiftung Weltbevölkerung an: Um die letzten Bestände unberührter Natur und damit die Lebensgrundlage der Waldbewohner zu schützen, durchbrechen wir den Kreislauf von Armut, Bevölkerungswachstum und Rodung des Waldes. Durch Aufklärung und einen verbesserten Zugang zu Verhütungsmitteln geben wir den Menschen vor Ort die Möglichkeit, selbst zu entscheiden, wie viele Kinder sie bekommen, und gleichzeitig ihre Lebensbedingungen zu verbessern. Damit auch ihre Kinder und Enkelkinder noch im Bonga Forest leben und von seinen natürlichen Reichtümern profitieren können – schließlich ist der Wald nur von den nachfolgenden Generationen geliehen.

rb

7 MILLIARDEN MENSCHEN UND EIN PLANET

Am 31. Oktober 2011 wurde der siebenmilliardste Mensch geboren.1991 lebten auf der Erde noch 5,4 Milliarden Menschen. Das rasante Bevölkerungswachstum findet fast ausschließlich in den Entwicklungsländern statt. Allein in diesen Ländern werden jedes Jahr 75 Millionen Frauen ungewollt schwanger, vor allem weil sie nicht verhüten können. Familienplanung spielt daher eine Schlüsselrolle, um das rasante Bevölkerungswachstum zu verlangsamen und dadurch den globalen Herausforderungen wie Armutsbekämpfung und Klimawandel zu begegnen.

jvl

Da kamen viele Zöllner und Sünder
und saßen zu Tisch mit Jesus und seinen Jüngern.
MATTHÄUS 9,10B

Wenn der alte Tisch erzählen könnte

Ich sitze gern an dem alten, schweren Eichentisch in meiner Küche, auch wenn ich mit dem Essen schon längst fertig bin. Ich sitze da, lese die Zeitung oder ein Buch oder träume einfach so vor mich hin. Ursprünglich hat der Tisch mal in eine Kneipe gehört. Wenn du reden könntest, denke ich ...

Könntest du ein Liedchen davon singen, wie das war mit dem Altherren-Stammtisch, der sich immer sonntags traf? Wie sie gezockt haben, die Karten mit Karacho auf die Platte gekloppt, die Köpfe im Zigarrenqualm versunken, Gott und die Welt durchdiskutiert, die „Handelsgold" wippend im Mundwinkel festgeklemmt ...

Oder würdest du ins Schwärmen geraten, alter Tisch, über die vielen Hochzeiten, für die du stillgestanden hast, bis juchzend und johlend die Paare auf dir getanzt haben? Oder sind es eher die Trauerfeiern, an die du denken musst? Sicher hast du manchen Leichenschmaus über dich ergehen lassen und zu allem still geschwiegen: zu den leise geweinten Tränen ebenso wie zu den lauthals lachend erzählten Anekdoten über den Verstorbenen.

Wahrscheinlich macht all das zusammen den Reiz aus, dass ich so gern an diesem Tisch sitze. Seine raue Oberfläche, die dunkle Maserung, ja sogar die Glasränder, die er hat und die nicht mehr wegzukriegen sind, all das bringt Leben in den Tisch. Das ist nicht nur ein altes, totes Möbel. Im Gegenteil: Die Spuren aus seiner Vergangenheit beleben die ganze Küche.

Etwas Ähnliches erlebe ich bei manch älteren Menschen. Was haben die nicht schon alles erlebt. Oft zeigt ihr Gesicht deutliche Spuren davon. Schweres und Schönes, Trauer und Freude haben Falten und Furchen eingegraben oder Grübchen eingedrückt. Spuren in einem Gesicht, die nicht mehr wegzukriegen sind. Das macht einen älteren Menschen so interessant und unverwechselbar. Und das hat Charme. An so einem Menschen bleibe ich gern „dran" – wie an meinem alten Eichentisch.

mg

IM ALTER

Im Alter wirst du
zum Einsiedler
wirst zurückgeworfen zu dir
wächst Schritt um Schritt
heraus aus der Welt
neu in die Welt
wirst weitsichtiger
mit eingetrübten Augen
hellhöriger mit tauben Ohren
wacher mit müdem Kopf
bleibst nicht stehen im Alter
gehst in der Einsiedelei
nicht am Leben vorbei

as

Jesus aber antwortete und sprach zu seinen Jüngern:
Gebt ihr ihnen zu essen!
MARKUS 6,37A

Hunger stillen

Es klingelt um fünf nach eins. Die Kinder stellen ihre Stühle hoch. Dann dürfen sie gehen. Auch Leonie hat es eilig. Im Vorbeigehen zupft sie ihre Jacke vom Haken, schlüpft hinein. Sie streicht die langen blonden Haare aus dem Nacken, zieht den Reißverschluss hoch. Leonie ist zehn Jahre alt. Ihr älterer Bruder Lukas wartet auf dem Schulhof auf sie. Lukas ist zwölf und ein echtes Energiebündel. Leonie rennt zu ihm. Sie machen sich auf den Weg. Seit einem halben Jahr essen sie in der Kirchengemeinde zu Mittag. Leonie schaut auf ihr Handy. Sie macht sich Sorgen um ihre Mutter. „Mama konnte heute kein Frühstück machen. Ihr war wieder schlecht. Und Kopfschmerzen hatte sie auch", sagt Leonie. Lukas nickt: „Ich hoffe, sie hat sich ein bisschen hingelegt, dann ist sie nachher wieder o.k.", sagt er und streicht über Leonies Schulter. Seit Mama arbeitslos ist, fühlt sie sich oft schlecht. Auf der Fensterbank in der Küche stehen Pillenschachteln. Schmutzige Tassen und Teller blockieren die Spüle. An solchen Tagen bleibt der Haushalt liegen. Leonie und Lukas wollten sich Cornflakes machen, aber es gab keine Milch. Der Kühlschrank ist leer.

Das Gemeindehaus der Kirche ist in Sicht. Endlich sind sie da. Die Kinder drücken die große Tür auf. Sie hängen die Jacken in den Flur, stellen die Schulranzen ab. Zum Glück ist die Schlange an der Essensausgabe nicht so lang. Heute gibt es Milchreis mit Zimt. Frau Elsner, die Frau an der Essenausgabe, nickt Leonie freundlich zu. Sie ist Mitte fünfzig. Seit ihre eigenen Kinder aus dem Haus sind, hilft sie in der Gemeinde mit. Beim Kochen oder in der Essensausgabe. Leonie trägt ihr Tablett zum Tisch am Fenster. Sie setzt sich hin, streckt die Beine aus. Die Kinder streuen Zimt und Zucker auf die Teller. Der Milchreis schmeckt wunderbar. Als Leonie ihr Tablett zur Küche trägt, winkt Frau Elsner sie herbei. „Ich hab noch was für dich", sagt sie freundlich. Sie schiebt eine Plastiktüte über den Tisch. Leonie schaut neugierig hinein und entdeckt ein dickes Buch. „Vielen Dank! Sie sind ein Engel!", jubelt Leonie. Sie zieht das Buch heraus, strahlt übers ganze Gesicht. Leonie steckt ihren Schatz behutsam in die Tasche zurück. Auf der Schwelle der Tür bleibt sie stehen, sie winkt kurz zum Abschied. Frau Elsner ruft ihr nach: „Bis morgen, Leonie!" Sie weiß, was ein Kind braucht. Etwas gegen Hunger. Manchmal kann das auch Lesehunger sein.

uf

1000 SOCKENPAARE

1000 Sockenpaare warten auf Babys: Das ist ein ungewöhnliches Projekt im Landkreis Osterode am Harz. Rund 50 Frauen aus Verbänden, Vereinen und Kirchengemeinden haben fleißig gestrickt, damit alle Neugeborenen im Landkreis ein Willkommenspaket bekommen: Neben den warmen Socken gibt es ein Familienbuch und Gutscheine. Ein schönes Projekt, das Kinder auf freundliche Weise begrüßt.

jvl

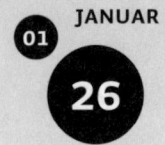

Danket dem HERRN;
denn er ist freundlich,
und seine Güte währet ewiglich.
PSALM 118,1

Halt! Tischgebet

Bekennen heißt: sich zeigen. Bekannt machen, was man denkt, mag und glaubt. Und das kann sehr schnell Schule machen!

Meine Eltern haben mir dazu eine Geschichte erzählt. Bei uns zu Hause war es üblich, vor dem Essen ein Tischgebet zu sprechen. Auch wenn bei uns Kindergeburtstag gefeiert wurde, haben wir immer ein Tischgebet gesprochen. Das war für die anderen Kinder meistens ungewohnt. Und beim ersten Mal guckten sie auch ein bisschen ratlos. Aber das war eben nur zuerst so. Später gehörte es einfach dazu. Das ging nachher so weit, dass alle Kinder von sich aus die Hände falteten und das Tischgebet geradezu einforderten: Halt! Tischgebet!

Dieses „Bekenntnis" hatten die Gästekinder schnell kapiert. Unseren Freunden war schnell klar: Bei denen wird vor dem Essen gebetet. Für uns Kinder in der Familie war das natürlich selbstverständlich.

Das erzählt eine andere Geschichte: Es gab in unserer Kindheit einen Brotaufstrich, den wir liebten. Wir kriegten Sirup aufs Brot. Zuckerrübensirup. Herrlich süß und pechschwarz. Nun war im Sirupglas noch ein kleiner Rest. Ungefähr ein Teelöffel voll. „Mutti, darf ich das Glas auskratzen?", fragte mein Bruder. Er durfte und zog sich in eine stille Ecke zurück.

Dann nahm er den Teelöffel und füllte ihn mit dem Rest des Sirups. Fein säuberlich machte er das. Gar nichts sollte übrig bleiben. Und als der Teelöffel voll war, steckte er ihn nicht sofort in den Mund, sondern legte ihn feierlich vor sich hin, faltete die kleinen Hände und betete vor seiner Sirupmahlzeit: „Komm, Herr Jesus, sei du unser Gast und segne diese Gaben, die du uns bescheret hast. Amen."

Da legte ein kleiner Junge ein großes Bekenntnis ab! Und mir kommen vor Rührung heute noch die Tränen, wenn ich an dieses kleine Kinderbekenntnis denke. Und manchmal, wenn ich mich heute an den Tisch setze, denke ich ganz automatisch: Halt, Tischgebet!

cg

DREI TISCHGEBETE
Segne, Vater, diese Speise,
uns zur Kraft und dir zum Preise.

Komm, Herr Jesus, sei du unser Gast
und segne, was du uns bescheret hast.

Alle guten Gaben, alles, was wir haben,
kommt, o Gott, von dir; wir danken dir dafür.

red

Ich sage zu Gott, meinem Fels:
Warum hast du mich vergessen?
PSALM 42,10A

Vier Kieselsteine in Bergen-Belsen

Vier Kieselsteine halfen ihr, das Martyrium zu überleben. Sie heißt Marion Blumenthal-Lazan, stammt aus Deutschland, ist in die USA ausgewandert, freut sich über drei Kinder und ihre Enkelkinder. Und doch lässt ihre Kindheit sie nicht los: In Vorträgen und in ihrem Buch „Vier kleine Kiesel" erzählt sie ihre Geschichte.

Marion Blumenthal-Lazan wurde in dem niedersächsischen Ort Hoya geboren. Sie ist Jüdin. Nie vergessen wird sie, wie sie mit ihrer Familie nach Bergen-Belsen gebracht wurde, eingezwängt in einem Güterwagon: „Es war im tiefen Winter, Anfang Februar 1944; und es war bitterkalt: Es hat geregnet, es war stockdunkel, ich war gerade neun Jahre alt, als wir dorthin kamen."

Ihre halbe Kindheit war sie eingesperrt. Viel Grausames hat sie erlebt. Die Zeit in Bergen-Belsen aber war das Schlimmste. Täglich musste das Mädchen stundenlang auf dem Appellplatz stehen. Viel zu essen gab es nicht – dafür die schlimmsten Erfahrungen, die ein Mensch machen kann. Als Kind hat sie nackte Leichen in einem Ofen verbrennen sehen und jeden Tag ums Überleben gekämpft.

Ein Spiel half ihr dabei: Vier Kieselsteine musste sie sammeln. Vier Kieselsteine, damit sie, ihr Bruder und ihre Eltern dieses Martyrium überlebten. Daran glaubte sie. Marion Blumenthal-Lazan hat ihr Spiel gewonnen, ihre Familie hat überlebt. Doch sechs Wochen nach der Befreiung starb ihr Vater an Typhus.

Viele Fragen haben Marion Blumenthal-Lazan damals gequält. Fragen wie: „Wer da oben ist es, der es so gemein kalt macht, wenn wir hier unten beim Appell stehen müssen?" Fragen eines neunjährigen Mädchens, das in seinem jungen Leben schon so viel Schreckliches erlebt hat. Trotzdem hält Marion Blumenthal-Lazan an ihrem jüdischen Glauben fest, denn sie sagt: Menschen sind schuld an den Konzentrationslagern – nicht Gott.

jvl

ERINNERUNGSGANG DURCH DIE STADT
(Gedenken an die jüdischen Mitbürger)

Und plötzlich
wird dir die Stadt vertraut
wo die Toten auferstehen
in der Erinnerung
wo sie ihren Geschäften
im Alltag nachgehen
wo sie sich begegnen
in Versammlungen
wo sie ihre Fenster
öffnen und schließen
wo sie sich zuwinken
quer über die Straße
auf der du heute stehst
ihnen zurückzuwinken
in tiefer Betroffenheit

as

Holocaust-Gedenktag (am 27.01.)

Meine Tränen sind
meine Speise Tag und Nacht.
PSALM 42,4A

Hand in Hand auf Spurensuche

Drei junge Frauen arbeiten in der KZ-Gedenkstätte Bergen-Belsen. Sie heißen Leraz, Lydia und Franziska. Leraz holt die Schubkarre, Lydia stößt die Schaufel in die Erde, Franziska protokolliert. Die drei jungen Frauen legen die Mauern eines Kellers frei und finden Steine, Scherben, Bestecke – und eine Erkennungsmarke. Sie sind auf Spurensuche in einem Konzentrationslager und arbeiten schweigend. Wie ist das für junge Menschen, sich mit dem dunkelsten Kapitel deutscher Geschichte auseinanderzusetzen?

Der Holocaust ist unvorstellbar. Eine Million Menschen wurden allein in Auschwitz umgebracht. Insgesamt fallen sechs Millionen Juden dem Holocaust zum Opfer. Hinter jedem einzelnen Toten verbirgt sich ein Gesicht, eine Geschichte, eine Familie. Ausgelöscht, für immer. Unvorstellbar auch, dass Menschen sich so etwas ausdenken konnten: Auschwitz, die Todesfabrik. Das Morden wurde sorgsam organisiert. Auf Schienenwagen wurden die Leichen in die Brennöfen gefahren.

Junge Menschen wie Leraz, Lydia und Franziska arbeiten mit Schubkarre, Spaten und Protokollheft ein dunkles Kapitel deutscher Geschichte auf. Und zugleich legen sie ein neues Fundament für die Zukunft. Denn das Besondere ist: Franziska kommt aus Deutschland, Lydia aus Polen und Leraz aus Israel.

Juden und Christen arbeiten Hand in Hand. Ein Beispiel der Versöhnung, eines von vielen.

jvl

NIEMALS DÜRFEN WIR VERGESSEN

„Wer sich dazu herablässt, die Erinnerung an die Opfer zu verdunkeln, der tötet sie ein zweites Mal. Nur wer sich erinnert, gibt den Opfern ihre Würde zurück. Niemals dürfen wir vergessen."

Elie Wiesel, Friedensnobelpreisträger und Überlebender des Holocaust, in einer Rede vor dem Deutschen Bundestag am 27. Januar 2000

Wer ist unter euch Menschen,
der seinem Sohn, wenn er ihn bittet um Brot,
einen Stein biete?
MATTHÄUS 7,9

Ein Stück Sicherheit

Der alte Mann im Pflegebett atmete schwer.
Seine Augen waren geschlossen.
Bettina saß am Sterbebett ihres Vaters. Ihre
Hand spielte mit einem Stein. Sie besaß den
Stein schon viele Jahre. Er erinnerte sie an
einen Urlaub in Dänemark, als ihre Familie
noch zusammen war.
„Papa! Das schaff' ich nicht. Nimmst du mich
auf deine Schultern?" Wie eine unüberwind-
liche, feindliche Fläche lag der steinige Strand
vor ihr. „Komm, Bettina, du schaffst das. Ganz
bestimmt!" Ihr Vater hatte ihr die Hand ge-
reicht, sie hatte einen Fuß vor den andern
gesetzt und sie hatte den Strand besiegt.
Jahre später auf dem Flughafen dann, ihre
Eltern hatten sich scheiden lassen und Bettinas Mutter wollte nun mit ihr nach Neuseeland auswandern. Da tauchte ihr Vater in der
Abflughalle auf. Er wollte sich verabschieden.
Bettina brach in Tränen aus. Da nahm sie ihr
Vater beiseite und schloss sie noch einmal in
die Arme. Dann drückte er ihr diesen Stein in
die Hand. „Weißt du noch? Ich war gestern
noch einmal an unserem Strand. Der Stein
hat dort gelegen. Du schaffst das – ganz bestimmt!"
„Typisch dein Vater! Wer sonst würde schon
seinem Kind einen dreckigen Stein zum Abschied schenken?", zeterte Bettinas Mutter,
als sie zu ihr zurückkam.
Der Stein war immer ihr Begleiter geblieben.
Er war für sie so wichtig wie das tägliche Brot.
Immer wenn ihr etwas Unüberwindliches

bevorstand, erinnerte er sie: „Du schaffst das
– ganz bestimmt!" Zugegeben: Es hatte nicht
immer funktioniert und dennoch gab der
Stein ihr ein Stück Sicherheit.

Nun saß Bettina am Sterbebett ihres Vaters.
Der alte Mann atmete schwer.
Als sie aufschaute, blickte sie in die offenen
Augen ihres Vaters. Unwillkürlich öffnete sie
die Hand und zeigte ihm den Stein. Bettina
war sich sicher, ihr Vater hatte ein wenig ge-
lächelt.

wpk

EIN STEIN AUS FILZ
Nehmen sie etwas weiße, graue, braune und
schwarze Märchenwolle. Aus einer der Farben
formen sie ein Kugel, die mit Schmierseife
und etwas warmem Wasser fest eingefilzt
wird. Anschließend arbeitet man je nach Ge-
schmack weitere Wollebüschel wieder mit
Seife und Wasser fest ein, bis ein ausreichend
großer Filzstein entsteht. Man kann den Stein
noch in eine gewünschte Form drücken. Die
Seife wird nun mit warmem Wasser vorsichtig
ausgewaschen. Der Filzstein muss nur noch
an einem warmen Ort trocknen.

wpk

Wenn diese schweigen werden,
so werden die Steine schreien.
LUKAS 19,40B

Trümmersteine erzählen von Leid

Christoph war als Anästhesist bei den KAFOR-Truppen in Sarajevo eingesetzt. Mit dem Sanitätsfahrzeug fuhr er mit Bernd, dem Fahrer, durch die zerstörten Straßen.

„Fährst du einmal da drüben rein", bat Christoph, und Bernd steuerte das Fahrzeug in eine Straße und hielt vor einem Haus, das intakt schien. „Nur einen Moment – bin gleich wieder da."

Christoph stieg die zum Teil mit Schutt bedeckte Treppe hinauf. Im dritten Stock hingen nur noch Reste der Wohnungstür in den Angeln. Christoph bahnte sich seinen Weg durch die Trümmer. Dann stand er wieder in dem kleinen Zimmer.

Hier hatten sie Irina, ein kleines Mädchen, abgeholt. Schwer verletzt, die Arme von einer Sprenggranate zu einem großen Teil abgerissen, hatte sie am Boden gelegen.

Christoph ging in die Hocke. Brocken von Beton und Mauersteinen übersäten den Boden. Zwischen den Steinen lag ein Puppenkopf. Er war nahezu unversehrt. Das musste Dunja sein, Irinas Puppe. Christoph kam es vor, als wenn die Trümmersteine die ganze leidvolle Geschichte geradezu hinausschreien würden. Irina und ihre Eltern waren gerade erst in die alte Wohnung zurückgekehrt. Das Kind war in sein Kinderzimmer gelaufen, da lag Dunja, ihre Lieblingspuppe. Sie schloss sie glücklich in die Arme. Dann gab es einen lauten Knall. In Dunja war eine Sprengfalle versteckt.

Christoph nahm den Puppenkopf. Dabei fiel sein Blick auf einen Mauerstein, der aussah wie ein Gesicht mit einem weit aufgerissenen Mund. Er griff nach dem Stein.

Draußen wartete Bernd. „Was hast'n da so lang gemacht?" „Den Steinen zugehört", antwortete Christoph. Kopfschüttelnd startete Bernd das Fahrzeug.

wpk

DER CELLIST VON SARAJEWO

Es ist ein eindrückliches Foto: Ein Cellist im schwarzen Anzug spielt feierlich zwischen Trümmern. Das Foto zeigt den Musiker Vedran Smailović zwischen zerborstenen Fenstern und zerbombten Mauern in der teilweise zerstörten Nationalbibliothek Sarajewos. Häufig ist er zu hören bei verschiedenen Beerdigungen in seiner umkämpften Stadt. Und während die Stadt belagert ist und Scharfschützen auf die Menschen schießen, setzt sich der Cellist jeden Tag auf die Straße und spielt ein Adagio, 22 Tage lang im Gedenken an 22 getötete Menschen. Ein Buch erzählt seine Geschichte. Außerdem sind im Internet viele Fotos des Cellisten in der umkämpften Stadt zu sehen; einfach in einer Suchmaschine unter Bilder/Fotos folgenden Suchbegriff eingeben: „Der Cellist von Sarajevo".

jvl

Meister, diese Frau ist auf frischer Tat beim Ehebruch
ergriffen worden. Mose aber hat uns im Gesetz geboten,
solche Frauen zu steinigen. Was sagst du?
JOHANNES 8,4B+5

Welcher Stein ist der richtige?

„Wer unter euch ohne Sünde ist, der werfe
den ersten Stein auf sie."

Herr K. wusste, dass es eine schwere Entscheidung werden würde. Aber er hatte sich in
seinem ganzen Leben nie vor schweren Entscheidungen gedrückt. Dann auch jetzt nicht.
Er überlegte lange. Welcher Stein sollte es
sein? Vielleicht einer von den spitzen? Er würde bestimmt eine fiese Wunde hinterlassen.
Aber war er nicht einfach zu klein?
Eher doch der große Brocken dort. Der würde
fast schon ausreichen. Dann brauchte es keinen zweiten mehr. Nur wog er eine ganze
Menge. Es würde nicht leicht sein, ihn präzi-
se zu platzieren.
Sein Blick fiel auf einen Stein mittlerer Größe.
Er lag gut in der Hand. War etwas rundlich.
Damit konnte man ausgezeichnet werfen und
hundertprozentig treffen. Aber war er wirklich
passend? Er wirkte fast wie ein Schmeichelstein.
Herr K. versank ins Grübeln. Die Entscheidung
wollte wohlüberlegt sein. Man wirft nicht alle
Tage den ersten Stein. Da sollte man schon
den richtigen finden.
Vielleicht sollte er die Sache noch einmal
überschlafen. Morgen ist auch noch ein Tag.
Und es gab so viele Steine.
Herr K. schaute zu der Frau. Er hatte ein gutes
Gefühl. Er handelte wenigstens überlegt.

wpk

ASTRID LINDGRENS STEIN
Von Astrid Lindgren stammt die Geschichte
„Der Stein". Sie erzählte sie, als sie 1978 den
Friedenspreis des Deutschen Buchhandels in
Frankfurt erhielt. Darin berichtet Astrid Lindgren von einem kleinen Jungen, der in einem
Erdbeerbeet der Nachbarin Erdbeeren ge-
nascht hatte. Darum habe er nun Schläge
verdient, meinte die Nachbarin, damit aus
ihm kein Dieb werde. Die Mutter schickte daraufhin den Jungen hinaus, um eine Rute zu
suchen. Er kam schluchzend zurück: Er habe
keine Rute gefunden, nur einen Stein. Den
könne die Mutter ja stattdessen nach ihm
werfen. Er reichte der Mutter den Stein, der
kaum in seiner kleinen Hand Platz fand. Daraufhin weinte die Mutter und legte den Stein
ins Regal, wo sie ihn jeden Tag sehen konnte,
bis der Junge erwachsen war.

jvl

FEBRUAR

**ERWACHSEN GLAUBEN –
KIND BLEIBEN?**

Paulus
Von Kindheit an
Der verlorene Sohn
Geschwistergeschichten
Jona – ein religiöser Rebell
Beten

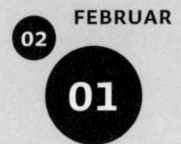
Niemand bleibt immer gleich

Wer bin ich? Wer bist du? Wer ist Gott? Fragen von Jugendlichen und Erwachsenen, die immer wiederkehren. Fragen, die immer neu beantwortet werden müssen, je nachdem, wo wir gerade im Leben stehen.

Saulus war von sich und seiner Sache überzeugt. Er war der beste, der bekannteste, der am meisten gefürchtete Verfolger der Christen. Nichts konnte er dieser neuen Gruppe mit ihrem Jesus abgewinnen. Vernichten wollte er sie. Vollständig! Grausam!

Paulus ist von seiner Sache überzeugt. Er ist der Erste, der Bekannteste. Er ist Missionar mit Leidenschaft. Die frohe Botschaft von Jesus Christus trägt er in die Welt hinaus. Er predigt, auch wenn andere ihn auslachen, auch wenn er in Gefahr ist. Er gründet Gemeinden, sorgt sich um sie, begleitet sie aus der Ferne mit seinen Briefen. Er nimmt große Mühen und Schwierigkeiten auf sich. Er findet sich selbst nicht besonders toll, sieht eigene Schwächen und Fehler. Aber er ist überzeugt, dass Jesus selbst ihm begegnet ist. Er ist überzeugt, dass Gott diese besondere Aufgabe für ihn ausgewählt hat. Und deswegen tut er, was er kann und so gut er es kann. Mit Leib und Seele, mit all seinen Kräften.

Eine Begegnung hat ihn verändert, sie brachte eine Wendung um 180 Grad. Eine Begegnung kann Werte und Überzeugungen über den Haufen werfen und alles neu machen. Damals vor Damaskus ereignete sich eine besondere Begegnung und machte aus Saulus Paulus. Gott wurde spürbar. Gott ereignete sich auf dem Weg. Neues Leben und neue Wege sind möglich, auch heute.

Welcher Mensch fällt mir zum Thema ein: Dietrich Bonhoeffer hat während seiner Haftzeit den bekannten Text „Wer bin ich?" geschrieben. Die drängende Frage, wie er selbst sich sieht und wie andere ihn wohl sehen, wird aufgehoben in der Geborgenheit, die Gott schenkt. Gott kennt jeden Menschen, nimmt ihn an und liebt ihn, so wie er oder sie ist.

af

VERGISS ES NIE
Vergiss es nie, dass du lebst,
war keine eigene Idee,
und dass du atmest, kein Entschluss von dir.
Vergiss es nie, dass du lebst,
war eines anderen Idee;
und dass du atmest, sein Geschenk an dich.
Du bist gewollt, kein Kind des Zufalls,
keine Laune der Natur,
ganz egal, ob du dein Lebenslied
in Moll singst oder Dur.
Du bist ein Gedanke Gottes,
ein genialer noch dazu.
Du bist du! Das ist der Clou!

Jürgen Werth

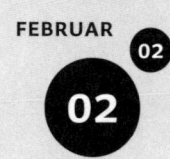
Ich bin nicht wert, dass ich ein Apostel heiße,
weil ich die Gemeinde Gottes verfolgt habe.
1. KORINTHER 15,9

Allein aus Gnade

Ich war es wohl nicht wert eingeladen zu werden. Dieser schmerzhafte Gedanke machte sich in mir breit, nachdem ich bei Facebook von der Party der Freunde am Abend zuvor las. Eigentlich ist es mir ja auch nicht wichtig, aber andererseits kränkt es mich doch. Warum war ich es nicht wert? Bin ich zu langweilig? Zu uncool? Fragen einer Jugendlichen. Warum tut er das? Bin ich es nicht wert, dass er Rücksicht auf mich nimmt? So oft habe ich ihn gebeten und trotzdem handelt er immer wieder ganz anders. Fragen einer Ehefrau. Wenn ich so nachdenke, dann fallen mir noch viele weitere Beispiele ein. Kleine und große, die mich fragen lassen: Bin ich es nicht wert? Fragen von vielen.

Wer oder was ist wertvoll? Für wen bin ich wertvoll?

Im Gottesdienst wurde ein Psalmwort gebetet: Ich danke dir, dass ich wunderbar gemacht bin (Psalm 139,14). Wunderbar gemacht – ich? Mit allen Fehlern und Schwächen? Also bin ich es wert, für ihn?!
Jeder und jede ist wertvoll für Gott, unabhängig von Leistung und Fehlern. Allein aus Gnade. Paulus lebt aus dieser Gewissheit. Aus ihr schöpft er die Kraft für all sein Tun. Nicht der Mensch selbst macht sich wertvoll, sondern Gott schenkt den Wert. Allein aus Gnade. Für Gott bin ich es wert mit Fehlern, Schwächen und Schuld. Für Gott bist du es wert. Wir sind wertvoll für ihn.

Und die Einladung, die nicht kam? Und die vermisste Rücksichtnahme? Und all die anderen Dinge? Mehr Abstand dazu ist möglich, denn grundsätzlich weiß ich: Ich bin es wert durch ihn.

af

WAS MICH WERTVOLL MACHT
Martin Luther hat um die Frage gerungen, was den Menschen gerecht und wertvoll vor Gott macht. Sola gratia – so ist eine reformatorische Erkenntnis von ihm zusammengefasst worden. Der Mensch kann sich nicht selbst durch Werke Ansehen vor Gott verdienen. Gott gibt jedem Menschen seinen Wert, allein durch Gnade. Durch dieses Gnadengeschenk ist der Mensch nun in besonderer Weise berufen und befähigt, gute Werke zu tun.

Ich danke dir dafür, dass ich wunderbar gemacht bin; wunderbar sind deine Werke; das erkennt meine Seele.
Psalm 139,14

af

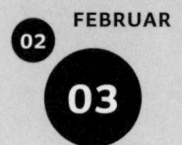
Und der Herr hat zu mir gesagt:
Lass dir an meiner Gnade genügen;
denn meine Kraft ist in den
Schwachen mächtig.
2. KORINTHER 12,9A

Gott ist paradox

Stärke – Schwäche
Größe – Niedrigkeit
Macht – Ohnmacht
Reichtum – Armut
Gott – Jesus Christus
Auferstehung – Kreuz
GNADE
Gott ist anders
Gott ist allmächtig in der Liebe
Vertrauen

Ich schaffe es nicht, die Aufgabe ist zu groß
für mich. Wie viele Menschen haben das
schon gedacht. Kinder, Jugendliche und Erwachsene. Darunter auch Moses, Jeremia und
Paulus. Moses hat ein schweres Verbrechen
begangen. Und doch hat Gott ihn auserwählt,
das Volk Israel aus der Unterdrückung her-
auszuführen. Lass dir an meiner Gnade genügen, denn meine Kraft ist in dem Schwachen
mächtig.
Jeremia fühlte sich zu jung, um als Prophet
in schwerer Zeit Gottes Wort zu verkünden.
Lass dir an meiner Gnade genügen, denn meine Kraft ist in dem Schwachen mächtig.
Und Paulus, nicht nur, dass er früher Christen
verfolgt hat. Wahrscheinlich hatte er auch
einen Sprachfehler – und das als Prediger. Lass
dir an meiner Gnade genügen, denn meine
Kraft ist in dem Schwachen mächtig.
Sie haben es geschafft – mit Gottes Hilfe.

Ich vertraue: Ich schaffe es – mit Gottes Hilfe.
Und meinen Kindern sage ich es weiter: Du
schaffst es – mit Gottes Hilfe.

af

BLÜHENDES LEBEN
In Lateinamerika gibt es Holzkreuze, die mit
bunten, leuchtenden Farben bemalt sind. Biblische Geschichten sind darauf abgebildet,
aktuelle Erfahrungen der Menschen, die Be-
drohtheit und Schönheit der Schöpfung. Das
Stärkste aber ist: Auf der Grundlage des Kreuzes blüht neues Leben. Aus den Erfahrungen
des Leidens und Sterbens Jesu Christi wächst
Hoffnung und Kraft auf Überwindung. Gott
ist an der Seite der Schwachen und Leidenden.
Das Vertrauen in diesen Gott motiviert Menschen, Strukturen zu durchbrechen. Erfahrungen von Auferstehung.

af

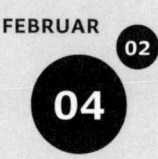
Denn ihr alle, die ihr
auf Christus getauft seid,
habt Christus angezogen.
GALATER 3,27

Gute Gründe für die Taufe

Michaela ist zehn Jahre alt. Ihre Eltern haben nichts für die Kirche übrig. Kirche und Glauben spielt in ihrem Leben keine entscheidende Rolle. So kam es, dass Michaela als Baby nicht getauft wurde. Trotzdem: Schon ganz früh zerrt Michaela ihre Eltern immer wieder zu dem großen Haus, in dem der liebe Gott wohnt. Ehrfürchtig bewegt sie sich dann durch das alte Kirchengemäuer und kann stundenlang dort sitzen, die bunten Kirchenfenster bestaunen oder dem Klang der Glocken lauschen. Seit sie einmal beim Kindergottesdienst war, will sie unbedingt immer wieder dorthin. Der Religionsunterricht in der Schule kommt dazu. Michaela stellt den Eltern unendlich viele Fragen über Gott und die Welt, den Ursprung und das Ziel allen Lebens, den Grund für das Gute und das Böse. Die Eltern fühlen sich dadurch sehr herausgefordert. Schließlich äußert Michaela den Wunsch getauft zu werden. Die Eltern wundern sich über ihre Tochter, die so zielstrebig und ungewöhnlich selbstständig ihren religiösen Weg geht. Michaela wird getauft. Es ist ein besonderer Gottesdienst. Sie selbst strahlt – oder vielleicht strahlt auch etwas durch sie hindurch. Und die Eltern, sie haben das Gefühl, dass ihnen der Himmel ein Stück weit offen stand.

Taufe und Tauferinnerung verweisen Kinder über das Sichtbare hinaus auf Gott, der sie liebt, annimmt und jeden Tag durch Freuden und Traurigkeiten begleitet.

af

DU BIST DA
Du bist da, du bist da,
bist am Anfang der Zeit,
im Arm einer Mutter bist du.
Bist am lichten Tag, im Dunkel der Nacht
hast du für mich schon gewacht.

Stehe ich staunend am Strand und träume,
zähle die Körner im Sand.
Lote ich aus die Meerestiefe,
sehe hinaus ins Sternenhaus.

Du bist da, du bist da, bist am Anfang der Zeit,
auch jenseits der Sterne bist du,
bist am lichten Tag, im Dunkel der Nacht
hast du für mich schon gewacht.

jvl

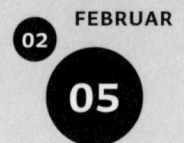

Paulus

Hier ist nicht Jude noch Grieche,
hier ist nicht Sklave noch Freier,
hier ist nicht Mann noch Frau;
denn ihr seid allesamt einer in Christus Jesus.

GALATER 3,28

Elternsorgen

Was gebe ich meinem Kind mit? Was gehört zu einer umfassenden, guten Bildung dazu? Wie erziehe ich zu Selbständigkeit und Verantwortung? Elternhäuser prägen. Ja! Ja, aber:

Es gibt da noch etwas Anderes.
Es gibt da einiges, das haben wir nicht in der Hand.

Es gibt da ihn – Gott. Gott entscheidet anders. Oder: Gott macht keinen Unterschied. Wen Gott für eine Sache auswählt, das hängt nicht von Bildung, Familie, Vergangenheit und Fähigkeiten ab. Ihm ist das alles ganz egal. Paulus hat diese Erfahrung gemacht. Er wurde berufen, obwohl er die Christen vorher verfolgt hatte. Und: In den christlichen Gemeinden trafen und treffen sie alle zusammen: Juden und Griechen, Männer und Frauen, Freie und Sklaven, Arme und Reiche. Alle sind sie mit der gleichen Taufe getauft. Gott macht da keinen Unterschied. Bildung und Herkunft treten in den Hintergrund.

Natürlich sollen und dürfen Eltern nicht die Hände in den Schoß legen und die Erziehung dem Zufall überlassen. Aber zum eigenen Bemühen und Ringen darf ruhig eine gute Portion Gottvertrauen hinzukommen.

af

GEBET EINER PATENTANTE

Guter Gott, ich danke dir, dass ich Patin sein darf. Ich bitte dich für meine Patenkinder, dass sie fröhlich und in Frieden aufwachsen und frei ihren eigenen Weg gehen können. Ich verstehe gut, dass sich ihre Eltern oft um die Kinder sorgen. Es kann doch so viel passieren. Zeige auch mir, wie ich für sie da sein kann. Ich möchte Halt geben und helfen und ihr Vertrauen in das Leben stärken. Hilf mir, sie auch zum Glauben zu führen, dass sie in dir, Gott, eine Hilfe für ihr Leben finden mögen. Lass uns einen guten Draht zueinander behalten.

mg

Denn diese Nacht trat zu mir der Engel
des Gottes [...] und sprach: Fürchte dich
nicht, Paulus.
APOSTELGESCHICHTE 27,23+24A

Nur Mut!

Im Nachhinein, mein lieber Paulus, erzählt sich deine Geschichte gar nicht so schlecht. Doch was magst du gefühlt haben, damals auf dem Schiff. In Adramyttion bist du losgefahren, nicht ohne deine Gefährten zu warnen: Bleiben wir lieber hier, das geht doch nicht gut. So warne ich auch immer meine Kinder, aber auch die sind zumeist nicht zu belehren. So fuhr das Schiff los, vorbei an den sicheren Häfen. Und als der Sturmwind losbrauste und sogar die Ladung über Bord geworfen werden musste, da war allen klar: Nun ist es vorbei! Nun gib es keine Rettung mehr. Was für eine Angst müsst ihr ausgestanden haben!

Doch du, Paulus, hattest einen Traum, der dich nicht verzagen ließ. Ein Engel, ein Bote Gottes, erschien dir in der Nacht in einem hellen Licht. Und er sprach: „Fürchte dich nicht!" Er versicherte dir, dass dein Weg nicht auf dem Meer zu Ende gehen, sondern dass der Kaiser dich erwarten würde. Fürchte dich nicht, Paulus, diesen Sturm werdet ihr überleben!

Du hast es ihnen erzählt: Dieses Wort machte allen auf dem Schiff Mut. Fürchte dich nicht! Du, Paulus, erzähltest von deinem Traum und die Mannschaft fasste Mut. Die Ladung war verloren und das Schiff nicht mehr zu retten, aber Gott stand euch bei. Und welcher Sturmwind kann dem etwas anhaben, der sich von Gott getragen weiß!

Im Nachhinein erzählt sich deine Geschichte gar nicht so schlecht, doch ich bewundere deinen Glauben und deine Zuversicht. Vielleicht hast du gezweifelt, aber das zeigtest du nicht. Du hast ihnen allen Hoffnung und Lebensmut gegeben. Wie oft brauche ich jemanden, der zu mir spricht: „Fürchte dich nicht!" Wie gerne will ich es anderen sagen.

cf

PAULUS

Wie ich diesen Mann bewundere! Immer ist er unterwegs. Mit dem Schiff, zu Fuß. Zeltmacher ist er von Beruf und Missionar ist er aus Leidenschaft. Wie viele Stunden er wohl in der Woche arbeitet? Alles will er mit den eigenen Händen schaffen. Außerdem schreibt er, dass er krank ist. Er tut ziemlich geheimnisvoll, was seine Krankheit angeht. Er deutet nur an: „Ein Engel des Satans darf mich mit Fäusten schlagen, damit ich nicht überheblich werde." Natürlich hat Paulus sich an Gott gewandt, um den „Engel des Satans" loszuwerden. Aber Gott ist seiner Bitte nicht gefolgt. Paulus bleibt krank. Die Antwort Gottes ist: „Lass dir an meiner Gnade genügen, denn meine Kraft ist den Schwachen mächtig." Paulus hat es akzeptiert. Er nimmt sein Leiden an. Für diesen Gott setzt er seine ganze Kraft ein. Seine Predigten waren nicht besonders mitreißend, da ist schon mal jemand eingeschlafen. Aber seine Briefe haben es in sich. Fast 2000 Jahre alt, werden sie doch noch immer gelesen, die Paulusbriefe im Neuen Testament. Paulus ist schwach und stark zugleich. Wie ich diesen Mann bewundere!

mh

Freuet euch in dem Herrn allewege,
und abermals sage ich: Freuet euch!
PHILIPPER 4,4

Grund zur Freude!

6:00 Uhr morgens, es ist noch dunkel.
Der Wecker klingelt. Aufstehen. Die Kinder müssen zur Schule. Vorher schnell die Schulbrote geschmiert und in aller Eile gefrühstückt. Der Sportbeutel fehlt. Macht schnell, sonst verpasst ihr den Bus.

Freuet euch?

9:30 Uhr vormittags, kurze Arbeitspause.
Endlich zehn Minuten für einen Blick in die Zeitung: Die Politik scheint verrückt zu spielen. An vielen Orten in der Welt herrscht Krieg. Die Wirtschaft entwickelt sich nicht so, wie sie sollte.

Freuet euch?

17:30 Uhr kurz vor dem Abendbrot.
Der Ehepartner kommt mies gelaunt nach Hause. Es gab wohl Ärger im Büro. Die Hausaufgaben der Kinder sind immer noch nicht fertig und heute ging die Waschmaschine kaputt.

Freuet euch?

Wer sollte sich da freuen, wenn es jeden Tag so viele Gründe gibt sich zu ärgern, traurig zu sein und in Wut zu geraten? Doch gibt es mehr im Leben! Dinge, die den Menschen ge-schenkt sind, Quellen der Kraft und der Zuversicht. Dankbarkeit und Vertrauen sind so mächtig, dass sie helfen trostlose Situationen zu überwinden – mehr als es jeder Ärger könnte. Nicht der Ärger soll euch durchs Leben führen, sondern einer, der versprochen hat bei uns zu sein und uns zu tragen. Stärkt euch an dieser Kraft: Freuet euch in dem Herrn allewege, und abermals sage ich euch:

Freuet euch!

cf

ATEM MEINES LEBENS
Du geheimnisvoller Begleiter
ich ahne
du möchtest eins werden
mit mir
du möchtest einfließen
in mein Sein
möchtest Atem sein
meines Lebens

as

Aber durch Gottes Gnade
bin ich, was ich bin.
1. KORINTHER 15,10A

Wo wäre ich jetzt?

Wie oft stehe ich da und schüttle, zumindes-tens innerlich, den Kopf, wenn ich mir ansehe, wie meine Kinder ihre Zeit verbringen, wie mühsam sie den Schulalltag empfinden, wie gedankenlos sie in die Zukunft gehen. Dabei ist doch jeder Tag ein Geschenk, das genutzt werden will!

Meine Gedanken gehen zurück in die eigene Jugend, in die Pläne und die Planlosigkeit. Was habe ich getan, was verschwendet? Was hätte ich tun sollen und was besser lassen? Den Kopf schüttle ich nun über mich.
Ich denke an Saulus, diesen hartherzigen Chris-tenverfolger, der es nicht wert ist, dass man heute noch über ihn redet. Den Kopf kann man schütteln, nur Verachtung ausdrücken.

Und doch: Es geschah etwas, das hat ihn ver-ändert und machte aus dem Saulus den Paulus. Gott hatte einen Plan mit ihm, hat ihn geführt und zu seiner Bestimmung geleitet. Sein eige-nes Werk war diese Wandlung sicher nicht.
Ich blicke auf mich, auf mein eigenes Leben. Ich bin zufrieden, habe erreicht, was ich errei-chen wollte – oder besser: was mir geschenkt wurde. Dankbar und zufrieden bin ich dafür, doch immer mehr merke ich, dass es sicher nicht mein eigenes Werk war – müsste ich mich auf mich verlassen, wo wäre ich jetzt?

Aus Saulus wurde Paulus, und aus mir, dem unvernünftigen Jungen, letztlich dann doch auch ein verantwortungsvoller Mensch. Das kann mir doch für meine Kinder Hoffnung und Zuversicht geben: Dass sie ihren Weg ma-chen werden, ebenso wie ihre Fehler, doch dass sie auf diesem Weg nicht allein sind, dass einer einen Plan mit ihnen hat – einer, der gnädig ist und sie lenken wird.

cf

WENN DEIN KIND DICH MORGEN FRAGT
Wie ist dein Lebenstraum,
der dir zu Herzen geht,
der über dich hinausgeht
und weit in die Zukunft ragt?
Sagt, wofür wir leben wollen,
wenn dein Kind dich morgen fragt.

In welchem Lebensraum ist jemand,
der dich hält,
mit dir an Grenzen geht
bis an das Ende der Welt?
Sagt, warum wir glauben können,
wenn dein Kind dich morgen fragt.

Mit welchem Lebensziel
kannst du glaubwürdig sein
und in dem, was du tust,
zieht ein Stück Himmel ein,
der über dich hinausgeht
und weit in die Zukunft ragt?
Sagt, wie wir denn handeln sollen,
wenn dein Kind dich morgen fragt.

fb

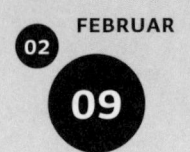
Paulus

Es sind verschiedene Gaben;
aber es ist *ein* Geist.
1. KORINTHER 12,4

Einheit in der Vielfalt

Drei Kinder habe ich
alles Söhne, alle blond
alle zwar verschieden alt – wie die Orgelpfeifen
stehn sie da,
aber dennoch ganz gleich
mir wie aus dem Gesicht geschnitten
der eine, ein guter Musiker
der andere versteht sich auf die Technik
der dritte, der hat Fantasie, mit der er andere
in Traumwelten mitnehmen kann.

Der eine ist ein stiller Vertreter, wie man so sagt
der andere redet wie ein Buch
und einer ist sehr launisch.
Wenn ich es mir recht überlege, so sind sie ganz
verschieden
mit unterschiedlichen Interessen
verschiedenen Ideen und Wünschen,
mit Bedürfnissen, die den meinen nicht entsprechen.
Und wie oft gibt es Streit
um alles und nichts, um dies oder das,
weil sie ja so verschieden sind
und will einer seine Ruhe, will der andere Aktion
und der dritte ein Eis.

Wenn unser Vater auf seine Kinder sieht,
was mag er da wohl denken?
Er wird sich freuen über die Vielfalt, die er gab,
denn dieses bunte Treiben
ist doch in ihm verbunden.

cf

LEBEN IN VIELFALT
Herr,
mach uns fähig, dich in der Vielfalt
des Menschseins zu erkennen.
Die Gaben sind verschieden,
doch es ist dein Geist, der sie wirkt.

cf

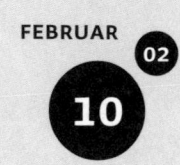

Es sind verschiedene Kräfte;
aber es ist *ein* Gott, der da wirkt alles in allen.
1. KORINTHER 12,6

Wer ist der Beste?

Ich bin stark, spricht der eine.
Ich bin sehr klug, brüstet sich der andere.
Ich bin geschickt, übertrumpft sie der Dritte.
Wer ist der Beste?

Als der Apostel Paulus durch die Welt reiste
und Gemeinden gründete, wurde er so oft mit
Situationen dieser Art konfrontiert.
Ich beherrsche die Zungenrede!
Ich habe Visionen!
Ich pflege die Kranken!
Wer ist der Beste?

Ganz unterschiedlich sind die Fähigkeiten
und Talente auf die Menschen verteilt. Ganz
unterschiedlich sind die Situationen, in denen sie leben. Doch wer ist der Beste?
Ganz unterschiedlich seid ihr, stellt Paulus
fest und deshalb seid ihr alle so wertvoll und
einzigartig. In eurer Vielfalt liegt unsere Kraft.
Eure Vielfalt ist Gottes Geschenk.

Wie könnte man Kinder besser stärken, als
ihnen davon zu erzählen, dass Gott sie einma-
lig und wunderbar geschaffen hat. Dass sie,
so wie sie sind, unendlich wichtig sind. Genauso, wie sie sind, werden sie in der Familie,
in der Schulklasse und in der Welt gebraucht.
Nicht als Norm-Menschen, sondern als einzig-
artige Wesen.

Ich bin stark, spricht der eine.
Ich bin sehr klug, brüstet sich der andere.

Ich bin geschickt, übertrumpft sie der dritte.

So ist es richtig, ruft Paulus ihnen zu, denn
so verschieden hat Gott euch gewollt und gerade darin liegt eure Kraft!

cf

MUT, KRAFT UND VERTRAUEN
Mein himmlischer Vater,
gib mir den Mut mich anzunehmen,
wie ich bin.
Hilf mir, dass ich mich nicht
vergleiche mit denen,
die stärker, größer, schöner und
besser sind als ich.
Gib mir Kraft zu mir zu stehen,
wie ich bin,
Gelassenheit andere zu nehmen,
wie sie sind,
Und Vertrauen zu wissen,
dass du mich genau so gewollt hast.

cf

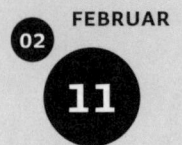
Von Kindheit an

Zu derselben Stunde traten die Jünger zu
Jesus und fragten: Wer ist doch der Größte
im Himmelreich? Jesus rief ein Kind zu sich
und stellte es mitten unter sie.
MATTHÄUS 18,1+2

Noch einmal Kind sein

Plötzlich steht sie vor mir und ich muss anfangen zu lachen: rote Haare, Zöpfe zu beiden
Seiten, Sommersprossen, ein geflickter Kittel
und zwei verschiedene Paar Strümpfe. So
hüpft sie von einem Bein aufs andere, lacht
durch ihre Zahnlücke und hebt gleichzeitig
zwei Polizisten ein ganz klein bisschen hoch:
Das ist Pippi Langstrumpf, wie wir sie kennen.
Sie läuft da herum in der Astrid Lindgren Welt
in Vimmerby in Schweden, einem Freizeitpark
voller Geschichten, den ich mit der Familie
besucht habe.

Die Kinderbücher von Astrid Lindgren werden
hier lebendig: Hier stehen die drei Höfe von
Bullerbü, hier trifft man Karlsson vom Dach
mit seinem Propeller auf dem Rücken, hier
sieht man, wie der kleine Michel mit seinem
Kopf in der Suppenschüssel steckt. Eine bunte Bilderbuchwelt, von Schauspielern zum
Leben erweckt ...

Mir fiel besonders auf, dass nicht nur die Kinder ihren Spaß hatten. Viele Väter und Mütter
waren ebenso aufgeregt und verfolgten gespannt die Geschichten, die dort gespielt wurden. Die Erwachsenen, so schien es, wurden
für ein paar Stunden in ihre Kindheit zurück-
versetzt. Für viele ist das ein gutes Gefühl. Das
Gefühl ganz geborgen zu sein. Aus Kindersicht
war die Welt oft gut behütet und randvoll mit
guten Geschichten.

Über dieses Gefühl hat Jesus einmal gesprochen. Er kannte es gut. Er war ja einer von
dem man sagen kann, dass er sich sein Vertrauen in die Welt auch als Erwachsener bewahrt hat. Er ist bei seinem „kindlichen"
Gottvertrauen geblieben und lehrte uns das
„Vater"unser. Und er sagte: Werdet wie die
Kinder!

Die Begeisterung am Leben, das Vertrauen in
die Welt, die Freude am Spiel – das alles möchte ich gerne hin und wieder von den Kindern
lernen. Und an den Tagen, an denen mir dies
gelingt, habe ich durchaus das Gefühl, Gott
ein bisschen näher zu sein.

jvl

KINDER SIND DIE HOFFNUNG
Kinder haben Hoffnung:
Schau in ihr Gesicht,
Augen lügen nicht, sehen weit.
Kind geht durch die Zeit,
macht die Arme weit.

Kinder sind die Hoffnung:
Botschaft an die Welt.
Erde wird sich drehn, du wirst sehen,
Gott schenkt Lebenszeit,
macht die Arme weit.

Holger Kiesé / jvl

Wenn ihr nicht umkehrt
und werdet wie die Kinder,
so werdet ihr nicht
ins Himmelreich kommen.
MATTHÄUS 18,3B

Die Kraft des Spiels

Die beiden kleinen Jungen rennen ins Kinderzimmer. Es dauert keine fünf Minuten, da sind die Kisten mit den Bauklötzen ausgekippt und in dem Raum herrscht ein einziges „Drunter und Drüber". Als Erwachsener finde ich das manchmal chaotisch, aber dann, eine halbe Stunde später, sind dort ein paar Häuser gebaut, eine Eisenbahn tuckert über den Teppich und eine Geschichte spielt dort unten in der Stadt aus Bauklötzen. Es ist faszinierend, wie Kinder spielen können. Sie sind dann ganz bei der Sache, erschaffen ihre kleine Welt, machen aus dem Chaos im Kinderzimmer eine Ordnung und alles hat seinen Platz. Zumindest für einen Moment ...

So haben wir es ja vielleicht auch erlebt. Als wir Kinder waren, da war auch für uns die Welt noch voller Abenteuer. Wir hatten ein kleines Baumhaus, versteckt in einem Garten, jenseits der Welt der Erwachsenen. Wir ließen Steine springen auf einem See und tobten über eine sommerliche Wiese. Wie verzaubert waren die Spiele der Kinderzeit!

Von Zeit zu Zeit sprechen auch wir Erwachsene noch einmal diese „Sprache der Kindheit" und sie tut uns gut. Von meinem Onkel wird erzählt, dass er sich einen Stapel Akten auf die Schienen seiner Modelleisenbahn legte. War der Stapel abgearbeitet, tuckerte zur Belohnung die Eisenbahn los. Und wie oft spielen wir als Familie am Sonntagnachmittag und vergessen darüber den trüben Tag.

Da lichtet sich plötzlich der Alltag und ich vergesse manche Pflicht und auch manche Sorge. Friedrich Schiller hat einmal gesagt, dass der Mensch nur im Spiel wirklich Mensch ist. Und vielleicht könnte man hinzufügen: Im Spiel nähert sich der Mensch nicht nur sich selbst, sondern auch seinem Gott. Wir werden beschenkt mit Gelassenheit, mit Lebensfreude und schöpfen Kraft.

jvl

IMPULSTEXT
Übrigens, auf den Internetseiten der Evangelischen Kirche Deutschlands finden Sie eine Reihe schöner Online-Spiele rund um Themen oder Personen der Bibel bzw. aus der Kirchengeschichte.
Auf ekd.spiele.de Spiel aussuchen und losgeht`s. Viel Spaß!

mg

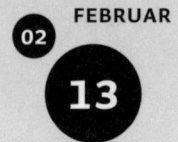
Als ich ein Kind war, da redete ich wie ein
Kind und dachte wie ein Kind und war klug
wie ein Kind; als ich aber ein Mann wurde,
tat ich ab, was kindlich war.

1. KORINTHER 13,11

Mit Gott wachsen

Im Haus meiner Kindheit gab es einen ganz besonderen Türpfosten. Er war mit zahlreichen Strichen, Namen und Zahlen versehen Die Tür hieß die „Großwerdetür", denn sie war unsere Messlatte. Alle sechs Monate stellten wir Kinder uns neben den Pfosten. Dann nahm unsere Mutter ein Lineal, legte es auf den Kopf und zog einen Strich auf den Balken. Diesen Strich versah sie mit dem Namen des Kindes und dem Datum. Das war spannend: Stolz und staunend sahen wir uns wachsen, größer werden, Jahr für Jahr.

Und als bei meiner Mutter dann einmal als alles drunter und drüber ging und sie sagte, es sei manchmal mühsam, Kinder großzuziehen, da habe ich als kleiner Junge protestiert: „Mich musst du nicht großziehen, ich wachse von ganz allein." Und ich habe auf den Türpfosten gezeigt. Da war deutlich zu sehen: Klar, wir wachsen einfach so den Türpfosten hinauf, wie die Kletterrosen an der Hauswand ...

Ich kann mir auch so eine „Messlatte des Glaubens" vorstellen, an der ich innerlich groß geworden bin. Nicht als „Leistungsbilanz", sondern als Lebensbilanz. Da war ganz am Anfang eine erste Markierung, ein erstes Datum neben meinem Namen: Ich wurde getauft. Vor langer Zeit. Wasser, die Taufkerze, ein Taufspruch gehörten dazu. Und natürlich der Segen. Wie es dann weiterging? Die Jahre brachten manch andere Markierung mit sich: Die Eltern oder die Großeltern lasen aus der Kinderbibel vor und erzählten von ihrem Leben und ihrem Glauben. Ganz bewusst erlebte ich als Kind die großen kirchlichen Feste wie Weihnachten oder Ostern. Da waren Familien- oder Jugendgottesdienste und irgendwann ging ich den Weg zum Altar, gemeinsam mit Freunden, bei der Konfirmation. Jedes dieser Ereignisse hat mir Impulse für mein Leben und meinen Glauben gegeben.

Sicher: Körperlich groß werden Kinder fast von allein. Gleichzeitig wollen sie aber auch innerlich reifen. Und nur wenn sie innerlich und äußerlich wachsen, stehen sie mit beiden Beinen fest im Leben.

jvl

MEIN LIED
Ich sing dir mein Lied –
in ihm klingt mein Leben.
Die Töne, den Klang hast du mir gegeben
von Wachsen und Werden,
von Himmel und Erde,
du Quelle des Lebens. Dir sing ich mein Lied.

Ich sing dir mein Lied –
in ihm klingt mein Leben.
Die Tonart, den Takt hast du mir gegeben
von Nähe, die heil macht –
wir können dich finden,
du Wunder des Lebens. Dir sing ich mein Lied.

Lied aus Brasilien, deutscher Text: fb / Barbara Hustedt

Die Liebe hört niemals auf.
1. KORINTHER 13,8A

Glauben in wachsenden Ringen

Beim Spaziergang sahen wir den alten Baum. Waldarbeiter hatten ihn gefällt, und unser Sohn – vier Jahre alt – staunte über den mächtigen Stamm mit den vielen Jahresringen. An ihrer Zahl lässt sich das Alter des Baumes feststellen, erklärte ich. Und an der Breite der einzelnen Ringe lässt sich sogar erkennen, ob es ein gutes oder ein schlechtes Jahr war, mit viel oder wenig Regen. Ein Blick auf so eine Baumscheibe ist wie ein Blick in viele Abschnitte eines langen Wachstums.

Auch in unserem Leben legt sich ein Jahr um andere. Und auch wir Menschen nehmen manchmal ganz bewusst diese unterschiedlichen „Jahresringe" wahr. Gerade ältere Menschen können in ihrem Leben „lesen", so als würden sie die Jahresringe eines Baumes zählen. So viele Lebensabschnitte, so viele Ereignisse: Der Rückblick gehört zum Alter, wie die Träume zur Jugend.

Ich sehe eine ältere Frau vor mir. Da waren die Jahre vor und im Krieg, die schwere Nachkriegszeit, der mühsame Neuanfang und dann irgendwann ein Auskommen und sogar ein bisschen Wohlstand. Da war aber auch der Abschied von Menschen, die ihr etwas bedeutet haben. Und der Dank für alles, was im Leben geschenkt wurde, wie die Enkelkinder.

Alte Menschen wissen manches zu erzählen über ihre „Jahresringe". Und vielleicht könnten sie auch etwas sagen über das, was sie stark gemacht hat. Denn so wie Bäume Wasser und Licht brauchen, so brauchen Menschen etwas, das ihnen Kraft gibt. Vielleicht ist das die Liebe, die wir erleben dürfen oder Erfahrungen, die wir sammeln. Bei vielen ist es auch der Glaube, der ihnen Halt gab.

Und manchmal können wir das erst im Rückblick sagen: In diesem oder in jenem Lebensjahr kam die Kraft nicht aus mir selbst, sondern aus einem tieferen Grund. Mit meinem Glauben an Gott und mit seiner Liebe habe ich diese oder jene Lebensstufen überstehen können, wie ein alter Baum, der seine Wurzeln tief ins Erdreich streckt und auf diese Weise einen Jahresring um den anderen legt.

jvl

WERDEN WIR EIN BAUM
Mach in mir deinem Geiste Raum, dass ich dir werd ein guter Baum, und lass mich Wurzel treiben. Verleihe, dass zu deinem Ruhm ich deines Gartens schöne Blum und Pflanze möge bleiben, und Pflanze möge bleiben.
Text: Paul Gerhardt, EG 503

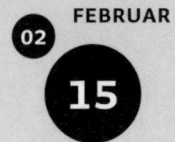
Der verlorene Sohn

Ein Mensch hatte zwei Söhne.
Und der jüngere von ihnen sprach
zu dem Vater: Gib mir, Vater,
das Erbteil, das mir zusteht.
LUKAS 15,11B+12A

Der große Bruder

Zwei Söhne, das waren wir auch zu Hause, im sogenannten „Jungenszimmer." Das Zimmer war zwar sehr groß, aber mein Bruder war acht Jahre älter als ich. Bis zum Abitur hat mein Bruder es mit mir ertragen.

Er war sehr spendabel. Von seinem Studentenfutter – er bekam lange vor mir Taschengeld – gab er mir ordentlich ab. Ab und zu gab es auch mal eine Kopfnuss, ganz unvermittelt. Es war nämlich schwer, älterer Bruder zu sein. Während er Logarithmen berechnen musste, belagerte ich den Boden mit Legoeisenbahnlandschaften. Manchmal ist er ganz aus Versehen über die Schienen gestolpert. Tiefes Unheil riss das in die Gleislandschaft hinein. Das war nicht so schön.

Schön war es, wenn wir miteinander gebaut haben. Mein Bruder hat mir geduldig gezeigt, wie sich mehrstöckige Häuser und stabile Kräne konstruieren lassen. Herrlich, wenn eine ganze Kleinstadt mit gemeinsam erstellten Gebäuden entstand.

Ärgerlich war allerdings die Materialknappheit. Von den wunderbar großen Legorädern besaßen wir nur drei. Die Aufteilung war klar. Zwei für ihn und eins für mich. Allerdings kann man auf einem Rad nicht gut fahren. Darüber hatte ich mich einmal bei meinem Vater beschwert. Mein Vater hat sofort eingegriffen. Mein Bruder solle gefälligst fair teilen.

Das kam nicht gut an. Mein Bruder war stinksauer und meinte: „Da hast du gleich alle drei Räder." So endete das gemeinsame Spielen abrupt.

Es ist so eine Sache, mitten im lebendigen Familienzusammenhang Anteile und Erbteile einzufordern und aus dem gemeinsamen Besitz auszulösen. Zwar rückt auch Gott, wie das Gleichnis vom verlorenen Sohn zeigt, Erbteile heraus, auf die wir ein Anrecht zu haben meinen. Die Frage ist nur, was würde ich gewinnen, wenn ich dieses Lebenserbteil ausschließlich allein besäße?

sts

**DAS SOLLT IHR, JESU JÜNGER,
NIE VERGESSEN**
Das sollt ihr, Jesu Jünger, nie vergessen,
wir sind, die wir von einem Brote essen,
aus einem Kelche trinken, Jesu Glieder,
Schwestern und Brüder.
Text: Johann Andreas Cramer, EG 221

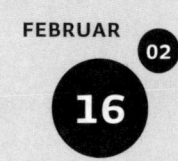

Und nicht lange danach [...] zog der Sohn in ein fernes
Land; und dort brachte er sein Erbteil durch mit Prassen.
Da ging er in sich und sprach: Wie viele Tagelöhner hat
mein Vater, die Brot in Fülle haben, und ich verderbe
hier im Hunger!

LUKAS 15,13+17

Täter oder Opfer?

„Aus Fehlern wird man klug!", behauptet eine sprichwörtliche Binsenweisheit. Das Gleichnis vom verlorenen Sohn straft sie Lügen und hat damit recht. Es mag ja sein, dass Fehler manchmal klug machen. Wenn allerdings die Fehler, die ein Mensch macht, ihn selbst höchstpersönlich in größte Lebensverlegenheit bringen, ist das anders. Viel eher stilisiert sich dann ein Mensch selbst zum Opfer der bösen Umstände als daraus klug zu werden. Der Fehler wird zur Gelegenheit, sich selbst einmal so richtig leid zu tun und vor dem tieferen Grund des Fehlers die Augen zu verschließen.

Versagt einer am Arbeitsplatz, so sind es die Kollegen, die ihn mobben, oder der unnachgiebige Chef, der Unmögliches verlangt. Oder die persönlichen Umstände sind schuld, ein Trauerfall. Oder eine chronische Krankheit hindert mich daran, das zu leisten, wozu ich mich vertraglich verpflichtet habe.
Auch an der Altersdiabetes sind die Getränkeautomaten und die Werbung schuld. Es ist merkwürdig. Ein Mensch kann sogar länger über sich selbst nachdenken, ohne einzusehen, dass vor allem er selbst es ist, der sich in eine schwierige Lebenssituation hineinmanövriert hat.

So geht es auch dem verlorenen Sohn. Der ist ein klassischer Täter, der sich nur als Opfer versteht. Es ist für ihn überhaupt kein Thema,
dass er selbst sein Geld durchgebracht hat. Er sieht die anderen, die sich in der Obhut seines Vaters satt essen können. Er sieht seinen eigenen Hunger und sieht überhaupt nicht ein, weshalb es den anderen besser gehen sollte als ihm selbst.

Schade eigentlich. Dabei räumt Gott Menschen die Freiheit ein, sich sogar Fehler eingestehen zu dürfen, die an das Eingemachte der Biographie gehen. Eltern müssen nicht alles richtig machen. Ihre Kinder schon gar nicht. Deshalb raus aus der Opferrolle und rein in ein fehlerfreundlicheres Dasein!

sts

**WENN WIR IN FRIEDEN
BEIEINANDER WOHNTEN**
Wenn wir in Frieden
beieinander wohnten,
Gebeugte stärkten
und die Schwachen schonten,
dann würden wir
den letzten heiligen Willen
des Herrn erfüllen.
Text: Johann Andreas Cramer, EG 221

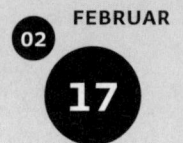

Als er aber noch weit entfernt war, sah ihn sein Vater und es jammerte ihn; er lief und fiel ihm um den Hals und küsste ihn. Aber der Vater sprach [...]: Dieser mein Sohn war tot und ist wieder lebendig geworden; er war verloren und ist gefunden worden.

LUKAS 15,20B+22A+24A

Weitherzigkeit steckt an

Kinder müssen eigene Wege gehen und ihre eigenen Erfahrungen machen dürfen. Schon unter normalen Umständen ist es für Eltern manchmal nicht leicht, das zu akzeptieren und das eigene Kind losziehen zu lassen in die nähere Umgebung oder gar in die Welt.

Wie aber ist es, wenn ein Kind den Kontakt zu den Eltern ganz abbricht? Wenn sie nicht wissen, wo es geblieben ist und es nichts mehr von sich hören lässt?

Für die Eltern ist das schwer auszuhalten. Ich kann mir vorstellen, dass es vielen von ihnen geht wie dem Vater aus der Geschichte vom verlorenen Sohn: Es ist, als ob das Kind tot sei, als ob es gestorben sei, obwohl es doch noch lebt.

Die Eltern selber bleiben zurück. Mit vielen Fragen, ihrer Trauer und dem Gefühl, alles falsch gemacht zu haben.

Und wenn dann dieses Kind plötzlich vor der Tür steht? Abgerissen und abgebrannt, die Kleider zerschlissen, der Geldbeutel leer?

Wohl manch einer hätte dem verlorenen Sohn oder der verlorenen Tochter die Tür vor der Nase zugeknallt. „Jetzt nicht mehr!" „Sieh zu, wie du allein klarkommst!"
Alles vergebliche Hoffen und Warten, die Kränkung, verlassen worden zu sein, wer kann das schon im Handumdrehen beiseitewischen?

Der Vater in der Geschichte gibt ein Beispiel: Er öffnet seine Tür und sein Herz für den heruntergekommenen Sohn. Vielleicht brauchen andere Eltern dafür mehr Zeit. Aber ich bin überzeugt: Es lohnt sich, das eigene Herz weit zu machen. Weitherzigkeit macht möglich, dass Eltern und Kinder sich auf neue Weise begegnen.

Und: Sie steckt an, sie erreicht und umfängt den anderen und wandert weiter mit ihm auf seinen Wegen in die Welt.

tw

GEFANGEN IN ANGST
Fürchte dich nicht, gefangen in deiner Angst, mit der du lebst.
Fürchte dich nicht, gefangen in deiner Angst. Mit ihr lebst du.

Fürchte dich nicht, getragen von seinem Wort, von dem du lebst.
Fürchte dich nicht, getragen von seinem Wort. Von ihm lebst du.

Fürchte dich nicht, gesandt in den neuen Tag, für den du lebst.
Fürchte dich nicht, gesandt in den neuen Tag. Für ihn lebst du.

fb

Der verlorene Sohn

Da wurde der ältere Sohn zornig
und wollte nicht hineingehen.
Da ging sein Vater heraus und bat ihn.
LUKAS 15,28

Ein gefährliches Gefühl

Den älteren Sohn kann ich verstehen. Packt ihn nicht ein gerechter Zorn? Seinem Bruder werden rote Teppiche ausgerollt. Ihm wird ein Fest ausgerichtet, als ob er etwas Tolles zustande gebracht hätte. Dabei ist genau das Gegenteil der Fall. Er ist abgehauen, hat versagt und alles verprasst. Es ist nicht zu verstehen, dass er dann noch vom Vater hofiert wird. Das ist so ungerecht, dass jede Lust zum Feiern vergeht. Gerechter Zorn und Feiern passen nicht zusammen. Kein Wunder, dass er nicht mitfeiern möchte und draußen vor der Tür bleibt.

Zorn zählte einst zu den sieben Todsünden. Die Behauptung war, Zorn sei niemals gerecht. Er ist ein gefährliches Gefühl. Er ist das Gefühl unverbesserlicher Rechthaber. Das Gefährliche an ihm ist, dass der Rechthaber den Zorn nicht in seiner Hand hat. Es ist genau umgekehrt. Der Zorn überwältigt ihn. Der Zornige ist nicht länger Herr im eigenen Haus. Zorn wirkt zerstörerisch, zerschlägt mitunter im wahrsten Sinne des Wortes Porzellan.

Den ältesten Sohn treibt auch sein Zorn vor sich her aus dem Haus heraus. Außer sich ist er vor Wut und weigert sich, wieder auf den heimischen Teppich zu kommen.

Der Vater aber, Gott aber lässt ihn nicht brummen. Er geht zu ihm heraus und bittet ihn mitzufeiern. Er gebietet ihm nichts. Er zwingt ihn nicht zum Mitfeiern. Er ist voller Freude und will ihn mit dieser Freude für das Fest gewinnen, das zu feiern ist. Gott lässt bitten ... So, nur so will er Herr im eigenen Haus sein.

sts

IN LIEBE VERBUNDEN
O Herr, verleih, dass Lieb und Treu in dir uns all verbinden,
dass Hand und Mund zu jeder Stund dein Freundlichkeit verkünden,
bis nach der Zeit den Platz bereit` an deinem Tisch wir finden.
Text: Friedrich Spitta, EG 222

Geschwistergeschichten

Und es begruben ihn seine Söhne Isaak und
Ismael in der Höhle von Machpela.

1. MOSE 25,9A

Zwei ungleiche Brüder

Da standen sie nun, die beiden Brüder, denen es nie recht vergönnt war, wirklich Brüder zu sein: Isaak und Ismael. Nach so vielen Jahren vereint am Grab ihres Vaters Abraham! Er war vor einigen Tagen gestorben, nach einem erfüllten Leben. Das spendete den beiden Söhnen Trost. Und doch war da etwas, dass es ihnen schwer machte, versöhnt Abschied zu nehmen ...

Ismael – er war der ältere Bruder, der Erstgeborene. Er hätte das Erbe des Vaters weitertragen sollen. Aber Ismael hielt sich im Hintergrund, stand einige Schritte hinter seinem „kleinen" Bruder Isaak. Gerade wurde der in Tücher gewickelte Leib des toten Vaters in die Grabeshöhle getragen und die Klageweiber erhoben noch einmal herzzerreißend ihre Stimmen. Ismaels Gedanken verweilten für einige Momente in der Vergangenheit. Der Vater hatte ihn und seine Mutter fortgeschickt. Da war er gerade 14 Jahre alt. Seine Mutter Hagar war nur die Magd. Und Sara, Abrahams Frau, hatte überraschend doch noch ihr Kind bekommen: Isaak. „Schick sie fort", hatte Sara gesagt. Abraham wollte nicht. Doch dann gab er Hagar ein Bündel mit Brot und legte ihr einen Schlauch mit Wasser auf die Schulter. Seinen Sohn sah er nicht an. „Geht jetzt", sagte er.

Ismael konnte sich gut erinnern, wie sie umhergeirrt waren, wie ihnen das Wasser ausging, wie verzweifelt Hagar war, als sie dem Verdursten nahe waren. Dann hatte Gott ihnen im letzten Moment den Weg zu einem Brunnen gewiesen.

Ismael schaute zu Isaak hinüber. „Nein", dachte er. „Ich hasse ihn nicht. Er kann ja nichts dafür. Er ist ja mein Bruder, trotz allem." Ismael machte ein paar Schritte auf Isaak zu und legte ihm die Hand auf die Schulter. Zwei ungleiche Brüder, versöhnt am Grab ihres Vaters.

tg

ISAAK

Isaak gilt als Stammvater Israels und der Juden. Weil wir Christen uns auf den jüdischen Rabbi Jesus berufen, ist er auch der Stammvater der Christen. Ismael hingegen gilt als Stammvater der Muslime. So steht es im Koran und auch schon in der Bibel. Juden und Muslime, Christen und Muslime haben es bis auf den heutigen Tag manchmal schwer miteinander. Umso mehr aber lohnt es, daran zu erinnern: Sie sind doch Geschwister.

tg

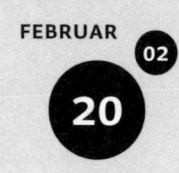
Sondern wer unter euch groß sein will, der
sei euer Diener; und wer unter euch der
Erste sein will, der sei euer Knecht.
MATTHÄUS 20,26B+27

Noch einmal das Leben ernten

Die beiden Brüder sind auf unterschiedliche Weise durchs Leben gegangen. Weil der Vater früh starb, musste der ältere Bruder die kleine Familie ernähren. Die Söhne waren Mutters Ein und Alles. Oft grübelte sie bis tief in die Nacht, wie das Essen bis zum Ende der Woche gesichert werden konnte. Ihren älteren Sohn musste sie das ein oder andere Mal aufs Feld schicken, um Kartoffeln zu stehlen. Manchmal war dies die einzige Möglichkeit, den Hunger der Familie zu stillen.

Die drei lebten nahe der Johanniskirche. Der Kirchturm bildete einen Ruhepunkt, seine Glocken teilten ihre Woche in Alltag und Sonntag. Doch die Weltpolitik sollte das Leben der kleinen Familie verändern. Die Familie lebte in Ostdeutschland. Der Ältere litt sehr darunter, seine politische Meinung nicht vertreten zu dürfen. Ihn zog es zur Zeit der Grünen Grenze in den Westen. So blieb er über Jahrzehnte der ersehnte Junge, der zwei Mal im Jahr über die bewachte Grenze zu Besuch kam. Dann roch das kleine Wohnzimmer mit dem Bollerofen nach Westen, eine Mischung aus Bohnenkaffee, Weichspüler und Gummibärchen. Die Wende war natürlich ein großes Ereignis für die Familie. Die Brüder konnten sich von nun an besuchen, wann immer sie dazu Lust hatten, und so in die Welt des anderen hineinschnuppern.

Zum vielleicht innigsten Band wurde der Garten. Jeder hatte einen zu bestellen mit Obst und Gemüse. Der Jüngere erkrankte schwer.

Es war Ende September. Er bat seinen älteren Bruder, noch einmal mit ihm in seinen Garten zu gehen. Mit viel Schnaufen und Pausen rodete er Kartoffeln für seinen großen Bruder. Dabei wollte er sich auf keinen Fall helfen lassen. Noch einmal ernten, was einst zum Leben verholfen hatte.

Zwei Menschenleben und ein Stück Zeitgeschichte. Ein Garten und eine reiche Ernte. Und über allem läuten noch heute die Glocken der Johanniskirche.

be

DIE GEPFLANZT SIND
IM HAUSE DES HERRN

Die gepflanzt sind im Hause des HERRN, werden in den Vorhöfen unsres Gottes grünen. Und wenn sie auch alt werden, werden sie dennoch blühen, fruchtbar und frisch sein.
Psalm 92,14+15

> Aber der ältere Sohn war auf dem Feld. Und
> als er nahe zum Hause kam, hörte er Singen
> und Tanzen und rief zu sich einen der
> Knechte und fragte, was das wäre.
> **LUKAS 15,25+26**

Wenn ich als älterer Bruder etwas sagen dürfte ...

Sie kennen die Geschichte von meinem Bruder? Sie wissen schon: Der, dem es in seinem Elternhaus zu eng wurde. So bat er unseren Vater, ihm sein Erbe auszuzahlen und verschwand. Man hörte von Wein, Weib und Gesang. Dann war das Geld aufgebraucht und er kam reumütig zurück, müde und mit zerschlissener Kleidung. Vater lief ihm entgegen, breitete die Arme aus und kam so allen Entschuldigungen zuvor. „Schlachtet das Mastkalb", rief er, „wir wollen ein Fest feiern. Mein Sohn war verloren, nun ist er wiedergefunden."

Ja, den verlorenen Sohn kennt man. Aber wer kennt mich? Für mich gibt's keinen griffigen Namen. Der „dagebliebene Sohn"? Oder gar: Der „Zurückgebliebene"? Als ich vom Feld kam, war das Fest schon in vollem Gange. Ich war entsetzt. Wie konnte Vater ihm so mir nichts, dir nichts vergeben? Oh, Sie glauben nicht, wie „verloren" sich da der „dagebliebene Sohn" gefühlt hat. Und keiner hat's gemerkt ...

Das heißt – das stimmt nicht. Vater hat's gemerkt. Er kam zu mir heraus. „Komm, feiere doch mit. Er ist wieder da", sagte er. Dann platzte es aus mir heraus: „Die ganzen Jahre habe ich gearbeitet und gearbeitet. Nie habe ich etwas für mich verlangt!", rief ich. „Hast du das überhaupt wahrgenommen? Vielleicht sollte ich auch mal für ein paar Jahre ver-

schwinden." Vater schaute mich an. „Komm", sagte er und legte mir seine Hand auf den Arm, „das willst du doch gar nicht."

Er hatte ja recht. So bin ich eben nicht. Manche – wie mein Bruder – wandeln ständig auf dünnem Eis. Manch einer braucht stets mehr, als er haben kann, mehr Abenteuer und mehr Geld, mehr Liebe. Und dann auch mehr Vergebung. Um die kreisen die Gedanken der anderen. So einer wie ich – der ist einfach da. Vater sagte: „Du bist mir so vertraut! Da fällt es mir oft schwer, dir meine Liebe zu zeigen."

Ich brauchte eine Weile, bis ich wieder etwas sagen konnte. „Ich mache eben noch die Geräte sauber. Dann komme ich und feiere mit euch."

tg

ICH TRÄUMTE DICH NEBEN MIR
Gott, du ganz ferner,
du großer Unbekannter
Wer bist du und wo bist du
für mein Leben
Gestern dacht ich dich als Beschützer
träumte dich neben mir
mit tröstender Hand
Heute spüre ich dich
wie die Luft die unsichtbare
die ich einatme die mich erfüllt mit Leben

as

Aber Jona machte sich auf und wollte vor
dem HERRN nach Tarsis fliehen.
JONA 1,3A

ERSTER AKT:
Die „Einberufung" eines Propheten

Jona: Dieser Name steht für Abenteuer und Wunder. Wir sehen einen Propheten, der vor seinem Auftrag flieht und im brüllenden Sturm im Meer versinkt. Im Bauch eines Fisches beginnt er zu beten und zu singen. Und schließlich durchwandert er eine Weltstadt und ruft zur Umkehr.

Doch angefangen hat alles mit diesem Ruf Gottes an Jona: „Geh! Und rufe wider die Stadt Ninive!" – Kein Wort zu viel, keine Vision, kein Versprechen, keine Ermutigung. Die Berufung des Propheten Jona klingt wie eine „Einberufung". Und ausgerechnet Ninive! Ninive war der Inbegriff alles Bösen. Die Hauptstadt der Weltmacht Assur, die einst plündernd und mordend durch die Heimat des Propheten, durch das Land Israel, zog. Wer sollte es Jona verdenken, dass er lieber die Beine in die Hand nimmt, als diesem Ruf zu folgen?

Die Bibel erzählt: Statt nach Osten in Richtung Ninive zu gehen, flieht er nach Westen in Richtung Tarschisch. Jona ist eben kein Glaubensheld, der Berge versetzt. Er ist ein Anti-Held und Un-Prophet. Zwar sagt er brav ein Glaubensbekenntnis daher – „Ich glaube an Gott, den Schöpfer des Himmels und der Erde" – doch zugleich versucht er, vor diesem Schöpfergott zu fliehen.

Und Gott erweist sich tatsächlich als ein „Schöpfergott": In dieser Geschichte setzt er die ganze Natur in Bewegung. Ein Sturm durchkreuzt die Fluchtpläne, er wirft das Schiff wie eine Nussschale hin und her. Und während Jona den Schlaf der Gerechten schläft, kämpft die Besatzung in den tosenden Wellen ums Überleben. Bis die Matrosen begreifen: Jemand hat sich an Gott versündigt – doch wer?

jvl

EINE GESCHICHTE VOLLER BILDER

Die Jona-Geschichte ist ein erstaunlicher Mythos. Naturwissenschaftlich ist er nicht zu verstehen, dafür sagt er viel aus über die Gefühlswelt der Menschen. Was uns innerlich umtreibt wie Angst oder Not wird in gewaltige Bilder projiziert: So wird Jona ins Meer geworfen und von einem Fisch verschlungen. Schriftsteller und Musiker, Psychologen und Therapeuten haben sich intensiv mit dieser Geschichte beschäftigt – und Künstler in Böhmen und Schlesien schufen sogar gewaltige „Walfischkanzeln". *(Zu sehen im Internet. Einfach bei einer Suchmaschine unter „Bildern" eingeben: „Walfischkanzel" – auch wenn Wale natürlich keine Fische sind!)*

jvl

> Aber der HERR ließ einen großen Fisch kommen, Jona zu verschlingen. Und Jona war im Leibe des Fisches drei Tage und drei Nächte. Und Jona betete.
>
> **JONA 2,1+2A**

ZWEITER AKT:
Der junge Mann und das Meer

Rund 40 Grad Celsius, so meldete eine theologische Zeitschrift im Jahr 1927, soll die Temperatur im Innern eines Wals betragen. Unter diesem Gesichtspunkt ist also ein dreitägiger Aufenthalt in einem Walfischmagen sicher unangenehm, aber durchaus nicht unmöglich. Anfang des letzten Jahrhunderts galt der Pottwal als Favorit für den „großen Fisch" der Jona-Geschichte. Abgesehen davon, dass Wale keine Fische sind, ergibt sich ein anderes Problem: Die Magenöffnung des Meeressäugers, der sich im Prinzip eher von Plankton als von flüchtigen Propheten ernährt, ist viel zu klein. Messerscharf schlossen zwei israelische Meeresbiologen 1981: Es war ein Hai, der den armen Jona mit Haut und Haaren verschlang!

Stopp! Die historische Deutung führt nicht weiter. Wer sich in die Geschichte vertieft, entdeckt: Hier geht es nicht um einen Tatsachenbericht, sondern um eine Erzählung. Bewusst wird verallgemeinert: Jona, die Matrosen auf dem Schiff, das Volk in Ninive sind keine historischen Persönlichkeiten, sondern „Typen". Auch der Erzählstil verallgemeinert: Allein 14 Mal taucht das Wort „groß" auf – „groß" sind der Sturm, der Fisch, die Stadt. Und 120.000 Menschen, die in Ninive leben sollen – das ist für biblische Zeiten „Science-Fiction". Die Jona-Geschichte ist eben kein historischer Bericht, sondern eine „weisheitliche Lehrerzählung" – eine Novelle.

Aber was bedeutet nun die Sache mit dem Fisch? Vielleicht spielt die Himmelsrichtung eine Rolle: Jona flieht nach Westen, wird dort von einem Fisch verschluckt und taucht im Osten wieder auf. Er folgt dem Lauf der Sonne, die im Westen versinkt und im Osten wieder aufgeht. In einer Zeit, in der die Menschen noch keinen Anlass sahen, die Erde für rund zu erachten, haben sie den Lauf der Sonne mit einem Mythos erklärt: Die Sonne wird am Abend im Westen von einem Fisch, Drachen oder einer Schlange verschluckt und im Osten am Morgen wieder „ausgespuckt". Ob dieser Mythos („Die Nachtmeerfahrt des Sonnenhelden") in die Jona-Geschichte einfloss?

jvl

WAS MIR DIESER MYTHOS BEDEUTET
Wenn mir das Wasser bis zum Hals steht und ich das Gefühl habe, den Boden unter den Füßen zu verlieren, wenn mir ein Auftrag zu groß erscheint und ich an meine Grenzen stoße, dann kann ich um ein Wunder bitten und um ein Zeichen. *Aber die auf den HERRN harren, kriegen neue Kraft, dass sie auffahren mit Flügeln wie Adler, dass sie laufen und nicht matt werden, dass sie wandeln und nicht müde werden.* (Jesaja 40,31)

mg

Denn ich wusste, dass du gnädig,
barmherzig, langmütig
und von großer Güte bist [...]
JONA 4,2B

DRITTER AKT:
Psychogramm eines Propheten

Ninive ist eine Weltstadt, laut, hektisch, modern. 120.000 Menschen leben hier, die Stadt ist drei Tagesreisen groß. An jeder Straßenecke stehen Händler, Soldaten patrouillieren. Jona geht eine Tagesreise weit in diese Mega-Stadt und ruft: „Es sind noch vierzig Tage, so wird Ninive untergehen." Und dann notiert der Autor dieser Erzählung: „Da glaubten die Leute von Ninive an Gott ..."

So einfach ist das! Die Menschen tun Buße, groß und klein, Bürger und König. Sogar das Vieh kleidet sich in Sack und Asche – und als Gott das sieht, verschont er die Stadt. Happy End! – Happy End? Nicht für Jona! Zornig schmettert er seinem Gott entgegen: „Wusst ich's doch, dass du so gnädig bist!"

Dies ist eine der überraschendsten Wendungen in der Jona-Geschichte. Kein anderer Prophet hatte je so viel Erfolg wie Jona. Kein anderer hat es geschafft, ein „heidnisches" Volk zum wahren Gott zu bekehren. Warum ist Jona dann so störrisch und verbockt? Hat sich je ein gläubiger Mensch bei Gott über seine Gnade beschwert? Der Autor zeichnet ein spannendes Psychogramm: Jona ist ein religiöser „Besserwisser", der sogar seinen eigenen Gott beschimpft, ein altes jüdisches Bekenntnis verdreht und gegen ihn wendet: „Wusst' ich's doch, dass du gnädig, barmherzig, langmütig und von großer Güte bist!"

Die Erzählung treibt dabei diesen Gedanken auf die Spitze: Gott IST gnädig. Er lässt sich umstimmen. Er ist ein liebender Gott, der sogar mit dem Vieh Erbarmen hat. Diese Liebe Gottes begreifen Menschen und Tiere in Ninive – nur einer begreift sie nicht: Jona. Und langsam wird dem Leser der Geschichte deutlich: Die ganze Geschichte dreht sich nicht um Ninive, sondern um Jona! Und was seinen Glauben betrifft, ist ja noch nicht das letzte Wort gesprochen.

jvl

HAPPY END?

Alle machen auf Friede und Freude, als wäre nichts gewesen. Nur einer ist noch immer gekränkt und will den Frieden nicht so einfach wahrhaben. Sollte es tatsächlich so einfach sein? Wie ist das, wenn es Ärger gab oder langes Schweigen?
Schicke dann, Gott, ein Zeichen. Nimm die Kränkung aus der Seele und gib auch dem letzten deinen Frieden.

mg

Gott der HERR aber ließ eine Staude wachsen; die wuchs über Jona, dass sie Schatten gäbe seinem Haupt und ihm hülfe von seinem Unmut. Und Jona freute sich sehr über die Staude. Aber am Morgen, als die Morgenröte anbrach, ließ Gott einen Wurm kommen; der stach die Staude, dass sie verdorrte.

JONA 4,6+7

VIERTER AKT:
Die Schöpfung in Bewegung

Die Jona-Geschichte führt über Land und Meer, lässt gewaltige Fische auftauchen und Tiere in Sack und Asche gehen. Und während sich sogar eine Weltstadt dem allmächtigen Gott zuwendet und von Strafe verschont wird, sitzt einer am Ende schmollend in der Wüste: der Prophet Jona. Seinen Auftrag hat er erfüllt – aber seine Geschichte ist damit noch lange nicht am Ende. Eingeschnappt und verbittert hockt er in der Wüste vor den Toren Ninives und hofft, dass doch noch ein Strafgericht über das heidnische Volk hereinbricht.

Wunderbar wird hier erzählt: Erneut zieht der allmächtige Gott alle Register seines Schöpferhandelns. Wieder ist es die Natur, die dem Propheten eine Lehre erteilt. Nachdem Gott zuvor einen rettenden Fisch geschickt hatte, lässt er nun eine Staude wachsen: „Die wuchs über Jona, dass sie Schatten gäbe. Und Jona freute sich." Doch kurz darauf ruft Gott einen Wurm und einen heißen Wind auf den Plan, die Staude geht ein. Und wieder sitzt der Prophet in der Hitze – und will nur noch sterben.

Ich glaube: Jona trauert um seinen Gott der Studierstube und um seinen unverrückbaren Katechismus. Einen gerechten Gott hätte er ehren können – aber kann er einen liebenden Gott lieben? Und dass Gott tatsächlich ein Schöpfergott ist, der sogar eine unbedeutende Pflanze und einen kriechenden Wurm in den Dienst nimmt, leuchtet ihm schon gar nicht

ein. Die Jona-Erzählung schließt mit einer offenen Frage Gottes an Jona: „Du jammerst wegen deiner Staude, die über Nacht wuchs und einging? Und ich sollte nicht traurig sein über ein zerstörtes Ninive?"

Und Jona stand auf und feierte mit den Menschen in Ninive? Oder blieb schmollend in der Wüste sitzen, bis zum Ende seiner Tage? Oder Jona steckt noch heute in jedem Menschen, der sich entscheiden muss – für die Gnade und die Liebe?

jvl

ÖFFNE MEINE AUGEN
Öffne meine Augen, dass ich dich erkenne, guter Gott.
Verwandle mich, wenn ich ängstlich bin.
Mach mich mutig und frei.
Verwandle mich, wenn ich bockig werde.
Mach mich locker und gelassen.
Es muss sich nicht alles um mich drehen.
Öffne meine Augen!

mg

Darum sollt ihr so beten: Unser Vater im
Himmel! Dein Name werde geheiligt.
Dein Reich komme. Dein Wille geschehe
wie im Himmel so auf Erden.
MATTHÄUS 6,9+10

Ein Geschenk, das den Himmel öffnet

Mein erster Kirchentag in Berlin 1961. Beim
Schlussgottesdienst im Olympiastadion sprechen 100.000 Menschen gemeinsam das Vaterunser. Ein bewegendes Gefühl. Ich spüre,
ich stehe in einer langen Kette von Beterinnen
und Betern und bin mit Menschen in aller
Welt geschwisterlich verbunden.

„Vater unser im Himmel" – große Worte, seit
2000 Jahren millionenfach nachgebetet, rund
um den Erdball. Mancher mag denken: Geht
es nicht auch eine Nummer kleiner? Warum
beten wir so? Weil wir es brauchen, über unsere kleinen Verhältnisse hinauszublicken.
Sonst verharren wir in unserem engen Alltag
und sehen den „Himmel" nicht mehr. Ich
spreche die großen Worte des weltumspan-
nenden Gebets Jesu immer wieder nach, um
daraus „Wechselgeld" für mein Leben zu gewinnen: Ich werde gestärkt in dem Grundver-
trauen, dass ein guter Gott mich mit Mutter-
händen durch das Leben geleitet. Ich entdecke
den Himmel auf Erden da, wo wir im Sinne
Jesu miteinander umgehen. Die Hoffnung auf
Gottes Reich ermutigt mich, schon jetzt Vertrauen, Liebe und Hoffnung zu wagen und
meine eigene Weltverantwortung wahrzunehmen. Ich erkenne den Willen Gottes als nöti-
ges Korrektiv für mein eigenes Denken, Reden
und Handeln. Das macht frei von aller Selbst-
überschätzung.

„Ich habe heute viel zu tun, da muss ich viel
beten", schreibt Martin Luther an einen
Freund. Damit stellt er klar: Wer betet, legt
nicht die Hände in den Schoß. Im Gegenteil:
Indem ich mein Leben vor Gott bedenke und
die Welt ins Gebet nehme, werde ich zu ver-
antwortlichem Tun befähigt. Was für ein Geschenk, dieses Gebet! Es bereichert mein Leben. Es öffnet mir den Himmel.

hhj

WO DER HIMMEL IST
Weißt du, wo der Himmel ist?
Außen oder innen,
eine Handbreit rechts und links,
du bist mitten drinnen.
Weißt du, wo der Himmel ist?
Nicht so hoch da oben.
Sag doch ja zu dir und mir,
du bist aufgehoben.
Text: Wilhelm Willms

Beten

Unser tägliches Brot gib uns heute.
MATTHÄUS 6,11

Das tägliche Brot

Trotz wachsender Armut leben wir noch immer in einem Land des Überflusses. Da scheint vielen auch die Bitte um das tägliche Brot überflüssig. Täglich werden tonnenweise Lebensmittel weggeworfen. Gleichzeitig nimmt die Notwendigkeit zu, Bedürftige durch Tafeln zu versorgen. Wie passt das zusammen? Wie kann ich da ehrlichen Herzens beten: „Unser tägliches Brot gib uns heute"?

Die Bitte um das tägliche Brot weitet meinen Blick für die Grundlagen des Lebens. Schon Martin Luther hat uns im Kleinen Katechismus ins Stammbuch geschrieben: „Was heißt denn tägliches Brot? Alles, was not tut für Leib und Leben wie Essen, Trinken, Kleider, Schuh, Haus, Hof, Acker, Vieh, Geld, Gut, fromme Eheleute, fromme Kinder ... gute Regierung, gut Wetter, Friede, Gesundheit ... gute Freunde, getreue Nachbarn und desgleichen."

Auch wenn wir nicht mehr in einer agrarischen Standesgesellschaft leben, kann ich das unschwer auf unsere Lebensverhältnisse übertragen. Im Spiegel dieser Aufzählung erkenne ich, dass ich von Voraussetzungen lebe, die ich nicht selbst geschaffen habe. Das macht mich dankbar und bescheiden. Die Bitte um mein tägliches Brot ist zugleich immer auch die Bitte um das Brot des Anderen, um Brot für die Welt. Ich werde sensibel für ungerechte Strukturen des Welthandels. Ich erkenne, was die Rodung des Regenwaldes in Brasilien mit unserem übermäßigen Fleischkonsum zu tun hat, oder dass der hohe Energieverbrauch

bei uns die Brotpreise in Mexiko in die Höhe treibt.

„Unser tägliches Brot gib uns heute" Eine kurze Bitte nur; aber sie reicht aus, mein ganzes Leben zu füllen und zu verändern. Ich fange an, mich in einem bescheideneren Lebensstil zu üben.

hhj

WORT UND BROT

Jesus ruft uns. Wir sind erwählt, Frucht zu bringen, wo Zweifel quält.
Gott, der überall zu uns hält, gibt uns Wort und Brot für die Welt.
Erde, atme auf, Wort, nimm deinen Lauf!
Er, der lebt, gebot: Teilt das Brot!
Text: Detlev Block, EG 229

Und vergib uns unsere Schuld,
wie auch wir vergeben unsern Schuldigern.
MATTHÄUS 6,12

Schuld und Vergebung

„Schwarzer Peter" ist ein beliebtes Gesellschaftsspiel unserer Zeit. Manche haben es bis zur Perfektion gebracht, nicht nur Politiker oder Manager. Nie bleibt der „Schwarze Peter" in ihren eigenen Händen hängen. Schuld sind immer nur die Anderen.

Jahrelang ist uns eingeredet worden: „Wirkliche Schuld gibt es nicht, höchstens Schuldgefühle." Und diese müssten therapeutisch bearbeitet werden. Also kann ich nichts dafür, wenn etwas schiefläuft in meinem Leben. Die Verhältnisse sind schuld. Meine Kindheit, das Umfeld haben mich zu dem gemacht, der ich heute bin. Ich habe keine Schuld! – Und dabei weiß ich doch genau: Wenn ich mit dem Finger auf andere zeige, weisen drei Finger meiner Hand auf mich selbst zurück!

Schuld und Vergebung: ein großes Thema der Bibel. Jesus hat die Vergebung gelebt in Wort und Tat. So hat er Menschen an Leib und Seele geheilt. In wunderbaren Geschichten wie der vom verlorenen Sohn (Lukasevangelium Kapitel 15, Verse 11-24) hat er deutlich gemacht: Vergebung fängt mit der Einsicht in die eigene Schuld an. „Ich will mich aufmachen und zu meinem Vater gehen und zu ihm sagen: Vater, ich habe gesündigt gegen den Himmel und vor dir."

Wir sagen schnell: *Ich entschuldige mich*, wenn wir Unrecht getan haben. Aber so einfach lässt sich Schuld nicht aus der Welt schaffen. Ich kann mich nicht selbst ent-schulden. Vergebung muss mir zugesprochen werden. So

werde ich frei, auch anderen zu vergeben. Im Abendmahl verbindet sich für mich die Bitte um das tägliche Brot mit der Bitte um Vergebung. Wo wir das Brot teilen und miteinander essen, da schmecken wir Vergebung. Das Brot des Lebens macht uns zur Gemeinschaft der Versöhnten.

hhj

DIE GESCHICHTE VOM BÄCKER

Eine wunderbare Geschichte von H. A. Mertens erzählt, wie das mit dem Brotbrechen beim Abendmahl verstanden werden kann: Ein alter Bäcker aus der Jakobsstraße in Paris hatte eine wunderbare Art. Wenn er spürte, dass Menschen in seinem Laden aus irgendeinem Grund aufgewühlt waren, bot er ihnen erst einmal ein Stück Brot zu essen an und aß dann selbst ein Stück mit ihnen. Das erleben in der Geschichte ein Busfahrer, der Angst um seine kleine Tochter hat, weil sie aus dem Fenster gefallen ist, und auch ein Vater, der seinem Sohn eine Tracht Prügel verpassen will und dafür bis in den Bäckerladen hinter ihm hergelaufen kommt. „Iss erst mal etwas Brot, das beruhigt und versöhnt!" Und tatsächlich, beide Männer spürten die Wohltat. Das gemeinsame Essen tat gut und beruhigte. Und das alles mit einem schlichten Stück Brot, das ein anderer mit mir teilt.

mg

Denn dein ist das Reich und die Kraft und
die Herrlichkeit in Ewigkeit. Amen.
MATTHÄUS 6,13B

Jeder kann zu Gott beten

Der Schluss des Vaterunser lenkt den Blick zurück auf den Anfang, auf den, der kraft seiner Liebe Himmel und Erde verbindet. Alles Beten, das Danken, Bitten und Klagen, mündet in den Lobpreis Gottes. Durch das Gotteslob bekommt mein Gebet den nötigen Tiefgang. Ich lege mein Anliegen in Gottes Hand und traue ihm zu, etwas Gutes daraus zu machen.

Ein Gaukler klopfte einmal an die Klosterpforte und bat darum, in die Gemeinschaft der Mönche aufgenommen zu werden. Der Abt befragte ihn eingehend: „Was hast du gelernt? Kannst du singen? Kannst du beten? Kannst du alte Schriften lesen?" Der Gaukler verneinte. „Kannst du wenigstens graben oder Holz hacken oder kochen?" Wieder schüttelte der Gaukler bekümmert den Kopf. „Ja, was kannst du denn?" „Ich kann tanzen und auf dem Seil balancieren", sagte er und seine Augen fingen an zu leuchten. „Ich kann Geige und Flöte spielen und mit sieben Tellern gleichzeitig jonglieren und ..." „Hör auf", unterbrach ihn der Abt und erhob sich. „Wir sind hier, um Gott zu loben und ihm zu dienen und nicht, um ihm die Zeit zu stehlen. Geh, ich kann dich nicht gebrauchen!"

Traurig zog der Gaukler davon. Später am Tage ging der Abt durch den Kreuzgang. Da hörte er Geräusche. Vorsichtig spähte er um die Ecke. Da sah er den Gaukler, wie er mit Hingabe vor einer Marienstatue tanzte. Er war so versunken in seinen Tanz, dass er gar nicht merkte, dass der Abt auf ihn zukam. Der fiel vor ihm auf die Knie und sagte: „Bleib bei uns! Ich habe gesehen, dass du Gott mit deinen Gaben inbrünstiger loben kannst, als all unsere Gebete und Gesänge es vermögen."
(nach einer französischen Legende)

hhj

GOTTESLOB

Ich lobe meinen Gott,
der aus der Tiefe mich holt,
damit ich lebe.
Ich lobe meinen Gott,
der mir die Fesseln löst,
 damit ich frei bin.
Ich lobe meinen Gott,
der meine Tränen trocknet,
dass ich lache.
Ich lobe meinen Gott,
der meine Angst vertreibt,
damit ich atme.
Ehre sei Gott auf der Erde
in allen Straßen und Häusern,
die Menschen werden singen,
bis das Lied zum Himmel steigt.
Ehre sei Gott und
den Menschen Frieden,
Frieden auf Erden.
Text: Hans-Jürgen Netz

MÄRZ

WER BIN ICH UND WAS TRÄGT MICH?

Weltgebetstag
Woche der Brüderlichkeit
Petrus
Das Wunder des Neuanfangs
Wer ist Gott für mich?
Neues wachsen lassen
Heilung des Gelähmten
Frauen bei Jesus
Ich bin geliebt
Passion
Ostern

Gemeinsam um die ganze Welt beten

Dieser Gottesdienst geht um die Welt. Er folgt dem Lauf der Sonne. Während wir in der Nacht von Donnerstag auf Freitag noch schlafen, finden auf den Fidschi-Inseln und in Neuseeland die ersten Gottesdienste statt. 170 weitere Länder folgen. Mit derselben Feier in ihrer jeweils eigenen Sprache: Das ist der sogenannte „Weltgebetstag". Am ersten Freitag im März, auch am kommenden Freitag, wird er rund um den Globus gefeiert.

Die Geschichte des Weltgebetstags begann vor 120 Jahren. Frauen in Nordamerika riefen ihn ins Leben. Eine wichtige Vorkämpferin hierfür war Anne Hutchinson. Sie gehörte zu einer Auswandererfamilie, die 1634 von England nach Nordamerika kam. Bald nach ihrer Ankunft lud Anne Frauen aus der Nachbarschaft zu sich nach Hause ein. Statt jedoch über Kindererziehung oder Strickmuster zu plaudern, legte sie die Bibel auf den Tisch. Gemeinsam lasen die Frauen einander daraus vor. Die Auslegung der Bibel war jedoch zu jener Zeit den Männern vorbehalten und darum war Annes Bibelkreis sehr ungewöhnlich, ja sogar ein Skandal! Der Ältestenrat warf sie aus der Kirche. Zum Schweigen gebracht hat dies die mutige Frau aber nicht. Freundinnen führten ihre Ideen fort. So kam es später zur Weltgebetstagsbewegung der Frauen in den USA. Frauen gründeten damals auch Spendengesellschaften. Das Elend der Armen rüttelte sie auf. Sie waren der Überzeugung: Selbst wenn die Mittel sehr bescheiden sind, kann man gemeinsam Not lindern.

Der Weltgebetstag ist bis heute von beidem geprägt: Neben Bibelauslegung und Lobpreis werden Spenden für konkrete Hilfsprojekte gesammelt. Beten und Handeln gehören zusammen. Mittlerweile ist der Weltgebetstag zu einer großen Bewegung geworden. Jedes Jahr steht ein anderes Land im Mittelpunkt. In Alaska wird der letzte Gottesdienst am Weltgebetstag gefeiert. Dort schließt sich der Kreis. In einem Iglu versammeln sich Frauen. Sie zünden Kerzen an und falten die Hände. Mit demselben Gebetsanliegen wie wir in Deutschland. Oder die Frauen auf den Fidschi-Inseln.

uf

FRAGE

Wie denn wachsen
ohne den Traum,
dass alles anders sein könnte
vor den inneren Augen?

Wie denn weitergehen
ohne die Vision,
dass ein Weg sein werde
hinter der Tür des Herzens?

tw

HERR, unser Herrscher, wie herrlich ist dein
Name in allen Landen!
PSALM 8,10

Drei Ringe und die Taten der Liebe

Die Ringparabel aus „Nathan der Weise" erzählt: Drei Söhne erhalten von ihrem Vater
einen wertvollen Ring. Doch nur einer der
Ringe ist echt. Aber welcher? Als die drei Söhne in Streit geraten, empfiehlt ihnen ein wei-
ser Richter, jeweils den eigenen Ring als echt
zu betrachten und seine Kraft durch Taten
der Liebe zu erweisen. Das ist die Ringparabel
von Lessing. Die drei kostbaren Ringe in der
Parabel stehen für die Weltreligionen Christentum, Judentum und Islam. Lessing beantwortet nicht die Frage, welche Religion die
wahre sei. vielmehr ruft er dazu auf, den
Glauben des anderen zu achten und zu tole-
rieren.

Um diese Toleranz geht es in der „Woche der
Brüderlichkeit". Christen und Juden feiern sie
seit 1952 gemeinsam, jeweils in den ersten
Märztagen. Nach der schrecklichen Judenver-
folgung unter den Nazis, der SHOA, wollen
sie einen neuen Anfang wagen und einander
besser kennenlernen. Denn vieles verbindet
Juden und Christen. Das Alte Testament zum
Beispiel wird sowohl in der Kirche als auch in
der Synagoge gelesen. Sogar Jesus verbindet
Christen und Juden, denn er war von Geburt
Jude. In den letzten Jahrzehnten haben Christen und Juden viele Gemeinsamkeiten entdeckt und achten die vielfältigen Zeugnisse
jüdischer Geschichte in Deutschland.

So wie Lessing es sich gewünscht hätte. Er war
eng befreundet mit dem deutsch-jüdischen
Philosophen Moses Mendelssohn. Beide waren
mit ihrer Religion aufgewachsen und stritten
lebhaft über Fragen des Glaubens. Aber als
sein jüdischer Freund bedrängt wurde sich
taufen zu lassen, stellte sich Lessing auf seine
Seite: Jeder sollte in Frieden seinen eigenen
Glauben leben dürfen. Und sicher dachte Lessing auch an seinen jüdischen Freund, als er
seine berühmte Ringparabel schrieb. Wie endet die Parabel? Ob der geerbte Ring, also die
Religion, „echt" ist, erweist sich in den Taten
der Liebe. Daran hat sich bis heute nichts geändert.

jvl

GOTT
Nach dir zu fragen
trägt meilenweit
an stille Strände
nach dir zu fragen
holt heraus aus Fesseln
nach dir zu fragen
zieht uns in den Sog
der Liebe

as

Und Jesus sprach zu Simon:
Fürchte dich nicht!
Von nun an wirst du Menschen fangen.
LUKAS 5,10B

Zum Menschenfischer berufen

Die Brüder Simon und Andreas sind müde, als sie in der frühen Morgensonne das Boot festmachen. Nichts haben sie gefangen in dieser Nacht, das Netz ist leer geblieben. Nun müssen sie es noch säubern und flicken. Simon schaut auf, als er laute Stimmen hört. Da kommt eine Menschenmenge auf das Ufer zu. Er erkennt Jesus, den Prediger.

Der löst sich aus dem Gedränge und bittet Simon: „Lass mich in dein Boot und bring mich vom Ufer weg, damit die Leute mich besser sehen und hören können!" Simon erfüllt ihm den Wunsch und rudert mit Jesus ein wenig hinaus. Dann stützt er seinen Kopf auf die Hand und hört, wie Jesus vom Reich Gottes erzählt. „Jetzt beginnt es!", sagt Jesus. „Aber wie soll das aussehen", fragt sich Simon, „und was wird es uns bringen?" Als die Menschen sich zerstreuen, wendet sich Jesus an Petrus und sagt: „Fahr noch einmal hinaus, geh fischen!" Simon zögert. Jeder Fischer weiß, dass am Tag kaum etwas zu fangen ist. Und gerade nach dieser Nacht? Doch da ist etwas an diesem Mann, das ihn in seinen Bann zieht. „Herr, auf dein Wort hin will ich's versuchen!", sagt er, trommelt die anderen zusammen und sie fahren noch einmal hinaus. Als sie dann die Netze einholen, quellen diese über von zappelnden, glänzenden Fischen. Die anderen Fischer freuen sich über den großen Fang. Simon aber erschrickt. Er spürt, dass er in den Worten Jesu einer großen Kraft begegnet. Er geht auf Jesus zu, schaut ihn fragend an. „Wer bist du und was willst du von mir?" Jesus sagt zu ihm: „Ich brauche dich, Simon! Du sollst mir helfen und ein Menschenfischer werden!" Simon verstummt. Er denkt: Warum gerade ich? Aber dann wagt er es. Er verlässt sein altes Leben, um ein Jünger von Jesus zu sein. Und ein ganz neuer Weg beginnt.

bs

BAUST DU AUF GOTT
baust du am Himmel
Stein um Stein
Stufe um Stufe
Ziegel um Ziegel
ein Dach über dem Leben

as

Petrus aber antwortete ihm und sprach:
Herr, bist du es, so befiehl mir, zu dir zu
kommen auf dem Wasser.
MATTHÄUS 14,28

Jesus vertrauen
und mit ihm übers Wasser gehen

Jesus will an diesem Abend alleine bleiben, er braucht Zeit für sich.

Ungeduldig drängt Simon die anderen Jünger ins Boot und schiebt es in das Wasser. Dann springt er selber hinein und greift nach dem Ruder. Ganz vertraut fühlt sich das an, schließlich ist er Fischer gewesen. Manchmal hat er Sehnsucht nach seinem alten Leben. Simon genießt den frischen Wind im Gesicht. Es ist still, man hört nur die Ruderschläge und die Wellen, die am Boot lecken. Wie sehr hat sich sein Leben verändert, seit er ein Jünger von Jesus ist! Immer unterwegs und oft wissen sie nicht, wo sie abends sein werden. Alles ist ungewiss, aber aufregend.

Plötzlich ruft einer der Jünger: „Schaut!" Gebannt schauen sie auf die Gestalt, die über das Wasser näher kommt. Was ist das – wer ist das? Da hören sie die Stimme von Jesus: „Ich bin es, fürchtet euch nicht!" Simon starrt hinaus. Er sieht die Wellen nicht mehr, er sieht nur noch auf Jesus. Er ruft: „Herr, lass mich zu dir kommen!" „Komm her!" Als Jesus ihn ruft, klettert Simon aus dem Boot und geht ihm über das Wasser entgegen. Seine Augen sind fest auf Jesus gerichtet. Plötzlich aber überkommt ihn, den Fischer, Furcht. „Was mache ich hier?" denkt er. „Das kann doch gar nicht gehen!" Simon schaut nach unten, sieht die Wellen brechen. Angst steigt in ihm hoch. Schon beginnt er zu sinken. In seiner Not schreit er um Hilfe. Da packt ihn Jesus und zieht ihn ins Boot. Dort liegt er nun auf dem Boden des Bootes, tropfnass, beschämt und verwirrt. Er hört Jesus fragen: „Warum hast du kein Vertrauen?" Diese Worte treffen ihn ins Herz. Und er denkt: „Deine Kraft ist viel zu groß für mich!"

bs

DU – GOTT
bist der Horizont
der unerreichbare
vor dem wir leben
der Horizont
der nie zu fassende
den wir schauen
aus der Ferne
der Horizont
der uns festhält
der die Welt umfasst
ohne den alles zerfiele
in ein Nichts

as

Und ich sage dir auch:
Du bist Petrus, und auf diesen Felsen
will ich meine Gemeinde bauen.
MATTHÄUS 16,18A

Ein Fels, auf den Verlass ist

Es ist Mittag. Die Jünger und Jesus machen Rast und dösen in der Sonne. Simon sitzt auf einem Stein und kühlt seine Füße in einem kleinen Bach. So viele Monate sind sie nun schon mit Jesus unterwegs durch das Land Israel. Seine Familie hat er zurückgelassen, als wäre es selbstverständlich. Er will bei Jesus sein. Aber manchmal überlegt er: Warum bin ich hier?

Auf einmal fragt Jesus: „Was sagen denn die Leute, mit denen ihr sprecht, wer ich wohl bin? Für wen halten sie mich?" Die Jünger rücken näher zusammen. Sie erzählen, was sie unterwegs aufgeschnappt haben. „Einige halten dich für den Täufer Johannes, den der König hat hinrichten lassen!", sagt einer, „sie glauben, er ist wiedergekommen." „Die Leute sagen, dass du ein Prophet bist." „Ja, dass der Prophet Elia zurückgekommen ist." Auch Simon ist aufgestanden. Er tritt näher zu Jesus und sagt: „Viele fragen sich, was es bedeutet, dass du eine solche Kraft hast."

„Und ihr", fragt Jesus weiter, „ihr seid nun schon so lange bei mir. Was denkt ihr denn, wer ich bin?" Da wird es still. Verlegen schauen sie auf den Boden, kratzen mit den Füßen im Sand. Es ist schwer, die richtigen Worte zu finden. Wer ist er wirklich? Es ist Simon, der das Schweigen bricht. „Du bist der Christus, der Heiland", sagt er mit fester Stimme. „Du bist der Retter, den wir erwarten, und du bist Gottes Sohn!" Jesus lächelt ihn an. „Simon, das hat dir Gottes Geist gesagt! Du hast erkannt, was vielen verborgen bleibt.

Und ich sage dir auch, wer du bist. Du sollst Petrus ‚der Fels' genannt werden, denn du sollst der Felsen sein, auf den meine Kirche sich verlassen kann." – „Ich bin ein Fels für ihn", denkt Simon Petrus und wird ganz ruhig. Und alles hat Sinn.

bs

IM NAMEN DES HERRN
Du hast zu deinem Kind und Erben,
mein lieber Vater, mich erklärt;
du hast die Frucht von deinem Sterben,
mein treur Heiland, mir gewährt;
du willst in aller Not und Pein,
o guter Geist mein Tröster sein.
Text: Johann Rambach, EG 200

Jesus sprach zu ihm: Wahrlich, ich sage dir:
In dieser Nacht, ehe der Hahn kräht, wirst
du mich dreimal verleugnen. Petrus sprach
zu ihm: Und wenn ich mit dir sterben
müsste, will ich dich nicht verleugnen.
MATTHÄUS 26,34+35A

Das größte Vertrauen

Der Duft von Lammfleisch und Kräutern erfüllt den Raum. Es ist der Abend des Passafestes. Jesus feiert es mit seinen Jüngern in Jerusalem. Petrus ist angespannt, da ist ein dunkler Schatten, den er nicht zu fassen bekommt. Er schaut in die Runde: Auch die anderen sind nicht ganz bei der Sache. Plötzlich beginnt Jesus, von seinem bevorstehenden Tod zu sprechen. Es wird still. „Ihr alle werdet mich verlassen", sagt Jesus. In Petrus regt sich Widerstand. Er braust auf: „Auf keinen Fall! – Selbst wenn alle anderen weglaufen, Jesus, ich will an deiner Seite bleiben!" „Auch du wirst mich verlassen und sogar leugnen, mich zu kennen", erwidert Jesus. „Und wenn der Hahn kräht, wirst du dich an diese Worte erinnern." Dann geht alles sehr schnell: Soldaten kommen und nehmen Jesus gefangen. Und die Jünger stieben auseinander und laufen weg.

Doch Petrus kehrt leise zurück. Er sieht, wie sie Jesus in das Haus des Hohepriesters bringen. Er will in der Nähe bleiben und verbirgt sich im Hof des Gebäudes. Eine Magd spricht ihn an: „He, du gehörst doch auch zu diesem Jesus, den sie gefangen genommen haben?" Petrus erschrickt: „Jesus? Kenne ich nicht!" Kurze Zeit später spricht ihn eine andere Frau an: „Bist du nicht auch einer von diesen Jesusleuten? Du sprichst ganz genau wie sie!" Petrus sucht Ausflüchte. „Was redest du? Ich kenne diesen Menschen überhaupt nicht!" Und noch einmal leugnet er. Und dann wird es Morgen und ein Hahn kräht.

Voller Entsetzen erinnert sich Petrus an die Worte von Jesus. Er flüchtet ins Dunkle und weint laut. „Ich habe versagt!" Nichts kann ihn trösten. Erst viel später erinnert er sich: Jesus hat mich einen „Fels" genannt. Er hat mir vertraut, trotz allem. Sein Vertrauen ist größer als mein Versagen.

bs

DER ANDERE PETRUS
Wie ein Gegentext liest sich eine nachösterliche Geschichte über Petrus aus dem Johannesevangelium (Kapitel 21): Petrus und die Jünger sind dem auferstandenen Jesus mehrfach begegnet. Nun kehren sie wieder zurück an die Arbeit, doch vergeblich werfen sie ihre Netze aus – bis ein Mann vom Ufer aus ruft: *„Werft das Netz aus zur Rechten des Bootes, so werdet ihr finden."* Nun füllen sich unter seinen Augen auch ihre Netze. Und sie begreifen: *„Es ist der Herr! Als Simon Petrus hörte, dass es der Herr war, warf er sich ins Wasser."* – und tauchte unter, Hals über Kopf. Nicht nur in den See, auch in seine persönliche Ostererfahrung. Ein Sprung in die Freude aus Übermut. Eine Ostererfahrung eben.

jvl

Das Wunder des Neuanfangs

Und als Jesus an die Stelle kam,
sah er auf und sprach zu ihm:
Zachäus, steig eilend herunter; denn ich
muss heute in deinem Haus einkehren.
LUKAS 19,5

Zachäus – Glauben entsteht durch angesehen werden

Auf dem Markt von Jericho herrscht Gedränge. Zachäus wird angerempelt; der andere eilt, den Blick gesenkt, weiter. Zachäus schaut ihm hinterher und atmet durch. Keiner will ihm Böses, es ist nicht mehr wie früher. Zachäus lässt sich im Gewühl treiben. Er schaut die Menschen an, lächelt hier und da jemandem zu.

Früher konnte Zachäus die Blicke anderer Menschen kaum ertragen. Weil er Zöllner war, war er den Menschen verhasst. Selten blickte ihm einer in die Augen, viele schauten verächtlich auf ihn, den Kleingewachsenen, herab. Auch er verachtete die Menschen. Sein Ansehen verdiente er sich, indem er reich wurde.

Ein Blick hat alles verändert. Es war, als Jesus aus Nazareth Jericho besuchte. Alle wollten ihn sehen; auch Zachäus. So schloss er die Zollstation ab und drängte sich zwischen die Leute. Aber so sehr er sich auch streckte: Er sah nur Ellenbogen und Schulterblätter. Schließlich kletterte er auf einen Baum. Peinlich war das – aber was sollte er tun? Verborgen im Blätterwerk wollte er Jesus anschauen. Aber direkt vor seinem Baum blieb Jesus stehen und rief ihn laut: „Zachäus, komm herunter!"

Verlegen rutschte Zachäus den Baumstamm herunter und landete direkt vor den Füßen von Jesus. Alle lachten. Auch Jesus! Aber als Zachäus in sein Gesicht schaute, sah er, dass Jesus sich nicht über ihn lustig machte, sondern ihn fröhlich anlachte. „Ich möchte heute dein Gast sein!", sagte er. Zachäus stand wie vom Donner gerührt. Stumm winkte er, ihm zu folgen.

Damals hat sich alles geändert. Mit diesem Blick hat es anfangen, denkt Zachäus, dadurch bin ich ein Glaubender geworden. Zachäus macht sich auf den Weg nach Hause. Ob die Leute eigentlich wissen, wie viel ein Blick bewirken kann?

bs

BEGEGNUNG (I)

Gott mit seinem
Sinn für Details
hüllte heute den Mond
in Wolkengewänder
und hängte ihn in die Zweige
einer Trauerweide.

Im Wasserspiegel
lächelte er
mich an.

tw

Paulus, ein Knecht Christi Jesu, berufen
zum Apostel, ausgesondert zu predigen das
Evangelium Gottes.
RÖMER 1,1

Paulus – Glauben bedeutet, gerufen zu sein

„Paulus, erzähl doch mal! Wie war das genau, damals, als du Christ wurdest? Jesus ist dir erschienen? Sag doch mal selber!" Aufgeregte Stimmen sind in der Zeltmacherwerkstatt zu hören. Es hat sich in Korinth schnell herumgesprochen: Der berühmte Missionar Paulus ist zu Gast bei Priska und Aquila. Viele wollen ihn sprechen, die Menschen sitzen dicht gedrängt auf Stoffbahnen, auf Kisten und auf dem Boden. Wie heiß es ist! Paulus wischt sich mit dem Ärmel über die Stirn und schaut umher. Viele bekannte Gesichter sieht er, aber noch mehr unbekannte.

„Ich hab's euch doch schon erzählt", tönt da eine kräftige Stimme, „in einem hellen Licht ist ihm Jesus Christus erschienen, es hat ihn getroffen wie ein Blitz. Er war tagelang blind!" Wieder richten sich alle Augen auf Paulus. Doch bevor dieser etwas sagen kann, spricht schon ein Nächster: „Und dann hat er die Stimme Jesu gehört: Saul, Saul, was verfolgst du mich?"

Paulus weiß gar nicht, wohin er den Kopf wenden soll. Er greift nach der Karaffe mit Wasser und schenkt ein, nimmt einen tiefen Schluck und schüttelt den Kopf. Da spürt er, dass Priska ihm leicht die Hand auf den Arm legt. „Wie aufgeregt sie sind", sagt sie leise, „als würde an deiner Geschichte auch ihr Glaube hängen. Und du kommst gar nicht zu Wort." Sie lächelt ihn an. Paulus entspannt sich. Und erwidert: „Es ist schwer, die richtigen Worte zu finden. Ja, es hat mich getroffen wie ein Blitz – aber was sagt das schon?" Priska nickt. Da wendet sich Paulus an alle und sagt laut: „Nehmt diese Geschichten nicht so wichtig. Nicht das ‚Wie' entscheidet. Was zählt ist nur, dass Jesus mich berufen hat. Dadurch bin ich ein neuer Mensch geworden."

bs

BEGEGNUNG (II)
Gott mit seinem
Sinn für Details
legte heute
einen Tautropfen
in ein Lupinenblatt.

Im Sonnenlicht
zwinkerte er mir zu.

tw

Da lief Philippus hin und hörte, dass er den
Propheten Jesaja las, und fragte: Verstehst
du auch, was du liest?
APOSTELGESCHICHTE 8,30

Der Kämmerer aus Äthiopien –
Glaube wächst aus Worten

Es ist fast Mittag, unerträglich heiß ist es heute. „Zeit für eine Pause", denkt der Kämmerer und geht in seine kühle Bibliothek. Da lagern seine Schätze: Rollen aus Pergament und Papyrus, Schriften über Religion und Philosophie. Dunkel und trocken liegen sie in schön gefertigten Holzschüben.

Er holt die Rolle des Propheten Jesaja hervor. Vorsichtig streicht er mit den Fingerspitzen über die hebräischen Buchstaben, liest sie. Er stützt seinen Kopf auf und denkt zurück. Mit dieser Schrift hat sein Leben eine neue Wendung bekommen. Er hat sie gekauft, als er vor einigen Monaten in Jerusalem war, der Hauptstadt der Juden im fernen Israel. Schon auf der Rückreise studierte er die Schrift. Da stand: „Er trug unsere Krankheit und lud auf sich unsere Schmerzen ..." – er verstand nicht, von wem die Rede war.

Da war wie aus dem Nichts ein Reisegenosse aufgetaucht, Philippus mit Namen, der hatte ihm die Worte erklärt: „Die Schrift spricht von Jesus Christus. Er wurde gekreuzigt, aber er ist auferstanden. Er ist der Weg zum lebendigen Gott, auch für Nichtjuden." Zusammen lasen sie weiter, gingen Vers für Vers durch. Der Kämmerer war begeistert. Zu diesem Jesus wollte er gehören. Und so kam es, dass er sich taufen ließ, einfach so, unterwegs, in einem Fluss.

„Seitdem bin ich Christ", denkt er. Noch einmal liest er die Worte, die ihn so getroffen haben. „Vielleicht bin ich der erste in Afrika, der von Jesus weiß. Hoffentlich schreiben die Menschen in Israel bald alles über sein Leben auf. Dann geht es sicher noch mehr Menschen wie mir: Sie lesen und finden den Glauben."

bs

PSALM-GEBET ZUR TAUFE
Gott
du unsichtbarer Begleiter
aller Menschenkinder
der du den Tag schaffst
und die Nacht
der du das Leben schenkst
und das Licht
der du die Sinne weckst
zum Sehen zum Hören
zum Schmecken
Gott
lass uns deine Güte schmecken
bleib deiner Kinder Schutz
und Schirm
erhelle den Horizont
ihrer Gedanken
werde wahr in
deinen Geschöpfen
du – der unsichtbare Begleiter
du – Gott – der Atem unseres Lebens

as

Als sie aber mit ihrem Hause getauft war,
bat sie uns und sprach: Wenn ihr anerkennt,
dass ich an den Herrn glaube, so kommt in
mein Haus und bleibt da. Und sie nötigte uns.
APOSTELGESCHICHTE 16,15

Lydia – Glauben bedeutet, Gemeinschaft zu leben

Claudia ist erst seit drei Tagen Dienstmädchen im Haus der Purpurhändlerin Lydia. Am Nachmittag hat sie den schönen Raum hergerichtet, hat ihn gelüftet, die Polster geklopft, Vasen mit frischen Blumen gefüllt. Lydia hat den Raum geprüft und gesagt: „Heute trifft sich hier die christliche Gemeinde. Wir glauben an Jesus Christus, unseren Herrn und Erlöser." Sie zupfte ein paar Blüten zurecht und sagte: „Dieser Glaube hat mein Leben verändert. Und auch mein ganzes Haus." Dann sagte sie: „Wenn du willst, komm heute Abend dazu." Komm dazu, wenn du willst? Claudia ist verwirrt. Sie ist klare Befehle gewohnt. Nun steht sie an der Tür und lauscht. Da sitzen vornehme Frauen und Männer aus Philippi, Geschäftsleute wie ihre Herrin Lydia – und daneben die Angestellten des Hauses. Und da, sind das nicht Sklaven, die dort in der Ecke zusammensitzen? Frauen und Männer, Herren und Sklaven zusammen? Geht denn das? Unruhig tritt sie von einem Fuß auf den anderen, will nichts verpassen. Eben haben sie gesungen. Jetzt spricht einer ein Gebet, alle rufen „Amen". Lydia lässt einen Korb herum gehen, sie sagt, dass der Apostel Paulus in Schwierigkeiten sei und Unterstützung brauche. Alle legen etwas hinein; die Reichen viel, die Armen wenig; jeder wie er kann.

Da steht die Köchin auf und kommt heraus. Fast stößt sie mit Claudia zusammen. „Was stehst du hinter der Tür?", sagt sie. „Komm, hilf mir, das Essen zu holen. Die Leute haben Hunger." Claudia folgt ihr in die Küche, trägt ein paar Platten in den Saal. Sie sieht sich unschlüssig um. Da schaut Lydia zu ihr hin. „Bleib doch da!", sagt sie. „Du brauchst nicht vor der Tür zu stehen. Bei uns ist jeder eingeladen."

bs

FRÜHLING

Es sollen wohl
Schneeberge weichen
Eishügel fallen

und zwischen den Wolken
Kranichschreie
erzählen vom Leben

das unter der Erde
sich aufmacht
ins Licht.

Deine Gnade
an allen Ecken und Enden
platzt sie aus den Fugen

wuchert mir
dein Erbarmen entgegen:
Steh auf.

tw

Herr, du erforschest mich und kennest mich.
Ich sitze oder stehe auf, so weißt du es; du
verstehst meine Gedanken von ferne.
PSALM 139,1+2

Gott – ein Überwacher!?

Na, das ist ja prima! Reicht es nicht schon, dass wir an vielen öffentlichen Orten mit Kameras überwacht werden? Reicht es nicht, dass ich im Internet nichts mehr wirklich verbergen kann? Und im beruflichen Bereich soll alles transparent sein und dem Controlling unterzogen werden! Muss Gott das noch toppen: Du erforschst mich, du weißt, ob ich sitze oder stehe, wie ein GPS-Gerät, so genau kennst du meinen Aufenthaltsort, du durchscannst alle meine Gedanken?

Früher wurde mit diesem „Überwachergott" aus erzieherischen Gründen gedroht: der „liebe Gott" sieht alles, was du tust. Mit dem heutigen technischen Fortschritt können wir uns noch besser vorstellen, was das bedeuten könnte.

Aber geht es Gott um Kontrolle? Will er uns unsere Vergehen nachweisen? Oder könnte es nicht auch gut sein, dass jemand meine Gedanken versteht, wenn ich mich gerade mal wieder nicht verstehe? Und es passiert oft, dass ich mich nicht verstehe! Wenn dann jemand da wäre, der es gut mit mir meint. Jemand der mich versteht, wenn ich mit meinem Verstand am Ende bin. Es könnte doch gut sein, wenn ich mich darauf einließe! Hier geht um eine Haltung, um meine Einstellung: Ich verabschiede mich von dem Bild des „Überwachergottes" und lasse mich auf Gott als Begleiter ein. Dann ist es gut, dass jemand

da ist, der meinen begrenzten Verstand übersteigt.

pb

GEHEIMNISVOLL
Heute gehe ich bewusst in den Tag, sinne am Abend über den Tag nach:
Wo sind die Momente, in denen ich mit meinem Verstehen am Ende bin?
Gibt es eine Ahnung in mir, dass da jemand mehr von mir erfasst und mich darin hält?

pb

Denn siehe, es ist kein Wort auf meiner
Zunge, das du, HERR, nicht schon wüsstest.
PSALM 139,4

Güldne Sonne, dunkle Wege

„Die güldne Sonne voll Freud und Wonne" –
so beginnt ein Lied aus dem Evangelischen
Gesangbuch. Der Text stammt von Paul Gerhardt. Er gilt als der wichtigste protestantische Liederdichter nach Martin Luther. Heute
ist sein Geburtstag.

Am 12. März 1607 wird Paul Gerhard im Fürstentum Kursachsen geboren. Nach seinem
Studium wird er Pastor in Berlin. Man könnte
glauben, Paul Gerhardt sei ein glücklicher
Mensch gewesen und lebte in einer unbeschwerten Zeit. Denn viele seiner Liedtexte
sind fröhlich wie „Geh aus mein Herz und
suche Freud" oder das Morgenlied „Die güldne Sonne". Doch Paul Gerhards Leben steht
unter keinem guten Stern. 1618 jagt ein Komet
über den Nachthimmel und versetzt die Bevölkerung in Angst und Schrecken. Tatsächlich beginnt nun der Dreißigjährige Krieg.
Dörfer und Städte liegen in Schutt und Asche.
Dem Kriegsgräuel folgt der schwarze Tod, die
Pest. Die Hälfte der Bevölkerung auf deutschem Boden kommt ums Leben. Auch Paul
Gerhardt muss geliebte Menschen gehen lassen. Vier seiner fünf Kinder trägt er zu Grabe,
ebenso seine Frau. Der Barockdichter zieht
sich oft zurück in seine „Schwermuthöhle",
wie er es nennt. Woher nimmt er die Hoffnung für seine Lieder?

In einem seiner Lieder gibt er darauf eine Antwort: „Befiehl du deine Wege und was dein

Herze kränkt der altertreusten Pflege des, der
den Himmel lenkt." Und er notiert: „Ich bin
ein Gast auf Erden und hab hier keinen Stand.
Der Himmel soll mir werden, da ist mein Vaterland." Nach dieser Wirklichkeit wartet eine
andere Wirklichkeit – Gottes neue Welt. Davon war Paul Gerhardt überzeugt. Und das
lässt ihn auch leichter und fröhlicher in dieser Welt leben. Und so besingt er mit großer
Freude die „hochbegabte Nachtigall" und
„Narzissus und die Tulipan".

69 Jahre alt ist Paul Gerhard, als er stirbt. Seinem einzigen überlebenden Sohn kann er
keine Güter, dafür einen guten Namen vererben. Denn schon damals werden seine Lieder
überall gesungen. Und noch heute stehen 30
seiner Texte im Evangelischen Gesangbuch.
Mehr als 400 Jahre Paul Gerhardt – seine Botschaft berührt uns noch heute.

jvl

UNGLAUBLICH
Weg hast du allerwegen, an Mitteln fehlt dir's
nicht; dein Tun ist lauter Segen, dein Gang ist
lauter Licht; dein Werk kann niemand hindern, dein Arbeit darf nicht ruhn, wenn du,
was deinen Kindern ersprießlich ist, willst tun.
Text: Paul Gerhardt EG 361

Wer ist Gott für mich?

Von allen Seiten umgibst du mich und
hältst deine Hand über mir.
PSALM 139,5

Damit mir nichts auf den Kopf fällt!

Mein Auto hat Front- und Seitenairbags. Bei einem Unfall sollten diese mich einhüllen und mich schützen. Wenn ich mit dem Fahrrad unterwegs bin, trage ich einen Helm, auch wenn andere mich belächeln. Über meiner Haustür ist am Dach ein Schutzgitter angebracht, das mich vor herabrutschendem Eis und Schnee schützt. Ich tue vieles für meine Sicherheit und lasse es mich auch etwas kosten.

Gott hält seine Hand über mir. Das klingt im ersten Moment ein bisschen naiv. Wissen wir doch, wie viel passieren kann und auch passiert. In der Seelsorge begegnen mir immer wieder Menschen, die aus einem vermeintlich sicheren Leben herausgerissen wurden.

Vielleicht geht es ja wieder um meine innere Haltung: Kann ich mich darauf einlassen, dass Gott mich begleitet, mich umgibt, was immer auch passiert? Kann ich mich darauf einlassen, dass Gott meine Kinder umgibt, die ich letztlich nicht schützen kann? Kann ich in der Zusage meiner Taufe, die möglicherweise lange zurückliegt, eine Zusage für mein ganzes Leben entdecken?

Ich tue, was ich kann, um mich zu schützen. Ich gebe den Menschen, die mir anbefohlen sind, den Schutz, der in meiner Macht liegt. Aber ich weiß auch, dass ich nicht wirklich Sicherheit schaffen kann. Das übersteigt meine Möglichkeiten. Ich brauche diese Zusage, dass Gott bei mir ist, seine Hand über mir hält – auch wenn mir gerade alles auf den Kopf zu fallen scheint. Das lässt mich entspannter leben.

pb

ZUVERLÄSSIG IST GOTT
Wer nur den lieben Gott lässt walten und hoffet auf ihn allezeit,
den wird er wunderbar erhalten in aller Not und Traurigkeit.
Text: Georg Neumark, EG 369

Erforsche mich, Gott,
und erkenne mein Herz;
prüfe mich und erkenne,
wie ich's meine.
PSALM 139,23

Gott vertrauen

Das fällt mir schwer! Will ich das wirklich: Dass jemand mein Herz erforscht, mich prüft und erkennt, was in meinem Inneren wirklich los ist? Ich weiß doch selbst oft genug nicht, was in mir los ist. Und geprüft werden mag ich schon gar nicht mehr. Ich dachte, das hätte ich längst hinter mir!

Oder kann es auch anders sein? Weil ich so oft mit mir selbst nicht klarkomme, nicht im Reinen bin: Wäre es da nicht faszinierend, wenn es jemanden gäbe, der mich versteht? Ich kann das für mich nicht endgültig entscheiden. Manchmal möchte ich gar nicht kontrolliert werden. Aber manchmal bin ich auf Begleitung und tieferes Verstehen angewiesen. Es gibt Menschen, denen ich mich vorbehaltlos öffnen kann. Da bin ich sicher: Was ich auch sage, sie stehen zu mir. Sie missbrauchen mein Vertrauen nicht. Es tut gut, solche Menschen zu kennen.

Vielleicht kann ich in diesen Menschen einen Aspekt davon erkennen, was Gott für mich sein will. In der Beziehung zu diesen Menschen kann mir deutlich werden, was Glaube bedeuten könnte: Vertrauen!

Ich will mich heute darin einüben, Gott zu vertrauen. Ich will versuchen, mich Gott zu öffnen – an den Stellen, wo ich mich selbst nicht verstehe. Es gibt auch im hektischen Alltag die Möglichkeiten: ein Stoßgebet, ein Blick in den Himmel, die Augen schließen und innehalten ... Ich tue dies in der Hoffnung, dass ich eine Ahnung davon erhalte, dass Gott bei mir ist, mich versteht und begleitet, dass ich mich nicht immer verstehen muss und trotzdem gehalten bin.

pb

VOLLER VERTRAUEN
Vertrauen wagen dürfen wir getrost,
denn du, Gott, bist mit uns, dass wir leben.
Text: Fritz Baltruweit, EG 607

Wenn das Weizenkorn nicht in die Erde fällt und erstirbt, bleibt es allein; wenn es aber erstirbt, bringt es viel Frucht.

JOHANNES 12,24

Unsere Tür öffnen

Trotz Kälte und Regen ist das ganze Dorf gekommen, um „Oma Else" – wie sie genannt wurde – die letzte Ehre zu geben. Am Montagmorgen war es geschehen. 7:12 Uhr bin ich am Unfallort. Der Unfallverursacher sitzt im Polizeiwagen. Am Feldrand liegt die Verstorbene. Ich kenne sie.

„Kommen Sie, bitte, Frau Pastorin", schreckt mich die Stimme des Polizisten auf, „wir sollten jetzt zu den Angehörigen gehen." Während wir gehen, erzählt er: „Der Fahrer kam von der Nachtschicht, ist am Steuer eingeschlafen, 23 Jahre alt".

„Wie kann das nur sein? Sie hatte doch ihre Leuchtweste an. Es fahren kaum Autos hier lang. Warum nur?" Schluchzen, Weinen, Schreie ...

Es wird leiser im Raum. Jeder trinkt seinen Kaffee. Sprachlosigkeit breitet sich aus. Nichts rührt sich. Die Zeit, sie steht. Die Zeit des unsagbaren Schmerzes, des stillen Schreiens, des Chaos an Gedanken und Gefühlen, all das steht jetzt vor Gott.

Ich denke an den jungen Mann draußen im Polizeiwagen. Ich denke an meinen Sohn, der auch jeden Morgen diesen Weg fährt. Ich spreche ein stilles Gebet. In die Stille hinein fallen die Worte wie einzelne Tropfen: „Wir sollten dem jungen Mann keine Vorwürfe machen. Oma hätte das nicht gewollt. Der junge Mann

hat das nicht mit Absicht getan. Er hat es bestimmt nicht gewollt; wer will so etwas schon?"

Nun stehen wir am Grab von Oma Else. Viele Menschen waren da. Jetzt sind sie alle gegangen. Nur noch Sohn Matthias und die Schwiegertochter sind hier. „Wir werden unsere Wut gegen den jungen Mann mit Oma begraben. Wir werden unsere Tür öffnen", sagt Matthias zu mir, „wir werden mit ihm reden. Vielleicht entsteht so etwas Gutes aus all dem Schlimmen." Wir stehen immer noch im kalten Regen und die Frucht der Versöhnung beginnt zu wachsen.

cbe

HOFFNUNG

Am Kreuz hat Jesus
seine Gottverlassenheit
an den Himmel geschrieen.

Das macht mir Mut,
Gott zu sagen, was mich quält.
Selbst wenn es seine Treue
infrage stellt.

Bin ich verlassen,
verlasse ich mich
auf ihn.

tw

Glaubt an das Licht,
solange ihr's habt,
damit ihr Kinder des Lichtes werdet.
JOHANNES 12,36A

Querdenken!

In den entscheidenden Momenten des Lebens sind es Worte, welche die Gedanken lenken. An solche Worte meines Vaters erinnere ich mich noch ganz genau. Ich war in eine schwierige Situation geraten, damals im Jahr 1974.

1974! Es war die Zeit des Kalten Krieges zwischen Ost und West. Die Zeit der Pioniertücher und der Pioniernachmittage in den Schulen der ehemaligen DDR. Die große Zeit der Linientreuen. Zu den Linientreuen gehörte ich nicht. Jetzt musste mich entscheiden, ob ich zur Jugendweihvorbereitung oder zum Konfirmandenunterricht gehe. Das Gespräch mit dem Politlehrer lag an. Vor diesem Mann und dem Gespräch hatte ich furchtbare Angst.

Abends sprach mein Vater mit mir. Wir saßen in seinem Amtszimmer. Nur wir beide, das kam selten vor. Wir sprachen über Entscheidungen, über die Teufelskreise im Leben. Und als wir lange gesprochen hatten, sagte mein Vater: „Ja, was kann ich dir nun dazu sagen, mein Kind? Was hat mich die Zeit des „Dritten Reiches" gelehrt? Ich habe immer versucht, hinter die Dinge zu sehen. Und eins ist klar, nur Freidenker finden den richtigen Weg. Jesus war so ein Freidenker. Sei wie Jesus, steh auf auch gegen den Trend der Zeit. Gib deinen Glauben nicht auf. Denn ‚Wer Gott aufgibt, der löscht die Sonne aus, um mit einer Laterne weiterzuwandern', sagte einst Christian Morgenstern."

All die Worte ließen meinen Mut förmlich wachsen. Nach und nach konnte ich meine Angst begraben. Selbstbewusst und voller Freude trat ich dann am Tag der Konfirmation vor den Altar Gottes.

Und es ist bis heute gut zu wissen, dass Gottes Licht mich anstrahlt mit der Urkraft des Lebens.

cbe

ICH WÜNSCHE DIR
Ich wünsche dir, dass du zuweilen
deine Sorgen hinter dir lassen
und auf einen Berg steigen kannst.
Schau, da unten sind sie,
weit weg und kleiner als gedacht.

Ich wünsche dir,
dass du neue Kraft in dir spürst –
du hast schon manchen Berg bezwungen
– und dass du zurückkehrst in deinen Alltag,
gestärkt und mit dem Vertrauen,
dass du dein Leben meistern wirst.

tw

Heilung des Gelähmten

Und es kamen einige zu ihm, die brachten
einen Gelähmten, von vieren getragen.
MARKUS 2,3

Richtig helfen

Es gibt einen Werbespot, der mich auf der einen Seite belustigt und andererseits immer wieder fragen lässt, was es bedeutet, helfen zu wollen:

Da steht eine ältere Dame an der Straße. Ein junger Mann kommt, nimmt die Frau, obwohl sie sich dagegen sträubt, an die Hand und führt sie über die Straße. Nun ist sie auf der anderen Straßenseite – und gegenüber fährt der Bus, auf den sie gewartet hatte, davon.

Der gelähmte Mann in der biblischen Geschichte – es wird nicht darüber berichtet, ob er gefragt wurde. Hier nehmen die Männer einfach das Bett und ohne lange zu fackeln tragen sie es. Sie tragen, ohne zu fragen.

In meinem beruflichen Umfeld habe ich oft mit Menschen zu tun, die helfen und begleiten wollen. Mir wird immer wieder klar, wie schmal der Grat ist zwischen der Selbstbestimmung des anderen und den eigenen Wertvorstellungen. Hand aufs Herz: Glaube ich nicht manchmal zu wissen, was für den anderen gut sein könnte? Weiß ich nicht eigentlich doch, welcher Weg zu gehen wäre? Was zu tun oder zu machen wäre? Was richtig und was falsch ist? Helfen bedeutet hier, meine Ansichten zurückzuhalten und keinen Rat zu geben – sondern dazu beizutragen, dass mein Gegenüber seinen eigenen Weg finden kann.

In anderen Heilungsgeschichten des Neuen Testaments fragt Jesus: „Was willst du, dass ich dir tue?" Er fragt und nimmt den anderen so als sein Gegenüber auf Augenhöhe wahr. Nicht als jemanden, der defekt oder klein ist. Er nimmt den ganzen Menschen mit dieser Frage in den Blick.

Erst fragen, dann tragen. Für mich ist das eine Haltung, die ich immer weiter lernen möchte. Genauso, wie ich gefragt und ernst genommen werden möchte in dem, was ich will. Wunder können dann passieren, anders als ich vermute oder denke, nicht so spektakulär vielleicht – aber heilend in der Begegnung und in der Berührung.

pe

SCHENKE MIR – GOTT
Einen klaren Kopf
wache Augen
und sichere Füße
für die Schritte
durch den neuen Tag
schenke mir Geist
von deinem Geist
das richtige Wort
zur richtigen Zeit
einen offenen Himmel
über der Stirn

as

Und da sie ihn nicht zu ihm bringen konnten wegen der Menge, deckten sie das Dach auf, wo er war, machten ein Loch und ließen das Bett herunter, auf dem der Gelähmte lag.
MARKUS 2,4

Zu Tragenden werden

Vor ein paar Tagen sprach ich mit einer Freundin, der gerade mitgeteilt wurde, dass sie nicht mehr lange zu leben habe. Sie war wie gelähmt vor Angst, konnte kaum sprechen. Und mir fiel es schwer, Worte zu finden, ich wusste nicht so recht, wie ich trösten könnte und ob es überhaupt Trost gäbe. Ich fühlte mich dann im Verlauf des Gespräches selber wie gelähmt, hilflos und ohnmächtig. Und hätte doch so gerne etwas gemacht oder in die Hand genommen. Aber was kann man machen, wenn nichts mehr zu machen ist? In der biblischen Geschichte fallen mir die Bettträger auf. Sie wissen genau, was zu machen ist. Voller Bewunderung sehe ich, wie sie, ohne lange zu fackeln, effektiv und effizient die Ärmel aufkrempeln und zupacken, sogar das Dach abdecken, um den Gelähmten zu Jesus zu bringen. Der sieht ihren Glauben – und ihr Bemühen wird von Erfolg gekrönt: Der Kranke nimmt sein Bett, steht auf und kommt in Bewegung. Es wäre schön, wenn das immer so ginge!

Oft jedoch führt ein solches Bemühen nicht zur Genesung oder Heilung. Da kann man nicht eben mal Hand anlegen und zupacken. Da geht es vielmehr um eine andere Dimension des Tragens: Die Geschichte von Hiob und seinen Freunden erzählt davon: Sieben Tage saßen die Freunde schweigend, sie haben MITgetragen, um ERtragen zu können.

Das kenne ich: Es tut gut, wenn jemand an meiner Seite ist, der mich so lässt, wie ich gerade bin. Der nicht weiß, wie es besser oder anders geht. Der zulässt, dass ich wütend, gelähmt oder traurig bin. Und dadurch sind immer wieder Momente entstanden, dass ich mein Bett – im übertragenen Sinn – nehmen und aufstehen konnte.

Dasein, ohne viele Worte, Aushalten, Mittragen – das können Erfahrungen von Trost sein. Trost, der notwendig ist, um die Not zu wenden. Selbst wenn es nichts mehr zu machen gibt, gibt es noch was zu tun. Nicht nur aus uns allein. Ich glaube, dass Gott uns trägt, über und durch alle Lebensphasen. Durch Freude und Leid, in Lähmung und in Bewegung – bis zum Alter, bis zum Sterben und darüber hinaus. Weil er uns trägt, können wir selber immer wieder zu Tragenden werden – oder uns tragen lassen, damit wir ertragen können.

pe

GOTT – ICH WEISS
wenn ich weine – weinst du mit
wenn ich lache – lachst du mit
wenn ich singe – singst du mit
wenn ich tanze – tanzt du mit
wenn ich gehe – gehst du mit
wenn ich träume – träumst du mit
den hellen Traum – einer heileren Welt

as

Als nun Jesus ihren Glauben sah, sprach er
zu dem Gelähmten: Mein Sohn, deine
Sünden sind dir vergeben.
MARKUS 2,5

Frühjahrsputz für die Seele

Auf der Autofahrt sah ich zwei Straßenarbeiter, die am Rand der Schnellstraße mit langen Greifzangen den Müll aufpickten. Aller Dreck wurde in einen Sack getan und der Grünstreifen wurde wieder sichtbar.
Gerade jetzt in der Zeit, wo der Winter sich verabschiedet, gibt es in vielen Bereichen Säuberungsaktionen und in unseren Häusern den Frühjahrsputz. Ab und an muss eben aufgeräumt und gesäubert werden, gründlich und nachhaltig. Und wenn alles blitzt und blinkt, wenn aller Müll beseitigt ist – dann gibt das ein befriedigendes Gefühl.

Was aber ist mit unserer Seele? Was ist mit dem „Müll", der sich in ihr ansammelt?
Quälende Gedanken, Zwänge, Erfolgsdruck, Belastungen, die Sorge, nicht zu genügen ...
Für die meisten von uns vertraute Begleiter, die leider keine Ruhe geben. Wie ist es hier mit dem „Frühjahrsputz"?

Zwei Dinge fallen mir ein:
Zuerst ein altmodischer Begriff: Barmherzigkeit. Und ich frage mich: Wie barmherzig bin ich mit mir selber? Kann ich es irgendwann gut sein lassen oder sehe ich nur auf das, was vermeintlich noch besser hätte sein können? Kann ich mich mit den liebenden Augen eines barmherzigen Gottes betrachten oder – wie Gloria Gaynor es singt: „I am what I am and what I am needs no excuses?"

Den Blickwinkel ändern. Ein Versuch ist es doch allemal wert – gerade jetzt, im Frühling.

Das andere ist ein Begriff aus der Begleitungsarbeit. Er lautet Psychohygiene.
Und ich frage mich: Wie gut sorge ich für mich? Mir selber ist die Sorge um andere viel vertrauter und es hat einen Weg gebraucht, um zu begreifen, dass die Liebe zu mir selber die Voraussetzung ist, andere zu lieben. Sich ab und an auf das zu besinnen, was mir Kraft gibt, und mir immer wieder Nischen im Alltag zu suchen, wo ich auftanken kann, mich ab und an verwöhnen zu lassen oder mich zu verwöhnen. Die Seele dankt es.
Denn, wer inne hält, hat innen Halt.

pe

NACH DEN FERIEN
Ich will den Blick aufs Meer
in mir tragen
wie einen Schatz.
Und wenn es eng um mich wird,
wenn ich kaum atmen kann,
will ich ihn mir vor Augen halten:
Dann weht mir der salzige Wind um die Nase,
ich spüre Sand zwischen den Zehen
und Sonne auf meiner Haut.
Und ich erinnere ich mich:
Dein Horizont, Gott, ist größer als meiner.
Du stellst meine Füße auf weiten Raum.

tw

Ich sage dir, steh auf, nimm dein Bett und
geh heim! Und er stand auf, nahm sein Bett
und ging alsbald hinaus vor aller Augen.
MARKUS 2,11+12A

Die Vergangenheit mitnehmen

„Zur Salzsäule erstarren" – diese Redensart gebrauchen wir manchmal, wenn jemand im Schock oder vor Entsetzen erstarrt. Dieser Ausdruck geht zurück auf die biblische Geschichte von Frau Lot: Auf dem Weg heraus aus der zerstörten Stadt dreht sie sich um, obwohl es verboten ist. Vor ihrem inneren Auge ziehen noch mal all die Szenen und Bilder der letzten Tage vorbei: die Verletzungen, die Hilflosigkeit, heftige, demütigende und beschämende Situationen. Kein Wunder, dass sie zur Salzsäule wird.

Ob ein Weitergehen ohne Rückschau überhaupt möglich ist? Einfach weitergehen, ohne zurückzuschauen, ohne Abschied zu nehmen? Ich glaube, das könnte ich nicht. Daher verstehe ich sehr gut, dass Frau Lot sich umdrehen musste.

Mir kommen Gedanken an Krisen, Brüche oder Traurigkeiten in meinem Leben in den Sinn, die ich am liebsten verdrängt oder gar ungeschehen gemacht hätte. Und ich erinnere mich an Momente der Erstarrung.

Doch die Vergangenheit kann man nicht ungeschehen machen. Sie prägt uns, aus ihr entwächst Gegenwart und Zukunft. Und es ist doch so, dass sich, wenn Vergangenes – und sei es noch so traurig oder bedrückend – durchdacht, durchfühlt und durchlebt wurde, Erstarrung lösen kann. Im Finden von Worten, im Aussprechen des vormals Unaussprechlichen oder Verdrängten können sich Lähmungen lösen. Ich glaube, dass ich nur dann in mein zukünftiges Leben einwilligen kann, wenn ich in mein vergangenes Leben einwillige und Brüche, Krisen oder tiefe Dunkelheiten nicht verdränge.

In unserer Geschichte sagt Jesus: „Nimm dein Bett und geh." Er sagt nicht: „Lass dein Bett hier, das brauchst du nicht mehr." Nein, das Bett und all das, was in ihm gedacht und gefühlt wurde und was in ihm an Leben stattfand: Es geht mit, es gehört dazu. Zum Gelähmten, der wieder gehen konnte – und auch zu uns modernen Menschen, selbst wenn wir das manchmal nicht wahrhaben und das Bett am liebsten entsorgen wollen.

Aus Jesu Aufforderung spricht eine tiefe Weisheit: Das „Bett" zu tragen und mit ihm aufzustehen und zu gehen.

Es beruhigt mich und ist mir Trost, dass vor Gott mein Leben mit seinen fragmentarischen Brüchen zu einem Ganzen wird – das lässt mich immer wieder aufbrechen.

pe

GEDANKENFLUG
Gelegentlich abheben
den Träumen trauen
sie als Aufwind
unter den Gedanken spüren

Sich tragen lassen
hoch hinaus
und später beflügelt
im Alltag landen

tw

Und es begab sich danach, dass er durch
Städte und Dörfer zog und predigte und
verkündigte das Evangelium vom Reich
Gottes; und die Zwölf waren mit ihm,
dazu einige Frauen, die er gesund
gemacht hatte von bösen Geistern und
Krankheiten, nämlich Maria, genannt
Magdalena, von der sieben böse Geister
ausgefahren waren.
LUKAS 8,1+2

Böse Geister

Vierschrötig sieht sie aus, die Frau, die in der Straßenbahn auf einem der Einzelsitze am Fenster Platz nimmt. Ihr ganzer Körperbau ist irgendwie eckig und kantig. Sie ist unvorteilhaft gekleidet. Auch in ihrem Gesicht ist nichts, was mir sympathisch wäre. Unwillkürlich gehe ich bei ihrem Anblick innerlich auf Distanz.

Und doch zieht sie immer wieder meinen Blick an.

Sie kramt in einem schmuddeligen Beutel und holt umständlich ein ramponiertes Plastikgefäß hervor. Sie fischt gerade eine Gabel aus dem Beutel, als ein sichtlich geistig behinderter junger Mann einsteigt und sich auf den leeren Platz ihr gegenüber setzt. Sie sehen sich kurz an. Die Frau lächelt.

Er lächelt zurück. „Ich glaube, ich muss am Kaiserplatz umsteigen, wenn ich zur Goethestraße will", sagt er.

„Ja", sagt sie, „das glaube ich auch." „Da nehme ich dann am besten die Bahn Richtung Herslingen." „Ja", sagt sie, „da nehmen Sie am besten die Bahn Richtung Herslingen." „Ob ich das wohl bis neun Uhr schaffe?" „Ich glaube schon."

Die beiden schweigen.

Die Frau öffnet die Plastikschale und spießt einen Apfelschnitz auf. Sie hält ihn dem Mann hin: „Möchten Sie auch einen?" Zierlich nimmt er das Apfelstückchen von der Gabel, nickt, lächelt und steckt es sich in den Mund. Sie nimmt auch eines.

Das nächste hält sie wieder ihm hin. Eins ich, eins du ...

Als ich aussteige, ist die Schale halb leer und ich bin heiter.

Meine bösen Geister sind ausgefahren, jedenfalls für diesen Morgen.

ar

DANKE

Deine Güte, Gott, reicht
so weit der Himmel ist.

Lichtgeschwind weht sie
durch Raum und Zeit
ich scheitere daran,
ihr hinterherzudenken.
Sie zu erfassen: unmöglich.

Und doch
hat mich im Vorbeieilen
ihr Hauch berührt
und der Tag grüßte freundlich
als trüge er dein Gesicht.

tw

Und Johanna, die Frau des Chuzas,
eines Verwalters des Herodes,
und Susanna und viele andere,
die ihnen dienten mit ihrer Habe.
LUKAS 8,3

Guerillarestaurant

In der Zeitung habe ich von einer Idee gelesen, die mich fasziniert und die es inzwischen in vielen großen Städten gibt: Geheime Restaurants in privaten Wohnungen. „Untergrundrestaurants" oder „Guerillarestaurants" werden sie auch genannt.

Dabei ist das, was in ihnen stattfindet, das Normalste von der Welt: wunderbare Gastfreundschaft, Austausch und Unterhaltung, Anregung und Inspiration jenseits der genormten Einheitskultur. Und das geht so: Jemand kocht einmal im Monat, einmal die Woche, oder auch einmal im Vierteljahr in seiner Wohnung für ihm oder ihr bis dahin unbekannte Menschen. In Internetforen, durch Anzeigen oder über Mund-zu-Mund-Propaganda finden die Gäste zusammen. Häufig wird den Teilnehmenden erst kurz vor dem Termin mitgeteilt, wohin sie kommen dürfen und wer und was sie erwartet.

Oft ist es eine internationale Runde, die sich dann um einen Tisch versammelt. Man isst miteinander, man kommt ins Gespräch, teilt für einen Abend Zeit, Leben, Erfahrung. Man freut sich an der Atmosphäre, der liebevollen Gestaltung des Raumes, der wunderbaren Zubereitung der Speisen. Manchmal macht jemand Musik, manchmal wird ein Gedicht vorgetragen. Immer teilen sich alle die Kosten für den Wareneinsatz. Meistens sind die GastgeberInnen begeisterte HobbyköchInnen.

„Es macht mich glücklich, wenn andere mein Essen genießen", sagt eine der jungen Frauen, die regelmäßig in ihrer Wohnung für acht bis zehn Menschen kocht. „Es ist wunderbar, auf diese Weise Menschen kennenzulernen, die ich sonst in meinem Alltag nie treffen würde", sagt ein etwas älterer Künstler, der zweimal im Jahr in seinem Atelier eine festliche Tafel für 20 Personen deckt. „Ich bekomme so viel positive Resonanz wie sonst nie in meinem Alltag", sagt eine andere Gastgeberin.

Etwas an dieser Bewegung erinnert mich an die frühe Jesusbewegung. Dort waren es die Frauen, die ihre Häuser öffneten und die Gemeinschaft von Verschiedenen mit allem, was sie hatten, unterstützten. Sie taten es im Namen Jesu. Sie taten es, weil sie begeistert waren von seiner Gastfreundschaft, die alle einschloss. Sie waren von der Vision angesteckt, die darin zum Vorschein kam. Der Vision einer Welt, voller Gerechtigkeit und Güte.

Haben die Guerillaköchinnen und ihre Gäste auch eine Vision? Sind sie von mehr angesteckt als vom guten Kochen und Essen? Ich weiß es nicht, aber was sie tun, löst Hoffnungsgedanken in mir aus ... Darum möchte ich an so einem Mahl teilnehmen, bald!

ar

EINLADUNGSWORTE ZUM ABENDMAHL
Kommt, denn es ist alles bereit.
Schmecket und sehet
wie freundlich Gott ist.

Und als er in Betanien war im Hause
Simons des Aussätzigen und saß zu Tisch,
da kam eine Frau, die hatte ein Glas mit
unverfälschtem und kostbarem Nardenöl,
und sie zerbrach das Glas und goss es auf
sein Haupt. Jesus aber sprach: Lasst sie in
Frieden! Was betrübt ihr sie? Sie hat ein
gutes Werk an mir getan.

MARKUS 14,3+6

Augenblicke des Friedens

Wenn ich als Kind beim Rollschuhfahren ge-
stürzt war und mir die Haut an den Knien auf-
geschürft hatte, nahm meine Mutter Nivea-
creme und ein großes Pflaster. Schon wenn die
Creme die abgeschürften Stellen berührte, kühl
und sanft, ließ der Schmerz nach. Wenn das
Pflaster die Wunde bedeckte, war alles gut.
Bekam ich eine Erkältung mit Husten und Fie-
ber, stellte meine Großmutter Öl auf den Herd,
erwärmte es ein wenig, tränkte ein kleines
weißes Leinentuch damit und legte es mir auf
die Brust. Noch heute erinnere ich die wohlige
Wärme, die sich darunter ausbreitete, und
meine, ihre leichte Hand zu spüren, die sich
beruhigend und tröstend auf mich legte.
Salben und Ölen verbinde ich seither mit lie-
bevoller Zuwendung, mit heilender Berührung, ja mit Momenten voller Geborgenheit
und Frieden mitten in Schmerz und Ängst-
lichkeit.
„Sie hat ein gutes Werk an mir getan", sagt
Jesus über die Frau, die seinen Kopf mit duf-
tendem, kostbarem Öl übergossen hat.
Ich glaube, sie hat ihn mit ihrer Geste für einen Moment in eine andere Welt versetzt. In
eine Gegenwelt zu der Welt der Mächtigen
und Gewalttätigen, die er so schmerzhaft, so
vernichtend am eigenen Leib erleben sollte.
Sie hat Liebe gegen Gewalt gesetzt und der
Gewalt damit ihre zerstörende Kraft genommen. Sie hat einen Augenblick des Friedens,
der Geborgenheit eröffnet und den Raum der

Hoffnung groß und weit gemacht, jedenfalls
für einen Moment.
Auf solche Momente aber kommt es an – koste
es, was es wolle ...

ar

ICH WÜNSCHE DIR,
dass der Duft der Rosen
in dich einzieht
und sich ausbreitet
in dir.

Er erzählt
von einem Gott,
der dich segnet
bis in die letzten Winkel
von Leib, Seele und Geist.

tw

Spricht Jesus zu ihr: Maria!
Da wandte sie sich um und
spricht zu ihm auf Hebräisch:
Rabbuni!, das heißt: Meister!
JOHANNES 20,16

Mary

Vor einigen Jahren verbrachte ich einige Tage in einem christlichen Kloster, nicht weit von Damaskus und doch abgelegen in der Wüste, hoch oben in den Bergen.

Dieses Kloster wird von italienischen Jesuiten geleitet und es hat sich dem Dialog mit dem Islam verschrieben. Besonders intensiv wird die Begegnung mit Jugendlichen gepflegt und so pilgern ganze Schulklassen den Berg hinauf. Oft entspinnt sich, während sie das Kloster besichtigen, ein Frage- und Antwortspiel. Und wer nicht in die Wüste flieht, wird auch als Gast in diese Dialoge hineingezogen. So auch eine ältere Schottin, die auch für einige Wochen im Kloster lebte. Sie hatte einer Gruppe junger Männer die Fresken des Klosters gezeigt und unversehens wurde sie in ein Glaubensverhör genommen, das so direkt und hartnäckig wohl nur Jugendliche anstellen können ... Ob sie denn wirklich an die Auferstehung glaube und wie genau sie sich das denn vorstelle. Wie das denn möglich sein solle, dass ein Toter wieder lebendig wird. Sie suchte nach Worten, sprach davon, dass Jesus natürlich nicht in sein altes Leben zurückgekehrt sei. Ach, dann wäre das also nicht wirklich wahr, nur eine Legende oder so etwas? Nein, nein, so sei das nicht zu verstehen. Sie rang mit den Worten, schließlich begann sie die Geschichte vom Ostermorgen zu erzählen. Sie schilderte Maria Magdalena, die sie „Mary" nannte, auf dem Weg zum Grab. Sie sprach von der Trauer, dem Schmerz, den sie fühlte.

Sie erzählte davon, was Jesus ihr bedeutet hatte, und man merkte, wie in ihren Worten untergründig etwas mitschwang, das von ihr selber kam. Die Jugendlichen waren plötzlich ganz aufmerksam.

Als sie zu der Szene im Garten kam, in welcher der „Gärtner" Maria beim Namen ruft und sie Jesus erkennt, hingen die jungen Männer an ihren Lippen. Einen Moment waren sie ganz still und versunken. Schließlich bedankten sie sich bei der Schottin und gaben ihr die Hand zum Abschied. Einer fragte: „What is your Name?" „Mary", sagte sie. „Really?" „Really!"

Die Szene löste sich in Lachen auf, in ein leises, ein verstehendes, ein berührtes Lachen. Denn Maria aus Magdala und Mary aus Schottland waren für einen Augenblick ganz eng miteinander verbunden gewesen, so eng, dass wir alle mit ihr im Garten gestanden und den Ostermorgen miterlebt hatten.

ar

LEISE TÖNE

Dem Klang des Lebens lauschen
aus einer anderen Welt,
die ich nicht sehe
und nicht verstehe.
Deren leisen Ton ich
manchmal schon höre,
weil Gott sie mir
immer neu verspricht.

tw

Marta spricht zu Jesus:
Ja, Herr, ich glaube,
dass du der Christus bist,
der Sohn Gottes,
der in die Welt gekommen ist.
JOHANNES 11,27

Wie wäre es, wenn ...?

„Du bist Petra und auf diesen Felsen will ich meine Kirche bauen?"

Einem Kollegen erzählte ich: „Ich schreibe gerade einen Text zum Bekenntnis der Marta". „Bekenntnis der Marta?", fragte er. „Johannes 11", sagte ich.

„Ach, du meinst die Auferweckung des Lazarus".

So geht es oft in der kirchlichen Tradition.

Wer bemerkt es schon, dass hier eine Frau ein fast gleichlautendes Bekenntnis zu dem des Petrus aus Matthäus 16 abgibt?

Aber während das Bekenntnis des Mannes zur Grundlage für seinen Führungsanspruch in der entstehenden Christenheit wird, verhallt das Bekenntnis der Frau unbemerkt in der Geschichte. Ob das in Jesu Sinne war?

Die matthäische Gemeinde hat sich sicher in seiner Nachfolge gefühlt, wenn sie ihm die Worte in den Mund legte: „Du bist Petrus und auf diesen Felsen will ich meine Kirche bauen".

Wie wäre es wohl gewesen, wenn sie stattdessen das Glaubensbekenntnis der Marta zur Grundlage der Kirche gemacht hätte?

Wenn sie und ihr Lebens- und Glaubensvorbild die christliche Geschichte geprägt hätte?

Wenn sie auf unzähligen Fresken und Gemälden als „Fels" des Glaubens verewigt worden wäre?

Und wie erst wäre unsere Glaubensbilderwelt gestaltet, wenn beide, Petrus und Marta als Vorbilder in unseren Kirchen präsent wären?

Ob unsere Mütter und Väter im Glauben dar-

um dafür gesorgt haben, dass beide Evangelien, das des Matthäus und das des Johannes, nebeneinander stehen?

ar

VIELLEICHT

Vielleicht ist alles ganz anders
als du denkst
vielleicht
ist dein Auge geblendet
fasst nicht das Unfassbare
nimmt nicht wahr das Wahre
vielleicht wohnt im Wunder
die Wahrheit

as

Und es waren auch Frauen da, die
von ferne zuschauten, unter ihnen
Maria von Magdala und Maria, die
Mutter Jakobus' des Kleinen und des
Joses, und Salome.
MARKUS 15,40

Zuschauerinnen oder Zeuginnen?

Jeden Donnerstag sind die Madres de la Plaza de Mayo in Buenos Aires eine halbe Stunde lang schweigend um den Platz vor dem Präsidentenpalast gezogen. Sie wollten wissen, was mit ihren verschwundenen Söhnen und Töchtern geschehen war. Von den Drohungen der Militärs ließen sie sich nicht einschüchtern. Jeden Donnerstag neu bezeugten sie das Unrecht und die Gewalt, die von der argentinischen Militärjunta ausging. Es dauerte nicht lange, bis ihre Anführerin, Azucena Villaflor de Vicenti, „verschwand". Die Madres aber ließen sich nicht einschüchtern.

Sie kümmerten sich nicht um die Gefahr. Donnerstag für Donnerstag erschienen sie wieder mit ihren weißen Kopftüchern auf dem Platz. Als Zeuginnen des Lebens traten sie ein gegen Tod und Gewalt.

Wie die Frauen damals in Jerusalem, die als Zeuginnen der Gewalt von ferne der schrecklichen Kreuzigung Jesu zusahen. Sie ließen sich nicht einschüchtern, sie ließen sich nicht zerstören, sondern standen durch Schrecken und Trauer hindurch für das Leben auf.

„Wir verkünden seinen Tod, bis dass er kommt" heißt es später in der Abendmahlsliturgie. Ich höre das auch als einen Aufruf an uns: Hört nicht auf, das Unrecht zu bezeugen, bis es zu Ende ist …

ar

DER RISS IN DER MAUER

Vor einem gefährlichen „Riss in einer hohen Mauer" warnt einmal der Prophet Jesaja. Doch er denkt dabei nicht an Steine und Mörtel, sondern an Menschen und ihr Verhalten - die Mauer ist für ihn ein Bild für die Gesellschaft. Auch heute zieht sich so ein „Riss" durch die Mauer der Welt. Es ist ein moralischer Riss, der immer breiter wird. Die einen lockt das schnelle Geld, während immer mehr Menschen von Armut bedroht sind. In manchen Ländern treten die Mächtigen das Recht mit Füßen und unterdrücken Andersdenkende. Gute „Fundamente" wie Gerechtigkeit und die Achtung der Menschrechte sind nötig. Nur so hat die Mauer auch in Zukunft einen festen Stand.

jvl

> Wahrlich, ich sage euch:
> Wo das Evangelium gepredigt wird in
> aller Welt, da wird man auch das sagen zu
> ihrem Gedächtnis, was sie jetzt getan hat.
> **MARKUS 14,9**

Liebe ist stärker als der Tod

Auf meinem Schreibtisch liegt seit langem ein kleiner vergilbter Zettel.

Eine ehemalige Konfirmandin hat ihn am Ende der gemeinsamen Unterrichtszeit geschrieben.

Unter der vorgegebenen Überschrift „Was ich nie vergessen werde" hat sie notiert: „dass die Liebe stärker ist als der Tod".

Damit hat sie, vielleicht mehr intuitiv als durchdacht, ein kleines Auferstehungsbekenntis abgelegt.

Denn das ist ja das Wesentliche des Osterglaubens: Dass die Liebe Gottes, die in Jesus von Nazareth für viele spürbar gegenwärtig wurde, nicht zerstört werden konnte. Nicht mal durch äußerste Grausamkeit und Gewalt.

Die Liebe, seine Liebe, Gottes Liebe hatte Kraft gegen den Schrecken, gegen Angst und Verzweiflung, gegen den Tod.

Noch heute erfahren Menschen das vielfältig. In kleinen und in großen Schreckenssituationen. Oft erzählen sie voller Staunen davon, wie sie sich durch die Liebe, die ihnen entgegenkam, wundersam getragen fühlten und gestärkt und getröstet. In schwerer Krankheit, in existentiellen Nöten. Sogar unter der Drohung von Folter und Tod. Erklären, erwarten oder gar einfordern kann man das nicht. Nur bewundern. Und dafür dankbar sein.

Wer die Liebe gegen den Tod setzen kann, der kann den größten Schrecken standhalten. Nicht ohne Angst und Verzweiflung, aber ohne zu zerbrechen.

So wie Jesus, dem eine unbekannte Frau ein starkes Zeichen der Liebe auf seinen Leidensweg mitgab. Daran sollen wir uns immer, wenn vom Evangelium die Rede ist, erinnern. Damit wir wissen, woran wir uns festhalten können, auch in den schweren Tagen unseres Lebens: an den Zeichen der Liebe, die stärker sind als der Tod.

ar

RENOVIERT

Das leere Grab
reißt Löcher in meine Ängste
und füllt sie mit Licht
schlägt bröckelnden Mutputz ab
und streicht frischen Segen drüber
fegt staubige Ansichten zusammen
und legt neue Ideen aus
staunt Bauklötze in meinen Alltag
und schichtet Hoffnungen auf
geht mir unter die Haut
und baut mich auf.

tw

Alle eure Dinge lasst in der Liebe
geschehen!
1. KORINTHER 16,14

Selig sind, die ... Verständnis haben

Es ist Donnerstag, kurz vor halb elf. Wir feiern Gottesdienst im Seniorenheim. Auf dem Altar steht ein Strauß mit frischen Frühlingsblumen, Kerzen erleuchten den Raum. Nach und nach werden die Bewohner des Heimes in ihren Rollstühlen in den Andachtsraum geschoben. Alleine laufen kann hier kaum noch jemand. „Ich bringe Ihnen gleich noch eine alte Dame", sagt Schwester Marga zu mir. Und schon eilt sie wieder davon. Und dann beginnt der Gottesdienst. Wir singen bekannte Lieder, hören Worte aus der Bibel. Ich predige in einfachen Worten, spüre aber auch, wie viele müde sind, abschweifen. Dann lese ich ein Gebet aus Afrika. Ein alter Mensch spricht seinen Dank aus – mit ungewöhnlichen Worten:
Selig, die Verständnis zeigen für meinen stolpernden Fuß und meine erlahmende Hand.
Selig, die begreifen, dass mein Ohr sich anstrengen muss, um alles aufzunehmen, was man mit mir spricht.
Selig, die zu wissen scheinen, dass meine Augen trübe und meine Gedanken träge geworden sind.
Selig, die mit freundlichem Lächeln verweilen, um ein wenig mit mir zu plaudern.
Selig, die niemals sagen: „Diese Geschichte haben sie mir schon zweimal erzählt."
Selig, die es verstehen, Erinnerungen an frühere Zeiten in mir wach zu rufen.
Selig, die mich erfahren lassen, dass ich geliebt, geachtet und nicht allein gelassen bin.

Selig, die in ihrer Güte die Tage erleichtern, die mir noch bleiben auf dem Weg in die ewige Heimat.
„Kommen Sie", sagt Schwester Marga zu einer Bewohnerin und streicht ihr sanft über die Hand. „Der Gottesdienst ist zu Ende. Ich bringe Sie wieder auf Ihr Zimmer." Die alte Frau lächelt sie dankbar an. Gut, dass es sie gibt, denke ich: Menschen, die mit ganzem Herzen für andere da sind. Gott sei Dank!

ak

VERTRAUEN

Wo ein Mensch Vertrauen gibt, nicht nur an sich selber denkt,
fällt ein Tropfen von dem Regen, der aus Wüsten Gärten macht.
Wo ein Mensch den andern sieht, nicht nur sich und seine Welt,
fällt ein Tropfen von dem Regen, der aus Wüsten Gärten macht.

Text: Hans-Jürgen Netz, EG 604

Seht, welch eine Liebe hat uns
der Vater erwiesen, dass wir Gottes Kinder
heißen sollen – und wir sind es auch!
1. JOHANNES 3,1A

Die Liebe zwischen Mutter und Tochter

Es ist schon lange her, doch sie wird es nie vergessen. Sie ist noch klein und ihre Mutter geht manchmal abends aus. Dann kommt ein Babysitter ins Haus. Die Mutter zieht ihren langen Samtrock und eine schicke Bluse an. Sie toupiert die Haare hoch und versprüht so viel Haarspray, dass die Wohnung noch Stunden danach riecht. Sie schminkt Augen und Lippen. Wenn sie dann zum Gute-Nacht-Sagen ans Bett kommt, bleibt der Tochter fast die Luft weg. Sie riecht so gut. Und sie sieht so schön aus. Genau so will sie aussehen, wenn sie groß ist. Vorsichtig umarmt sie ihre Mutter. Und vorsichtig streicht sie mit dem Zeigefinger über ihre Lippen, um ein bisschen Rot auf ihren eigenen Mund zu tupfen. „Ich hab dich lieb, meine Süße", sagt die Mutter, „schlaf gut". „Ich hab dich auch lieb, meine Süße", sagt die Tochter, kichert und kuschelt sich mit ihrem roten Mund glücklich in die Kissen.

Eine Geschichte erzählt: Ein Kind hat seine Mutter verloren. Es sucht sie überall und andere Leute wollen ihm helfen. „Wie sieht deine Mutter denn aus?", fragen sie. Das Kind sagt: „Meine Mutter ist die schönste Frau auf der ganzen Welt." Aber alle schönen Frauen, die die Leute ihm zeigen, sind nicht die Mutter. Dann auf einmal jauchzt das Kind auf: „Da ist meine Mutter ja!" Alle recken die Köpfe, um die schöne Mutter zu sehen. Aber da steht eine unscheinbare Frau in abgetragenen Kleidern. „Das ist deine Mutter?", fragen alle entsetzt.

„Ja", sagt das Kind, „das ist meine Mutter, die schönste Frau auf der ganzen Welt."

Ein Kind liebt ganz und gar und über alles. Eine Tochter kann zu ihrer Mutter sagen: Du bist die schönste Frau von allen. Sie könnte auch sagen: Du bist der wichtigste Mensch für mich. Oder: Ich liebe dich so sehr, genau so, wie du bist. Was für ein Geschenk! Sicher, diese Kinderliebe wird erwachsen. Sie wird kritischer, weniger leidenschaftlich, vielleicht auch streitsüchtiger. Und die Liebe verteilt sich auf noch andere Menschen. Und doch: Wenn es gut geht zwischen Tochter und Mutter, wird immer eine Erinnerung bleiben an die zärtlichen Worte und Umarmungen der Kindheit. Sie wärmen die Seelen der Kleinen und Großen. Und sie lassen aufschimmern, wie Gott seine Menschen liebt: nämlich begeistert, hingerissen und voller Leidenschaft!

sm

GOTT
Du geheimnisvoller Begleiter
ich ahne
du möchtest eins werden
mit mir
du möchtest einfließen
in mein Sein
möchtest Atem sein
meines Lebens

as

Gott ist die Liebe;
und wer in der Liebe bleibt,
der bleibt in Gott
und Gott in ihm.
1. JOHANNES 4,16B

Das Ja-Wort vor dem Traualtar

Wir hatten uns Spickzettel gemacht. Meinen hatte ich in das apricotfarbene Samttäschchen gelegt, mein Mann seinen in die Innentasche des Jacketts. Schwitzende Finger. Puckerndes Herz. Hundert Menschen hinter uns auf den Kirchenbänken.

Wir hatten schon gesungen und gebetet. Es klang wunderbar. Eine ganze Kirche voll mit Stimmen von Menschen, die uns mögen. Dann der Trauakt. Aufstehen. Bibelworte hören, die von Liebe erzählen. Wir hatten uns gewünscht, dass der Pastor keine Traufrage stellt. Ich wollte meinem Mann in seine Augen hinein sagen, was ich will: „Ich will dir treu sein und dich achten. Ich will dich lieben und ehren. Ich will bei dir bleiben für immer." Mir wurde warm und meine Wimpern wurden nass, als er mir in die Augen sah und mit zittriger Stimme das Gleiche sagte.

Seine Sätze, als kämen sie von weit her, klingen für mich heute noch wie das Paradies auf Erden. Ich singe ein hohes Lied auf die Liebe, eingefangen in diesem Augenblick mit dem kleinen Spickzettel. Und ich kenne auch das Stückwerk. Natürlich kriegen wir uns manchmal mitten im Alltag in die Flicken. Manchmal sind es Kleinigkeiten. Oder etwas, an dem wir uns immer wieder verhaken. Unschön ist es besonders, wenn es spät am Abend ist. Ich will weiterreden und das Ganze am besten gleich klären, mein Mann aber braucht dann eher eine Sendepause.

Ich spreche eine Sehnsucht nicht aus, weil ich mich freuen würde, mein Mann würde diese Sehnsucht erahnen und aussprechen. Aber er tut es nicht. Darauf kaue ich dann herum. Manchmal auch über Jahre. Und dann höre ich wieder seine Worte: „Ich will dir treu sein und dich achten. Ich will dich lieben und ehren. Ich will bei dir bleiben für immer."

Sicher: Mitten im Alltag gibt es mal Krach oder Enttäuschung. Stille Sehnsucht oder auch Schweigen nach so vielen Jahren, Stückwerk eben. Aber ich liebe mich rein in das Unvollkommene. Und der Klang des Versprechens hallt durch den Alltag hindurch. „Ich will bei dir bleiben für immer."

be

IMMER WIEDER
Loslassen,
freihändig leben.

Damit, wenn es
vorbeikommt,
das Glück,

du es
mit offenen Armen
empfangen kannst.

tw

Furcht ist nicht in der Liebe.
1. JOHANNES 4,18A

Liebe in der Krise

Irene hat die Koffer schon gepackt, das Maß ist voll. Jetzt sitzt sie auf dem Bett und heult. Rainer ist so ein Stinkstiefel, bequem, unachtsam und abweisend. Seit zwei, drei Jahren fühlt sie sich nur noch wie seine Köchin und seine Putze.

Gestern Abend dann hat es gekracht. Heute Morgen haben beide kein Wort miteinander geredet. Und als er aus dem Haus war und die Auffahrt runter, da hat sie ihre Freundin Claire angerufen: „Es ist soweit." „Okay, pack deine Sachen und komm rüber." Das war alles vor Wochen schon besprochen. Claire und Pascal haben im ersten Stock ein Gästezimmer. Sogar mit einem kleinen Bad dabei. Da stört sie keinen.

Irene wusste immer, wo sie bleiben könnte. Jetzt weiß sie nur nicht, wohin sie gehört. Es gibt im Augenblick nichts mehr, was sie mit Rainer verbindet. Ihr ganzes Leben ist kaputt durch diesen Mann! Und doch hat sie ihn mal geliebt. Und doch hatten sie auch eine gute Zeit miteinander. Sie haben sich doch versprochen: in guten wie in bösen Zeiten. Soll sie doch noch einmal anrufen und ihre Taschen wieder auspacken? Noch glimmt da was, noch ist da was. Und vielleicht ist da noch was zu machen. Aber wenn sie jetzt einfach bleibt, als wäre nichts gewesen, dann ist in spätestens einem Monat endgültig alles aus.

Sie setzt sich also an den Küchentisch und schreibt ihren vielleicht letzten Liebesbrief an Rainer: Alle Sehnsucht, allen Kummer schreibt sie dort rein – was ihre gebeugte Seele nur hergibt. Am Schluss noch einmal das ehrlich gemeinte Angebot – noch einmal zu kämpfen, alles ein letztes Mal zu wagen, es grundsätzlich noch mal anzugehen. Mit Hilfe von außen, damit nicht alles so im Vagen bleibt. Eheberatung oder so etwas. „Wenn du denn noch willst." Sie schreibt Claires Nummer, wo sie jetzt zu erreichen ist. Und „Wenn du denn noch willst" streicht sie durch und schreibt neu hin „Ich hoffe so sehr, dass du noch willst." Aber erst mal muss sie hier raus. Sie schließt die Tür hinter sich und damit eine andere auf.

jp

ICH WÜNSCHE DIR

Ich wünsche dir,
dass der Tag dich
freundlich in Empfang nimmt,
als seiest du an jedem Morgen
so neugeboren wie er.

Ich wünsche dir,
dass der Gesang der Amsel
in deinen Ohren zu klingen beginnt,
als singe Gott selbst dir
ein Liebeslied.

tw

!

Jesus am Kreuz

Und er trug sein Kreuz
und ging hinaus zur Stätte,
die da heißt Schädelstätte,
auf hebräisch Golgatha.
Dort kreuzigten sie ihn
und mit ihm zwei andere zu beiden Seiten,
Jesus aber in der Mitte.

Pilatus aber schrieb eine Aufschrift
und setzte sie auf das Kreuz;
und es war geschrieben:
Jesus von Nazareth, der König der Juden.

Diese Aufschrift lasen viele Juden,
denn die Stätte, wo Jesus gekreuzigt wurde,
war nahe bei der Stadt.
Und es war geschrieben in hebräischer,
lateinischer und griechischer Sprache.
Da sprachen die Hohenpriester der Juden zu
Pilatus:
Schreib nicht: Der König der Juden,
sondern, dass er gesagt hat: Ich bin der König
der Juden.
Pilatus antwortete: Was ich geschrieben habe,
das habe ich geschrieben.

Als aber die Soldaten Jesus gekreuzigt hatten,
nahmen sie seine Kleider und machten vier
Teile, für jeden Soldaten einen Teil,
dazu auch das Gewand.
Das war aber ungenäht,
von oben an gewebt in einem Stück.
Da sprachen sie untereinander:

Lasst uns das nicht zerteilen,
sondern darum losen, wem es gehören soll.
So sollte die Schrift erfüllt werden, die sagt
(Psalm 22,19): „Sie haben meine Kleider unter
sich geteilt und haben über mein Gewand das
Los geworfen."
Das taten die Soldaten.

Es standen aber bei dem Kreuz Jesu seine
Mutter und seiner Mutter Schwester, Maria,
die Frau des Klopas, und Maria von Magdala.

Als nun Jesus seine Mutter sah
und bei ihr den Jünger, den er liebhatte,
spricht er zu seiner Mutter:
Frau, siehe, das ist dein Sohn!
Danach spricht er zu dem Jünger:
Siehe, das ist deine Mutter!
Und von der Stunde an nahm sie der Jünger
zu sich.

Danach, als Jesus wusste, dass schon alles
vollbracht war, spricht er, damit die Schrift
erfüllt würde: Mich dürstet.
Da stand ein Gefäß voll Essig.
Sie aber füllten einen Schwamm mit Essig
und steckten ihn auf ein Ysoprohr
und hielten es ihm an den Mund.
Als nun Jesus den Essig genommen hatte,
sprach er:
Es ist vollbracht!,
und neigte das Haupt
und verschied.

Johannes 19,17-30

!

> Als nun Jesus seine Mutter sah und bei ihr den Jünger, den er lieb hatte, spricht er zu seiner Mutter: Frau, siehe, das ist dein Sohn! Danach spricht er zu dem Jünger: Siehe, das ist deine Mutter! Und von der Stunde an nahm sie der Jünger zu sich.
>
> JOHANNES 19, 26+27

Einander beistehen

Leiden macht einsam. Es trennt uns wie eine Wand von denen auf der Sonnenseite des Lebens. „Als mein Mann starb", erzählt eine Frau, „da mieden selbst engste Freunde meine Nähe. Sie konnten mit meinem Leid nicht umgehen."

Da steht Maria, die Mutter Jesu, unter dem Kreuz. Bohrender Schmerz zerreißt sie. Neben ihr Johannes, ein enger Freund Jesu. Untröstlich lehnt er am Balken. Dicht stehen sie beieinander, die beiden. Aber sie stehen sich nicht bei. Noch nicht. Sie können sich gegenseitig nicht helfen. Da hilft Jesus ihnen: „Maria, das ist dein Sohn – Johannes, das ist deine Mutter". Nur wenige Worte. Aber ein Halt für zwei Haltlose. Sterbend gibt Jesus Maria dem Johannes an die Hand. Legt Johannes der Maria ans Herz. Bindet beide im Schmerz zusammen. Als Wegbegleiter im Leid.

Hier am Kreuz, wo alle Beziehungen abbrechen, stiftet Jesus eine neue Beziehung. Sein Tod wird zur Geburtsstunde einer neuen Familie: der Familie Gottes. Die Sehnsucht nach Gemeinschaft ist groß unter uns. Darum suchen wir Kontakt, bilden Vereine, Gruppen und Kreise. All das geht ohne den Gekreuzigten. Die Gemeinschaft der Starken kriegen wir allein hin. Aber die Gemeinschaft der Hilflosen, der Trostbedürftigen, die wird unter dem Kreuz geboren. Da, wo wir uns gegenseitig zeigen, was in uns weint, da, wo wir die Zerbrechlichkeit unseres Glaubens voreinander nicht verbergen – da unter dem Kreuz finden wir zusammen.

Vielleicht ahnen Maria und Johannes: Wenn wir einander beistehen in unserer verletzten Hoffnung, dann steht Jesus selbst uns bei. Wenn wir unseren verwundeten Glauben miteinander teilen, dann ist und bleibt er bei uns – obwohl er jetzt von uns geht. „Und von dieser Stunde an nahm Johannes Maria zu sich".

bk

LETZTE WORTE

Letzte Worte im Leben eines Menschen klingen vielleicht so: „Es war gut". „Wo bist du?" „Nimm meine Hand". „Es tut weh." Sätze wie diese bleiben in Erinnerung. Von Jesus werden sieben letzte Worte vor seinem Tod überliefert. In den Passionsgeschichten der vier Evangelisten Matthäus, Markus, Lukas und Johannes sind sie nachzulesen. Diese sieben Worte Jesu am Kreuz sind oft vertont worden, zum Beispiel von Heinrich Schütz in der Motette „Die 7 Worte Jesu am Kreuze".

jvl

Und um die neunte Stunde schrie
Jesus laut: Eli, Eli lama asabtani?
Das heißt: Mein Gott, mein Gott,
warum hast du mich verlassen?
MATTHÄUS 27,46

!

Gott entgegen schreien

Jesus hängt am Kreuz. Ausgespannt zwischen Himmel und Erde. Die Erde will ihn nicht mehr. Der Himmel ist verschlossen. Da zerreißt ein Schrei die Nacht: „Mein Gott, mein Gott, warum hast du mich verlassen?"

Der Schrei verhallt. Aber der Himmel rührt sich nicht. Tödliche Stille. Keine Antwort. Wie bei so vielen Menschen, die keine Antwort auf ihr „Warum?" bekommen – in Lebenskrisen, in Flüchtlingslagern, auf Intensivstationen, am Grab: „Gott, warum?"

Und Gott schweigt. Am Kreuz Jesu zerbrechen unsere Gottesbilder. Kein lieber Gott mehr, bei dem man sich einkuscheln kann. Am Kreuz, an seinem Kreuz und in unseren Kreuzen, da wird Gott uns fremd. Da entzieht er sich uns. Verbirgt sein Gesicht. Da fühlen wir uns oft wie Jesus: total gottverlassen.

Aber Jesus schreit sein „Warum?" nicht einfach in die Nacht. Er schreit es in den Himmel. Schreit es seinem Gott entgegen, der so fern scheint. Seltsam: „Mein Gott" kann Jesus noch rufen – in einem Augenblick, in dem doch gerade fraglich ist, ob Gott noch sein Gott sein will. Er hält an Gott fest, obwohl er sich von ihm verlassen fühlt. Jesus jammert nicht. Wer jammert, schreit ins Leere. Sein Schrei hat keinen Adressaten. Jesus klagt. Klagt sich bei Gott ein. Klagt Gott seine Gottverlassenheit. Jesus betet. Und wer betet, hofft noch. Hofft,

dass da einer ist, der zuhört. Klagegebet – ein Weg, sich dem verborgenen Gott in die Arme zu werfen.

Jesus hat erst am Ostermorgen eine Antwort bekommen. Bei uns dauert es oft länger als drei Tage. Aber wir können es Jesus nachmachen, unser „Warum?" Gott entgegenschreien. Und dürfen glauben: „Wenn ich auch gleich nichts fühle von deiner Macht, du bringst mich doch zum Ziele – auch durch die Nacht".

bk

DIE SIEBEN LETZTEN
WORTE JESU AM KREUZ

„Mein Gott, mein Gott, warum hast du mich verlassen?" (Matthäus 27,46, Markus 15,34)
„Vater, vergib ihnen; denn sie wissen nicht, was sie tun!" (Lukas 23,34)
„Wahrlich, ich sage dir: Heute wirst du mit mir im Paradies sein." (Lukas 23,43)
„Vater, ich befehle deinen Geist in meine Hände!" (Lukas 23,46)
„Frau, siehe, das ist dein Sohn!" und: „Siehe, das ist deine Mutter!" (Johannes 19,26-27)
„Mich dürstet." (Johannes 19,28)
„Es ist vollbracht!" (Johannes 19,30)

jvl / red

Als nun Jesus den Essig genommen hatte,
sprach er: Es ist vollbracht!,
und neigte das Haupt und verschied.
JOHANNES 19,30

Am Kreuz

Es ist vollbracht? Was denn? Im Urtext steht hier: Ans Ziel gekommen. Jesus – ans Ziel gekommen? Mit 33 Jahren? Da hat doch das Leben gerade erst angefangen! Ist Jesus nicht kläglich auf der Strecke geblieben? Ans Ziel gekommen sind seine Feinde. Die Täter, nicht ihr Opfer.

Nein, noch einer ist an sein Ziel gekommen: Gott selbst. Auf seinem Weg der Sehnsucht nach seinen Menschen. Ein dorniger Weg. Denn je näher Gott uns kommt, desto näher kommt er auch unserem Misstrauen gegen ihn. Unserer Schuld. Unserem Leid. Unserem Tod. Da muss man schon tief runter, um wirklich ganz bei uns zu sein.

Die ausgespannten Arme des Gekreuzigten erinnern mich an eine Brücke. Mit diesen Armen hat Jesus Himmel und Erde zusammengehalten und den Abgrund überbrückt zwischen Gottes Gnade und unserer gnadenlosen Welt. Wie lange lässt sich das zusammenhalten, ohne dass es einen zerreißt? Jesus zerreißt es. Es kostet ihn sein Leben.

Und noch einen zerreißt es: Gott selbst. Der thront nicht als Zuschauer erhaben über dem Kreuz. Er steckt mitten drin. Er leidet selbst am Graben zwischen Himmel und Erde, den die Bibel Sünde nennt. Viele Religionen lösen das Problem der Sünde so: Da muss ein Opfer her, um die Gottheit zu besänftigen. Aber hier am Kreuz wird Gott kein Opfer gebracht. Hier opfert Gott sich selbst. Opfert sich hinein in den Riss zwischen ihm und uns. Überbrückt selbst den Graben. Und die Brücke trägt.

Die ausgestreckten Arme des Gekreuzigten sind Gottes Arme. In ihnen dürfen wir uns bergen. Mit unserer Traurigkeit. Mit unseren Versäumnissen. Mit unseren Abgründen. Mit unserer Angst vor dem Tod und vor dem Leben. Es ist vollbracht. Was denn? Dass uns nun nichts mehr scheiden kann von Gottes Liebe.

bk

UNTERSCHIEDLICHE PERSPEKTIVEN
„Die sieben letzten Worte Jesu am Kreuz" zeigen unterschiedliche Sichtweisen auf die letzten Stunden Jesu. Die vier Evangelien zeichnen kein einheitliches Bild. Die letzten Worte reichen vom Todesschrei über ein „Mich dürstet" bis zu dem „hoheitlichen" Zitat „Es ist vollbracht".
Wie Jesus sich wirklich in seiner letzten Stunde gefühlt hat, lässt sich nur erahnen. Aber sicher kommen die sieben Worte dem nah, was ihn bewegte und verzweifeln ließ: Schmerz und die Todesangst, die Sorge um die Freunde und die Mutter – und zugleich das Vertrauen auf Gott.

jvl

!

Jesus lebt

Maria aber stand draußen vor dem Grab
und weinte.
Als sie nun weinte,
schaute sie in das Grab
und sieht zwei Engel in weißen Gewändern
sitzen,
einen zu Häupten
und den andern zu den Füßen,
wo sie den Leichnam Jesu hingelegt hatten.

Und die sprachen zu ihr:
Frau, was weinst du?
Sie spricht zu ihnen:
Sie haben meinen Herrn weggenommen,
und ich weiß nicht,
wo sie ihn hingelegt haben.

Und als sie das sagte,
wandte sie sich um
und sieht Jesus stehen
und weiß nicht,
dass es Jesus ist.

Spricht Jesus zu ihr:
Frau, was weinst du?
Wen suchst du?

Sie meint,
es sei der Gärtner,
und spricht zu ihm:
Herr, hast du ihn weggetragen,
so sage mir, wo du ihn hingelegt hast;
dann will ich ihn holen.

Spricht Jesus zu ihr:
Maria!
Da wandte sie sich um
und spricht zu ihm auf Hebräisch:
Rabbuni!,
das heißt: Meister!

Spricht Jesus zu ihr:
Rühre mich nicht an!
Denn ich bin noch nicht aufgefahren zum
Vater.
Geh aber hin zu meinen Brüdern
und sage ihnen:
Ich fahre auf zu meinem Vater
und zu eurem Vater,
zu meinem Gott
und zu eurem Gott.

Maria von Magdala geht
und verkündigt den Jüngern:
Ich habe den Herrn gesehen,
und das hat er zu mir gesagt.
Johannes 20,11-18

!

Was sucht ihr
den Lebenden bei den Toten?
LUKAS 24,5B

Christus zieht die Toten in sein Leben hinein

Wolfgang ist in seinem Sterben über einen langen Zeitraum von vielen Freundinnen und Freunden begleitet worden. Sie lösten einander ab, schliefen auf dem Boden des Krankenzimmers. Als er gestorben war, bauten sie auf seinem Bett eine „Wolfgang-Collage" auf. Seine fellbesetzten Puschen wurden auf das Fußende der Bettdecke gelegt. Seine Strickjacke, die den abgemagerten Körper gewärmt hatte, wurde ausgebreitet. Dinge, die er geliebt hatte, die er anderen geschenkt hatte, fanden ihren Platz. Und die Stelle, wo sein Kopf gelegen hatte, umrahmten wie ein Heiligenschein die Karten und Briefe, die er in den letzten Monaten der Krankheit erhalten hatte.

Sie haben dem Toten Raum gegeben bei den Lebenden. Wenigstens für eine Zeit. Irgendwann werden die Erinnerungsstücke nicht mehr da sein und die Erinnerung wird verblassen.

„Was sucht ihr den Lebenden bei den Toten?", fragt am Ostermorgen der Engel die Frauen, die zum Grab Jesu gekommen waren. Diese Frage und das, was er dann sagt, stellen alle unsere Erfahrungen auf den Kopf: „Er ist nicht hier, er ist auferstanden." Jesus gehört nicht zu den großen Toten der Weltgeschichte. Sein Leben ist abgeschlossen – und dennoch nicht vergangen. Er ist pure Gegenwart; ja, mehr noch, er ist uns voraus, kommt uns entgegen. Wie das sein kann, entzieht sich unserer Er-

kenntnis. Es ist Gottes Geheimnis. Aber dass es so ist, erfahren und bezeugen Menschen seit Jahrhunderten, bis auf den heutigen Tag.

Wolfgang ist tot. Alle Liebe der Welt konnte ihn nicht im Leben halten. Aber dieser Lebendige, Christus, zieht die Toten in sein Leben hinein. Nichts wird so sein, wie wir es kannten. Aber es wird gut sein, endlich.

oghs

OSTERN

Im Dunkel wartet ein Engel auf dich.
Und Trauernde trifft ein tröstendes Wort.
Einer sagt: Die Toten sind ausgeflogen,
ihre Höhlen bleiben für immer leer.

Über den Gräbern schimmert Hoffnung:
Gott hebt uns auf, wenn der Tod uns fällt.
Er ruft unsere Namen in neues Leben
und empfängt uns in einem Haus aus Licht.

tw

Und die Frauen gingen wieder weg vom Grab
und verkündigten das alles den elf Jüngern
und den andern allen. Und es erschienen
ihnen diese Worte, als wär's Geschwätz,
und sie glaubten ihnen nicht.
LUKAS 24,9+11

Tischgespräch

„Männer!", sagt Maike mit Emphase. „Wenn es nach denen gegangen wäre, dann hätte Ostern überhaupt nicht stattgefunden! Die mussten ja richtig Nachhilfestunde von Jesus persönlich haben, damit sie glauben konnten, dass Jesus wirklich auferstanden ist!" „Das haben sich doch die Frauen selbst zuzuschreiben, wenn man ihnen nicht glaubt!", entgegnet Zwillingsbruder Tom genauso hitzig. „Den ganzen Tag geht das Gebabbel und Getuschel. Da hat man viel zu tun, um den Streu vom Weizen zu unterscheiden." „Erstens heißt das ‚die' und nicht ‚der', und zweitens heißt das Spreu und nicht Streu", korrigiert Maike genüsslich. „Ist mir doch egal! Jedenfalls reden Frauen viel Müll!" „Na, du bist ja offenbar der Experte!" Die Mutter kann sich die Ironie nicht ganz verkneifen. „Ihr habt also in Religion die Ostergeschichte durchgenommen." „Ja", sagt Maike, „und die Frauen haben mal wieder viel schneller kapiert, was Sache war, als die Männer. Aber Frauen durften ja nicht mal vor Gericht als Zeugen auftreten. Die wurden echt benachteiligt. Und darum wäre das mit Ostern beinahe schiefgegangen." „Das glaubst du doch selber nicht!", kontert Tom. „Als ob Gott nicht genug Fantasie hätte, sich was anderes auszudenken. Da ist Jesus dann einfach mit den Emmausjüngern mitgegangen und hat mit ihnen ein theologisches Gespräch geführt. So richtig auf hohem Niveau." „Aber sie haben ihn trotzdem nicht erkannt", hält Maike dagegen. „Erst beim Essen. Typisch Männer!"

„Besser spät als nie!", sagt Tom. Wenigstens heute will er das letzte Wort haben …

oghs

OSTERNACHT

„CHRISTUS ist das Licht" – mit diesem Gesang wird eine große Kerze in die dunkle Kirche getragen. Langsam, Schritt für Schritt, begleitet von uralten liturgischen Gesängen. Nur diese eine Kerze brennt – und ihr Licht ist weithin zu sehen. So wurde heute Nacht oder am frühen Morgen in vielen Kirchen die Osternacht gefeiert.

Auf der großen Osterkerze sind ein Kreuz sowie Zahlen und Buchstaben zu sehen: die Jahreszahl sowie die Buchstaben „A und O"; Alpha und Omega. Der erste und der letzte Buchstabe aus dem griechischen Alphabet. Griechisch ist die Sprache des Neuen Testaments. In dieser Sprache wurde aufgeschrieben, wie Jesus starb und wie er vom Tod auferweckt wurde. A und O – Alpha und Omega. Anfang und Ende – liegen in Gottes Hand.

Die große Osterkerze, mit der die Feier der Osternacht begann, bleibt dann für ein Jahr in der Kirche. Sie steht neben dem Taufbecken. Dort wird sie entzündet, wenn Kinder getauft werden.

jvl

Brannte nicht unser Herz in uns,
als er mit uns redete auf dem Wege
und uns die Schrift öffnete?
LUKAS 24,32B

Eine Liebesgeschichte

Sie haben es nicht gleich gemerkt, als plötzlich der Fremde da war und sie auf ihrem Weg am Abend des Ostertages von Jerusalem nach Emmaus begleitete. Es fiel ihnen auch nichts auf, als der scheinbar ahnungslose Frager im Laufe der Wanderschaft zum Wegweisenden wurde. Erst, als er im Dorfgasthaus von Emmaus das Brot brach und dankte, fielen ihnen die Schuppen von den Augen „... und sie erkannten ihn. Und er verschwand vor ihnen." Erst im Nachhinein verstehen sie, was ihnen ihr inwendiger Feuermelder, ihr eigenes Herz, die ganze Zeit schon signalisierte.

„Mein Herz steht in Flammen!" „Da entbrannte der Jüngling in heftiger Liebe ..."
„Ich liebe dich heiß und innig ..." Das Herz brennt, wenn Liebe im Spiel ist; wenn der Geliebte da ist oder wenn uns etwas an ihn erinnert und Sehnsucht entfacht: ein Duft, ein Weg, eine Geste, eine Musik.

Die Emmausgeschichte ist eine Liebesgeschichte. Sie haben ihn geliebt, den Erzähler unvergleichlicher Gottesgeschichten. Er hat ihnen den Himmel geöffnet. Darum brach sein Tod am Kreuz ihnen fast das Herz. Und plötzlich ist dieses Herz in Flammen, zeigt an: Er ist da. Hat den Tod hinter sich. Wir werden ihn nie mehr verlieren.

Wo Gott im Spiel ist, werden Glaube und Liebe eins. Wo er mit uns redet, brennt das Herz. Nicht gleich lichterloh. Erst wird uns warm ums Herz. Dann steckt das Feuer des Geistes das kalte Herz richtig in Brand.

Ostern beginnt die Liebesgeschichte Gottes mit uns neu. Er schenkt uns Jesus neu, unverlierbar. Er schenkt uns das Leben neu, indem er wieder mit uns redet. Nach allem, was war zwischen ihm und uns, nicht selbstverständlich.

oghs

OSTERPSALM
O Gott,
kein Grab dieser Welt
gibt dich preis dem Vergessen.
Kein Stein hält dich fest
im Grabesverlies.

Du – der du
die Schranken des Todes durchbrichst,
zieh uns in deinen Bann
über alle Brüche hinaus,
öffne uns Horizonte
durch die Kraft der Versöhnung,
die Leben verheißt denen,
die Gerechtigkeit suchen.
Halt uns fest auf deiner Fährte,
die uns fortführt ins Licht.

as

APRIL

**FRÜHLINGSGEFÜHLE UND
SCHMETTERLINGE IM BAUCH**

Maria Magdalena
Lebenslust
Gerechtigkeit – weltweit
Findungen
Melodien des Lebens
Tschernobyl-Gedenktag
Trösten

Maria Magdalena

Wenn der HERR die
Gefangenen Zions erlösen wird,
so werden wir sein
wie die Träumenden.

PSALM 126,1

Maria aus Magdala

Maria aus Magdala wurde durch Jesus von einer psychischen Erkrankung geheilt und gehörte zum engsten Kreis um Jesus. Sie sorgte mit für seinen Unterhalt, blieb bei ihm, als er am Kreuz starb, und kümmerte sich um seinen Leichnam. Als eine der ersten erfuhr sie von seiner Auferstehung und erzählte den anderen Jüngern davon.

Träumen dürfen,
den alten Traum
meiner Mütter und Väter.

Dass einer kommt,
der die Geister vertreibt,
die sich wie schwarze Tücher
auf meine Seele legen
und mein Leben verhüllen
mit Wehmut und Schmerz.

Dass einer mich löst
aus den Fesseln,
die mich verletzen und behindern,
dass er die Tränen mir trocknet
und meinen Mund füllt
mit Lachen und Jubelgesang.

Dass ich blühen darf
unter seinen Segensblicken
und mein Leben sich färbt
mit himmlischem Blau.

Und die mich sehen
staunen und raunen
einander zu:

Großes hat er
an ihr getan.

tw

APRIL
Als probiere Gott ...
Farben
Duft
Regen
Luft
... wie es werden soll

tw

Maria Magdalena

Als aber der Sabbat vorüber war
und der erste Tag der Woche
anbrach, kamen Maria von Magdala
und die andere Maria, um nach
dem Grab zu sehen.
MATTHÄUS 28,1

Dunkle Tage, schwere Wege

Es waren dunkle Tage. Ich fand keinen Trost, nirgendwo. Ging hin und her. Legte mich nieder und stand auf. Starrte ins Leere und sprach Gebete. Doch keine Ruhe, kein Trost. Nirgendwo.

Ich bin Maria. Maria Magdalena. Maria aus Magdala. Eine Sünderin soll ich gewesen sein, wird erzählt. Eine Prostituierte. Das ist nicht wahr. Andere sagen: Jesus habe mich geheilt. Habe sieben böse Geister ausgetrieben. Ja, er hat tatsächlich etwas ausgetrieben. Die siebenfache Leere in meinem Herzen. Und er hat mein Herz siebenfach gefüllt. Mit Glauben, Hoffnung und Liebe.

Jeschua. Jesus. Freund, der mir lieb war. Rabbi, der mein Leben veränderte. Messias, auf den ich gehofft hatte. Wieder und wieder drängen sich diese Bilder vor Augen. Soldaten verhaften ihn. Die Menschenmenge fordert seinen Tod. Schergen schlagen ihn ans Kreuz. Ich war bei ihm, als er starb. Und dann nahmen wir seinen Körper vom Kreuz. Wickelten ihn in ein Leintuch und brachten ihn in eine Grabhöhle. Alles musste schnell gehen. Denn am Abend begann der Sabbat. Nicht mal säubern konnten wir seinen geschundenen Leib. Und dann betete ich und weinte. Niemals werde ich diese traurigen Tage vergessen.

jvl

**MARIA MAGDALENA
KANN ES NICHT FASSEN**
Eben war er noch hier
bei mir und riss mich
aus meinen Ängsten.

Jetzt soll er tot sein.
Gewickelt ins Leichentuch
und in eine dunkle Höhle gelegt.

So viele Pläne zerschnitten,
so viele Träume zerplatzt;
abgebrochen die Wege,
bevor wir sie gingen.
Und die Hoffnung begraben
mit ihm.

Ich weiß es, ich weiß, dass es stimmt.
Ich habe mit eigenen Augen gesehen,
wie er litt und weinte und starb.
Und hätte ihn so gern zurückgeholt
in sein und mein Leben.

Gleich kommt er zur Tür herein,
sagt eine Stimme in mir.
Aber er kehrt nicht zurück.
Er ist tot.

Mein Herz kann es einfach nicht fassen.

tw

Maria Magdalena

Und als der Sabbat vergangen war,
kauften Maria von Magdala und Maria,
die Mutter des Jakobus, und Salome
wohlriechende Öle, um hinzugehen
und ihn zu salben.

MARKUS 16,1

Wege der Trauer

Wir machten uns auf den Weg. Schweigend gingen wir vor die Tore der Stadt. Ich, Maria – die Mutter des Jakobus – und Salome. Die Kälte der Nacht lag noch über dem Land. Die ersten Sonnenstrahlen tauchten die Welt in ein blasses Licht. Wir wollten Jesus die letzte Ehre erweisen: den Körper waschen, den Leichnam ölen, mit Kräutern den Geruch des Todes vertreiben.

jvl

MARIA MAGDALENA TRAUERT
Ihn einmal noch berühren.
Duftendes Öl mit den Händen wärmen
und auf die kühle weiße Haut streichen,
als fände die Liebe einen Weg,
der ihn zurück ins Leben holt.

Ihn einmal noch sehen
und meine Jahre mit ihm:
sein Blick, der mich freundlich berührte,
seine heilsamen Gesten, die mich befreiten
aus Zwängen und Angst.

Nun liegt er da,
die Augen verschlossen.
Stumm sein Mund
und die Hände
leblos und schwer.

Ich lasse ihn los und wende mich um,
dort läuft die Zeit, als sei nichts gewesen
und zwingt mich zurück in ein Leben,
das nie wieder wird, wie es war.

tw

Maria Magdalena

Am ersten Tag der Woche kommt
Maria von Magdala früh, als es noch
finster war, zum Grab und sieht,
dass der Stein vom Grab weg war.
JOHANNES 20,1

Wunschdenken oder Wunder?

Ich werde nie verstehen, was dann geschah.
Der Stein war fortgerollt, das Grab leer. Nur
das Leintuch lag noch da – und mir schien,
als wäre ein Engel dort, als hörte ich die Worte: Er ist nicht hier. Er ist auferstanden.

Wir waren wie Träumende. Stellten wir uns
das nur vor? War es Wunschdenken oder – ein
Wunder? Nichts galt mehr. Nicht oben oder
unten. Nicht Tod oder Leben. Nicht Leid oder
Freude. Die Nacht war vorüber. Der Tag erwacht. Und mir schien, eine Mauer sei durchbrochen. Und durch die Ritzen brach Licht.

Und ihr, fast 2000 Jahre danach … – wenn ihr
meine Geschichte lest? Ihr durchmesst den
Himmel und erforscht das Weltall. Aber ist
euch bewusst, dass der Himmel in euch selbst
beginnt? Ihr schickt Nachrichten in Sekun-
denschnelle um den Erdball. Aber wisst ihr
auch, welche Worte letztlich wichtig sind für
euer Leben? Ihr seid in der Lage, Krankheiten
zu heilen und Lebenszeit zu verlängern – aber
gelingt es euch auch, eurem Dasein Tiefe und
Sinn zu verleihen?

Ostern heißt: Jesus bleibt. Auch bei euch.

Einer ist da, der wälzt dir
den Stein vom Herzen
einer fragt:
Warum weinst du denn?

Einer ist da,
der spricht von Hoffnung
und verjagt die Todessschatten
mit seinem Licht.

Einer ist da,
der wendet den Weg
aus der Trauer ins Leben
und führt dich zurück
nach Haus.

jvl / tw

MEDITATION
Die Augen schließen.
Ruhig atmen.
Still sein.
Wahrnehmen:
Was in mir möchte sich öffnen,
was will befreit werden,
was neu belebt werden?
Spüren:
Gottes Liebe leuchtet für mich,
sie wärmt mich
und macht mir möglich,
mich zu verändern.

tw

Maria von Magdala geht
und verkündigt den Jüngern:
Ich habe den Herrn gesehen,
und das hat er zu mir gesagt.
JOHANNES 20,18

Maria singt

Mit zarten Farben
zeichnest du
dein Leben in
meins hinein

Malst festen Boden
mir unter die Füße
und einen Regenbogen
hinter den Horizont

Skizzierst eine Hand
die meine nimmt
und Halt von weit her
in meinen Rücken

Zeichnest ein Leuchten
mir in die Augen
und auf meine Lippen
einen Gesang

Ich tanze und lebe
und tanze
mein Leben in dir

tw

FRAGE
Wie klingt heute mein Lied?
Leise oder laut,
getragen
oder beschwingt,
in Dur
oder in Moll?

tw

[...] wir rühmen uns auch der
Bedrängnisse, weil wir wissen, dass
Bedrängnis Geduld bringt, Geduld
aber Bewährung, Bewährung aber
Hoffnung, Hoffnung aber lässt
nicht zuschanden werden [...].
RÖMER 5,3-5A

Österlich leben – wie Maria Magdalena

Dass auch die dunklen Wege
nicht in den Abgrund führen
und einer an meiner Seite geht,
auch wenn ich ihn kaum noch spüre.

Dass alle Tränen gesammelt werden
und ins Wasser des Lebens fließen,
dass Trauerzeiten zu Ende gehen
und sich mein Mund neu mit Lachen füllt.

Dass selbst ein steinernes Herz
sich erweichen lässt
und eine Tür ins Freie führt,
wo der Himmel sich weitet.

Dass manches, was vergeblich erscheint,
mich doch wachsen lässt
und ich zu dem Menschen werde,
als der ich gedacht bin.

Dass am Ende,
wenn ich das ganze Bild sehe,
eine Stimme da ist, die sagt:
Es ist gut!

tw

LASS HOFFNUNG IN MIR WACHSEN
Guter Gott,
pflanz in mich Hoffnung ein
und lass sie auch in
stürmischen Zeiten wachsen
und stark werden,
damit ich mich daran festhalten kann.
Amen.

tw

Maria Magdalena

Wir wissen aber, dass denen, die Gott
lieben, alle Dinge zum Besten dienen.
RÖMER 8,28A

Ein Tuch aus Vertrauen

Leben, weben,
ohne zu wissen,
was werden wird.

Doch manchmal
streichen meine Hände
über das, was schon ist:

Ein buntes Tuch,
helle Streifen,
Tage voller Licht.
Leuchtendes Rot
für die Liebe,
Grün für die Hoffnung
im Hintergrund.
Auch manch dunkler Faden
zieht sich durchs Bild.

Dazwischen, immer wieder
ein glitzerndes, helles Blau.
Als webe einer den Himmel
in mein Leben hinein.

tw

WUNDER SÄEN

Augenblicke streuen
aufs Feld der Zeit.
Klein und schüchtern
liegen sie in der Hand.

Da zieht der Duft
von Lavendel und Rosen
durch die Erinnerung
und auf der Zunge
liegt Erdbeergeschmack
vom vergangenen Jahr.

Ist doch der Segen
schon ausgegossen.
Heute will ich
ein Wunder säen.

tw

Und mit meinem Gott
über Mauern springen.
PSALM 18,30B

Frühlingsmusik

Wie schön, wenn es Frühling wird.
Wenn die Zweige zu knospen beginnen,
wenn auf einmal alles aufblüht
und die Welt mit Duft und Farbenpracht
verändert.

Wenn es uns nach draußen zieht,
weil die Sonne schon wieder auf der Haut
brennt.
Dann möchte ich sprichwörtlich über Mauern
springen –
so sehr lebe ich auf.
Für mich bedeutet das:
Dann singe ich besonders gern und befreit.

Wunderschöne Lieder singen vom Frühling,
von Gott und seiner Schöpfung.
Auch in unserem Gesangbuch.
Zum Beispiel das Lied „Die beste Zeit im Jahr ist
mein".
Man hat immer wieder überlegt:
Ist in dem Lied vom Wonnemonat Mai die Rede?
Die beste Zeit im Jahr ist doch der Mai.
Im Frühling singen die Vögel ja am meisten, am
schönsten.
Himmel und Erden ist der voll ...

Die singenden Vögel stehen nicht nur in diesem
Lied als Beispiel für das wohlklingende, ur-
sprüngliche Leben. Sie zeigen: Zum Musikma-
chen, zum Singen sind wir geboren.
Und das Singen, die Klänge, die Töne gehen weit
über uns hinaus. Sie stimmen ein in den Urklang des Tons, der die Welt zum Schwingen
bringt. Der allgegenwärtig ist in allen Dingen
und Lebewesen. Wir können einstimmen in den
Gesang, der außer und über den Menschen ist.
In das Lob der unerfindlichen Schönheit der
Musik.
Martin Luther sagt: Die Musik verkündigt das
Evangelium. Er sagt: „Die edle Musika ist nach
Gottes Wort der höchste Schatz auf Erden. Sie
regiert alle Gedanken, Sinn, Herz und Mut.
Willst du einen Betrübten fröhlich machen,
einen frechen, wilden Menschen zähmen, dass
er gelinde werde, einem Zaghaftigen Mut machen, einen Hoffärtigen demütigen – was kann
besser dazu dienen denn diese hohe, teure, werte und edle Kunst?"

Mir geht das auch so.
Wenn ich Musik mache, wenn ich singe, dann
lebe ich richtig auf.
Dann ist das so, als ob ich über Mauern springe.
Eine neue Welt tut sich auf.
Nicht nur im Frühling.
Aber da werden wir besonders angeregt durch
die Vögel.
Durch alles, was lebt.

fb

IDEE
Summen, pfeifen,
singen Sie heute einfach mal vor sich hin.
Es wird Ihnen guttun.

fb

Leib und Seele freuen sich
in dem lebendigen Gott.
PSALM 84,3B

Ein Lied zum Lob des Schöpfers

Wunderschöne Lieder singen von Gott und seiner Schöpfung. Wie in unserem Gesangbuch zum Beispiel das Lied „Die beste Zeit im Jahr ist mein". Es hat eine wunderbar leichte Melodie – eine Volksliedmelodie. Den Liedtext hat Martin Luther geschrieben. Es ist ein Lob an die Musik. Die Musik stellt sich in der ersten Strophe selber vor.
Die beste Zeit im Jahr ist mein,
da singen alle Vögelein,
Himmel und Erden ist der voll,
viel gut Gesang, der lautet wohl.

Die Musik spricht hier selber. Wenn die Musik, wenn „Frau Musika" singt: *Die beste Zeit im Jahr ist mein* – dann heißt das: Wenn Musik erklingt, wenn wir singen, dann ist genau das die beste Zeit im Jahr. Die Musik erfüllt die Zeit und lässt sie zur „besten Zeit" werden. Die Zeit des Singens erklingt in dem Lied als eine friedlich sorglose, erfüllte Zeit. Die Musik bewirkt etwas bei uns Menschen. Sie hat Kraft. Sie heilt. Sie inspiriert. „Frau Musika" stellt den Gesang in die Mitte. In der zweiten Strophe tritt die singende „liebe Nachtigall" auf:
Voran die liebe Nachtigall
macht alles fröhlich überall
mit ihrem lieblichen Gesang,
des muss sie haben immer Dank.

Luther sagt: „In der Vogelwelt ist die Nachtigall eine besondere Meisterin und Predigerin." Sie tut uns gut. Macht alles fröhlich überall. Das macht dankbar. Auch für die schöne Musik.

In den beiden folgenden Strophen wird der Gesang, die Musika zum Lob Gottes:
Vielmehr der liebe Herre Gott,
der sie also geschaffen hat,
zu sein die rechte Sängerin,
der Musika ein Meisterin.

Gott hat die Musik geschaffen. Durch den Gesang nicht nur der Nachtigall, auch durch die Frau Musika wird Gott gelobt. Das Singen zeigt, wofür nicht nur die Nachtigall, sondern wir alle geschaffen sind: Dass wir unseren Schöpfer loben, der alles so wunderbar gemacht hat. Zum Musikmachen, zum Singen sind wir geboren. Indem Musik erklingt, erklingt dem Schöpfer ein Lob. Und so klingt und singt dann auch die letzte Strophe:
Dem singt und springt sie Tag und Nacht,
seins Lobes sie nichts müde macht:
den ehrt und lobt auch mein Gesang
und sagt ihm einen ewgen Dank.

fb

DANKE

Gott, danke für all das, was du schenkst mit der Musik: für die Klänge, das Singen, die Töne; für den Urklang des Tons, der uns und die ganze Welt ins Schwingen bringt und der gegenwärtig ist in allen Dingen und Lebewesen. Und ich danke dir, dass ich dir auch Klänge, Melodien und Lieder zurückgeben kann. Heute und jeden Tag.

fb

Du bist mein Schirm, du wirst mich
vor Angst behüten, dass ich errettet
gar fröhlich rühmen kann.
PSALM 32,7

Ein Liebeslied
mit wechselhafter Geschichte

Es ist Kirchentag in Ost-Berlin. 1987. Neben der Gethsemane-Kirche ist ein Podium aufgebaut. Ein Liedermacher spielt: Gerhard Schöne. Auch alte Kirchenlieder sind dabei, die Gerhard Schöne in neue Worte gefasst hat. Er singt: *„Jesu, meine Freude, meines Herzens Weide, Jesu, wahrer Gott. Wer will dich schon hören? Deine Worte stören den gewohnten Trott. Du gefährdest Sicherheit. Du bist Sand im Weltgetriebe. Du, mit deiner Liebe."*

Schon bei dieser ersten Strophe brandet Beifall auf. Dieses neu übertragene Kirchenlied spricht den Menschen aus der Seele. Der Beifall wird noch größer, als Gerhard Schöne weitersingt: *„Du warst eingemauert. Du hast überdauert Lager, Bann und Haft. Bist nicht totzukriegen. Niemand kann besiegen deiner Liebe Kraft."*

Wenn der mutige Liedermacher diesen Text als selbst komponiertes Lied gesungen hätte, dann hätte er bestimmt Ärger mit der Stasi bekommen. So aber singt er ein bekanntes Kirchenlied. Die alten Worte hat er ja nur in die Gegenwart hineingedeutet. Ein Liebeslied für die Freiheit, die Jesus schenkt. Zwei Jahre später ist sie da, die Freiheit. Die Mauer fällt.

350 Jahre früher. Christoph Kaldenbach ist Student in Königsberg. Eines Tages schreibt er ein Liebeslied für seine Freundin. Die heißt Flora: *„Flora, meine Freude, meiner Seelen Weide, meine ganze Ruh. Was mich so verzücket und den Geist bestricket, Flora, das bist du."*

Das Lied hört Johann Franck. Er studiert in Königsberg und nimmt es später mit in seine Heimat, nach Guben in der Niederlausitz. Guben hat stark unter dem 30jährigen Krieg zu leiden. Überall werden Städte und Dörfer belagert, geplündert und abgebrannt. Franck summt das Liebeslied wieder und wieder – mitten in der düsteren Zeit. Gerne möchte er es mit anderen singen. Aber so ein Liebeslied in dieser ernsten Lage – das geht nicht. Er beschließt: „Ich dichte es um. Es soll ein Liebeslied für Jesus werden. Wenn wir uns an ihm orientieren, dann werden wir befreit von dem, was uns hier so sehr belastet." Er fängt an zu schreiben. Lässt viele Worte genauso stehen wie er sie vorgefunden hat. Als er fertig ist, liest er zufrieden den Text: *„Jesu, meine Freude, meines Herzens Weide, Jesu, meine Zier. Ach, wie lang, ach lange ist dem Herzen bange und verlangt nach dir. Gottes Lamm, mein Bräutigam, außer dir soll mir auf Erden nichts sonst Liebers werden."*

fb

VIELE BEGLEITET DAS LIED

Das Lied „Jesu meine Freude" steht heute unter der Nr. 396 im Evangelischen Gesangbuch als „Leitlied" unter der Überschrift: Geborgen in Gottes Liebe. Vielen hat es in ihrem Leben geholfen – auch in schweren Zeiten.

fb

Die auf Gott sehen,
werden strahlen vor Freude,
und ihr Angesicht
soll nicht schamrot werden.
PSALM 34,6

Wer singt, betet doppelt

„Musik ist die halbe Miete", sagte mir ein Pastor nach einem gelungenen Gottesdienst. Dem kann ich nur zustimmen. Denn Musik rührt ganz andere Tiefen in uns an als ein Wort allein. Durch Musik bekommt die Botschaft „einen Leib", kann tief berühren, heilen und weit tragen.

Mir hat jemand erzählt: „Dein ‚Fürchte dich nicht'-Lied hat mich bei meiner Hochzeit begleitet, bei der Taufe meines Kindes – und nun singen wir es bei der Beerdigung meines Vaters." Das hat mich sehr berührt.

Fürchte dich nicht, gefangen in deiner Angst,
mit der du lebst.
Fürchte dich nicht, getragen von seinem Wort,
von dem du lebst.
Fürchte dich nicht, gesandt in den neuen Tag,
für den du lebst.

Ein Text verbindet sich mit einer Melodie, wird Klang. Mit diesem Klang können Lieder durch ein ganzes Leben tragen und Schlüsselsituationen „verdichten" und „heilsam" beleuchten. Denn wir nehmen die Wirklichkeit nicht nur auf der kognitiven Ebene, sondern auch auf der affektiven wahr. Musik kann besonders gut in unserem „ganzen Menschsein" etwas von dem erfahrbar werden lassen, was unsere Botschaft sagt: Dass wir einen Gott haben, der uns das Leben schenkt und ermöglicht, der befreit und heilt – und dass wir eine Zukunft haben, die uns in seiner Liebe gehalten weiß. Wenn etwas davon in der Musik im Gottesdienst – aber nicht nur im Gottesdienst – spürbar wird, dann geht die „Musika" in ihrer „Rolle" auf, „die gute Botschaft zu singen und zu sagen – und froh zu werden" – wie schon Martin Luther schreibt.

Und: Mit Musik, mit dem Singen können wir gut und angemessen auf diese Botschaft antworten. Nicht ohne Grund hat der Kirchenvater Augustin einmal gesagt: „Wer singt, betet doppelt."

fb

AUGUSTINUS

Augustinus lebte von 354 bis 430 nach Christus hauptsächlich in Nordafrika, im heutigen Algerien. Er war einer der vier lateinischen Kirchenlehrer der Spätantike und ein wichtiger Philosoph an der Epochenschwelle zwischen Antike und Mittelalter.

Er gilt als der Vater und Schöpfer der theologischen und philosophischen Wissenschaft des christlichen Abendlandes und wird deshalb als „Kirchenvater" bezeichnet.

Freut euch mit den Fröhlichen und
weint mit den Weinenden.
RÖMER 12,15

Tränen für andere

Ich erlebte eine junge Frau im Gottesdienst.
Zwischen einzelnen Klagen wrang sie ein großes Tuch: Tränen für die Menschen, von denen geredet wurde:

„Ich weine um die, die einfach in der Welt
verschwinden. Um die, die aus politischen
Gründen als Geiseln genommen wurden.
Ich weine um die Opfer des illegalen Drogen-
handels.
Ich weine um die Opfer der weltweiten Mig-
ration.
Um die, die aus Angst vor Verfolgung die Hei-
mat verlassen mussten.
Ich weine um die, die aufgrund von Klima-
chaos, von Überschwemmungen, Erdrutschen
und dem Verlust landwirtschaftlicher Nutz-
fläche sterben oder bedroht sind.
Ich weine um die in Kriegen auf der ganzen
Welt an Leib und Seele Verwundeten.
Um die, die täglich ihr Leben lassen als Folge
von Krieg und Waffenhandel.
Ich weine um diejenigen, die aufgrund ihres
Glaubens gefoltert oder getötet wurden.
Und ich denke an die, die in einer gebrochenen Welt dank ihres Glaubens zu Friedensstif-
tern werden."

Als ich genauer hinschaute, sah ich: Die Frau
weinte wirklich. Mich hat das tief berührt:
Weinen um andere, denen es schlecht geht.
An sie denken – und Tränen für sie haben.

Irgendwie hat die Aktion im Gottesdienst in
jener Frau etwas ausgelöst.
Vielleicht auch das, was sie am nächsten Tag
in der Zeitung las: „Amt fordert Baby zur Aus-
reise auf." Und: „Die 24-jährige Mutter sei völlig aufgelöst." Auch wenn man ihr versicherte:
Ihre vier Monate alte Tochter werde nicht abgeschoben. Die Drohung sei aber „gesetzlich
vorgeschrieben". Weil sie in der Nähe wohnte,
ging sie zu der seit 13 Jahren in Deutschland
lebenden jungen Mutter, die gut Deutsch
spricht und ausgebildete Altenpflegehelferin
ist. Diese war völlig in Panik. Sie redeten. Sie
blieb lange bei ihr. Und kam immer wieder
zu ihr. Sie freundeten sich an. Machten zusammen Behördengänge. Schauten nach Menschen, denen es ähnlich ging. Und was für sie
getan werden konnte. Sie tat, was sie konnte.
Und eines Tages kam sie zu mir und sagte:
„Ich bin so froh. Wir müssen einen Dankgot-
tesdienst feiern. Denn einer Person habe ich
in ihrer Not helfen können."

fb

DANKE
für diesen guten Morgen.
Danke für jeden neuen Tag.
Danke, dass ich all meine Sorgen
auf dich werfen mag.
Text: Martin Gotthard Schneider, EG 334

Danket dem HERRN mit Harfen;
lobsingt ihm zum Psalter von zehn Saiten!
Singet ihm ein neues Lied; spielt schön auf
den Saiten mit fröhlichem Schall!
PSALM 33,2+3

Musik, die befreit

In unserer südafrikanischen Kirchengemeinde St. John's Lutheran Church in Durban gab es eine Band. Schon lange vor Beginn des Gottesdienstes am Sonntagmorgen begann sie damit, sogenannte „Chorusse" zu singen, moderne und einfache Lobpreislieder zum Mitsingen. Bereits am Parkplatz, oberhalb der Kirche, waren sie zu hören – zwei Gitarren, manchmal ein Bass und ein Klavier, dazu mehrstimmiger Gesang. Es war egal, in welcher Stimmung die Menschen zur Kirche kamen – schon nach kurzer Zeit machten sie mit, sangen sich den angesammelten Frust der alltäglichen Erniedrigungen von der Seele. Für traditionelle Lutheraner aus Deutschland war dies eine gewöhnungsbedürftige Sache, für unsere indischen und schwarzen Gemeindeglieder aber eine wichtige Einstimmung in den Gottesdienst, ja, geradezu notwendig in der dunklen Zeit der Apartheid: „Sing to the Lord a NEW song!" Ja, das musste sein: der ewig alten Leier der Unterdrückung das Lob der anderen Wirklichkeit Gottes entgegenzusetzen; im Singen „mit fröhlichen Schall" etwas von der Ankunft des Herrn zu erleben, der allen anderen Herren den Abschied gibt. Am kraftvollsten waren für mich immer die Karfreitagprozessionen verschiedener Konfessionen, bei denen frühmorgens um sechs Uhr weit über tausend Menschen durch Durbans Straßen zogen, an verschiedenen Stationen – vom Foltergefängnis bis zum Rathaus – Fürbitte hielten und abschließend in der großen Menge ein Kreuz mit Osterblumen schmückten. Dabei wurden viele neue Lieder gesungen – kraftvoll und kostbar, vielstimmig und in verschiedenen Sprachen der Menschen, die Gott kostbar sind, „erkauft aus allen Stämmen und Sprachen und Völkern und Nationen" (Offbarung 5,9). Kaum etwas entwaffnet mehr, nimmt der Dunkelheit die Kraft und gibt Gott die Ehre.

kb

SCHENK MIR EIN NEUES LIED
Guter Gott,
schenk mir ein neues Lied,
wenn mir die Worte fehlen,
Musik, die befreit,
Gesang, der die Zunge löst,
Verse einer neuen Hoffnung.

kb

Denn des HERRN Wort ist wahrhaftig,
und was er zusagt, das hält er gewiss.
Er liebt Gerechtigkeit und Recht;
die Erde ist voll der Güte des HERRN.
PSALM 33,4+5

Worauf du dich verlassen kannst …

„Sie können sich auf uns verlassen. Ganz sicher, wir rufen zurück!" Skeptisch lege ich den Hörer auf und warte. Als sich nach 30 Minuten nichts rührt, rufe ich selbst zurück. Die Leitung ist besetzt, dann folgt eine Ansage und die unvermeidliche musikalische Endlosschleife. Entnervt gebe ich auf …

Gebrochene Versprechen, wie oft erleben wir sie, nicht nur im persönlichen Alltag, sondern auch im großen Maßstab! Wie war das noch mit der Zusage, die Renten seien sicher? Oder dem Versprechen, den Finanzspekulanten nach der Bankenkrise das Handwerk zu legen? Oder der Versicherung, den Atommüll sicher aus dem Bergwerk Asse zu bergen? Ungerechtigkeit und Rechtsbeugung sind Teil unserer Wirklichkeit; viele Menschen verzweifeln an den Möglichkeiten der Politik angesichts übermächtiger ökonomischer Netzwerke und Seilschaften.

Ganz anders ist da unser Bibeltext. Martin Buber macht darauf aufmerksam, dass im hebräischen Urtext der obigen Verse drei zentrale Begriffe biblischer Theologie geballt vorkommen: *chesed, zedaka* und *emmuna*. Alle drei sind Begriffe der Übereinstimmung, der Zuverlässigkeit. *Chesed* steht für eine wesensmäßige Zuverlässigkeit zwischen zwei Partnern; hier den Bundespartnern Gott und seinen geliebten Geschöpfen. *Zedaka* steht für die Zuverlässigkeit des Handelns und *emmuna*

bedeutet eine Treue, die durch nichts zu erschüttern ist.

So ist Gott, sagt der Psalmist, er hält Wort: schöpferisch, gradlinig, unverbrüchlich steht er zu seiner zugesagten Menschenfreundlichkeit! „Worauf du dich verlassen kannst …" Das wäre doch mal ein guter Titel für einen Kirchentag!

kb

WIE EIN LAUFFEUER
Gott,
du passionierter Menschenfreund,
lass deine Gerechtigkeit
wie ein Lauffeuer vor dir hereilen,
dass wir ihr jetzt Glauben schenken
und so handeln,
wie wir gern von dir
behandelt werden wollen.

kb

Einem König hilft nicht seine große Macht;
ein Held kann sich nicht retten durch seine
große Kraft. Rosse helfen auch nicht;
da wäre man betrogen; und ihre große
Stärke errettet nicht.

PSALM 33,16+17

Verwundbarkeit ist etwas Kostbares

Mit Macht und Gewalt kommen wir nicht weiter, weder als Antwort auf die Gewalt im Kleinen noch die im Großen. Das hat sich mittlerweile herumgesprochen – Gott sei Dank! Doch wo sind unsere Stärken und wie können wir sie nutzen?

Ich erinnere mich an die norwegische Antwort auf die Bluttaten von Oslo und Utoya. „Was wir jetzt brauchen, ist mehr Offenheit, Demokratie und Toleranz, aber keine Naivität!", sagte der norwegische Ministerpräsident Jens Stoltenberg. Hätten die USA und der gesamte Westen auf die Anschläge vom 11. September doch auch so reagiert!

Doch vielleicht müssen wir noch tiefer gehen, um die norwegische Reaktion zu verstehen: Im Jahr 2000 erstellte die lutherische Kirche Norwegens eine kleine Broschüre mit dem Titel „Verwundbarkeit und Sicherheitspolitik." Dabei ging es nicht nur um humanitäre Interventionen, sondern auch um Fragen von Kindererziehung, sozialer Gerechtigkeit, den sogenannten „Krieg gegen den Terror." Darin heißt es: „Eine Politik, die nach Unverwundbarkeit strebt, riskiert beim Erfolg ihrer Absichten das Gegenteil: anstatt für echte Sicherheit zu sorgen, macht sie die menschliche Interaktion kälter, härter und heftiger. Unverwundbar zu sein bedeutete in der Tat, unmenschlich zu sein. Daher ist Verwundbarkeit nicht beklagenswert, sondern grundlegende

Voraussetzung für ein gutes und sinnvolles Leben – der Freude, der Nähe und der Gemeinschaft. Es bedeutet die Möglichkeit der Offenheit für die Umgebung, zur Natur, zum anderen Menschen, und manche würden sagen, zu Gott."

Verwundbarkeit als Prädikat für gelingendes menschliches Leben – und nicht Aufrüstung, Abschottung, Feindbildproduktion! Wer etwas intensiver über das Geheimnis von Passion, Tod und Auferstehung Jesu nachdenkt, findet hier viele Übersetzungs- und Verstehenshilfen. Die Norweger haben mit ihrer Antwort auf die Gewalt echte Stärke gezeigt – dafür gebührt ihnen mit Recht Respekt.

kb

GROSS IST DEIN ERBARMEN
Jesus, Freund der Armen.
Groß ist dein Erbarmen
mit der kranken Welt.
Herrscher gehen unter.
Träumer werden munter,
die dein Licht erhellt.
Und wenn ich ganz unten bin,
weiß ich dich auf meiner Seite,
Jesu, meine Freude.

Text: Gerhard Schöne, zu singen nach dem Lied
„Jesu meine Freude", EG 396

Unsre Seele harrt auf den HERRN;
er ist uns Hilfe und Schild.
Denn unser Herz freut sich seiner,
und wir trauen auf seinen heiligen Namen.
PSALM 33,20+21

Gemeinsam können wir die Welt verändern

„Hoffen und harren macht manchen zum Narren." Hätte die internationale ökumenische Bewegung nach diesem Spruch des römischen Dichters Ovid gelebt, wären wahrscheinlich manche Veränderungen so nicht möglich gewesen: die gewaltfreie Revolution in der DDR, das Ende des Apartheid-Regimes in Südafrika, das Erstarken der ökologischen Bewegung und die zunehmende Akzeptanz gewaltfreier ziviler Konfliktbearbeitung. Allen Unkenrufen der Pessimisten zum Trotz haben wir in den letzten Jahren in Deutschland Erstaunliches erlebt. Mal ehrlich, wer hätte es denn vor zehn Jahren für möglich gehalten, dass ein Verteidigungsminister der CSU die Wehrpflicht abschafft oder eine konservative Regierung den Ausstieg aus der Atomenergie befürwortet? Ohne Menschen, die darauf setzen und danach handeln, dass mit Gottes Hilfe eine andere Welt möglich ist, wäre dies nicht passiert.

Hoffnung ist keine wirklichkeitsferne Träumerei, sondern die Kraft zur Veränderung! Sie ist die Zukunft Gottes. Weil Menschen des Glaubens darauf vertrauen, setzen sie sich gemeinsam mit anderen für Gerechtigkeit, Frieden und Bewahrung der Schöpfung ein. Dies sind keine „alten Kamellen", sondern die Zukunftsfragen der Menschheit. Genau darum können wir bereits jetzt umsteuern – und etwa unsere Kirchen zu Öko-Kirchen machen oder Friedensprojekte nachhaltig in unseren Schulen und Ausbildungsstätten verankern.

Wir können hoffentlich noch stärker als bisher darauf achten, fair gehandelte Produkte zu konsumieren. Auch können wir weiterhin die ‚Aktion Aufschrei', die sich dafür einsetzt, dass deutsche Rüstungsexporte nicht weiter vertrieben werden, unterstützen.

Freuen können wir uns jetzt schon auf die Veränderungen – denn sie beginnen in jedem Menschen, der damit anfängt.

kb

GOTTES WELT RAUM GEBEN

Gott, hilf,
dass wir unserem Todeswissen
immer wieder deine Lebensmacht entgegenhalten,
damit wir der Hoffnungslosigkeit entfliehen
und deinem Reich
in unserem Handeln Raum geben.

kb

Deine Güte, HERR,
sei über uns,
wie wir auf dich hoffen.
PSALM 33,22

Augenblicke der Anerkennung

Mein Vater lebt schon lange nicht mehr. Wenn ich an ihn denke, erinnere ich mich am liebsten an seine Augen. Nichts war schöner, als unter dem Blick seiner liebenden und meist lachenden Augen im Arbeitszimmer zu spielen. Immer wenn ich Eric Clapton's Lied „My Father's Eyes" höre, denke ich daran. Dort heißt es: „Wie bin ich hierher gekommen? Was habe ich getan? Wann werden sich meine Hoffnungen erfüllen? Wenn ich in die Augen meines Vaters schaue, dann fängt das Licht an zu scheinen und ich höre diese alten Wiegenlieder." Kaum etwas gibt dem Leben ein stärkeres Fundament als solche Augenblicke – Ansehen, Anerkennung und Selbstachtung beruhen darauf, mit so viel Liebe angesehen zu werden.

Doch was passiert dort, wo solche Erfahrungen fehlen? Der Sozialphilosoph Axel Honneth untersucht seit langem die sozialen Phänomene der Kränkung, der Beleidigung und der Erniedrigung. Er erkennt in der subjektiven Erfahrung der Missachtung das unbefriedigte Bedürfnis nach Anerkennung. Im Protest der Erniedrigten und Beleidigten spiegelt sich jene asymmetrische Beziehung, worin eine Seite der anderen die geschuldete Anerkennung vorenthält. Gesellschaftskritik und soziale Proteste entzünden sich an solchen Verhältnissen systematisch versagter Anerkennung, lassen Depression und Aggression entstehen. Umgekehrt sind für Honneth Liebe und Fürsorge Beziehungen, die es dem Menschen ermöglichen, sich im „Sein beim Anderen" selber wiederzufinden. So entstehen Beziehungen, in denen sich jeder Einzelne verwirklichen kann. Dabei werden seine Leistungen von allen übrigen Personen als Beitrag zum Gemeinwohl gewürdigt werden. Wie anders müssten unser Bildungssystem und unsere Wirtschaftspolitik aussehen, wenn sie diesen Ansprüchen genügen wollten!

Gut, dass Gottes Augen anders sehen – sie fördern eine Kultur der Achtsamkeit und der Anerkennung. Gerade darum ist mir der aaronitische Segen am Gottesdienst so wichtig, in dem es heißt: „Der Herr lasse sein Angesicht leuchten über dir und sei dir gnädig. Der Herr erhebe sein Angesicht auf dich und gebe dir Frieden." Möge uns dieser Blick aufrichten, unseren Füßen einen festen Schritt und unseren Lebensgeistern Kraft zum Widerstand gegen alles Unrecht geben.

kb

AUGENBLICK

Möge Gott uns ansehen,
immer wieder,
einen liebenden Augenblick lang,
damit wir gestärkt werden
auf dem schmalen Pfad
zwischen Gut und Böse,
auf unserem langen Weg
zur Menschwerdung.

kb

Ich bin das Licht der Welt. Wer mir
nachfolgt, der wird nicht wandeln
in der Finsternis, sondern wird das
Licht des Lebens haben.
JOHANNES 8,12

Frühstück bei Tiffany

Sie war noch elendig müde. Bis mittags lag
sie mit ihrer Schlafbrille im Bett und wollte
von nichts und niemandem aufgeschreckt
oder geblendet werden.

Eine wilde Nacht mit zu viel Champagner, zu
lauter Musik und langweiligen Menschen,
deren Namen sie nicht kannte, liegt hinter
ihr. Manch ein gut situierter Mann hatte sich
ihr vorgestellt. Eine Alkoholfahne der eine,
Grabbeleien von einem anderen. Sie ekelte
sich vor sich selbst, dass sie Nacht für Nacht
in diese Niederungen hinabstieg, um am frühen Morgen ins Bett zu gehen und später mit
einem Kater wieder aufzuwachen.

Es war zu einem Ritual geworden. Sie genoss
nach dem Aufstehen den Gang zu Tiffanys.
Mit der Sehnsuchtsmelodie „Moon River" im
Ohr bestaunte sie die mit Panzerglas gesicherten Schaufenster. Dieser Diamant an ihrem
Finger, gewiss, er würde Glanz bringen in ihr
abgedunkeltes Leben. Würde den Schmerz
hinter ihren Augen heilen, wenigstens für
einen Augenblick.

Der Weg zurück in ihr kleines Appartement
in der Lincoln Street Ecke Monrose im zweiten
Stock war elendig lang. Die Pfennigabsätze
ließen ihre Knöchel anschwellen. Und zu Hause empfing sie die vertraute Mitbewohnerin
„Einsamkeit".

Am Abend würde sie doch wieder unterwegs
sein zu Partys mit Champagner, lauter Musik
und langweiligen Menschen.

Bis dahin tröstete sie sich jeden Tag einmal
mit dem Schaufensterglanz von Tiffany's. Niemals würde einer dieser Ringe einen Finger
von ihr zieren.
Und natürlich wusste sie, dass die schimmernden Kostbarkeiten sie nicht lebenssatt machten.

Sie war nicht im gelobten Land angekommen.
Würde sie je ihre zarten Füße darauf setzen
können? Und so tröstet sie sich mit der über-
bordenden Schaufensterauslage von Tiffany's
– solange, bis ein Mensch ihren sehnsüchtigen
Augen standhält und sie beschützen will, weil
er sie lieb hat. Bis sie etwas findet, das ihrer
Seele Glanz gibt …

be

WENN DU VERSTEHST
Lichtet sich Nebel,
vibriert die Luft,
ebnen sich Wellen,
wächst Gras drüber,
entspringen Sterne
deiner Stirn,
wenn du verstehst.

as

Welcher Mensch ist unter euch,
der hundert Schafe hat und,
wenn er eins von ihnen verliert,
nicht die neunundneunzig in
der Wüste lässt und geht dem
verlorenen nach, bis er's findet?

LUKAS 15,4

Ein Täter kehrt um

Zehn Jahre ist es her. Da saßen hier in einem Heidedorf zwei rechtsradikale Jugendliche mit einem älteren Bekannten zusammen und tranken Alkohol. Der Ältere war ein aus der Bahn Geratener, der mit seinen Rastalocken zwar auffiel, aber niemandem etwas tat.

Spät abends trennte man sich mit besoffenen Köpfen. Noch später kamen die beiden 17-Jährigen zurück, traten dem Bekannten die Tür ein und überfielen ihn im Schlaf. Sie wollten ihm eine „Abreibung verpassen". Aber er überlebte die Misshandlungen nicht. Die beiden wurden verurteilt und kamen ins Jugendgefängnis.

Der Dorfpastor beerdigte damals das Opfer. Er redete aber auch mit den Eltern des einen Täters.

Seine Eltern waren über die Tat entsetzt, aber er blieb doch ihr Sohn. Sie hielten zu ihm. Und sicher haben sie für ihn gebetet. Heute sind sie heilfroh, dass er seine Tat bereut. Und das tut er – auch wenn er sie nicht ungeschehen machen kann.

Der junge Täter traf gegen Ende seiner Haftzeit auf Christen aus der Baptistenkirche. Diese Begegnung veränderte ihn von Grund auf: sein Denken, seine Einstellung zu Menschen – und zu sich selbst.

Gottes Liebe hat ihn verwandelt. Und: Er weiß, wovon er redet. Denn er hat die Vergebung an sich selber erfahren.

Nach der Haft bleibt er bei der Gemeinde. Und er beginnt ein Theologiestudium. Denn er will Pastor werden. Er weiß allerdings, dass das fast unmöglich ist. Viele werden das nicht verstehen. Weil er einen Menschen umgebracht hat.

Übrigens gibt es auch in der Bibel einen Menschen, der einen Mord beging – und trotzdem einer der bedeutendsten religiöser Führer wurde: Moses. Er führte das Volk Israel aus Ägypten. Im Auftrag Gottes brachte er ihm die Zehn Gebote. Damals lagen Jahrzehnte zwischen jenem Mord, den Mose beging – an einem Ägypter, der einen Hebräer getötet hatte – und seiner Berufung durch Gott zum religösen Führer.

Kann und darf es so etwas heute auch geben?

chr

FANG BEI MIR AN
Gott, erwecke deine Kirche
und fange bei mir an.
Baue deine Gemeinde auf
und fange bei mir an.
Lass Frieden und Gotteserkenntnis
überall auf Erden kommen
und fange bei mir an.
Gott, bring deine Liebe und Wahrheit
zu allen Menschen
und fange bei mir an.

aus China

Freut euch mit mir; denn ich habe mein
Schaf gefunden, das verloren war.
LUKAS 15,6B

Ein Ort ganz nah bei Christus

Das „Haus der Stille" im Kloster Drübeck im Harz: Wir steigen die Treppen hinauf bis ganz unters Dach des Hauses. Dort befindet sich unsere Franziskus-Kapelle. Tag und Nacht steht sie allen Gästen des Klosters zur Verfügung. Ihre Fenster gehen nach Westen auf die Berge des Harzes zu und fangen abends die letzten Strahlen der Abendsonne ein. Diese Kapelle ist der Ort einer besonderen Begegnung. Hier steht die Kopie einer koptischen Ikone aus dem siebten Jahrhundert, eine der ältesten erhalten gebliebenen Ikonen überhaupt.

Und sie ist eine ganz besondere: Christus ist zu sehen mit Menas, einem uns sonst kaum mehr bekannten ägyptischen Märtyrer, der im fünften Jahrhundert lebte und litt. In einer wunderbaren Geste legt Christus dem Menas seinen rechten Arm um die Schulter. Unterstützung, Zutrauen, ja Freundschaft liegen in dieser Berührung. Hier ist keiner, der den anderen dominiert. Christus bemächtigt sich nicht des Menschen, der sich auf ihn einlässt. Hier gibt es keine Übergriffe.
Wenn unsere Klostergäste dieses Bild nach und nach entdecken, können sie begreifen: Ich bin nicht allein auf dem Weg. Ich muß es nie mehr sein. Tief im Herzen kann die Freude geboren werden. Die Freude, die nicht mehr abhängig ist vom äußeren Auf und Ab des Lebens, sondern die aus der Verbindung mit dem Ewigen strömt. Manchmal denke ich: Diese Freude ist die Quelle, um die das Haus

der Stille herum gebaut ist. Und in der Kapelle unter dem Dach kann man ganz unmittelbar an diese Quelle geraten.

Ich weiß noch, wie mich hier oben einmal eine Frau aus Dresden fragte, ob sie, wiewohl Atheistin, denn beim Gebet dabei sein könnte. Ich weiß auch noch genau, wie sie es sagte: „Ich bin als Atheistin geboren und erzogen worden, und da kann man nicht aus seiner Haut. Aber ich empfinde es als so wohltuend, in der Nähe des Christlichen zu sein." Ich fragte zurück: „Könnte es sein, dass sie eigentlich schon längst in der Nähe von Christus sind?" Und durfte miterleben, wie aus ihrem Erstaunen ein Lächeln wurde und in das Lächeln sich Tränen mischten und aus den Tränen eine blitzblanke, frischgewaschene, neugeborene Freude sprang.

is

AUFBRUCH
Wenn dein Rücken sich streckt
und dein Kopf sich hebt,
dann trau den Gesten,
die Hoffnung wagen.

Öffne Fenster und Augen,
lass auf Netzhaut und Herzhaut
die Farben fallen,
in denen das Leben
dir blüht.

tw

> Ich sage euch: So wird auch Freude im
> Himmel sein über einen Sünder, der Buße
> tut, mehr als über neunundneunzig
> Gerechte, die der Buße nicht bedürfen.
>
> **LUKAS 15,7**

Damit wir niemals vergessen

Seine Geschichte hat mich tief bewegt. Er ist Engländer und Anfang 20, als er zur Zeit des Zweiten Weltkriegs gegen die Deutschen kämpft. Harold Nash ist der Navigator in einem britischen Bomber. Gerade hat er seine todbringende Last über Hannover abgeladen. Das Flugzeug ist, am 27. September 1943, auf dem Weg zurück nach England. Plötzlich: Einschüsse. Harold Nash sitzt im hinteren Teil der Maschine. Sein 13. Einsatz. Ein letzter Blick auf den Piloten, dann der Sprung mit dem Fallschirm ins Ungewisse aus der abstürzenden Maschine. Er landet bei Celle, schlägt sich vier Nächte lang durch, wird schließlich bei Bielefeld gefangen genommen.

Im Zug geht es weiter nach Frankfurt. Zusammen mit seinem Bewacher sitzt er in einem Abteil mit drei Frauen in Trauerkleidung. Er ist abgerissen, ungewaschen. An seiner Uniform ist er eindeutig als Mitglied einer britischen Bomberbesatzung zu erkennen. Die Frauen tuscheln. Er hat Angst. Sie fahren durch eine Gegend, die offensichtlich in der letzten Nacht bombardiert worden ist. Von seinen englischen Kameraden. Plötzlich greift eine der Frauen in ihre Tasche, holt ein Stück Brot heraus und bietet es ihm an. „Sie haben in mir plötzlich den Sohn einer Mutter gesehen, das hat mein Leben verändert", sagt Harold Nash heute. Er verbrachte danach über zwei Jahre in einem Kriegsgefangenenlager in Litauen. Nach dem Krieg wird er Dolmetscher und Lehrer für Französisch und Deutsch.

Einige Zeit später hörte er in seiner Kirche einen Satz von Jesus: „Wenn dich jemand auf deine rechte Wange schlägt, dem biete die andere auch an." Ihm fiel die Geschichte von den Frauen wieder ein – und er wurde Pazifist, also Kriegsgegner. Noch im hohen Alter sprüht er vor Energie, Lebenskraft und Lebensfreude, ist in Deutschland und England unermüdlich unterwegs. Er erzählt seine Geschichte, besucht Schulen, Universitäten und wirbt im Fernsehen für Frieden und Versöhnung.

„Damit wir niemals vergessen" ist seine Losung. „Man darf die deutschen Gräueltaten in den Konzentrationslagern nicht vergessen. Wir mussten Deutschland angreifen", sagt Harold Nash. „Aber wie dies geschah, war ein Verbrechen. Ich weiß nicht, wie viele Menschen ich mit meinen Bomben getötet habe. Ich weiß heute nur, dass kein einziger Tod ein einziges Problem gelöst hat." Und der frühere Soldat und überzeugte Christ fügt hinzu: „Ich kann nicht vergessen, was ich getan habe. Nur Gott kann mir vergeben."

bü

UM VERSÖHNUNG BITTEN

Den Hass, der Rasse von Rasse trennt,
Volk von Volk, Klasse von Klasse:
Vater, vergib.
Den Hochmut, der uns verleitet, auf uns selbst
zu vertrauen und nicht auf Gott:
Vater, vergib.

aus dem Coventry-Versöhnungsgebet (England)

Singet dem HERRN und lobet seinen
Namen, verkündet von Tag zu Tag sein Heil!
PSALM 96,2

You'll never walk alone

Mehr als zehn Jahre hatte Johny Cash gegen seine schwere Krankheit angekämpft. Er konnte kaum noch gehen und konnte kaum noch sehen. Er fühlte, dass sein Ende näher kam. Aber er war noch nicht bereit aufzugeben.

So lange es eben ging, ließ er sich im Rollstuhl sitzend in sein Studio bringen. Vor seinem Tod wollte er unbedingt die Aufnahmen für ein Gospelalbum fertigstellen: „My Mother's Songbook". Das Gesangbuch seiner Mutter. Damit er die Texte und Noten noch lesen konnte, hatte man ihm ein spezielles Gerät gebaut, das die einzelnen Buchstaben und Noten stark vergrößerte.

Obwohl er seit seiner Kindheit tiefgläubig war, ist er nie ein Frömmler gewesen. Man hat deshalb diese Glaubenslieder nie für seine musikalische Stärke gehalten. Aber hier, am Ende seines Lebens, strahlt er mit seiner gebrochenen Stimme eine Frömmigkeit aus, die auch bei ungläubigen Menschen Respekt und Ehrfurcht hervorruft.

Als seine Frau, die er über alles liebte, starb, wurde er gefragt, ob er nun mit Gott hadere. „Never, Never!", antwortete er grummelnd. Nie. Niemals. – Und nach einer Weile fügte er lächelnd hinzu, seine Arme seien viel zu kurz, um mit Gott zu boxen.

Zu seinem Vermächtnis gehört ein Song, der in fast allen Fußballstadien der Welt zu hören ist. Ursprünglich wurde er in der Kirche gesungen, um Menschen zu trösten, die sich von Gott verlassen fühlen. Heute singen ihn Fußballfans, wenn sie ihre Stars nach einem verlorenen Match trösten wollen: „You'll never walk alone". Du wirst nie alleine gehen.

Johnny Cash hat dabei bestimmt an Gott gedacht. In diesem Glauben wird er am 12. September 2003 in Nashville, USA, gestorben sein. Dieser Glaube ist sein eigentliches Vermächtnis an alle, die seinen Song hören: Wohin du auch gehst, was immer geschieht, du wirst nie alleine gehen.

es

SAG MIR
Wo wäre Gott
andernorts
deutlicher zu finden
als in deiner Zuversicht?

as

Aus der Tiefe rufe ich, HERR, zu dir.
Herr, höre meine Stimme!
PSALM 130,1+2A

Der Mensch heißt Mensch, weil er glaubt

Ein Mann geht durch sein Haus. Der Kühlschrank ist leer, keine Blumen im Fenster. Er sieht sein Gesicht im Spiegel und lauscht vergeblich auf eine Stimme. Mit diesen Bildern beschreibt der deutsche Rockstar Herbert Grönemeyer sein Leben. In seinem Lied „Ich fühl mich unbewohnt" trauert er um seine Frau. Nach ihrem Tod singt er: „Das Nichts steckt in jedem Detail. Keine Seele in vier Wänden, hundert Jahre Einsamkeit."

Ein trauriger Song, eine dunkle Kulisse. Immer wieder erleben Menschen, wie ihre Welt „unbewohnt" wird. Das verbindet den Star auf der Bühne mit dem, der ihm zuhört. Einsamkeit und Trauer gehören zum Leben. Manchmal sind wir ihnen hilflos ausgeliefert. Was tun, wenn das Haus leer ist und die Seele dazu?

Zögerlich und traurig hat Herbert Grönemeyer nach dem Tod seiner Frau begonnen, wieder Lieder zu schreiben. Er hat sich ein Jahr Zeit gelassen, zog sich in ein Londoner Studio zurück. Es war wie ein „Versuch, nach einem Unfall wieder laufen zu lernen", Schritt für Schritt. Er wurde zurückgeworfen auf das Wesentliche. Wohl darum nannte er diese CD schlicht „Mensch".

Was ist der Mensch? Eben nicht nur sein Erfolg und das, was gelingt. Es gibt eine Würde, die nicht aus dem kommt, was wir selbst tun und machen können, der Mensch ist mehr als seine Leistung. Darum schreibt der Apostel Paulus: „Nun aber bleiben Glaube, Hoffnung und Liebe, diese drei." (1. Korinther 13).

Der Musiker Herbert Grönemeyer greift diesen uralten, christlichen Gedanken in dem Titellied seiner CD auf. Er singt eben nicht nur traurige Balladen, sondern auch diese mitreißende Zeile: „Der Mensch heißt Mensch, weil er hofft und liebt ... und glaubt." Jedoch nicht ohne diese beiden Worte hinzuzufügen: „Du fehlst!".

Manchmal geht beides Hand in Hand: Hoffnung und Verzweiflung.

jvl

DER ANDERE STUNDENSCHLAG
der geheime
hinter den Gedanken
von Wort zu Wort
von Zeile zu Zeile
von Gedicht zu Gedicht
von Tag zu Tag
von Jahr zu Jahr
der andere Stundenschlag
der geheime
der dich anhalten lässt
mitten im Stundenschlag
dahineilender Zeit

as

Denn ihr sollt in Freuden ausziehen
und im Frieden geleitet werden.
Berge und Hügel sollen vor euch her
frohlocken mit Jauchzen und alle Bäume
auf dem Felde in die Hände klatschen.
JESAJA 55,12

Nach Hause kommen und schweigen

Wenn Ina Müller ihr Lied „Mama" singt, dann kriege ich eine Gänsehaut: Wenn di wat fehlt, ode wenn du wat bruukst.
Wenn die dat passt, du, denn koom man no Huus ...
Wenn ik di fehl, ode wenn du mi bruukst Ik tööf op di, du, ik sitt hier in Huus ...
Für mich ist das Heimat, das ist zu Hause. Mehr Worte braucht es nicht: Ich wart' auf dich, du, ich sitz hier zuhaus'.
So fühlt es sich für mich an, wann immer ich irgendwo in eine Kirche komme. Mit Plastiktüten links und rechts in der Hand, drücke ich die Kirchtür am Rande der Fußgängerzone auf. Die Arme sind lahm, die Füße platt gelaufen. Nur kurz Ruhe finden. Menschen, die vor mir hier waren, haben Kerzen angezündet und gebetet. Ich stelle leise die Tüten ab, rutsche in die Bankreihe und schaue auf die Lichter. Durch meinen Kopf flirren Alltagsgedanken. Ich finde keine Worte für ein Gebet. Doch das Schöne ist: Mein Vater im Himmel erwartet keine großen Worte, keine langen Reden von mir. Schweigend sitze ich in der Kirchenbank und ich weiß, Gott sitzt neben mir und schweigt mit mir. Mir wird warm ums Herz: Un wenn de Stadt weer to luut is för di, koom man no Huus un denn swieg ik mit di!
Mag ich auch allein in einer fremden Kirche sitzen, das Gefühl, da wartet einer auf mich, das stellt sich immer ein. Und diese Vorstellung ist groß und großartig zugleich: Gott

wartet wie meine Mutter wartet, dass ich schreibe, telefoniere oder einfach vor der Tür stehe. Gott – wie eine Mutter oder ein Vater. Auf die Frage der Jünger „Wie sollen wir mit Gott, dem Herrn im Himmel reden?", antwortet Jesus: „Sagt: Vater!" Vater unser im Himmel – in dieser Anrede Gottes liegt für mich die größte Kraft unseres christlichen Glaubens: Bei Gott bin ich zu Hause – mit anderen Worten: wenn du mi bruukst, ik tööf op di, du, ik sitt hier in Huus. Wenn du mich brauchts, ich wart' auf dich, du, ich sitz hier zuhaus'.

eh

DIESER WUNSCH
stimmig zu werden
wie ein gestimmtes Instrument
den Tag
das Leben zu füllen
mit Tönen
die tragen

as

Leidet jemand unter euch, der bete; ist
jemand guten Mutes, der singe Psalmen.
JAKOBUS 5,13

Viertel vor sieben

„Hallo du, ich hoffe, ich stör nicht!" Es ist Samstagabend so gegen sieben. Meine alte Schulfreundin Patricia ruft mich auf Handy an. „Nein, passt gut." „Du, ich steh gerade vor der Tanzschule und warte auf meine Tochter." „Tanzschule?" Patricia lacht am Telefon: „Ja, genau. Weißt du noch, wie wir uns gefühlt haben ... mit 15?" Oh ja, und ob ich das noch weiß. Solche Erinnerungen können ein wahrer Segen sein!

„Manchmal wünschte ich, es wär noch mal viertel vor sieben. Und ich wünschte, ich käme nach Haus. Und es soll Sonnabend sein ..." singt Reinhard Mey in einem Lied.

Oh ja, Sonnabende. Das ganze Haus riecht nach Braten. Mama brät die Rouladen für den morgigen Tag an. Papa sitzt mit in der Küche und hört Bundesliga im Radio. Wir Kinder haben bis eben noch draußen gespielt. Verstecken durch alle Gärten oder Rollschuhlaufen. Aber langsam müssen wir rein, es wird gleich gebadet. Nachher wird ferngesehen, wir sitzen im Bademantel davor. Heute kommt „Am laufenden Band".

Ja, manchmal wünschte ich, es wär noch mal viertel vor sieben ... und es müsste Sonnabend sein.

Nach dem Abitur ging ich weg von zu Hause. Darf man mit 19 noch Heimweh haben? Ich sitze in der Mensa zwischen tausenden Studenten und habe mich doch noch nie so einsam gefühlt wie in diesem Moment. Manchmal wünscht ich, es wär noch mal viertel vor sieben ... und es müsste Sonnabend sein.

Ein Abschiedsbrief: Ich hab nachgedacht ... Ich glaub, es ist besser ... und es liegt nicht an dir ... lass uns Freunde bleiben, ja?

Manchmal wünschte ich, es wär noch mal viertel vor sieben ... und es müsste Sonnabend sein.

Es stimmt, manche Kränkung hält heute länger, mancher Trost wirkt nur langsam und sorglos, das bin ich ja nun schon lange nicht mehr. Dabei möchte ich die Zeit gar nicht wirklich zurückdrehen. Ich möchte auch nicht mehr 15 sein.

Solche Erinnerungen können ein Segen sein. Aber den gibt es ja nicht nur in den Erinnerungen! Wenngleich ich heute sagen könnte: Segen, das ist ein bisschen wie Sonnabend viertel vor sieben und ich weiß, ich komme nach Haus.

mg

IM LEBEN „STÖBERN"

Ich wünsche dir,
dass du an manchen Tagen
in deinem Leben stöberst
wie auf einem alten Dachboden.

Dass du in den Ecken deiner Seele
Verschüttetes aufspürst,
Vergangenes erinnerst,
Talente neu entdeckst
und Freude findest.

Damit du den Schatz hebst,
der dir mit deinem Leben
geschenkt worden ist.

tw

[...] Wohlauf, lasst uns einen Turm bauen,
dessen Spitze bis in den Himmel reiche,
damit wir uns einen Namen machen [...].
1. MOSE 11,4

„Sag, sind wir jetzt verstrahlt?"

„Tschernobyl – das letzte Signal vor dem Over-kill" – diesen Text schrieb der deutsche Sänger Wolf Maahn im Juli 1986. Die Single erschien kurz nach der Tschernobyl-Katastrophe. Während in Deutschland Milchpulver und Waldpilze entsorgt wurden, sang Maahn: „Strahlenmesstrupps ziehen durch Straßen und durch Parks, halten Geigerzähler über Milch und Kopfsalat. Nachts weinen all die Kinder: ‚Mama, sag, es ist nicht wahr? Wir waren doch heut' im Regen, sag mal, sind wir jetzt verstrahlt?'"

Angefangen hatte es an einem 26. April. Am frühen Morgen jenes Tages im Jahr 1986 ereignete sich ein schwerer Reaktorunfall im Block vier des Atomkraftwerks von Tschernobyl. Der Reaktor geriet bei einem Test außer Kontrolle. Es kam zu einer gewaltigen Explosion. In einem regelrechten Feuersturm wurden die radioaktiven Spaltprodukte, die aus der Kernschmelze austraten, in die Atmosphäre gesogen. Eine atomare Wolke breitete sich über weiten Teilen Europas aus.

Die Folgen dieser atomaren Katastrophe werden niemals verschwinden. Dies gilt vor allem für Länder in der Nähe von Tschernobyl. Mehr als zwei Drittel der radioaktiven Stoffe gingen auf dem Gebiet von Weißrussland nieder. Fast ein Viertel des Landes wurde langfristig mit Cäsium, Strontium und Plutonium verseucht. Doch auch jenseits von Tschernobyl und Fukushima bleiben ungeahnte Risiken: Die Frage der Endlagerung der atomaren Abfallprodukte ist ungeklärt. Allein die Zeiträume übersteigen die Möglichkeiten menschlicher Planung.

Eine Fotomontage macht das deutlich. Sie verbindet das berühmte Gemälde vom biblischen „Turmbau zu Babel" (von Pieter Bruegel dem Älteren) mit dem Kühlturm eines Atomkraftwerks. Ein Theologe machte die Probe aufs Exempel und rechnete nach: Hätten die Babylonier beim Turmbau, damals vor 5.000 Jahren, tatsächlich einen Kühlturm für ein Atomkraftwerk gebaut, hätten sie für einige Jahrzehnte Energie gehabt, aber ihr Atommüll würde heute noch strahlen. Er hätte heute erst ein Zweihundertstel (!) seiner Endlagerzeit hinter sich ...

jvl

40.000 GENERATIONEN

Wir lieben unsere Erde.
Aber wir haben Anteil an ihrer Zerstörung.
Wir lieben unsere Kinder.
Aber wir setzen sie unkalkulierbaren
Gefahren aus.
Wenn wir Kernenergie verwenden,
dann treffen wir Entscheidungen für die
Zukunft von 40.000 Generationen.
Vergib uns, Gott!

Buße in einem Gedenkgottesdienst für Tschernobyl

jvl

Lasst das Wort Christi reichlich unter euch wohnen: Lehrt und ermahnt einander in aller Weisheit; mit Psalmen, Lobgesängen und geistlichen Liedern singt Gott dankbar in euren Herzen.

KOLOSSER 3,16

Das Beste

Ein Pastor aus Bautzen sagte mir: „Komm mit. Heut Abend ist hier in der Nähe ein Benefiz-konzert. Auch Silbermond macht mit." Wir kamen in einen kleinen, restlos überfüllten Raum. Vielleicht 300 Menschen hatten hier Platz. Es wurde ein wunderschöner Abend. Die Musiker auf der Bühne waren ganz nah dran – wie die Band von „nebenan". Ein Kon-zert in sehr persönlicher Atmosphäre. „Hier sind die Lieder von Silbermond also zu Hau-se", dachte ich mir.

Ein Lied, von Stefanie Kloß sehr liebevoll und innig gesungen, geht seitdem mit mir:

Ich habe einen Schatz gefunden,
und er trägt deinen Namen.
So wunderschön und wertvoll
mit keinem Geld der Welt zu bezahlen.

Du bist das Beste, was mir je passiert ist,
es tut so gut, wie du mich liebst.
Vergiss den Rest der Welt, wenn du bei mir bist.

Das Lied drückt in großer Leichtigkeit das Schönste auf der Welt aus. Oder wie der Titel des Liedes sagt: Das Beste. Ich kann es dem Menschen, den ich liebe, sagen und singen. Als ich das Lied immer mal wieder hörte, fiel mir eine spielerische Übung ein, die wir mal gemacht hatten: „Schreib doch mal in einem Satz auf, was dir an einem Menschen ganz besonders gefällt und was du für ihn empfin-dest." In einem zweiten Schritt haben wir

überlegt: Könnte ich diesen Satz auch Gott sagen? Vieles konnten und wollten wir auch Gott sagen. In Worten, die viel einfallsreicher und näher ausdrücken, was wir für Gott emp-finden, als es die vielen liturgischen Formeln vermögen. So geht es mir bei dem Lied „Das Beste" auch.

Wenn sich mein Leben überschlägt, bist du die Ruhe und die Zuflucht,
weil alles, was du mir gibst, einfach so unendlich guttut.

Wenn ich rastlos bin, bist du die Reise ohne Ende,
deshalb leg ich meine kleine große Welt
in deine schützenden Hände.

Du bist das Beste, was mir je passiert ist,
es tut so gut, wie du mich liebst …

fb

WARNUNG
Hüte dich!
vor dem Glück;
es ist schneller als Licht.
Manchmal tanzt es
auf einem Sonnenstrahl,
springt über deinen Schatten,
überholt schwungvoll den Alltag
und zwinkert dir
im Vorüberschweben
kess und unverhofft zu.

tw

Denn der HERR, dein Gott, ist bei dir, ein starker Heiland. Er wird sich über dich freuen und dir freundlich sein, er wird dir vergeben in seiner Liebe und wird über dich mit Jauchzen fröhlich sein.

ZEFANJA 3,17

Isn't she lovely?

Stevie Wonder ist einer meiner Lieblingsmusiker. Er hat ein Liebeslied geschrieben mit dem Titel „Isn't she lovely?"

Aber erst beim genauen Hinhören wird klar, wer da so lieblich ist – nämlich seine gerade geborene Tochter Aischa.

Ist sie nicht kostbar? ist sie nicht engelsgleich? Ja, Stevie Wonder rühmt ihre Schönheit, ihre Lieblichkeit, ihre Kostbarkeit.

„Wir wurden vom Himmel gesegnet! Ich kann nicht glauben, was Gott getan hat", so lautet eine Textzeile.

Jedes Mal, wenn ich dieses Lied höre, wenn ich nur daran denke, kommen mir so viele eindrucksvolle Bilder in den Sinn. Ich kann die Begeisterung und das Staunen von Stevie Wonder so gut nachempfinden. Die Erfahrung, ein neugeborenes Kind im Arm zu halten und zu wissen, dieses Kind ist uns geschenkt und anvertraut, ist unbeschreiblich. Bei unserem Sohn und unserer Tochter haben meine Frau und ich dieses Staunen selbst erlebt.

Etwas Großartiges, etwas Kostbares. Ein Kind – nein – unser Kind. Ein Leben liegt in unseren Händen. In unserer Verantwortung. Keine anderen Momente im Leben haben so nachhaltig und prägend Eindruck bei mir hinterlassen. Es waren zutiefst spirituelle Augenblicke. Wie auch immer mein Bild von Gott und meine Beziehung zu ihm aussahen, in diesen Momenten fühlte ich mich der Kraft Gottes ganz nah. Dafür bin ich dankbar.

Bis heute kann ich darüber „mit Jauchzen fröhlich sein".

aw

STAUNEN

Gott,
dankbar, glücklich und still
möchte ich werden;
sehe ich, was du mir schenkst.
Staunend möchte ich innehalten,
mich freuen an deinen Gaben.
Und dann vergesse ich zu oft,
mir dafür die Zeit zu nehmen.
Das möchte ich ändern.
Hilf mir dabei.

aw

Ich will euch trösten,
wie einen seine Mutter tröstet [...].
JESAJA 66,13A

Gott ist da – wie eine Mutter

Da liegt er auf dem Gehweg, hingefallen, weil der Kopf mal wieder schneller war als die Beinchen. Und der Steppke heult Rotz und Wasser – im wahrsten Sinn des Wortes. Mama kommt, kniet sich nieder, hebt ihn auf und drückt den Kleinen an sich.

Sie muss gar nicht viel sagen. Sie wiegt ihn ein bisschen hin und her. Dann einmal ausschnauben, die Tränen abwischen. Ein tiefer Seufzer und der Kleine ist wieder auf den Beinen und auf dem Weg.

Ein wunderschönes Bild ist das – genauso wie im Prophetenbuch von Jesaja: Gott tröstet euch, wie einen nur seine Mutter trösten kann. Sie macht nicht viele Worte, sondern umfängt ihr Kind mit ihrer ganzen Liebe. Sie lässt den Schmerz zu, die Trauer und die Tränen und ist einfach nur da. Und dann wischt sie die Tränen ab und bringt ihr Kind wieder auf den Weg.

Solch einen Trost hatte das Volk Israel bitter nötig – rund 500 Jahre vor Christi Geburt. Es ging ihnen wirklich dreckig, nachdem sie aus dem Exil in ihr geliebtes Jerusalem zurückgekehrt waren. Vierzig Jahre zuvor hatten sie es unter Tränen verlassen. Jahrzehnte haben sie an den Wassern von Babylon geweint um ihre Heimat. Nun waren sie wieder zu Hause. Aber Jerusalem war eine Ruinenstadt, der Tempel Gottes lag in Trümmern. Die Fel-der waren verkarstet. Durch die Tränen hindurch sahen sie keine Zukunft.

Und Gott sagt: „Ich will euch trösten, wie einen seine Mutter tröstet." Gott will einfach da sein mit seiner ganzen Liebe. Er lässt die Trauer zu, den Zorn und den Schmerz. Und dann wischt er die Tränen fort und bringt sein Volk wieder auf den Weg.

cb

DIE LEBENS-MELODIE
die tragende
hinter dem Tag,
die tröstliche
hinter den Stunden,
die zündende
in der zerrinnenden Zeit.

as

Denn ich hatte große Freude und Trost
durch deine Liebe.
PHILEMON 1,7

Liebe ist der stärkste Trost

„Was hat Sie eigentlich getröstet?", diese Frage steht im Raum, als wir zu acht um den Tisch im Gemeindehaus sitzen. Es gibt Kekse und Saft. Kerzen erhellen diesen Abend. Wir treffen uns einmal alle drei Monate. Lauter Frauen. Sie haben in den letzten Monaten ihren Ehemann verloren. Ein Jahr zuvor haben wir diesen Gesprächskreis für Trauernde ins Leben gerufen. Eine Betroffene hatte gesagt: „Was ich erlebe, das kann doch nur jemand verstehen, der es selbst erlebt hat."

Und so kommt es an diesen Abenden zum regen Austausch, der allen Beteiligten gut tut. Eine junge Witwe bringt es auf den Punkt: „Eigentlich kann man gar nicht getröstet werden. Jedenfalls nicht gleich."

Eine andere runzelt die Stirn unter ihren grauen Haaren, als sie von Trost-Versuchen berichtet: „Kopf hoch, wird schon wieder." Oder: „Eigentlich ist es jetzt doch gut so. Er hat nicht lange leiden müssen. Wer weiß, was ihm erspart worden ist."

Oder: „Du bist doch noch jung. Du kannst noch mal mit jemand anderem neu anfangen."

Hätte doch mancher einfach nur stumm die Hand gedrückt; signalisiert „ich bin da, mir fehlen die Worte". Das hätte geholfen. Vorschneller Trost gelingt nicht und ist auch nicht gewünscht.

Es gibt jedoch auch dankbare Erzählungen: „Meine Nachbarn sind eine Stütze, wenn ich nach einer Arbeitswoche zurückkomme und sie merken, dass ich wieder da bin: ‚Komm rüber, wir grillen gleich'".

Oder Berichte über Menschen, die auch nach so einer Trauererfahrung weiter zum Kartenspielen einladen, die weiter fröhlich mit einem sein wollen beim Kegeln.

Echte Herzlichkeit, liebevolle Begleitung – das macht den Verlust nicht wett, aber es hilft.

cb

TROST KOMMT VON TREUE

Trösten … – das ist nicht leicht. Es gibt so viel billigen Trost, da werden Menschen vertröstet. Wir meinen es gut und sagen: Kopf hoch, das wird schon wieder oder: die Zeit heilt alle Wunden! Aber so einfach ist es nicht. Es gibt viele Trostworte, die erreichen nur das Ohr, aber nicht das Herz. Sie nehmen den Menschen nicht ernst.

Richtig trösten – wie geht das? Für mich ist Trost da, wo Menschen zusammenstehen. Vielleicht schweigend. Einer legt den Arm um den anderen. Mehr nicht. Gemeinsam halten wir das aus. Wohl darum hat „Trost" seinen Ursprung in einem anderen Wort, in dem Wort „treu". Trost kommt von Treue und wer trösten will, muss einem anderen gegenüber einfach nur eins – nämlich treu zur Seite stehen.

jvl

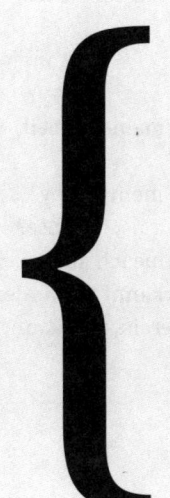

MAI

**IN GOTTES SCHÖPFUNG LEBEN –
WEISE WERDEN**

Tag der Arbeit
Schöpfung
Die Arche Noah in unserer Zeit
Rettungsgeschichten für die Erde
Weisheiten
Kirche weltweit
Himmelfahrt
Pfingsten

Tag der Arbeit

Und so vollendete Gott
am siebten Tage seine Werke.
1. MOSE 2,2A

Über die Arbeit

Der erste Malocher war Gott selbst. Nach sechs Tagen harter Arbeit an seiner Schöpfung vollendet er seine Werke – hebräisch: Melachoth. Gott ist also ein arbeitendes Wesen und er überträgt dies auf sein Ebenbild, den Menschen. Der Mensch soll die Erde bebauen und bewahren. Zum Wesen des Menschen gehört seitdem die Arbeit; darum verletzt es, arbeitslos zu sein. Täglich arbeiten ca. 40 Millionen Menschen in unserem Land in der Industrie, in Dienstleistungen, in der Landwirtschaft, als Selbstständige. Dazu kommt die Arbeit, die unentgeltlich geschieht wie z. B. im Haushalt oder in der Pflege Angehöriger. All dies verdient hohe Anerkennung. Die Mystikerin Hildegard von Bingen sagte: Menschen, die gute Arbeit tun, werden zu blühenden Gärten. Ja, Menschen blühen auf, wenn sie gute Arbeit tun. Zunehmend wächst aber auch eine Menge Unkraut im Garten der Arbeit: Es gibt eine ungeheure Verdichtung und eine immer stärkere Leistungsanforderung der Arbeit. „Immer schneller, höher, weiter". Dazu kommt steigender Konkurrenzdruck und die verstärkte Zuschreibung von Verantwortung auf die mittlere und untere Ebene. Manch einer fragt sich: Arbeite ich noch oder werde ich gearbeitet? Erschöpfung, körperliche wie psychische, sind nicht selten die Folge. Gut, dass immer mehr Betriebe Maßnahmen anbieten zum Erhalt der Gesundheit. Und noch besser, wenn zusätzlich Rahmenbedingungen für eine gute Balance zwischen Arbeit und Familie, für Auszeiten und Unterbrechungen geschaffen werden. Schließlich vollendete Gott selbst seine Maloche mit einem Tag der Ruhe.

mk

FRAGEN

Wie geht es mir mit meiner Arbeit
und meinem Leben?
Ist Arbeit etwa auch mein Hobby?
Nehme ich Arbeit mit nach Hause?
Brenne ich oder brenne ich aus?
Arbeite ich, um anerkannt zu werden?
Weiß ich, dass ich bereits anerkannt bin,
bei Gott?

mk

Und Gott sprach: Es werde Licht!
Und es ward Licht.
Und Gott sah, dass das Licht gut war.
1. MOSE 1,3+4A

Über Licht und Finsternis

In meiner mündlichen Abiturprüfung im Fach Physik sollte ich durch ein Experiment nachweisen, dass Licht nicht nur aus Wellen, sondern auch aus Teilchen besteht. Zum Glück ist das gelungen, die Zwei war gesichert. Aber wirklich vorstellen kann ich mir das bis heute nicht. Macht nichts, Hauptsache, es funktioniert.

Und es funktioniert genial, besonders unser Sonnenlicht: Es vertreibt Dunkelheit, lässt uns Farben erkennen, Pflanzen wachsen und Solarstrom fließen. Außerdem sorgt die unsichtbare Strahlung der Sonne für Wärme. Wir können sie fühlen, auf der Haut, aber oft auch darunter. Das alles und noch viel mehr am Licht ist gut. Wer wollte dem Schöpfer nicht dankbar zustimmen?

Finsternis steht dem Licht gegenüber. Finsternis ist mehr, als dass das Licht aus ist. Schon die reine Dunkelheit macht uns Menschen zu schaffen. Im Dunkeln kommt unsere Produktivität zum Stillstand. Nichts leisten zu können, ist für uns schnell eine bedrohliche Ohnmacht und Sinnlosigkeit. Wir befürchten, nichts zu sein, wenn wir nichts schaffen können. Im Dunkeln sind wir ganz auf uns und unsere anderen Sinne zurückgeworfen: Reden und Zuhören, Nachdenken und Stillsein, Weinen und Lachen, Fühlen und Lieben, all das wird durch Dunkelheit keineswegs behindert. Für das Schlafen und Ruhen gilt sogar das Gegenteil.

Dunkelheit hat ihre Zeit, Licht hat seine Zeit. Heute entscheiden wir, wann es dunkel und wann es hell ist. Die Finsternis haben wir damit nicht erledigt. Im Gegenteil: Manches Blendlicht entpuppt sich als tiefe Finsternis und zuviel Licht verschmutzt die Nacht.

„Ich bin das Licht", sagt Jesus von sich selbst. Da blendet nichts. Im Schein dieses Lichts wird ein Weg sichtbar, es orientiert jeden Menschen auf seine Weise. Lieben und Leben kommen dabei heraus.

bn

SCHÖPFUNGSLICHT

Morgenglanz der Ewigkeit,
Licht vom unerschaffnen Lichte,
schick uns diese Morgenzeit
deine Strahlen zu Gesichte
und vertreib durch deine Macht
unsre Nacht.

Text: Christian Knorr von Rosenroth, EG 450

Und Gott sprach:
Es werde eine Feste zwischen den Wassern.
1. MOSE 1,6A

Unser fantastischer Lebensraum

Das Licht ist schon an, aber überall ist Wasser. Also baut Gott eine Blase zwischen dem Wasser oben und dem Wasser unten: einen wasserfreien Raum. Und die Abtrennung zwischen den Wassermassen ist die Feste, die er Himmel nennt. Alles?

Nein, da komme ich nicht mehr mit. Es kann sich nicht um eine exakte Beschreibung der Entstehung der Erde oder sogar der Welt handeln, die für mein Verstehen Gültigkeit beanspruchen könnte. Ich muss mit meinem naturwissenschaftlichen Weltbild dem Text, der vielleicht 2500 Jahre alt ist, einen anderen Sinn abringen oder ihn als sinnlos überspringen.

Es geht hier um einen Raum, der durch die Feste den Wassern abgetrotzt wird. Dieser Raum ist die Voraussetzung für alles, was lebt. Ich verstehe diesen Raum als Erdatmosphäre, zwischen Weltall und Erduntergrund, entscheidend für das Klima, das Wetter, die Atemluft, für Wachsen und Gedeihen, Leben und Sterben. Die lebensfreundlichen Bedingungen auf der Erde sind dieser vielleicht einmaligen Atmosphäre geschuldet. Billionen Kilometer um diese Atmosphäre herum ist jegliches Leben völlig unmöglich. Menschen, die sich damit beschäftigen, lehren uns, zu staunen und ehrfürchtig zu werden angesichts der Genialität der Erdatmosphäre. Die Reflexion des zweiten Schöpfungstags würdigt diesen unsichtbaren, fantastischen Raum.

Wir fürchten uns schon lange nicht mehr vor den Wassern hinter der Feste, es gibt sie nicht.

Wir fangen gerade an, uns vor der Menschheit zu fürchten, die in einer Millisekunde der Erdgeschichte die Kostbarkeit des Lebensraumes verbraucht.

Gott bewahre uns davor und schenke uns seinen Geist.

bn

HERZLICH LOBEN

Du meine Seele, singe,
wohlauf und singe schön
dem, welchen alle Dinge
zu Dienst und Willen stehn.
Ich will den Herren droben
hier preisen auf der Erd;
ich will ihn herzlich loben,
solang ich leben werd.

Text: Paul Gerhardt, EG 302

Und Gott sprach: Es lasse die Erde aufgehen
Gras und Kraut, das Samen bringe, und
fruchtbare Bäume auf Erden.
1. MOSE 1,11A

Land ist Leben

Gott schafft das Trockene, das Land, den Boden, die Erde. Die Fruchtbarkeit des Bodens,
die Landschaft, die Vielfalt und Eigenart des
jeweiligen Landes, das alles können wir Menschen achten und lieben.

Ohne Land kein Gras, kein Kraut, keine Bäume, kein menschliches Leben.

Eine zwiespältige Erkenntnis: Sie kann in die
Dankbarkeit für die Schöpfung münden oder
in die Angst, nicht genug Land zu haben.

Ängste können geschürt, manipuliert und
benutzt werden. Die Kriege um Land in unserer deutschen Geschichte sind traurige Zeugen dafür. Und auch die Konzentration von
Grund und Boden in den Händen einer kleinen Schar besonders reicher Menschen, sei es
in den Städten oder auf dem Land, zeugt von
dieser Angst, nicht genug zu haben. Auf Krieg
und Konzentration von Landbesitz ruht kein
Segen. Beides schafft keine bleibenden Früchte und seien die Scheunen auch noch so voll.
Demgegenüber schafft Dankbarkeit für das
Land und seine Früchte, als von Gott geschenkten Gaben, auch einen liebenden Blick
auf Menschen ohne Land. Nicht Verteidigung
des Überflusses, sondern Eröffnen von Zugän-
gen ist die angemessene Haltung. Eigentum
ist dann nicht länger heilig, sondern eine
Verpflichtung. Aber diese Moral allein wird
die Verteilung von Land und Früchten nicht
richten können. Recht und Gesetz müssen der
Ungerechtigkeit Einhalt gewähren. Sonst kommen nicht nur Land- und Besitzlose unter die
Räder, sondern am Ende auch die Erde selbst.

bn

WAS UNS GEFÄLLT
Wir rühmen seine Güte,
die uns das Feld bestellt
und oft ohn unsre Bitte getan,
was uns gefällt;
die immer noch geschont,
ob wir gleich gottlos leben,
die Fried und Ruh gegeben,
dass jeder sicher wohnt.
Text: Gottfried Tollmann, EG 505

Und Gott sprach:
Es werden Lichter an der Feste des Himmels,
die da scheiden Tag und Nacht und geben
Zeichen, Zeiten, Tage und Jahre.
1. MOSE 1,14

Unbegreifbare Weiten

Ganz lapidar wird berichtet, dass die Himmelskörper geschaffen, an ihren Ort gesetzt und mit Funktionen versehen werden.

Es wird klargestellt, dass Sonne, Mond und Sterne Geschöpfe sind, zwar mit wichtigen Funktionen, aber ohne Macht. Das war weder zur Entstehungszeit dieses Textes noch heute unumstritten. Dennoch ist die Hierarchie hier eindeutig: Der Schöpfer handelt, die Geschöpfe funktionieren. Sonne oder Mond anzubeten, von Gestirnen etwas zu erwarten, was ihre von Gott gegebene Funktion übersteigt, ist Aberglaube und sinnlos. Also hält man sich am besten gleich an den Schöpfer.

Menschen haben sich mit dieser bescheidenen Auskunft über die Gestirne nicht begnügt. Durch ihren Erkenntnisdrang und ihre Neugier sind sie einigen Geheimnissen der Himmelskörper auf die Spur gekommen. Je mehr wir über das Weltall erfahren, umso großartiger erscheint es uns und umso überwältigender erscheint uns die Einzigartigkeit des Lebens auf der Erde. Wissenschaft und Forschung können den Schöpfungsbericht nicht widerlegen, weil er zum Beispiel keine Aussagen über Astronomie oder Physik macht. Sie sollten auch nicht versuchen, „Beweise" zu finden, die vermeintlich die Fehlerhaftigkeit der Schöpfungstexte belegen. Genausowenig sollten Menschen meinen, es gäbe einen Grund, den Schöpfungsbericht als Tatsachenbeschreibung gegen die Wissenschaft verteidigen zu müssen.

Unsere Haltung dem Weltall gegenüber kann nur von Neugier, Staunen, Respekt und Dankbarkeit geprägt sein. Rechthaberei, Denkverbote, endgültige und allumfassende Erklärungen sind angesichts unserer kleinen Erkenntniskraft eher lächerlich.

bn

GEZÄHLT!?

Weißt du, wie viel Sternlein stehen
an dem blauen Himmelszelt?
Weißt du, wie viel Wolken gehen weithin
über alle Welt?
Gott der Herr hat sie gezählet,
dass ihm auch nicht eines fehlet
an der ganzen großen Zahl,
an der ganzen großen Zahl.

Text: Wilhelm Hey, EG 511

Und Gott sprach: Es wimmle das Wasser von lebendigem Getier, und Vögel sollen fliegen auf Erden unter des Feste des Himmels.
1. MOSE 1,20

Die Dynamik der Schöpfung

Es grünt, blüht, wimmelt und zwitschert. Unglaublich, in welch unwirtlichen Gegenden Pflanzen und Tiere anzutreffen sind, in der Tiefsee wie in der Wüste. Sie leben nicht etwa, um für den Menschen nutzbar zu sein, sondern zweckfrei, weil es dem Schöpfer eben so gefällt, mit eigener Würde und Dank göttlichen Lebensrechts. Und trotzdem sind einige nur lebensfähig, weil sie andere fressen und vernichten. Die Instinkte und Determinationen von Pflanzen und Tieren regeln, wie sie miteinander umgehen. Eine gewaltlose Ökoromantik kann sich nur als Vision einer neuen Welt auf biblische Grundlagen berufen. Auch ohne dass Menschen eingegriffen haben, sind Arten ausgestorben. Und auch außerhalb des Paradieses entstehen neue Arten. Schöpfung ist ein dynamischer Prozess. Er ist nicht abgeschlossen und betrifft nicht nur Arten, sondern auch Individuen. Jedes Küken einer Hühnerzuchtanlage, jede Kopflaus, Feuerqualle, Brennnessel und jeder Rotmilan, alle sind sie Geschöpfe Gottes.

Der Mensch kann sich als einziges Geschöpf nicht darauf berufen, ungebrochen in die Natur integriert zu sein. Seine verschiedenen Kulturen, seine höchst unterschiedliche Bildung und die vielen Charaktere entscheiden darüber, wie er mit Pflanzen und Tieren umgeht. Aber keine Kultur, kein Bildungsniveau, kein Charakter ist eine hinreichende Entschuldigung dafür, die Rechte von Pflanzen und Tieren zu missachten. Der Mensch muss entscheiden und verantworten. Bedürfnisbefriedigung und Gewinnerzielung stehen nicht als außerordentliche Rechte über allen anderen. Sie müssen besonders dann zurücktreten, wenn durch ihre Realisierung der Schöpfung und dem einzelnen Lebewesen ein unverhältnismäßiger Schaden entstünde. Damit es auch weiterhin wimmeln, zwitschern, grünen und blühen kann.

bn

SCHÖPFERS-EHRE
Dich predigt Sonnenschein und Sturm,
dich preist der Sand am Meere.
Bringt, ruft auch der geringste Wurm,
bringt meinem Schöpfer Ehre!
Mich, ruft der Baum in seiner Pracht,
mich, ruft die Saat, hat Gott gemacht;
bringt unserm Schöpfer Ehre!
Text: Christian Fürchtegott Gellert, EG 506

Und Gott schuf den Menschen zu seinem
Bilde, zum Bilde Gottes schuf er ihn;
und schuf sie als Mann und Frau.

1. MOSE 1,27

Was ist der Mensch?

Der Mensch – eine nicht überlebensfähige Art, die mit sich selbst auch eine Fülle anderer Arten ausrottet? Das ist doch eigentlich nichts Besonderes, sondern vermutlich in der Erdgeschichte auch anderen Tieren schon passiert. Vielleicht nimmt das Menschheitsspektakel aber auch einen anderen Verlauf: Vor der Selbstausrottung greifen die Selbstheilungskräfte. Dank extremer Krisenerfahrungen passt sich die Menschheit doch noch an die gegebenen Bedingungen auf der Erde an und überlebt.

Wie anders die Perspektive des Schöpfungsberichts. Im sechsten Vers von Psalm 8 wird sie näher ausgeführt: Du hast ihn wenig niedriger gemacht als Gott, mit Ehre und Herrlichkeit hast du ihn gekrönt.

In der Bibel ist der Mensch als einmaliges Gegenüber Gottes geschaffen. Daraus folgt, der Mensch hat auch Gott als sein Gegenüber. Gottesferne wird als furchtbares Elend und Strafe erfahren.

In der Beziehung zu Gott wird der Mensch insofern zum Menschen, als dass ihn Gott in dieser Beziehung geschaffen hat. Gottlosigkeit ist dementsprechend unmenschlich.

Damit lässt sich aber ganz gut leben, sagt der Gottlose.

Zum Glück hat er recht, jedenfalls oft. Gott lässt die Menschen nicht los. Einzelne und ganze Gemeinschaften bekennen, wie sie durch die Beziehung zu Gott begeistert sind von ihm und der gesamten Schöpfung. Wie sie dadurch motiviert sind, zu lieben, zu leben, zu leiden und zu heilen. Sie können andere nicht gleichgültig ihrem vermeintlichen Schicksal überlassen, greifen dem Rad in die Speichen.

Nichts ist egal, auch wenn ich nicht alles bewegen kann und muss. Zu meiner Würde gehört, dass ich von Gott gefragt bin, auf die Herausforderungen zu antworten - durch Taten und im Gebet.

bn

STAUNEN

Wenn ich sehe die Himmel, deiner Finger Werk, den Mond und die Sterne, die du bereitet hast: was ist der Mensch, dass du seiner gedenkst, und des Menschen Kind, dass du dich seiner annimmst?

Psalm 8,4+5

Und Gott segnete den siebenten Tag und heiligte ihn, weil er an ihm ruhte von allen seinen Werken, die Gott geschaffen und gemacht hatte.
1. MOSE 2,3

Mein Feiertag

Na denn, schönes Wochenende! Es sei ihm gegönnt. Ein Glück, dass er das Schöpfungswerk in sechs Tagen geschafft hat, sonst hätten wir vielleicht nur alle zehn Tage Wochenende. Spaß beiseite. Die abrahamitischen Religionen haben sich den auf den Schöpfer zurückgeführten Rhythmus von Arbeit und Ruhe zu eigen gemacht. Schon vor tausenden von Jahren lehrte die Weisheit den Menschen, dass es neben dem Alltag den Feiertag, neben der Arbeit die Regeneration, neben der Unruhe die Ruhe geben sollte.

Juden, Christen und Muslime haben ein Gebot, den Feiertag zu heiligen. In Gesetzen ist der Schutz eines wöchentlichen Feiertags definiert. Trotzdem ist es schwer, für sich zu klären, was das sei: den Feiertag heiligen.

Zwei Methoden scheinen bei uns eine hohe Attraktivität zu besitzen. Die eine, so könnte man meinen, orientiert sich am Verhalten Gottes am siebten Tag. Einfach nichts machen, sich erholen von fünf Arbeitstagen und einem Tag Haushalt am Sonnabend oder vielleicht nach einer langen Nacht. Höchstens einen Spaziergang machen und sich abends „Tatort" anschauen. Die andere Methode ist aktiver. Freizeitparks, Sonntagsshopping und Ausflugslokale leben davon. In beiden Fällen ist die deutliche Abwechslung zum Alltag das Attraktive.

Was tut mir gut? Das kann verschieden sein. Mal die Ruhe, mal die Aktivität. Aber beides reicht mir nicht. Der Feiertag bietet die Chance, zu mir selbst zu kommen. In Gottesdiensten spricht Gott mich an. Mal mit einer Botschaft, die mir zu Herzen geht, mal mit Musik, die mich weit über meine Begrenztheit hinausträgt, mal mit einer neuen Einsicht über das, was wirklich wichtig ist. Manche Gebete oder Liedverse sprechen mir aus der Seele. Mit neuer Inspiration nehme ich mich selbst wahr, begegne ich anderen und lebe den Alltag.

bn

STILL UND FROH
Du durchdringest alles;
lass dein schönstes Lichte,
Herr, berühren mein Gesichte.
Wie die zarten Blumen
willig sich entfalten
und der Sonne stille halten,
lass mich so
still und froh
deine Strahlen fassen
und dich wirken lassen.
Text: Gerhard Tersteegen, EG 165

Seht die Vögel unter dem Himmel an: sie
säen nicht, sie ernten nicht, sie sammeln
nicht in die Scheunen; und euer himmlischer Vater ernährt sie doch. [...]

MATTHÄUS 6,26

Gelassenheit

Glückliche Vögel. Aber schon für die Eich-
hörnchen sorgt der Schöpfer nicht mehr ganz
so gut, sie müssen sammeln und vorsorgen.
Andere Tiere verhungern, wenn der Regen
nicht rechtzeitig kommt. Die Natur beschert
nicht allen Lebewesen ein gutes, langes Leben.
Und trotz der Fürsorge des Schöpfers haben
wir Menschen allen Grund, weiter daran festzuhalten, dass uns die gebratenen Tauben
nicht in den Mund fliegen.

Wir leben nicht im Paradies, die Geschichte
geht weiter. Der Schöpfer lässt Fressen und
Gefressen-Werden zu, Krankheiten und frühen,
hässlichen Tod.

Der Vers aus Matthäus 6 ist angesichts dieser
Wirklichkeit eine Provokation. Wir hören die
Aufforderung mit, uns nicht um unser Leben
zu sorgen, da der himmlische Vater sich selbst
um die Vögel kümmert. Wir halten unsere
Sorgen für berechtigt und wehren uns gegen
die geforderte Naivität. Wir können nicht alle
Wanderprediger werden, die keine Verwand-
ten kennen und bis zur Selbstaufopferung das
Evangelium verkündigen.

Von der anderen Seite aus betrachtet, lässt
sich die Botschaft besser hören: Soviel wir
auch sorgen und sichern, wir haben unser
Leben nie im Griff, wir verfügen nicht darüber. Wir bleiben zerbrechliche und sterbliche
Geschöpfe. Also ist alles Vertrauen auf Mate-
rielles ebenso oberflächlich wie alles Sorgen,
wenn die Absicherung im Materiellen offensichtlich nicht gelingt. Aus dieser Einsicht

folgt nicht, dass man die Dinge einfach laufen
lässt, sondern bestenfalls der Glaube, dass der
Schöpfer des Himmels und der Erde auch
mein bescheidenes Leben führt und mich
nicht loslässt. Wenn ich nicht verlassen werde,
dann kann ich manches lassen, was nur im
Krampf zu halten wäre. Dann werden mir die
Vögel zum Gleichnis für Gelassenheit, die
mich zwar nicht abheben lässt, mir aber vielleicht ein frohes, hingebungsvolles, dankbares
Leben schenkt.

bn

VOGELSTIMMEN

Die Lerche schwingt sich in die Luft,
das Täublein fliegt aus seiner Kluft
und macht sich in die Wälder;
die hochbegabte Nachtigall
ergötzt und füllt mit ihrem Schall
Berg, Hügel, Tal und Felder,
Berg, Hügel, Tal und Felder.

Text: Paul Gerhardt, EG 503

Die Arche Noah in unserer Zeit

Noah war ein frommer Mann
und ohne Tadel zu seinen Zeiten;
er wandelte mit Gott.
1. MOSE 6,9B

Fromm und ohne Tadel

Mein Name sei Noah. Herr Noah, bitte.
Der Frühstückstisch ist schön gedeckt. Wir
genießen den Start in den neuen Tag, auch
wenn es heute ein wenig wortkarg zugeht.
„Hatte der Bäcker keine Croissants mehr?"
„Nein, waren ausverkauft." „Wie kommt das
denn?" „Habe ich nicht gefragt." Ich klopfe
mein Frühstücksei auf. Unsere fünf Hühner
legen ganz gut. Meine Gedanken wandern auf
die Streuobstwiese. Die Apfelblüte ist unglaublich schön. Während ich den Honig aus dem
Glas nehme, denke ich an die Bienen, die heute wieder eine gute Tracht einbringen. Frau
Noah blättert die Zeitungsseiten um. Sie murmelt: „Erstaunlich. Vor 10.700 Jahren gab es
eine Sintflut an der Ostsee." Jahrtausende
hatte der Ancylus-See ruhig dagelegen, 20
Meter unter der heutigen Ostsee, als das Land
zur Nordsee hin einbrach. Die Landschaft östlich von Kiel und Lübeck fiel unter Wasser.
Oft schon hatte man mich mit meinem Namen aufgezogen. Nun will ich es genauer
wissen. Wer war mein Namensvetter? Ein
frommer Mann, ohne Tadel, zu seiner Zeit. So
lese ich. Gibt es das? Wie ist das zu unserer
Zeit? Fällt mir jemand ein, von dem ich das
so sagen könnte? Ich vermute, Noah sollte
gerettet werden, nicht weil er untadelig war,
sondern weil er Gnade gefunden hatte vor
seinem Gott.
„Da reute es IHN, dass er die Menschen gemacht hatte auf Erden". Das sind harte Worte.
Wenn ich an den Klimawandel denke und die
Voraussagen über die sintflutartige Entwicklung des Meeresspiegels, kann ich Gottes Verzweiflung nachvollziehen. Wider besseres
Wissen gefährdet der Mensch die gute Schöpfung Gottes. Aber kann ein Einzelner die
Menschheit und die ganze Schöpfung retten?

tk / ek

O GOTT
wie ratlos der Mensch
ohne Rat
wie hilflos ohne Hilfe
wie trostlos ohne Trost
ich lehne den Kopf
an ein Versprechen
zünde mir Zuspruch

as

Denn siehe, ich will eine Sintflut kommen
lassen auf Erden.[...] und du sollst in die
Arche gehen mit deinen Söhnen, mit deiner
Frau und mit den Frauen deiner Söhne. Und
du sollst in die Arche bringen von allen
Tieren, [...] je ein Paar, Männchen und
Weibchen, dass sie leben bleiben mit dir.

1. MOSE 6,17A-19

Vor der Sintflut?

Guten Tag! Da bin ich wieder, Ihr Herr Noah. „Siehe, ich will eine Sintflut kommen lassen auf Erden", sagt Gott dem alten Noah. Kann ich die Erfahrung meines Namensvetters zusammenbringen mit dem modernen Klimawandel und unseren Erfahrungen mit den Tsunamis? Welch ein Schrecken kommt immer wieder über Menschen, die optimistisch denken, sie hätten alles im Griff. Sie meinen, sie könnten Städte, Dörfer und Industrieanlagen in unmittelbare Küstenregionen bauen und ein Deich gäbe Sicherheit. Ich bin kein Pessimist. Realistisch betrachtet sehe und benenne ich die Gefahren, die unserer Erde drohen. Mit Gottes Hilfe kommt es anders, aber realistisch betrachtet darf man nicht blind sein für mögliche Gefahren und Katastrophen.

Frau Noah ruft: „Das Essen ist fertig!" „Ich komme gleich!" Bei Tisch äußert Herr Noah seine Sintflutgedanken. Sie aber spöttelt: „Willst du nun auch eine Arche bauen, in der Größe der Costa Concordia oder reicht die Größe der Titanic? Weißt du eigentlich, wie viele Tierarten es gibt? Und hast du auch die erforderlichen Baugenehmigungen? Das glaubt dir doch niemand, wenn du an Land ein Schiff dieser Größenordnung baust. Jeder wird sagen, das ist ein festes Gebäude. Frag mal beim Bauamt nach, was man dafür alles braucht."

Ein Gedankenspiel ergibt sich daraus. „Wen würden wir mit in die Arche nehmen?" Zu biblischen Zeiten nahm das älter werdende Paar die Kinder mit und deren Familien. Das war eine naheliegende Entscheidung. Aber wir Noahs sind uns einig, eine solche Entscheidung ist heute undenkbar. Noch gilt es, die Flut zu verhindern. Der Erhalt der Artenvielfalt ist ein schönes Ziel. Auch ohne Flut.

tk / ek

SINTFLUT

Die Sintflutgeschichte der Bibel ist ein Mythos, der auch in vielen anderen Kulturen vorkommt. Ähnliche mythologische Geschichten gab es in Indien, in Island, bei den Aborigines oder in China. Eine göttlich veranlasste Flutkatastrophe vernichtet alle menschliche Zivilisation. Als Grund dafür werden die Verfehlungen der Menschen angesehen. Der Begriff „Sintflut" hat übrigens nichts mit dem Wort „Sünde" zu tun. Die Vorsilbe sin- bedeutet: immerwährend oder andauernd.

aw

Und die Sintflut war vierzig Tage auf Erden, und die Wasser wuchsen und hoben die Arche auf und trugen sie empor über die Erde.
1. MOSE 7,17

Innehalten

Guten Tag, zusammen! Jetzt muss ich mich doch mal einschalten – ich – Frau Noah. Schon eine Weile nehme ich meinen Mann wahr, wie er grübelt, sich in sein Zimmer oder an seinen Computer zurückzieht. Ich liege in der Hängematte, die zwischen zwei Apfelbäume unserer Obstwiese gespannt ist. Ich nehme den Duft der Blüten wahr und sehe in den blauen Himmel. Die Bienen summen, die Hühner gackern im frischen Gras und die Schafe blöken. Was für eine paradiesische Idylle. Unser Gespräch am Mittagstisch geht mir sehr nach: „Ja, der Mensch geht gedankenlos mit der Erde um." Wir stillen unseren Energiehunger mit Strom aus Kohle- und Atomkraftwerken, schleudern CO_2 in die Luft und häufen Atommüll an, obwohl niemand weiß, wohin damit. Welch große Dummheit! Insgesamt hat unsere Art zu leben, zu essen, unsere Fortbewegung oder die Frage, womit wir uns kleiden, in der Summe schleichend Auswirkung auf unser Klima. Wir Menschen tragen seit Generationen die Verantwortung für die Erde. Wir haben bisher zu viel bebaut. Jetzt geht es ums Bewahren.

Damals hatte die Familie Noah die Arche. Es ist, als ob sie eine „Auszeit" von Gott verordnet bekam. Sie mussten sich auf das Notwendigste beschränken. Und sie lernten geduldig zu sein und ihr Leben einmal mehr nach Gott auszurichten. Möglicherweise ist eine konstruktive Auszeit auch unsere „Arche", der erste Schritt, um innezuhalten und nachzudenken, damit wir unseren persönlichen Beitrag zum Klimaschutz erkennen können. Vom globalen Denken hin zu lokalem Handeln, und das in jedem Bereich unseres Lebens. Ich stehe auf. „Noah, ich will im Garten arbeiten. Machst du mit?"

tk / ek

DÜNNHÄUTIG

Kruste
als sei das,
was uns trägt,
robuste Kruste

So bevölkern wir sie,
gewohnt, dass sie
Quellen gebiert, Früchte treibt
und uns nährt

Manchmal jedoch
streift uns
mit dem Wind
eine Ahnung:

wir
ihre Kinder
leben auf dünner
verwundbarer Haut.

tw

Da harrte er noch weitere sieben Tage und
ließ abermals eine Taube fliegen aus der
Arche. Die kam zu ihm um die Abendzeit,
und siehe, ein Ölblatt hatte sie abgebrochen
und trug's in ihrem Schnabel.
Da merkte Noah, dass die Wasser sich
verlaufen hätten auf Erden.

1. MOSE 8,10+11

Nur Geduld

Guten Tag! Wir sind's wieder, die Noahs von nebenan.

Haben wir schon erzählt, dass wir im Wendland leben? Wir sitzen unter dem blühenden Apfelbaum bei Kaffee und Kuchen und blättern in dem Programmheft für die *Kulturelle Landpartie*. „Dieses Jahr nehmen wir uns einen Tag frei, nehmen die Fahrräder mit und starten im Dörfchen Kröte", sagt Frau Noah. Wir freuen uns darauf, bei der Landpartie skurrile Objekte aus Holz, Metall und Seide zu sehen und in fremden Gärten bisher unbekannten Menschen zu begegnen. Herr Noah staunt: „Wer hätte das 1989 gedacht, als einige Künstler auf die Idee kamen, den wunden Punkten im Wendland die wunderbaren Hoffnungspunkte entgegenzuhalten? Damals gab es hier die unüberwindbare Grenze zur DDR. Die ist praktisch über Nacht gefallen. Ob auch die Tradition einmal enden wird, dass im Herbst mit dem Castor-Transport eine Art „Sintflut" über das Wendland kommt und zwischen Himmelfahrt und Pfingsten die Hoffnung blüht?" Frau Noah fragt: „Woran ist es eigentlich zu erkennen, dass eine Sintflut zu Ende geht?"

Im Nachhinein kann man das Ende der Flut mit konkreten Daten benennen. Doch bis dahin braucht es viel Geduld. Mehrfach läßt Noah eine Taube ausfliegen. Schließlich bringt die Taube einen grünen Ölbaumzweig mit. Ein wunderbares Bild, finden wir Noahs. Noch leben die Menschen im Wendland wie in einer Arche. Mit vielen Tieren, die noch nicht einmal auf der Roten Liste stehen, weil ihre Arten noch nicht als ausgestorben gelten. Tauben werden ausgesandt. Wunder geschehen. Wie bei dem Fall der Mauer. Doch in der Arche ist es schwer auszumachen, wann die Taube den Zweig der Hoffnung bringen wird.

tk / ek

GOTT

Gehe auf in mir
wie die Sonne am Tag
dass sie mich erhelle
und erwärme
dass sie Dunkles überstrahle
dass sie mir leicht mache
den Lauf durch die Stunden
schenke mir Gewissheit
hinter dem Ungewissen
einer wirren Welt
den beschwingten Gang
über ungewisse Wege

as

Solange die Erde steht, soll nicht aufhören
Saat und Ernte, Frost und Hitze, Sommer
und Winter, Tag und Nacht.
1. MOSE 8,22

Erdbeeren im Mai?

Guten Tag! Wir Noahs haben da mal eine Frage: Können Sie sich über Regen freuen? Gelegentlich treffen wir auf Menschen, die den Mairegen geradezu genießen können. Einmal überspannte ein Regenbogen unser Dorf und unsere Streuobstwiese mit den blühenden Apfelbäumen. Für uns ist der Regenbogen ein tröstliches Zeichen. Es tut gut, dieses Zeichen Gottes am Himmel zu sehen. Es ist, als ob Gott uns an sein Versprechen von damals erinnert und bekräftigt. Gott steht zu seiner Schöpfung.

Herr Noah singt ein Lied von Wolf Biermann „Mag sein, dass ich einmal, wenn alles erreicht ist / erreicht habe nichts, als ein' Anfang von vorn." Die Schöpfung ist gut. Auch nach der Katastrophe. Gott will das Leben auf unserer Erde. Das Ganze ist immer nur im Gegensatz da und in einer steten Dynamik. Tag und Nacht bilden eine Einheit, Frost und Hitze ergänzen sich, Sonne und Regen ermöglichen Leben. Leben in einem langsamen, wiederkehrenden und zuverlässigen Rhythmus. Gott hat einen langen Atem mit uns.

Im Gespräch gehen wir der Frage nach, wie viel Energie der Mensch aufbringt, um genau diesen Gegensatz zu überwinden. Man sucht immer nur den Teil aus, der angenehmer zu sein scheint. Im Sommer soll künstlicher Schnee das Skifahren ermöglichen. Im Winter fliegen die Leute in warme Regionen. Die Nacht wird zum Tage gemacht. Und wenn es im Sommer zu heiß ist, sollen Klimaanlagen

Kühlung bringen. So viel Energie wird aufgebracht, um Gottes guten Schöpfungswillen zu überlisten. Aber muss man wirklich Erdbeeren essen im Mai?

Für uns Noahs ist es ein besonderes Geschenk, alles zu seiner Zeit genießen zu können: den Mairegen am Tag und den klaren Sternenhimmel bei Nacht.

tk / ek

UNBEHERRSCHBARE NATUR

Der Philosoph Descartes hat im 17. Jahrhundert diesen steilen Satz notiert: „Kennen wir einmal die Kraft und die Wirkungen des Feuers, des Wassers, der Sterne, des Himmels und aller anderen Körper um uns herum, könnten wir uns zu Herren und Meistern der Natur aufschwingen."

Der Mensch – Herr und Meister der Natur? Wir erleben anderes: das Erdbeben, den Vulkanausbruch, das Hochwasser und die Dürre. Was bleibt, ist die ernüchternde Erkenntnis: Trotz aller Technik sind wir nicht Herren der Natur, sondern ein Teil von ihr. Und viele erkennen: Wir brauchen nicht mehr Wagemut, sondern mehr Demut. Dazu gibt es eine weise Antwort aus der Bibel: Der Mensch kann die Natur nicht „beherrschen". Er kann sie nur „bebauen und bewahren".

jvl

> Da aber viele Tage weder Sonne noch Sterne schienen und ein gewaltiges Ungewitter uns bedrängte, war all unsre Hoffnung auf Rettung dahin. Und als man lange nichts gegessen hatte, trat Paulus mitten unter sie und sprach: [...] keiner von euch wird umkommen, [...] Denn diese Nacht trat zu mir der Engel des Gottes, dem ich gehöre und dem ich diene, und sprach: Fürchte dich nicht, Paulus.
>
> APOSTELGESCHICHTE 27,20+21A+22B+23+24A

Fürchte dich nicht!

Der Regenbogen ist uns ein Zeichen dafür, dass das Leben siegt. Auch nach der Katastrophe. Ob diese sich langsam anbahnt wie ein endloser Regen, oder ob sie plötzlich eintritt wie ein Tsunami. Ob die ganze Welt erschrocken den Atem innehält, wie bei der Katastrophe von Fukushima, oder ob es eine Katastrophe im Leben eines einzelnen Menschen ist, von der die Welt keine Notiz nimmt. Vor Gott ist das Leid jedes einzelnen Menschen wichtig. Er hält uns in seiner Hand.

Diese Erfahrung macht Paulus auf dem Schiff in Seenot. Auch in unserer Zeit sind solche Gefahren gegenwärtig: Wenn ein Unglück wie ein Sturm über das eigene Leben kommt und alles ins Wanken bringt. Wenn Wellen der Angst über einen hereinbrechen.
Mancher Gerettete kann davon erzählen, wie die Not ihn beten lehrte. Woher kommt Hilfe, wenn nicht von Gott? Gleichzeitig ist es immer wieder notwendig, dass da jemand ist, der im rechten Moment zu sagen wagt: „Fürchte dich nicht." Bereits im Hören dieses Satzes beginnt die Not sich zu wenden.

Wer diese Hoffnung in sich trägt wird auch die Kraft haben zu tun, was möglich ist. Selbst, wenn ein Mensch sich das in normalen Zeiten nicht zutrauen würde. Der Glaube lässt uns über uns selbst hinauswachsen. Uns gilt der Satz des Engels: „Fürchte dich nicht!"

tk / ek

GOTT MALT

Gott malt das Leben
erarbeitet es
in komplementären Kontrasten.

Der Regenbogen
dieses große Versprechen
entfaltet sich
im gebrochenen Licht.

tw

Rettungsgeschichten für die Erde

Und Gott sprach: Lasset uns Menschen machen, ein Bild, das uns gleich sei, die da herrschen über die Fische im Meer und über die Vögel unter dem Himmel und über das Vieh und über alle Tiere des Feldes und über alles Gewürm, das auf Erden kriecht.

1.MOSE 1,26

Erde sucht Retter

„Allmählich weiß man wirklich nicht mehr, was man noch essen soll!" Es klang halb ärgerlich, halb verzweifelt. Ich war mit der Taxifahrerin über eine aktuelle Zeitungsmeldung ins Gespräch gekommen. Von Obst war da die Rede, das durch giftige Spritzmittel madenfrei gemacht worden war. „Wie soll das alles bloß weitergehen", schimpfte die Frau. „Manchmal glaube ich wirklich, wir kriegen unsere Erde noch kaputt!"

Und wieder denke ich an diese seltsame Geschichte, die mich seit Jahren beschäftigt: „Die letzten sieben Tage der Schöpfung" lautet der düstere Titel der Schrift, die schon in den siebziger Jahren für Aufsehen sorgte. Der bekannte Fernsehpfarrer Jörg Zink hat sie damals veröffentlicht: Darin malt er ein grausiges Gegenbild zu der schönen alten Erzählung aus der Bibel, wie Gott die Welt geschaffen hat. Hier wie dort ist das Geschehen in sieben Tage eingeteilt. In der Bibel erschafft Gott Himmel und Erde, trennt Land und Meer und erschafft den Menschen.

Bei Jörg Zink heißt das anders: „Am ersten Tag beschloss der Mensch, frei zu sein. Und er glaubte an Freiheit und Glück, an die Börse und den Fortschritt. Am zweiten Tage starben die Fische in den Industriegewässern, die Vögel am Pulver aus der chemischen Fabrik."

... und so weiter. Ein Horrorszenario, bis auf der Erde kein Leben mehr ist.

Die Kritik des Schriftstellers Jörg Zink ist heute so aktuell wie vor vierzig Jahren. Trotzdem glau-

be ich, dass es an der Zeit ist, Gegengeschichten zu dieser Gegengeschichte zu schreiben. Wir brauchen Rettungsgeschichten für unsere Erde! Ich habe darum mal einigen Bekannten einen Zettel geschickt: In der ersten Spalte stand die biblische Schöpfungsgeschichte, in der zweiten die Zerstörungsgeschichte von Jörg Zink. Die dritte Spalte war leer. Die sollten sie mit ihrer Rettungsgeschichte ausfüllen. Viele der Angeschriebenen haben mir tatsächlich geantwortet. Wunderbar hoffnungsvolle Sätze habe ich da gelesen, inmitten aller nüchternen Bewertung unserer Zeit. In den nächsten Tagen will ich Ihnen mehr davon erzählen ...

kvm

MUT

Wenn mich das dunkle Tal umhüllt,
Angst meine Schritte lähmt,
Wenn Kummer mir die Seele füllt,
mein Elend mich beschämt –
Dann hoffe ich, mein Gott, auf dich.
Schenk du mir neuen Mut;
sprich tief in meiner Seele:
Ich mache alles gut!

aw

Und Gott segnete sie und sprach zu ihnen: Seid fruchtbar und mehret euch und füllet die Erde und machet sie euch untertan und herrschet über die Fische im Meer und über die Vögel unter dem Himmel und über das Vieh und über alles Getier, das auf Erden kriecht.

1. MOSE 1, 28

Umkehr aus dem Chaos

„Wir halten es für unverantwortlich, noch Kinder in diese Welt zu setzen." Das sagte mir ein junges Paar vor einigen Jahren mit aller Entschiedenheit. Es war die Zeit, in der in der Kirche eine finstere Zerstörungsgeschichte viele Menschen erschütterte: „Die letzten sieben Tage der Schöpfung". Da wird erzählt: Wasser und Land werden zerstört, Mensch und Tier gehen zu Grunde – und die Geschichte endet mit dem düsteren Bild: „Am siebten Tag war endlich Ruhe. Die Erde war wüst und leer. Tief unten in der Hölle aber erzählte man sich die spannende Geschichte von dem Menschen, der seine Zukunft in die Hand nahm, und das Gelächter dröhnte hinauf bis zu den Chören der Engel."

Heute lese ich in der Zeitung: Es werden wieder mehr Kinder geboren in Deutschland. Hat da ein Umdenken begonnen? Ich habe in meinem Bekanntenkreis herumgefragt: Denkt ihr auch, dass es mit unserer Welt unweigerlich zu Ende geht? Oder könnt ihr euch eine Gegenbewegung denken? Wenn ja, dann schreibt mir doch mal auf, wie eine solche „Rettungsgeschichte" für die Erde aussehen könnte.
Viele der Menschen, die ich angeschrieben habe, haben mitgemacht. In einer der selbst verfassten kleinen Erzählungen, die mir zurückgeschickt wurden, beginnt die Rettungsgeschichte der Welt so: „Am ersten Tag erkennt der Mensch, dass sein bisheriger Weg ins Chaos führt. Er besinnt sich auf Gott und

kehrt zu ihm um. Befreit davon, sich immer um sich selbst drehen zu müssen, kann der Mensch am zweiten Tag auf seine Mitmenschen zugehen. Er erkennt die Bedürfnisse anderer Menschen und kann Not lindern und Probleme lösen." Finden Sie das zu naiv? Aber ist die Zerstörung unserer Welt, bei Licht besehen, nicht ungleich naiver? Den Ast absägen, auf dem man sitzt, wie kann jemand so dumm sein! Ich bin zuversichtlich: Wenn wir den Menschen helfen, sich in der Schöpfungsgeschichte der Bibel wiederzuerkennen, wird es auch wieder Rettungsgeschichten geben, die man leben kann.

kvm

ERINNERT
Verlorene Träume suchen,
vergessenen Visionen nachspüren,
vielleicht geben sie
einmal noch, einmal wieder
den kommenden Tagen
ein freundliches Gesicht.

tw

Und Gott sprach: Sehet da, ich habe euch gegeben alle Pflanzen, die Samen bringen, auf der ganzen Erde, und alle Bäume mit Früchten, die Samen bringen, zu eurer Speise.
1. MOSE 1,29

Ein Experiment namens „Segnen"

„Am dritten Tag verdorrte das Gras auf den Feldern und das Laub an der Bäumen ...", heißt es in einer düsteren Gegengeschichte zur biblischen Erzählung von der Schöpfung. „Denn der Mensch machte das Wetter selbst und verteilte den Regen nach genauem Plan. Es war nur ein kleiner Fehler in dem Rechner, der den Regen verteilte. Als sie den Fehler fanden, lagen die Lastkähne auf dem trockenen Grund des schönen Rheins."

Ich spüre, wie mich diese Geschichte mit dem Titel: „Die letzten sieben Tage der Schöpfung" trifft. Wie sie weh tut. Vieles sieht ja tatsächlich so aus in unserer Welt. Und viele Menschen neigen offenbar dazu, dieser Geschichte mehr zu glauben als der alten von der guten Schöpfung Gottes.

Deshalb habe ich ein Experiment gestartet: Ich habe Verwandte und Freunde gebeten, mir eine neue Sieben-Tage-Geschichte zu schreiben. Eine, die andeutet, wie sie die Zukunft sehen.

In einer wird erzählt, wie der Mensch nach einer langen Zeit des ratlosen und rastlosen Herumgeisterns anfängt zu beten. Er sagt zu Gott: „Ich wollte gut sein und glücklich. Aber es ist mir nicht gelungen; denn ich habe vergessen zu segnen, was ich habe und tue. So wie du alles gesegnet hast. Und darum habe ich vergessen, verantwortungsvoll zu handeln." Und weiter heißt es in dieser Rettungsgeschichte: „Am dritten Tag fangen Mann und Frau von Neuem an, ihren Acker zu bestellen. Sie gehen sehr viel sorgfältiger mit allem um, was sie essen und trinken. Denn sie haben es vorher gesegnet." Dieser Gedanke des sorgfältigen Hinsehens klingt auch in anderen Geschichten an, die mir geschickt wurden. Ich glaube: Gott schenkt uns genug Zeit, um Sorgfalt zu lernen – in allem, womit wir umgehen. Und warum sollen wir die Erde nur ausbeuten, warum sie nicht lieber segnen, bevor wir an die Arbeit gehen?

kvm

MITLOBEN
Himmel, Erde, Luft und Meer
zeugen von des Schöpfers Ehr;
meine Seele, singe du,
bring auch jetzt dein Lob herzu.
Text: Joachim Neander, EG 504

HERR, unser Herrscher,
wie herrlich ist dein Name in allen Landen.
PSALM 8,2A

Die Welt umdrehen

„Am fünften Tag liest man in der Zeitung von reichen Leuten, die darum bitten, mehr Steuern bezahlen zu dürfen," steht in einem der Briefe, die zu mir zurückkamen. Ich hatte einer größeren Zahl von Bekannten und Freunden einen Zettel geschickt. Darauf war die schreckliche Zerstörungsgeschichte „Die letzten sieben Tage der Schöpfung" zu lesen, neben der biblischen Erzählung von Gottes guter Schöpfung. Ich wollte von Menschen unserer Tage wissen: Glaubt ihr an diesen düsteren Traum? Oder könnt ihr euch eine neue Geschichte vorstellen, eine Rettungsgeschichte unserer Welt.

Die Leser meines Rundbriefes sind spürbar ins Grübeln gekommen. Viele machten in ihren Antwortbriefen deutlich: Wir brauchen in der Tat einen neuen Anfang. Und so las ich in den Antwortbriefen von Reichen, die mehr Steuern zahlen wollen, von Bankmanagern, die in die Dritte Welt auswandern, um praktisch zu helfen. Und von Wissenschaftlern, die ihr Wissen den Armen zur Verfügung stellen.

Vielleicht denken Sie jetzt: zu schön, um wahr zu sein. Was kann denn ein Einzelner gegen diese fürchterliche Zerstörung unserer Welt tun? Sie haben Recht: nichts – wenn alle so reden. Aber wer einsieht, dass auch für die Zerstörung unserer Erde nicht eine finstere Macht verantwortlich ist, sondern wir alle, der sieht ein: Jeder Einzelne kann etwas beitragen.

Ist der Mensch zu einer Umkehr zum Guten fähig? In einem Brief schreibt jemand: „Gott hat die Erde ja nicht nur einmal erschaffen und sie dann sich selbst überlassen. Er ist Tag für Tag mit uns unterwegs." Ganz ähnlich ein anderer: „Der Mensch ist ein Geschöpf Gottes, zu seinem Bilde gebildet. Deshalb können und müssen wir ihm zutrauen, dass wir die zerstörerische Entwicklung aufhalten und umdrehen können". Und einer erinnert an das Lied aus unserem Gesangbuch: „Gott gab uns Atem, damit wir leben; Gott gab uns Augen, dass wir uns sehn. Er will nicht diese Erde zerstören. Er schuf sie gut, er schuf sie schön."

kvm

WAS DU BIST

Ach mein Gott, wie wunderbar
stellst du dich der Seele dar!
Drücke stets in meinen Sinn,
was du bist und was ich bin.

Text: Joachim Neander, EG 504

Was ist der Mensch,
dass du seiner gedenkst?
PSALM 8,5A

Kinder der Hoffnung

Der Dichter des achten Psalms bringt etwas zusammen, was bei uns meistens auseinanderklafft. Er kann den Menschen aufs Höchste bewundern – wenig niedriger als die Engel – und praktisch gleichzeitig darüber den Kopf schütteln, dass Gott sich mit so einem überhaupt abgibt. Ich glaube, in dieser Spannung liegt auch unsere Hoffnung begründet, dass unsere so furchtbar bedrohte Erde noch zu retten ist. Der Mensch als Gottes Ebenbild kann in Wirklichkeit beides: zerstören und aufbauen, pflanzen und ausreißen.

Mit einem Rundbrief unter Verwandten und Freunden habe ich versucht, zu solchen Rettungsgeschichten zu ermuntern. Und die Antworten blieben nicht aus.

In einer der kleinen Geschichten heißt es: „Vor mir liegt ein Neugeborenes, kaum zwei Wochen alt. Ich sehe die kleinen Fäustchen und ahne, was dem Überleben dieses kleinen Menschen auf unserer Erde alles entgegensteht. Aber im selben Augenblick fällt mir auch ein, was für eine ungeheure Kraft in diesem kleinen Bündel Leben steckt. Nie wieder im Laufe unseres Lebens ist die Energie zu wachsen und zu lernen so groß wie in den ersten Lebensjahren."

Wir sollten mehr auf die Kinder achten. Viele Spannungen und Fehlentwicklungen schädigen besonders die Kinder. Sie sterben an verschmutztem Wasser und in kriegerischen Auseinandersetzungen sind sie oft die ersten Opfer. Aber gleichzeitig sind die Kinder auch die einzige Hoffnung, dass sich etwas ändert; denn sie können noch umlernen und umdenken. Deshalb sollten wir eine neue Charta für die UNO, die weltumspannende Vereinigung aller Völker der Erde, anstreben, die unter dem Leitsatz steht: „Leitbild unseres Denkens und Handelns sind die Kinder."

kvm

MAIENLIED
Wie lieblich ist der Maien
aus lauter Gottesgüt,
des sich die Menschen freuen,
weil alles grünt und blüht.
Die Tier sieht man jetzt springen
mit Lust auf grüner Weid,
die Vöglein hört man singen,
die loben Gott mit Freud.
Text: Martin Behm, EG 501

Aber Liebe deckt alle Übertretungen zu.

Lieben

Oft die letzten Worte eines Sterbenden: „Ich liebe dich."

Die letzten SMS aus den entführten Flugzeugen, die in das World Trade Center geflogen wurden: Botschaften der Liebe.

Wer glaubt, die Welt sei voller Hass und Niedertracht, der sollte in die Empfangshalle eines Flughafens gehen und sich dort umschauen. Überall lachende, sich umarmende und küssende Menschen.

Der Theologe Eugen Drewermann hat mal geschrieben: „Unsterblich sind von uns nur die Momente echter, selbstloser Liebe. Sie leben ewig."

Soweit klar. Wir lassen uns gern wohlig hineinfallen in diesen Satz: „Liebe deckt alle Übertretungen zu." Wie in das Happy-End eines guten Filmes. Letzte Klappe: Kuss im Abendrot. Alles gut.

Aber es gibt auch einen Stachel in dem heutigen Bibelvers. Deckt Liebe wirklich alle Übertretungen zu? „Das hat er doch nicht so gemeint!" „Das war doch gar nicht so schlimm!" „Wenn du mich wirklich liebst, dann ..." Liebe ist nicht nur Freiheit. Sondern (oft) auch Abhängigkeit. Oder ist es dann keine Liebe mehr?

Eine Übertretung nicht zu decken, auch das kann ein Akt der Liebe sein. Gerade in der Kindererziehung gilt ein abgewandelter anderer Satz aus dem Buch Prediger: Es gibt eine Zeit der Liebe. Aber es gibt auch eine Zeit der Strenge, eine Zeit der Konfrontation mit der Verfehlung. „Das fand ich nicht gut!" In der Erziehung kann Liebe auch Strenge bedeuten und dabei doch Liebe bleiben. Weil Liebe weiterschaut, deckt sie nicht alles zu, hält sie nicht alles aus und verzeiht nicht alles.

jd

LOGIK?!

Die Liebe allein versteht das Geheimnis, andere zu beschenken und dabei selbst reich zu werden.

Clemens Brentano

Wer dem Geringen Gewalt tut, lästert dessen Schöpfer; aber wer sich des Armen erbarmt, der ehrt Gott.
SPRÜCHE 14,31

Fürsorge

Die Starken schützen die Schwachen. Diese ethische Grundhaltung ist uns gut bekannt. Jede und jeder, die oder der Kinder hat, bringt ihnen – wie selbstverständlich – eben jene Hilfsbereitschaft und Empathie nahe, die hier angemahnt wird. Einfach, weil es zu einer menschlichen Gemeinschaft dazugehört. Interessant an unserem heutigen Bibelvers ist daher nicht der ethische Anspruch an sich. Sondern seine Begründung, oder sagen wir besser: sein tieferer Zusammenhang. Der Schreiber sagt: Nicht nur der Schwache leidet durch die Gewalt des Starken, sondern Gott, der Schöpfer selbst, wird verhöhnt und angegriffen, wenn Schwache leiden, wenn Geringe oder Geringes mit Füßen getreten wird. Gott identifiziert sich mit dem Schwachen. Das ist eine Haltung, die wir bei Jesus im Neuen Testament häufig wiederfinden: „Was ihr für einen meiner geringsten Brüder getan habt, das habt ihr mir getan", so steht es in Matthäus 25,40. An einer anderen Stelle, wo die Jünger ihn fragen, wer im Himmelreich der Größte sei, antwortet er: „Ein Kind ist im Himmelreich der Größte ... und wer ein solches Kind aufnimmt in meinem Namen, der nimmt mich auf", so in Matthäus 18,5. Wenn man diese religiöse Grundhaltung betrachtet, dann ist es kein Wunder, dass die Entwicklung der christlichen Kirche von Anfang an eng verbunden war mit praktischen Werken der Nächstenliebe. Armenfürsorge, Krankenhäuser und Diakonie wurden früh als religiöser Auftrag verstanden, als praktischer Gottesdienst.

jd

IMPULSTEXT
Durch die Ethik der Ehrfurcht vor dem Leben werden wir andere Menschen.
Albert Schweizer

169

Des Menschen Herz erdenkt sich seinen Weg;
aber der HERR allein lenkt seinen Schritt.
SPRÜCHE 16,9

Überraschungen

Ein wunderbarer Satz. Ich habe ihn mir schon vor ein paar Jahren über meinen Schreibtisch gehängt. In Kurzform: Der Mensch denkt, Gott lenkt. Er sagt zweierlei. Erstens: Streng dich an, das Richtige zu tun. Denk nach! Es kommt auf dich an. Versetz dich in andere, wenn du mit ihnen zu tun hast. Verstehe ihre Motive. Kläre deine Motive. Überlege, ob das, was du tust, deinen Ansprüchen genügt. Ob es Gottes Ansprüchen genügt. Meinetwegen, ob es dem Wahren, Guten und Schönen dient, was du tust. Streng dich an, damit du morgens im Spiegel einen Menschen siehst, den du mögen kannst. Misch dich ein. Sei ein Aktivposten des Lebens. Trau dich was. Mach, was du richtig findest. Mach was Gutes.

Aber – immer gibt es ein „Aber" – es kommt sowieso anders, als du denkst. Und dafür ist der andere Teil des Bibelverses interessant. Das, was anders läuft als gedacht, schlechter oder besser, das ist kein Zufall. Davon bin ich überzeugt. Nichts Wichtiges ist Zufall. Etwas führt meine Schritte und meine Zunge. Gott oder das Schicksal hat manchmal ganz andere Wege und Ziele mit mir vor als gedacht. Dann heißt es: in mich gehen. Und tief in mich hören. Was hat Gott mit mir vor, dass ich heute hier stehe, mir dieses Schicksal zustößt oder dieses Glück widerfährt. Wo ich doch alles ganz anders geplant hatte ...

Mich entlastet die Vorstellung, dass das Gelingen meiner Pläne nicht in meiner Hand liegt. Das Leben ist voller Überraschungen. Die Bibel nennt das Gott. Für mich ist das eine schöne und tröstliche Vorstellung, dass ich letztlich mein Leben aus Gottes Hand annehme.

jd

GOTT LACHTE
Otto Waalkes hat den heutigen Bibelvers mal so übersetzt: „Der Mensch dachte, Gott lachte."

Tu deinen Mund auf für die Stummen
und für die Sache aller, die verlassen sind.
SPRÜCHE 31,8

Menschsein

Cato Bontjes van Beek wird 1920 in Fischerhude bei Bremen geboren. Dort wächst die Tochter holländischer Einwanderer zwischen Künstlerateliers und Dorfschule behütet auf. Als sie 13 Jahre alt wird, ändert sich das. Ihre Eltern trennen sich, die Oma kümmert sich fortan um sie und in Berlin ergreift Hitler die Macht.

Auch in dem kleinen Fischerhude wachsen die Spannungen zwischen denen, die die neue Zeit begrüßen, und denen, die skeptisch sind. Kurz nach Ausbruch des Zweiten Weltkriegs schreibt Cato in einem Brief an ihre Tante: „Wenn man jetzt an einem sonnigen Morgen durch die Straßen geht und sich die Menschen ansieht, ihre großen Sorgen in den Augen erblickt, dann kann man nichts anderes tun, als sie zu lieben, und man vergisst – muss sogar vergessen – dass sie so oft nicht richtig handeln."

Cato Bontjes van Beek ist kein politischer Mensch. Aber Leiden und Unrecht kann sie einfach nicht ertragen. Sie und ihre Schwester Mietje – sie leben inzwischen beide in Berlin – bekommen mit, wie französische Kriegsgefangene morgens mit öffentlichen Verkehrsmitteln zu ihren Arbeitsplätzen gefahren werden. „Wir gingen unauffällig wie Passanten im Waggon an ihnen vorbei", berichtet ihre Schwester Mietje später „und steckten ihnen etwas zu. Medikamente, Zigaretten, Nähzeug, eine Apfelsine, ein französisches Buch."

1940 schließt Cato sich einer kleinen Widerstandsgruppe an. Eine Handvoll Leute, die mit Flugblättern die Menschen aufrütteln wollten. Im September 1942 wird sie verhaftet. „Begünstigung eines hochverräterischen Unternehmens", lautet die Anklage. Am 5. August 1943 wird Cato Bontjes van Beek, damals 23 Jahre alt, dafür hingerichtet.

Über die Beweggründe für ihr Handeln schrieb Cato kurz vor ihrem Tod in ihr Tagebuch: „Ich will nur eins sein und das ist ein Mensch".

jd

ZUM NACHDENKEN
Erinnerung ist eine Form der Begegnung.
Kahlil Gibran, libanesischer Mystiker

Darum gehet hin und machet
zu Jüngern alle Völker:
Taufet sie auf den Namen
des Vaters und des Sohnes
und des Heiligen Geistes.
MATTHÄUS 28,19

Taufe verbindet

In der Braunschweigischen Landeskirche fahren Konfirmanden, Pfarrerinnen, Pfarrer und jugendliche Teamer seit über vierzig Jahren jeden Sommer drei Wochen mit einem Sonderzug nach Südtirol. Schon im Zug werden sich die Jugendlichen, die in ihren Dörfern zwischen Harz und Heide oft nur sehr wenige Altersgenossen haben, auf einmal der Tatsache bewusst, dass Kirche sie mit anderen verbindet, dass sie nicht allein, sondern viele sind.

Angekommen erleben sie Gemeinde auf Zeit und begegnen den Spuren anderer Gruppen auf Berggipfeln und in Kapellen. Und nicht nur das! Sie erahnen auch etwas von der Vollkommenheit der Schöpfung Gottes und spüren die verlässliche Fürsorge des Nächsten im Klettergurt.

Nicht selten erleben diese Jungen und Mädchen, wie gerade die, die sie für schwach hielten, über sich hinauswachsen. In diese Zeit hinein fallen jedes Jahr auch Taufen. Dazu wandern die einen in ein Hochtal mit einem mäandernden Bergbach, andere nutzen die heimelige Zuflucht einer kleinen Bergkirche.

Und jedermann erwartet sich ein Fest, denn es sind nicht nur Kerzen und Taufkleider für diesen Tag vorbereitet worden! Diese Taufen mitzuerleben, ist etwas ganz Besonderes. Die Täuflinge sind ja allermeist das erste Mal so

lange von zu Hause fort. Sie erproben ihren Charme und ihre Kräfte, die gute Laune der Gruppenleitung und die Nerven der Hauseltern. Sie erleben, wie es ist, ganz auf sich gestellt zu sein und manchmal sind sie einfach nicht in Griff zu kriegen. Doch in der Taufe schmilzt etwas und rührt sie an. Jedes Mal. Man sieht, wie Gottes Antlitz über ihnen leuchtet.

fw

GEBET UM EINHEIT

Wir beten für die eine Christenheit:
Dass wir unser Herz
den Schwestern und Brüdern
in unseren christlichen
Nachbargemeinden öffnen,
dass *wir alle* gemeinsam
Jesus Christus suchen und bekennen,
dass wir *eins seien*
im Gebet und in der Liebe,
im Zeugnis und im Dienst.
Amen.
Ökumene-Gebet des Katholikentags 2008 in Osnabrück

Der Autor dieser Serie ist der Braunschweiger Landesbischof Prof. Dr. Friedrich Weber (fw). Er ist Ökumene-Experte und Vorsitzender der Arbeitsgemeinschaft christlicher Kirchen in Deutschland (ACK).

Und als sie auf der Straße dahinfuhren,
kamen sie an ein Wasser.
Da sprach der Kämmerer:
Siehe, da ist Wasser; was hindert's,
dass ich mich taufen lasse?
APOSTELGESCHICHTE 8,36

Zu Gott gehören

Ja, was hindert Menschen eigentlich daran, dass sie sich und ihre Kinder taufen lassen? Wahrscheinlich neigen wir dazu, dies darauf zu schieben, dass keiner mehr so richtig weiß, wie es sich denn mit dem christlichen Glauben verhält und warum die Taufe wichtig ist. Denn Geschichten sind nicht weitererzählt und Lieder vergessen worden. Traditionen sind verloren gegangen. Das liegt nicht nur an atheistischen Systemen oder liberalistischen Strömungen. Das liegt auch nicht nur am Materialismus und der Diesseitigkeit unserer Wohlstandsgesellschaft. Das liegt vor allem an uns. Wir sind es doch, die wir mit unseren Kindern am Abend die Hände falten sollten, um den Tag und all seine kleinen und großen Sorgen zurück in Gottes Hände zu legen. Wir sind es doch, die wir unseren Enkeln und Nachbarskindern von David und Jonathan, von Jona und Petrus erzählen müssen. Wenn wir das täten, kämen wir irgendwann auch bei dem Kämmerer aus Äthiopien an und würden erstaunt feststellen: Diese Geschichte ist uralt und doch von unserer Wirklichkeit gar nicht so weit entfernt! Da geht einer auf Dienstreise in ein fremdes Land. Es ist keiner, der als Flüchtling an der Grenze steht, sondern einer, der keine Not leidet. Und es ist einer, der die Bibel nicht kannte. Seine Geschichten und Lieder waren ganz andere gewesen. Irgendwann auf dieser Reise fallen ihm Zeilen aus der Bibel in die Hände. Er versteht nicht, was er da liest. Er kennt viele Zusammenhänge nicht. Manches ist ihm vielleicht auch zu groß und zu schwer. Aber er ahnt: Hier wird von einem großen Geschenk der Liebe erzählt. Er spürt: Es muss segensreich sein, zu diesem Gott zu gehören. Was also hindert's, dass man sich taufen lässt?

fw

GEBET

Quelle des lebendigen Wassers,
reinige uns von unseren Ängsten und Nöten,
stille unseren Durst nach Gerechtigkeit
und Frieden,
erfülle uns mit der Freude deiner Gegenwart,
damit wir zu denen werden,
die dein Geschenk der Liebe und
Barmherzigkeit weitererzählen.

fw

Endlich aber seid allesamt gleich gesinnt,
mitleidig, brüderlich, barmherzig, demütig.
1. PETRUS 3,8

Miteinander frei sein

Am 27. Mai 1952 ordnete die SED-Parteileitung an, die Telefonleitungen zwischen Westberlin und der DDR zu kappen. Damit begann Form anzunehmen, was sich erst Jahre später mit aller Härte und Deutlichkeit zeigen sollte: In der DDR wuchs wieder eine Diktatur heran, die Menschen einsperren, beherrschen und entmündigen würde. Zunächst aber klang alles nach einem großen Ideal. Der Traum einer Gesellschaft wurde beschworen, in der es allen gleich gut gehen sollte, keiner sich am anderen bereichern und über dem anderen stehen sollte und alle einander zugewandt wären, gleich gesinnt und brüderlich eben.

Die Schriftstellerin Irina Liebmann hat ihrem Vater eine Biografie gewidmet und sie genannt: „Wäre es schön? Es wäre schön!" Titel und Buch erzählen von der Sehnsucht, dass solches Miteinander damals möglich gewesen wäre. Und schmerzlich wird berichtet vom großen Scheitern, vom Preis der Freiheit. Von der gekappten Telefonleitung wird darin nicht erzählt, aber sie ist ein Indiz dafür, dass man Menschen nicht zutraute, aus sich heraus demütig, barmherzig und mitleidig zu sein. Man ahnte schon, dass Menschen lieber pfiffig und aufs eigene Wohl bedacht an der Zukunft bauen wollten und ein solches Modell bevorzugen würden. Um sie daran zu hindern, sperrte man sie ein und zertrennte Verbindungen nach außen.

Wir haben es einfacher. Wir leben in einem freien Land und doch: Es ist nicht einfacher geworden, mitleidig, geschwisterlich, barmherzig, demütig zu sein, schon gar nicht allesamt noch allezeit. Aber es lohnt sich, es immer neu zu versuchen, weil Gott selbst uns sein Reich verheißen hat und weil er Wege weiß, die Menschen nicht erzwingen können.

fw

GIB DOCH DEINE GNAD
Du, Herr, hast selbst in Händen
die ganze weite Welt,
kannst Menschenherzen wenden,
wie dir es wohlgefällt;
so gib doch deine Gnad
zu Fried und Liebesbanden,
verknüpf' in allen Landen,
was sich getrennet hat.

Text: Paul Gerhardt, EG 133

Vergeltet nicht Böses mit Bösem
oder Scheltwort mit Scheltwort,
sondern segnet vielmehr.
1. PETRUS 3,9A

Gemeinsam unter Gottes Segen

Am 28. Mai 2003 wurde der erste Ökumenische Kirchentag unter dem Motto „Ihr sollt ein Segen sein" eröffnet. 200.000 Menschen kamen nach Berlin, um sich miteinander unter Gottes Segen zu stellen. Wer das tut, ist auf der Suche nach anderen Mechanismen als denen, Böses mit Bösem und Scheltwort mit Scheltwort zu vergelten.

Der Berliner Kirchentag war die erste gemeinsame Großveranstaltung dieser Art der beiden großen christlichen Kirchen in Deutschland seit ihrer Spaltung vor fast 500 Jahren. Er war mit Spannung erwartet worden. Mit dem Ergebnis waren die Veranstalter zufrieden: „Das Wagnis des Ökumenischen Kirchentags hat sich gelohnt", sagte der damalige Vorsitzende der Deutschen Bischofskonferenz, Kardinal Karl Lehmann. Dennoch: Ganz einfach war es nicht, denn das eigentliche Thema des Kirchentages, die Frage nach dem gemeinsamen Abendmahl, ließ niemanden unbeteiligt und bewegte die Gemüter sehr. Die Sehnsucht nach dem Miteinander unter Gottes Segen und die Bereitschaft dafür einzustehen und würde es auch schmerzliche Folgen haben, war größer als alle Abgrenzungsversuche. Offenbar hatten die Kirchentagsbesucher bereits mit ihren Herzen verstanden, was in der sechsten der sieben Thesen der Ökumenischen Institute in Bensheim, Straßburg und Tübingen folgendermaßen auf den Punkt gebracht wurde: „Abendmahlsgemeinschaft reicht weiter als Kirchengemeinschaft."

Zum Abschlussgottesdienst fanden sich alle vor dem Reichstag ein. Er endete mit dem Segen und so mit der Verheißung, dass wachsen, blühen und gedeihen wird, was wir in seinem Namen beginnen. Er endete mit dem Segen und so mit Gottes Zuspruch, dass sein Friede höher ist als unsere Vernunft.

fw

SEGENSLIED
Als Gott mit seinem Wort
die Finsternis durchbrach
als er dir deine Zeit und
auch dein Leben gab
da fiel ein Hauch von Liebe
in deine Seele hinein
Gott sprach: nimm meinem Atem
Du wirst ein Segen sein
Du wirst ein Segen sein

aw

Aber ihr werdet die Kraft des Heiligen
Geistes empfangen, der auf euch kommen
wird, und werdet meine Zeugen sein.
APOSTELGESCHICHTE 1,8A

Lasst euch erfüllen von Gottes Geist

der große bunte vogel
ist der heilige geist
er ist nicht schwarz
er ist nicht blau
er ist nicht rot
er ist nicht gelb
er ist nicht weiß

der heilige geist ist ein bunter vogel

er ist da
wo einer den andern trägt
[...]

der heilige geist ist da
wo die welt bunt ist
wo das denken bunt ist
wo das denken und reden und leben
gut ist
der heilige geist läßt sich nicht
einsperren
in katholische käfige
nicht in evangelische käfige
der heilige geist ist auch
kein papagei
der nachplappert
was ihm vorgekaut wird
auch keine dogmatische walze
die alles platt walzt
der heilige geist
ist spontan
er ist bunt
sehr bunt

und er duldet keine uniformen
er liebt die phantasie
er liebt das unberechenbare
er ist selbst unberechenbar

aus: Wilhelm Willms, roter faden glück, lichtblicke,
5. Aufl., Kevelaer 1988, 3.2

Ein katholischer Priester hat den Text verfasst.
Ich musste zweimal lesen. Und es blieb zurück:
Da, wo Gottes Geist weht, geht es bunt her,
lebendig, fantasievoll und begabt. Wo Gottes
Geist Raum hat, da singen und spielen Menschen, weil sie sich an Gott freuen. Wo Gottes
Geist Raum hat, da haben auch die Begabungen Raum, bilden zusammen ein großes Orchester der Liebe Gottes, da bilden auch die
Konfessionen keine Grenze mehr.
Wo Gottes Geist Raum hat, bestimmen nicht
mehr die einen über die anderen, weil wir alle
dem einen Herrn gehören. Wo sein Geist Raum
hat, sich entfaltet, erlebe ich dankbar und immer neu überrascht, dass sich in den unterschiedlichen Begabungen die Liebe Gottes
Raum schafft und zum Weitersagen ermutigt.

fw

GOTTES ODEM
Komm, Heilger Geist, der Leben schafft,
erfülle uns mit deiner Kraft,
dein Schöpferwort rief uns zum Sein,
nun hauch uns Gottes Odem ein.
Text: Hrabaunus Maurus

Es werden kommen von Osten und von Westen,
von Norden und von Süden, die zu Tisch sitzen
werden im Reich Gottes.
LUKAS 13,29

Grenzenlos

Von Osten und Westen, Norden und Süden
werden sie kommen. Ich stutze: Wenn sie alle
kommen können, dann sind offenbar die Grenzen überwunden, die jetzt noch kräftig aufgerichtet werden. Im Moment ist es noch eher
so, dass sie in den Osten und Westen, Norden
und Süden abgeschoben werden. Sie: Das sind
Menschen, die bei uns leben, die hier Zuflucht
gefunden haben, die hier bleiben wollen, integriert sind. Sie: Das sind Kinder Gottes wie
wir, die hier schon immer leben …

Das Bibelwort sagt: Das alles wird aufgehoben:
Grenzen – innere und äußere, Mauern in den
Köpfen auch noch mehr als zwanzig Jahre nach
dem deutschen Mauerfall, Wälle, die wir auch
zwischen den Konfessionsfamilien hochziehen.
Dabei verbindet uns Christen weltweit schon
jetzt mehr als uns trennt: die eine Taufe, der
eine Glaube, die eine Hoffnung, die gemeinsame Verantwortung für die Schöpfung, der
Einsatz für Frieden und Gerechtigkeit.

Im Reich Gottes gelten offenbar ganz andere
Maßstäbe, als wir sie gewohnt sind. Die Maßstäbe: Glaube, Hoffnung, Liebe, mit den aus
ihnen wachsenden Taten sind es. Und sie wirken schon jetzt.

Von Osten und Westen, Norden und Süden
werden sie kommen – sind sie gerufen, die
Menschen, in deren Herzen Jesus lebt. Deren
Taten von diesem Jesus her unsere Welt heilen.

Sie kommen zusammen und feiern das Fest
der Liebe Gottes, die sie am Leben hält, die sie
ermutigt, an ihrem Ort das Nötige zum guten
Leben zu tun. Es ist die Liebe, von der sie alle
leben. Sie überwindet das, was noch trennt,
und macht aus Menschen Grenzgänger.

fw

SCHAFFE LICHT
Tu der Völker Türen auf,
deines Himmelreiches Lauf
hemme keine List noch Macht.
Schaffe Licht in dunkler Nacht.
Erbarm dich, Herr.
Text: Christian Gottlieb Barth, EG 263

Darum nehmt einander an, wie Christus
euch angenommen hat zu Gottes Lob.
RÖMER 15,7

Sich selbst angenommen wissen und andere annehmen

Vor allem, was ich tun kann, ist schon entschieden, worauf ich mich verlassen kann: Christus hat mich angenommen. Gott hat mir in ihm seine ganze Liebe geschenkt.

Martin Luther hat dieses Geschenk in einem großartigen Bild umschrieben: „Nun haben wir von Gott lauter Liebe und Wohltat empfangen, denn Christus hat für uns seine Gerechtigkeit und alles, was er hatte, eingesetzt und hingegeben, hat alle seine Güter über uns ausgeschüttet, welche niemand ermessen kann; kein Engel kann sie begreifen oder ergründen: denn Gott ist ein glühender Backofen voller Liebe, der da von der Erde bis an den Himmel reicht". Gott ist ein glühender Backofen der Liebe und Gnade. Was für ein Bild! Fast zu stark. Und jetzt geht es drum, wie das den anderen durch mich zukommen kann. Also: „Wie werde ich ein gnädiger Mitmensch?" Wie oft ertappe ich mich dabei, dass ich sehr hart mit anderen umgehe. Manche sind mir unsympathisch, nerven mich. Paulus macht einen Vorschlag: Nehmt einander an, wie Christus euch angenommen hat! Andere annehmen kann nur, wer sich annehmen kann, der sich selbst angenommen weiß. Es steckt eine tiefe Weisheit hinter dem Gebot: Du sollst deinen Nächsten lieben wie dich selbst. Und nicht ohne Grund stellt Jesus es neben das Gebot: Du sollst lieben Gott, deinen Herrn!

Ein neueres Weihnachtsgedicht bringt das zur Sprache: „In unser armes Leben, das wir so sehr verachtet, hast du dich ganz gegeben und hast es wert gemacht." Mein Leben ist wertvoll geworden, wo ich mit Jesus lebendig gemacht worden bin! Ich kann mich selbst annehmen.

fw

SONNE DER GERECHTIGKEIT
Laß uns deine Herrlichkeit
ferner sehn in dieser Zeit
und mit unsrer kleinen Kraft
üben gute Ritterschaft.
Erbarm dich, Herr.
Text: Christian David, EG 263

Himmelfahrt

!

Die Himmelfahrtsgeschichte

Jesus sprach aber zu ihnen:
[...]
Ihr werdet die Kraft des Heiligen Geistes
empfangen,
der auf euch kommen wird,
und werdet meine Zeugen sein
in Jerusalem
und in ganz Judäa und Samarien
und bis an das Ende der Erde.

Als er das gesagt hatte,
wurde er zusehends aufgehoben,
und eine Wolke nahm ihn auf
vor ihren Augen weg.

Und als sie ihm nachsahen,
wie er gen Himmel fuhr,
siehe,
da standen bei ihnen zwei Männer
in weißen Gewändern.
Die sagten:
Ihr Männer von Galiläa,
was steht ihr da und seht zum Himmel?
Dieser Jesus,
der von euch weg gen Himmel aufgenommen
wurde,
wird so wiederkommen,
wie ihr ihn habt gen Himmel fahren sehen.
Apostelgeschichte 1,7-11

> Und als sie ihm nachsahen, wie er gen
> Himmel fuhr, siehe da standen bei ihnen
> zwei Männer in weißen Gewändern.
> Die sagten: Ihr Männer von Galiläa,
> was steht ihr da und seht zum Himmel?
> **APOSTELGESCHICHTE 1,10+11A**

Atem, der belebt

Als wir klein waren, meine beiden Brüder und ich, haben meine Eltern den Urlaub mit uns regelmäßig in Zorge im Harz verbracht. Als Kind kam es mir so vor, als könne man im Harz nichts als wandern, wandern und noch mal wandern. In jedem Urlaub haben wir eine Wandermedaille errungen. Und ich erinnere mich noch gut daran, dass mein Vater jedes Mal unterwegs stehen blieb, tief Luft holte, laut ausatmete und zu uns sagte: „Kinder, bleibt mal stehen! Ihr müsst diese Luft mal einatmen. Ist die nicht herrlich!" Ich habe das damals nicht richtig verstanden. Zum Atmen extra stehenzubleiben, hielt ich für überflüssig. Schließlich tat ich doch die ganze Zeit nichts anderes. Und vor allem wenn es bergauf ging, konnte ich mindestens ebenso laut schnaufen wie er. Ich hatte mehr den Verdacht, er wollte mit dieser Methode davon ablenken, dass die angebliche Abkürzung in echt gar keine gewesen war.

Jahre später, als wir mit Kollegen vier Tage durch die Heide wanderten, da kam mir wieder diese Erinnerung in den Sinn. Ich sog den Frühling in mich ein, nahm den Atem von Wald und Boden in mich auf und ließ mich davon durchströmen. Am liebsten wäre ich stehengeblieben. Ich hatte lange nicht gespürt, wie intensiv und schön Atmen sein kann. Atmen tut gut. Atmen braucht nicht nur der Körper. Atmen hilft auch der Seele, vor allem dann, wenn mich etwas belastet, mir Sorgen oder Ängste die Brust zuschnüren.

Dann atme ich tief durch, seufze laut. Das tut gut, wenigstens für den Moment. Atem ist eine belebende Kraft. Atem ist Leben, ist Seele, ist Geist. Im Hebräischen gibt es für dies alles übrigens nur ein einziges Wort: *ruach* heißt es und es meint Atem, Seele, Leben, Geist, Heiliger Geist, von Gott gegeben.

Die Männer von Galiläa sind bass erstaunt, als Jesus vor ihren Augen in den Himmel entschwindet. Aber sie spüren noch seinen Geist um sie herum. Als habe er ihnen den Atem des Himmels, Gottes Lebensatem eingehaucht. Ich finde, es lohnt sich, dafür immer mal einen Moment innezuhalten und dieses Wort in sich wirken zu lassen: Ruach, Leben, Atem, Geist, Heiliger Geist, der mich durchströmt und belebt.

mg

WENN ICH MATT BIN

Wie ein frischer Lufthauch mich erfrischt,
wenn ich verschwitzt und matt bin,
wie Rückenwind mich beflügelt,
wenn meine Glieder lahm werden,
wie Gegenwind mich zweifeln lässt, ob der
eingeschlagene Weg noch der richtige ist,
so, Gott, schicke mir deinen Geist.

ds

!

Die Pfingstgeschichte

Und als der Pfingsttag gekommen war, waren sie alle an einem Ort beieinander. Und es geschah plötzlich ein Brausen vom Himmel wie von einem gewaltigen Wind und erfüllte das ganze Haus, in dem sie saßen.
Und es erschienen ihnen Zungen, zerteilt wie von Feuer; und er setzte sich auf einen jeden von ihnen, und sie wurden alle erfüllt von dem Heiligen Geist und fingen an zu predigen in andern Sprachen, wie der Geist ihnen gab auszusprechen.

Es wohnten aber in Jerusalem Juden, die waren gottesfürchtige Männer aus allen Völkern unter dem Himmel.
Als nun dieses Brausen geschah, kam die Menge zusammen und wurde bestürzt; denn ein jeder hörte sie in seiner eigenen Sprache reden.
Sie entsetzten sich aber, verwunderten sich und sprachen: Siehe, sind nicht diese alle, die da reden, aus Galiläa? Wie hören wir denn jeder seine eigene Muttersprache?
Parther und Meder und Elamiter und die wir wohnen in Mesopotamien und Judäa, Kappadozien, Pontus und der Provinz Asien, Phrygien und Pamphylien, Ägypten und der Gegend von Kyrene in Libyen und Einwanderer aus Rom, Juden und Judengenossen, Kreter und Araber:
Wir hören sie in unsern Sprachen von den großen Taten Gottes reden.

Sie entsetzten sich aber alle und wurden ratlos und sprachen einer zu dem andern: Was will das werden?
Andere aber hatten ihren Spott und sprachen: Sie sind voll von süßem Wein.

Als sie aber das hörten, ging's ihnen durchs Herz, und sie sprachen zu Petrus und den andern Aposteln:
Ihr Männer, liebe Brüder, was sollen wir tun?

Petrus sprach zu ihnen: Tut Buße, und jeder von euch lasse sich taufen auf den Namen Jesu Christi zur Vergebung eurer Sünden, so werdet ihr empfangen die Gabe des Heiligen Geistes.
Denn euch und euren Kindern gilt diese Verheißung, und allen, die fern sind, so viele der Herr, unser Gott, herzurufen wird.

Die nun sein Wort annahmen, ließen sich taufen; und an diesem Tage wurden hinzugefügt etwa dreitausend Menschen.

Sie blieben aber beständig in der Lehre der Apostel und in der Gemeinschaft und im Brotbrechen und im Gebet.

Apostelgeschichte 2,1-13.37.38.41.42

Und sie wurden alle erfüllt von
dem Heiligen Geist und fingen an zu
predigen in andern Sprachen,
wie der Geist ihnen gab auszusprechen.
Sie blieben aber beständig in der Lehre
der Apostel und in der Gemeinschaft
und im Brotbrechen und im Gebet.

APOSTELGESCHICHTE 2,4+42

Ich möchte Virtuose sein

Pfingsten, das ist wohl das Fest, mit dem sich die meisten Menschen sehr schwertun. Pfingsten feiert man Muttertag – und deshalb ist frei, meinten einige Kindergartenkinder unserer Gemeinde. Pfingsten ist prima, da machen wir Kurzurlaub, sagen die Eltern. Pfingsten, Heiliger Geist ... ja, was war das noch?

Jesus ist gekreuzigt worden und ist auferstanden. Er erschien seinen Jüngern, aber er konnte nicht einfach in der Welt bleiben. Er fuhr in den Himmel und war vor den Augen der Jünger entschwunden. Nur seinen Geist, den spürten sie sehr wohl. Das war ihr Trost. Dieser Geist inspirierte sie und gab ihnen einen guten Zusammenhalt. Bis heute leben die glaubenden Christen und Gemeinden von diesem tröstlichen und gemeinschaftstiftenden Geist Gottes.

Eine der schönsten Erklärungen für das, was Pfingsten, das Fest des Heiligen Geistes, einem bedeuten kann, hat für mich der Kabarettist Hanns Dieter Hüsch gegeben.

Was den Heiligen Geist betrifft, so müsse man wissen: „Gott ist leicht, Gott ist nicht schwer. Gott ist schwierig, kompliziert und hochdifferenziert, aber nicht schwer", schreibt Hüsch. „Gott ist das Lachen, nicht das Gelächter. Gott ist die Freude, nicht die Schadenfreude; das Vertrauen, nicht das Misstrauen; er gab uns den Sohn, um uns zu ertragen, und er schickt seit Jahrtausenden den Heiligen Geist in die Welt, dass wir zuversichtlich sind; dass wir uns freuen; dass wir aufrecht gehen ohne Hochmut, dass wir jedem die Hand reichen ohne Hintergedanken und im Namen Gottes Kinder sind ... in allen Teilen der Welt ... eins und einig und Phantasten dem Herrn werden, von zartem Gemüt und fassungsloser Großzügigkeit und von leichtem Geist."

Es lohnt sich, sich diese Erklärung immer wieder zu hören. Oder wie Hanns Dieter Hüsch es mal so schön ausgedrückt hat: „Ich zum Beispiel möchte immer Virtuose sein, was den Heiligen Geist betrifft – so wahr mir Gott helfe."

eg

LEBENSGEIST
Gott, du Lebensgeist.
Durch dich leben wir auf.
So sei du in unserer Mitte,
vertreibe die Angst aus unsren Herzen.
Schenk uns einen langen Atem.
Beflügele uns,
die gute Nachricht zu verkünden.
Und entzünde in uns
deine Liebe.

fb

JUNI

LEBENSBILDER,
LEBENSCHANCEN, LEBENSZIELE

David
Starke Frauen
Josef
Ich und du, Gott
Jeremia
Lebens-Weisheit
Mut und Besonnenheit

David

Und Samuel sprach zu Isai: Sind das die Knaben alle? Er aber sprach: Es ist noch übrig der jüngste; siehe, er hütet die Schafe. Da sprach Samuel zu Isai: Sende hin und laß ihn holen [...].

1. SAMUEL 16,11

David wird entdeckt

David ist der kleinste der acht Brüder. Es ist seine Aufgabe, das Vieh der Familie zu hüten. Jeden Morgen nimmt er Stock, Wasserbeutel und etwas zu essen mit und zieht los. Auf der Weide setzt er sich in den Schatten und beobachtet die Tiere. Manchmal singt er, um die Zeit zu vertreiben, oder er träumt einfach vor sich hin.

An einem Nachmittag sitzt David an einen Baum gelehnt. Er denkt über sein Leben nach: „Werde ich immer Hirte bleiben, immer tun, was meine Familie mir sagt? Werde ich mehr von der Welt sehen als unser Dorf, die Felder ringsum? Wer bin ich – und was will ich?"

Da kommt einer der Knechte seines Vaters gerannt. „Komm schnell her! Der Prophet Samuel ist gekommen! Er will dich sehen!" „Mich?" David springt auf. Während sie eilig nach Hause laufen, erzählt der Knecht: „Samuel sucht einen neuen König für Israel! Dein Vater hat ihm deine Brüder vorgestellt. Einen nach dem anderen. Aber mit keinem war Samuel zufrieden. Er schaute sie an und meinte ‚Ein Mensch sieht, was vor Augen ist, aber Gott sieht das Herz an.' Da hat dein Vater mich losgeschickt, dich zu holen."

Als David zu Samuel kommt, ist er noch ganz außer Atem. Samuel scheint auf eine innere Stimme zu horchen. Dann beugt er sich zu David und salbt ihm die Stirn. „Du sollst König des ganzen Volkes sein!", sagt Samuel dazu.

David steht wie vom Donner gerührt. Er begreift nicht, was hier geschieht. Er soll König werden? Seine Gedanken vom Morgen kommen ihm wieder in den Sinn. Eben noch ein Hirtenjunge und nun ein künftiger König? Habe ich überhaupt in der Hand, was aus mir wird?

bs

SCHWIERIGES ALTES TESTAMENT

„Mit dem Alten Testament kann ich nicht viel anfangen", sagt Frau K. „Das ist nicht mehr unsere Welt. Warum brauchen wir das überhaupt noch?" „Ja, vieles ist uns fremd", sage ich. Soll ich erklären, warum das Alte Testament für Christen so wichtig ist, überlege ich. Da kommt Frau K. mir zuvor: „Und überhaupt: Die Geschichten sind so gewalttätig." „Stimmt", sage ich. „Und trotzdem handeln sie von Gott. Wie bei David." „David, der König?", fragt Frau K. „Genau der! Seine Geschichte muss ich Ihnen erzählen. Sie ist voll von Liebe und Schuld, Krieg und Versöhnung. Aber auch dieses krumme Leben ist ein Leben mit Gott. Und das war so ..." – in den nächsten Tagen lesen Sie davon mehr.

bs

David aber sprach zu dem Philister:
Du kommst zu mir mit Schwert,
Lanze und Spieß, ich aber komme zu dir
im Namen des HERRN Zebaoth, des Gottes
des Heeres Israels, den du verhöhnt hast.
1. SAMUEL 17,45

David kämpft gegen Goliath

Der Alltag geht für David weiter. Er ist noch jung, lebt zu Hause, als wenn nichts geschehen wäre. Seit seine Brüder als Soldaten in den Krieg gegen die Philister gezogen sind, muss er doppelt und dreifach anpacken. Eines Tages schickt der Vater ihn zu den Brüdern ins Feldlager: „Bring ihnen gutes Essen und schau, wie es ihnen geht!"

Schon von Weitem sieht David das Soldatenlager. Dort herrscht Alarmbereitschaft. In Sichtweite lagern die Feinde, die Philister. Schnell fragt David sich durch und findet die Brüder. Während sie sich begrüßen, tritt ein Vorkämpfer aus den Reihen der Philister hervor. Goliath heißt er und wird „der Riese" genannt. Er spottet über die Israeliten. „Stellt einen Mann zum Kampf gegen mich auf, ihr Schwächlinge! Wenn er gewinnt, dann wollen wir uns ergeben!", ruft er und sein lautes Lachen dröhnt durchs Tal.

Viele fürchten sich. Aber David ist empört über den Spott. Er meldet sich bei König Saul und sagt: „Ich will gegen ihn kämpfen." König Saul schaut den Jungen von oben bis unten an. Ungläubig schüttelt er den Kopf, aber der Junge ist wild entschlossen und lässt sich nicht zurückhalten. „Gott wird mir Kraft geben."

Die Rüstung, die Saul ihm leihen will, ist zu schwer. David lehnt sie ab. Er tritt Goliath barfuß und nur mit seiner Steinschleuder entgegen. Der lacht nur, aber noch ehe er näher kommen kann, trifft David ihn mit einem einzigen Stein am Kopf. Goliath bricht zusammen und ist tot. Nun tritt die Armee der Angreifer zurück, die Bedrohung weicht.

„Was hast du dir gedacht?", fragen die Brüder. „Willst du dich aufspielen, wichtig tun?" David zuckt mit den Schultern. Gar nichts hat er sich gedacht – er hat einfach gehandelt.

David ist seit seiner Heldentat gegen Goliath berühmt. König Saul holt ihn deshalb an seinen Hof. David spielt für ihn die Harfe, wenn den alten König die Schwermut packt. Saul mag ihn, aber er ist neidisch auf Davids Erfolg und braust manchmal gegen ihn auf. Und in Davids Kopf klingt leise der Satz Samuels: Du sollst einmal König sein! Bald kommt es zum Konflikt mit dem alten König ...

bs

DAVID GEGEN GOLIATH HEUTE

Gegen Windmühlen kämpfen und gewinnen
Gegen den Strom schwimmen und
ankommen
Gegen den Wind segeln und Fahrt aufnehmen
Gegen den Strich lesen und verstehen
Sich gegen den Mainstream stellen
und zu sich selbst finden

jvl

Und als er kam zu den Schafhürden am Wege,
war dort eine Höhle und Saul ging hinein [...]
David aber und seine Männer saßen hinten in
der Höhle. Und David stand auf und schnitt
leise einen Zipfel vom Rock Sauls.

1. SAMUEL 24,4+5B

Spiel mit der Macht

Fluchtartig hat David den Hof von König Saul verlassen. Er hat Männer um sich gesammelt und lebt nun als Freischärler. Er zieht in Kriege, schlägt mal hier, mal dort das Lager auf. Immer muss er in Acht sein vor der Rache von König Saul, der ihn töten will. Abends sitzen die Männer am Lagerfeuer, sie nagen an den Knochen eines Bratens und erzählen gutgelaunt von ihren Schlachten.

David sitzt ein wenig abseits. Er hört sie prahlen mit ihrer Tapferkeit und den Erlebnissen. „Stellt euch vor", sagt der eine: „Wir saßen hinten in einer Höhle versteckt – und da kommt König Saul ganz allein herein. Er sieht uns nicht und hockt sich nieder. David hätte ihn töten können! Was macht also David – er schleicht sich an, schneidet leise einen Zipfel vom Gewand des Königs, schleicht zurück und verbirgt sich." „Verrückt!" Die Männer schlagen sich auf die Knie vor Lachen. „Und hinterher", fährt der Erzähler fort, „stellt David den König vor der Höhle. Er klagt Saul an. ‚Schau', sagt er und hält den Stoff hoch: ‚Ich hätte dich töten können, aber ich habe es nicht getan! Warum stellst du mir nach? Gott soll richten zwischen dir und mir!'" Die Männer warten. „Und weiter?", drängen sie.

„Ach, Saul winselt und David verspricht ihm seine Treue." Die Männer sind enttäuscht. „Er hätte ihn fertigmachen sollen!", knurrt einer. David hört, was sie reden. Das Herz ist ihm schwer, wenn er an Saul denkt. Er ist hin- und hergerissen zwischen der Treue zu König Saul und dem Wissen, dass sein eigener Weg zum Königsthron dessen Tod erfordert. Er weiß, dass es keinen Frieden geben wird zwischen Saul und ihm. Manchmal wird ihm alles zu viel. Da möchte er wieder ein Hirtenjunge sein.

bs

DAVID UND DIE FREUNDSCHAFT

Oft fühlt David sich fremd in der Welt des Hofes. Doch vom ersten Moment an fliegt ihm das Herz des Königssohnes Jonathan zu. Sie werden enge Freunde. Als König Saul und Jonathan später im Kampf getötet werden, weint David laut um sie. „Deine Liebe war mir köstlicher als Frauenliebe", singt David in seinem Trauerlied über Jonathan. Er weiß, dass Gott ihm diesen Freund geschenkt hat. Ohne ihn wäre er nicht zu dem geworden, der er ist.

bs

Da sprach Nathan zu David:
Du bist der Mann!
2. SAMUEL 12,7A

David lädt Schuld auf sich

David hat viele Jahre als Freischärler gelebt. Dieses Leben macht ihn hart. Als David endlich König ist, ist er daran gewöhnt, alles zu bekommen, was er haben will. Wer wagt es noch, sich ihm zu widersetzen?

Eines Abends beobachtet er die schöne Bathseba beim Baden. Sie ist die Frau eines seiner Soldaten, aber David will sie unbedingt haben. Er lässt sie zu sich holen und schläft mit ihr. Sie wird schwanger. Was nun? Erst versucht David, den Vorfall zu vertuschen. Als das nicht gelingt, stellt David ihren Mann in die vorderste Kampflinie, damit er stirbt. Und so geschieht es auch. Dann holt David die Witwe in seinen Hofstaat. Wieder einmal hat er sich genommen, was er wollte.

Gott missfällt, was er sieht. Er schickt den Propheten Nathan zu David. Wie soll der dem König gegenübertreten? Nathan benutzt eine List. Er erzählt: „König David, höre, was passiert ist: Es gibt einen Großbauern, der reich und mächtig ist. Er hat eine große Herde. Ein anderer aber hatte nur ein einziges Schaf, das er umsorgt. Aber der Reiche hat dem Armen dieses einzige Schaf weggenommen, weil er alles haben will." David braust auf. Er will Gerechtigkeit! Er sagt: „Das lasse ich nicht durchgehen! Wer ist es? Er soll hart bestraft werden!"

Nathan schaut ihn ruhig an und lässt seine Worte verklingen. Dann erwidert er: „Du bist der Mann!" David hört die Worte – und versteht, was Nathan meint. Die Worte gehen ihm ans Herz. Wie bin ich nur so geworden, denkt er.

Voller Abscheu sieht er auf sich und bereut, was er getan hat. Er betet: Gott, lass mich noch mal neu anfangen!

bs

DAS LIED ZUR GESCHICHTE

„Ein Psalm Davids": Mehr als 70 der 150 biblischen Psalmen werden König David zugeschrieben. Doch diese Einleitungen sind nicht als historische Verweise zu verstehen, sondern ordnen die Psalmen in die Tradition Davids ein. Manche Psalmen schließen sogar direkt an Davidgeschichten an – wie Psalm 51. Er wird überschrieben mit der Erklärung: „Ein Psalm von David, vorzusingen, als der Prophet Nathan zu ihm kam, weil er zu Bathseba gegangen war". Der Psalm beginnt dann mit einem Schuldbekenntnis: „Gott, sei mir gnädig nach deiner Güte und tilge meine Sünden nach deiner großen Barmherzigkeit."

jvl

Jerusalem: Davids Stadt

David steigt auf das Dach des Hauses und lässt in der Abendsonne seinen Blick über Jerusalem schweifen. Wie hat sich sein Leben verändert, seit er König ist! Nach Sauls Tod war das Kriegerleben plötzlich zu Ende. Jetzt ist er hier, trägt wertvolle Kleider und wohnt endlich wieder in einem festen Haus. Zufrieden schaut David sich um. Seit seine Familie nachgekommen ist, ist er richtig angekommen. Nun gebietet er über das ganze Land und hat alles, was er sich wünscht.

Vom Dach aus sieht er auf die Stadt: Jerusalem. Jerusalem, die gut befestigte und stolze Stadt auf den Bergen, war lange sein Traum. Sie galt als uneinnehmbar, aber er hat sie sich erobert. „Davids Stadt" wird sie nun genannt. Manchmal fragt er sich: „Habe ich das alles geschafft? Wie bin ich so weit gekommen?" Der Prophet Nathan tritt zu ihm. Es ist, als ob er Davids Gedanken lesen könnte. Er sagt: „Es ist Gottes Wille, dass du all dies erreicht hast. Und Gott will dein Haus festmachen und dein Königtum bestätigen."

„Ja, Gott ist es, der mich ausgewählt und groß gemacht hat – obwohl ich kein besonders guter Mensch bin", sagt David nachdenklich. „Wer bin ich, Herr, dass du mich bis hierher gebracht hast?"

Gerade war er noch so zufrieden, nun wächst schon wieder Unruhe in ihm. „Ich habe ein schönes Haus. Nun will ich auch für Gott ein festes Haus bauen, größer und schöner als die Burg. Einen Tempel, in dem die Lade Gottes wohnt!"

Nathan hält ihn zurück. „Halte ein. Einen Tempel zu bauen wird nicht mehr deine Aufgabe sein. Dein Sohn Salomo wird den Tempel bauen. Du regiere dein Reich."

„Bis hierher", denkt David. Der Traum bleibt offen.

bs

RAUM UND ZEIT

wer könnt erschließen
den Raum die Zeit
wer könnt ermessen
das Unermessliche
alles bleibt offen
du erkennst den kleinen Raum
den eigenen mit den Augen
ertastest das Fassbare
fest mit den Händen
dein Vorwärts in die Zeit
wie ein Schritt ins Offene
dein Blick in den Weltenraum
in ein dunkel Unermessliches
es auszumessen mit Licht

as

Wenn ich dich anrufe,
so erhörst du mich und gibst
meiner Seele große Kraft.
PSALM 138,3

Die Krankheit gehört zu mir

Sie ist eine starke Frau. Schon als Baby hübsch, ihr Haar, ihre dunklen Augen zogen die Blicke an. Zu Hause wusste sie sich früh gegen die großen Geschwister zu wehren. Sie wollte immer schon so groß sein wie die älteste und maß sich an ihr. „Das kann ich auch." Oder wenn es nicht klappte: „Das will ich auch bald können." Sie schmollte und alle lachten. Eine wunderbare Kindheit. Von allen geliebt.

Als sie mit dem besten Abi des Jahrgangs ins Studium ging, war ihr Weg vorgezeichnet. Ein Jahr Ausland, sozialer Dienst für die Kirche, etwas für andere tun. Dann das Studium: Mathematik, Diplom mit Auszeichnung.

Dann eines Morgens spürte sie ein Kribbeln im Bein. Mehrere Tage ein taubes Gefühl. MS. Multiple Sklerose, sagte der Arzt. Wo sonst ein sicherer Boden war, war plötzlich ein tiefes Loch. „Was wird aus meinem Beruf? Bleibt mein Freund bei mir? Kann ich jemals Kinder kriegen?" Sofort ging ihr alles durch den Kopf. „Ich will nicht krank sein."

Sie kämpfte verzweifelt, versuchte zu vergessen, zu verdrängen. Und brach wieder ein. Tränen wie aus einer unsichtbaren Quelle. „Ich will nicht krank sein."
Nach drei Wochen, als ihr Freund sie wieder mit bangem Gefühl im Krankenhaus besuchte, saß sie senkrecht im Bett. „Ich will leben. Ich gebe meine Pläne nicht auf." Ihre vertraute

Kraft kehrte zurück. Die Cortison-Behandlung wirkte bald, die Lähmung ging zurück.

Jetzt ist sie in München, arbeitet in ihrer neuen Stelle. Wenn sie zu Hause anruft, ist sie oft noch sehr traurig. „Die Stadt ist voller Widersprüche, so wie ich. Aber irgendwann schaffe ich es, dann gehört die Krankheit zu mir." Eine starke Frau.

hb

FRAUEN DER BIBEL I
Sie heißen Sara und Ruth, Mirjam und Deborah und haben Geschichte gemacht. Was wäre die jüdisch-christliche Tradition ohne sie. Mirjam zum Beispiel. Als das Volk Israel aus Ägypten befreit wird, durchs Schilfmeer zieht und vor den ägyptischen Soldaten gerettet wird, schlägt sie die Trommel und singt ein Befreiungslied. Ihr Lied ist das älteste Lied der Bibel und ist bis heute unvergessen. Oder Ruth: Jene Frau, die auch nach dem Tod ihres Mannes ihre Schwiegermutter nicht alleinlässt. Frauensolidarität zu biblischen Zeiten klingt so: „Wo du hingehst, will ich auch hingehen. Wo du bleibst, da bleibe ich auch." Und die drei Frauen am Ostermorgen: Sie sehen als erste das leere Grab, den Engel, den Auferstandenen. Und sagen es weiter – bis diese gute Nachricht auch die Purpurhändlerin Lydia in Griechenland erreicht. Ihre Taufe ist die erste auf europäischem Boden. Mit einer Frau kommt das Christentum von Asien nach Europa.

jvl

06
JUNI
07

Starke Frauen

Und ich sah einen starken Engel.
OFFENBARUNG 5,2A

Eine türkische Frau geht ihren Weg

Sie ist eine starke Frau und erst 23 Jahre alt. Ihre Eltern waren aus der Gegend von Ankara in die Kleinstadt bei Bremen gezogen, wo sie zur Welt kam. Ihr Vater hatte sich mit einem kleinen Laden eine Existenz aufgebaut. Sie war ein schönes Kind: schwarze Haare, dunkle Augen. Fatima. Sie ging in den evangelischen Kindergarten, in die Grundschule, lernte Blockflöte. Übersetzte ihrer Mutter, wenn sie im Rathaus die neuen Papiere beantragte. Gymnasium, Abitur.

Etwas scheu saßen ihre Eltern bei der Entlassungsfeier hinten in der Aula. Ich will Psychologie studieren, eröffnete sie ihrem Vater. „Nein, du heiratest Muhamad und kriegst Kinder." „Nein, Vater, das kann ich nicht, nie, niemals!"

Zwei Welten prallen aufeinander. Sie liebte ihren Vater, der manchmal so hilflos sein konnte, sich aber auch so sehr um sie sorgte. Sie durchschaute alles, die verschiedenen Kulturen, die Religion mit ihren Traditionen. Sie wollte ja keine Deutsche werden. Den Lammbraten würde sie zubereiten wie ihre Mutter. Aber studieren wollte sie unbedingt, eine selbstbewusste Frau sein, die in dieses Land passt. Endlose Diskussionen zu Hause. „Du tust, was wir dir sagen."

Nein, es geht nicht mehr, denkt sie, ich muss gehen. Mutter schaut sie hilflos und traurig an. Sie zieht zu einer Freundin, studiert Psychologie, finanziert ihr Leben, indem sie in einer Kneipe arbeitet. Sie besucht ihre Eltern regelmäßig. „Du musst nach Hause kommen." „Nein, Vater. Es steht nicht im Koran, was du von mir verlangst."

Sie liebt ihren Vater, aber sie muss ihren eigenen Weg gehen. Irgendwann wird er das verstehen. Eine starke Frau.

hb

FRAUEN DER BIBEL II

Das Weib schweige in der Gemeinde, schreibt Paulus (1. Korinther 14,34). Aber wurde – damit das auch so bleibt – die Bibel gefälscht? Denn Paulus selbst nennt einmal unter den Aposteln den Namen Junia (Römer 16,7). In der Antike war dies ein bekannter Frauenname. Erst im 13. Jahrhundert wurde bei Abschriften des Neuen Testaments ein „s" angehängt. So wurde ein Mann daraus. Denn eine Frau als „Apostelin" mit Namen Junia? – Undenkbar ... – dann doch eher ein „Junias", auch wenn dieser Name für die Zeit der Antike nicht nachgewiesen ist.

In der Alten Kirche hatten die Kirchenväter keine Schwierigkeiten, eine Apostelin namens Junia zu akzeptieren. Johannes Christostomos (344 – 407) schrieb über sie: „Wie groß muss die Weisheit dieser Frau gewesen sein, dass sie für den Titel Apostel würdig befunden wurde." Seit 2012 gibt es in Deutschland sogar eine (altkatholische) Junia-Kirche in Augsburg. Neue Bibelübersetzungen lassen den Namen „Junia" inzwischen gelten.

jvl

[...] Josef war siebzehn Jahre alt und war ein Hirte [...] Israel aber hatte Josef lieber als alle seine Söhne [...] und machte ihm einen bunten Rock. Als nun seine Brüder das sahen, dass ihn ihr Vater lieber hatte als alle seine Brüder, wurden sie ihm Feind und konnten ihm kein freundliches Wort sagen.

1. MOSE 37,2-4

Der Lieblingssohn

Okay, ich muss zugeben, ich war eine Petze. Vermutlich deswegen mochten meine älteren Brüder mich nicht. „Papas Liebling" nannten sie mich. Sie kümmerten sich um die vielen Schafe und Ziegen unseres Vaters Jakob. Ich passte auf, ob auch alles klappte. Wenn irgendetwas anders lief, als Vater es vorgesehen hatte, sagte ich sofort Bescheid. Dann kam Jakob und nahm sich den Übeltäter kräftig zur Brust.

Meine Güte, ich hatte zehn ältere Brüder! Womit soll man sich denn da noch hervortun? Alles konnten meine Brüder besser als ich. Ich hatte ihnen nur eines voraus – mich mochte Jakob am liebsten. Ich war der lang ersehnte erste Sohn seiner Lieblingsfrau, Rahel. Er war schon ziemlich alt, als ich geboren wurde, und schon gar nicht mehr streng, jedenfalls nicht zu mir. Also spielte ich diese besondere Beziehung zu meinem Vater kräftig aus.

Auch mein Vater machte keinen Hehl daraus, dass er mich am liebsten mochte. Einmal ließ er ein wunderschönes Kleid für mich nähen; ein richtiges Prinzengewand war das. Von da an war sogar Ruben neidisch, der Älteste.

Eines Tages, ich war gerade siebzehn, schickte Jakob mich zu meinen Brüdern aufs Feld, nachsehen, ob alles in Ordnung war. Die Brüder mochten es nie besonders gern, wenn ich sie kontrollieren sollte. An diesem Tag aber packten sie mich, rissen mir den herrlichen Mantel vom Leib und warfen mich in einen leeren Brunnen. Ich prallte heftig auf dem Grund auf. Alles tat mir weh. Sollte das ein Scherz sein? Sie würden mich doch wohl gleich wieder herausholen? Bestimmt, dafür würde Ruben schon sorgen, der war vernünftig.

Lange geschah nichts. Da hörte ich auf einmal die Stimme meines Bruders Juda ganz in der Nähe. „Lassen wir ihn leben, schließlich ist er unser Bruder!", sagte er. Ich erstarrte. Hatten sie etwa vorgehabt, mich umzubringen? „Sollen ihn die Ägypter ruhig mitnehmen. Sie zahlen gut und vielleicht lernt er bei denen endlich mal, wie man arbeitet." Dann holte Juda mich raus aus dem Brunnen. Er schob mich zwei reich gekleideten Kaufleuten entgegen. Sie musterten mich, prüften meine Muskeln und drückten Juda ein paar Silberstücke in die Hand. Im Hintergrund sah ich eine fremdländische Karawane mit schwer bepackten Kamelen. Die Angst schnürte mir die Kehle zu. Meine Brüder konnten mich doch nicht einfach verkaufen! Ruben, wo war Ruben? Er musste mir doch helfen! Aber ich konnte ihn nirgends entdecken.

up

EIN VERHÄNGNISVOLLER TRAUM

Denn er sprach zu ihnen: Hört doch, was mir geträumt hat. Siehe, wir banden Garben auf dem Felde, und meine Garbe richtete sich auf und stand, aber eure Garben stellten sich ringsumher und neigten sich vor meiner Garbe. Da sprachen seine Brüder zu ihm: Willst du unser König werden und über uns herrschen? Und sie wurden ihm noch mehr Feind um seines Traumes und seiner Worte willen.

1. Mose 37,6-8

Und sein Herr sah, dass der HERR mit ihm war;
denn alles, was er tat, das ließ der HERR in
seiner Hand glücken, sodass er Gnade fand vor
seinem Herrn und sein Diener wurde.
1. MOSE 39,3+4A

In Bedrängnis

Niemals zuvor hatte ich mich so einsam und allein gefühlt. Wegen meiner ständigen Angeberei hatten meine zehn älteren Brüder mich heimlich verkauft, verraten und verkauft, als Sklave nach Ägypten. Und hier war ich nun, ein Sklave von vielen am Hof des Königs. Ich diente dem vornehmen Potifar, dem Chef der Leibwache. Wie viel lieber hätte ich die Schafe meines Vaters gehütet statt Perücken zu bürsten oder Schmuck zu putzen! Nichts und niemanden hatte ich hier. Niemand nahm mich in den Arm, niemand wartete abends auf mich. Ich war so einsam wie nie zuvor. Aber dann entdeckte ich doch noch jemanden aus der Heimat. Gott war da. Ich konnte ihn nicht sehen und nicht greifen, aber wenn ich versuchte, zu ihm zu beten, spürte ich, dass er irgendwo in der Nähe war. Was hatte Gott mit mir vor? Sollte ich aufbegehren, sollte ich fliehen? Nein, ich hatte den Eindruck, Gott wollte, dass ich erst mal stillhielt. Also tat ich einfach meine Arbeit, und das so gut wie möglich. Und sie gelang mir, ich staunte selbst darüber. Ich erhielt immer mehr Verantwortung, und ich spürte, dass Gott mir half.

Eines Morgens aber stellte sich mir die Frau des Chefs in den Weg. Sie trat so dicht vor mich, dass ihre Brust mich fast berührte. Ich wagte mich kaum zu bewegen. Sie sah mich an. „Du bist schön", flüsterte sie. „Schlaf mit mir!" Mein Herz schlug bis zum Hals. Sie duftete süß und verführerisch; ihre Haut schimmerte wie ein Seidenkissen. Unwillkürlich streckte ich meine Hand nach ihr aus. Dann riss ich mich zusammen. Was auch immer Gott mit mir vorhatte, das hier war es nicht! „Nein", sagte ich, „alles hat dein Ehemann mir anvertraut, seinen ganzen Besitz. Du aber gehörst nur zu ihm."

Ein Zucken ging über ihr Gesicht. Sie wandte sich wortlos ab. Tag für Tag wiederholte sich dieses Spiel. Sie passte Gelegenheiten ab. Es fiel mir immer schwerer, ihr auszuweichen. Und dann, eines Tages, packte sie mich einfach und zog mich an sich. Es durchfuhr mich heiß, als ich ihren Körper plötzlich so dicht an mir spürte. Ich stieß sie von mir, hörte etwas zerreißen und rannte weg. Sie hielt mein Gewand in der Hand; ich selbst floh halbnackt. Hinter mir hörte ich sie schreien.

Ich rannte, bis ich nicht mehr konnte. Noch hatte mich niemand verfolgt. Aber ich ahnte, was für eine Geschichte Frau Potifar erfinden würde. Ich war in Schwierigkeiten.

up

JOSEFS GEWISSENFRAGE
Wie sollte ich denn nun ein solch großes Übel tun und gegen Gott sündigen?
1. Mose 39,9b

Aber der oberste Schenk dachte nicht an Josef,
sondern vergaß ihn.
1. MOSE 40,23

Im Gefängnis

Manchmal habe ich den Eindruck, dass sich alles in meinem Leben wiederholt. Ich war der Liebling meines Vaters Jakob, bis meine Brüder genug von meiner Angeberei hatten. Sie warfen mich in ein tiefes Loch und verkauften mich als Sklaven. Ich kam an den ägyptischen Königshof. Hier wurde ich zum Liebling meines Herren Potifar, bis dessen Frau mir vorwarf, ich wollte sie vergewaltigen. Und wieder warf man mich in ein tiefes Loch, diesmal ins Gefängnis. Und hier kam ich nicht so schnell wieder raus. Aber es gab einen Unterschied: Jetzt wusste ich, dass Gott auch in den tiefsten Löchern ist.

Zunächst war ich voller Wut auf Potifar und seine Frau, die mich zu Unrecht hinter diese dicken Mauern geworfen hatten. Aber mich in Hass zu verzehren hatte keinen Sinn. Damit schadete ich mir nur selbst. So versuchte ich das Beste aus meiner Situation zu machen und einfach meinen Mitmenschen freundlich zu begegnen. Der Gefängnisverwalter fasste allmählich Vertrauen zu mir. Ich durfte ihm helfen. Bald hatte ich praktisch die gesamte Aufsicht über das Gefängnis.

Trotzdem, Gefängnis bleibt Gefängnis. Ich wollte raus. Manchmal saß ich da und träumte von einem richtigen Leben, einem Leben, in dem ich selbst über mich bestimmen konnte, einem Leben mit Menschen, die mich liebten. Stattdessen war von vorne bis hinten alles verpfuscht. Aus dem Angeber von früher war ein einsamer Sklave geworden, und jetzt auch noch ein Sklave im Gefängnis. Alle Menschen hatten mich im Stich gelassen. Ich war allein. Das zu wissen war noch schlimmer als das Gefängnis. Das einzige, was mich aufrecht hielt, waren meine Gebete. Dann spürte ich, dass Gott noch irgendwo da war. Sonst wäre ich verrückt geworden.

Ein einziges Mal in dieser langen grauen Zeit passierte etwas Erwähnenswertes. Zwei königliche Beamte wurden ins Gefängnis geworfen. Es waren der oberste Bäcker und der oberste Mundschenk, der beim Pharao für die Getränkeversorgung zuständig war. Eines Nachts hatten beide merkwürdige Träume. Ich konnte sie deuten, mit Gottes Hilfe. Der Mundschenk würde schon bald entlassen werden.

Der Glückspilz strahlte, als er das hörte. „Bitte", drängte ich ihn, „sag dann dem Pharao, dass er auch mich befreit!" Als der Mundschenk tatsächlich kurz darauf entlassen wurde, hoffte ich, dass nun endlich ein neues Leben beginnen würde. Ich hoffte einen Tag, eine Woche, einen Monat. Nach einem Jahr hoffte ich kaum noch. Und nach zwei Jahren hoffte ich nur noch auf Gott.

up

JOSEFS GLÜCK IM UNGLÜCK

Da nahm ihn sein Herr und legte ihn ins Gefängnis, in dem des Königs Gefangene waren. Und er lag allda im Gefängnis. Aber der HERR war mit ihm und neigte die Herzen zu ihm und ließ ihn Gnade finden.

1. Mose 39,20

Da sandte der Pharao hin
und ließ Josef rufen,
und sie ließen ihn eilends
aus dem Gefängnis.
1. MOSE 41,14A

Der Traumdeuter

Ganz plötzlich kam der Moment, auf den ich so lange gewartet hatte. Dreizehn Jahre zuvor hatten meine Brüder mich heimlich nach Ägypten verkauft. Zu hemmungslos hatte ich ihnen gegenüber ausgespielt, dass ich der Liebling unseres Vaters war. So wurde aus dem verwöhnten Hebräerjungen Josef ein Sklave, der schließlich unschuldig im Gefängnis landete. Ich hatte alle Hoffnung aufgegeben, jemals wieder herauszukommen. Alles, was mir geblieben war, war Gott.

Doch eines Tages wurde ich herausgewunken. Zum ersten Mal sah ich wieder den freien Himmel ohne Mauern! Man führte mich in den Palast. Ich war wie geblendet von all dem Gold und Schmuck und Reichtum, den ich so lange nicht gesehen hatte. Und dann stand ich vor dem König. Er sagte, er hätte gehört, ich verstünde etwas von Träumen. Ich sollte ihm einen seltsamen Traum deuten. Sieben magere Kühe fraßen sieben fette. Was bedeutete das? Ich schwitzte vor Aufregung. Aber ich betete und Gott gab mir das Wissen. Sieben Jahre lang hätten die Ägypter üppige Ernten zu erwarten, aber dann würden sieben Hungerjahre kommen. Ich empfahl, in den sieben guten Jahren reichlich Vorräte anzulegen.

Der Pharao sah mich einen Moment lang prüfend an. Dann sagte er: „Man merkt, dass Gott auf deiner Seite ist. Du bist der richtige Mann für mich. Ich möchte, dass du mein Stellvertreter wirst." Ich brachte kein Wort hervor. Es war wie in einem wahnwitzigen Traum. Ich war vom Gefangenen zum Stellvertreter des Königs geworden!

Damit begannen wunderbare Jahre. All meine Erfahrung, die ich in jenen dunklen Zeiten des Lebens gesammelt hatte, kam mir nun zugute. Und wieder spürte ich, dass Gott da war. Ich legte los. Endlich konnte ich all meine Fähigkeiten frei entfalten. Ständig war ich unterwegs und ließ überall Kornspeicher bauen. Als die sieben Hungerjahre anbrachen, reichte es, um das Schlimmste abzuwenden. Auch Ausländer kamen und wollten Getreide kaufen. Eines Tages stand wieder einmal eine Handvoll abgemagerter Hebräer vor mir. Da erschrak ich. Es waren meine Brüder. Älter und grau geworden, aber dieselben Brüder, die mich gehasst hatten, die mich vor über zwanzig Jahren in den Brunnen geworfen und dann als Sklaven verkauft hatten. Demütig fielen sie vor mir auf die Knie und erkannten mich nicht. Ich hatte sie völlig in meiner Hand.

up

TRÄUME VOR GOTT
Da sprach der Pharao zu ihm: Ich habe einen Traum gehabt, und es ist niemand, der ihn deuten kann. Ich habe aber von dir sagen hören, wenn du einen Traum hörst, so kannst du ihn deuten. Josef antwortete dem Pharao und sprach: Das steht nicht bei mir; Gott wird jedoch dem Pharao Gutes verkünden.
1. Mose 41,15+16

Er aber sprach zu seinen Brüdern:
Tretet doch her zu mir! Und sie traten herzu.
Und er sprach: Ich bin Josef, euer Bruder,
den ihr nach Ägypten verkauft habt.
Und nun bekümmert euch nicht und denkt
nicht, dass ich darum zürne, dass ihr mich
hierher verkauft habt; denn um eures Lebens
willen hat mich Gott vor euch hergesandt.

1. MOSE 45,4+5

Das Wiedersehen

Meine zehn älteren Brüder lagen vor mir auf den Knien. Ich gebe es zu, ich genoss diesen Anblick. Vor über zwanzig Jahren hatten sie mich, ihren vorlauten kleinen Bruder, als Sklaven nach Ägypten verkauft. Auf vielen Umwegen war ich dort Stellvertreter des Königs geworden. Nun wollten sie bei mir Getreide kaufen und erkannten mich nicht.

Sie hatten mir Schlimmes angetan. Ich muss zugeben, dass ich sie nun ein wenig quälte. Ich warf ihnen vor, sie seien Spione und ließ sie ein paar Tage lang ins Gefängnis werfen. Dann gab ich ihnen das gewünschte Getreide und schickte sie nach Hause, behielt Simeon aber bei mir. Sie sollten unseren zwölften Bruder holen, Benjamin, der Einzige, der mich wirklich geliebt hatte. Damit wollte ich sie testen: Würden sie wirklich mit Benjamin zurückkehren, damit Simeon freikam? Oder würden sie Simeon im Stich lassen wie mich damals?

Nach einiger Zeit standen sie tatsächlich wieder vor dem Palast. Sie waren zurückgekommen! Und dort hinten stand Benjamin! Mir stiegen die Tränen in die Augen. Am liebsten wäre ich auf der Stelle zu ihm gerannt und hätte ihn in die Arme geschlossen.

Aber noch unterzog ich meine Brüder einem letzten Test. Ich schmuggelte meinen silbernen Lieblingsbecher in Benjamins Gepäck und ließ meine Brüder als Diebe gefangen nehmen. Verwirrt und ratlos standen sie vor mir. „Ihr habt mein Vertrauen missbraucht und mich bestohlen", verkündete ich mit gespielter Wut, „und als Strafe wird Benjamin als Sklave bei mir blei-

ben." Da trat Juda vor, derselbe Juda, der mich vor Jahrzehnten kaltblütig an wildfremde Menschen verkauft hatte. „Bitte", flehte er, „unser Vater hat bereits seinen zweitjüngsten Sohn verloren, unseren Bruder Josef. Lass ihm jetzt diesen jüngsten! Bitte nimm stattdessen mich. Lass mich dein Sklave sein!"

Da brach ich in Tränen aus. Völlig unköniglich stand ich da und weinte drauflos. Als ich mich wieder halbwegs gefasst hatte, gab ich mich zu erkennen. Und jetzt waren meine Brüder fassungslos. Dann lagen wir uns in den Armen.

Das ist also aus meinem Leben geworden. Die Menschen hatten mich im Stich gelassen; mich verraten, mich benutzt, mich ungerecht behandelt. Aber immer, wenn ich mich an Gott wandte, war er da. Er hatte seine eigenen Wege für mich. Er hat die Scherben meines Lebens aufgehoben und etwas wunderbares Neues daraus gemacht.

up

DER MENSCH DENKT, GOTT …

Und nun bekümmert euch nicht und denkt nicht, dass ich darum zürne, dass ihr mich hierher verkauft habt; denn um eures Lebens willen hat mich Gott vor euch her gesandt. Denn es sind nun zwei Jahre, dass Hungersnot im Lande ist, und sind noch fünf Jahre, dass weder Pflügen noch Ernten sein wird. Aber Gott hat mich vor euch her gesandt, dass er euch übrig lasse auf Erden und euer Leben erhalte zu einer großen Errettung.

Josef zu seinen Brüdern im 1. Buch Mose 45,5-7

Damit entließ er seine Brüder
und sie zogen hin.
Und er sprach zu ihnen:
Zankt nicht auf dem Wege!
1. MOSE 45,24

Verändert

Beim Bibellesen so sehr mit einer Person mitzufühlen, dass einem die Tränen kommen – das passiert mir nicht oft. Bei einer Geschichte allerdings geht es mir immer wieder so. Das ist die Erzählung, die Novelle von Josef.

Josef und seine zehn älteren Brüder: Ihre Schicksale sind unheilvoll miteinander verknüpft. Die Brüder sind Söhne einer ungeliebten Frau, die der Vater Jakob verpflichtet war zu heiraten. Josef dagegen ist der Sohn der Frau, die er wirklich liebt. Darum ist er der Lieblingssohn.

Eine solche Familienkonstellation birgt Sprengstoff. Als das Unheil seinen Lauf nimmt, verstehe ich alle Seiten. Ich verstehe Vater Jakob, der Josef so viel mehr ins Herz geschlossen hat als die Söhne der ungeliebten Frau. Ich verstehe den kleinen Josef, der gegenüber seinen älteren Brüdern nichts vorzuweisen hat als die besondere Liebe des Vaters und das kräftig ausnutzt. Und ich verstehe die Brüder, die den verwöhnten Angeber Josef schließlich so sehr hassen, dass sie ihn als Sklaven nach Ägypten verkaufen.
Aber Josef ist bereit sich zu verändern. Als das Leben ihn in eiskaltes Wasser wirft, sitzt er nicht da und sinnt auf Rache oder resigniert. Josef, der Sklave: Er leidet, er klagt, er ist kurz vorm Verzweifeln, aber er gibt sich nicht auf. Er versucht wahrzunehmen, was Gott ihm in dieser Situation zeigen will. Er hört auf Gott.

Immer wieder legt er sein Schicksal Gott in die Hände. Auch wenn er sich fragt, wozu das alles bloß gut sein soll – und das macht ihn so menschlich.

Am Ende der Geschichte wird aus dem verstoßenen Bruder, dem Sklaven, der Stellvertreter des Königs. Und er erhält die Chance, sich mit seinen Brüdern zu versöhnen. Er erkennt: Nichts ist hoffnungslos. Gott kann aus einem Scherbenhaufen etwas wunderbares Neues machen. Er selbst hat viel dazu beigetragen. Er hat zugelassen, dass Gott ihn verändert.

Als seine Brüder sich von dem Zusammentreffen in Ägypten wieder nach Hause aufmachen, ruft Josef ihnen hinterher: „Streitet euch nicht unterwegs!" Da höre ich ihn kurz wieder – den vorlauten kleinen Bruder von früher, der alles besser weiß. Aber niemand von seinen Brüdern ist aufgebraust wie früher. Vermutlich haben sie einfach lächelnd zurückgewunken. Denn auch sie haben zugelassen, dass Gott sie verändert.

up

**KANN GOTT AUS BÖSEM
GUTES ENTSTEHEN LASSEN?**
Ihr gedachtet es böse mit mir zu machen, aber Gott gedachte es gut zu machen.
Josef zu seinen Brüdern im 1. Buch Mose 50,20a

Seid allezeit fröhlich,
betet ohne Unterlass,
seid dankbar in allen Dingen;
1. THESSALONICHER 5,16-18

Füreinander beten

Manchmal schlage ich morgens die Zeitung auf und bekomme eine Gänsehaut bei dem, was ich lese. Eingestürzte Gebäude, verunglückte Autofahrer, entführte Kinder. Wenn ich die Meldungen lese, tut es mir in der Seele weh. Ich leide mit den Menschen, die von diesem Unglück betroffen sind. Doch was kann ich tun? Gibt es für mich eine Möglichkeit, denjenigen beizustehen, die jetzt verletzt oder verzweifelt sind?

Nein, ich bin nicht bei der Polizei, nicht im Sanitätsdienst vom Roten Kreuz und auch nicht bei der Feuerwehr. Aber ich kann mich hinsetzen und für die Menschen, die in Not sind, beten. „Hilf den Eltern der vermissten Kinder", bitte ich Gott. „Tröste ihre Freunde und Geschwister. Gib, dass sie bald gefunden werden." Oder: „Sei bei den Menschen, die ihre Angehörigen bei dem Autounfall verloren haben." Manche sagen natürlich: „Was hilft das? Solche Gebete nützen nichts."

Aber ich bin davon überzeugt, dass es gut ist, für andere zu beten. Erstens hilft es mir, wenn ich das tue. Wenn ich Gott anvertraue, dass mich die Not meiner Mitmenschen anrührt, erleichtert es mir das Herz. Manchmal fällt mir auch ein, was ich für jemanden tun kann, für den ich bete.

Aber hilft ein Gebet den Menschen in Not? Meine Tochter war einmal mehrere Monate lang im Krankenhaus, weil sie sehr krank war. Damals haben wir nicht gewusst, ob sie überhaupt nach Hause kommen wird. Als sie dann zu uns kam und sich erholen konnte, war ich unglaublich froh. Meine Nachbarn haben sich mit mir gefreut. „Wir haben für dein Kind gebetet, immer wieder, wenn es auf der Kippe stand", haben einige leise zu mir gesagt. Ich war verblüfft und auch gerührt, als ich hörte, wer alles an unser Kind gedacht hatte.

Wenn andere für uns beten, ist das keine Garantie, dass alles gut ausgeht. Dennoch bin ich mir sicher: Die Gebete haben geholfen! Denjenigen, die gebetet haben und natürlich auch mir, der erleichterten Mutter – und erst recht meiner Tochter, die langsam ins Leben fand. Eine starke Gemeinschaft war durch das Beten entstanden. Bis heute sind wir dadurch miteinander verbunden: Wir denken aneinander, hoffen füreinander und helfen uns, wo es geht.

em

HEILUNG DURCH GLAUBEN?

In den USA wurde in wissenschaftlichen Untersuchungen getestet, ob Patienten, für die gebetet wird oder die spirituelle Übungen praktizieren, bessere Heilungschancen haben. Die Ergebnisse sind nicht eindeutig, lassen jedoch eine bessere Heilung und eine etwas höhere Lebenserwartung vermuten. Eine Ursache mag der Umgang mit der Krankheit sein: Gläubige Menschen können gelassener und achtsamer mit ihrem Leben umgehen, so die Psychologen. (nachzulesen in der Fachzeitschrift „Gehirn und Geist" 1-2, 2006)

jvl

Aber der Herr ist treu;
der wird euch stärken
und bewahren vor dem Bösen.
2. THESSALONICHER 3,3

Leben ist auch Kampf mit Gott

„Na, wie geht's Ihnen denn jetzt?", fragt mich der Mann in meinem Alter – ich bin 63 – auf dem Wochenmarkt: „Ich habe von Ihrer Prostatakrebs-Operation gehört ..." „Alles in Ordnung", sage ich, „rechtzeitig erkannt ..."
Ich gehe seit meinem 50. Geburtstag jedes Jahr zur Vorsorgeuntersuchung. Der PSA-Wert stieg letzten September, es wurde eine Biopsie gemacht, Krebszellen wurden festgestellt. „Ich empfehle eine Totaloperation", sagte der Doktor zu mir, „dann muss sich der Tod bei Ihnen eine andere Ursache suchen." Ich fand, das war ein klares Wort. Drei Monate später die OP – alles verlief gut. Vier Wochen danach bin ich wieder voll in der Arbeit.

Ein halbes Jahr später guck ich mich um und bin sehr nachdenklich. Ich habe das einfach durchgezogen, ohne nach links oder rechts zu sehen. Ist wohl meine Art. Aber mein Glaube ist nicht mitgekommen.
Ich habe gedacht, ich verschone den lieben Gott mit meinen Fragen. In der Familie haben wir Leukämie und Lymphdrüsenkrebs überstanden - und nun habe ich mit 63 Jahren Prostatakrebs. „Was soll das alles?" – Ich frag ihn lieber nicht. „Sie sollten fragen, was Gott ihnen damit sagen will", sagte eine Kollegin zu mir, die ich gerne mag. „Seine Antworten könnten mir vielleicht nicht gefallen", antworte ich.
Ich durchschaue, was ich da mache. Stehe aber auch dazu. Bist ganz schön stolz. Ich brauche Abstand, damit ich da erst mal durch-

komme. Muss ich mich dafür entschuldigen? Nein. Leben ist Kampf, für mich auch Kampf mit Gott. Den will ich durchstehen. Ich fürchte Patent-Antworten von anderen Leuten. „Sie müssen doch dankbar sein." Oder: „Wen Gott liebt, den züchtigt er."
Aber ich bin nicht zufrieden mit mir. Ich bin wieder gesund, aber mein Glaube hinkt hinter mir her. Ich lese die Bibel, lese die Losungen, ich predige, die Menschen reagieren darauf positiv. In gesunden Tagen an Gott festhalten ist keine Kunst, denke ich. Bewähren muss sich dein Glaube jetzt.

„Ich bin noch nicht wieder ganz bei ihm", sage ich zu meiner Frau. „Er ist aber ganz bei dir", ist ihre Antwort. „Ja, und wenn ich einmal vor ihm stehe, dann werde ich ihn fragen. Aber vielleicht brauche ich dann gar keine Antwort mehr ..."

hb

DER BLICK NACH OBEN
„Wissen Sie, Herr Pastor, wenn man so im Krankenhaus liegt, guckt man ganz schön viel nach oben ..."
Ein Patient zur Eröffnung des Gesprächs, als sein Pastor ihn besuchte.

jvl

Der HERR sprach aber zu Jeremia: Sage nicht
„Ich bin zu jung", sondern du sollst gehen,
wohin ich dich sende, und predigen alles,
was ich dir gebiete.
JEREMIA 1,7

Eine schwere Aufgabe

Dr. Jeremia mietete ein Loft in einer alten La-
gerhalle. Er ließ ein Schild bedrucken und
brachte es neben der Eingangstür an. Auf dem
Schild steht in dunkelvioletter Schrift:

Dr. Jeremia
Coaching – Lebensberatung – Prophetie
Termine nach Vereinbarung

Nun fläzt er sich gelangweilt auf seinem Bü-
rostuhl und wartet auf Klienten.
Als erstes meldet sich ein junger Mann,
schüchtern, 25 Jahre alt, mit Nickelbrille,
Jeans und T-Shirt. In den Nasenflügel ist ein
Ring gepierct. Der Mann lehnt den angebote-
nen Espresso ab und sagt: „Ich brauche ihre
Hilfe. Mein Studium habe ich beendet, aber
niemand bietet mir eine Stelle an. Alle sagen,
ich bin zu jung. Gut genug bin ich nur für ein
Praktikum."
Dr. Jeremia schweigt lange. Dann sagt er: „Bei
der Stellensuche kann ich Ihnen nicht helfen.
Aber ich will Ihnen eine kleine Geschichte
erzählen. Ich war auch einmal jung. Ich war-
tete darauf, eine gute Aufgabe zu bekommen.
Ich bekam eine Aufgabe, die war so schwer,
dass ich beinahe daran gescheitert wäre. Ich
habe mich dann ermutigen lassen. Stellen Sie
sich vor: Gott hat mir eine Aufgabe gegeben.
Können Sie sich vorstellen, dass Gott einem
Menschen eine Aufgabe gibt? Bringen Sie den
Mut dafür auf?"

Der Mann zögert. Er geht mit Fragen nach
Hause. Aber er denkt nach über die Fragen
des Coachs.

wv

GOTT DÄMPFT STURM UND WELLEN
Nun weiß und glaub ich feste, ich rühm's
auch ohne Scheu, dass Gott, der Höchst und
Beste, mein Freund und Vater sei und dass in
allen Fällen er mir zur Rechten steh und
dämpfe Sturm und Wellen und was mir brin-
get Weh.
Text: Paul Gerhardt, EG 351

Denn mein Volk tut eine zwiefache Sünde:
Mich, die lebendige Quelle, verlassen sie und
machen sich Zisternen, die doch rissig sind
und kein Wasser geben.

JEREMIA 2,13

Der Fluss des Lebens

Dr. Jeremia – seines Zeichens Coach, Lebensberater und Prophet in einer Person – ist schlecht gelaunt. Er sagt sich: Alle meine Klienten wollen, dass ich ihnen Ratschläge gebe. Aber niemand hält sich daran. Jeder macht mit dem weiter, was ihn zuvor ins Unglück geritten hat. Der junge Mann mit dem Nasenpiercing war eine Ausnahme.

Er schließt sein Büro ab und begibt sich auf einen Spaziergang durch die Stadt. Er will auf andere Gedanken kommen. Darum geht er am Ufer des Flusses spazieren. An diesem Tag führt der Fluss so wenig Wasser, dass man kleine Felsen sehen kann. Es hat lange nicht geregnet.

Dr. Jeremia denkt: Erstaunlich, wie sorglos die Menschen mit den Quellen ihres Lebens umgehen. Jeder weiß, dass er täglich trinken muss, um zu überleben. Aber niemand macht sich Gedanken über Wasser.

So ist es mit dem ganzen Leben. Alle wollen immer schneller immer mehr erleben. Aber niemand macht sich Gedanken, woraus er seine Lebensenergie zieht.

Jeder braucht so etwas wie den Fluss seines Lebens. Das Wasser kann man nicht für immer aufstauen, irgendwann will es überfließen. Genau so ist es mit dem Glauben.

Gott ist wie ein Fluss, in dem die Menschen schwimmen können. Das Wasser stärkt und trägt sie.

Ich finde, das ist ein tröstlicher Gedanke. Das will ich ab morgen jedem sagen, der zu mir kommt. Und Dr. Jeremia wirft gedankenverloren einen Stein ins flache Wasser.

wv

HIMMLISCHER BEISTAND

Die Welt, die mag zerbrechen, du stehst mir ewiglich; kein Brennen, Hauen, Stechen soll trennen mich und dich; kein Hunger und kein Dürsten, kein Armut, keine Pein, kein Zorn der großen Fürsten soll mir ein Hindrung sein.

Text: Paul Gerhardt, EG 351

Aber der HERR ist bei mir wie ein starker Held, darum werden meine Verfolger fallen und nicht gewinnen.
JEREMIA 20,11A

Hab Geduld!

Dr. Jeremia
Coaching – Lebensberatung – Prophetie
Termine nach Vereinbarung

Zwei Jahre besteht nun schon das Büro von Dr. Jeremia mit dem vielversprechenden Schild an der Tür. Über zu wenig Arbeit kann er sich nicht beklagen. Für diesen Morgen hat sich ein älterer Mann angemeldet. Mittleres Management, mittelständischer Betrieb, Nahrungsmittelbranche. Alles läuft wunderbar, berichtet dieser. Produktion und Vertrieb melden regelmäßig höhere Umsätze. Doch mit jedem Gewinn steigt die Intensität der Konflikte. Dann klagt der Mann über Konflikte in seiner Firma. Alle wollen Chef sein. Der Firmenchef sagt zu allem Ja und lässt die Mitarbeiter gewähren.

Wie meist lässt Dr. Jeremia einige Zeit verstreichen. Gedankenverloren streicht er sich über seinen Vollbart. Dann fragt er: „Wieso müssen Sie den Konflikt lösen? Manchmal ist es besser abzuwarten. Sie wollen steuern, eingreifen. Manchmal ist es besser, gar nichts zu tun. Schauen Sie zu, dass Sie nicht in die Intrigen verwickelt werden!"

Der Mann sagt: „Aber das widerspricht allem, was ich mir während meiner Berufspraxis angeeignet habe. Mir fehlt die Geduld." Dr. Jeremia kaut an einem Bleistift und sagt: „Sie wollen ein Macher sein. Aber niemand hat sein Leben vollständig im Griff. Das anzuerkennen, ist eine Aufgabe von Geduld und Glauben. Sie täuschen sich, wenn Sie meinen, dass Sie den anderen das Feld überlassen, wenn Sie nicht mehr eingreifen. Früher hat man das noch gewusst. Früher hat man gebetet. Das mag jetzt ungewöhnlich klingen: Aber ich bin überzeugt, Ihnen könnte das Beten helfen. Beten wird Sie Geduld lehren. Beten wird sie lehren, dass letztlich geschieht, was Gott will."

wv

GOTT SPRICHT FÜR MICH

Und wenn an meinem Orte sich Furcht und Schrecken find't, so seufzt und spricht er Worte, die unaussprechlich sind mir zwar und meinem Munde, Gott aber wohl bewusst, der an des Herzens Grunde ersiehet seine Lust.
Text: Paul Gerhardt, EG 351

So spricht der HERR Zebaoth, der Gott Israels,
zu den Weggeführten, die ich von Jerusalem
nach Babel habe wegführen lassen: Baut
Häuser und wohnt darin; pflanzt Gärten und
esst ihre Früchte [...]. Suchet der Stadt Bestes.

JEREMIA 29,4+5+7A

Erwachsen glauben

Dr. Jeremia, der sonderliche Coach, Lebensberater und Prophet, war kein großer Briefschreiber. Aber manchmal antwortete er auf E-Mails mit einem handgeschriebenen Brief. So schrieb er heute einer jungen Frau.

Sie hatte ihm von ihrer Arbeitsstelle berichtet, davon, dass sie sich in ihrer Abteilung gar nicht wohl fühlte und sogar gemobbt werde. Warum Gott ihr nicht helfe, obwohl sie ihn darum im Gebet ständig bitte? Weil sie keine Hilfe erfahre, hadere sie nun mit Gott.

Und so nahm Jeremia Füller und Papier zur Hand und antwortete:

„Wir müssen Abschied nehmen vom Gottesbild des Übervaters. Gott ist nicht der Lückenfüller unserer Sehnsüchte und Unvollkommenheit. Gott ist mehr und anderes. Er hat seine guten und seine sehr dunklen Seiten, die wir Menschen nicht verstehen. Wer das nicht wahrhaben will, verfehlt Gott. Wer erwachsen glauben will, der hat verstanden: Ich verhalte mich gegenüber Gott nicht wie ein kleines Kind, das von den Eltern stets die Erfüllung seiner Wünsche erwartet. In vielen Erwachsenen schlummern noch solche kleinen Kinder. Sie hegen rührende Erwartungen, wo sie doch reif, selbständig und vernünftig handeln müssten. Nicht erfüllte Wünsche münden in Trotz oder Selbstmitleid – auch bei Erwachsenen. Wir sind keine kleinen Kinder, die sich bei Bedarf in Wunsch- und Fantasiewelten flüchten können. Einer meiner Vorgän-

ger, der Prophet Jeremia, hat einmal dem gefangenen Volk Israel in Babylon geschrieben. Er hat nicht die erwartete Befreiung angekündigt. Er hat Aufträge erteilt: Werdet Gärtner für eure Feinde! Sorgt für Wachstum und Versorgung. Vermehrt euch! Leistet euren Anteil an der Bevölkerungspolitik des fremden Staates.
Gott geht oft verschlungene Wege zum Guten hin. Vertrauen Sie darauf!
Mit freundlichen Grüßen
Ihr Dr. Jeremia, Prophet und Coach"

wv

GOTT IM HERZEN

Sein Geist wohnt mir im Herzen, regiert mir meinen Sinn, vertreibet Sorg und Schmerzen, nimmt allen Kummer hin; gibt Segen und Gedeihen dem, was er in mir schafft, hilft mir das Abba schreien aus aller meiner Kraft.

Text: Paul Gerhardt, EG 351

Wenn ihr mich von ganzem Herzen suchen
werdet, so will ich mich von euch finden
lassen, spricht der HERR.
JEREMIA 29,13B+14A

Die richtigen Fragen stellen

Ende einer anstrengenden Woche: viele Gespräche, viele Konflikte! Dr. Jeremia ordnet
den Schreibtisch und wirft einige alte Zeitun-
gen in den Papierkorb. Er holt sich einen Espresso und kommt ins Nachdenken:
Wenn man mich fragen würde, was ich den
Menschen gerne weitergeben will, so würde
ich sagen: Manchmal kommen mir die Menschen wie zappelnde kleine Tierchen vor, die
mit den Beinen strampeln und um sich schlagen. Dann kommen sie zu mir und ich soll
ihnen helfen, wie sie noch besser strampeln
können. All diese Klienten muss ich enttäuschen. Ich kann niemandem zu mehr Handeln verhelfen.

Das Rezept für sicheren Erfolg weiß ich nicht.
Aber ich führe die Klienten zu einer einfachen
Glaubenserkenntnis zurück. Es hilft euch
nicht, wenn ihr immer besser werdet, wenn
ihr euer Handeln optimiert.

Statt dessen solltet ihr eine ganz andere Frage
stellen: Wo kann ich Gott finden? Wo kann
ich den finden, der Himmel und Erde gemacht hat? Wo kann ich den finden, der die
Welt erlöst hat?

Ich bringe den Menschen bei, die richtigen
Fragen zu stellen. Sie müssen sich dann selbst
auf die Suche begeben. Ob sie jemals dem begegnen, den sie suchen? Der Gott, an den ich
glaube, hat das zugesagt. Wieso sollten die
Menschen ihm nicht glauben?

Und Jeremia schaltet den Computer aus,
schließt sein Büro ab und trifft sich nach einem beruhigenden Spaziergang mit Freunden
zum Abendessen. Am Montag darauf kommt
um neun Uhr der erste Klient, den er auf die
Suche nach Gott hinweisen wird.

wv

DIE SONNE, DIE MIR LACHT ...
Mein Herze geht in Sprüngen und kann nicht
traurig sein, ist voller Freud und Singen, sieht
lauter Sonnenschein. Die Sonne, die mir la-
chet, ist mein Herr Jesus Christ; das, was mich
singen machet, ist, was im Himmel ist.

Text: Paul Gerhardt, EG 351

Siehe, es kommt die Zeit, spricht der HERR,
dass ich dem David einen gerechten Spross
erwecken will. Der soll ein König sein, der wohl
regieren und Recht und Gerechtigkeit im
Lande üben wird.

JEREMIA 23,5

Der König der Gerechtigkeit

Auf dem Stuhl vor Dr. Jeremias Schreibtisch sitzt der Seniorchef des großen Transportunternehmens und seufzt. Er sucht nach einem Nachfolger. „Ich bin siebzig", sagt er, „und ich möchte mich zurückziehen. Aber ich will die Firma in guten Händen wissen. Nun habe ich bereits drei Geschäftsführer eingestellt und alle nach wenigen Wochen wieder entlassen. Ich bin versucht, wieder bei meinen Söhnen anzurufen, obwohl die mit der Firma nichts mehr zu tun haben wollen."

Dr. Jeremia sagt: „Sie warten nicht auf einen Geschäftsführer, sondern auf einen Heilsbringer. Heilsbringer sollen leisten, was wir selbst nicht leisten können. Das Volk Israel hat sich immer einen König gewünscht, den ‚gerechten Spross', der Frieden stiften wird. Am Ende war man mit den meisten Königen unzufrieden. Darum behielt sich Gott selbst vor, einen gerechten Spross zu erwecken. Aber dieser gerechte Spross war das kleine Kind in der Krippe. Der König der Gerechtigkeit enttäuschte alle menschlichen Erwartungen."

Der alte Mann fragt: „Ich soll auf meine Enkel warten, bis sie alt genug sind, das Geschäft zu übernehmen?"

„Ganz und gar nicht", sagt Dr. Jeremia. „Sie sollten überlegen, ob Sie Ihre hohen Erwartungen an einen Nachfolger zurücknehmen. Wer glaubt, dass Gott den Zeitpunkt bestimmt, wann der König der Gerechtigkeit geboren wird, der kann auch seine eigene Nachfolge gelassen angehen."

Der Mann nickt und verabschiedet sich. Dr. Jeremia fragt sich nachdenklich: Habe ich es übertrieben mit dem Glauben? In der Krippe hat Gott ein Kind zum König der Gerechtigkeit gemacht. Das ist die große Hoffnung, die alle kleinen Hoffnungen prägt.

wv

DAS IST MEINE HOFFNUNG ...

Kein Engel, keine Freuden, kein Thron, kein Herrlichkeit, kein Lieben und kein Leiden, kein Angst und Fährlichkeit, was man nur kann erdenken, es sei klein oder groß: der keines soll mich lenken aus deinem Arm und Schoß.

Text: Paul Gerhardt, EG 351

Lebens-Weisheit

Schäme dich nicht zu bekennen, wenn du
gesündigt hast, sonst versuchst du vergeblich,
den Lauf eines Stromes zu hemmen.
JESUS SIRACH 4,31

Der Lauf des Wassers

An einem kleinen Bach zu spielen, gehört zu den schönen Kindheitserinnerungen. Zu schauen, wie ein ins Wasser geworfenes Holzstück seinen Weg findet. Mit ein paar in den Bach gelegten Steinen den Wasserlauf umleiten oder einen Weg durch den Wasserlauf zu bauen. Oder auch einen Damm aus großen und kleinen Steinen, um das Wasser aufzustauen. Aber das gelingt nie. Immer wieder findet das Wasser einen Weg und dringt an einer unerwarteten Stelle durch den Damm. Und selbst wenn es einmal gelingt, ihn halbwegs dicht zu machen – das Wasser steigt über den Damm hinweg.

Den Bach kann ich nicht aufhalten, noch weniger einen Strom. Genauso ist es mit dem Vertuschen eines Fehlers, mit dem Verschweigen von Schuld, mit Lüge und Wahrheit. Die Zwillingsschwester des Verschweigens ist die Angst davor, dass die Wahrheit doch an unerwarteter Stelle ihren Weg findet. Das Preisgeben einer Teilwahrheit gibt nur trügerische Ruhe – irgendwann steigt die ganze Wahrheit mit Macht über den vermeintlich sicheren Damm. Denn eine halbe Wahrheit ist ärger als eine ganze Lüge. Die erhoffte Ruhe kehrt nicht ein. Am Ende stehen ruinierte Karrieren und zerbrochene Beziehungen.

Dabei wissen doch schon die spielenden Kinder am Bach: Den Lauf des Wassers kann man nicht aufhalten.

wr

OHNE RADIERGUMMI

Leben muss ich
ohne Radiergummi:

Keinen Tag
kann ich auswischen,
um ihn noch einmal
anders zu schreiben.

Und doch schlägt Gott
immer wieder
eine neue Seite
für mich auf.

Und wandelt selbst das,
was ich wegradieren möchte,
liebevoll um in Segen.

tw

So ist's ja besser zu zweien als allein; denn sie haben guten Lohn für ihre Mühe. Fällt einer von ihnen, so hilft ihm sein Gesell auf. Weh dem, der allein ist, wenn er fällt! Dann ist kein anderer da, der ihm aufhilft. Auch, wenn zwei beieinander liegen, wärmen sie sich; wie kann ein einzelner warm werden?

PREDIGER SALOMO 4,9-11

Zu zweit

Es ist gut, wenn ich jemanden an meiner Seite habe. Wenn ich stolpere, muss ich nicht hilflos liegen bleiben. Das ist die nüchterne Erfahrung des Predigers Salomo.

Die Nächte in der Wüste können bitterkalt werden und wer in einem Nomadenzelt wohnt, weiß Wärme zu schätzen. Daran hat möglicherweise das Paar gedacht, das sich diesen Vers als Trauspruch ausgesucht hat – wie schön es ist, sich verliebt aneinander zu schmiegen.

Manche werden nun denken: Ist das nicht etwas wenig? Sollte ein Bibelwort zur Trauung nicht etwas Erhabeneres sagen? Etwa: Wie die Liebe zwischen Mann und Frau ein Abbild der Liebe Gottes sein kann? Etwas vom Himmel auf Erden und dem ewigen Glück? Trotzdem bleibt der Spruch eine gute Wahl für eine Trauung. Die Weisheit des Predigers Salomos betont die lebenspraktische Seite im Zusammenleben zweier Menschen. Im verliebten Blick eines Paares zeigt sich ihre Liebe, im alltäglichen Helfen erweist sie sich. Sie wird handfest. Wenn die Milch auf dem Herd überkocht und gleichzeitig die Kinder schreien, helfen romantische Gefühle nicht weiter. Die verliebten Gefühle des Anfangs mögen sich im Laufe der Zeit ändern, vielleicht sogar schwächer werden oder sich gar verlieren. Es zählt aber weiterhin: Ich kann mich auf den Menschen an meiner Seite verlassen. So ist's ja besser zu zweien als allein. Auch in einer kalten Nacht.

wr

AN DEINER SEITE
Ich wünsche dir,
dass einer neben dir geht,
den die Dunkelheit nicht schreckt.

Kein Leben ohne finstere Ecken
und düstere Winkel,
kein Weg ohne dunkle Strecken
und trübes Licht.

Ich wünsche dir
einen Freund an der Seite,
der dich stärkt und stützt
und in dir die Zuversicht wach hält
auf das kommende Licht.

tw

Trauern ist besser als Lachen;
denn durch Trauern wird das Herz gebessert.
PREDIGER SALOMO 7,3

Trauern bessert das Herz

Warum soll Trauern besser sein als Lachen? Die Weisheit dieses Verses erschließt sich nicht auf den ersten Blick. Nicht nur, wer einen nahen Menschen verloren hat, wird ihm empört widersprechen. Die Weisheit des Verses liegt in dem Wort Trauern. Denn Trauern ist ein oft langer, anstrengender Weg. Viele einzelne Schritte sind zu gehen. Dazu gehören die Lähmung und Starre angesichts der Unglücksnachricht, der empörte Protest gegen das Unabänderliche, die Aggression gegen Gott und die Welt, gegen Ärzte, Pfarrer, den Verstorbenen, sich selbst. Auch das Nicht-Wahrhaben-Wollen gehört dazu.

Da beschreibt eine Frau ihre Trauer nach dem unerwarteten Tod ihres Mannes. Alles, was nach dem Tod notwendig war, hat sie sehr, sehr sorgfältig vorbereitet mit dem heimlichen Gedanken im Kopf: „Wenn ich das alles richtig mache, dann kommt er vielleicht zurück." Später erinnert sie sich an die Zeit und sagt: „Das war all die Monate hindurch mein geheimes Ziel, eine Art magischer Trick – ich konnte mich mit seinem Tod nicht abfinden. Und auch, als ich nach ein paar Monaten begann, meinen Trick zu durchschauen, hat mir das dennoch nicht erlaubt, seine Kleider wegzugeben; er hätte sie ja vielleicht noch brauchen können. Doch eines Tages war mein Herz nicht mehr so zerrissen. Ich wusste: Mein Mann wird nicht mehr zurückkommen. Ich war dann manchmal noch wehmütig – an seinen Geburtstagen oder am Grab. Aber die

Erinnerungen an gute gemeinsame Zeiten hatten wieder Platz in meinem Herzen und ich fühlte: Wir bleiben verbunden, auch wenn er nicht mehr an meiner Seite ist. Ich kann mich dem Leben neu zuwenden."

wr

ANNEHMEN UND LOSLASSEN
Ich wünsche dir,
dass du auch das annehmen kannst,
was schwer war in deinem Leben.

Das Schwere annehmen heißt,
die Trauer darum loszulassen,
wenn es an der Zeit ist.
Den Raben fortzuscheuchen,
der es sich auf deiner Schulter
bequem machen will.
Irgendwann brauchst du ihn nicht mehr.
Denn was war, ist den weiten Weg
von außen nach innen gegangen.

Jetzt wohnt es in dir,
wo es bleiben wird,
aufgehoben in deiner Schatztruhe.
Du kannst dich daran freuen
und davon zehren auf den Wegen,
die vor dir liegen.

tw

Ein Wort, geredet zur rechten Zeit,
ist wie goldene Äpfel
auf silbernen Schalen.
SPRÜCHE 25,11

Das rechte Wort zur rechten Zeit

Reichtum, unbezahlbar: ein goldener Apfel, präsentiert auf einem silbernen Teller. Das rechte Wort zur rechten Zeit.

Einer wie Hiob sucht Trost. Er beklagt, dass ihn das Unglück völlig unverdient getroffen hat. Freunde reden auf ihn ein, versuchen zu beschwichtigen: „Nimm es nicht so schwer! Denk mal nach, irgendetwas musst du falsch gemacht haben!" – Das Wort, das er jetzt gebraucht hätte: „Was dir widerfahren ist, das ist wirklich nicht gerecht!" Jetzt erst ist er frei, den Verlust seiner Familie, seines Besitzes und seiner Gesundheit zu betrauern. Jetzt erst hat er überhaupt eine Chance, sein Unglück zu bewältigen.

Lähmendes Schweigen über den beiden. Sie gehen sich aus dem Weg und vermeiden das Reden. Dann das rechte Wort zur rechten Zeit: „Bitte verzeih mir! Das war falsch von mir!" Jetzt erst sind beide wieder frei, miteinander zu reden und ihr Problem zu lösen.

Eine Gruppe diskutiert einen Plan, er soll heute beschlossen werden. Einer zählt noch einmal die Schwierigkeiten auf, andere lassen sich anstecken. Und vor lauter Bedenken – sie waren alle längst bedacht und geklärt – droht die Abstimmung zu scheitern. Eine, die bisher geschwiegen hat, ergreift das Wort: „Was macht ihr da? Bedenkt, was alles auf dem Spiel steht, wenn wir uns hier zerstreiten und den Plan nicht verwirklichen!" Der Plan hat wieder eine Chance. Er wird beschlossen.

Oft genug drücken wir uns um ein solches Wort, zögern und verpassen die rechte Zeit. Darum ist ein rechtes Wort zur rechten Zeit wie eine Befreiung, kostbar und unbezahlbar.

wr

WANDLUNG

Deine Worte
gehen mit mir,
verwischen Zweifel,
zerstreuen Sorgen,
richten mich auf.

Durch den Kopf gehen sie
und wandern von dort
unter die Haut.

Fast scheint mir,
ich sei gewachsen,
seit deine Worte
mich erreichten.

tw

Ein gelassenes Herz ist des Leibes Leben;
aber Eifersucht ist Eiter in den Gebeinen.
SPRÜCHE 14,30

Gelassenheit

Seit ungefähr 200 Jahren kennt die Medizin die Diagnose „psychosomatische Erkrankungen", Erkrankungen des Körpers, die eine seelische Ursache wie Stress, Sucht oder Neurosen haben. Eine Heilung des Körpers hat erst dann nachhaltigen Erfolg, wenn auch die seelischen Ursachen behandelt werden.

Der Begriff ist zwar relativ jung, aber die hinter ihm stehende Einsicht so alt wie die Medizin überhaupt. Die Weisheit der alten Medizin hat auch gewusst: Der Mensch ist ein Gemeinschaftswesen. Auch, wenn die Beziehungen zu anderen Menschen gestört sind, wird der Körper krank.

„Gelassen" nennen wir Menschen, die sich nicht über jede Kleinigkeit aufregen, die eine innere Sicherheit ausstrahlen und die besonnene Entscheidungen treffen, weil sie sich nicht unter Druck setzen lassen. Gelassenheit ist eine Sache des Gefühls und des Verstandes. Beides meint das Wort „Herz" in der Bibel. Und „Körper" meint nicht nur Arme, Beine und Kopf, sondern auch den ganzen Menschen in seinen sozialen Bezügen.

Gelassenheit lernen beginnt mit der Unterscheidung zwischen dem, was man hinnehmen muss, weil man es nicht ändern kann, und dem, was zu ändern ist. Viele finden sich mit manchem ab, was sie stört, unzufrieden macht oder unglücklich – und was doch zu ändern wäre. Und gleichzeitig sind sie kaum in der Lage, solche Dinge hinzunehmen, die wirklich nicht zu ändern sind – wie das Wetter. Lachen Sie nicht, über das Wetter können sich die meisten aufregen.

Gelassenheit braucht den liebevollen Blick auf sich selbst und auf alles um einen herum. Gelassenheit braucht den Blick Gottes auf die Menschen und die ganze Schöpfung.

wr

FASTEN

Heute
verzichte ich darauf
wichtig zu sein.
Ich setze mich
in den Schatten
und lasse geschehen.
Noch zappeln die Finger,
die Gedanken kreisen um mich
und meine Aufgaben.
Nach und nach
werden die Arme schwer
der Atem beruhigt sich und mich.
Nur schauen. Nur sein.
Lichtflecken tanzen über das Gras,
ein Gänseblümchen zwinkert mir zu.
Kleine Meisen lernen fliegen.
Der Wind streicht mir übers Gesicht,
ein Schmetterling spürt mich auf.
Wenn ich still werde,
kommen Gott und die Welt
zu mir.

tw

Hörst du etwas Böses, das schwatze nicht nach,
denn solches Schweigen schadet dir nichts.
Du sollst es weder Freund noch Feind sagen.
JESUS SIRACH 19,6+7

Schwatze das Böse nicht nach

„Hast du schon gehört?", so fängt es meist an. Hinter vorgehaltener Hand wird die Nachricht weitergesagt – unter dem Siegel der Verschwiegenheit. Die beste Voraussetzung dafür, dass sie sich in Windeseile verbreitet. Offensichtlich lieben wir Menschen Klatsch und Tratsch. Und vor allem die bösen Nachrichten ziehen uns an, die, die von den Fehlern anderer berichten.

Die Moral fragt: Schadet es einem anderen, wenn ich die Nachricht weitersage? Aber so moralisch ist der Mensch nicht immer. Darum fragt die Weisheit sehr klug: Schadet dir das Schweigen etwa? Also: Schwatze nicht nach! Behalte es für dich!

Warum willst du das Böse einem Freund weitererzählen? Als Vertrauensbeweis? Vertrauen wächst auf diese Weise nicht. Wenn Vertrauen und Freundschaft nicht bereits vorhanden sind, hilft weitergeschwatzter Tratsch auch nichts.

Warum willst du das Böse einem Feind erzählen? Als ein Zeichen guten Willens, um die Feindschaft zu verringern? Oder um ihn einzuschüchtern? Aber so wirst du nicht aus der Feindschaft herauskommen, suche lieber nach den Ursachen eurer Feindschaft.

Schwatze das Böse nicht nach, halt den Mund. Das Schweigen schadet dir nichts. „Dass wir unseren Nächsten nicht verleumden oder seinen Ruf verderben", hat Martin Luther im Kleinen Katechismus zum achten Gebot zum „falsch Zeugnis reden" erklärt: Dazu hilft Schweigen vorzüglich, wenn dir etwas Böses zu Ohren gekommen ist.

wr

WORTFRIEDEN
Die Zunge,
dieses zweischneidige Schwert,
zur Pflugschar schmieden,
den Acker bestellen
für Senfkornsaat.

Als sei da
ein erster Tag,
der es möglich macht:
dass auch auf unserem Atem
Leben wachse, dass Licht werde
aus den Schwingungen
unserer Stimmen.

Und wir die Krieger,
diese schreienden Kinder,
stillen mit der Milch
eines einzigen, sanften Wortes.

tw

Denn Gott hat uns nicht gegeben
den Geist der Furcht, sondern der Kraft
und der Liebe und der Besonnenheit.
2. TIMOTHEUS 1,7

Freiheit und Verantwortung

Martin Luther hat sich in seiner Zeit als Augustinermönch mit einer Frage gequält, die er in die Worte fasste: „Wie bekomme ich einen gnädigen Gott?" Die Erkenntnis der menschlichen Unfähigkeit zur vollständigen Erfüllung göttlicher Gebote ließe ihn und viele seiner Zeitgenossen aus Angst vor der Hölle fast verzweifeln.

Seine Antwort auf die Frage nach der Rechtfertigung vor Gott fand Martin Luther beim Apostel Paulus (Römer 3,22-24.28). Seine für die Reformation und auch für die Moderne bahnbrechende Erkenntnis lautet: Erlösung finde ich allein in der Gnade Gottes, die demjenigen gewährt wird, der an diese Erlösung glaubt.

Martin Luther leitete daraus die Lehre vom „freien Christenmenschen" ab: „Ein Christenmensch ist ein freier Herr über alle Dinge und niemand untertan. Ein Christenmensch ist ein dienstbarer Knecht aller Dinge und jedermann untertan."

Diese Sätze umschreiben das Begriffspaar Freiheit und Verantwortung. Denn Luther meint mit dem Bild vom dienstbaren Knecht ja nicht einen willenlosen Sklaven oder Untertan. Er beschreibt einen Menschen, der sich aus freiem Willen in die Verantwortung nehmen lässt.

Und für ein Leben in Freiheit und Verantwortung braucht der Mensch Tugenden. Diese Tugenden nennt gleichfalls der Apostel Paulus im zweiten Brief an seinen Mitarbeiter Timotheus. Es sind Mut, Willenskraft, Liebe und Besonnenheit.

Diese Tugenden sind es auch, die ich mir für die Politik wünsche. Mut und Willenskraft brauchen wir, weil man mit ängstlicher Verzagtheit weder sich selbst noch andere voranbringen kann. Liebe und Besonnenheit sind nötig, damit der Mut nicht zum Übermut und die Willenskraft nicht zur Rücksichtslosigkeit werden.

dma

GASTKOMMENTAR:
EIN POLITIKER DEUTET EINEN BIBELTEXT
Bürger- oder Politikerkanzeln sind in manchen Gemeinden durchaus üblich. Wenn der Ortsbürgermeister oder eine Landtagsabgeordnete die Kanzel besteigt, deutet er oder sie die Bibel etwas anders als ein Theologe oder eine Theologin. Für heute und die beiden kommenden Tage haben wir einen evangelischen Politiker gebeten, Stellung zu beziehen: David McAllister, Ministerpräsident in Niedersachsen (dma).

Alle eure Sorge werft auf ihn;
denn er sorgt für euch.
1. PETRUS 5,7

Geborgen in Gottes Hand

Für mein politisches Handeln ist mir eine christliche Glaubensgewissheit sehr wichtig: In unserem Tun sind wir zwar frei und eigenverantwortlich; am Ende können wir uns aber auf Gott und seine führende Hand verlassen – auch wenn wir sein Wirken mit unseren menschlichen Möglichkeiten nicht immer wahrnehmen können.

Sich auf andere zu verlassen und hinzunehmen, dass wir nicht alles selbst in der Hand haben, fällt vielen heute schwer. Unsere Zeit verlangt Leistungswillen, Lernbereitschaft, Führungsstärke. Das ist erst einmal nichts Falsches oder gar Anstößiges. Gefährlich wird es erst, wenn unsere Ansprüche an uns selbst uns innerlich aufzufressen drohen. Dann ist es gut und beruhigend zu wissen, dass es jemanden gibt, der für uns sorgt, der uns oft unmerklich, manchmal aber auch deutlich merkbar lenkt.

Die Aufforderung, alle Sorge auf Gott zu werfen, heißt nicht, sich einfach um nichts mehr zu kümmern und abzuwarten, was geschehen wird. Wäre das die Lösung, dann wäre der Mensch nicht das Ebenbild Gottes mit einem freien Willen.

Diese Ebenbildlichkeit zeigt sich vor allem in unserer Fähigkeit, Gut und Böse erkennen und zwischen ihnen wählen zu können. Gott hat den Menschen seine Schöpfung überant-wortet und macht ihnen das Angebot, sich aus freiem Willen für das Gute zu entscheiden. Er weiß aber auch, dass wir in unseren Entscheidungen häufig irren, dass wir schwach sind und Fehler begehen. Deshalb sorgt er für die, die an ihn glauben und guten Willens sind.

dma

EIN BLICK IN DIE ZEITUNG
Ein Blick in die Tageszeitung zeigt, was an einem einzigen Tag passiert ist. Ein Mann misshandelt und tötet seine Frau. In der gleichen Stadt lebt ein anderer Mann, der sich seit Jahrzehnten um Obdachlose kümmert. Gut und Böse liegen nah beieinander.
„Siehe, ich habe dir heute vorgelegt das Leben und das Gute, den Tod und das Böse", heißt es im 5. Buch Mose 30,15. Der Mensch hat die Wahl. Und in der Regel wählt er nicht nur, etwas zu tun oder nicht zu tun. Er wählt eine ganze Lebenshaltung. Das Böse werden wir nicht besiegen – aber das Gute können wir bewirken. Auch das ist eine der großen Freiheiten, die Gott uns schenkt.

jvl

Wir warten aber auf einen neuen Himmel
und eine neue Erde nach seiner Verheißung,
in denen Gerechtigkeit wohnt.
2. PETRUS 3,13

Gottes Reich ist nicht von dieser Welt

Manch einer fürchtete sich vor einer angebli-
chen Prophezeiung aus dem Maya-Kalender, der
den Untergang der Welt für den Dezember 2012
voraussagt. Solche Ängste sind nicht neu, sondern kehren seit Jahrtausenden immer wieder.

Auch zur Zeit der ersten Christen lebte man in
der Erwartung eines nahen Weltendes. Diese
Haltung spiegelt sich auch im 2. Petrusbrief
wieder, wo die Rede von einem neuen Himmel
und einer neuen Erde ist.

Seitdem sind 2000 Jahre vergangen und wir
leben immer noch auf der „alten" Erde, die
Gott den Menschen anvertraut hat. Unser Auftrag aus der Schöpfungsgeschichte (1. Mose
1,28) ist also noch nicht vollendet. Wer versucht, diesen Auftrag verantwortungsvoll zu
erfüllen und die Schöpfung dabei zu bewahren, arbeitet mit an der Entstehung des Reiches
Gottes. Voller Hoffnung soll Martin Luther es
einmal so formuliert haben: „Wenn morgen
die Welt unterginge, so pflanzte ich heute noch
ein Apfelbäumchen."

Wovor gerade die Politik sich hüten sollte, sind
Versprechungen und Versuche, einen Himmel
auf Erden zu errichten. Sie haben das Leben
unzähliger Menschen zur Hölle gemacht. Nationalsozialismus und Kommunismus waren
die schrecklichsten Beispiele für den Versuch,
eine ideale Gesellschaft und einen „Neuen
Menschen" zu schaffen.

Das christliche Menschenbild sucht nicht nach
dem „Himmel auf Erden". Es akzeptiert den
Menschen, wie er ist. Eine Politik nach diesem
Maßstab achtet darauf, dass jeder zu seinem
Recht kommt und niemand an den Rand der
Gesellschaft gedrängt wird.

dma

WIEDER NEU BUCHSTABIERT
die Anfragen ans Leben
die ewig jungen
in welchen Gärten
wachsen dir Flügel zu
unter welchem Himmel
wohnt der Geist der befreiende
der Scherben beiseite räumt
der Licht schaltet im Dunkel
der Menschen neu bedrängt
deutlicher zu erkennen
klarer zu sehen was Sache ist
auf dieser Welt

as

JULI

**SUCHEN UND FINDEN:
DIE SEELE BAUMELN LASSEN**

Alles hat seine Zeit
Salz der Erde
Licht der Welt
Moses
Gemeinsam unterwegs
Spuren der Jesusgeschichte
Beten – und Handeln!
Zöllner und Pharisäer
Garten
Johann Sebastian Bach
Summertime / Ferien

Alles hat seine Zeit

Und Samuel sprach zu Isai: Sind das die
Knaben alle? Er aber sprach: Es ist noch übrig
der jüngste; siehe, er hütet die Schafe.
Da sprach Samuel zu Isai: Sende hin
und laß ihn holen […].

1. SAMUEL 16,11

Bruce allmächtig

Der Spielfilm „Bruce allmächtig" aus dem Jahr 2003 erzählt die Geschichte des erfolglosen Kleinstadt-Journalisten Bruce Nolan, gespielt von Jim Carrey, der für die Lokalnachrichten in seiner Heimatstadt Buffalo arbeitet. Eigentlich kann er sich nicht beklagen. Er hat eine hübsche Freundin namens Grace, gespielt von Jennifer Aniston, mit der er schon viele Jahre zusammenlebt, und er ist recht gut in seinem Job. Aber Nolan ist mit seinem Leben ständig unzufrieden. Seine Zeit ist angefüllt, aber nicht ausgefüllt. Denn Bruce findet, dass er schon lange genug darauf gewartet hat, dass sein Leben sich verändert. Er träumt von einer großen Karriere als Hauptnachrichtensprecher. Als die Traumstelle frei wird, bekommt allerdings ein anderer diesen Posten. Als Bruce auch noch seinen Job verliert, sucht er einen Schuldigen, der für sein gescheitertes Leben verantwortlich ist. Er kommt zu dem Schluss: Gott ist Schuld an allem! „Gott ignoriert mich und sieht zu, wie ich mich quäle."

Und der Allmächtige, im Film dargestellt von Morgan Freeman, lässt sich herausfordern. Er überträgt Bruce für sieben Tage seine göttlichen Fähigkeiten. Aus Bruce wird „Bruce allmächtig". Nun kann er sich zwar seine lang gehegten Wünsche erfüllen. Er vergrößert den Mond, um seine Freundin zu verführen, und holt sich auch seinen Job. Als Gott erfüllt Bruce auch kurzerhand allen Menschen in Buffalo ihre – im Gebet ausgesprochenen – persönlichen Wünsche. Aber er merkt bald, dass dadurch, dass er alles ver-

ändern kann, wie er es gerne hätte, weder die Welt noch sein eigenes Leben besser werden. Es dauert, bis ihm bewusst wird: Alles hat seine Zeit. Es kommt darauf an zu erkennen, wann der rechte Zeitpunkt gekommen ist, ein Wunder zu tun, Gebete zu erhören oder das Wetter zu verändern. Und sich selbst weder zu überschätzen noch zu unterschätzen.

Am Ende des Films will Bruce nicht mehr Gottes Arbeit machen und kehrt freiwillig in sein bisheriges Leben zurück. Und nun ist es wirklich sein Leben und seine Zeit. Er hat gemerkt: Es war für ihn nicht an der Zeit, Nachrichtenstar zu werden. Diese Zeit war für etwas anderes gedacht: Wahrzunehmen, was er alles hat, damit glücklich zu werden. Und dass es höchste Zeit ist, seiner Freundin Grace vor dem Altar endlich das Jawort zu geben.

rt

MEINE ZEIT

Gott,
geliehen ist meine Zeit, anvertraut von dir.
Ich möchte sorgsam
mit diesem Geschenk umgehen,
darauf achten,
was mir in meinem Leben wirklich wichtig ist.
Hilf mir auch,
dass ich das Ziel deiner Welt
nicht aus den Augen verliere in meiner Zeit;
… dass ich ein Mensch werde,
der dir entgegengeht.

fb

Geboren werden hat seine Zeit, sterben hat
seine Zeit; pflanzen hat seine Zeit, ausreißen,
was gepflanzt ist, hat seine Zeit.
PREDIGER 3,2

Darauf ist absolut Verlass

Der Prediger Salomo stimmt hier einen sehr
nachdenklichen Ton an. Sieh die Welt, wie sie
ist. Es gibt nicht immer nur Heilen und Pflanzen, Bauen und Sammeln, Lachen und Tanzen, Behalten und Lieben. Nein, es gibt auch
Sterben und Töten, Weinen und Klagen, Weg-
werfen und Zerreißen, Hassen und Streiten.
Zur Hoffnung gehört auch die Enttäuschung.
Also: Denke nicht, dass das Leben immer nur
Spaß macht. Akzeptiere auch das andere! Es
gehört zum Leben dazu. Das anzunehmen
schafft Klarheit.

Wir können uns über die Gaben des Lebens
wie Liebe und Partnerschaft, Essen und Trinken, Entdecken und Gestalten, Arbeiten und
Ausruhen freuen und das Gute genießen. Aber
wir dürfen nicht so blind sein, nicht auch die
andere Seite des Lebens zu sehen. Das eine ist
ohne das andere so nicht zu haben.

Nur ärgerlich, dass die Verse noch nicht einmal das eine oder das andere bewerten. Sie
zählen nur auf! Oder ist das doch befreiend?
So ist das im Leben! Das, was mühsam aufgebaut wurde, wird auch wieder eingerissen.
Hass und Streit werden irgendwo auf der Erde
immer wieder eskalieren.

Vielleicht denken Sie, dazu muss ich nicht in
der Bibel lesen, um das zu erkennen: Es gibt
im Leben Gutes und Böses, Höhen und Tiefen,
Freude und Trauer, Schönes und Hässliches,
Lachen und Weinen. An diesem ständigen
Wechsel kann ich nichts ändern.

Dies ist aber die Botschaft des Salomo. Das
hier ist nicht alles, weder das Gute noch das
Schlechte. Es hat seine Zeit – und vergeht.
Aber Gott ist ewig und einmal kommt der
große Wechsel, wo die Zeit von der Ewigkeit
Gottes abgelöst wird.
In unserem unvollkommenen Leben, in der
Angst, tragen wir schon ein Stück Gottes voll-
kommener Ewigkeit in uns. Und es gibt Au-
genblicke, in denen wir in unserer unfriedli-
chen Welt erfahren können, was Gottes
Frieden bedeutet. Gott hat uns ein Stück sei-
ner Ewigkeit in unsere Herzen gelegt (Prediger
3,11).
Gott ist immer – wenn auch geheimnisvoll
– mittendrin. Das gibt mir die Freiheit, dem
Hass, der Zerstörung und dem Tod in dieser
Zeit zu widerstehen.

rt

DARAUF IST ABSOLUT VERLASS
Denn ich bin gewiss, dass weder Tod noch
Leben, weder Engel noch Mächte noch Gewal-
ten, weder Gegenwärtiges noch Zukünftiges,
weder Hohes noch Tiefes noch eine andere
Kreatur uns scheiden kann von der Liebe Got-
tes, die in Christus Jesus ist, unserm Herrn.
Paulus im Römerbrief, Kapitel 8,38+39

Töten hat seine Zeit, heilen hat seine Zeit;
abbrechen hat seine Zeit, bauen hat seine Zeit;
lieben hat seine Zeit, hassen hat seine Zeit;
Streit hat seine Zeit, Friede hat seine Zeit.

PREDIGER 3,3+8

Zeit für aktiven Widerstand

Deutschland im Sommer 1939. Es ist kurz vor Beginn des Zweiten Weltkriegs. Ein zwar engagierter, aber nicht politischer Kirchenmann wird in der Auseinandersetzung mit dem gewalttätigen Unrechtsstaat zum aktiven Widerstandskämpfer. Im Film „Bonhoeffer – Die letzte Stufe" von Eric Till (BRD/USA/Kanada 1999) wird das Leben des Pfarrers Dietrich Bonhoeffer erzählt, der in der Nazi-Diktatur mit sich selbst und mit anderen um die Frage ringt: Ist angesichts der systematischen Verfolgung und Vernichtung von Juden, Behinderten und politisch Andersdenkenden sowie des Kriegswahnsinns unter Hitler die Zeit zum aktiven Widerstand gekommen? Zum Tyrannenmord? Er kam für sich und mit anderen zur Erkenntnis: Das Reden hat seine Zeit und das Handeln hat seine Zeit. Auch das Töten eines Tyrannen hat seine Zeit.

Bonhoeffers persönliche Radikalität war Ausdruck seiner Suche um die Nachfolge Jesu und ein Ringen um christlich-ethische Wahrhaftigkeit. Im Ringen zwischen christlichen Idealen und praktischer Notwendigkeit war er bereit, menschliche Gesetze und biblische Gebote zu übertreten und damit auch Schuld auf sich zu laden.

Seine persönliche Entscheidung über die Zeit, in der es geboten ist, Widerstand zu leisten, trifft er während eines Aufenthalts in den USA. Seine Freunde hatten ihn mit einem der letzten Schiffe aus Deutschland geholt. Statt in Sicherheit zu bleiben, kehrt er zurück in seine Heimat.

Die Attentate auf Hitler scheiterten. Bonhoeffers Weg führte ihn den Tod. Er wird am 9. April 1945, wenige Wochen vor Kriegsende, im Konzentrationslager Flossenbürg hingerichtet.

Wir lesen in der Bibel von Propheten, die die Stimme erhoben haben, weil es dazu Zeit war, weil sie von Gott beauftragt waren. – Und doch war ihre Rede oftmals vergeblich. Wir kennen Gottes Pläne nicht.

Bonhoeffers Beispiel hat nach dem Krieg auch innerhalb der evangelischen Kirche zunächst wenig Anerkennung gefunden. Es dauerte, bis seine Botschaft der christlichen Ethik wirkte.

rt

ENTSCHLOSSENHEIT UND GELASSENHEIT

Gebe uns Gott, dass wir das, was zu tun ist,
mit Bedacht und zugleich mit
Entschlossenheit tun.
Wenn es an der Zeit ist.
Mögen wir die Gelassenheit bewahren,
weil für manche Dinge im Leben die Zeit
einfach kommt
und es mit Gottes Hilfe einfach so geschieht.

rt

Schweigen hat seine Zeit,
reden hat seine Zeit.
PREDIGER 3,7B

Die große Stille

„Fast vier Stunden Schweigen", so lautet ein erstaunter Kommentar über den mehrfach preisgekrönten Dokumentarfilm „Die große Stille" von 2005. Das außergewöhnliche Filmprojekt des deutschen Regisseurs Philip Gröning zeigt die Einsamkeit und Stille in dem Kartäuserkloster „La Grande Chartreuse". Keine Hektik oder Aufregung unterbricht den Tagesverlauf der Mönche. Geprägt vom Gebot des Schweigens, erzählt der Film von Menschen, die ihr Leben ganz Gott gewidmet haben. Sie beten in ihren kargen Zellen und in der Kirche während der Messe, sie arbeiten im Garten oder in der Küche.

Eine Reise ins Schweigen. Gemäß der Spiritualität des Ordens wird im gesamten Film kaum gesprochen, mit Ausnahme des Gesangs der betenden Mönche. Und da ist es fast eine Lärmbelästigung, wenn man Schritte auf dem Steinboden, das Rascheln der Kutten im Kreuzgang oder das Glockengeläut hört.

Philip Gröning ist ein nachdenklicher Film gelungen, der „die geheimnisvolle Welt des Glaubens und unser Bedürfnis nach Ruhe im Gegensatz zum modernen Leben" berührt. So die Jury bei der Preis-Entscheidung der Europäischen Filmakademie.

Schweigen ist ein Erlebnis. Manchmal auch sehr schwer auszuhalten.

In der Nähe von Hannover liegt das Kloster Loccum, ein lutherisches ehemaliges Zisterzienser-Kloster, erbaut 1163. Jeden Abend wird um 18 Uhr die Hora, das Stundengebet in der Tradition der Zisterziensermönche, gefeiert. Gäste sind dazu jederzeit herzlich willkommen.

Eine Andacht am Ende des Tages mit schlichter Liturgie. Im Mittelpunkt der Hora: Stille. Nach der täglichen Bibellesung wird – mindestens vier Minuten lang – einfach geschwiegen. Jede und jeder im Gedanken bei sich oder vielleicht auch im Gespräch mit Gott.

rt

DANKE

Gott,
danke für die Stille.
Danke für die Zeit,
die du mir gegeben hast.
Danke für das Leben.
Danke für die Gnade.
Danke, dass du da bist.
aus Frankreich

> Gott hat alles schön gemacht zu seiner Zeit,
> auch hat er die Ewigkeit in ihr Herz gelegt; nur
> dass der Mensch nicht ergründen kann das
> Werk, das Gott tut, weder Anfang noch Ende.
> **PREDIGER 3,11**

Der Regisseur ist in Leben und Tod derselbe. Gott.

Anfang und Ende. Alles dazwischen, all die Alltagsgeschäfte der Menschen, pflanzen, bauen, abbrechen, weinen, lachen, klagen, tanzen, schweigen, reden, lieben, Streit und Friede, geboren werden und sterben. Alles hat seine Zeit. Alles, auch der Tod!

Der Apostel Paulus nennt den Tod den letzten Feind des Menschen. Beendet wird seine Macht in der Sprache der Vision der Bibel erst in der neuen Schöpfung am Ende der Tage, wenn Gott selbst alle Tränen abwischen wird und kein Leid und kein Geschrei mehr sein soll. Bis dahin aber bleibt er der letzte Feind des Menschen.
Weil der Tod aber Teil der Ordnung dieser Welt ist, in der wir leben, begegnet uns in ihm zugleich der Schöpfer dieser Lebensordnung, Gott selbst. Der Regisseur ist in Leben und Tod derselbe: Gott.
Wenn wir den vorzeitigen Tod eines Menschen als skandalös empfinden, so spricht sich eben darin die Erfahrung aus, dass nicht wir die Regisseure, die Herren unserer Zeit sind. Darum bleiben wir ohne Antwort, wenn wir mit unserem Schicksal hadern wie Hiob und fragen: Warum schon jetzt? Stattdessen legen wir wie Hiob vor Gott die Hand auf den Mund und schweigen. „Denn du hast es getan", sagt Hiob.

Dreimal betet Jesus in Gethsemane: „Abba, mein Vater, alles ist dir möglich; nimm diesen Kelch von mir; doch nicht, was ich will, sondern was du willst." Und nach dem dritten Mal geht er dem Tod entgegen. Und als er kommt, sagt Jesus: „Es ist vollbracht!"
Alles hat seine Zeit, weil wir jeden Tag als ein Geschenk, als eine Gnade empfangen dürfen. Wenn wir ins Einverständnis kommen mit unserer Endlichkeit und uns Gott anvertrauen, dann sind wir in Gottes Gegenwart angekommen. So wie der Prediger, der bekennen kann: „Gott hat alles schön gemacht zu seiner Zeit, auch hat er die Ewigkeit in ihr Herz gelegt."
Der uns so oft unbegreifliche Gott, dessen Werk wir nicht ergründen können, hat uns nicht nur dem Gesetz des Todes unterworfen. Er hat uns – und das hat der Prediger 400 vor Christi so nicht sehen können – durch den Tod und die Auferstehung Christi Gottes Gegenwart über den Tod hinaus offenbart. Das ist es, was am Kreuz vollbracht wurde.
Der Herr über Tod und Leben begegnet uns in zweierlei Gestalt, im harten Gesetz des Todes und in der barmherzigen Zuwendung in Christus. Wenn Jesus am Karfreitag sterbend sagt „Es ist vollbracht!", dann besiegelt er mit seinem Tod die Wahrheit der gnädigen Gegenwart Gottes.

rt

LIEBE IN CHRISTUS
Derselbe Paulus, der den Tod zum letzten Feind des Menschen erklärt, sagt nach der Begegnung mit dem Auferstandenen: „Ich bin gewiss, dass weder Tod noch Leben uns scheiden kann von der Liebe Gottes, die in Christus Jesus erschienen ist, unserem Herrn."

rt

Ihr seid das Salz der Erde.
MATTHÄUS 5,13A

Alles andere als ein wenig Geschmacksveränderung

Dieser Satz Jesu liegt mir quer: Wer bin ich denn? Was kann ich schon?

Gehöre ich nun plötzlich auch zu den „Ihr"? Und wer sind die anderen? Wohl alle, die nicht ihre Ohren und Herzen verschließen und auf Jesus hören. Christen um die Ecke und weltweit. Ein außergewöhnliches Netzwerk: schwache Menschen, die vom Himmel Kraft erhalten.

Jesus ist meiner Wahrnehmung weit voraus: Es wäre ja wirklich schon viel, wenn er anderen und mir einen deutlichen Auftrag erteilte und dann die Kraft dafür geben würde. Dann könnten wir loslegen – vielleicht.

Aber er ist schon viel weiter. Es geht nicht mal mehr um unsere Zustimmung. Es geht auch nicht um unsere Überzeugung, dass wir genügend Kraft haben. Darüber diskutiert er nicht einmal: „Ihr seid das Salz der Erde." Das gilt schon jetzt! Wir können nicht ausweichen vor der Beauftragung, vor der Verheißung, vor der Kraft. Größenwahnsinnig wären wir, wenn wir dennoch versuchten, uns zu entziehen. Dann wären wir zu nichts mehr nütze, so sehr wir auch von uns selbst überzeugt wären.

Warum spricht Jesus gerade die Menschen an, die objektiv betrachtet von ihrer Bildung und beruflichen Qualifikation her die geringste Power haben?

Er zweifelt einfach nicht daran, dass seine Berufenen das auch können. Als Auftraggeber befähigt er sie gleichzeitig. Er selbst sorgt für die Erfüllung der Verheißung: mehr als ein Traum!

Wir sind das Salz der Erde: mehr als nur ein wenig Geschmacksveränderung!

Jesus ist nicht gekommen, um dem, was fade ist, eine neue Geschmacksnuance anzubieten. Er rettet aus der Verlorenheit der Gottesferne und schenkt neues, ewiges Leben.

Vertrauen wir ihm oder entziehen wir uns? Lassen wir uns in Verheißung, Auftrag und Erfüllung hineinnehmen?

ps

DU GEHÖRST DAZU

Ihr seid das Salz der Erde,
das Salz in der Suppe der Welt,
damit sie nicht geschmacklos wird.

Versalzt euch eure Zukunft nicht.
Verliert euch nicht.
Zeigt eure Kraft.
Lebt, was ihr seid.

fb

Licht der Welt

Ihr seid das Licht der Welt.
MATTHÄUS 5,14A

Anspruch oder Wirklichkeit?

Jesus spricht seinen Jüngern, wie schon im vorangehenden Vers, eine Eigenschaft zu, ohne sie nach ihrem Können oder Wollen zu befragen.

Er ist es, der die Tatsachen schafft. Seine Kraft ist in den Schwachen mächtig. Die Schöpfung ist noch nicht am Ende. Seine Nachfolgerinnen und Nachfolger weisen auf ihn hin. Sie sollen nicht nur das Licht der Welt sein, sie sind es auch!

Interessanterweise sagt Jesus nicht zu einer herausragenden Einzelperson: Du bist das Licht der Welt. Er wird es auch niemals tun. Denn diese Eigenschaft kann nur er allein ausfüllen. So gibt der Evangelist Johannes auch Jesu Selbstbezeichnung wieder: „Ich bin das Licht der Welt. Wer mir nachfolgt, der wird nicht wandeln in der Finsternis, sondern wird das Licht des Lebens haben."

Er verleiht seiner kleinen christlichen Gemeinschaft vor Ort und seiner Gemeinde weltweit die Kraft, die Welt in ein neues, unauslöschliches Licht zu stellen. Gemeinsam sind sie seine Stellvertreter und weisen auf ihn, das wahre Licht, hin. Vereinzelt können seine Jünger das nicht. Christsein ist immer auf Gemeinschaft hin angelegt.

So bringt Jesus seinen Jüngern auch bei, wie sie gemeinsam zu Gott beten können. Das bekannteste aller Gebete beginnt mit den Worten: „Vater unser im Himmel" und nicht etwa: „Vater mein im Himmel".

Jesus schafft eine neue Wirklichkeit. Sie ist mit seinem eigenen Anspruch verbunden, der einzige Weg zum Vater zu sein.

Christen haben nun die gemeinsame Aufgabe, Wegweiser und Heimleuchter zu dem Gott zu sein, der es nicht nur gut meint mit seinen Menschen, sondern auch wahres und ewiges Leben schenkt. Mit seinem Sohn, der auf diese Welt gekommen und am Kreuz gestorben ist, hat er das ein für alle Mal klargestellt. Das ist die beste Botschaft aller Zeiten. Diese Erleuchtung braucht die Welt. Wollen wir das verschweigen?

ps

MEIN LEBEN

Gott,
führe mein Leben
immer wieder
aus dem grauen Alltag
in das Licht deiner Verheißung.

fb

Da gebot der Pharao seinem ganzen Volk und sprach: Alle Söhne, die geboren werden, werft in den Nil, aber alle Töchter lasst leben.
2. MOSE 1,22

Schifra und Pua –
Mut, der die Angst besiegt

„Das mache ich nicht! Dafür bin ich nun wirklich nicht Hebamme geworden!" Im Schatten eines Olivenbaumes sitzen zwei Frauen. In den Händen halten sie Schalen mit Tee. Denn der tut gut bei der Wärme hier, unweit des Nils. „Ich töte keine Babys", sagt die andere Frau. „Wir finden eine Lösung."

Die beiden Hebammen, Schifra und Pua, bringen die Kinder ihrer Landsleute auf die Welt. Ihre Landsleute: Das sind Hebräer. Seit Generationen leben sie schon hier in Ägypten, unter harten Bedingungen. Früher einmal – so haben es die Alten oft erzählt – waren die Hebräer umherziehende Hirten. Arm waren sie damals, aber frei. Dann jedoch kam eine Zeit der Dürre. Da blieb nur ein Weg: Sie mussten bei den reichen Ägyptern um Arbeit fragen. Die hatten genug davon. Ganze Städte ließen die Pharaonen errichten und brauchten dafür Arbeitskräfte.

Also war Schluss mit dem Hunger. Aber auch Schluss mit der Freiheit. Fremdarbeiter waren sie nun. Und je mehr von ihnen sich am Nil niederließen, desto feindseliger wurde die Stimmung gegen sie. „Eines Tages werden wir nicht mehr die Herren sein im eigenen Haus", sagen die Ägypter. „Ausländer raus!" Der Pharao beschließt, Maßnahmen zu ergreifen. Die Hofbeamten bestellen die hebräischen Hebammen zu sich: „Ihr wisst doch, wie die Stimmung gegen euch Hebräer ist!? Ihr seid zu viele! Da kann man doch etwas tun. Ihr versteht, was wir meinen?" Schifra und Pua verstehen nicht. „Nun, der ein oder andere 'Kunstfehler', besonders bei den Knaben."

Jetzt verstehen sie wohl, aber sie wollen nicht. Und so sitzen sie nun unter dem Olivenbaum und beratschlagen, was sie tun können. „Nein!", sagt Pua. „Und wenn sie uns ins Gefängnis werfen oder umbringen! Nein!" „Weißt du, was wir machen?" antwortet Schifra. „Wir behaupten einfach, dass uns die Frauen erst rufen lassen, wenn die Kinder schon geboren sind."

Und so blieben die hebräischen Kinder am Leben, vorerst. Schifra und Pua wurden zu Vorbildern wegen ihres Mutes. Heute würden wir wohl von Zivilcourage reden.

Auch ein ganz besonderes Kind überlebte, dank des Mutes dieser beiden Frauen. Die Mutter brachte das Kind zur Welt, aber nun trachtete der Pharao den gerade geborenen Kindern nach dem Leben. So blieb der Mutter nur, ihr Kind in einem Schilfkörbchen auf dem Nil auszusetzen. Dort fand es ausgerechnet die Tochter des Pharaos, hatte Mitleid und zog es am Königshof auf. Sie wissen schon: Moses! Von ihm erzähle ich morgen mehr.

tg

WAS IST NOT-WENDIG?
Gott, schenk mir Mut,
für das Leben einzutreten,
wo es notwendig ist,
wo es Not wenden kann.

fb

Und der Engel des HERRN erschien ihm in einer feurigen Flamme aus dem Dornbusch. Und er sah, dass der Busch im Feuer brannte und doch nicht verzehrt wurde.

2. MOSE 3,2

Der brennende Dornbusch –
Wer Gott erkennen will,
muss sich auf ihn einlassen

Moses kann nicht einschlafen. Zippora, seine Frau, liegt neben ihm, und er hört ihre gleichmäßigen Atemzüge. Er hat ihr noch nichts erzählt von dem, was ihm geschehen ist. Jetzt liegt er da und fragt sich, ob er vielleicht nur geträumt hat. Nein, dafür war es zu wirklich, zu real. Aber wie kann das sein? Ein Busch, der brennt, und doch nicht herunterbrennt? Eine Stimme mitten aus dem Feuer? Moses überlegt, ob er aufstehen soll von seinem Lager, leise, um Zippora nicht zu wecken, und ob er nachschauen soll: Ist da ein Brandfleck? Ist der Busch, der nicht verbrennen wollte, immer noch da? Er verwirft den Plan. Denn es ist Nacht, und außerdem: Was nützt ihm der Busch ohne die Stimme? Die hatte ihn getroffen, wie eine Botschaft aus einer anderen Welt, von weit her – und doch war sie ganz nah. Die Stimme Gottes, im Feuer verborgen – aber noch nie waren Worte so klar an sein Ohr gedrungen: „Moses! Führe mein Volk aus Ägypten in ein Land, wo Milch und Honig fließen. Denn ich habe das Elend meines Volkes in Ägypten gesehen."

O ja, Moses weiß, wovon die Stimme gesprochen hat. Das Elend seines Volkes, der Hebräer, hat auch er gesehen: Wie seine Landsleute schuften und immer mehr Ziegelsteine aus dem Nilschlamm formen müssen – und wie hart die ägyptischen Aufseher mit ihnen umgehen. Er hat diesen Aufseher vor Augen, der auf einen der hebräischen Arbeiter eingeprügelt hat, und wie er, Moses, ganz gezielt dazwischengegangen ist ... und wie er den Aufseher getötet hat. Er erinnert sich, wie er nach Midian geflohen ist und dann das Glück hatte, Zippora zu treffen, die er geheiratet hat. Jetzt schläft sie neben ihm. Aber seine Landsleute in Ägypten hat er nicht vergessen.

Und nun ist ihm diese Stimme erschienen und hat ihm einen Auftrag erteilt, der ihm Angst macht. So hat er, als wollte er Zeit gewinnen, gefragt: „Wer bist du?" Und die Stimme hat ihm einen seltsamen Namen genannt. „Ich werde für dich da sein". Und auf einmal begreift Moses: Wer Gott wirklich kennenlernen will, der muss sich mit ihm auf den Weg machen. Wer Gott erkennen will, der muss sich auf ihn einlassen. Es ist mit ihm wie mit einem Menschen, der dir wirklich wichtig ist. Was er dir bedeuten wird, kannst du erst erfahren, wenn du mit ihm lebst. Vorsichtig weckt Moses Zippora auf, erzählt ihr, was geschehen ist. Er sagt: „Es wird ein langer Weg. Und er ist gefährlich. Aber du kommst doch mit?" Zippora schaut Moses an – und schließlich nickt sie.

tg

FRAGE

Wo ist mein Auftrag?
Und wer begleitet mich dabei?

tg

Und die Israeliten gingen hinein mitten ins
Meer auf dem Trockenen, und das Wasser war
ihnen eine Mauer zur Rechten und zur Linken.
2. MOSE 14,22

Das Schilfmeer –
Gott will ein Ende der Unterdrückung

Es ist Morgen. Mirjam, Moses Schwester, ist vor
das Zelt getreten und hat die Augen geschlossen. In ihr steigen die Bilder des gestrigen Tages
auf:

Der lange Zug der Menschen und Tiere, be-
packt mit den Habseligkeiten. Endlich frei!
Endlich entlassen aus der Sklaverei in Ägypten!
Endlich auf dem Weg ins Gelobte Land.

Aber dann war da diese Staubwolke am Horizont. Das konnten nur die Ägypter sein. Sie
kamen rasch näher mit ihren Streitwagen. Hat
es sich der Pharao also doch anders überlegt?!
Entnervt hatte er sie gehen lassen. Aber nun
kam er ihnen nach.

Sicher, seine Wut musste groß sein. Denn so
viel Unglück war über Ägypten hereingebro-
chen. War es die Schuld der Hebräer? Natürlich
dachte der Pharao so. "Dachten wir nicht selbst
so?", geht es Mirjam durch den Kopf. Die Heu-
schreckenplage, die Viehpest, das ungenießbar
gewordene Wasser – das konnte doch nur Gottes Strafe sein für das Unrecht der Sklaverei.

Die Staubwolke kam immer näher. Wohin sollten sie fliehen? Ringsumher nur Wüste, kein
Schutz. Und vor ihnen das Wasser, das Schilfmeer. Sie erinnert sich, wie sie dachte, dort, in
die Enge getrieben, sterben zu müssen.

Aber dann war das Wunder geschehen. Das
Wasser wich zurück. Sofort zogen sie mit Mann
und Maus durch das nun trockene Meer. Als
sie die andere Seite erreicht hatten, kam hinter
ihnen das Wasser zurück. Gerettet! Mit dem
Leben davon gekommen! Die Ägypter konnten

ihnen nichts mehr tun. Und so feierten sie,
unendlich erleichtert, befreit von aller Angst.
Mirjam denkt zurück, wie sie die Pauke nahm
und den Takt schlug. „Der Herr hat Großes an
uns getan".

Jetzt, tags darauf, steht sie vor dem Zelt, schaut
aufs Wasser und denkt: Wieviel Leid hat es
gegeben – bei uns, während der Zeit der Sklaverei, aber auch bei den Ägyptern. Warum soll
es nicht möglich sein, in Frieden miteinander
zu leben? Wenn wir angekommen sind in dem
Land, das Gott uns versprochen hat, wollen
wir es anders machen. Gott will, dass wir lernen einander zu achten. Wer fremd bei uns
ist, soll nicht schlecht behandelt und geknech-
tet werden.

So, wie Mirjam es sich gedacht haben mag,
können wir es heute in der Bibel lesen:
„Die Fremdlinge sollst du nicht bedrängen und
bedrücken; denn ihr seid auch Fremdlinge in
Ägyptenland gewesen."

tg

BEFREIUNG
Ich sehe Stillstand.
Du siehst Bewegung.
Mir stockt der Atem.
Du schaffst mir Luft.
Mich drücken Lasten.
Du schenkst mir Hoffnung.
Du lässt mich wissen:
Ich bin dein Kind.

ds

Und Mose führte das Volk aus dem Lager Gott
entgegen und es trat unten an den Berg. Der
ganze Berg Sinai aber rauchte, weil der HERR
auf den Berg herabfuhr im Feuer.
2. MOSE 19,17+18A

10 Gebote für eine neue Welt

„Warte du hier unten, während ich auf den Berg gehe", hat Moses zu mir gesagt. Ich bin übrigens Aaron, Moses Bruder. Er zog dann einen langen Strich am Fuß des Berges. „Diese Linie dürft ihr nicht überschreiten", hat er gesagt, „keiner von euch." Dann ging er hinauf und war bald in einer Wolke verschwunden. Wir wussten, er wollte mit Gott sprechen. Uns blieb nur zu warten. Aber die Leute waren unruhig und missmutig. Kein Wunder, denn wir waren nun schon drei Monate unterwegs seit unserem Auszug aus Ägypten. Am Schilfmeer waren wir nur mit knapper Not dem Tod entronnen. Und nun lagerten wir inmitten dieser Einöde, wo kaum ein Strauch wächst. „Ich führe euch in das Land, wo Milch und Honig fließen", hat Gott zu meinem Bruder Moses gesagt, damals. Ja, angeblich. Aber ich sah nichts davon! Da waren nur Sand, Steine, Dürre.

Kurz und gut: Ich musste etwas tun. Dachte ich wenigstens. Und so habe ich die Leute aufgefordert, ihren Goldschmuck einzusammeln. Dann haben wir dieses kleine Kalb gegossen. Eigentlich sollte es ja ein Stier werden, wie wir das aus Ägypten kannten. Stiere stehen dort für Fruchtbarkeit und Stärke. Für das Leben! Ich hab's doch nur gut gemeint. Ich dachte: Dann haben die Leute was, woran sie sich halten können. Nicht so einen Gott, der unsichtbar bleibt, sich immer in Wolken hüllt.

Dann kam Moses zurück. Einen solchen Zorn habe ich noch nicht gesehen. Sogar die Steintafeln mit den Geboten, die er von Gott bekommen hatte, hat er zu Boden geworfen und zerbrochen. Ich habe versucht, es ihm zu erklären: „Moses, die Leute glauben nicht mehr daran, dass sie dieses Land je sehen werden, das du ihnen versprochen hast." „Das ist es ja", hat er gesagt. Und er hat behauptet, dass wir das Stierbild ausgewählt haben, weil es uns an Ägypten erinnert. Und dass wir uns dahin zurücksehnen. „Da hatten wir wenigstens zu essen", habe ich gesagt. „Ja", sagte er, „aber hast du vergessen, dass wir wie Sklaven waren? Jedes Gottesbild", sagte er, „dass du dir mit deinen Händen schaffst, bindet dich an das, was war. Gott will, dass wir auf eine neue Welt hoffen. Eine, die ganz anders ist als die, die wir kennen, mit all der Not und dem Unrecht." „Und deshalb bleibt Gott selbst unsichtbar?", habe ich Moses gefragt. „Ja", sagte er, „ich glaube schon."

Er ist dann wieder auf den Berg gegangen, um noch einmal Tafeln zu holen mit den zehn Geboten. Ich habe sie gelesen. Auch das erste Gebot: Ich bin der Herr, dein Gott. Du sollst keine anderen Götter haben neben mir.

Keinen anderen Gott haben als den unsichtbaren Gott! Das ist nicht leicht.

tg

FREIHEIT

Gott, zwischen der Freiheit,
die du schenkst, und allen Versuchungen
liegt das Wunder, das täglich geschehen kann,
weil du es an mir tust.

fb

Und Mose war hundertundzwanzig Jahre alt,
als er starb. Seine Augen waren nicht schwach
geworden und seine Kraft war nicht verfallen.
5. MOSE 34,7

Moses Tod –
Das Leben bleibt ein Fragment

„Geh dort auf den Berg hinauf." So hat Gott zu Moses gesagt. Moses ist alt geworden und fürchtet den schweren Aufstieg, tut aber, was Gott ihm auftrug. Nun sitzt er nahe des Gipfels auf einem Stein und ruht sich aus. Dort unten, ganz klein, ist der Jordan zu erkennen. Die Wasseroberfläche glitzert. Vor ihm liegt das gelobte Land. Das Land, wo Milch und Honig fließen, so hat er immer gesagt.

Dieses Land hat Gott uns versprochen, denkt Moses. Vierzig Jahre ist das her. Und nun liegt es dort unten, zu seinen Füßen: Das Gelobte Land! „Du aber, Moses", so hat Gott zu ihm gesagt, „wirst nicht mehr dorthin gelangen." Nur dieser eine Blick soll ihm noch vergönnt sein. In ihm mischen sich Glück und Trauer: Glück über den Anblick, der sich ihm bietet, Trauer, weil er weiß, dass er den Weg dorthin nicht zu Ende gehen kann. War dann nicht alles umsonst?, durchfährt es ihn.

Nein, denkt Moses. Nichts war umsonst. Den Weg hierher zu suchen und zu gehen, war meine Aufgabe. Umsonst ist nur das Leben, das seine Aufgabe nicht sieht und nicht annimmt. Und: Kommen wir denn je im Leben ganz und gar ans Ziel? Glück und Frieden, wie Gott es uns versprochen hat, müssen immer wieder neu gewonnen werden. Sie bleiben stets Aufgabe und Ansporn. Und jedes Leben ist nur ein Abschnitt auf dem Weg dorthin.

So sitzt Moses oben auf dem Berg und schaut auf das verheißene Land. Er weiß, dass er alt ist und sterben wird. Das verheißene Land wird er nicht mehr betreten. Aber sein Volk! Moses schaut auf zum Blau des Himmels und ein Lächeln huscht über sein Gesicht.

tg

DIESE WELT IST GOTTES WELT
Ihr seid diejenigen,
zu denen Gott sagt:
Seid Hoffnungsträger!
Lasst euch neu dazu ermutigen,
geht von hier in die Welt
und verkündet:
Diese Welt ist Gottes Welt.
Diese Welt ist für das Schöne und Gute gemacht.
In dieser Welt sollen Frieden herrschen,
Freundschaft und Zuneigung.
Und Gott hat das letzte Wort.
Desmond Tutu

Esau sprach zu seinem Vater:
Hast du denn nur *einen* Segen, mein Vater?
1. MOSE 27,38A

Geschwister

„Hast du denn nur einen Segen, mein Vater?" – ist die verzweifelte Frage Esaus, als er zu seinem Vater Isaak kommt, um den Segen des Erstgeborenen zu empfangen. Er muss feststellen, dass ihm sein Bruder Jakob zuvorgekommen ist. Es ist eine Geschichte, die sich in vielen Familien bis auf den heutigen Tag wiederholt: Geschwister streiten die Liebe ihrer Eltern. In dieser Geschichte spiegelt sich zugleich die wechselseitige Wahrnehmung von Juden und Christen. Juden und Christen beanspruchten jeweils für sich, Jakob zu sein und sahen in der Gestalt Esaus die je andere Religion.

Die Kirche nahm für sich in Anspruch, allein Erbin aller Verheißungen Gottes zu sein. Das Judentum wurde herabgesetzt. Der Bund Gottes mit Israel sei aufgekündigt, predigten Pfarrer bis in die Gegenwart.

Nein, widersprach Martin Buber: Gottes Bund mit Israel ist nicht gekündigt. Unter Berufung auf Paulus stimmten christliche Theologen ihm zu: „Gott hat sein Volk nicht verstoßen ..." So steht es in Römer 11,2.

Wenn wir der Geschichte von Jakob und Esau weiter folgen, dann stellen wir fest: Gott hat nicht nur einen Segen.

Esau, der so zornig auf seinen Bruder war, dass er ihn töten wollte, begegnet ihm nach vielen Jahren. Esau läuft Jakob entgegen, fällt ihm um den Hals, küsste ihn und beide weinen ... „Ich sah dein Angesicht, als sähe ich Gottes Angesicht ..." sind Jakobs Worte in 1. Mose 33,10. Sie könnten auch von Esau stammen. Die Bibel zeigt uns, dass Versöhnung zwischen Geschwistern möglich ist.

Welche Aufgabe und welche Verheißung!

ur

GOTTES LIEBE VERBINDET UNS

Aus Liebe schreibt Gott seine Geschichte
mit uns.
Aus Liebe kümmert er sich um uns.
Aus Liebe schafft er uns Menschen.

Aus Liebe setzt er das Zeichen des
Regenbogens in die Wolken –
dafür dass er das Leben für immer
bewahren will.

Aus Liebe führt er sein Volk
aus der Sklaverei –
und zeigt uns:
Unser Gott ist ein Gott der Befreiung.

Aus Liebe sendet er Propheten,
die uns den richtigen Weg weisen sollen
und die uns die Welt Gottes ausmalen.

Er bricht Mauern nieder, die Menschen trennen.
Er zeigt uns, was Liebe alles verändern kann.

Er geht so weit, dass nichts mehr zwischen uns
steht.

fb

Ich will mich dir verloben für alle Ewigkeit.
HOSEA 2,21A

Ein ganzer Chor

Diesen Satz sprechen Juden allmorgendlich beim Anlegen der Gebetsriemen. „Es ist so, als ob du dich jeden Morgen neu mit Gott verheiratest", sagt die praktizierende Jüdin Phyllis Toback. Der Bund zwischen Gott und Israel wird täglich neu geschlossen, die Liebe neu besiegelt.

Es dauerte lange, bis die christliche Theologie erkannte: Der Bund zwischen Gott und dem jüdischen Volk existiert bis heute. Diese Einsicht findet sich aber schon bei Paulus im Römerbrief. Sie musste jedoch wieder entdeckt werden.

Was bedeutet dieser paulinische Satz vom ungekündigten Bund Gottes mit Israel konkret? Er bedeutet, dass nicht allein Christinnen und Christen geliebte Kinder Gottes sind und seine Botschaft verkünden, sondern dass sie Geschwister haben, die zum Teil auf andere Weise, aber auf ebenso legitime und gültige Weise Gottes Botschaft verkünden und Gottes Willen tun.

Es bedeutet, dass es neben der christlichen Auslegung der Bibel noch eine weitere Stimme gibt, die jüdische Auslegung. Sie steht nicht einfach in Konkurrenz zur christlichen Auslegung – sie ergänzt, bestätigt oder widerspricht auf eine ihr ganz eigene Weise.

In Psalm 62 heißt es: „Eins hat Gott geredet, ein zweifaches habe ich gehört." Die Auslegung von Gottes Wort gibt es nur mehrstimmig: ein ganzer Chor.

Christinnen und Christen tun gut daran, auch auf jüdische Stimmen zu hören, denn sie bereichern das Verständnis der Bibel und von Gott.

ur

ZUGANG ZU GOTT
Alle Menschen
haben Zugang zu Gott,
aber jeder einen anderen.
Martin Buber

[...] wandelt in allen Wegen, die euch der Herr,
euer Gott, geboten hat.
5. MOSE 5,33A

Wir sind Echo auf
Gottes heimlichen Gesang

Der jüdische Religionsphilosoph Abraham Joshua Heschel (1907-1972) wurde in Warschau geboren, studierte in Berlin Philosophie und lehrte in New York am *Jewish Theological Seminary*. Heschel setzte sich intensiv mit den politischen Fragen seiner Zeit auseinander. Gemeinsam mit Martin Luther King demonstrierte er gegen Rassismus. Er protestierte gegen den Vietnamkrieg und er beschäftigte sich intensiv mit dem Verhältnis von Juden und Christen.

Heschel fragt: „Was eint uns? Dass wir Gott Rechenschaft schulden, dass wir Gegenstand von Gottes Zuwendung sind, kostbar in seinen Augen." Die Ebenbildlichkeit des Menschen ist ein zentraler Aspekt von Heschels Theologie: Jeder Mensch ist als Bild Gottes geschaffen. Jeder Mensch ist kostbar. Wird ein Mensch verletzt, so wird auch Gott verletzt.

Entscheidend ist, den Willen Gottes zu tun. „In einer frommen Tat sind wir Echo auf Gottes heimlichen Gesang; wenn wir lieben, singen wir Gottes unvollendetes Lied weiter. Man kann kein anderes Bild des Allerhöchsten anfertigen als nur dies eine: unser eigenes Leben als Abbild seines Willens. Der Mensch nach seinem Bilde geschaffen, ist dazu bestimmt, seine Wege des Erbarmens nachzuahmen. Er hat dem Menschen die Macht delegiert, an Seiner statt zu handeln. Wir sind seine Stellvertreter, wenn wir Leiden lindern und Freude bringen."

ur

IMPULS

Wir können
nur mit Gott reden,
wenn wir unsere Arme
um die Welt legen.
Martin Buber

Das Himmelreich ist nahe herbeigekommen!
MATTHÄUS 4,17B

Jesus verkündet Gottes neue Welt

Wochenlang waren wir unterwegs, von Ort zu Ort. Eine bunte Schar. Es waren auch einige Frauen dabei, was manchmal Anstoß erregte. In unserer Mitte: Jesus. Er stammte aus Nazareth und war früher ein einfacher Handwerker. Wir nannten ihn Rabbi, weil er unser Lehrer war. Allerdings war er ein anderer Rabbi, als wir sie sonst kannten – ohne eine feste Bleibe. Auch wir, die Jünger, sind fortgegangen von zu Hause und lebten dieses neue, andere Leben. Unterwegs auf den Straßen und Wegen Israels.

Wenn wir in ein Dorf oder eine Stadt kamen, sind wir meist auf die öffentlichen Plätze gegangen. Die Leute kamen dann von allein dazu. Sie hatten meist schon von Jesus gehört. Sie mochten ihn. Zumindest die einfachen Menschen. Er redete wie sie. Er benutzte Beispiele aus ihrer Welt. Er sprach zum Beispiel von einem Samenkorn, das in die Erde gelegt wurde. So wie das Samenkorn aufgehen wird, aufgehen muss, wird auch das Reich Gottes kommen. Wenn Jesus sprach, dann fast immer von Gottes kommendem Königreich. Bald schon wird Gott es aufrichten, sagte er. Dann wird nichts mehr sein, wie es war. Alles Leid, alle Trauer, alle Angst werden aufhören. Die immer die Letzten waren, werden die Ersten sein. Die Benachteiligten, an den Rand Gedrängten und Verirrten werden in die Mitte geholt. Das verstanden die Leute, die ehemaligen Kleinbauern, die nichts mehr besitzen, die armen Fischer und Handwerker.

Jesus sprach meist in Bildern. Einen Vergleich mochte er besonders gerne: den vom großen Gastmahl. Im Reich Gottes, so sagte er, ist es wie bei einem Festmahl. Alle sind eingeladen. Alle dürfen kommen. Für alle ist genug da. Es gibt keine Ehrenplätze, keine Unterschiede mehr.

So wie bei diesem Gastmahl wurden wir oft in die Häuser der Leute eingeladen. Aber statt sich höflich zu bedanken, holte er weitere Gäste dazu, die sonst außen vor geblieben wären. Er wollte damit zeigen: In unserer Gemeinschaft wird die Welt neu und gut. Es wurde dann schon etwas spürbar von dem künftigen Gottesreich. Und dann merkten wir: Hier ist Gott. Hier ist Gottes neue Welt.

tg

FÜREINANDER DA

Die Stadt Gottes kennt keine Fremden.
Das begreift dort nicht nur ein Kind.
Die Angst verfliegt, wenn man sich sieht.
Geteiltes Leben macht alle satt –
und das ist der Reichtum der Stadt.

fb

Und eine Stimme kam aus dem Himmel: Du
bist mein lieber Sohn, an dir habe ich
Wohlgefallen.
LUKAS 3,22B

Jesus, der Messias

Es war schon merkwürdig: Je größer die Verzweiflung unter den Leuten war, desto größer
war auch die Hoffnung. Wir hofften, eines Tages käme ein Retter. Wir nannten ihn „den
Messias". Gott würde ihn schicken. Nach so
langem Warten. Bald würde das Elend ein Ende
haben. Es musste ja einmal ein Ende haben!
Denn in was für einer Zeit lebten wir! Das Land
– besetzt von den Römern. Sie hatten Bilder
ihrer Götter aufgestellt in unserem Tempel.
Herodes war das, der sich König der Juden
nannte. Dabei kannte er das Gebot genau. Ich
bin der Herr, dein Gott, du sollst keine anderen
Götter haben neben mir. Herodes wollte seine
Macht demonstrieren. Deshalb hat er das getan. Oh, er hat prachtvolle Bauten errichten
lassen. Auch den Tempel hat er vergrößert, viel
schöner gemacht. Aber von wessen Geld? Die
Leute waren am Ende wegen der hohen Abga-
ben. Viele lebten von der Hand in den Mund!
Und dann diese Willkür. Bevor er starb, befahl
er seiner Schwester Salome, 15.000 Männer
von uns töten zu lassen, damit das Land über
seinen Tod weinen sollte. Zum Glück hat sie
es nicht getan.
Wie sehr haben wir uns danach gesehnt, was
uns von alters her versprochen war: dass der
Retter käme. Ein ganz anderer König. Der
Heilskönig. Der Gesalbte Gottes. Dann würde
das ganze Land sein wie der Garten Eden. Gerechtigkeit würde herrschen. Die Menschen
könnten leben ohne Furcht.

Ja, und dann kam dieser Mann aus Nazareth.
Jesus. Sohn eines Zimmermanns. Er zog alle
in seinen Bann. Konnte er der Messias sein?
Er war nicht wie ein bedeutender König oder
ein Hohepriester. Kann so einer die Welt verwandeln? Kann er das Unrecht, das Leid überwinden?
Und doch: Er hatte etwas Erhabenes an sich. Es
lag in seiner Schlichtheit. In der Art, wie er redete. Es lag in dieser bestechend einfachen Botschaft: Die Welt würde eine andere werden,
wenn wir zu lieben und zu vergeben lernten.
Wenn wir uns keine Sorgen mehr machten, was
morgen sein wird. Wenn wir unsere Arme öffneten und Gottes Liebe die Menschen ansteckte.
Wenn Vertrauen die Angst ersetzte.
Wir haben es erlebt: Wenn wir zusammen
saßen mit ihm an einem Tisch. Und mit uns
die Verachteten und Ausgestoßenen. Dann
war etwas da von Gottes neuer Welt.
Dann wussten wir: Nur so wird die Welt neu.

tg

VERWANDLUNG

Tritt ein, mein Gott,
meine Tür steht dir offen.
Ich möchte dich aufnehmen
und das Wort von deiner Liebe
in meinem Hause hören.
Tritt ein, mein Gott,
und mach dein Wort der Liebe
in mir stark.

mr

Denn siehe, das Reich Gottes
ist mitten unter euch.
LUKAS 17,21B

Susanna und Johanna

Susanna und Johanna gehören zum Kreis der Jünger, die mit Jesus durchs Land ziehen. Gerade kehren sie vom Markt zurück. Die Jünger Jesu sind in Kapernaum in ein Haus eingeladen. Dort wollen sie gemeinsam essen. Susanna und Johanna wissen: Das Haus wird voll werden, denn es sind heute fast 20 Menschen, die mit Jesus kommen. Die beiden Frauen haben deshalb beschlossen, zum Essen etwas mitzubringen: Oliven, Brot, auch etwas Wein. Susanna kommt aus einer wohlhabenden Familie. Johanna dagegen ist arm. Trotzdem verstehen sich beide Frauen prächtig.

Das ist ein bisschen wie früher, findest du nicht?", sagt Johanna. Susanna guckt sie erstaunt an: „Findest du? Wieso?" „Na ja", sagt Johanna: „Ich meine, wir kümmern uns um das leibliche Wohl und die Männer sitzen bestimmt schon zusammen und reden. Gut", fügt sie hinzu, „bei dir zu Hause war für das Essen bestimmt eine Sklavin zuständig. Du kommst ja aus besseren Verhältnissen." „Ich finde überhaupt nicht, dass es wie früher ist", entgegnet Susanna. „Uns ging es zwar gut, aber ich war früher an das Haus gefesselt. Bei uns hieß es: Die Grenze einer verheirateten Frau ist das Tor des Hauses. Und die Grenze eines jungen Mädchens ist die Tür der hinteren Gemächer. Allein bin ich fast nie aus dem Haus gegangen." „Bei mir war es nicht ganz so schlimm", sagt Johanna, „wir einfachen Frauen waren schon immer mit auf dem Feld oder haben sonst irgendwie gearbeitet. Aber wenn die Männer miteinander sprachen, haben auch wir uns unsichtbar gemacht." „So ist es fast überall", stöhnt Susanna. „Und wenn eine Frau klug ist und es auch zeigt, dann heißt es meist: Die ist wie ein Mann. Als ob Klugheit den Männern vorbehalten wäre." Dann fügt sie hinzu: „Jesus hat uns von Anfang an so behandelt, als würde er solche Unterschiede nicht kennen." „Stimmt", meint Johanna, „er hat uns Frauen nicht benachteiligt. Denk an die Frau aus Samarien, die er am Brunnen traf. Mit ihr hat er über das ewige Leben gesprochen. Und alle haben sich aufgeregt, weil man mit einer Frau angeblich keine ernsthaften Dinge bespricht."

„Ja", sagt Susanna, „ähnlich war's mit Maria und Martha. Martha hat sich die ganze Zeit um den Haushalt gekümmert, während Maria Jesus zuhörte. Und als Martha sich beschwerte, hat er Maria gelobt." „Nicht, dass wir noch Ärger dafür bekommen, dass wir uns um das Essen kümmern", lacht Johanna. „Das glaube ich kaum", sagt Susanna, „komm, da vorne ist schon das Haus, wo wir uns treffen."

tg

NIMM MICH MIT
Sei du an meiner Seite.
Nimm mich mit.
Lass mich Liebe finden.
Und das Leben.

tk

233

Auch Judas war eingeladen

Warum hat er das getan? Die Empörung ist auch Jahre später noch groß. Mal wieder ist Judas, der Verräter, das Gesprächsthema. Die Gedanken von Andreas und Johannes wandern zurück zu den Tagen vor Jesu Kreuzigung. Warum hat Judas Jesus verraten und die Soldaten zu ihm geführt? Dabei wissen die Jünger Jesu: Sie alle sind geflohen und ließen Jesus allein. Keiner steht ganz ohne Schuld da.

„Ach", sagt Andreas, „Judas war wohl nur hinter dem Geld her." „Das glaube ich nicht", sagt Johannes. „Jedenfalls hat er die 30 Denare vom Hohen Rat genommen", fällt ihm Andreas ins Wort. „Ja", sagt Johannes. „Sie brauchten ja einen, der ihnen sagte: Der da ist es! Aber Jesus kam wie wir aus Galiläa. Und so kannten sie ihn natürlich nicht." „Weißt du, wie der Kontakt zu den Hohepriestern zustande gekommen ist?", fragt Andreas? „Ich sage dir, der hat seine Chance gewittert. 30 Denare! Der ist da hingegangen und hat den Verrat angeboten." „Aber wohl nicht aus Geldgier", sagt Johannes. „Sondern?" „Weil ihm Jesus zu weit ging, vielleicht. Er mochte sich nicht lossagen von den Autoritäten im Tempel. Bedenke: Jedes Jahr sind wir zu den großen Festen nach Jerusalem gezogen. Jedes Jahr haben wir im Tempel Opfertiere dargebracht, um Vergebung zu erlangen. Wir waren doch zuerst alle erschreckt, wie kompromisslos sich Jesus vom Tempel abgewandt hat. Als wollte er sagen: Dort ist Gott nicht, sondern nur die Macht und das Geld." „Ich glaube, da irrst du dich", sagt Andreas. „Judas hatte mit nieman-

dem so wenig gemein wie mit diesem reichen Priesteradel im Tempel. Gut, vielleicht hat er es nicht aus Geldgier getan. Vielleicht war er heimlich ein Zelot. Ein Aufständischer. Einer von denen, die mit Waffengewalt gegen die Römer vorgehen wollten. Und da musste Jesus einfach weg, weil er für Gewaltlosigkeit eintrat."

Die beiden Männer schweigen eine Weile. Sie kennen die verschiedenen Argumente längst. War Judas nur geldgierig? Ging ihm Jesus zu weit? Oder gehörte er zum Widerstand gegen die Römer? „Wir werden es nicht mehr herausfinden", sagt Johannes. „Aber wichtig ist doch etwas anderes." „Nämlich?", fragt Andreas. „Jesus wusste ja, dass Judas ihn verraten würde. Erinnere dich. Er hat es ja ausgesprochen bei dem Abendmahl. Er wusste es! Und er hat Judas doch eingeladen!" „Was willst du damit sagen?", fragt Andreas. „Dass Jesus auch den, der die größte Schuld auf sich geladen hat, nicht ausstoßen wollte. Mit seiner Einladung hat er ihm gesagt: Du kannst zu mir, du kannst zu Gott zurückkehren. Jederzeit." „Ja", sagt Andreas. „Und zum Glück gilt das für jeden von uns."

tg

DER DUNKLE WIDERSACHER

Auf vielen Altarbildern wird Judas oft mit dem Geldbeutel in der Hand dargestellt, er sitzt am Rand der Jünger, meist im Dunkeln. Und manchmal steht sogar der Teufel hinter ihm. Aber ist das alles, was über ihn zu sagen wäre?

jvl

Beten – und Handeln!

Wer mir folgen will, der verleugne sich selbst
und nehme sein Kreuz auf sich täglich
und folge mir nach.
LUKAS 9,23

Kurier des Widerstands

Heute, am 20. Juli, erinnern sich viele Menschen in Deutschland an das missglückte Attentat auf Adolf Hitler. Einige der Beteiligten und Mitwisser waren fromme Christen. Sie wussten: Wer tötet, lädt Schuld auf sich. Doch ihnen war ebenfalls bewusst: Auch wer einen Diktator gewähren lässt, lädt Schuld auf sich. Vor diesem Dilemma standen die Attentäter am Morgen des 20. Juli 1944. Und schon am Abend wussten sie, dass sie die bitteren Folgen für ihre Überzeugung tragen würden.

Zum Umfeld der Verschwörer gehörte auch Dietrich Bonhoeffer. Er galt als „getarnter Kurier des Widerstands". Schon zwei Tage nach der Machtergreifung Adolf Hitlers im Jahre 1933 warnte der evangelische Pfarrer in einer Rundfunksprache: Der Führer kann schnell zum Verführer werden. Er verlangte, aktiven Widerstand zu leisten und „dem Rad selbst in die Speichen fallen". 1935 tritt Bonhoeffer der „Bekennenden Kirche" bei und schließt sich der Widerstandsgruppe des 20. Juli im deutschen militärischen Geheimdienst an. Lange vor dem Attentat – im April 1943 – wird er verhaftet.
Bei der Untersuchung nach dem missglückten Attentat fielen belastende Dokumente in die Hände der Gestapo: Im Mai 1942 hatte Bonhoeffer den britischen Bischof George Bell getroffen und ihn über die geheime Widerstandsgruppe und ihr Ziel unterrichtet: „Die völlige Vernichtung des ganzen Hitlerregimes."

Dietrich Bonhoeffers ist bis heute für viele Christen ein Vorbild im Glauben. Kirchen und Schulen, Krankenhäuser und Straßen sind nach ihm benannt. Bonhoeffer war ein leidenschaftlicher Theologe und ein tiefgläubiger Mensch. Dies zeigt auch sein berühmtes Gedicht „Von guten Mächten", das er im Gefängnis schrieb: „Von guten Mächten wunderbar geborgen, erwarten wir getrost, was kommen mag. Gott ist mit uns am Abend und am Morgen und ganz gewiss an jedem neuen Tag."
Dietrich Bonhoeffer war nicht einmal 40 Jahre alt, als er am 9. April 1945 im Gefängnishof im KZ Flossenbürg hingerichtet wurde. Für ihn kam das Ende des Krieges einen Monat zu spät.

jvl

KONSQUENT SEIN
Nur wer für die Juden schreit,
darf auch gregorianisch singen.
Dietrich Bonhoeffer

Zöllner und Pharisäer

Der Pharisäer stand für sich und betete so:
Ich danke dir, Gott, dass ich nicht bin wie die
andern Leute, Räuber, Betrüger, Ehebrecher
oder auch wie dieser Zöllner.

LUKAS 18,11

Wer bin ich?

Jeden Freitag fährt sie mit Linie 141 zum Markt und vom Markt wieder nach Hause. Es gibt nicht mehr viele Wege, die sie macht. Aber dieser gehört in ihre Woche.

Blumenkohl, Bohnen, Eier und Honig, ein halbes Roggenbrot liegen in Tüten in dem Korb ihres Rollators. Die Glockenblumen hält sie in der Hand.

Sie hat noch einen Platz bekommen. Noch zwei Stationen, dann muss sie aussteigen.

Der Bus verliert an Tempo, bremst, die Türen geht auf. Menschen steigen aus. Menschen steigen ein.

Neben ihr im Gang steht nun ein junger Mann; er berührt sie fast. Seine Hose hat Löcher. Die Schuhe sind angemalt. Sie hebt ihren Kopf. Das T-Shirt grau, verwaschen. Unter dem kurzen Ärmel lugt eine Tätowierung hervor. Der Rundhalsausschnitt zerlöchert. Und die Haare ganz verfilzt. Lauter verfilzte Haarstrippen.

Sie schaut weg und atmet aus. Wahrscheinlich so einer, der auf der Straße lebt. Und kriminell mit Sicherheit auch noch. Zum Glück habe ich mit solchen Leuten nichts zu tun. Sie schaut aus dem Fenster. Gleich kommt ihre Station. Sie drückt auf den roten Stopp-Knopf. Vorne leuchtet es auch rot. Sie erhebt sich, drückt sich an dem Kerl vorbei, legt die Blumen in ihren Rollator, löst die Bremsen und versucht, den Rollator im engen Bus zu drehen.

„Darf ich Ihnen helfen?", hört sie eine Stimme. Es ist seine. Sie schaut ihn an und sagt nichts. Weder ja. Noch nein.

Der Bus hält an. Er dreht ihren Rollator und nickt ihr zu. Dann geht er. Na so was, denkt sie und schiebt den Rollator aus dem Bus auf den Gehweg.

Sie sieht noch, wie der junge Mann die Treppen zu einem Haus hochsteigt, immer zwei Stufen auf ein Mal. Komisch, denkt sie da, dass so einer in der gleichen Straße wohnt wie ich.

er

DU KENNST MICH

Wer bin ich?
Wer bin ich? Der oder jener?
Bin ich denn heute dieser und morgen ein anderer?
Bin ich beides zugleich?
Vor Menschen ein Heuchler
und vor mir selbst ein verächtlich wehleidiger Schwächling?
Oder gleicht, was in mir noch ist, dem geschlagenen Heer,
das in Unordnung weicht vor schon gewonnenem Sieg?
Wer bin ich? Einsames Fragen treibt mit mir Spott.
Wer ich auch bin, Du kennst mich, Dein bin ich, o Gott!

Dietrich Bonhoeffer, aus dem Gedicht: Widerstand und Ergebung

Der Zöllner aber stand ferne, wollte auch
die Augen nicht aufheben zum Himmel,
sondern schlug an seine Brust und sprach:
Gott, sei mir Sünder gnädig!
LUKAS 18,13

Schwarze Schafe

Das Entlein, das keins ist, ist erst Außenseiter
und entpuppt sich dann als schöner Schwan.
Weiß. Und rein.

Schwarze Schafe. „Die gibt's doch in jeder
Familie!", heißt es oft.
Und nicht nur da.

Schwarze Schafe. An ihnen entlädt sich Aggression. An ihnen entsteht Abgrenzung. In
Koalition gegen dieses Schaf kann sich der
Rest der Herde zusammenrotten und wird zu
einer Gruppe, neu oder erneut. Erneut dann,
wenn es einen Sündenbock gibt, der – beladen
mit aller Projektion – in die Wüste geschickt
wird.
Schwarze Schafe. Außenseiter. Selbst belastet.
Entlasten ihr Umfeld.

Der Zöllner ist ein schwarzes Schaf der damaligen Gesellschaft.
Keiner sieht ihn an. Er selbst kann sich nicht
im Spiegel ansehen – Scham, schlechtes Gewissen, Selbstverachtung – und auch den
Blick Gottes nicht ertragen. Selbst im Gebet
fühlt er sich außen vor.
Und traut sich dann doch, einen kleinen Blick
zu wagen – heraus aus den eigenen Kreisen:
Gott, sei mir Sünder gnädig!

Das Entlein, das keins ist, wird grauer und
grauer.

Immer mehr wie die anderen um es herum.
Und einen Moment lang sind sie alle eins.

er

BEIDE WOHNEN SIE IN MIR
Gott,
wer bin ich?
schwarz oder weiß?
Pharisäer oder Zöllner?
Beide streiten sie in mir.
Nichts ist: nur schwarz.
Oder: nur weiß.
Pharisäer und Zöllner,
beide wohnen sie in mir,
und sprechen:
Sei mir gnädig.

er

Ich sage euch: Der Zöllner ging gerechtfertigt
hinab in sein Haus, nicht jener [der Pharisäer].
LUKAS 18,14A

An einem Tisch

schwarz tropft er
in die Glaskanne
es knistert
Wasser wandert durch das Gemahlene
fertig ist der Filterkaffee
fast so gut und alt
wie er früher immer gewesen sein soll
im Land der Großmütter

schwarz dampft es in den Tassen
Kaffee am Morgen riecht anders
jetzt ist Nachmittag
Zeit für Kaffee mit Kuchen
kein Kuchen da
aber Rum
schwimmt im Schwarz

und obendrauf weiße Sahne
wellige Streifen
nicht geschlagen
nein, aus der Dose
klick, zisch, press

ein Streifen Schwarz
fließt über den Tassenrand
sonst ist er weiß –
der Pharisäer
–
sie sitzen an einem Tisch
Jesus und Zachäus
du und ich
der, vor dem ich buckele
der, auf den ich trete

keiner sitzt höher
keiner tiefer
wir sitzen an einem Tisch

er

**„PHARISÄER" – REZEPTUR –
UND DIE LEGENDE DAZU**

Man nimmt starken Kaffee, süßt ihn mit Würfelzucker, gibt 4 cl braunen Rum dazu und macht danach Schlagsahne drüber. Der Pharisäer wird nicht gerührt, sondern durch die Sahne getrunken. Variante für Kinder: Kakao mit Marshmallows und Sahnehaube.

Der Legende nach ist das Getränk im 19. Jahrhundert auf der nordfriesischen Insel Nordstrand entstanden. Damals amtierte dort ein besonders asketischer Pastor. Bei den Friesen war es Brauch, in seiner Gegenwart keinen Alkohol zu trinken. Bei der Feier einer Taufe bedienten sie sich einer List und bereiteten das Mischgetränk zu. Die Sahnehaube verhinderte dabei, dass der Rum im heißen Kaffee verdunstete und es nach Alkohol roch. Selbstverständlich bekam der Pastor stets einen „normalen" Kaffee mit Sahne. Ob er auf Grund der immer heiterer werdenden Stimmung misstrauisch wurde oder aber versehentlich zum Pharisäer griff, ist nicht bekannt. Berühmt aber ist sein spontaner Vergleich mit Scheinheiligen früherer Zeiten: „Oh, ihr Pharisäer!"

er

Denn wer sich selbst erhöht,
der wird erniedrigt werden;
und wer sich selbst erniedrigt,
der wird erhöht werden.
LUKAS 18,14B

Auf einem Sofa

schwarz und weiß
malerei
gibt grau

mausgrau. taubengrau. aschgrau.

sitzen zwei auf dem sofa
zwei gestalten

zöllner und pharisäer
schwarz und weiß
weiß und schwarz
und doch beide
gleich, beide
bei sich selbst
in der eigenen reinheit
in der eigenen asche
eins mit
dem eigenen weiß
dem eigenen schwarz

„Schau zur Seite!"
weiß zu schwarz
: grau

„Schau zur Seite!"
schwarz zu weiß
: grau

gemeinsam sitzen sie
auf einem sofa
zwei gestalten

er

WER BIN ICH?
Ein Teil in mir will es gut machen.
Aber bin ich das wirklich: ein guter Mensch?
Und schweige über das Gute,
weil es gut ist, indem es einfach ist.
Bin ich das wirklich: ein frommer Mensch?
Und bete im Stillen zu meinem Gott –
Nur er und ich?
Und dann wieder ist es passiert.
Ich schlage mir an die Brust und merke:
Ich bin das nicht – ein guter Mensch.
Ich brauche Gott und andere.
Und mein Kopf versinkt in die schamhaften
Hände.
Wer ich bin?
Der, der Gottes Blick braucht.
Seinen Zeigefinger unter meinem Kinn,
der meinen Kopf hebt und sagt:
Du bist geliebt.
So wie du bist.
Mit dem Pharisäer in dir.
Mit dem Zöllner in dir.
Du bist geliebt.

er

Ein Stückchen Paradies

Ein Häuschen im Grünen, möglichst mit einem schönen Garten. Wer wünscht sich das nicht! Ich bin fest davon überzeugt, dass ein Garten für die meisten seiner Besitzer bewusst oder unbewusst mehr ist, als ein Stück Erde, auf dem sie Johannisbeeren, Rosen oder Salat anbauen. Garten – das ist der Versuch, sich ein Stückchen Paradies, ein Stückchen heile Welt zu schaffen. Und das am liebsten möglichst weit weg von der lauten Stadt, von Stress und Hektik. Der eigene Garten ist Ausdruck der Ursehnsucht nach dem Garten Eden, den Gott selbst gepflanzt hatte.

Juden und Christen überbieten sich gegenseitig im Schwärmen vom Garten Eden, in welchem Gott in der Kühle des Abends gern spazieren ging. Dabei kann das Wörtchen „Eden" sowohl „Oase in der Wüste" bedeuten, als auch „Garten der Wonne".

In jenem paradiesischen Ur-Garten lebten die Menschen in Frieden miteinander und mit den Tieren. Da genossen sie dankbar die Früchte des Gartens, das kühle klare Wasser der vier Flüsse, die den Garten durchströmten. Sie ließen sich wärmen von den Strahlen der Sonne, faulenzten unter schattenspendenden Bäumen. Eden: Oase in der Wüste, Garten der Wonne.

Die Menschen lebten sorgenfrei und zufrieden, bis sie mehr wissen wollten, als sie sollten. Sie wollten endlich selbstbestimmt leben, wollten selbst entscheiden, was gut tut und was schadet. Vertreibung aus dem Garten Eden, Arbeit im Schweiße des Angesichts, Krankheiten, Not und Totschlag waren die Folgen.

Daran erinnert die oft mühselige Arbeit im eigenen Garten. Sie kann uns immerhin an Gottes Auftrag erinnern: seinen Garten, diese schöne, bedrohte Erde zu beschützen und zu bewahren.

os

ERNTEZEITEN

Ich wünsche dir
Erntezeiten:
Momente in denen das,
was in deinem Leben
gereift und gewachsen ist
vor dir liegt:

dick wie ein Kürbis
filigran wie eine Ähre
rund wie eine Tomate
duftend wie ein Apfel.

Gott hat seinen Segen
in dich gelegt,
manchmal fast unbemerkt.

Jetzt liegt die Ernte da
und du staunst.
Die Mühe des Lebens
hat sich gelohnt.

tw

Baut Häuser und wohnt darin;
pflanzt Gärten und esst ihre Früchte.
JEREMIA 29,5

Oasen in der Wüste

Klöster galten stets als Vorbilder. Bildung, Kunst und Kultur, Medizin, nicht zu vergessen: Garten- und Ackerbau – immer waren die Klöster ganz vorne mit dabei. Hier wurde gebetet und gesungen, aber auch körperlich gearbeitet. Hier wurden Häuser gebaut und Gärten gepflanzt.

Meist war die Arbeit aufgeteilt: Die Laienbrüder, die Fratres, kümmerten sich um die Feld- und Gartenarbeit, um das Brauen des Bieres und das Keltern des Weines. Die Theologen, die Patres, nahmen sich der Schulen an, die oft einem Kloster angeschlossen waren. Außerdem leiteten sie die Bibliotheken mit ihren oft wertvollen Handschriften, bereiteten die Gottesdienste vor und hielten die Predigten. Mich faszinieren die Gärten, oft uralte Anlagen mit Bäumen, die 300 Jahre alt sind. Die Wege, die den Klostergarten durchziehen, haben in aller Regel die Form eines Kreuzes. Gelegentlich auch die einer Acht, als Zeichen der Unendlichkeit.

Diese Gärten waren „Oasen in der Wüste", wie der Garten Eden; sie boten den Nonnen und Mönchen Ruhe und Entspannung zum Meditieren.

Ein Gang durch den Klostergarten verschafft heute noch Abstand zur Hektik des Alltags. Allein der Gedanke, dass vor uns schon so viele Frauen und Männer sich hier ein Stückchen Frieden ergangen und dabei viele gute Erfahrungen gemacht haben, tut gut.

Das Schöne ist: Diese wunderbaren Gärten – und es gibt zum Glück recht viele davon – stehen allen offen, die dort zur Ruhe und Besinnung kommen wollen.

Aber es hindert uns natürlich niemand daran, unseren eigenen Garten wie einen Klostergarten anzulegen – mit Heilkräutern und Kreuzwegen, auf dass Leib und Seele gesunden.

os

WO GOTT WOHNT

Wo Gott wohnt
schweigen die schweren Worte
verhallen die harten Töne
ist es vernehmbar still.

Wo er wohnt
fallen die Mauern
wuchert das Leben
ist es sichtlich sanft.

Wo er wohnt
sucht er mich auf
finde ich mich wieder
in seinem Licht.

tw

241

Nachtkerzen

Wunderbar, diese Sommerabende, wenn man draußen sein kann und die Amseln auf den Dächern ihr Lied zwitschern.

An so einem Abend saßen wir auf der Terrasse. Meine Schwester war mit ihren Kindern für einige Tage zu Besuch, wir hatten gegrillt, jetzt tobten die Kleinen über den Rasen.

Morgens hatte ich ihnen von den Nachtkerzen im Garten erzählt. Wie schnell diese Blumen in der Dämmerung ihre Blüten öffnen und einen Tag später schon wieder verwelken. Das wollten sie nun unbedingt einmal sehen.

Wir schrubbten sie also sauber, sie zogen sich schon die Schlafanzüge an.

Und dann saßen wir da, die Kinder auf dem Schoß, sie waren warm und schwer vom Tag, von Aufregung und Müdigkeit.

Doch nun mussten wir warten, und das war schwer! Ich holte die Kinderbibel und las vor, wie Gott die Erde erschafft: Tag und Nacht, Blumen und Bäume, Tiere und Menschen. Und wie er am Ende sagt: „Es ist sehr gut."

Während ich las, betrat die Dämmerung unsern Garten auf leisen Sohlen.

„Gleich ist es soweit", sagte mein Mann, „kommt!" Schnell sprangen die Kinder zu ihm, dann schauten wir zu, wie die erste Blüte sich öffnete: Wie im Zeitraffer wickelten sich die Blätter ab, die Knospe sprang auf und leuchtete in der Dämmerung. Und schon flatterte ein Nachtfalter herbei, um vom Nektar zu naschen.

Eine ganze Weile schauten wir so den Nachtkerzen zu, wie eine Blüte nach der anderen sich öffnete. Die Kinder waren beeindruckt. Als ich sie schließlich ins Bett brachte, fühlte ich mich beschenkt. Vom Sommerabend. Von den Kindern und ihrer Begeisterung. Von den kleinen Wunderwerken im Garten.

„Die Nachtkerzen hat Gott wirklich sehr gut gemacht", sagte mein Sohn, als ich ihm einen Gutenachtkuss gab. Dann fielen ihm die Augen zu.

tw

OFFENE AUGEN

Schenk mir offene Augen, guter Gott.
Augen, die hinter dem, was selbstverständlich scheint,
das Wunder erkennen.
Augen, die unter dem, was offensichtlich ist,
verborgene Schätze entdecken.
Lass mich die kleinen Geschenke sehen,
die du heute an den Wegrand legst.

tw

Johann Sebastian Bach

Die Herrlichkeit des HERRN
erfüllte das Haus Gottes.
2. CHRONIK 5,14B

Musik, bei der sich der Himmel öffnet

Er liegt im Bett, kann schon seit längerem nichts mehr sehen. Frau und Kinder wechseln sich ab, bei ihm zu sein. Auf einmal richtet er sich auf und sagt: „Christoph, hol Papier. Ich hör Musik in meinem Kopf. Schreib sie für mich auf." Danach flüstert er: „Das war die letzte Musik, die ich in dieser Welt mache."
„Schau, wie schön die Melodie ist," sagt Christoph zu seiner Mutter. Sie bleibt eine Weile am Fenster stehen. Mit Tränen in den Augen schaut sie in den Morgenhimmel und hört auf einmal seine Worte: „Magdalena, komm her." Er schaut sie mit offenen Augen an. Er sieht sie, sieht noch einmal die Sonne, die Kinder. „Da, wo ich hingehe, werde ich schöne Farben sehen und die Musik hören, von der wir bislang nur geträumt haben." Und nach einer Weile: „Macht mir ein wenig Musik. Singt mir ein gutes Lied vom Tod. Es ist Zeit." Anna Magdalena beginnt einen Choral, die Kinder stimmen vierstimmig ein. Und Friede kommt über sein Gesicht.

Heute ist der Todestag von Johann Sebastian Bach. Anna Magdalena hat über die letzten gemeinsamen Stunden mit ihrem Mann Tagebuch geführt – damals 1750 in Leipzig, als er mit 66 Jahren starb.
Er hat uns wunderschöne Musik hinterlassen. Wenn sie erklingt, spüren wir das Geschenk, heute genauso wie damals. Denn kaum jemand verstand es, wie Bach das Evangelium zum Klingen zu bringen und in unsere Gefühlswelt zu pflanzen.

Schon als Kind hatte der Sohn eines Stadtpfeifers mit seiner Sopranstimme beeindruckt. Später als Kammermusiker, Pianist, Organist, Konzertmeister und Thomaskantor faszinierte er durch seine Improvisationen und Kompositionen, über die Wolfgang Amadeus Mozart einmal sagte: „Da öffnet sich der Himmel."
Orchesterkonzerte, Klavierbüchlein, Orgelwerke, Kantaten – seine zahllosen Kompositionen finden ihre „Gipfel" in den Motetten, Passionen und in der h-Moll-Messe. Der Komponist sagte: „In jeder andächtigen Musike ist Gott in seiner Gnaden Gegenwart!" Und Albert Schweizer: Bach ist der fünfte Evangelist.

fb

HIMMLISCH
Die Musik
öffnet die Türen zum Himmel.
Wolfgang Amadeus Mozart

Der HERR ist mein Hirte,
mir wird nichts mangeln.
PSALM 23,1

Den Koffer packen

Geschafft! Der ist zu. Mein Koffer. In Gedanken geh ich aber noch einmal alles durch. „Hoffentlich habe ich nichts vergessen!" Mein Mann grinst dabei schon immer. „Wie denn, du hast das halbe Haus eingepackt! Willst du ausziehen oder Urlaub machen? Warum machst du dir nicht einfach Rollen unter deinen Kleiderschrank und ab geht's?" Ich weiß ja selbst, dass ich bestimmt wieder zu viel eingepackt habe. Es ist immer so. Aber ich kann mich nun mal schlecht entscheiden.

Wie groß muss der Koffer sein, damit genug hineingeht für eine erholsame, erfüllte Sommerzeit? Bücher müssen dabei sein; aber wichtiger noch ist mir Zeit: verlangsamte Zeit, die ich nicht bemessen will. Und noch etwas empfiehlt sich fürs Urlaubsgepäck: ein Psalm. Zum Beispiel Psalm 23: Der Herr ist mein Hirte, mir wird nichts mangeln. Er weidet mich auf einer grünen Aue und führet mich zum frischen Wasser. Worte und Bilder wie im Urlaub. Und ich spüre: Im Grunde braucht man wirklich nicht viel. Auch im Urlaub nicht. Wenn du nach langer Wanderung auf eine Quelle stößt, sprudelndes Wasser hörst, trinkst oder dir über die Hände rinnen lässt. Du krempelst die Ärmel hoch und schüttest dir eine Ladung ins Gesicht! Das erquickt die Seele. Oder wenn du dich morgens an einen gedeckten Frühstückstisch setzt: frische Brötchen, Kaffeeduft, alles schon fertig, wenn du aus dem Zimmer kommst. Herrlich!

Sich Gutes tun und sich verwöhnen lassen, einfach nur durch solche Kleinigkeiten! Und das Gute, das dir zuteil wird, als ein Gottesgeschenk achten ... Mit den Worten des Psalms: Du bereitest vor mir einen Tisch ... Du salbest mein Haupt mit Öl und schenkest mir voll ein. Gott schenkt und verströmt seine Fülle. Kein Koffer der Welt könnte die fassen. Aber wir können uns dem öffnen und genießen! Denn dann erkennen wir: Gutes und Barmherzigkeit werden mir folgen mein Leben lang. Ich finde, das Kofferpacken fällt mit diesem Blick auf das Wesentliche schon sehr viel leichter – und mein Gepäck ist es am Ende auch!

mg

FERIEN

Aus der Zeit fallen.
Den Wecker ins Leere laufen lassen.
Sich fragen, welcher Wochentag ist.
Mitten in der Nacht in den Himmel gucken.
Einen Zipfel von Gottes Ewigkeit in den Händen halten.

tw

Seht die Vögel unter dem Himmel an:
sie säen nicht, sie ernten nicht,
sie sammeln nicht in die Scheunen;
und euer himmlischer Vater
ernährt sie doch. [...]
MATTHÄUS 6,26

Sommerzeit

„Summertime – and the living is easy" – Sommerzeit und das Leben ist leicht – ein wunderbares Lied über den Sommer. Wer es hört, schwingt sich auf Wärme, Gelassenheit und Entspannung ein. Summertime!

Im Sommer spielt sich viel im Freien ab. Alles atmet eine gewisse Leichtigkeit. Der Fernseher bleibt öfter aus. Menschen sitzen lieber draußen: im Park, am See, auf der Terrasse, auf dem Balkon. Und abends kommen Kerzen auf den Tisch, wir plaudern bis tief in die Nacht, ein kühler Rosé im Glas, ein paar Oliven – Herz, was willst du mehr ...

Endlich Sommer, das heißt für viele: bald Urlaub. Geschafft: Arbeitskleidung und Terminkalender kommen beiseite. Jetzt bin ich Mensch – jetzt darf ich's sein!

„Summertime and the living is easy" – Das heißt auch: in fremde Länder reisen, anderen Kulturen begegnen. Dieses Reisen im Sommer, diese Suche, diese Sehnsucht – ich glaube, sie hat auch eine religiöse Dimension. Wir suchen nach Sinn. Es geht um unseren, um meinen Weg, um mein Heil. Und jede äußere Reise steht auch für eine innere. Beim Reisen entdecke ich auch mich selbst oft ganz neu. Achten Sie mal darauf! Und man kann sogar noch mehr entdecken als nur sich selbst. Auch Gott zum Beispiel. Deshalb sind die Sommerwochen so wichtig. Ein Ausgleich für die Seele.

„Summertime and the living is easy" – In einem Kirchenlied heißt das etwas anders:

„Der Sommer spannt die Segel und schmückt sich dem zu Lob, der Lilienfeld und Vögel zu Gleichnissen erhob. Der Botschaft hingegeben stimmt fröhlich mit uns ein: Wie schön ist es, zu leben und Gottes Kind zu sein!"

mg

SOMMER

Im Sommer fließt Gottes Liebe über.
Er verschwendet sich an uns.
Den Blumen gibt er Farben und Duft.
Dem Sonnenlicht schenkt er Wärme und Kraft.
Im Rauschen des Bachs klingt ein leises Lied und die Wipfel der Bäume wiegen sich sanft im Wind.
Der Sommer erzählt uns von Gottes Liebe:
Großzügig, verschwenderisch, leise und sanft: so verschenkt er sich an uns.

Sommer – die Erlaubnis, sich leicht zu fühlen:
Am Morgen schon einstimmen ins Lied der Amsel.
Den Tau unter den Füßen spüren, als könne man auf seinem Glitzern gehen.
Rosenduft durch Nase und Seele wehen lassen.
Staunen über das Rot des Klatschmohns.
Die Sorgen an den Himmel werfen
und mit den Wolken weiterziehen lassen.

tw

Kommt her zu mir, alle, die ihr mühselig und
beladen seid; ich will euch erquicken.
MATTHÄUS 11,28

Ruhe finden

Sommer. Für viele die schönste Zeit im Jahr. Eine Einladung zum Wegfahren und Ausschwärmen, zum Reisen und Entdecken; zum Aufbleiben bis tief in die Nacht; zum Genießen. Im Sommer zieht es die Menschen nach draußen, zum Baden, zum Wandern – und da können sie manchmal etwas erleben. Das hat Erich Kästner mit folgenden Worten sehr schön beschrieben:

Still ruht die Stadt. Es wogt die Flur.
Die Menschheit geht auf Reisen
oder wandert sehr oder wandelt nur.
Und die Bauern vermieten die Natur
zu sehenswerten Preisen.
Sie vermieten den Himmel, den Sand am Meer,
die Platzmusik der Ortsfeuerwehr
und den Blick auf die Kuh auf der Wiese.
Limousinen rasen hin und her
und finden und finden den Weg nicht mehr
zum Verlorenen Paradiese.

Was Kästner beschreibt, macht mich nachdenklich. Der laute Besuch in der stillen Landschaft. Jeder Winkel schöner Natur wird vermietet; der Strand kostet Eintritt. Die Natur soll es bringen, was ich mir selbst nicht mehr schaffen kann: Ruhe und Erholung. Einfach nur mal bei mir selbst sein. Stattdessen: „Limousinen rasen hin und her und finden den Weg nicht mehr zum Verlorenen Paradiese ..."
Ruhe finde ich eben nicht beim Platzkonzert der Ortsfeuerwehr und nicht beim Gang über die Strandpromenade. Ruhe beginnt in mir selbst! Indem ich mir Zeit nehme, mich auch mal ruhig hinsetze und meinen Gedanken Raum gebe. Viele Menschen suchen wohl auch darum gerne im Urlaub eine Kirche auf. Sie genießen die Ruhe drinnen als ein erholsames Pendant zum hektischen Treiben draußen. Sie lassen die Seele baumeln. Und sie spüren tatsächlich, was Jesus mal gesagt hat: Kommt her zu mir, die ihr mühselig und beladen seid: Ich will euch erquicken! Eine offene Kirchentür – für mich ist das ein schönes Bild für die Sommerzeit: Ich kann Ruhe finden vom täglichen Einerlei und vom Stress. Im Sommer stehen uns auch die Türen der Seele dafür offen!

mg

URLAUB

Im Urlaub will ich Ferien machen
und Abstand gewinnen
vom Alltags-Ich.
Ich will durchatmen.
Loslassen, was mir Sorge macht.
Spüren wie der Brustkorb sich dehnt.
Ich will mir Ruhe gönnen.
Den Schritt verlangsamen.
Nichts denken. Nur Da-Sein.
Ich will in den Himmel schauen.
Meinen Horizont weiten.
Wahrnehmen, was über mich hinaus geht.
Ich will Gott vertrauen.
Ich lasse mich fallen
in seine Hand.

tw

AUGUST

UMDENKEN, NEU STARTEN

Angst überwinden
Sommerferien
Daniel
Wege
Jakob
Die Arbeiter im Weinberg

Angst überwinden

Und am Abend desselben Tages sprach
Jesus zu ihnen: Lasst uns hinüberfahren.
Und es erhob sich ein großer Windwirbel
und die Wellen schlugen in das Boot,
sodass das Boot schon voll wurde.

MARKUS 4,35+37

Plötzlich ist alles anders

Ich arbeite als Seelsorger im Krankenhaus. Wenn ich einen Bibeltext habe, der nicht auf den ersten Blick ins Krankenhaus passt, sehe ich mir die Verben in dem Text an.

hinüberfahren   erheben
schlagen   voll werden

Hinüber über einen Abgrund.
Eine dunkle Wolkenwand erhebt sich am Horizont.
Die Untersuchungsergebnisse des Arztes schlagen über mir zusammen.
Ich bin schon so voller Sorgen, was soll denn jetzt noch alles kommen?

Die meisten Patienten kommen unvorbereitet zu uns. Eine plötzliche Krankheit oder ein Unfall bedrohen ihre Gesundheit. Nichts ist mehr, wie es vorher war.
Einige Patienten sind völlig aufgewühlt, andere sind noch ganz sprachlos vor Schrecken, sie finden noch gar keine Worte.
Wieder andere geben sich völlig auf: Für mich gibt es keinen Ausweg, alle Türen sind zugeschlagen.

Als Seelsorger will ich zuerst zuhören. Nichts verändern, nichts auflösen, nichts wegreden. Nur zuhören.
Bis er seine Worte findet.
Bis sie sagen kann, welche Sorgen sie jetzt aufwühlen.

Erst wer sich verstanden fühlt, kann ausatmen und seine Seele kann zur Ruhe finden – er findet zunächst Anerkennung für seine Lage. Das ist der Anfang einer neuen Sichtweise, ohne den es kaum eine Veränderung geben kann.

Wissen Sie jemanden, zu dem Sie gehen können, wenn es eng wird? Wenn die Dinge über Ihnen zusammenschlagen?
Ich wünsche Ihnen, dass Sie jemanden finden. Und wenn Sie niemanden haben, suchen Sie sich eine Seelsorgerin oder einen Seelsorger. Sie wird Zeit für Sie haben. Er kann Ihnen in Ruhe sein Ohr leihen.

ak-h

HÄTTE ER …
Eine Zeit nach seinem Tode sagte ein Freund: „Hätte er zu wem zu reden gehabt, er lebte noch."
aus: Martin Buber, „Die Erzählungen der Chassidim", Zürich 1949, S. 646

Und Jesus stand auf und bedrohte
den Wind und sprach zu dem Meer:
Schweig und verstumme!
Und der Wind legte sich und
es entstand eine große Stille.
MARKUS 4,39

Welch ein Unterschied

Eine Woche auf der Insel Langeoog.
Nur Zeit für mich. Ausatmen, Spazierengehen,
Lesen.
Täglich lange Spaziergänge am Strand.

Mit und ohne Wind.

Montag am Strand, ein tobender Sturm im
Rücken. Er fegte den feinen Sand über die Weite, als ob es über dem Strand noch einen flie-
genden Strand gäbe. Die Sandkörner brannten
durch die dicke Jeans an meinen Waden wie
Nadelstiche.
Gegen den Wind anzugehen war kaum möglich. Schon beim Versuch tränten die Augen.
Für den Rückweg nahm ich den Wanderweg
im Inneren der Insel.

Mittwoch am selben Ort.
Nicht ein Lüftchen.
Nur Stille und Weite.
Eine Ruhe wie ganz selten nur.
Außen, und dann auch innen.

Wie anders derselbe Ort sein kann.
Am Strand.
Oder auch im Alltag.

Wenn wir da einen träfen, der spräche. Schweig
und verstumme!
Wie anders meine Welt aussehen könnte.
Und alles, was mich treibt und beunruhigt.

ak-h

WIE EINEN DANK

Wenn es nur einmal so ganz stille wäre.
Wenn das Zufällige und Ungefähre
verstummte und das nachbarliche Lachen,
wenn das Geräusch, das meine Sinne machen,
mich nicht so sehr verhinderte am Wachen -:

Dann könnte ich in einem tausendfachen
Gedanken bis an deinen Rand dich denken
und dich besitzen (nur ein Lächeln lang),
um dich an alles Leben zu verschenken
wie einen Dank.

Rainer Maria Rilke

249

Und Jesus sprach zu ihnen: Was seid ihr so
furchtsam? Habt ihr noch keinen Glauben?
MARKUS 4,40

Ein Brief an Jesus

Lieber Jesus,

wie bitte? So muss ich meinen Brief leider anfangen. Was hast du den Jüngern entgegnet? Ob sie noch keinen Glauben haben? Die haben Angst gehabt in dem Sturm, nackte Angst. Und du machst ihnen einen Vorwurf? Das kann ich nun gar nicht verstehen. Was soll das denn bitte heißen? „Habt ihr noch keinen Glauben?" Dürfen denn die Menschen, die bei Gott Hilfe suchen und zu ihm Vertrauen gefunden haben keine Angst mehr haben? Ich dachte immer, du siehst die Not der einzelnen Menschen. Wer denn sonst, wenn nicht du?

In anderen Beziehungen wollen wir meistens gut da stehen. Wollen unseren Freunden gefallen, müssen in unserem Beruf erfolgreich sein. Da will man keine Schwäche zeigen. Jeder braucht eine gewisse Anerkennung und die findet man nicht, wenn man seine Schwäche, seine Angst zugibt.

Aber bei dir? Der Glaube ist doch keine Wurst, von der ich immer, wenn ich Hunger habe, eine Scheibe abschneiden kann. Oder ein Sparbuch, von dem ich 50 Euro abheben kann. Gerade in den anderen Geschichten von dir habe ich begriffen, dass du zur Welt gekommen bist, um uns zu zeigen, dass Gott immer bei uns ist. Und besonders dann, wenn wir nicht weiter wissen. Und das ist wirklich oft genug der Fall: Wenn ich ratlos bin und mich selbst nicht leiden kann, dann brauche ich jemanden, mit dem ich reden kann. Ich traue mich dann oft nicht zu erzählen, wie es mir wirklich geht. Aber wenn ich über meinen Schatten gesprungen bin und mich doch traue, dann will ich auf gar keinen Fall einen Vorwurf hören.

Ich kann dir sagen: Früher gab es in meiner Gemeinde einen Pastor, der hat die Leute von der Kanzel beschimpft, die gezweifelt haben. „Ihr sollt mehr glauben, öfter beten ... wenn mehr Menschen zur Kirche gingen, gäbe es nicht so viel Böses in der Welt ..." So hat der gepredigt. Da bin ich dann nicht mehr hingegangen. Ich will mich doch nicht anmeckern lassen.

Und du machst deinen Jüngern Vorwürfe? Unsere Pastorin macht das heute zum Glück nicht mehr so. Nur darum bin ich noch dabei. Das musste ich wirklich einmal loswerden.

Viele Grüße,
dein Claus

ak-h

NAHESEIN

Ich schließe mich aufs neue in deine Vatertreue
und Schutz und Herze ein;
der Finsternis Geschäfte und alle bösen Kräfte
vertreibe durch dein Nahesein.

Text: Gerhard Tersteegen, EG 481

Sie aber fürchteten sich sehr
und sprachen untereinander: Wer ist der?
Auch Wind und Meer sind ihm gehorsam!
MARKUS 4,41

Zagen oder Zuversicht

Nelson Mandela wurde 1994 zum ersten farbigen Präsidenten Südafrikas gewählt. Zuvor hatte er während der Apartheid, also während der sogenannten „Rassentrennung", bis 1990 für 27 Jahre im Gefängnis gesessen. Ziel seiner Politik war in erster Linie die Versöhnung zwischen Schwarzen und Weißen, die Überwindung von Rassendiskriminierung, die Aussöhnung zwischen Tätern und Opfern.

In seiner Antrittsrede zum Präsidenten sagte er:

„Unsere tiefste Angst ist nicht,
dass wir der Sache nicht gewachsen sind.
Unsere tiefste Angst ist,
dass wir unermesslich mächtig sind.
Es ist unser Licht, das wir fürchten,
nicht unsere Dunkelheit.

Wir fragen uns: Wer bin ich denn eigentlich,
dass ich leuchtend, hinreißend, begnadet und
phantastisch sein darf?
Wer bist du denn,
dass du das nicht sein darfst?

Du bist ein Kind Gottes.
Wenn du dich klein machst, dient das nicht
der Welt.
Es hat nichts mit Erleuchtung zu tun,
wenn du dich einkringelst,
damit andere um dich herum
sich nicht verunsichert fühlen.

Du wurdest geboren, um die Ehre Gottes zu verwirklichen,
die in uns ist.
Sie ist nicht nur in einigen von uns, sie ist in jedem Menschen.

Und wenn wir unser Licht erstrahlen lassen,
geben wir unbewusst den anderen Menschen
die Erlaubnis, dasselbe zu tun.
Wenn wir uns von unserer Angst befreit haben,
wird unsere Gegenwart
ohne unser Zutun
andere befreien."

ak-h

EIN LIED
Ich lag in schweren Banden, du kommst und machst mich los;
Ich stand in Spott und Schanden, du kommst und machst mich groß
und hebst mich hoch zu Ehren und schenkst mir großes Gut,
das sich nicht lässt vermehren, wie irdisch Reichtum tut.
Text: Paul Gerhardt, EG 11

Befiehl dem HERRN deine Wege
und hoffe auf ihn,
er wird's wohlmachen.
PSALM 37,5

Reisesegen

Gott segne dich auf deinen Wegen, die ins Weite führen, er sei mit dir, wenn du Neuland betrittst.
Er lasse dich aufatmen, er schenke dir Abstand zum Alltag und frische Kraft.
Gott öffne deine Sinne für das, was die Erde erzählt:
Berge weisen auf seine Größe und Kraft. Im Duft der Blüten wohnt seine Zärtlichkeit. Die Quelle im Wald murmelt: Das Wasser des Lebens ist er.
Am Strand erzählt die Muschel in deiner Hand von einem, der dich birgt. Im Rauschen der Wellen schwingt seine Stimme. Und die Meeresluft erinnere dich: Das Salz der Erde sind wir, bist auch du.

Gott segne dich auf deinen Wegen, die zu anderen führen.
Er lege seine Sehnsucht nach einem Gegenüber in dich.
Er schenke dir Menschen, die dein Leben begleiten und dich verstehen.
Er gebe euch unbeschwerte Zeit, in der ihr glücklich seid und euch aneinander freut.
Er segne euch, an Sommerabenden unter freiem Himmel, wenn ihr gemeinsam spielt und lacht.
Er sei mitten unter euch, wenn ihr eure Freude und eure Sorgen teilt, wenn ihr das Leben ergründet oder euch Witze erzählt.

Gott segne dich auf deinen Wegen, auf denen du dir selbst begegnest.
Er begleite dich, wenn du neue Seiten entdeckst oder freilegst, was lange verschüttet war.
Er sei da, wenn du Tiefen aufspürst und durch sie gehst.
Er lehre dich, freundlich mit dir selbst umzugehen.
Er schenke dir Freude an dem, was dir gelingt.
Er spüre auf, was verkümmert ist und sich nach Heilung sehnt.
Er führe dich in ein Leben, das dir entspricht, und in dem du zu Hause bist.

So behüte dich Gott und leite dich, er lasse dich ans Ziel kommen, dort wo er auf dich wartet und dich mit leuchtenden Augen empfängt.

tw

MEDITATION I
Die Augen schließen. Ruhig atmen. Still sein.
Gottes Segen spüren wie Sonnenschein.
Er wärmt mich und hüllt mich ein.
Er lässt mich aufblühen, wachsen und reifen.

tw

Du bist die Zuversicht aller auf Erden
und fern am Meer; der du die Berge festsetzest
in deiner Kraft und gerüstet bist mit Macht;
der du stillst das Brausen des Meeres, das
Brausen seiner Wellen [...].
PSALM 65,6B-8

Himmelspostkarte

Manchmal habe ich das Gefühl, eine Postkarte aus dem Himmel zu erhalten.

Zum Beispiel an diesem Abend am Meer: Ich gehe mit nackten Füßen am Wasser entlang. In den Ohren das Rauschen und über dem Horizont ein Feuerball: die Sonne. Ihre Farben brechen sich in jeder Welle, die auf dem Strand ausläuft. Ich bleibe stehen und schaue zu, wie sie langsam im Meer versinkt.

Eigentlich ist es ja gar nicht so, überlege ich. Nicht die Sonne versinkt im Meer. Sondern die Erde dreht sich unter ihr weg. Im genau richtigen Abstand, sodass Leben entstehen konnte: Wasser, Pflanzen, Tiere. Und wir.

Wie viele Planeten gibt es dagegen, die nur steinerne Murmeln sind auf dem Weg durch das All.

Ich atme die salzige Luft ein und schaue zu, wie Himmel und Wolken sich färben. Noch malen die Wellen glitzernde Muster auf den Strand. Und am Spülsaum entdecke ich eine herzförmige Muschel.

Welch ein Wunder ist diese Erde, die sich unter der Sonne dreht. Mit allem, was auf ihr ist. Auch mit mir.

Plötzlich fühle ich mich klein an diesem Abend am Meer. Und doch auf eine seltsame Weise geborgen.

Was ist der Mensch?, denke ich. Was ist der Mensch, dass du, Gott, an ihn denkst?

Unvorstellbar groß muss dieser Gott sein, der das All erschaffen hat. Und doch hält er die Welt behutsam in seinen Händen. Wunderbar,
auf seiner Erde leben zu dürfen. Einer unter Milliarden Menschen. Und doch einzigartig. Geliebt von diesem großen Gott, der sich an mich erinnert.

Und zuweilen, da schickt er mir einen Gruß aus seiner Ewigkeit.

Ich denke an dich, steht an diesem Abend auf meiner Himmelspostkarte.

Danke, schreibe ich mit dem Fuß in den Sand. Und hoffe, dass das unermüdliche Meer meine Antwort hinter den Horizont trägt.

tw

NOCH EINE FRAGE

Was schreibt Gott auf seine Himmelspostkarte an mich?

tw

Du suchst das Land heim und
bewässerst es und machst es sehr reich;
Gottes Brünnlein hat Wasser die Fülle.
PSALM 65,10A

Gottes Segen lässt mich wachsen

Ohne Wasser kein Leben. In der Wüste sieht man das. Da ist nichts als Staub und Stein. Über dem Boden flirrende Hitze, die alles verbrennt. Kein Raum, in dem man sich entfalten könnte.

Doch dann regnet es, Tropfen fallen vom Himmel, spielen eine Melodie auf dem Boden. Sie sammeln sich zu kleinen Rinnsalen, in den Vertiefungen bilden sich Pfützen, sie fließen über, werden zu Bächen, die die trockenen Flussläufe füllen.

Und die Wüste blüht auf. Sie explodiert, nicht laut, sondern ganz still. Keime kriechen aus dem Boden, Stängel recken sich ins Licht, Blätter bilden sich, Blüten platzen auf.

Manchmal bin ich selber das Land. Wüst. Ausgebrannt, leer. Da ist wenig, was wächst, das Leben liegt brach.
Manchmal bin selber Stein und Staub: sehnsüchtig nach Wasser, das mich lebendig macht. Durstig nach frischer Kraft, Fantasie, Aufbruch und Lebenslust.

Und dann höre ich feine Töne, die mich ins Leben locken. Segenstöne, die wie Regentropfen in mich fallen: Ich bin bei dir. Meine Kraft ist in den Schwachen mächtig. Ich gieße Ströme von lebendigem Wasser über dir aus.

Das sind Laute, die mich lebendig machen: Gottes Melodie, die mich hinein nimmt in sich.

Sie lässt mich singen, schwingen, tanzen, lachen und leben.

Das ist seine Weise, mich heimzusuchen und nach Hause zu holen. Eine Heimsuchung, die ich nicht fürchten muss. Sie ist ja eine, in der ich mich entfalte. In der das, was Gott in mich hineingesät hat, wachsen kann. In der ich mein Lebenslied singe.

Gott beschenkt mich mit seiner Kraft. Er gießt seinen Segen über mir aus. Dann darf wachsen, was in mir geschlummert hat, dann bricht sich leise, doch unaufhaltsam das Leben Bahn.
Und manchmal stehe ich selber da und staune.

tw

MEDITATION II
Die Augen schließen. Ruhig atmen. Still sein.
Gottes Segen spüren wie Wasser.
Er erfrischt und belebt mich.
Er versorgt mich und stärkt mich.
Er lockt mich ins Leben und lässt mich wachsen und reifen.

tw

Du krönst das Jahr mit deinem Gut,
und deine Fußtapfen triefen von Segen.
PSALM 65,12

Gott geht spazieren

Gott geht spazieren. Ich sehe ihn vor mir an einem Sommertag. In der Hand hat er einen Topf mit Aminosäuren. Wo er geht, hinterlässt er Leben. Nicht fertiges Leben. Er gibt nur einen kleinen Impuls. Der Rest passiert von allein. Zellen verdoppeln sich, potenzieren sich, spezifizieren sich, es wurzelt, es wuchert, es wächst.

Gott geht weiter, geht dahin, wo eher Winter ist. Durch das Zimmer des Sterbenden im Haus an der Ecke der Straße. Behutsam nimmt er ihn an der Hand: Komm mit. Es ist Zeit, weiterzuziehen in neues Land.

Über die Trauernden haucht er eine Stille, die ist wie ein ruhiger, tiefer See, der am Abend auf einen wartet. Kühl und doch, wenn man eine Weile dort sitzt, fühlt man sich auf eine seltsame Weise geborgen.

Gott aber geht weiter. Auf der Bank im Park küssen sich zwei, er lächelt und schmiegt sich einen Moment wie eine Katze an ihre Beine. Einem Kind, das sich die Knie aufgeschlagen hat, wischt er die Tränen ab.

Dann verlässt er den Park, um den Menschen eine Weile durch die Köpfe und Herzen zu gehen. Er wandert durch Gedanken und streut freundliche Ideen aus. Schlachtpläne schmiedet er um. Er klopft und zieht durch die Herzen und pflanzt dort eine Sehnsucht ein.

Und manchmal wundert einer sich, warum er plötzlich so friedlich ist, woher die gute Idee gekommen ist und was sich da so anfühlt, als streiche einer in ihm etwas glatt.

Gott geht spazieren, geht über die Erde, still und unerkannt, denn er ist ziemlich bescheiden. Aber seine Fußstapfen sind ja da und aus ihnen trieft Segen. Dann und wann und immer wieder benetzt er die Erde, quillt in den Alltag, fließt über, tropft und klopft in uns.

Dann wird Leben. Wird. Und bleibt.

tw

GEBET
Guter Gott, streu deinen Segen auf mein Leben, streife mich mit deiner Liebe und hinterlasse Lebensspuren in mir. Amen.

tw

Wes des Herz voll ist, des geht der Mund über.
MATTHÄUS 12,34B

Herzklopfen

„Ich habe den lieben Gott noch nie gesehen", sagt mein Sohn, fünf Jahre alt. „Ich bin ja noch nie mit einem Flugzeug zum Himmel geflogen."

„Ich bin schon oft geflogen," antworte ich, „trotzdem habe ich Gott noch nie gesehen." Fragend schaut er mich an.

„Gott kann man nicht sehen", sage ich. „Er ist in einer anderen Welt, die wir Himmel nennen. Aber spüren kann man ihn auch hier auf der Erde", füge ich hinzu. Ich sehe, wie es in seinem Kopf zu arbeiten beginnt. „Der liebe Gott bringt das Herz zum Klopfen", meint er. Und er setzt damit in mir einen kleinen Film in Gang.

Ich sehe mich wieder bei meiner Frauenärztin, ich bin zur Ultraschalluntersuchung dort. Der Bildschirm zeigt einen kleinen pochenden Punkt: mein Kind. Tränen treten mir in die Augen und mein Herz klopft, ja, hämmert in mir. Drei Jahre später kommt dieses Kind auf mich zu gerannt: „Mama, fühl mal, hier", es zeigt beunruhigt auf seine Brust, „hier klopft es so komisch". Ich lege meine Hand auf sein Herz und spüre es pochen. Soeben hat mein Sohn nach einem kurzen Sprint seinen eigenen Herzschlag entdeckt.

Herzklopfen, oft wird er es spüren in seinem Leben: Wenn er herumtobt, springt, turnt und tanzt. Wenn er sich zum ersten Mal richtig verliebt.

Es ist eben mehr als eine Pumpe, das menschliche Herz. Es spiegelt unsere Freude, den Zorn, den Schmerz, das Glück.

Der liebe Gott bringt das Herz zum Klopfen. Ja, denke ich, genau! Mit dem Flugzeug ist Gott nicht aufzuspüren. Aber er bringt das Herz zum Klopfen. Immer wieder spüre ich das Pochen, wenn ich lache, liebe oder auch weine, wenn ich aufgeregt bin oder wütend werde. Gott hat mir mein Herz gegeben, hat es zum Klopfen gebracht. Er schenkt mir das Glück, lebendig zu sein.

tw

MEDITATION III
In mir spielt einer ein Lied.
Ich spür es linksseits, da klopft er den Takt.
Ich gebe mich hin.
Und singe und summe und tanze.

tw

Sie [...] sprachen vor dem König:
Daniel, einer der Gefangenen aus Juda,
der achtet weder dich noch dein Gebot,
das du erlassen hast;
denn er betet dreimal am Tage.
DANIEL 6,14

Mut zum Tischgebet

Ich kann mich noch gut erinnern an die drei Jahre, die ich in einer Kantine gegessen habe. Es war meine erste Stelle als junger Pastor am Diakoniekrankenhaus. Ich erinnere mich nicht so sehr an das Essen. Das war in Ordnung. Wenn ich jedoch mit meinem gefüllten Tablett an einem der Tische Platz nahm, dann war ich immer etwas unsicher. Soll ich jetzt die Hände falten zum Tischgebet, wie ich es von zu Hause kenne? Oder ist das peinlich? Ich setzte mich ja meist zu anderen Mitarbeitern und wusste nicht, wie ein kurzes Gebet ankommen würde.
Ganz schön feige war ich damals.

Ganz anders war Daniel, circa 600 Jahre vor Christi Geburt. Fern der Heimat lebte er in Babylon. Dort wurden viele Götter verehrt. Er jedoch hielt fest an seinem Glauben an den Gott Israels, selbst als es gefährlich wurde.

Böse Ratgeber des neuen Königs Darius hatten diesen dazu veranlasst, ein Gebot zu erlassen, 30 Tage lang dürfe jeder nur den König verehren. Sie hatten einen perfiden Plan: Sie wollten Daniel als Konkurrenten um die Gunst des Königs ausschalten. Daniel hielt sich nicht an das neue Gesetz und betete weiterhin dreimal am Tag zu seinem Gott, am offenen Fenster Richtung Jerusalem. Und der Plan schien aufzugehen. Daniel wurde verhaftet. Und obwohl es dem König fast das Herz brach, das „Gesetz der Meder und Perser"

konnte nicht aufgehoben werden. Daniel landete eine Nacht in der Löwengrube. Gott jedoch bewahrte ihn vor dem Tod.
Ich habe damals in der Kantine übrigens dazu gelernt: Als ich es nicht mehr peinlich fand, sondern immer vor dem Essen die Hände faltete, da fanden es auch andere ganz selbstverständlich.

cb

TISCHGEBET
Aller Augen warten auf dich, und du gibst ihnen ihre Speise zur rechten Zeit. Du tust deine Hand auf und sättigst alles, was lebt, nach deinem Wohlgefallen.
Psalm 145,15+16

Da befahl der König,
Daniel herzubringen.
Und sie warfen ihn zu
den Löwen in die Grube.
DANIEL 6,17A

Bewundernswert

Diesen Daniel bewundere ich. Er lebt ganz selbstverständlich seinen Glauben. Er betet – trotz Verbotes – am offenen Fenster dreimal täglich zum Gott Israels. Dafür wird er in die Löwengrube geworfen. Eine Geschichte, in der einer für seinen Glauben sein Leben aufs Spiel setzt.

In Deutschland wird heute niemand mehr wegen seines Glaubens umgebracht. Gott sei Dank. Und doch: Seinen Glauben zu leben, ist auch bei uns manchmal nicht ganz so einfach.

Und so bewundere ich auch „meine" Teamer, Jugendliche zwischen 15 und 22 Jahren, die ganz treu mit auf Konfirmandenfreizeiten fahren. Ich habe vor Augen, wie wir auf der Freizeit zusammensitzen. Die 50 Konfis sind im Bett, der nächste Tag ist besprochen und wir sitzen bei Cola und Chips noch zusammen und erzählen von Gott und der Welt. Und dann landen wir irgendwie bei der Frage: „Wie reagieren eigentlich Freunde und Klassenkameraden darauf, wenn ihr auf so eine Konfi-Freizeit fahrt?" Nach kurzem Nachdenken sprudelt es aus ihnen heraus: „Bist du bekloppt? Ich würde mir doch nicht die Tage und Nächte mit solchen Kindern um die Ohren hauen? Ferientage dafür opfern, da spinnst du doch. Mit Kirche hab ich nichts am Hut. Bekommst du das wenigstens bezahlt?" Das sind noch die freundlicheren Reaktionen, die die Jugendlichen bekommen. Es tut ihnen gut, sich darüber auszutauschen an diesem Abend. Und sie sind sich einig: Mitarbeiter bei Kirchens zu sein, ist ihnen wichtig.

Das gehört zu ihrem Leben dazu, egal, was andere dazu sagen. Das ist großartig und ich bin dankbar, dass wir diese Jugendlichen haben.

cb

WOHL DENEN

Wohl denen, die da wandeln
vor Gott in Heiligkeit,
nach seinem Worte handeln
und leben allezeit;
die recht von Herzen suchen Gott
und seine Zeugniss' halten,
sind stets bei ihm in Gnad.

Text: Cornelius Becker, EG 295

Und sie zogen Daniel aus der Grube heraus,
und man fand keine Verletzung an ihm,
denn er hatte seinem Gott vertraut.
DANIEL 6,24B

Mit Gebrüll vor der Kirche

Sichtlich irritiert waren Spaziergänger an einem Abend im September, als sie an der alten Backsteinkirche in Müden (an der Örtze) vorbeikamen. Da waren gut ein Dutzend Kinder auf dem Kirchplatz und die schrien, was das Zeug hielt.

Was war geschehen? Wir feierten Kinderbibelnacht mit gut 50 Schulkindern. Es ging um den Propheten Daniel. Zum Auftakt um 18 Uhr hatten Jugendliche Szenen aus dem Danielbuch in der Kirche vorgespielt. Jetzt – nach dem gemeinsamen Abendbrot – wurde das Gesehene in Kleingruppen vertieft. Die Dritt- und Viertklässler machten dazu eine Übung draußen unter freiem Himmel: Liesbeth stand mit verbundenen Augen vor einem Parcours aus Kisten. Die Strecke säumten die anderen Kinder auf beiden Seiten. Letje am anderen Ende rief Liesbeth Anweisungen zu: rechts, links, vorwärts, langsam ... So versuchte sie, ihre Freundin sicher durch den Parcours zu lotsen. Die anderen Kinder jedoch brüllten dagegen an. Später kamen auch andere an die Reihe. „Es war ganz schwer, sich auf die eine Stimme zu konzentrieren. Da war ganz viel, was mich ablenkte.", so sagten die Kinder bei der Nachbesprechung.

Daniel hatte das geschafft. Er widerstand dem äußerem Druck. Er betete nicht König Darius an, sondern weiter den Gott Israels. Die Kinder fanden es bewundernswert, dass Daniel sich nicht vom Weg abbringen ließ. Ein Segen, wenn man trotz all der Stimmen in der Welt auf seinem Weg bleibt. Ein Segen, wenn unsere Kinder lernen, auf die richtigen Stimmen im Leben zu vertrauen.

cb

SOLLT ICH?

Sollt ich meinem Gott nicht singen?
Sollt ich ihm nicht dankbar sein?
Denn ich seh in allen Dingen,
wie so gut er's mit mir mein'.
Ist doch nichts als lauter Lieben,
das sein treues Herze regt,
das ohn Ende hebt und trägt,
die in seinem Dienst sich üben.
Alles Ding währt seine Zeit,
Gottes Lieb in Ewigkeit.

Text: Paul Gerhardt, EG 325

Und der König antwortete Daniel und sprach:
Es ist kein Zweifel, euer Gott ist ein Gott über
alle Götter und ein Herr über alle Könige.
DANIEL 2,47A

Ein Koloss auf tönernen Füßen

Mit dem falschen Fuß ist der mächtige König Nebukadnezar aufgestanden. Er hat schlecht geschlafen, ein Traum verfolgt ihn bis ins Licht des Tages hinein. Er ruft schließlich die Weisen seines Reiches zusammen: „Deutet mir, was ich geträumt habe." Aber niemand kann dies – zumal der König sich weigert, den Traum zu erzählen. „Wenn ihr wirklich Wahrsager seid, dann wisst ihr, was ich geträumt habe, wenn nicht ..." Und er befiehlt schließlich, alle Weisen seines Reiches umbringen zu lassen. In letzter Minute kann Daniel, der junge Mann, der einst aus Jerusalem nach Babylon verschleppt wurde, dies verhindern.

Mit Gottes Hilfe schildert er den Traum von einem riesigen, Furcht einflößenden Standbild: der Kopf aus glänzendem Gold, Brust und Arme aus Silber, Bauch und Becken aus Kupfer, die Beine teils aus Eisen, teils aus Ton und die Füße nur aus Ton. Und aus dem Nichts kommt ein Felsbrocken und trifft die Figur an den Füßen. Es bleibt nur ein Schutthaufen übrig. Daniel deutet diesen Traum auf die Zukunft des babylonischen Reiches hin: Noch glänzend – wie Gold – aber eines Tages wird es in Trümmern liegen. König Nebukadnezar überhäuft Daniel für diese Deutung mit Geschenken und gibt ihm ein wichtiges Amt im Reich. Und uns bleibt eine Geschichte, die beinhaltet, dass Macht oft auf tönernen Füßen steht.

cb

NEBENBEI

Die Redewendung vom „Koloss auf tönernen Füßen" wird auch heute oft gebraucht, z. B. als Buchtitel im Hinblick auf die USA (Peter Scholl-Latour 2005); im Februar 2011 im Hinblick auf Ägypten in der Zeit nach Mubarak (nzz online, 12.2.2011) oder bei einer Analyse der wirtschaftlichen und gesellschaftlichen Situation in China (de standaard, Brüssel, 31.8.2010).

cb

Mene mene tekel u-parsin.
DANIEL 5,25B

Ein Menetekel

Mene mene tekel u-parsin: So stand es plötzlich an der Wand des königlichen Festsaals in Babylon. König Belsazar feierte eine Orgie und in seinem Übermut benutzte er die geraubten heiligen Gefäße aus dem Tempel in Jerusalem für sein Saufgelage.

BELSAZAR

Die Mitternacht zog näher schon; in stummer Ruh lag Babylon.

Nur oben in des Königs Schloss, da flackert's, da lärmt des Königs Tross.

Dort oben in dem Königssaal Belsazar hielt sein Königsmahl.

Die Knechte saßen in schimmernden Reihn und leerten die Becher mit funkelndem Wein.

Es klirrten die Becher, es jauchzten die Knecht; so klang es dem störrigen Könige recht.

Des Königs Wangen leuchten Glut; im Wein erwuchs ihm kecker Mut.

Und blindlings reißt der Mut ihn fort; und er lästert die Gottheit mit sündigem Wort.

Und er brüstet sich frech, und lästert wild; der Knechtenschar ihm Beifall brüllt.

Der König rief mit stolzem Blick; der Diener eilt und kehrt zurück.

Er trug viel gülden Gerät auf dem Haupt; das war aus dem Tempel Jehovahs geraubt.

Und der König ergriff mit frevler Hand einen heiligen Becher, gefüllt bis am Rand.

Und er leert ihn hastig bis auf den Grund und rufet laut mit schäumendem Mund:

„Jehovah! dir künd ich auf ewig Hohn – Ich bin der König von Babylon!"

Doch kaum das grause Wort verklang, dem König ward's heimlich im Busen bang.

Das gellende Lachen verstummte zumal; es wurde leichenstill im Saal.

Und sieh! und sieh! an weißer Wand da kam's hervor wie Menschenhand;

Und schrieb, und schrieb an weißer Wand Buchstaben von Feuer, und schrieb und schwand.

Der König stieren Blicks da saß, mit schlotternden Knien und totenblass.

Die Knechtenschar saß kalt durchgraut und saß gar still, gab keinen Laut.

Die Magier kamen, doch keiner verstand zu deuten die Flammenschrift an der Wand.

Belsazar ward aber in selbiger Nacht von seinen Knechten umgebracht.

Heinrich Heine (1797-1856)

ÜBRIGENS

Der Ausdruck „Menetekel" als unheilbringende Ankündigung stammt aus dieser Geschichte. Erst der Prophet Daniel kann die Worte übersetzen: „Gewogen und zu leicht befunden ..."

cb

Wege

Lass ab vom Bösen und tu Gutes;
suche Frieden und jage ihm nach!
PSALM 34,15

Der erste Schritt

Sven bekommt feuchte Hände vor Aufregung. Die letzten paar Minuten. Er will nur noch raus. Alles abschütteln, was gewesen ist. Ein neues Leben anfangen. „Ich bin Tischler", sagt er sich. Die Augen fest geschlossen. „Das ist gute Arbeit, ich habe das gelernt. Davon kann ich draußen leben." Irgendwo fällt eine Tür ins Schloss, ein Schlüssel wird umgedreht. Quietschende Schritte auf dem PVC-Boden eines langen Ganges. „Ich will das Geräusch niemals wieder hören!"

Ein Koffer mit seinen Sachen wird ihm übergeben. Sven muss den Erhalt quittieren. Er kommt sich wie ein Bittsteller vor, dabei sind es seine Hosen, seine Postkarten. Er muss sich erst daran gewöhnen, dass es wirklich sein Eigen ist.
Sven hat in den letzten Monaten schon in seiner neuen Firma gearbeitet und sich nicht dumm angestellt. „Und was, wenn du es da draußen nicht hinbekommst?" Unter die freudige Erregung mischt sich panische Angst. Er muss schlucken. „Kommse mit! Abflug!", sagt der Beamte. Noch zwei Türen, dann so eine Art Schleuse. „Ich habe Tischler gelernt", sagt sich Sven und hofft so sehr, dass er dadurch ein anderer geworden ist. Seine Mutter wird ihn wohl abholen. Vielleicht auch seine beiden Schwestern.

Das Tor geht auf, die Sonne scheint, Blumen verschwenden ihren Duft. Wie allen anderen stockt sein Schritt. Er bleibt noch eine Sekunde stehen. „Von nun an muss alles anders werden. Tischler sein und keinen Blödsinn mehr anstellen!" Mutter ist da! Der harte Kerl kriegt feuchte Augen. Dann endlich der erste Schritt in Freiheit. Er will nie, nie mehr zurück!

jp

GIB HOFFNUNG
Ich bitt noch mehr, o Herre Gott
- du kannst es mir wohl geben -,
dass ich nicht wieder werd zu Spott;
die Hoffnung gib daneben;
voraus, wenn ich muß hier davon,
dass ich dir mög vertrauen
und nicht bauen
auf all mein eigen Tun,
sonst wird's mich ewig reuen.

Text: Johann Agricola, EG 343

Gott, du bist mein Gott, den ich suche.
Es dürstet meine Seele nach dir,
mein ganzer Mensch verlangt
nach dir aus trockenem, dürren Land,
wo kein Wasser ist.

PSALM 63,2

Neuer Weg

Thomas saß in der kleinen Kapelle auf dem Hügel hinter der Klinik. So wie inzwischen jeden Tag nach dem Mittag und vor der ersten Anwendung. Er hatte eine Kerze angezündet und schaute auf das Kruzifix. Der ganze Ort erschien ihm als Norddeutschem fremd und eigenartig, aber in dieser katholischen Ecke gab es solche Kapellen scheinbar überall. Eigentlich hatte Thomas seine Kur nicht wirklich ernst genommen. Klar, er war nicht mehr so fit wie früher und der Rücken machte manchmal Probleme. Aber hatte er deshalb eine Kur nötig? Er hatte es auf einen Versuch ankommen lassen und dankend angenommen, als seine Kur bewilligt wurde. Als Sonderurlaub hatte er die zwei Wochen verbucht, eine feine Sache! Jeden Tag Massagen, Krankengymnastik, Spazierengehen, ein bisschen Sport, um die Akkus wieder aufzufüllen. Dann war mehr daraus geworden.

Die Gespräche mit der Psychologin hatten etwas losgetreten. Eine lange unentdeckte Last war in Thomas Leben aufgetaucht. Er war kaputter, als er dachte. „So geht's nicht weiter." Das war ihm klar geworden. „Aber wie dann?" Da war ihm auf einem Spaziergang die Kapelle aufgefallen. Aus einer Laune heraus hatte er sich in sie hineingesetzt. Er machte zur Zeit viele Dinge das erste Mal. „Schön ruhig!", dachte er. „Und was mach ich hier eigentlich?" Als müsste man das hier tun, faltete er die Hände und holte Luft. Und er kam jeden Tag wieder.

„Keine Ahnung, was ich suche", dachte Thomas, „aber es ist ein guter Ort dafür!"

jp

GOTTES HAUS

Tut mir auf die schöne Pforte,
führt in Gottes Haus mich ein;
ach wie wird an diesem Orte
meine Seele fröhlich sein!
Hier ist Gottes Angesicht,
hier ist lauter Trost und Licht.

Ich bin, Herr, zu dir gekommen,
komme du nun auch zu mir.
Wo du Wohnung hast genommen,
da ist lauter Himmel hier.
Zieh in meinem Herzen ein,
laß es deinen Tempel sein.

Text: Benjamin Schmolck, EG 166

Und als sie auf dem Wege waren,
sprach einer zu Jesus:
Ich will dir folgen, wohin du gehst.
LUKAS 9,57

Schritte hinterher

Elkes Füße tun weh, der Rücken auch. Diese Nacht war die Hölle los gewesen auf der Station. Der Patient in 316 war vollkommen ausgetickt. Hatte sich zweimal die Schläuche herausgerissen, rumgebrüllt, alle anderen Patienten wach gemacht. Dann war ein Notfall reingekommen. Schließlich ein Sterbefall – die Angehörigen anrufen, die Tote herrichten, Kerze an. Dazu noch alle Routinearbeiten.

„Wir haben einen Scheißjob", sagt Kai, „ich mache das keinen Tag länger, als ich muss." Kai hat die Frühschicht. Nach der Übergabe kann Elke endlich nach Hause gehen. Kai träumt davon, in der Provence eine alte Ölmühle wieder aufzubauen. Dazu Fremdenzimmer für Touristen. Elke ist fast 20 Jahre älter und hat diese Träume nicht.

Sie hatte einmal Ideale und fragt sich manchmal, wo die hin sind. Das Arbeiten ist härter geworden im Krankenhaus. Keine Zeit mehr für das, was pflegerisch vielleicht nicht absolut notwendig ist. Dabei wollte sie doch Menschen helfen, ihnen beistehen. Sie nicht nur bloß versorgen.

Elke hatte auch schon keine Lust mehr. Wie Kai. Dann hat sie sich angewöhnt, sich in jeder Schicht immer für einen Patienten zehn Minuten Zeit zu nehmen. Heute hat Frau Patjewski von ihrem Sohn erzählt. Und von ihrer Angst. Elke saß für eine Weile dabei und wusste genau, warum sie tut, was sie da tut. Ich bin Krankenschwester. So muss es sein.

Jetzt packt sie ihre Tasche und geht im Licht der frühen Sonne zu ihrem Auto. Die Vögel singen, die Füße tun ihr weh. Es geht ihr gut. Sie ist da, wo sie gebraucht wird.

jp

POLITIKER IM PFLEGEHEIM

Sie servieren Essen, singen und spielen mit Demenzkranken, lesen Senioren vor oder kämmen Pflegebedürftigen die Haare. „Ich mach mich stark für die Pflege" – so hieß dieses Projekt der evangelischen Kirchen und der Diakonie. Politiker haben während eines Wahlkampfs Senioren- und Pflegeheime besucht und die Arbeit dort kennengelernt.

Und das ist nach wie vor dringend nötig. Denn Pflege ist kein Randthema – es gehört auf die Tagesordnung der Kabinettsitzung, fordert die Diakonie. Nirgendwo sonst gibt es so viele unbesetzte Stellen. Der Grund: zu wenig Anerkennung und zu geringe Bezahlung.

Bei ihren Besuchen in der Altenhilfe konnten sich Politiker während des Wahlkampfs darüber ein eigenes Bild machen. Nach der Wahl mussten sich Politiker daran messen lassen, was sie vor der Wahl über die Pflege gesagt und geschrieben haben ...

jvl

O welch eine Tiefe des Reichtums,
beides, der Weisheit und der
Erkenntnis Gottes!
RÖMER 11,33A

Letzter Schritt

Sonja sitzt auf dem Stuhl mit roten Augen. Lilly spielt auf dem Schoß ihres sterbenden Großvaters, der auf dem Fernsehsessel sitzt. Sie zieht ihrer Puppe die Jacke an und wieder aus und an und aus. „Wenn dir die Kleine zu schwer ist, dann nehme ich sie runter." „Es ist alles ganz wunderbar", sagt Sonjas Vater. Jedes Wort ist leise, brüchig. Aber sein Lächeln ist glückselig. „Soll ich dir noch etwas Tee geben? Brauchst du irgendwas?" „Nein", sagt er, „nur euch!" Immer wieder schläft er ein. Vor vier Monaten war er noch topfit gewesen. Dann kam die Diagnose und danach ging es steil bergab. Vater hatte geschimpft und hatte gehadert und dann auf einmal hatte er sich eingekriegt. Als nichts anderes mehr half, hat er wieder angefangen zu beten. Er hat seinen Frieden geschlossen und jede Angst verloren. In Windeseile wurde noch alles erledigt, was getan werden musste. Dann kehrte Ruhe ein. Jetzt bleibt nur das Letzte noch, woran er sich nicht sattsehen kann. Er sieht seiner Enkeltochter beim Spielen zu.

„Ach Papa!", sagt Sonja und die Tränen fließen. „Komm, Mädchen!" Sie reicht ihm ihre Hand und er tröstet sie wie früher. „Wir hatten so ein schönes Leben und auch jetzt machst du mich so froh! Du brauchst keine Angst um mich zu haben." Und sie glaubt ihm.

Kurz nach acht bringt sie die Kleine ins Bett. Lilly gibt Opa noch einen Kuss auf die Wange. Danach sitzen Sonja und ihr Vater zusammen, bis es ganz dunkel geworden ist. Worte sind nicht mehr nötig. Irgendwann ist Sonja glücklich. Er stirbt so leicht, sie merkt es kaum.

jp

UND NOCH EINE FRAGE ...
Was muss ich tun, um ganz in Frieden zu gehen?

jp

> Denn siehe, ich will ein Neues schaffen,
> jetzt wächst es auf, erkennt ihr's denn nicht?
> **JESAJA 43,19A**

Schritte aufeinander zu

Es dauerte eine ganze Weile, bis Brigitte merkte, dass dieser stattliche grauhaarige Herr seine Augen nicht von ihr lassen konnte. Jeden Abend schwamm sie im Hallenbad ihre Bahnen. Und immer lag er auf dem Liegestuhl am Beckenrand auf ihrer Seite und las in einem Roman. Oder vielmehr tat er so, als würde er lesen, denn irgendwie kam er mit seinem Buch nicht weiter. Als sie genau darauf achtete, wurde ihr klar, dass sie ihn niemals umblättern sah.

Nein, ihr heimlicher Verehrer nutzte das Buch zur Tarnung. Er tat belesen, blickte aber knapp über die Seiten hinweg auf sie im Wasser. Ganz eindeutig. War das, was dieser Mann da tat, für Brigitte eine Belästigung? Sie dachte ernsthaft darüber nach. Dann aber beschloss sie, sich geschmeichelt zu fühlen. Er gefiel ihr. Sie kaufte sich einen neuen, schicken Badeanzug und einen dezenten wasserfesten Lippenstift. Und sie übte sich, und das war neu, von Zeit zu Zeit im Rückenschwimmen. Es schien ihr, als würde ihr Beobachter dann ein wenig unvorsichtig werden. Seine vorgetäuschte Lesefreude erschien geradezu nachlässig. „Was machst du als Nächstes?"

Der Mann auf dem Liegestuhl tat nichts. Offensichtlich war er schüchtern. Brigitte fand das mühsam und doch auch reizvoll. Sie war zu jung, um sich alt zu fühlen. Keine Lust mehr, allein zu sein. Sie machte immer noch eine gute Figur. Genau wie er.

Dann also lag es an ihr! Sie stieg aus dem Becken, holte ihr Handtuch und ging zu ihm. „Das Wasser ist ganz wunderbar." Und lächeln! Da hörte er endgültig auf zu lesen.

jp

FRAGE

Wann habe ich das letzte Mal etwas gewagt?

jp

Und Jakob kochte ein Gericht.
Da kam Esau vom Feld und war müde
und sprach zu Jakob: Lass mich essen
das rote Gericht; denn ich bin müde.
1. MOSE 25,29+30

Ein Linsengericht mit Folgen

Die Zeltwände flattern im Wind. Es ist Abend. Den ganzen Tag war ich bei der Herde. Jetzt kochen die Linsen über dem Feuer. Ich nehme einen Löffel und streue getrocknete Kräuter über die Linsen.

Jakob heiße ich. „Jakob" das heißt so viel wie: „Der festhält". Kein schöner Name! Aber meine Eltern gaben ihn mir, weil meine Hand nicht loslassen wollte. Sie erzählten, ich hätte schon bei der Geburt die Ferse meines Bruders festgehalten. Ich bin ein Zwilling, der ewig Zweite. Ich bleibe zurück am Feuer, bei der Herde und der Mutter. Die Gaben meines älteren Bruders habe ich nicht.

Esau – da kommt er. Den ganzen Tag war er unterwegs in den Bergen. Von Weitem sehe ich seinen starken Körper. Der Bogen ist um seine Schultern gespannt. Das rote Haar leuchtet in der Abendsonne. Er legt seine Jagdbeute auf den Stein vor dem Zelt, stellt den Bogen ab und legt sich auf die gewebte Decke. Und grüßt nicht, sondern befiehlt:

„Ich habe Hunger. Gib mir etwas ab."
„Koch dir selbst etwas!"
„Wieso? Sieh doch, was ich mitgebracht habe! Ich habe gearbeitet."
„Ich habe auch gearbeitet.
Ich habe auch Hunger."

„Ha! Bei der Herde warst du – die Tiere hüten!"
„Ach, und das zählt wohl nicht?"
„Lass mich. Los, gib mir zu Essen."
„Ich gebe dir etwas – wenn du mir dein Erstgeburtsrecht überlässt."

Der Erstgeborene besonders gesegnet. So will es die Tradition seit alter Zeit. Mir bedeutet dieser Segen etwas. Aber meinem Bruder Esau?

„Das Erstgeburtsrecht? Kannst du haben. Und jetzt: Gib mir zu essen!"

jvl

DER HINTERGRUND

So beginnt die seltsame Geschichte zweier Menschen, die unterschiedlicher kaum sein können. Manche vermuten, dass sich in dieser biblischen Erzählung zwei Lebensweisen abbilden: Der archaische Jäger trifft auf den sesshaften Hirten. Und während der Jäger Esau von der Hand in den Mund lebt und oft genug hungern muss, wird der Hirte Jakob seinen Reichtum mehren und Wohlstand bilden ...

jvl

Jakob

Jakob sprach zu seinem Vater:
Ich bin Esau, dein erstgeborener Sohn. [...]
Komm nun, setze dich und iss von meinem
Wildbret, auf dass mich deine Seele segne.
1. MOSE 27,19

Ein Segen für die Zukunft

Mutter hat es mir erzählt. Sie hat gelauscht am Zelt unseres Vaters Isaak. Der hatte seinen ältesten Sohn gerufen, den Erstgeborenen: „Bevor ich sterbe, will ich dich segnen. Deine Nachkommen sollen so zahlreich wie die Sterne am Himmel sein. Geh noch einmal für mich auf Jagd, bereite mir ein Festmahl. Dann will ich dich segnen ..."

Und Esau machte sich auf die Jagd. Doch stand der Segen des Erstgeborenen nicht mir zu? Mutter sagte: „Dein Vater Isaak ist alt und blind. Ich will ein Festmahl bereiten. Zieh du die Kleider deines Bruders an." Und so schlüpfte ich in das Festgewand meines Bruders, ging mit dem Essen in das Zelt meines Vaters und sagte mit tiefer Stimme:
„Ich bin es, Vater. Dein Sohn – Esau. Iss! Und sprich deinen Segen."

Mein blinder Vater war verwirrt. Doch dann legte er mir die Hände auf:
„Gott hat das Feld gesegnet und
so soll er dich segnen.
Reich sollst du sein
und viel Korn und Wein haben.
Und dein Bruder
soll sich vor dir verbeugen."

So wurde ich gesegnet. Ich wusste: Fruchtbarkeit, Wohlstand, Glück, Frieden – all das sollte nun auf mich übergehen. Für meinen Bruder blieb nur Armut und harte Arbeit. Ich spürte die Wärme der Hände meines Vaters – doch zugleich war in mir alles kalt.

jvl

JAKOB, DER BETRÜGER

So ist er in die Geschichte eingegangen. Es sind eben nicht immer die Aufrechten, die Geschichte machen. Sein Vater übrigens bestärkt seinen Sohn trotz seines Betrugs: Als Jakob vor seinem Bruder fliehen muss, ruft ihn der Vater erneut zu sich und bekräftigt seinen Segen noch einmal. Denn auch ein Betrüger soll nicht ohne Segen gehen.

jvl

Und ihm träumte, und siehe,
eine Leiter stand auf Erden,
die rührte mit der Spitze an den Himmel,
und siehe, die Engel Gottes stiegen daran
auf und nieder.
1. MOSE 28,12

Ein Traum vom offenen Himmel

Der Atem rast. Die Seite sticht. Ich bin gelaufen, zu schnell, zu weit.
Von dort hinter den Bergen komme ich. Dort sind die Zelte, die Herde, die Familie. Geflohen bin ich, so schnell ich konnte. Nur mit dem Wanderstab in der Hand.

Am Horizont geht die Sonne unter. In der Tasche ein wenig Brot und Wasser. Ob ich je wieder am Feuer der Familie essen werde?

Ich falle zu Boden. Ich spüre meine Knochen und die Muskeln.
Doch mehr als der Körper schmerzt die Seele. Ich habe den Bruder betrogen, den Vater überlistet, die Mutter verlassen. Ob es das wert war? Was habe ich noch in der Hand?

Es ist Nacht. Stille über dem Land. Kein Kissen, ein Stein liegt unter meinem Kopf. Ich wandere durch dunkle Träume. Sehe den traurigen Vater, den zornigen Bruder, die einsame Mutter.

Doch woher kommen diese Stimmen? Das Singen! Das Licht!

Und dann sehe ich eine Leiter. Sie reicht von der Erde hinauf in den Himmel. Eine Himmelsleiter! Engel steigen auf und ab. An meinem Haupt berühren ihre Füße den Boden. Ein tröstlicher Traum! Oder ist es nur ein Strahl des Mondes?

Ich wache auf und begreife: Gott selbst hat die Hand nach mir ausgestreckt. Seine Boten kommen vom Himmel und gehen über die Erde. Sie steigen auf und ab. Sie sind dort, wo wir sie nicht erwarten. Und sie kommen mitten hinein in die Nacht und die Schuld.

Ein erster Lichtstreif am Horizont. Bald geht die Sonne auf. Mit dem Stein, auf dem ich schlief, baue ich einen Altar.
Heilig ist diese Stätte. „Bet-El" heißt sie! Haus Gottes.Und dann ziehe ich meine Schuhe an. Ich nehme mein Bündel und den Stock in die Hand und mache mich auf den Weg.

jvl

WO WOHNEN DIE ENGEL?

Wo wohnen die Engel, wo kommen sie her?,
fragst du, als ob ganz sicher wär,
sie stünden nur am Zeitenrand,
fern von hier und unerkannt,
im fremden Land.
Wo wohnen die Engel, wo kommen sie her?

Doch ich habe erlebt,
sie sind nicht so weit,
nur eine Handbreit
von uns entfernt.
Sind im Glück und im Gebet,
wo ein Mensch alleine geht,
stehen im Flügelschlag der Zeit
bereit.

jvl / as

Als Jakob aber Rahel sah, [...]
trat er hinzu und wälzte den Stein von dem
Loch des Brunnens und tränkte die Schafe
Labans, des Bruders seiner Mutter.
Und er küsste Rahel und weinte laut.

1. MOSE 29,10+11

Ein Kuss zur Begrüßung

Dieser Name: „Jakob". Er bedeutet: „Der sich an der Ferse des anderen festhält". Der lügt und betrügt. Nein, das ist nicht der Jakob, den ich kennengelernt habe!

Ich bin Rahel, Tochter des Ostens. An jenem Tag kam ich mit den Tieren zum Brunnen. Schon von weitem sah ich den Unbekannten mit den zerschlissenen Kleidern. Er starrte mich an. Die anderen Hirten am Brunnen hatten ihm gesagt, wer ich bin – ich, die Tochter seines Onkels Laban. Auf seltsame Weise stellte er sich vor: Er wälzte den Stein von der Öffnung des Brunnens und tränkte meine Tiere. Dann gab er mir einen Kuss – und weinte.

Ich habe Jakob gleich ins Herz geschlossen – und er mich. Sieben Jahre diente er meinem Vater. Und noch einmal sieben Jahre. Geheiratet hat er meine Schwester Lea, dann mich, Rahel. Söhne wurden uns geschenkt: Ruben, Simeon, Levi. Die Schafe und Ziegen vermehrten sich. Die Herden wuchsen.

Heute ist Jakob reich. Alles hat er von eigener Hand erarbeitet. Oder ob es an dem Segen lag, dass ihm alles gelang? Wir führten ein wunderbares Leben – wenn da nicht die Angstträume gewesen wären.

Eines Nachts habe ich verstanden: Alles ist auf Schuld aufgebaut. Jakob wälzte sich unruhig im Schlaf. Ich fragte: „Jakob, warum schläft du nicht?" „Ach, Rahel. Ich kann nicht." „Was ist mit dir?" „Ich kann so nicht leben. Ich will zurück zu meinem Bruder, in meine Heimat". „Jetzt ist es also soweit? „Ja, es ist soweit ..."

Wie viele Jahre braucht es, um Schuld einzugestehen? Wie viel Kraft braucht es zu sagen: Ich bin wieder da. Sprich mit mir, Bruder.

Er kam in mein Leben mit einem Wanderstock. Jetzt macht er sich wieder auf den Rückweg – mit einer Karawane. Lea und ich begleiten ihn, zusammen mit den Söhnen, dazu die Knechte und Mägde und die Herden. Jakob ... – Was wird dein Bruder sagen? Ist sein Hass größer als je zuvor?

jvl

IN FRIEDEN

Wenn wir in Frieden beieinander wohnten,
Gebeugte stärkten und
die Schwachen schonten,
dann würden wir den letzten heilgen Willen
des Herrn erfüllen.

Text: Johann Andreas Cramer, EG 221

Da rang ein Mann mit ihm, bis die Morgenröte
anbrach. Und er sprach: Lass mich gehen,
denn die Morgenröte bricht an.
Aber Jakob antwortete: Ich lasse dich nicht,
du segnest mich denn.
1. MOSE 32,25B+27

Ein Kampf in der Nacht

Der Fluss ist so dunkel. Unheimlich. Aber wir
müssen hinüber.
Über den Fluss ... Und über alles andere. Wir
müssen. Wir können nicht zurück.

Das Jabboktal ist eine tiefe Schlucht. Mittendrin der Wasserstrom und eine Furt. Es ist
keine leichte Arbeit, die Tiere auf die andere
Seite zu bringen. Doch endlich sind alle in
Sicherheit. Als ich, Jakob, zuletzt über die Furt
gehe, ist es schon Nacht.

Da sehe ich diese Gestalt. Sie versperrt mir den
Weg. Und dann schlägt eine Hand nach mir.
Ein Kampf. Ich falle, Wasser spritzt, ich ringe
nach Luft. Wir kämpfen bis zum Morgengrau-
en. Doch dann kann ich den Gegner fassen
und niederwerfen. Ich will nicht loslassen.

Wer ist das? Wer kämpft? Ich ahne: Das ist kein
Mensch! Und so rufe ich: „Ich lasse dich nicht
los. Es sei denn: Du segnest mich!". Nie vergessen werde ich diese Stimme. Sie spricht einen
Segen. „Du sollst nicht länger Jakob heißen,
sondern Israel. Das heißt: Gottesstreiter".

Erschöpft steige ich aus dem dunklen Fluss.
Verletzt. Hinkend. Aber ich atme durch. Und
ich nehme diesen neuen Namen in mir auf:
Israel. Gottesstreiter. Gestorben ist der Betrüger.
Geboren ein Streiter für Gott. Es ist Morgen.

jvl

WAS FÜR EINE GESCHICHTE!
Sie ist rätselhaft und dunkel und lässt sich
nicht erklären. Vielleicht bildet sich im Kampf
am Jabbok, einem Fluss, der in den Jordan
fließt, ein „Archetypus" ab: der nächtliche
und lebensbedrohliche Kampf gegen einen
unerkannten Gegner. Ob sich Gott selbst oder
ein Engel Jakob gegenüberstellt, wird in dieser
uralten Erzählung nicht deutlich, ein anderes
Motiv aber ist klar: Wer um den richtigen Weg
„ringt", kann „hinkend" und doch als Sieger
daraus hervorgehen. Manchmal ist es nötig,
sich im Kampf zu verletzen, um wieder „heil"
zu werden. Jakob wird sogar zum „Namens-
patron" Israels.

jvl

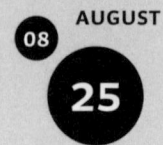
Esau aber lief ihm entgegen
und herzte ihn und fiel ihm um den Hals
und küsste ihn und sie weinten.

1. MOSE 33,4

Eine Versöhnung unter Brüdern

Ich sehe die Staubwolke am Horizont. Reiter auf Kamelen kommen aus dem Jabboktal. Dort lebt mein Bruder Esau. Die Reiter sind schnell. Wir sind eine leichte Beute. Frauen, Kinder, Hirten, Tiere. Aber wir gehen weiter. Ich fliehe nicht noch einmal. Ich will mich meinem Bruder stellen. Auch wenn ich weiß: Es ist nicht leicht, sich zu wandeln, manchmal ist es sogar gefährlich. Ich gehe langsam, hinkend, verletzt von jenem Kampf in der Nacht. Ich gebe Befehle: Die Familie geht vorne. Die Knechte gehen hinten. Keiner soll Waffen tragen!

Ich erkenne ihn von weitem. Rotes Haar. Ein wettergegerbtes Gesicht. Der wilde Blick. Mein Bruder Esau reitet an der Spitze! Er kommt direkt auf uns zu. Er hebt den Arm. Die Reiter bleiben stehen ...
Und ich werfe mich zu Boden. Sieben Mal. Wie ein Knecht vor seinem Herrn. Ich sehe nicht, wie er absteigt. Aber dann steht er plötzlich vor mir, die Arme ausgebreitet. Seine Stimme ist noch so tief und dunkel wie damals. Aber seine Worte sind voller Liebe: „Willkommen, Jakob. Bruder. Steh auf. Lass dich ansehen!" Meine Angst verfliegt. Ich schaue auf. Und dann fallen wir einander in die Arme.
Als die Knechte die Zelte aufschlagen, setze ich Stein auf Stein und baue einen Altar. Rauch steigt zum Himmel. Ich schaue über weites Land. Ich bin angekommen. Endlich.

jvl

MÉMORIAL

Nach dem Tod des französischen Mathematikers und Philosophen Blaise Pascal im Jahr 1662 fand man im Futter seines Rocks einen Pergamentstreifen, den er dort eingenäht hatte. Es ist die Erinnerung an eine mystische Erfahrung. Als Mémorial (Erinnerungsblatt) wurden u. a. diesen Zeilen berühmt: „Gott Abrahams, Gott Isaaks, Gott Jakobs, nicht der Philosophen und Gelehrten." Gott lässt sich nicht finden in philosophischen Gottesbeweisen, sondern in einem Feuer, das sich schon in den Erzählungen der biblischen „Vätergeschichten" ausdrückt – wie der Geschichte Jakobs.

jvl

Die Arbeiter im Weinberg

AUGUST

26 08

Das Himmelreich gleicht einem Hausherrn, der früh am Morgen ausging, um Arbeiter für seinen Weinberg einzustellen.
MATTHÄUS 20,1

Himmlisch?!

Sandra sitzt in der Religionsstunde. Die Lehrerin teilt einen Text mit der Überschrift „Von den Arbeitern im Weinberg" aus. Sandra liest die ersten Worte und denkt: Himmelreich – wenn ich das schon höre! Da weiß man ja schon, was kommt: alles gut, alles schön. Irgendwann später. Hier ist nichts gut!

Denn Sandra kocht innerlich immer noch vor Wut. In der zweiten Stunde hat sie ihre Bio-Arbeit zurückbekommen, für die sie tagelang wie verrückt gelernt hat. Eine „2" steht darunter. Sandra könnte sich eigentlich freuen über ihre gute Note. Stattdessen ärgert sie sich. Denn Bea hat auch eine „2" bekommen. Dabei hat die nur abgeschrieben. Einen Spickzettel hat sie mitgehabt – und der Lehrer hat es nicht mal gemerkt.
Bea hat er heute auch noch gelobt, weil sie sonst immer nur Vieren schreibt. Sandra könnte platzen, so wütend ist sie. Dabei hätte Bea im Unterschied zu ihr ja Zeit gehabt zum Lernen. Die muss sich ja nicht wie ich noch um kleine Geschwister und um den Haushalt kümmern. Ihre Mama ist zu Hause und nicht wie unsere bis spät abends bei der Arbeit, seit Papa zu der anderen Frau gezogen ist. Bea ist bloß zu faul zum Lernen! Sandra ballt die Faust. Das ist alles so ungerecht und gemein! Das hat die doch gar nicht verdient, findet sie.

Dann hat Mark den Text zu Ende vorgelesen. Die Lehrerin blickt in die Runde. Jemand fragt:

„Wie viel is'n so'n Silbergroschen in Euro?" Die Lehrerin antwortet: „Das kann ich dir nicht so genau sagen, aber von einem Silbergroschen konnte eine Familie das einkaufen, was sie an einem Tag zum Leben braucht." Na, himmlisch, denkt sich Sandra. Was wird das wieder für 'ne öde Stunde

ks-h

MEHR GERECHTIGKEIT
Gott, manchmal geht es so gar nicht himmlisch zu in der Welt. Dann ärgere ich mich über das Unrecht – und wünsche mir Gerechtigkeit. Auf Erden. Nicht erst im Himmel.

ks-h

Und er ging aus um die dritte Stunde und sah
andere müßig auf dem Markt stehen und
sprach zu ihnen: Geht auch ihr hin in den
Weinberg; ich will euch geben, was recht ist.

MATTHÄUS 20,3+4

Besser eine Stunde als gar nicht!

„Steht der Chef da mitten in der Nacht auf, um drei Uhr oder wie?", will Jonas wissen. „Nein", erklärt die Lehrerin, „die Zeitangaben richten sich nach dem Sonnenaufgang: Zum ersten Mal geht der Weinbergbesitzer etwa um sechs Uhr los, und ..." „Schon kapiert. Und wann hatten die Feierabend?" „Etwa um 18 Uhr."

„Cool", findet David, „ich wär' auch erst eine Stunde vor Schluss gekommen!" „Das ist doch dumm!", meint Julia. „Wenn du eine Familie ernähren musst, kannst du doch nicht nur eine Stunde arbeiten! Da reicht das Geld, das du kriegst, ja nie zum Leben!"
Bea sagt: „Besser eine Stunde als gar nicht! Mein Papa wäre froh, wenn ihn überhaupt einer einstellen würde. Er sitzt den ganzen Tag zu Hause, liest Stellenanzeigen, schreibt Bewerbungen – und bekommt immer nur Absagen. Dann ist er traurig und wütend und meine Eltern streiten sich dauernd und ..." Bea bricht ab und holt tief Luft. „Wenn ich schlechte Noten mit nach Hause bringe, schimpft er, weil ich so keinen guten Job kriege. Für Papa zähle ich nur, wenn ich gut bin! Weil er glaubt, dass man nichts wert ist ohne Arbeit!" Sandra denkt: tolle Ausrede fürs Abschreiben! Aber die anderen schauen betroffen zu Bea. Das haben sie nicht gewusst.

Paula sagt: „Dann haben sich die, die zuletzt eingestellt wurden, vielleicht so gefühlt wie dein Vater. Die haben vielleicht auch den ganzen Tag gewartet, dass sie einer einstellt."
„Quatsch", mischt David sich ein, „ich wette, die haben ausgeschlafen!" „Ich glaube nicht, dass das nur 'ne Ausrede war", sagt Julia. „Sonst hätten die dem Weinbergbesitzer ja nicht gesagt, es hätte sie niemand eingestellt. Die hat wirklich keiner gewollt. Du hast doch gehört, wie das bei Beas Vater ist!"

ks-h

HERR, HILF
Gott, lass mich mein Herz nicht verschließen, wenn ich von den Sorgen anderer höre. Hilf mir, ihre Not nicht zu übersehen.

ks-h

Als es nun Abend wurde, sprach der
Herr des Weinbergs zu seinem Verwalter:
Ruf die Arbeiter und gib ihnen ihren Lohn
und fang an bei den letzten bis zu den ersten.
MATTHÄUS 20,8

Was ist gerecht?

„Stellt euch mal vor, ihr wäret der Weinberg-besitzer und würdet nun am Ende des Tages den Lohn auszahlen. Wie würdet ihr das Geld verteilen?", fragt die Lehrerin.

Jonas meldet sich. „Also ich würde dem, der am längsten gearbeitet hat, das meiste Geld geben, und dem, der am kürzesten gearbeitet hat, am wenigsten!" Die anderen in der Klasse nicken. „Also denen, die zwölf Stunden gearbeitet haben, einen Silbergroschen. Und den anderen entsprechend weniger?", fragt die Lehrerin nach. „Ja, so wie der Weinbergbesit-zer das mit den Ersten ausgehandelt hat!"

„Aber", ruft Julia, „dann haben ja die, die zum Schluss eingestellt worden sind, nicht genug zum Leben! Ich würde den Letzten einen Sil-bergroschen geben, sodass sie ihre Familie ernähren können, und dann den anderen ent-sprechend mehr! Also die, die zwölf Stunden gearbeitet haben, kriegen dann auch zwölf Silbergroschen!"

„Das ist ja auch irgendwie nicht richtig", ent-gegnet Paula. „Dann würde ja jeder nur eine Stunde arbeiten, weil er dann schon soviel bekommt, dass es zum Leben reicht. Und die Trauben, die blieben auf dem Weinberg hän-gen und würden vergammeln! Das kann's ja auch nicht sein, oder?"

„Ihr habt wirklich gute Ideen! Gibt es noch weitere Vorschläge?" Die Schülerinnen und Schüler schütteln den Kopf. Sandra denkt:

Wahrscheinlich kriegen jetzt die Letzten, die nur eine Stunde gearbeitet haben, genauso viel wie die Ersten, die den ganzen Tag ge-schuftet haben. Dann wäre es wenigstens genauso ungerecht wie im richtigen Leben! Bea kriegt ja auch 'ne „2", obwohl die bloß abgeschrieben hat!

Aber das sagt sie nicht laut.

ks-h

MANCHMAL FRAGE ICH MICH …

Gott, manchmal frage ich mich, warum es in unserer Welt nicht gerechter zugehen kann und alle von dem leben können, was sie ver-dienen. Aber überall geht es nur darum, Ge-winne zu machen – und das geht oft auf Kos-ten anderer. Das findet nur gerecht, wer auf der Seite der Gewinner steht. Das muss anders werden.

ks-h

Als aber die Ersten kamen, meinten sie,
sie würden mehr empfangen; und auch sie
empfingen ein jeder seinen Silbergroschen.
MATTHÄUS 20,10

Ausgesorgt?

„Was?", ruft Jonas empört. „Das ist ja total ungerecht!" „Echt", findet auch Mark, „die einen haben den ganzen Tag geschuftet wie blöd, die andern haben sich 'n schönen Tag gemacht und nur 'ne Stunde gearbeitet und dann kriegen die alle gleich viel Geld? Das ist echt nicht fair!" „Nee", mischt sich Sandra ins Gespräch ein, „das ist, als wenn man richtig für 'ne Klassenarbeit gelernt hat und wer anders schreibt bloß ab und kriegt dafür auch noch 'ne gute Note!" Sie guckt Bea scharf an. Und Bea wird ein bisschen rot.

„Aber andererseits", sagt Julia, „kriegen die Ersten doch, was der Weinbergbesitzer mit ihnen ausgemacht hat ..." „Ja, schon", wirft Paula ein, „aber die Letzten haben ja im Vergleich zu den anderen fast nichts gemacht! Dadurch wird das Ganze ja erst ungerecht: Die einen haben viel geackert und die anderen wenig – für dasselbe Geld. Die Letzten werden im Grunde belohnt! Denn sie haben viel zu kurz gearbeitet, um wirklich den Tageslohn verdient zu haben!"

David meint: „Also ich wär' froh, wenn ich so'n Chef hätte. Ich würde für eine Stunde kommen und hätte ausgesorgt für den Tag. Und am nächsten Tag würd' ich's wieder so machen! Das is' doch voll cool!"

Julia hält ihm entgegen: „Du kapierst es nicht, oder? Du weißt doch vorher nicht, dass du für eine Stunde Arbeit genug Geld für einen Tag bekommst. Die Arbeiter, die keiner wollte, die haben sich doch den ganzen Tag total Sorgen gemacht, was mit ihrer Familie wird! Mit jeder Stunde, die sie nicht gearbeitet haben, haben sie doch gedacht: ‚Wie soll ich bloß meine Kinder satt kriegen?' Also, ich glaub' nicht, dass die die elf Stunden ohne Arbeit genossen haben. Denk doch mal an Beas Vater."

ks-h

LOHN ZUM LEBEN

Gott, du weißt, wie sehr ich manchmal meinen Lohn brauche. Nicht den, den ich bezahlt bekomme. Sondern den, dass mal jemand Danke sagt und die Arbeit wertschätzt, die keiner bezahlt: die Erziehung der Kinder, den Haushalt, die Betreuung der Oma ... Ein anerkennendes Wort – das täte manchmal gut!

ks-h

So werden die Letzten die Ersten
und die Ersten die Letzten sein.
MATTHÄUS 20,16

Gleicher Lohn für alle?

Warum hat Jesus diese Geschichte wohl erzählt? Warum hört er mit dem Satz auf, dass die Letzten die Ersten und die Ersten die Letzten sein werden?", fragt die Lehrerin. Schweigen. Dann meldet sich Sandra: „Soll das etwa heißen, dass Gott genauso ... ungerecht ist wie dieser Weinbergbesitzer? Am Ende kriegen alle denselben Lohn, egal was sie gemacht haben?"

„Cool", findet David. „Dann kann ich ja machen, was ich will!"
„Hör doch mal auf damit", sagt Sandra wütend. „Ich find's nämlich total doof, wenn's bei Gott nicht anders ist als bei uns. Einer muss doch dafür sorgen, dass es gerecht zugeht! Wer viel tut, muss doch wenigstens bei Gott dafür belohnt werden!"
„Wenn ich das schon höre: ‚Wer viel tut, wird belohnt!' So redet mein Vater auch immer", faucht Bea. „Echt, wenn Gott nicht anders ist als mein Vater, dann kann ich gut auf den verzichten! Das krieg' ich ja schon zu Hause andauernd zu hören, bloß weil Papa denkt, dass er ohne Arbeit nichts wert ist und wir ihn nicht mehr lieb haben. Ich fände es gut, wenn Gott wie der Weinbergbesitzer wäre. Dann gibt er uns das, was wir zum Leben brauchen, ohne nachzurechnen, ob wir das auch verdient haben."

„Meinst du wirklich, Jesus will damit sagen, dass Gott alle gleich behandelt? Egal, wie sehr sie sich angestrengt haben oder wie gut sie sind?", fragt Paula erstaunt. „Aber stimmt schon: Wenn ich mir vorstelle, ich wäre einer, der erst ganz am Schluss Arbeit bekommt, dann wäre ich froh, dass ich nicht nur so wenig Geld bekäme, wie ich eigentlich verdient hätte!"
„Aber wenn du zwölf Stunden gearbeitet hättest", gibt Sandra zu bedenken, „dann würdest du dich doch ganz schön ärgern!"

ks-h

LIEBE VERDIENEN?

Gott, wie schnell denken wir, dass wir uns deine Liebe verdienen können. Aber bei dir dürfen wir uns einfach nur beschenken lassen. Wir dürfen Empfangende sein. Danke!

ks-h

So seid ihr nun nicht mehr Gäste und
Fremdlinge, sondern Mitbürger der Heiligen
und Gottes Hausgenossen.
EPHESER 2,19

Wie bei Freunden

„Was meint ihr denn: Würdet ihr den vollen Lohn bekommen, wenn Gott nach Leistung bezahlen würde?", fragt die Lehrerin.

„Ich weiß ja nicht, ob Gott immer alles so gefällt, was ich mache", überlegt Julia. „Wenn der alles genau abrechnen würde ... Ich bin mir nicht so sicher, dass ich dann den ganzen Lohn bekommen würde ..." „Ich glaube, wenn es danach ginge, wäre ich nicht gut genug für Gott", sagt Bea. Und auch andere Schülerinnen und Schüler nicken zustimmend.

„Also: Ihr meint, wenn Gott unsere Leistungen aufrechnen würde und wieder abzöge, was ihm an uns nicht gefällt, dann käme keiner von uns gut weg?" Zustimmendes Gemurmel.

„Dann", fährt die Lehrerin fort, „ist es eigentlich doch ganz gut, dass Gott nicht nach Leistung abrechnet. Dass Gott uns liebt, obwohl wir alle nicht perfekt sind. Denn verdient hat das keiner."

Jonas sagt: „Dann ist es bei Gott ja ein bisschen wie in meiner Familie. Meine Eltern hören nicht auf, mich lieb zu haben, auch wenn ich mal was falsch gemacht habe. Oder meine Freunde halten auch zu mir, wenn ich mal Mist gebaut habe. Eigentlich ganz schön ..."

Sandra findet den Text immer noch blöd. Und sie ist immer noch verärgert wegen Bea. Zu Hause nerven sie die kleinen Geschwister den ganzen Nachmittag. Es gibt Streit. Deshalb liest Sandra ihnen ihre Gute-Nacht-Geschichte ohne große Lust vor. Aber Bastian kuschelt sich an sie und Sofie murmelt kurz vorm Einschlafen: „Ich hab' dich lieb."

Sandra muss schlucken und denkt: Das habe ich heute wirklich nicht verdient. Ich habe doch fast nur mit euch geschimpft! Und dann muss Sandra an die Religionsstunde denken und findet es auf einmal gar nicht mehr so schlimm, dass Gott alle Menschen gleich lieb hat.

ks-h

... DASS DU UNS ANNIMMST

Gott, hab Dank, dass du uns annimmst, so wie wir sind − auch wenn nicht alles an uns schön ist und wir immer wieder Fehler machen. Danke, dass wir deine Kinder sein dürfen.

ks-h

SEPTEMBER

**MIT HERZ UND HAND
FÜR ANDERE DA SEIN**

Mit Herz
Barmherziger Samariter
Leben mit einer Behinderung
Lebensgebote
Rut
Die Zehn Gebote
Michaelistag

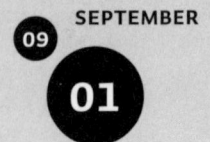
Ich danke dem HERRN von ganzem Herzen
und erzähle alle deine Wunder.
PSALM 9,2

Offen für die Wunder Gottes

Seit Jahrhunderten beflügeln die Geschichten über die Taten Jesu die Fantasie der Menschen, weiten und erproben unsere Vorstellungskraft und fordern uns immer wieder aufs Neue dazu heraus, unser Menschen- und Weltbild zu überdenken. Für uns, die wir in einer Gesellschaft leben, die vom beständigen Fortschritt einer hochtechnologisierten Wissenschaftsmedizin geprägt ist, ist es schwer vorstellbar, dass vor gut 2000 Jahren ein Mann lebte, der Blinde und Lahme augenblicklich heilte, Dämonen austrieb und sogar Tote wieder zum Leben erweckt haben soll. Im Zeitalter der evidenzbasierten Medizin versetzen uns diese Erzählungen ins Staunen: Wie lassen sich diese großen Heilungstaten, die nicht selten als ‚Wunder' bezeichnet werden, erklären?

Wir können die Kernfrage nach dem Wunder der Heilung trotz aller wissenschaftlichen Fortschritte, trotz aller intellektuellen Fähigkeiten im Grunde nicht erkenntnistheoretisch erklären. Stattdessen betrachten wir nur einen Ausschnitt. So dienen uns biologische Erkenntnisse als Mosaiksteine beim Ausfüllen der biochemischen und physiologischen Landkarte unserer Existenz, aber eine umfassende Topographie des Menschen kann daraus nicht entstehen.Von uns wird also Glaube verlangt. Und Mut. Mut, uns dem Seltsamsten und Wunderlichsten zu stellen, das uns begegnen kann. Dass wir uns dem Unerklärbaren oft nicht gewachsen fühlen, lähmt und blockiert

uns. Aber nur wer auf alles gefasst ist, wer nichts ausschließt, selbst das Rätselhafteste nicht, kann sich dem schon jetzt für uns geöffneten Reich Gottes zuwenden, das Jesus, der Heiland, in Wort und Tat bezeugte.

en

DER ARZT

Der Gastautor dieser Reihe ist Eckhard Nagel (en). Er ist Mediziner und Doktor der Philosophie, Professor am Lehrstuhl für Medizinmanagement und Gesundheitswissenschaften an der Universität Bayreuth, Ärztlicher Direktor des Universitätsklinikums Essen. Er ist Mitglied des Deutschen Ethikrats – und des Präsidiumsvorstands des Deutschen Evangelischen Kirchentages. In dieser Eigenschaft war er Präsident des 30. Deutschen Evangelischen Kirchentages 2005 in Hannover und der evangelische Präsident des 2. Ökumenischen Kirchentages 2010 in München.

Wie lange soll ich sorgen in meiner Seele
und mich ängsten in meinem Herzen täglich?
PSALM 13,3A

Vertrauen auf Gottes Liebe

*Darum sage ich euch: Sorgt nicht um euer Leben,
was ihr essen und trinken werdet; auch nicht um
euren Leib, was ihr anziehen werdet. Ist nicht das
Leben mehr als die Nahrung und der Leib mehr
als die Kleidung? Seht die Vögel unter dem Himmel an: sie säen nicht, sie ernten nicht, sie sammeln nicht in die Scheunen; und euer himmlischer
Vater ernährt sie doch. Seid ihr denn nicht viel
mehr als sie?*
(Matthäus 6,25-26)

Der Weg des Herzens, so können wir diese
Worte Jesu verstehen, entlastet uns von der
Sorge um die vielfältigen Belange unserer
menschlichen Existenz. Er entlastet uns davon, ständig um unser individuelles Wohler-
gehen zu kreisen.
Wer in der Liebe ist, schaut nicht allein auf
sich, sondern auf den Ursprung der Liebe, auf
Gott. Er fragt nach ihm, sucht ihn, hofft auf
ihn, gibt ihm eine Chance – und wird so frei
von der alles lähmenden Ichbezogenheit. Gott
ist die Freiheit des Menschen.

Liebe und Vertrauen sind aber keine Allheil-
mittel, kein Zaubertrank, der uns unbesiegbar
macht. Auch Menschen, die wirklich Liebende sind und sich geliebt wissen, werden alt
und krank. Aber wir können uns auf die Liebe
Gottes verlassen, wir können ihr mehr Glauben schenken als unseren unmittelbaren Erfahrungen, die geprägt sind von Sorge und
Angst, von Trennung und Tod, von Abschied

und Abkehr. Wenn wir Gott als Grund allen
Lebens wissen, können wir sogar auch die
loslassen, die wir lieben. Nicht weil wir keine
Angst mehr haben vor dem Abschied, nicht
weil wir nicht weinen müssten, sondern weil
wir Gott etwas zutrauen, weil wir unserem
Kummer nicht die Herrschaft in unserer Seele überlassen, sondern Gott mitreden lassen
gegen alles Dunkle, gegen alles Sterben, gegen
den Tod.

en

NÄHER ZU GOTT
In einer Talkshow war Hape Kerkeling zu Gast.
Er erzählte von seinem berühmten Pilgerbuch
und berichtete, eine Krankheit habe ihn auf
diese Spur gebracht. Darum ging er den Jakobs-
pilgerweg. Und dann sagte er einen bemerkens-
werten Satz: „Ich habe erlebt, dass Gott sich in
einer Krise nicht abwendet, sondern zuwendet."
Eine Krise trennt uns nicht unbedingt von Gott.
Sie kann uns Gott auch näher bringen.

jvl

Der HERR ist nahe denen,
die zerbrochenen Herzens sind.
PSALM 34,19A

Gottes Gegenwart

Ich sitze am Bettrand meines Patienten, neben und hinter mir Mitarbeiterinnen und Mitarbeiter des Transplantationszentrums.

Und nun weiß auch unser Patient, dass die Niere die langen Behandlungsnotwendigkeiten nicht überstehen wird, dass die nächste schwere Last vor diesem jungen Körper liegt: eine erneute Dialysebehandlung.

Stille. Ich spüre die Tränen in meine Augen treten; ich fühle, wie ich enttäuscht bin in der Hoffnung auf einen Trost für diesen Patienten und seine junge Frau und ich merke, wie ich an dir zweifle, Gott. Ich zweifle an mir, an den Möglichkeiten der Medizin, am Menschen, so wie er in seiner Unvollkommenheit geschaffen ist. Doch auch der Zweifel gehört zum Glauben. Die Frage ist nur: Ist er stärker als der Glaube?

In diesem Moment empfinde ich Freiheit. Die Freiheit, mich ganz zu entscheiden für meinen Zweifel, mich zu verschließen, weitere Erfahrungen zu verweigern – oder die Augen und das Herz zu öffnen, zu öffnen für diesen Moment an diesem Bett, an diesem armen Herzen und zu spüren: Wir sind nicht allein.

Ich sehe nun klarer. Meine Glaubenszweifel haben mich gestärkt und in mir eine neue Offenheit für Gottes Präsenz hervorgebracht. Ich beginne nun zu verstehen, was der Theologe so ausgedrückt hat: „... auch Gottes Verborgenheit, die wir als Nichtwahrnehmung Gottes erleben", ist letzten Endes nur „ein Modus der Gegenwart Gottes." (Ingolf U. Dalferth)

Ja, wir brauchen manchmal diese Differenzerfahrung, diese Erfahrung von Zweifel und Glaube, von Nähe und Distanz, um neu zu lernen, Gottes Gegenwart wahrzunehmen.

en

MANCHMAL

Manchmal denke ich:
Es geht nicht mehr,
keinen Schritt.
Wann stellst du mich
wieder auf die Füße, Gott?
Wann geschieht so ein Wunder?
Ich lese davon in der Bibel.
Aber es scheint so weit.

fb

Schaffe in mir, Gott, ein reines Herz,
und gib mir einen neuen, beständigen Geist.
PSALM 51,12

Gebet für die Ökumene

Gott, du Freund des Lebens,
danke für diesen Moment,
diese Stunde, diesen Tag.
Offenen Herzens
und voller Staunen stehe ich wieder vor dir.
Freude empfinde ich, Dankbarkeit und ...
und auch Ratlosigkeit.
Freud und Leid ...
immer so dicht beieinander.
Erleichterung und Last,
für mich, für andere,
für die in der Nähe, für die in der Ferne.
Ich habe gelernt, dass Warum-Fragen nicht
weiterführen,
habe gespürt und spüre es jetzt,
dass du gerade auch in meiner Ratlosigkeit
mir beiseite stehst ...

Mein Gott, du Freund des Lebens,
lehre mich die Mannigfaltigkeit des Seins
und des Vergehens zu verstehen,
gib mir Kraft, dir zu folgen, mich nicht in den
Wirren des Alltags zu verlieren,
hilf mir, mich selbst zu überwinden
und damit das, was mich trennt –
von dir, von anderen, von mir.
Dann wird es vielleicht nicht mehr nötig sein,
künstliche Grenzen zu ziehen,
Grenzen so wie wir Christen sie untereinander
gezogen haben,
um unseren Glauben auszudrücken,
um dir vermeintlich richtig zu begegnen,
um auf deiner Seite zu stehen ...

Mein Gott, du Freund des Lebens,
lass mich im Innersten spüren,
dass diese Trennung künstlich ist,
dass sie spaltet
statt wie du zu verbinden,
dass ich mich und mein Gegenüber sich bewegen muss,
um deiner Aufforderung zur Nachfolge
wirklich entsprechen zu können.

Mein Gott, du Freund des Lebens,
sei bei meinem armen Herzen
und vergib mir
und all den Schwestern und Brüdern,
die sich zur Einheit der Christenheit zu zu-
rückhaltend zeigen,
gib uns Hoffnung auf Bewegung
und schenke uns deine Liebe,
um uns selbst zu überwinden ...

en

Ö WIE ÖKUMENE

Heute gibt es schätzungsweise 350 christliche
Kirche und kirchliche Gemeinschaften weltweit. Wir haben ja viel gemeinsam: die Bibel
und das Evangelium von Jesus Christus sowie
Taufe und das Vaterunser als Grundlage aller
Kirchen. 2017 feiert die evangelische Kirche
das Reformationsjubiläum. 500 Jahre sind
dann seit Luthers Veröffentlichung seiner
berühmten 95 Thesen vergangen.

jvl

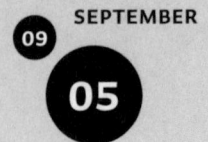
Ein guter Mensch bringt Gutes hervor
aus dem guten Schatz seines Herzens [...].
LUKAS 6,45A

Der Samariter

Wir alle kennen die Geschichte vom barmherzigen Samariter, der sich einem Verletzten ohne Wenn und Aber zuwendet, als dieser in große Not gekommen ist. Damit steht er im deutlichen Gegensatz zu den frommen Männern, die ihn links liegen lassen.

Was ist das Entscheidende bei diesem Gleichnis? Die Zugehörigkeit zu einer bestimmten Religion, zu einer ausgewählten Volksgruppe? Spielt das eine Rolle?
Nein. Die Botschaft lautet: Das Festhalten an einer allzu engherzigen Frömmigkeit steht einer wirklichen Hinwendung zum Menschen im Sinne Christi eher im Weg.

Da ist ein Mensch, der meine Hilfe, meine Fähigkeit und meine Zuwendung braucht. Es wird nichts Unmögliches verlangt: keine Wunderheilung, keine Antwort auf die Frage, wie Gott das Leid zulassen konnte. Es geht darum, sich den Bedürftigen in Ehrfurcht vor dem Leben zuzuwenden. Es geht schlicht um Mitmenschlichkeit. Damit erfüllt sich das, was Jesus mit der Goldenen Regel meint: „Alles, was ihr also von anderen erwartet, das tut auch ihnen!"

Es ist die konkrete, liebende Zuwendung: nicht nur, dem anderen zu helfen, sondern ihn auch wahrzunehmen, bei ihm zu sein, ihn in seinen Ängsten und Nöten zu erkennen. Da kann ich ein noch so guter Arzt sein,

der die neuesten Therapien kennt. Wenn meine Hilfe nicht von Herzen kommt, bleibt sie in gewisser Hinsicht nichtig und leer.

Ich versuche meinen Dienst am Menschen so zu gestalten, dass ich dieser Barmherzigkeit nahe komme.
Das ist nicht immer leicht. Oft gelingt es mir auch nicht.
Aber es gibt Momente in der Begleitung von Patienten, in denen mir Christus selbst in meinem Gegenüber begegnet. Dann passiert Heil und Heilung.

en

EIN WEITES HERZ
Du Gott, weite du mein Herz,
dass ich dich erkenne
und dir vertraue,
damit dein guter Geist,
damit Leben sich ausbreitet
heute,
immer.

fb

Euer Herz erschrecke nicht!
Glaubt an Gott und glaubt an mich!
JOHANNES 14,1

Großer Bruder

Ich erinnere mich an meine Kinderbibel, in der immer nur der irdische Jesus abgebildet war. Dieser Jesus war mir vertraut. Später habe ich mir versucht vorzustellen, wie Jesus hinabsteigt in das Reich des Todes, auffährt zum Himmel und auf dem Thron zur Rechten Gottes Platz nimmt. Mein Herz hat dabei immer bedrückt, dass die Reise einsam klingt, dass er so alleine unterwegs ist. Und auch der Thron kam mir wenig einladend vor.

Und selbst habe ich mich auch einsam gefühlt, weil Jesus in diesem Bild so abgeschnitten ist von der irdischen Wirklichkeit. Damals als 13-Jähriger, mit meinen Ängsten und Sorgen, mit meinen Hoffnungen und Visionen bezog sich doch fast alles auf diese Realität. Ich konnte mir Jesus nur schwer als Richter und König im scheinbar menschenleeren Himmel vorstellen.

Aber Jesus bezeichnet die Menschen, speziell die Geringsten unter ihnen, als seine Schwestern und Brüder. Damit wird die Ferne überbrückt, die ich in dem Bild vom Thron Gottes als so erschreckend empfand. Die Nähe zu den Menschen wird betont. Christus betrachtet die Menschheit als seine Familie. So wie er von Gott als von seinem Vater spricht, so sucht er, der Menschensohn, ein geschwisterliches Verhältnis zu uns.

Ungeachtet unserer Nationalität, Hautfarbe, unseres Geschlechts oder der Stellung, die wir innehaben: Jeder Mensch ist Schwester oder Bruder Christi, ist gleichermaßen Kind und Ebenbild Gottes.

Obwohl uns familiäre Beziehungen vertraut sind – wir alle haben Mutter und Vater, die meisten haben Geschwister –, fällt es uns oft schwer, in der Tiefe zu erfassen, was mit dieser Zusage wirklich gemeint ist: Jesus will uns großer Bruder sein!

en

GESCHWISTER-LEBEN
Alles wirkliche Leben
ist Begegnung.
Martin Buber

Ihr seid unser Brief,
in unser Herz geschrieben,
erkannt und gelesen
von allen Menschen!
2. KORINTHER 3,2

Herzensantwort

Liebes Herz!

Letzte Woche habe ich deinen Brief erhalten. Es tut mir leid, dass ich erst heute die Zeit finde, deine Zeilen zu lesen und dir zu antworten. Du weißt ja, wie das ist: immer dieser Stress, die vielen Termine, die Gespräche zwischendurch, all die Anrufe, die unzähligen Verpflichtungen ... Es ist nicht so leicht, abzuschalten, sich eine Auszeit zu gönnen, sich auf das Wesentliche zu konzentrieren. Kommt es mir nur so vor oder wird die Welt tatsächlich immer rastloser, immer schneller, immer hektischer, immer komplexer? Ich bedauere es sehr, dass du oft so lange auf meine Antworten warten musst. Es braucht Muße, auf dich zu hören, dich zu verstehen. Aber sei dir gewiss: Du bist mir wichtig.

Du schreibst, es sei Zeit, mich an etwas zu erinnern. Aus deinen Worten klingt kein Vorwurf, keine Mahnung. Du sprichst mit sanfter Eindringlichkeit. Was ich von dir lese, beschäftigt mich immer tagelang. Tief in mir bewege ich deine Worte. Oft bleibst du mir jedoch ein Rätsel: Woran, liebes Herz, soll ich mich erinnern?

Du schreibst, mein Leben sei kein Wettlauf, sondern eine Heimkehr. Wieder so ein Rätsel. Wenn ich dich nur zu deuten wüsste! Natürlich ahne ich, was du meinst. Aber sobald ich versuche, eingehend darüber nachzudenken, zu begreifen, was es heißt, sich zu erinnern und heimzukehren, entgleitet mir das von dir Gesagte.

Weißt du was, mein liebes Herz: Heute habe ich etwas beschlossen. Ich werde nicht mehr versuchen, dich zu verstehen, deine Briefe zu entziffern. Ich werde heute damit beginnen, einfach zu tun, wozu du mir rätst. Erinnern und heimkehren. Damit will ich einen Anfang machen.

en

AUF MICH HÖREN

Was du brauchst
ist Übereinstimmung
ist der Zusammenklang
von Körper und Geist
von Körper und Seele
Erkenntnis die klärt
Erfahrung die freimacht
Licht das erhellt
Töne die dich tragen
über die Zeit

as

Denn Gott, der sprach: Licht soll aus der
Finsternis hervorleuchten, der hat einen hellen
Schein in unsre Herzen gegeben.
2. KORINTHER 4,6A

Der Clown

Ein weltberühmter Clown hatte folgende Begrüßungsszene im Programm: Das Zirkuszelt war ganz dunkel, alles war still, keine Musik, nur ein einziger Strahler war auf die Mitte des Bodens gelenkt. Aus dem Dunkeln trat der Clown in diesen Lichtstrahl: mit seinem kleinen Koffer, seinen zu großen Schuhen, seiner schwarz-weiß-karierten Hose, seiner riesenroten Nase und seinen traurigen Gesichtszügen. Auf einmal aber räkelte er sich im Licht wie ein fröhlicher Fisch im Wasser oder wie ein Schmetterling in der Wärme oder wie ein Mensch unter der Dusche. Das Licht erweckte ihn zum Leben. Plötzlich aber sprang das Licht weiter, der Clown war wieder vom Dunkel verschluckt. Er rannte hinter dem Licht her, stellte sich wieder ins Licht und machte es sich erneut behaglich. Das Licht rückte weiter, er wieder hinterher, stellte sich ins Licht, jetzt aber öffnete er seinen kleinen Koffer und versuchte, das Licht einzufangen. Doch das ging nicht, das Licht ließ sich nicht einsammeln ...

Daher ist es auch so wichtig, in den dunkelsten Stunden unseres Lebens nicht hoffnungslos zu werden, sondern sich immer wieder mit unserem innersten Vertrauen zu verbinden, blind darauf zu vertrauen, dass Gottes Licht immer da ist, auch dann, wenn wir es gerade nicht mehr sehen können. Man braucht das Licht nicht einzusperren, das Licht ist immer da! Es ist in unseren Herzen.

Wir können es jederzeit aufsuchen und uns in dieses Licht hineinstellen. Das ist das Geheimnis.

en

SEHNSUCHT

Gott,
lass dein Licht aufgehen,
wo es dunkel ist,
wo Verzweiflung ist,
wo finstere Mächte drohen.

Dort lass dein Angesicht leuchten,
dass die Gesichter
zu strahlen beginnen.

fb

287

Barmherziger Samariter

Was muss ich tun,
dass ich das ewige Leben ererbe?
LUKAS 10,25B

An der Bushaltestelle

Es hatte zu schneien begonnen. Dick vermummt drängten die Menschen an der Haltestelle in den Linienbus. Der Fahrer wollte eben weiterfahren, da sieht er im Unterstand auf der Bank einen älteren Mann mit grauen Haaren, angetan mit einem rot-blau gestreiften Bademantel überm Pyjama, langem Schal, elegantem Hut und Hausschuhen an den nackten Füßen.

Der Fahrer tritt auf die Bremse, öffnet die Tür, geht zu dem Mann und unterhält sich eine Weile mit ihm. Nach einer Weile kehrt er zurück, begibt sich auf den Fahrersitz und setzt sich über Funk mit der Polizei in Verbindung: „Hier an der Haltestelle sitzt ein Mann im Schafanzug. Nein, das ist kein Witz! Er ist verwirrt, braucht Hilfe. Ja, ich warte, bis ihr da seid." Dann ruft er bei seiner Einsatzleitung an, erklärt, was los ist und warum er nicht weiterfahren kann. Missmutig nehmen sie es dort zur Kenntnis.

Er wartet. Die Fahrgäste schauen aus dem Fenster und beobachten den Mann. Es vergeht Minute um Minute. Nach zehn Minuten verlassen einige Fahrgäste murrend den Bus: „Immer diese Verspätung!"Andere beginnen zu schimpfen: „Nun fahren sie endlich. Der sitzt doch da nur rum. Auf uns nimmt auch keiner Rücksicht!"

Der Verwirrte steht auf, geht zum Straßenrand, will über die dicht befahrene Straße auf die andere Seite, ohne nach rechts oder nach links zu sehen. Der Fahrer rennt hinterher:

„Wo wolln'se denn hin?" Keine Antwort. Er bringt ihn zurück zur Bank: „Warten Sie hier. Es kommt gleich jemand." Er geht in den Bus. Versucht die Fahrgäste zu beschwichtigen. „Da will sich wohl einer auf unsere Kosten einen Orden verdienen", ruft einer von hinten. Der Fahrer bleibt ruhig: „Wieso ich. Warum nicht Sie? Brauchten nur auf ihn aufpassen, anstatt herumzumaulen. Ich könnte dann weiterfahren."

es

WER WEISS
Vielleicht beginnt es schon
heute und hier,
das ewige Leben.

Wenn ich in Jesu Fußstapfen trete
und im Menschen neben mir
das Gesicht Gottes erkenne.

tw

Barmherziger Samariter

Wer ist denn mein Nächster?
LUKAS 10,29B

SEPTEMBER

09

10

Der Hausaufgabenhelfer

„Wo willst du denn schon wieder hin? Bleib doch noch ein bisschen. Du bist doch gerade erst gekommen.", hatte sie gemeint, als er aufstand, um sich von ihr zu verabschieden. Dabei war er schon über eine Stunde bei ihr gewesen. „Tut mit leid, Mutter", hatte er geantwortet. „Ich würde gerne noch länger bleiben. Aber ich muss wirklich los. Ich habe versprochen, dass ich komme."

„Wieso du? Das kann doch ein anderer machen. An deine Mutter denkst du wohl gar nicht!", hatte sie noch gerufen. Aber da war er schon mit großen Sätzen die Treppe herunter, hatte sich im Vorgarten das Fahrrad geschnappt und sich kopfschüttelnd auf den Weg gemacht – die Vorhaltungen seiner Mutter in den Ohren. Wie oft hatte er ihr zu erklären versucht, dass es noch andere Menschen gab, denen er sich verpflichtet fühlte. Es war immer dasselbe. Sie wollte ihn einfach nicht verstehen.

Als er nach anstrengender Fahrt, außer Atem, den Unterrichtsraum im Gemeindezentrum der Kirchengemeinde betritt, sind alle schon versammelt. Freudestrahlend begrüßen sie ihn und er grüßt strahlend zurück. Es sind Kinder und Jugendliche aus aller Herren Länder, Abkömmlinge sozial schwacher Familien. Sie gehören unterschiedlichen Religionen an. Einige haben eine dunklere Hautfarbe als die anderen. Das geht nicht immer ohne Hänseleien und Frotzeleien ab. Da versteht er keinen Spaß. Wenn es sein muss, kann er ganz entschieden dazwischen gehen.

Er hat Pädagogik studiert und will Lehrer werden. Deshalb hat er sich bereitgefunden, lernschwachen Schülern ehrenamtlich bei der Erledigung der Hausaufgaben zu helfen. Da kann er schon mal für den Ernstfall in der Schule üben. Aber er tut es gern und hat seine Freude daran und seine Mutter wird sich schon noch daran gewöhnen.

es

SECHS ECKEN
Um sechs Ecken,
so las ich,
sei jeder mit jedem
bekannt
oder gar verwandt.

Sechs Ecken – kein weiter Weg
zum Menschengeschwisterkind.

tw

Und als er ihn sah, jammerte er ihn [...].
LUKAS 10,33B

Ein Geschenk mit großer Wirkung

Er hatte sich einen Mantel gekauft. Ein edles Stück. So etwas Feines hatte er noch nie gehabt. Allerdings etwas teuer. So viel hatte er gar nicht ausgeben wollen. Mit seinem alten Mantel konnte er sich durchaus noch sehen lassen. Der Verkäufer aber hatte auf den mehrfachen Rabatt wegen das milden Winters verwiesen und gemeint: „So etwas Elegantes mit Mohair, federleicht und exakt gearbeitet, kriegen Sie so schnell nicht wieder." Und als er sich bei der Anprobe im Spiegel betrachtet hatte, konnte er nicht länger widerstehen. „Ich behalte ihn gleich an", sagte er zu dem Verkäufer. Und nachdem er an der Kasse gezahlt hatte, verließ er mit dem alten Mantel in der Einkaufstüte das Warenhaus.

Draußen blieb er einen Moment stehen, hob den rechten Arm, um die Farbe des Mantels bei Tageslicht zu betrachten. Da fiel sein Blick zufällig auf einen Obdachlosen. Er machte sich an dem Mülleimer zu schaffen und schien nach etwas Essbarem zu suchen. Seine Kleidung war heruntergekommen und beim Anblick der dünnen Jacke schauderte es dem Mann in seinem neuen Mantel.

Ohne zu überlegen, ging er zu dem Obdachlosen, fasste in die Einkaufstüte, zog den Mantel heraus, hielt ihm ihn entgegen, wechselte ein paar Worte mit ihm, und nach kurzem Zögern ließ sich der junge Mann den Mantel überziehen. Saß wie angegossen, vielleicht ein bisschen lang, aber das schien beide nicht weiter zu stören. Dann trennten sie sich.

Eine Frau hatte die beiden beobachtet. An der Fußgängerampel kam sie an der Seite des Mannes mit dem neuen Mantel zum Stehen. „Haben sie eben dem Obdachlosen ihren Mantel geschenkt? Der sah doch noch gut aus. Im Second Hand Laden hätten sie bestimmt noch was dafür gekriegt." „Ich weiß", sagte der Mann fröhlich, „aber der brauchte ihn."

es

IN DER FUSSGÄNGERZONE
fiel ein Lächeln
in meine dunklen Gedanken
und unterbrach
meinen müden Gang.

Ich blieb stehen
und schaute mich um.

Keiner mehr da.

Und doch war mir
als hörte ich
rechts an der Ecke
ein Flügelrauschen

tw

Einer trage des andern Last.
GALATER 6,2A

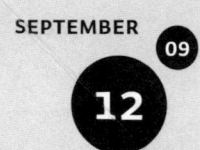
Bewundernswert

Er liegt röchelnd im Bett. Völlig apathisch. Der Mund weit offen, die Augen geschlossen. Aus dem hageren Gesicht ist jede Farbe gewichen.

Sie sitzt neben ihm. Betupft hin und wieder seine Stirn mit einem Tuch, benetzt seine Lippen mit Feuchtigkeit und, wenn das Röcheln zunimmt, auch die Mundhöhle und seinen Rachen.

„Das bringt ein wenig Linderung", erklärt sie ihrem Besuch. „Er quält sich, kommt nicht zur Ruhe."

Wie um ihr zuzustimmen, reckt der Kranke sein Kinn empor, fängt an, die Lippen zu bewegen und stößt ein Schwall unverständlicher Worte hervor. Sie beugt sich über ihn, ergreift seine Hände.

„Was willst du mir sagen? Was belastet dich?" Doch so sehr er sich auch müht, er bringt nur ein unverständliches Stammeln hervor. Völlig erschöpft verstummt er schließlich. Kraftlos fällt sein Kinn nach unten. Auf der Stirn und den Schläfen steht kalter Schweiß. Sie wischt ihn behutsam ab, ebenso den Speichel, der aus den Mundwinkeln hervorgetreten ist.

„Er kann nicht sterben. Wird nicht los, was ihn belastet."

Sie schweigt, hört, wie er wieder zu röcheln beginnt.

„Ich bin bereit, ihm abzunehmen, was ihm auf der Seele liegt ... Wenn er mich anschaut, ist mir schon klar, was ihn bedrückt."

Sie streicht ihm die Wangen, um ihn zu beruhigen. Er atmet tief durch und beginnt zu schlafen.

Als der Besuch nach einer Weile aufsteht, um sich zu verabschieden, begleitet sie ihn an die Wohnungstür.

„Es ist bewundernswert, wie du dich um ihn kümmerst", gibt er ihr zu verstehen. „Wenn ich daran denke, wie oft er dich sitzen gelassen hat ... Verdient hat er es nicht."

Sie seufzt. „Ich weiß. Soll ich's ihn jetzt spüren lassen? Ich möchte, dass er unbelastet sterben kann. Ich will mir nicht Vorwürfe machen eines Tages, wo es mir gut geht und ich vielleicht noch ein paar gute Jahre habe."

es

ZUM NACHDENKEN

An dem, was ich anderen nachtrage, schleppe ich selber schwer.

Was hilft mir, es abzulegen und davon frei zu werden?

tw

Man zündet auch nicht ein Licht an
und setzt es unter einen Scheffel,
sondern auf einen Leuchter;
so leuchtet es allen, die im Hause sind.
MATTHÄUS 5,15

Ein aufrichtiges Lob

Ein junger Cellist hatte sich lange darum bemüht, Pablo Casals, dem berühmtesten Interpreten seiner Zeit, vorspielen zu dürfen. Endlich war es soweit. Als sie sich trafen, wurde er aufgefordert, eine Sonate von Beethoven vorzutragen. Der junge Mann war furchtbar aufgeregt und pfuschte. So viele Fehler ihm auch unterliefen, Casals rief immer wieder: „Wundervoll" und „Großartig!"

Am Schluss umarmte er ihn und bedankte sich für den Vortrag. Der junge Musiker fühlte sich beschämt und ging betrübt davon. Tagelang war er am Grübeln, warum Casals so begeistert getan hatte, wo er doch jeden Fehler gehört haben musste. Niedergeschlagen vermochte er das Lob nicht anzunehmen.

Einige Zeit später traf er Casals wieder. Er fasste sich ein Herz und gestand ihm seine Zweifel an der Aufrichtigkeit des Lobes. Casals griff zu seinem Instrument, spielte einige Takte aus der Sonate und sagte: „Haben Sie diese Stelle nicht mit jenem Fingersatz gespielt? Und das hier: mit Aufstrich, nicht wahr? Sehen Sie, das war wunderbar. Ich bin Ihnen noch heute dankbar dafür. Die Fehler zu zählen, das können Sie den Dummen überlassen."

Befreit vom Zweifel an sich selbst, wuchs der junge Musiker bald zu einem großartigen Cellisten heran und trat mit den berühmten Musikern seiner Zeit in der aller Welt auf. Er hieß Gregor Piatigorsky.

Wir müssen nicht die Sterne vom Himmel holen wie Pablo Casals mit seiner Musik. Wir müssen uns auch nicht an seinem unermüdlichen Einsatz für Menschenwürde, Brüderlichkeit und Frieden messen lassen, aber manche seiner Gaben haben wir auch: die des Mitgefühls, des Trostes, der Bestätigung.

„Ein geängstet und zerschlagenes Gemüt aufrichten, ist besser denn ein Königreich erobern", heißt es bei Martin Luther.

es

PERSÖNLICHE NOTE

Ich wünsche dir,
dass du im Lied des Lebens
deinen Platz findest und ausfüllst.
Vielleicht bist du ein Ton in der Melodie,
kraftvoll, laut, verhalten oder zart.
Oder du summst im Bass,
der die nötige Tiefe verleiht.
Vielleicht bist du fröhlich,
du singst und hüpfst
und bringst andere zum Tanzen.
Vielleicht bist du die Synkope,
die drängt und schwingt.
Oder der leise Ton,
bei dem man still wird
und zur Ruhe kommt.
Ich wünsche dir,
dass du der Welt
deine ganz eigene,
deine persönliche Note schenkst.
Wie sonst
sollte ihr Lied vollständig klingen?

tw

Und der Herr, unser Gott, sei uns freundlich
und fördere das Werk unsrer Hände bei uns.
Ja, das Werk unsrer Hände wollest du fördern!
PSALM 90,17

Es hat sich gelohnt, Mutter

Die Ärzte hielten ihn zunächst für geistig behindert. Er war schwerstbehindert, saß in einem Rollstuhl, sein Körper zuckte unkontrolliert und seine Sprache war undeutlich. Seiner Mutter hatte er zu verdanken, dass er trotzdem mit 15 Jahren erstmals eine Schule besuchen konnte. Später hat er viele Jahre Rundfunkandachten für den NDR geschrieben: Der Autor Jürgen Knop.

Wohl darum widmete Jürgen Knop seiner Mutter sein erstes Buch unter dem Titel „Es hat sich gelohnt, Mutter". Darin erzählt er, wie eine Schreibmaschine sein Leben veränderte: „Es war Zufall gewesen, dass ich mit der linken Hand an den Hebel stieß, der die Walze in Bewegung setzte. Mit dem Daumen versuchte ich nun, den Buchstaben 'A' hinunter zu drücken. Ich werde nie den Augenblick vergessen, Mutter, als ich zum ersten Mal meinen Namen, von mir geschrieben, gut leserlich auf einem Papierbogen sah." Jürgen Knop wurde Autor.

Viele Menschen hat beeindruckt, wie ein schwerstbehinderter Mensch sein Schicksal trägt und trotz allem Freude am Leben findet. Erstaunliche Bilder hat er gefunden: Einen Wald, den er nur selten im Rollstuhl erkunden konnte, verglich er mit einer Kathedrale mit mächtigen Säulen, die zum Himmel streben. Die Bibel auf seinem Nachttisch – das war sein „Notrufknopf", mit der Bibel konnte er sich

an Gott wenden. Und den Psalm 23 – „Der Herr ist mein Hirte" – übersetzte er mit: „Der Herr ist mein Lifter". Der Hebelift in seinem Zimmer war sein Hilfsmittel, um morgens das Bett verlassen zu können.

Seine Texte zeigen: Das Leben ist eben nicht nur für die Gesunden und die Starken lebenswert. Ein Mensch mit einer schweren Behinderung lehrt uns, die Welt mit anderen Augen zu sehen. Diese Welt ist bescheidener, eingegrenzter und langsamer – und doch in gleicher Weise wertvoll.

jvl

EIN STARKER TYP

Der Autor Jürgen Knop starb 2008. Seine letzten Andachten wurden noch einmal gesammelt und veröffentlicht: „Ich lebe gern. Bekenntnisse eines Menschen mit einer schweren Behinderung" – (incl. Hör-CD). Erschienen zum Selbstkostenpreis und für 6 Euro, zu bestellen im Annastift in Hannover unter Tel. 0511-8669-716, Mail: dcl@annastift.de

jvl

Deine Hand lag Tag und Nacht
schwer auf mir.
PSALM 32,4A

Ich lebe gern,
denn mein Leben ist schön

Ich lebe gerne, denn mein Leben ist schön! Wenn Sie mich sehen könnten, würden jetzt etliche von Ihnen über diese Aussage sehr überrascht sein. Ich sitze im Rollstuhl. Mein ganzer Körper ist ständig in Bewegung und der Gesichtsausdruck wird ständig durch Krämpfe zu Grimassen verunstaltet. Und trotzdem kann ich sagen: Ich lebe gerne, denn mein Leben ist schön.

Zwar herrscht in unserer Gesellschaft die Meinung vor, dass nur der sich durchsetzen und es zu etwas bringen kann, der einen starken unbehinderten Körper hat. Wer diese Spielregeln unserer Ellenbogengesellschaft aus geistigen, seelischen oder körperlichen Gründen nicht beherrscht, den bezeichnet man nach modernem Sprachgebrauch als „Weichei".

Gewiss, damals als junger Mensch war auch für mich der Gedanke schwer zu ertragen: Sollte ich ein Leben lang berufsunfähig sein und im Pflegeheim leben müssen? Eigentlich nur aus Langeweile begann ich damals in der Bibel zu lesen. Mit Verwunderung merkte ich bald, dass in der Bibel ganz und gar keine alten, verstaubten Geschichten standen, wie ich immer gedacht hatte. Dort wurde von Menschen erzählt, die die gleichen Sorgen, Ängste, Sehnsüchte oder Freuden wie ich hatten. Aus diesen Geschichten lernte ich, wie die Menschen mit ihrem Leben fertig wurden.

Bin ich also wirklich ein „Weichei"? Wie man ein weiches Ei in einen Eierbecher setzt, um es zu schützen, so brauchen auch wir Behinderte Schutz. Solch ein schützender „Eierbecher" für uns Hilfesuchende ist zum Beispiel die Diakonie. In Diakonischen Anstalten arbeiten Menschen, die dafür sorgen, dass ich und mit mir viele andere trotz schwerer Behinderungen ein Leben in der Würde führen können, die jeder von uns von Gott selbst verliehen bekommen hat. Und deshalb lebe ich gerne.

jk

VON GOTT GESCHAFFEN

Die Menschen nennen mich behindert, und sie haben recht, das bin ich auch.
Die Menschen nennen mein Leben kostspielig, und sie haben recht, das ist es auch.
Die Menschen nennen mich unproduktiv, und sie haben recht, das bin ich auch.
Nur Gott nennt mich seine gute Schöpfung, und er hat recht, das bin ich auch.

jk

Petrus aber gab ihr die Hand
und ließ sie aufstehen.
APOSTELGESCHICHTE 9,41A

Der Knirps und der Mann im Rollstuhl

Langsam löste sich ein kleiner Junge aus der Menge, die unablässig an dem Gartenlokal vorbeizog, in dem ich saß. Der kleine Kerl musterte mich. Offenbar wusste er mit meiner Behinderung nicht recht etwas anzufangen. Ich versuchte möglichst still zu sitzen und die Krämpfe, die meinen Körper in ständiger Bewegung hielten, zu unterdrücken. Ich befürchtete, der Kleine würde sich sonst erschrecken und für lange Zeit vor Behinderten Scheu haben. Jetzt reichte mir der Junge seine Hand. Ich wollte gerade die Hand ergreifen, als eine Frau aus der Menschenmenge auftauchte. Sie sah sich um, erblickte den Jungen und mit der Bemerkung, was er bei dem kranken Mann mache, so etwas sehe man sich nicht an, nahm sie das Kind mit sich fort. Warum, fragte ich mich, durfte der Kleine mir nicht die Hand geben?

Ich erlebe es oft, wenn ich im Rollstuhl spazieren gefahren werde, dass Eltern ihren kleinen Kindern die Augen zuhalten, wenn ich an ihnen vorbeigeschoben werde. Ich weiß, sie wollen ihren Kleinen möglichst lange ihre heile Kinderwelt erhalten. Doch ist das richtig? Weshalb sollen Kinder nicht erfahren, dass Gott die Welt eben nicht in Vollkommenheit geschaffen hat?

Mir ist immer noch die Gerichtsklage im Gedächtnis. Sie wurde vor etlichen Jahren von einem Elternpaar gegen ein Hotel geführt, weil sie und ihre Kinder die Mahlzeiten zusammen mit behinderten Kindern einnehmen mussten.

Damals gaben die Richter der Klage der Eltern Recht, dass die nichtbehinderten Kinder seelische Schäden davon tragen könnten.

Was hätten es für schöne Ferien werden können, wenn die nichtbehinderten und die behinderten Kinder miteinander hätten spielen können. Spielend hätten sie gelernt, aufeinander Rücksicht zu nehmen und sich zu helfen. Jedes Kind hätte das andere in seinem Anders-Sein-Müssen akzeptiert. Ich bedauerte es, als mein kleiner Freund mit seiner Mutter in der Menschenmenge verschwunden war. Gerne hätte ich ihm die Hand gegeben.

jk

UNIKAT
Jeder Mensch ist anders.
Ich bin anders.
Du bist anders.

Zusammen sind wir
Gottes Ebenbild.

Er tupft seine Farben
in unser Leben,
malt sich dir und mir
ins Gesicht.

Und freut sich –

Jedes seiner Geschöpfe:
ein Unikat.

tw

Was ihr getan habt einem von diesen meinen
geringsten Brüdern, das habt ihr mir getan.
MATTHÄUS 25,40B

Im Himmel in der ersten Reihe

Ich kenne zwei wunderbare Menschen, die es verdient haben, im Himmel ganz weit vorn zu sitzen: in der ersten Reihe. Nicht, weil sie so gut glauben könnten und perfekt beten würden. Sie sind nicht so wild auf kontinuierliche Kirchgänge. Vor allem im Winter wollen sie sonntags lieber lang schlafen, und Fernsehgottesdienste – auf der Couch mit frischem Kaffee dazu – finden sie köstlich.

Die Gebete von Jan sind männlich herb und eher pragmatisch. Er schaltet einfach ab, wenn verklausulierte Gedanken in umständliche abstrakte Worte verpackt werden. Aber dann ist er wieder so präsent und faszinierend, dass mir nicht nur vor Bewunderung warm ums Herz wird, sondern ich muss ihm einfach folgen: meinem geistlichen unkonventionellen Lehrmeister. Ich kenne keinen dankbareren Menschen als ihn. Ausgerechnet er vergibt mir meine selbstgemachte Hektik und meine Nörgelei, samt Ungeduld. Er verzeiht, dass ich auch nach 30 Jahren immer noch sein Tempo vergesse, seine Bedürfnisse überhöre. Er legt mir morgens den Mantel der Barmherzigkeit um die Schultern. Und wenn er mir abends ein Glas Wein einschenkt, sieht er mir immer in die Augen, und meist trinkt er auf unser wunderbares Leben.

Und Elke. Sie ist eine Grenzgängerin, vor allem geht sie manchmal an meine Grenzen. Sie ist der einzige mir bekannte Mensch, den man keinen Zentimeter verbiegen kann. Ein weiblicher Petrus: stark und unbeugsam, auch wenn keiner auf die Idee käme, ihr eine Gemeinde anzuvertrauen. Und doch prägt sie jede menschliche Gemeinschaft, auch die fromme, extrem. Was sie will, kann nicht ignoriert werden. Sie füttert mich mit revolutionären Gedanken, die aus ihrem unüblichen Verhalten kommen. Sie sucht Versöhnung um jeden Preis und kann öffentlich weinen. Und sie liebt mich, holt mich raus aus meinem Gefängnis des antrainierten Verhaltens. Sie befreit mich von der Sehnsucht, lieber nicht zu stören. Mit ihr lebt man immer öffentlich. Da kommt im Himmel nicht mehr viel raus, was nicht schon die ganze Straße weiß. Schöne Aussichten!

Jan ist geistig behindert und Elke zudem noch Autistin. Weil sie mich auf ihre Weise mit Leben füttern, mich heilen und (aus)halten, sitzen sie ganz nah bei Christus: in der ersten Reihe.

cr

GESALBT

Ich wünsche dir einen,
der ein gutes Wort
auf dich träufelt
und es sanft dir
unter die Haut reibt.
Damit es einzieht
in dich
und deins wird
und in dir leuchtet
und dich wärmt.

tw

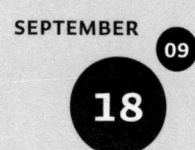
Deine Hand hat mich gemacht und bereitet;
unterweise mich, dass ich deine Gebote lerne.
PSALM 119,73

Die gemachte Frau

Was musste ich nicht schon alles lernen: zum Beispiel mit Messer und Gabel essen, dabei liebe ich bis heute Löffel. Später musste ich Russisch lernen – Saxophon spielen, wäre mir lieber gewesen. Ich lernte in Mathe noch mit einem Rechenschieber rechnen – wie unnütz aus heutiger Sicht. Und – überhaupt – das meiste aus den Schul- und Studienjahren ist längst vergessen. Zum Glück habe ich es sowieso nicht gebraucht. Um glücklich zu sein, braucht man nicht allzu viel Wissen. Im Gegenteil, man muss vielleicht immer mehr vergessen.

Wie Glück finden? Wie wissen, wer man ist? Das frage ich jetzt noch mehr als in den stürmischen Jugendjahren. Vielleicht nicht zwingend öfter, aber anders intensiv. Spätestens, wenn man von den Eltern Abschied nehmen muss und die Kinder aus dem Haus gehen, bleibt die Überlegung: Wer bin ich jetzt?

Und wenn mich einst keiner mehr charmant tröstet, weil ich nicht mehr weiß, wer ich bin? Wenn ich meinen Vor- und Zunamen nicht mehr wissen sollte? Dann ruft er mich immer noch bei meinem Namen, weil mich mein Gott gemacht und auch entworfen. Er sah die Falten und Gedächtnislücken damals schon neben der Zahnlücke zum Schulanfang. So wurde ich bereitet, vom Leben und den Lebenslinien des Allmächtigen.

Übrigens: Ich bin eine schlechte Gebote-Lernerin. Bin nicht gut beim Auswendiglernen, aber neugierig, wie es gutgehen kann: Seine Gebote mit meinem Leben auszuprobieren – Sie suchen und ausmalen und musizieren und hinterfragen und sie lebenslänglich lieben. Darum geht es mir. Ich bin eine gemachte Frau, von Gott sogar persönlich, weil mich seine Gebote niemals kleingemacht haben. Sie sind einfach lebens- und liebenswert.

cr

ZUM GLÜCK
Auf das schauen, was möglich ist,
statt dem nachzuweinen,
was mir versagt bleibt:
das möchte ich lernen.

Es scheint mir ein Weg zu sein
zum Glück.

tw

Und als sie unterwegs waren, um ins Land Juda zurückzukehren, sprach Noomi zu ihren beiden Schwiegertöchtern: Geht hin und kehrt um, eine jede ins Haus ihrer Mutter!

RUT 1,7B+8A

Heimweh

„Bei uns früher in Bethlehem hat es anders geschmeckt." Noomi lässt den Löffel zurück in den Topf fallen und verzieht das Gesicht. „Nichts schmeckt Noomi mehr", denkt Rut, ihre Schwiegertochter. Sie nimmt den Löffel und rührt den Linseneintopf noch einmal kräftig durch. Gleich ist das Essen fertig. Leise sagt sie: „Sicher liegt es an den Zutaten. Bei euch in Juda gab es andere Kräuter, andere Gewürze."
Noomi wischt sich die Augen. „Rut, Kind, es tut mir leid, ich wollte mich nicht beklagen. Es schmeckt sicher gut, es ist nur ..." Noomis Stimme bricht und sie verbirgt ihr Gesicht.

Rut schweigt. Sie weiß, wie oft Noomi an früher denkt, an zu Hause.
Vor vielen Jahren ist Noomi mit ihrem Mann und den Söhnen hierher nach Moab gekommen. Sie waren Flüchtlinge. Die jungen Männer waren voller Energie und Lebensfreude, sie fanden einheimische Frauen und heirateten. Aber dann kam alles anders als gedacht. Erst starb der Vater. Dann die Söhne. Nun blieb Noomi allein zurück in einem fremden Land. Nur Rut ist noch bei ihr.
Immer öfter spricht Noomi von ihrer Heimat, von Juda. Manchmal kann Rut das nicht mehr hören. Sie denkt: Dort habt ihr aber doch Hunger gehabt, deshalb seid ihr doch zu uns gekommen. Aber sie schweigt. Sie weiß um die Trauer der Schwiegermutter.

Rut nimmt den Topf vom Feuer und füllt die Teller. Sie essen schweigend. Noomis Blick geht gedankenverloren in die Ferne. Plötzlich strafft sie die Schultern. „Ich werde nach Bethlehem zurückgehen", sagt sie. „Und du bleibst hier, bei deiner Familie und deinem Volk. Du kannst wieder heiraten und vielleicht schenkt dein Gott dir noch Nachkommen. Und ich kann zu Hause sterben." Rut schaut auf. Ist das die Lösung? Sich trennen, damit ihr Leben neu beginnen kann?

bs

AN DER WEGGABELUNG
Ich muss mich entscheiden.
Aus mehreren Wegen
kann ich nur einen wählen.
Ob er richtig ist?

Ich werde es nur herausfinden,
wenn ich losgehe.

Ich will vertrauen,
dass Gott mich begleitet,
wohin auch immer
mein Weg mich führt.

tw

Wo du hingehst, da will ich auch hingehen;
wo du bleibst, da bleibe ich auch. Dein Volk ist
mein Volk, und dein Gott ist mein Gott.
RUT 1,16B

Rut geht mit Noomi

Zwei Frauen sind miteinander unter der stechenden Sonne unterwegs. Rut und ihre Schwiegermutter Noomi. Beide sind Witwen. Noomi ist vor vielen Jahren als Fremde in das Land der Jüngeren gekommen. Jetzt kehrt sie zurück in die Heimat. „Ich will nach Hause, ich will in Bethlehem alt werden", sagt Noomi. Rut begleitet sie bis ins Grenzland. Und dann? Sie weiß es selber nicht.

Die Sonne brennt vom Himmel, der Staub liegt auf der verschwitzten Haut wie ein braunes, klebriges Kleid. Rut schaut sich um: Der Weg führt in die Ebene hinab, es ist nicht mehr weit zum Jordan. Bald beginnt das Grenzland, dahinter liegen die Berge von Juda.

Noomi, die Schwiegermutter, schreitet immer energischer und kraftvoller, je weiter sie Moab hinter sich lassen. Rut aber wird langsamer.

Noomi merkt, dass die junge Frau zurückbleibt und spürt ihr Zögern. Sie bleibt stehen und wendet sich ihr zu: „Ich danke dir von Herzen, dass du mich bis hierher gebracht hast, meine Tochter. Nun komme ich allein zurecht. Ich bitte dich: Kehr um, fang ein neues Leben an – und vergiss, was gewesen ist."
Rut schießen die Tränen in die Augen. „Ich kann dich doch nicht allein lassen!" Noomi wehrt ab. „Aber sicher kannst du das! Überlegt doch – was kann ich dir bieten? Ich habe meinen Mann und meine Söhne verloren und bin alt. Ich kann für dich nichts mehr tun. Bleib hier, bei deiner Familie, bei deinem Volk."

Rut aber schaut der Älteren fest in die Augen. „Ich gehe mit dir! Wo du hingehst, will ich auch hingehen. Dein Volk ist mein Volk und dein Gott ist mein Gott. Ich lasse dich nicht allein."
Mit diesen Worten schultert sie ihr Bündel und geht weiter. Sie weiß nicht, woher ihre Entschlossenheit kommt. Aber sie ist sich sicher, dass dies ihr Weg ist.

bs

NAVIGATIONSGERÄT
An manchen Tagen
ist es ganz leicht,
meinen Weg zu finden.

Links, rechts,
geradeaus:
Ich folge der Stimme
in meinem Herzen
und ahne:

Das Ziel
ist immer
die Liebe.

tw

> Und Rut, [...] sprach zu Noomi: Lass mich aufs Feld gehen und Ähren auflesen bei einem, vor dessen Augen ich Gnade finde.
>
> **RUT 2,2A**

Treue, die belohnt wird

Rut steht leise auf. Ihre Schwiegermutter Noomi ist schon auf und hat das Frühstück bereitet. Sie reicht ihr ein Brot. „Heute gehe ich Getreide sammeln", sagt Rut, „es wird überall geerntet. Wir brauchen doch Brot." Vor einigen Wochen sind die beiden aus dem Land Moab nach Bethlehem gekommen. Noomi ist hier zu Hause, aber Rut fühlt sich fremd. Keiner kümmert sich um die beiden Frauen.

Noomi schaut Rut liebevoll an. Was hat die junge Frau nicht alles auf sich genommen, um ihr beizustehen! Sie weiß, wie Rut sich fühlt im fremden Land.

Rut bindet sich die Schürze, nimmt einen großen Korb und geht los. Die Schnitter sind schon unterwegs, die Mägde binden die Ähren. Rut geht mit anderen Armen hinter ihnen her. Sie sammeln, was liegen bleibt. Rut schaut kaum auf, sie hält sich am Rand. Mittags sieht sie, wie der Grundbesitzer Boas mit den Schnittern spricht. Er schaut immer wieder zu ihr. Ob er sie vertreiben will, weil sie eine Ausländerin ist? Als die Schnitter nach der Mittagshitze weitermachen, streift sie mancher Blick. Sie senkt den Kopf noch tiefer. Aber dann merkt sie, dass viele der guten, vollen Ähren auf ihrem Weg liegen bleiben – ist das Absicht?

Bevor sie nach Hause geht, kommt Boas zu ihr und spricht sie an. „Du bist doch die Moabiterin, die Schwiegertochter von Noomi? Man erzählt, dass du voller Treue zu ihr hältst. Gott segne dich dafür! Komm morgen ruhig wieder. Hier wird dir jeder helfen."

Rut kann ihr Glück kaum fassen. Mit vollem Korb kehrt sie nach Hause zurück. Sie erzählt Noomi aufgeregt, wie gut die Menschen zu ihr waren. Noomi freut sich: „Vielleicht wird Gott unser Schicksal endlich wenden." Sie schließt Rut fest in die Arme. Sie sagt: „Danke, Gott!" Und Rut stimmt mit ein.

bs

BESUCH

An manchen Tagen
kommt der Himmel zu mir,
ein gern gesehener Gast.

Er sät Ermutigung
in meine Gedanken,
streut Licht
auf meine Pläne
und nährt mich
mit Sehnsuchtsbrot.

Meinen Fragen
lässt er Raum,
unter seinen Händen
schmelzen die Zweifel,
er wischt sie auf
und wringt sie aus.

Er schenkt mir
Hoffnungssträuße,
die duften nach Bleiben
und ihre Farben fallen mir leuchtend
aus Auge und Hand.

tw

Und Noomi, ihre Schwiegermutter,
sprach zu ihr: Meine Tochter,
ich will dir eine Ruhestatt suchen,
dass dir's wohlgehe.
RUT 3,1

Ein Plan geht auf

Mit einem erleichterten Seufzer tritt Rut in das kühle Haus. Sie stellt den schweren Korb ab und wäscht sich die Hände und das Gesicht. Noomi, ihre Schwiegermutter, greift in den Korb mit den schweren, goldenen Ähren. „Wie viel du wieder gesammelt hast!", sagt sie. Rut trocknet das Gesicht. „Ja, es war ein guter Tag! Alle sind so freundlich zu mir. Aber die Ernte ist bald zu Ende." Rut räumt den Korb beiseite. Die Vorräte müssen lange reichen.

Noomi schaut Rut nachdenklich an. „Sag das dem Boas, dem Grundbesitzer, den kannst du doch gut leiden?" Rut nickt. Sie schaut ihrer Schwiegermutter fragend ins Gesicht. Noomi sagt: „Wenn die Ernte zu Ende ist, wird er bald mit dem Worfeln anfangen. Heute Abend wird er ein bisschen feiern und dann draußen schlafen, bei der Ernte. Vielleicht kannst du ihn kennenlernen ..."

Sie verstummt. Aber Rut weiß, was sie meint. Sie ist überrascht. Dass ausgerechnet ihre Schwiegermutter nach einem Mann für sie ausschaut! Die Frauen sind erst verlegen, aber dann schmieden sie Pläne. Sie holen Ruts bestes Kleid hervor. Rut hat sich schon lange nicht mehr herausgeputzt. Am Abend schleicht sie zum Ernteplatz. Boas ist allein, er schläft zufrieden bei den Getreidevorräten. Es ist ein lauer Abend. Rut zögert. Dann schlüpft sie zu ihm unter die Decke. Boas erwacht, schaut und staunt. „Rut?" Sie nickt.

„Was machst du hier?" Rut weiß nichts zu sagen. Da legt er sanft eine Decke über ihre Schultern, „komm her, hab keine Angst."

Am Morgen wacht Rut auf, als es hell wird. „Du musst jetzt gehen", flüstert Boas ihr zu. „Hier, nimm noch reichlich von dem Getreide mit. Und sei getrost: Ich will mich um dich und Noomi kümmern. Warte nur ein bisschen!"

bs

SEGENSWUNSCH

Ich wünsche dir Fantasie,
die dich anspornt,
jenseits des Üblichen Neues zu wagen.

Ich wünsche dir Neugier,
die dich reizt,
unbekannte Pfade aufzuspüren.

Ich wünsche dir Mut,
der dich beflügelt,
ungewöhnliche Wege zu gehen.

Gott spanne über dir
seinen Segen aus
und leite dich sicher ans Ziel.

tw

Noomi aber sprach: Warte nun ab, meine
Tochter, bis du erfährst, wo es hinauswill;
denn der Mann wird nicht ruhen,
er bringe es denn heute zu Ende.
RUT 3,18

Der Anfang eines neuen Lebens

Rut steht am Tor der kleinen Stadt Bethlehem und beobachtet das bunte Treiben. Am Stadttor geht es lebhaft zu. Die Männer treffen Absprachen, sie fädeln Geschäfte ein und schlichten Streit. Sie sieht Boas kommen, den Verwandten ihrer Schwiegermutter Noomi. Er hat ihr versprochen: Ich werde für euch sorgen. Rut verbirgt sich und lauscht. Noch weiß sie nicht, was geschehen wird.

Boas nimmt Platz und spricht einen anderen Mann an. „Höre einmal", sagt er, „du bist doch mit Noomi noch näher verwandt als ich?" „Ja, das wird so sein", sagt der andere. „Worum geht's?" Boas erwidert: „Noomi hat ein Feld zu verkaufen. Willst du es haben?" Boas macht eine Pause „Du weißt sicher, dass du dann auch die Schwiegertochter der Noomi heiraten musst, die junge Frau aus Moab. Und eure Nachkommen werden auch Noomis Nachkommen sein, so will es unser Gesetz."
Rut stockt das Herz, sie verbirgt ihr Gesicht. Was hat das zu bedeuten? Sie schaut zu Boas, er aber scheint die Ruhe selbst zu sein.

„Ach, die Moabiterin ...", der andere Mann überlegt. „Hm. Das Feld würde ich wohl nehmen, aber ich will sie nicht heiraten. Ich bin nicht interessiert." Die Männer nicken beifällig. Boas gibt sich gleichgültig. „Gut", sagt er, „aber ich würde sie zur Frau nehmen. Hast du etwas dagegen?" Der andere ist erleichtert. „Aber nein! Du hast meinen Segen." Sie besie-

geln den Pakt; und Boas erhebt sich. Im Weggehen erspäht er Rut. Er nickt ihr kaum sichtbar zu und lächelt.

Rut läuft aufgeregt zu Noomi. „Boas wird mich heiraten!", ruft sie ihr entgegen, „Wir sind gerettet. Und nun werde ich ein Teil deines Volkes." Noomi drückt Rut fest an sich. „Gelobt sei Gott, der die Armen nicht vergisst! Jetzt fängt für uns beide das Leben neu an."

bs

ANKOMMEN
Ich wünsche dir,
dass du einen Ort hast,
an dem zu Zuhause bist.
Guten Boden,
in dem deine Hoffnungen keimen.
Licht von oben,
in dem du dich entfalten kannst.
Dass du wachsen darfst,
deine Schönheit blühen darf
und deine Früchte in Ruhe reifen.
Damit du wirst wie Gott dich gedacht hat.

tw

Die Zehn Gebote

Ich bin der HERR, dein Gott,
der ich dich aus Ägyptenland,
aus der Knechtschaft, geführt habe.
Du sollst keine anderen Götter haben
neben mir.
2. MOSE 20,2+3

Klare Ansagen

Hätten Sie gern einen Arbeitsplatz, an dem Ihnen jeder sagen darf, was Sie zu tun haben? Nicht nur Ihr Abteilungsleiter, sondern auch die nette Kollegin und der alte Hase, der schon seit Jahrzehnten in der Firma ist, genauso wie der Hausmeister. Jeder hat ständig ein paar Aufträge für Sie und ein paar gute Ratschläge.

Ich denke, das würden Sie nicht lange aushalten. Und was würden Sie tun? Wahrscheinlich würden Sie sich irgendwann über Ihren Chef beschweren, der keine Ahnung von Organisation und Führung hat und den Laden chaotisch laufen lässt.

Gott ist da der bessere Chef. Er macht klare Ansagen:
„Ich bin der Herr." Übersetzt in Geschäftsdeutsch heißt das: „Diese Welt ist meine Firma. Ich habe sie gegründet und ich weiß, wie sie funktioniert."
Und weiter: „Ich bin dein Gott." Im Arbeitsleben hieße das: „Deine Aufgaben gebe ich dir."
Und schließlich: „Du sollst keine anderen Götter neben mir haben." Übersetzt für Arbeitnehmer: „Niemand sonst hat dir etwas zu sagen."

Das ist mein „Arbeitsvertrag" mit Gott, im Beruf und im Privatleben. Und wenn mir das Leben über den Kopf wächst, poche ich auf diesen Vertrag: „Gott, mein Chef, schau dir an, was mir hier alles auf den Tisch kommt:

Die Kinder haben Ärger in der Schule, der Monat ist schon wieder länger als das Konto, Mutter meckert, weil wir alles falsch machen und in der Partnerschaft befinden wir uns in einer Krise, bedingt durch Stress."

Und dann kann ich mit Gott beraten, welche Aufgabe zuerst dran ist. Die Kinder oder doch die Mutter oder eher die Partnerschaft? Und wegen der Aufgaben, die erst danach auf der Liste stehen, brauche ich kein schlechtes Gewissen zu haben. Denn meine Aufträge gibt mir Gott. Die anderen dürfen fragen, ob Gott mich für sie freistellt.

kh

FREI SEIN
Ich muss nicht mehr
um die goldenen Kälber tanzen:
Leistung, Geld, Jugend,
Schönheit oder Macht.

Ich ziehe die Schuhe aus
und reibe die schmerzenden Füße.

Wie gut es tut, auszuruhen,
aufzuatmen und
frei zu sein.

tw

Ohnmacht des Lebens

„Du sollst nicht töten", sagt Gott.
Doch die Mutter hört nicht.
Sie ist aufgeregt, überfordert, ihr rutscht
die Hand aus.
Der kleine Sohn blickt auf die zerbrochene
Tasse, weint leise und reibt sich die
schmerzende Wange.
In ihm stirbt das Vertrauen.

„Du sollst nicht töten", sagt Gott.
Doch der junge Mann hört nicht.
Er ist wütend, weil die junge Frau ihn
abgewiesen hat.
Er tippt seine Wut als Beleidigungen und
Lügen ins Internet-Forum.
Verzweifelt sieht die junge Frau die
Schmähungen und zynischen Kommentare
im weltweiten Netz.
In ihr stirbt die Freude.

„Du sollst nicht töten", sagt Gott.
Doch die Tochter hört nicht.
Sie hat die Eltern abgeschrieben.
Schon seit Jahren. Sie lebt jetzt ihr eigenes
Leben. Und sie ist froh, dass sie
ihre Kindheit vergessen kann.
Sie wirft die Weihnachtskarte
ihrer Eltern weg.
Und dem alten Paar stirbt die Hoffnung.

„Du sollst nicht töten", sagt Gott.
Doch der Chef hört nicht.

Er ist wütend auf seinen Mitarbeiter, der
schon wieder zu spät kommt, nur Fehler
produziert, der kein Interesse zeigt, den
die anderen mitziehen müssen.
Der Mitarbeiter kommt nicht zu Wort.
Er spürt nur seine Angst und seine Sorgen.
Doch er kann nichts sagen. Er ist mundtot.

„Du sollst nicht töten", sagt Gott.
Der Mann hört.
Und sagt: „Ich töte keine Menschen.
Ich helfe ihnen."
Und arbeitet weiter. Bis zur Erschöpfung.
Schluckt Pillen gegen Bluthochdruck,
Depression und Konzentrationsschwäche.
Schlaflos im Bett hört er Gott noch einmal:
„Bist du denn kein Mensch?", fragt Gott
liebevoll.

„Du sollst nicht töten", sagt Gott.
Zu mir.
Höre ich es rechtzeitig?
Bevor ich andere zerstöre
oder mich selbst?

kh

GÖTTLICH
Leben
unter diesem Sommerhimmel

Leben dürfen
unter deinem weiten Herzen

tw

Eine Diskussion mit dem Gewissen

Neulich vor dem Badezimmerspiegel:
„Nein, liebes Gewissen, ich stehle nicht!
Diebstahl ist ein ernstes Wort."
„Darum habt ihr viele niedliche Wörter
dafür erfunden: Kavaliersdelikt, Steuererklärung, Schwarzfahren oder Kopier-mir-
mal-die-CD", mäkelt mein Gewissen.

„Das ist doch kein Diebstahl!", verteidige
ich mich. „Ich nehme ja keinem etwas weg.
Zu so etwas bin ich gar nicht fähig.
Ich kann niemandem einen Zehn-Euro-
Schein aus der Hosentasche stehlen."
„Aber ein wenig flunkern bei der Steuererklärung, um zehn Euro mehr bei der Rück-
zahlung herauszuholen, das kannst
du schon", erinnert mich mein Gewissen.
„Na ja, die Gefahr ertappt zu werden, ist
minimal und ich schade niemandem."

„Moment mal", mault mein Gewissen.
„Du schadest niemandem? Du schadest der
Allgemeinheit. Die siehst du bloß nicht. –
Und wenn das jeder machen würde?"

So pfiffig wie mein Gewissen bin ich auch:
„Es macht praktisch jeder. Wenn ich auf dich
hören würde, wäre ich der Dumme! Soll ich
der Einzige sein, der pingelig korrekt ist?
Das wäre doch spießig!"
„Ach, und weil du machst, was angeblich
alle machen, sind alle Menschen genau
solche Gauner und Betrüger wie du selbst?
Dann ist ja jeder Nachbar oder Kollege für

dich ein Gauner, der dich völlig unspießig
gerne übers Ohr haut? Von Gangstern um-
zingelt! Willst du in so einer Welt leben?"

Mir reicht's. Diese Diskussionen mit
meinem Gewissen nerven. Was darf man
gerade noch? Wo sind die Grenzen?
Wo schade ich mir selbst und wann den
anderen? Das kostet zu viel Kraft!

„Mach's dir leichter", rät Gott. „Nenn' das
Stehlen einfach stehlen und lass es bleiben.
Dann brauchst du dich auch nicht mehr
vor deinen Mitmenschen und deinem
Badezimmerspiegel zu fürchten."

kh

GESTATTEN? GEWISSENSEXPERTE!
Ein „Gewissensexperte" ist Autor dieser Reihe
vom 24. bis zum 30. September (ohne 29.9.,
Michaelistag). Klaus Hampe ist hauptberuflich
Öffentlichkeitsreferent und Journalist und
ehrenamtlich Prädikant. Seit 2007 ist er bekannt durch eine ungewöhnliche Radiosen-
dung auf NDR 1 Niedersachsen. Jede Woche
beantwortet er eine „Gewissensfrage", die
Hörerinnen und Hörer ihm per Mail oder Post
geschickt haben. Darf ich über Freunde läs-
tern? Sind Notlügen erlaubt? – Ob große Le-
bensfragen oder kleine Gewissensbisse – Klaus
Hampe weiß: „Das Gewissen ist ein Nagetier."
Zu hören und zu lesen sind seine Sendungen
unter www.gewissensfragen.de

jvl

SEPTEMBER

09
27

Die Zehn Gebote

Du sollst nicht falsch Zeugnis reden
wider deinen Nächsten.
2. MOSE 20,16

Ein Zeugnis für den Nächsten

Wäre das nicht langweilig, wenn wir nur Gutes über unsere Mitmenschen reden würden? Es gäbe keine Kabarettisten mehr, die die Fehler selbstverliebter Stars, skrupelloser Politiker und maßloser Finanzhaie mit geschliffener Satire aufspießen; es würde still in den Kneipen, weil niemand mehr beim Feierabend-Bierchen seinen Frust auf Chefs und Kunden weglästern könnte.

Wir brauchen das „Dampf ablassen", das kleine Ventil für unseren Ärger. Und außerdem: Was wahr ist, muss auch ausgesprochen werden können. Aber wo ist die Grenze? Wie merke ich im Alltag, ob ich noch liebevoll-kritisch über die Unarten und Verfehlungen meiner Mitmenschen rede oder schon Unwahres in die Welt streue und meinem Nächsten schade? Denn die Zunge ist schärfer als das Schwert. Eine gefährliche Waffe, mit der umzugehen ich lernen muss.

Wie wäre es mit einer kleinen Übung: Nehmen Sie doch heute dieses Gebot einmal ganz wörtlich! Wenn Sie merken, dass Sie etwas Kritisches über einen Mitmenschen gesagt haben, dann schreiben Sie es als Zeugnis auf einen Zettel. Ungefähr so:
Zeugnis für: Herrn Meier
Kollegialität: Mangelhaft

Begründung: Herr Meier hat die Idee eines Kollegen in einer Sitzung als seine eigene Leistung dargestellt.
Meine Unterschrift
Und dann fragen Sie sich: Würde ich Herrn Meier dieses Zeugnis aushändigen? Ist dieses Zeugnis „wahr und klar" – oder ein „falsches Zeugnis"?

In einem Zeugnis darf durchaus ein „Mangelhaft" oder „Ungenügend" stehen. Auch Christen sollen Unrecht nicht schönreden und können Bosheit, Verbrechen und Versagen beim Namen nennen. Doch ihr Zeugnis, das sie anderen Menschen ausstellen, muss wahr sein und deutlich auf die Sache bezogen. So wie jedes Schul- oder Arbeitszeugnis.

kh

ICH DARF
Den anderen loben.
Seine Gaben entdecken.
Seine Talente hervorlocken.
Zuschauen,
wie er sich entfaltet.
Mich freuen
an seinen Flügeln.

tw

Jesus aber antwortete ihm: „Du sollst den Herrn, deinen Gott, lieben von ganzem Herzen, von ganzer Seele und von ganzem Gemüt". Dies ist das höchste und größte Gebot. Das andere aber ist dem gleich: „Du sollst deinen Nächsten lieben wie dich selbst".
MATTHÄUS 22,37-39

Wie weiße Windmühlen

Wie hätte Jesus heute die Frage beantwortet: „Was ist das wichtigste Gebot?"
Jesus hat wichtige Gedanken gern mit Beispielen aus dem Alltag verdeutlicht. Also hätte er uns als Antwort auf diese Frage vielleicht eingeladen, mit ihm ein wenig über die Felder vor der Stadt zu wandern. Vor einer Windkraftanlage hätte er haltgemacht:
„Schau dir diese Maschine an. Sie hat drei Rotorblätter. Wenn du daneben stehst, dann zeigt immer eines der Blätter auf dich, während das zweite auf deinen Nächsten gegenüber weist und das dritte in den Himmel, hinauf zum Vater. Alle drei Blätter kreisen um eine Mittelachse, um den Generator, der Energie liefert.

So soll es auch in deinem Leben sein: Das Zentrum, der Generator, der deinem Leben Kraft gibt, das ist die Liebe. Und deine Liebe muss sich gleichzeitig auf dich selbst richten, auf deine Mitmenschen und auf Gott. Nur wenn deine Liebe in alle drei Richtungen zeigt, dann bist du im Gleichgewicht, dann wirkt die göttliche Kraft in dir.

Und woher kommt diese Kraft der Liebe? Kommt sie aus dir selbst? Nein. Genauso wenig wie der Rotor sich selbst drehen kann, kannst du mit deiner Liebe ständig Gott, dein eigenes Wohl und das deiner Mitmenschen bedenken. So wie der Rotor den Wind braucht, so brauchst du den Geist Gottes, der dich an-

treibt und dir die Kraft zur Liebe in deinem Leben gibt."

Nun wandert Jesus nicht heute mit uns über die Felder. Aber wenn ich mit dem Auto über die Landstraßen fahre, dann sehe ich aus den Augenwinkeln, wie die weißen Windmühlen Strom erzeugen. Und sie werden für mich zum erhobenen Zeigefinger, der mich daran erinnert, woher meine Kraft kommt und wie ich mein Leben und mein Lieben im Gleichgewicht halten kann.

kh

ICH DARF
Mein Haus bauen
in seinen unumstößlichen Namen
und in der Liebe wohnen
ein Leben lang.

tw

Und es entbrannte ein Kampf im Himmel:
Michael und seine Engel
kämpften gegen den Drachen.
OFFENBARUNG 12,7A

„Er ist nur halb zu sehen ..."

Glauben Sie an Engel? Wenn Sie diese Frage Pastorinnen oder Pastoren stellen, geraten die meisten von ihnen in Erklärungsnot: „Engel? Schwierig!" Wenn Sie auf der Straße eine Umfrage machen, wird die Mehrheit sagen: „Ja, Engel gibt es, das kann ich mir irgendwie vorstellen." Die himmlischen Helfer haben es schwer in der theologischen Wissenschaft und schweben dennoch sanft und beharrlich durch unseren Alltag.

Seit einigen Jahren erleben die Engel eine Renaissance. Wir entdecken ihre Spuren in Filmen und in der Literatur, in Kunst und Kitsch. Ihren Ursprung haben die Engel aber in den großen Weltreligionen. In der Bibel tauchen sie als Boten Gottes auf und sind immer dann zur Stelle, wenn Gott eine Botschaft mitteilen will oder wenn ein Mensch in Not ist. Wunderbar ist zum Beispiel die Erzählung von Elia in der Wüste. Als der Prophet sich zum Sterben niederlegt, rührt ihn ein Engel an und gibt ihm Brot und einen Krug Wasser. Und als Jesus im Garten Gethsemane um sein Leben „betet", wird er von einem Engel gestärkt, erzählt der Evangelist Lukas. Und was wäre die Ostergeschichte ohne die Engel am leeren Grab?

Engel bleiben dabei ungreifbar und geheimnisvoll. Darum werden wir das Rätsel der Engel nicht lösen, auch wenn wir fasziniert von ihnen und ihren Geschichten sind. Da wird ein Mensch in einer gefährlichen Situation zur Seite gezogen. Ein anderer erlebt in einer Nahtoderfahrung eine besondere Stärkung, als wäre dort eine unsichtbare Kraft. Viele Menschen erzählen Geschichten wie diese, auch wenn Wissenschaftler andere Erklärungen anführen: Das Gehirn schüttet in Stresssituaionen Hormone aus, und dies führe zu besonderen Erfahrungen wie Lichterscheinungen.

Für viele Menschen sind Engel die geheimnisvollen Boten Gottes. In Krisenzeiten wie Krankheiten oder Todesnähe können Menschen den Flügelschlag der Engel spüren – auch wenn sie das Geheimnis dieser Erfahrung nicht lüften können.

jvl

WAS FÜR EIN REKORD:
500 ENGEL AN EINEM ORT!

In Hildesheim waren die Engel los – und es waren Hunderte! Sie versammelten sich zum Gruppenfoto und für einen Eintrag in das Guinnessbuch der Rekorde. Wohl nie zuvor kamen so viele himmlische Helfer an einem Ort zusammen.

Zugegeben: Die Flügel waren nicht echt und in den weißen Gewändern steckten Kinder der Stadt. Einen ganzen Tag haben sie Engelgeschichten gehört und Lieder gesungen. Dies war ihr Beitrag zur großen Tausendjahrfeier der Michaeliskirche im Jahr 2010.

Die Kinder beim Engelfest machen es uns vor: Engel sind mitten unter uns! Sie finden diese Engel auch im Internet. Zum Beispiel, wenn sie in einem Suchprogramm unter den „Fotos" folgende Stichworte eingeben: „Engelfest Hildesheim".

jvl

Wer nun eines von diesen kleinsten Geboten auflöst und lehrt die Leute so, der wird der Kleinste heißen im Himmelreich; wer es aber tut und lehrt, der wird groß heißen im Himmelreich.

MATTHÄUS 5,19

Der „Domino-Effekt"

„Aber Papa, man darf nicht stehlen!" „Ach, weißt du, so ein paar Blumen aus Nachbars Garten zum Muttertag, das ist in Ordnung." „Aber, Papa, der Pastor hat im Kindergottesdienst gesagt ..." „So genau darf man das nicht nehmen", meint der Papa lächelnd und singt den alten Karnevalsschlager vor sich hin: „Wir sind alle kleine Sünderlein ..."

Ein paar Jahrzehnte später sitzt der jetzt erwachsene Mann am Computer und studiert die Internetseite seitensprung.de – für den kleinen Ehebruch zwischendurch. Und leise summt er das Lied, das er von Papa gelernt hat: „Wir sind alle kleine Sünderlein ... der Herrgott wird es uns bestimmt verzeih'n."

Doch es geht nicht darum, ob Gott uns kleine Sünden verzeiht. Es geht um den „Domino-Effekt": Schön aufgereiht stehen die bunten Steine. Ohne großen Aufwand stupst man einen Stein an. Und dann? Unaufhaltsam, zuerst langsam, dann immer schneller fällt ein Stein nach dem anderen.

So ungefähr ist das mit diesen kleinsten Geboten. Schnell ist es gesagt: Was soll dieses kleine Gebot? Das ist doch nicht mehr zeitgemäß! Vielleicht stimmt das ja. Doch vielleicht fällt so der erste Stein. Und kurz darauf der nächste ... bis kein Gebot mehr gilt. Und dann stellen wir fest: Diese Gebote waren keine Steine, die uns im Lebensweg standen. Es waren Meilensteine, die uns den Weg zeigten, uns Orientierung und Sicherheit gaben. Denn wenn kein Gebot mehr gilt, wem kann man dann noch vertrauen? Was gibt uns dann noch Sicherheit?

Und plötzlich fühlen wir uns klein und verletzlich in einer bedrohlichen Welt, in der jedes Unrecht möglich ist. Und alles fing damit an, dass irgendwer ein kleines Unrecht zu Recht erklärte. Wer wagt es, den ersten Stein umzuwerfen?

kh

WUNSCH
Ich wünsche dir,
dass du den Boden,
der dir anvertraut ist,
sorgsam vorbereitest.

Und dass du dann
Frieden säst,
Liebe, Freundlichkeit,
Geduld und Vertrauen.

Gott wird seinen Segen geben
und es gedeihen lassen,
damit in dir
und um dich herum
ein Stück Himmel wächst.

tw

OKTOBER

ERNTE UND DANK, ERFOLG UND SCHEITERN, LEBEN UND LEISTUNG

Dankbar auf das Leben schauen
Tag der Deutschen Einheit
Psalm 23
Schatz im Acker
Gott entdecken
Liebe
Eine Reise nach Israel
Reformation

Dankbar auf das Leben schauen

Meinen Bogen habe ich in die Wolken gesetzt;
der soll das Zeichen sein des Bundes
zwischen mir und der Erde.
1. MOSE 9,13

Welche Farbe hat dein Glaube?

Welche Farbe hat dein Glaube? In einem Konfirmandenseminar haben wir uns mal darüber Gedanken gemacht. Jakob meinte, sein Glaube sei lila. Lila steht für Treue, Ehrlichkeit und für Vertrauen. Leute, die glauben, müssten dann also auch aufrecht und ehrlich, treu und vertrauenswürdig sein.

Mariekes Glaube hat die Farbe Blau, die Farbe des Himmels und des Wassers. Den Himmel auf Erden wünscht sich Marieke schon jetzt und sie findet es gut, dass Gott so eine Art Quelle für ihr Leben ist.

Paul sieht seinen Glauben in grün. Grün ist die Hoffnung und der Glaube gebe einem doch viel Hoffnung.

Bei Anna-Lena bekommt der Glaube zwei Farben: Gelb und orange, denn die stehen für die Freude, für Sonnenschein und Wärme. Davon möchte sie so viel wie möglich spüren in ihrem Leben.

Arne dagegen sieht buchstäblich Rot, wenn er an seinen Glauben denkt. Denn das steht für die Liebe! Und Gott ist die Liebe, also kommt für ihn keine andere Farbe in Frage.

Lila, blau, grün, gelb-orange und rot: Fällt Ihnen etwas auf? Das sind die Farben des Regenbogens. Solange die Erde steht, soll nicht aufhören Saat und Ernte, Frost und Hitze, Sommer und Winter, Tag und Nacht. Und als Zeichen seines Versprechens setzte Gott einen Regenbogen an den Himmel, wie ein Mann seinen Kriegsbogen aufhängt, weil Frieden ist. Ich finde, das ist ein wunderbares Zeichen!

Darum sehe ich den Glauben am liebsten in allen Regenbogenfarben.

mg

VIER FARBEN HAT DAS KIRCHENJAHR
In der Symbolik der Kirche bekommt jede Zeit im Kirchenjahr eine besondere Farbe. Im Gottesdienst erkannte man sie meist an den Behängen für den Altar, das Lesepult oder die Kanzel, den so genannten „Antependien".

Weiß
kennzeichnet die Freude an Christus für folgende Festkreise oder Festtage: Weihnachten, Epiphanias (Erscheinungsfest), Ostern, Himmelfahrt, Totensonntag (Ewigkeitssonntag).

Violett
steht für Vorbereitung sowie Buße (Umkehr) in der Adventszeit, der Passionszeit, am Buß- und Bettag.

Rot
charakterisiert den Heiligen Geist und die Kirche zu den Festen Pfingsten, Kirchweih, Reformation, aber auch zur Konfirmation und anderen Festen der Kirche.

Grün
drückt Wachsen und Reifen aus in der Epiphaniaszeit, der Trinitatiszeit, am Erntedankfest.

mg

10

02

Doch ist ja seine Hilfe nahe denen, die ihn fürchten, dass in unserm Lande Ehre wohne; dass Güte und Treue einander begegnen, Gerechtigkeit und Friede sich küssen; dass Treue auf der Erde wachse und Gerechtigkeit vom Himmel schaue; dass uns auch der HERR Gutes tue und unser Land seine Frucht gebe.

PSALM 85,10-13

Wo bleibt da die Güte?

Zum zweiten Mal nacheinander ist im Februar 2012 wieder ein deutscher Bundespräsident zurückgetreten. Nach Horst Köhler auch Christian Wulff. Schwere Vorwürfe der Vorteilsnahme wurden gegen ihn erhoben. Seit Monaten war die Presse hinter ihm her, um immer wieder neue Beweisfälle aufzuspüren und mögliche Skandale aufzudecken – „auf dass in unserm Lande Ehre wohne", denn schließlich sei die Würde des Amtes beschädigt.

Zunächst hatte sich Wulff noch verteidigt. In einem großen Fernsehinterview warb er um Verständnis, sichtlich darum bemüht, wieder Ruhe in das Ganze zu bringen. Ohne Erfolg. Als beantragt wurde, Wulffs Immunität, die er im Amt des Bundespräsidenten genießt, aufzuheben, um die Vorwürfe gründlich untersuchen zu können, erklärte er seinen Rücktritt. Dieser Schritt war sicher unumgänglich. Für viele im Land, nicht nur für die Presse, war er längst überfällig. Das mag sogar sein. Aber ich frage mich: Wo bleibt da die Güte? Wir haben inzwischen eine enorm ausgeprägte Kultur der Anklage entwickelt. Mit Vorwürfen und Schuldzuweisungen sind wir schnell zu Stelle. Wie ist es im Gegensatz dazu um unsere Kultur des Verzeihens bestellt? Und wie gnädig gehen wir mit jemandem um, der dann tatsächlich die Verantwortung übernimmt, konsequent seinen Hut nimmt und geht? Hat der noch eine ehrliche Chance rehabilitiert zu werden? Haben wir etwa Lust daran, „Köpfe rollen zu sehen"?

Ehe ich in Zukunft meine Urteile über andere fälle, will ich mich lieber an die eigene Nase fassen. Ich will vor allem darum bitten, dass in meinen Urteilen „Güte und Treue einander begegnen, Gerechtigkeit und Friede sich küssen; dass Treue auf seiner Erde wachse und Gerechtigkeit vom Himmel schaue; dass der Herr uns Gutes tue und unser Land seine Frucht gebe."

mg

GEBET

Gott, hilf du allen, die ein Amt übernommen haben und Verantwortung tragen in der Gesellschaft, in der Kirche oder einem Verein. Unterstütze sie mit Kraft und Ideen. Lass sie immer wieder Vertrauen schöpfen und den nötigen Respekt vor ihrer Arbeit finden, Anerkennung und Lob, nicht immer nur Kritik. Schenke uns allen Geduld und Gerechtigkeit, wenn wir es schwer miteinander haben. Gib uns deinen Segen und die Kraft vergebender Liebe. Amen.

mg

Tag der Deutschen Einheit

Denn mit dir kann ich Kriegsvolk zerschlagen
und mit meinem Gott über Mauern springen.
PSALM 18,30

Tag der Deutschen Einheit

Immer wieder läuft mir ein Schauer den Rücken herunter, wenn ich in Marienborn bei Helmstedt vorbeifahre. Dort verlief einmal – und das ist noch gar nicht so lange her – die Grenze zwischen der Bundesrepublik und der DDR, der so genannte Eiserne Vorhang.

Meine Gedanken gehen dann jedes Mal zurück an die Zeit der Besuche in der DDR. Es gab feste Partnerschaften zwischen Kirchengemeinden in Ost und West. Oft haben wir Päckchen gepackt. Viele Gemeinden nahmen außerdem die Mühen einer Reise regelmäßig auf sich. Das hieß, Wochen vorher die Aufenthaltsgenehmigung beantragen. Dann die Kontrollen und Schikanen an der Grenze. Koffer und Taschen durchwühlen lassen. Dann die so genannte „Eintrittsgebühr", der Zwangsumtausch von 25 D-Mark pro Tag. Und die Anmeldung bei der Volkspolizei und die Erteilung des Ausreisevisums. Trotzdem wurde vieles möglich gemacht: Wir haben Medikamente „rüber" geschmuggelt und christliche Bücher. Oder ganze Rollstühle. Bei der Hinfahrt benötigten 30 ältere Mitreisende einen Rollstuhl, bei der Rückfahrt keiner mehr. Dafür war die Partnergemeinde um 30 Rollstühle reicher.

Inzwischen sind wir wieder ein Land und feiern mit jedem 3. Oktober die Deutsche Einheit. Die Beziehungen der Kirchengemeinden sind vielfach leider eingeschlafen. Doch heute ist es ganz selbstverständlich, dass ich mit einer Gemeindegruppe nach Wittenberg fahre, in die Lutherstadt, und nach Eisenach zur Wartburg. Heute besuche ich Weimar und Erfurt und die größte evangelische Kirche in Deutschland, die Frauenkirche in Dresden.

Heute, am 3. Oktober, wird dort in der Gedenkstätte Marienborn sicher wieder ein ökumenischer Gottesdienst gefeiert. Statt Grenzkontrolle, Zwangsumtausch und Schikane also Gebet, Gesang und gemeinsames Gespräch. Da kann man nur eins sagen: Gott sei Dank!

bu

ERNTEDANK UND DIE KARTOFFEL AUF DEM ALTAR

Auch ein anderes Fest wird in diesen Tagen gefeiert: Erntedank ist in der Regel am ersten Sonntag im Oktober bzw. am Sonntag nach dem Michaelisfest (29.September). Für einen Sonntag zieht die Natur in die Kirche ein. Äpfel, Birnen, Kartoffeln und Getreide liegen auf dem Altar neben der Bibel und den Kerzen. Durch diese Gaben der Natur dürfen wir uns verbunden fühlen mit Gott, dem Schöpfer. So hat es ja auch Matthias Claudius in seinem berühmten Erntedanklied gedichtet:

Wir pflügen und wir streuen den Samen auf das Land,
doch Wachstum und Gedeihen steht in des Himmels Hand.(...)
Alle gute Gabe kommt her von Gott dem Herrn,
drum dankt und hofft auf ihn.

jvl

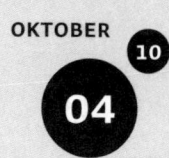

Siehe, es ging ein Sämann aus zu säen.
Und indem er säte, fiel einiges auf den Weg;
da kamen die Vögel und fraßen's auf.
Einiges fiel auf gutes Land und trug Frucht,
einiges hundertfach, einiges sechzigfach,
einiges dreißigfach.
MATTHÄUS 13,3B+4+8

Das Wort Gottes säen

„Auf mich hört ja keiner!" Wenn ich den Bibelvers vom Sämann lese, habe ich unweigerlich meine Mutter im Ohr. Wie oft hat sie diesen Seufzer schon ausgestoßen, mal mit Schmunzeln und augenzwinkernd, mal aber auch ehrlich enttäuscht und sauer. „Auf mich hört ja keiner! Da kann man reden und reden ..."
Ob es Jesus da auch so geht? Ob er sauer ist oder enttäuscht und traurig? Er sei so wie ein Sämann, sagt er. Seine Saat ist das Wort Gottes, das er „unter die Leute" bringen möchte, damit sie daraus den Glauben gewinnen. Aber bei einigen prallt er damit völlig ab. Sie hören ihn wohl, aber seine Botschaft erreicht gar nicht ihr Herz. Es interessiert sie nicht. Andere sind zunächst aufrichtig interessiert und nehmen seine Botschaft mit Begeisterung an. Aber kaum gibt es Probleme, versagt ihnen der Glaube und sie können daraus überhaupt keine Kraft schöpfen. Aus ist's mit der Begeisterung. Bei wieder anderen kommt die Botschaft wohl an, aber sie geht im Alltagstrott völlig unter. Gottes Wort hat für sie keinerlei Kraft zur Veränderung und Gestaltung ihres Lebens. Erst wenn ein Mensch das Wort Gottes hört, es versteht und dann danach lebt, ist wirklich „gute Frucht" aufgegangen. Erst dann hat Jesus sein Ziel erreicht. Aber bis dahin wird er sicher auch manches Mal enttäuscht denken, „auf mich hört ja keiner. Da kann man reden und reden ..." Und auf welche Art von „Boden" fällt sein Wort dann bei mir?

mg

**DER SONNENGESANG
DES FRANZ VON ASSISI**

Franz von Assisi starb am 3. Oktober 1226. Heute ist sein katholischer Namenstag, gestern war sein evangelischer Gedenktag. Als Sohn reicher Eltern verlebte er eine sorglose Kindheit. Doch dann geriet er als junger Offizier in Gefangenschaft und wurde schwer krank. Das veränderte sein Leben. Zurück in Assisi zieht er seine Kleider aus und verlässt die Stadt. Seine Braut heißt nun „Armut". Er lebt als Einsiedler und entwickelt ein besonderes Gespür für die Natur. In seinem berühmten Sonnengesang besingt er die vier Elemente. Und er lobt Gott, der alles erschuf:

Gelobt seist Du, mein Herr, mit all deinen Geschöpfen.
Schwester Sonne besonders, die den Tag macht und durch die Du uns erleuchtest.
Schön ist sie und strahlend mit großem Glanz, ein Bild von Dir, Du Höchster.

Franz von Assisi sammelt Gefährten um sich. So entsteht sein Orden, die Minderbrüder. Sie pflegen die Armen, predigen das Evangelium und zeichnen sich durch eine besondere Demut der Natur gegenüber aus. Legenden erzählen, Franz von Assisi habe sogar seinen Klosterbrüdern verboten, Bäume ganz unten abzuhauen, damit sie die Chance haben, noch einmal auszuschlagen. So hat er uns ein Vorbild gegeben: Die Umwelt ist unsere Mit-Welt, die wir zu achten und zu bewahren haben.

jvl

Ich bin der Weinstock, ihr seid die Reben. Wer in mir bleibt und ich in ihm, der bringt viel Frucht; denn ohne mich könnt ihr nichts tun.

JOHANNES 15,5

Gottes Früchtchen

Viele Früchte sind in Gottes Garten – und eines dieser Früchtchen, das bin ich.

Manche sind wie Stachelbeeren: herb und sauer; andre zuckersüß wie griechische Rosinen. Manche sind wie hoch gewachsene Stangenbohnen, andre rund und mollig wie ein Kürbis. Manche sind geröstet, braun wie Kaffeebohnen, andre sind vornehm bleich wie Blumenkohl. Manche, die sind scharf wie Paprika und Curry, andre sind zart, verhalten im Aroma. Manche, die sind spritzig, saftig wie ein Pfirsich, andre sind wie trockenes Dörrobst, extra dry. Manche, die sind kernig so wie Nüsse, andre muss man schälen unter Tränen wie die Zwiebel. Manche, die sind Alltagsfrüchte wie Kartoffeln; andre wollen was Exotisches sein: wie Mangos oder Kiwis. Manche jucken dich und kitzeln, andre hinterlassen bittren Nachgeschmack. Manche sind giftig, trotz der schönen Farben; andre sind wie Medizin: sie tun ganz einfach gut. Manche Früchte hängen hoch, schwer zu erreichen; andre muss man unten suchen und sich bücken.

Manche gibt's, die brauchen lange, um zu reifen; andre, die sind frühreif oder reifen nie. Manche werden faul schon auf den Bäumen oder sie sind hohl von innen: taube Nüsse. Manche gibt's im Angebot sehr billig; andre sind mit Geld nicht zu bezahlen.

Manche haben eine harte, raue Schale, doch darunter einen weichen, süßen Kern.

Manche, die sind wirklich ungenießbar: ganz geschmacklos – oder muffig – oder faul.

Manche sind das Hauptgericht in unserm Leben, andre eher Nachtisch: wie Kompott flambiert. Jede Frucht schmeckt anders: du und ich. Viele Früchte sind in Gottes Garten – und eines dieser Früchtchen, das bin ich ...

nach einem Text von Hermann Josef Coenen

mg

DIE GROSSE HAND GOTTES

Der Konfirmandenunterricht begann mit einer großen Hand. Sie war auf ein großes Papier gezeichnet und streckte sich uns freundlich entgegen – sie war noch leer. Doch am Ende der Stunde sah sie anders aus: Sie war gefüllt mit einer Menge von kleinen Händen – genauer gesagt: von bunten Handabdrücken. Denn jede Konfirmandin und jeder Konfirmand hat seine Hand dort abgedruckt, hat sozusagen die kleine Hand in die große Hand hineingelegt. Und dann haben wir darüber gesprochen: So stelle ich mir Gott vor. Liebevoll und achtsam hält er uns in seiner Hand. Wir dürfen uns frei bewegen, eigene Wege gehen und er gibt Acht, dass wir nicht aus seiner Hand fallen. Wenn Gefahr droht, hält er schützend seine Hand über uns, aber immer so, dass wir noch genug Bewegungsfreiheit haben. Ist die Gefahr vorüber, lässt er uns wieder den Raum, den wir brauchen. Wir sind für Gott wertvoll.

jvl / red

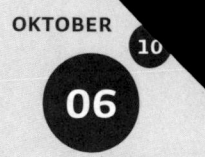

Die Frucht aber des Geistes ist Liebe, Freude, Friede, Geduld, Freundlichkeit, Güte, Treue.
GALATER 5,22

Der Weg ist das Ziel

Los jetzt, raus aus den Federn! Decke weg, Sportschuhe anziehen und los! So schlecht ist das Wetter heute gar nicht. Die ersten paar hundert Meter traben, ein bisschen locker laufen zum Warmwerden. Dann schon mal etwas schneller. Uhh, der Atem wird knapp. Also wieder langsamer. Ein Blick zur Uhr: Was? Erst fünf Minuten?

Seitenstechen, müde Beine, Schweißperlen auf der Stirn – warum tue ich mir das eigentlich an? Aber nicht jetzt darüber nachdenken – ganz schlecht für die Motivation. Weitermachen! Bis zur nächsten Kurve. Na bitte, geht doch. Schritt für Schritt. Immerhin schon eine Viertelstunde. Gar nicht mal so schlecht. Heute wird auch die Steigung gelaufen, nicht gegangen. Komisch, auf einmal macht es sogar Spaß: den Kopf frei kriegen, die müden Glieder wach machen, in Schwung kommen.

Ich gehöre nicht zu den Lauf-Fanatikern und Sportgurus. Ich erzähle aber davon, weil mich das Laufen auch an den Glauben erinnert. Glauben heißt auch: Training, Einübung, eine gewisse Ausrüstung und Ausdauer. Bestimmt muss man auch mal gegen innere Widerstände angehen, aber das wird belohnt. Ja, manchmal kostet es Kraft. Aber man bekommt sie doppelt und dreifach wieder zurück, wenn man dranbleibt. Auch Glauben heißt, im Weiterlaufen neue Kraft gewinnen. Schritt für Schritt einen Weg hinter sich bringen und dabei Erfahrungen sammeln. Und für beides gilt: der Weg ist das Ziel! Das Ziel zwar vor Augen, aber wichtiger noch ist der Lauf an sich. Also, nicht, dass ich immer alles verstehe, einen vollkommenen Plan hätte; aber der Blick auf Gott, der meinen Weg leitet, hilft mir.

Man braucht etwas Training und Ausdauer. Aber dann wird man auch bald die Früchte des Erfolgs ernten können: Liebe, Freude, Friede, Geduld, Freundlichkeit, Güte, Treue.

mg

AUSDAUERTRAINING

Gott, schenke mir einen langen Atem, dass ich den Glauben an dich nie verliere.
Gib Ausdauer, auch wenn Zweifel kommen.
Schenke mir gute Erfahrungen, die unsere Hoffnung stärken.
Amen

mg

Schaut die Lilien auf dem Feld an, wie sie
wachsen: sie arbeiten nicht, auch spinnen sie
nicht. Ich sage euch, dass auch Salomo in
aller seiner Herrlichkeit nicht gekleidet
gewesen ist wie eine von ihnen.
MATTHÄUS 6,28B+29

Charlottes heller Schein

Charlotte war eine starke Frau! Ich kannte sie vor allem durch den Altennachmittag. Sie saß jedes Mal ganz vorne, um alles besser zu verstehen. Sie kam immer gemeinsam mit ihren drei Freundinnen. Die trafen sich auch sonst regelmäßig zum Klönen. Sie spielten Karten – zuerst um Pfennige und später, widerwillig, um Cent. Die vier alten Damen waren ein richtiges Kleeblatt … bis zuerst Mimi starb und dann Anna ins Pflegeheim kam – Schlaganfall. Jetzt waren sie nur noch zu zweit im Ort und das hat sie sehr mitgenommen.

Und doch: Jedes Mal, wenn ich Charlotte sah, strahlte sie über das ganze Gesicht. Traurigkeit und Sorgen sah man diesem Gesicht nicht an. Sie hatte rosige Wangen und leuchtende Augen und trotz ihres Alters immer noch eine erstaunlich glatte Haut.

Dabei hatte sie genug erlebt, das ihr Sorgenfalten ins Gesicht hätte einprägen können. Ihr Vater war früh verstorben; sie kannte ihn kaum. Charlotte wurde allein von Mutter und Großmutter aufgezogen. Und auch Charlotte selber verlor ihren Mann durch den Krieg. Da war das zweite Kind noch nicht einmal geboren. Also wieder allein ohne Mann auf dem Hof, die Kinder durchkriegen, die Arbeit bewältigen. Und das alles in Zeiten, in denen es kaum staatliche Unterstützung gab wie heute. Aber wie gesagt, all das sah man ihrem Gesicht nicht an. Tante Lotte, wie die meisten sie nannten, strahlte oft und steckte mit ihrer Freude an. Sie strahlte Hoffnung aus und Gottvertrau-

en, da musste sie keine großen Worte drum machen. Sie hatte diese Gabe, den hellen Schein, den Gott jedem Menschen ins Herz gegeben hat, tatsächlich aufleuchten zu lassen. Und das hat sie sich bis zum Schluss bewahrt!

mg

GOTT IM ALLTAG

Manchmal, Gott, bist du im Alltag kaum zu sehen oder zu spüren. Aber wenn einer so strahlt, dann sehen wir das sofort. Dann bekomme ich eine Ahnung davon: dass muss er sein, ein Strahl von Gottes Licht. Ich danke dir, wann immer mich so ein Strahl trifft und mir direkt ins Herz hinein leuchtet. Lass es bald wieder soweit sein – vielleicht heute?!

mg

Der HERR ist mein Hirte, mir wird nichts
mangeln. Er weidet mich auf einer grünen
Aue und führet mich zum frischen Wasser.
Er erquicket meine Seele.
PSALM 23,1–3A

Die alte Kirche

Beinahe 800 Jahre steht sie da mitten im Dorf.
Die alte Kirche.

Im Laufe der Jahrhunderte ist sie sicherlich
schon mehrere Zentimeter in den Heidesand
gesackt. Es macht den Eindruck, als wollte
sich die Kirche zwischen Bäumen und Bau-
ernhöfen wegducken.

Ganz anders dagegen die neue Kirche im Dorf.
Vor hundert Jahren gebaut, thront sie stolz-
neugotisch auf dem einzigen Hügel des Ortes.
Die alte Kirche dagegen war zu nichts mehr
nütze und galt als baufällig. Aber sie brach
nicht zusammen. Sie wurde als Lagerraum,
als Schlafquartier für Wandergruppen oder
einfach gar nicht benutzt.

Aber die Leute im Dorf lieben ihre alte Kirche.
Vielleicht, weil sie so schlicht ist. Es gibt dort
eigentlich nichts anderes als den Kirchen-
raum selbst. Keinen richtigen Altar, keine
Orgel, keine Bänke, keinen Taufstein – nur
Klappstühle.

Der Raum hat etwas Besonderes. Ich fühle
mich hineingezogen in eine lange Tradition.
Hier haben schon vor Jahrhunderten Menschen zu Gott gebetet oder gesungen. Hier
wurden Kinder getauft, Ehepaare getraut und
ringsherum war ein Friedhof.

Vor einigen Jahren haben Menschen im Dorf
angefangen, mit viel Engagement die Kirche
wieder herzurichten. Sie wurde innen frisch
gestrichen und Schäden wurden beseitigt. So
ist die Kirche sozusagen neu erwacht.

Mittlerweile gibt es dort wieder Gottesdienste
oder Konzerte. Eine Kirche zum Wohlfühlen.
Für mich eine neue Heimat zum Nachdenken.
Es ist zum „Seele erquicken"!

aw

AUSGESTORBENES WORT

Erquicken – das Wort gehört wohl zu den nahezu ausgestorbenen Wörtern. Schade eigentlich, denn es bedeutet genau das Gegenteil,
nämlich belebt zu werden, gestärkt und erfrischt. Es spricht sich schon so erfrischend,
wie „Quick-Step". Und dann sehe ich tanzende
Paare vor mir, die federleicht über das Parkett
hüpfen und schweben – erquickt eben. Ein
echtes „Gute-Laune-Wort", wie ich finde.

mg

Er führet mich auf rechter Straße um seines
Namens willen. Und ob ich schon wanderte
im finstern Tal, fürchte ich kein Unglück;
denn du bist bei mir, dein Stecken und Stab
trösten mich.

PSALM 23,3B+4

Wege des Lebens

„Alles Gute auf dem weiteren Lebensweg!" Das
ist ein typischer Wunsch zum Geburtstag.
Oder: Jetzt beginnt ein neuer Abschnitt auf
deinem Weg. Das wird gesagt, wenn jemand
eine neue Stelle antritt oder eine Ausbildung
beginnt. Offensichtlich ist das Bild vom Weg
ein gutes Symbol für menschliches Leben.
Das ist auch in der Bibel so. Das Wort Weg
oder Wege kommt mehr als 1000 Mal in der
Bibel vor.
Wie gesagt: Der Weg ist ein gutes Bild für das
Leben. Da ist für manche das Leben wie eine
Autobahn – schnell und aufregend. Andere
stecken in ihrem Leben in einer Sackgasse und
sehen keinen Ausweg. Wieder andere erleben
sich selbst wie in einem Kreisverkehr oder wie
auf einer andauernden Erdumlaufbahn.
Manche haben vielleicht den Eindruck, ihr Leben sei eine Straße voller Schlaglöcher oder
fühlen sich wie auf holprigem Kopfsteinpflaster.
Und dann gibt es sicherlich viele, die meinen,
es gäbe fortwährend Umleitungen zum eigent-
lichen Leben.
Das Bild vom Weg wird oft mit Gott verbunden. „Wo du auch bist, welchen Wegabschnitt
du gerade begehst – Gott geht mit."
Oder, wie es in unserem Bibelvers heißt: Er
führet mich auf rechter Straße. Und: Gott ist
auch im finsteren Tal an meiner Seite. Ich bin
froh darüber.

aw

RÜCKENWIND

Mögen sich die Wege vor deinen Füßen ebnen.
Mögest du den Wind im Rücken haben.
Möge warm die Sonne dein Gesicht beschei-
nen und der Regen sanft auf deine Felder
fallen. Möge Gott seine schützende Hand über
dich halten.

Altirischer Segenswunsch

Du bereitest vor mir einen Tisch im
Angesicht meiner Feinde. Du salbest mein
Haupt mit Öl und schenkest mir voll ein.
PSALM 23,5

Verhüllt, verborgen und kaschiert

Haben Sie schon mal Ihre Küche umgebaut?
Vielleicht bei einem Umzug – oder weil Sie eine
neue Küche bekommen haben?

Ich kann nur sagen: Das geht ans Gemüt.

Da hält man sich jahrelang für einen einiger-
maßen sauberen Zeitgenossen. Die Küche war
immer ordentlich aufgeräumt und oberflächlich sauber.

Und dann das: Kaum sind die Schränke, der
Herd und die Spüle von der Wand weg, sieht
man die Bescherung.

Fettflecken auf den Fliesen – Pilzkulturen an
der Wand.

Der eine oder die andere fängt fast an, sich zu
schämen.

Brotkrümel von Jahren und auch ein alter Putz-
schwamm tauchen auf und lassen uns erschau-
dern.

Die Gefühle, die uns bei diesem Anblick be-
schleichen, sind beinahe so, wie wenn jemand
die tiefsten Abgründe unserer Seele bloßgelegt
hätte. In unser Seelenleben hat ja meist auch
kein Fremder einen Einblick. Wir verbergen
manche Qual und manche Wut. Wir kaschie-
ren unsere Schwäche oder verhüllen unsere
innere Bosheit.

Verhüllt, verborgen und kaschiert bleibt unsere Seele im Dunkeln. Oft wissen wir nicht einmal selbst, wie es in uns aussieht.

Bei einer neuen Küche kann man von Glück
reden, wenn man einen Installateur oder Tech-
niker erwischt, der einem tröstend sagt: „Och,
so schlimm ist das nicht – das geht allen so!"

Was die Abgründe unserer Seele betrifft, brauchen wir vielleicht noch einen anderen Trost:
Einer der sagt: Ich verstehe dich, ich kenne
dich, ich liebe dich. Ich schenke dir, was du
zum Leben brauchst! Gut, dass Gott uns das
verspricht.

aw

HAUSPUTZ FÜR DIE SEELE

Gott, ich bitte dich, stärke unseren Glauben,
wenn wir mal wieder richtig „Hausputz" machen in unserer Seele. Wenn wir uns ganz neu
aufstellen möchten, reinen Tisch machen und
alles auf Vordermann bringen. Lass uns an
deine Einladung glauben. Du lädst uns immer
an deinen Tisch und schenkst uns voll ein und
lässt uns deine Liebe spüren durch Jesus, deinen Sohn, und den Heiligen Geist. Danke!

mg

Gutes und Barmherzigkeit werden mir folgen
mein Leben lang, und ich werde bleiben im
Hause des HERRN immerdar.

PSALM 23,6

Wegweiser

Ich war vorher noch nie in dieser Stadt. Ich wollte zu einer Sitzung, hatte aber die genaue Wegbeschreibung vergessen.

So stehe ich also am Bahnhofsausgang und grüble darüber nach, wie ich jetzt zur Christuskirche komme. Den Namen, immerhin das hatte ich mir gemerkt.

Ach, ich frage einfach mal einen Einheimischen.

Da, der Mann im Overall, der sieht aus, als wäre er von hier.

„Entschuldigen Sie, kennen Sie sich hier aus?" Mit einem nicht unfreundlichen „Ja" wendet er sich mir zu.

„Können Sie mir sagen, wo hier die Christuskirche ist?"

„Eine Kirche?", der Mann blickt mich an, als hätte ich etwas Unsittliches gesagt.

„Na ja, hier soll irgendwo beim Bahnhof eine Kirche sein – haben Sie eine Ahnung, wo?"

„Eine Kirche gibt's hier nicht! Jedenfalls nicht, dass ich wüsste! Gucken Se doch mal!"

Tatsächlich: Kein Kirchturm ist zu sehen. Nur Kaufhäuser, Banken, Hotels und eine Fußgängerzone.

Eine Stadt ohne Kirche? Die Vorstellung erscheint mir undenkbar. Ist das hier schon so weit, dass die Menschen die Kirchen abgeschafft haben? Keinen Platz mehr für eine Kirche? Keinen Ort mehr für Besinnung und Ruhe, für Gebete und Lieder? Keinen Platz mehr für die Seele – mitten in der Stadt? Dabei brauchen die Menschen das doch hier

genauso wie anderswo ...

Gerade als ich mich bedanken will bei dem Mann, höre ich es: Bimm bamm bimm, das kräftige Geläut von Kirchenglocken. Ich blicke den Mann an – und er mich.

Und dann sagt er: „Ja, das erstaunt mich nun auch ..."

aw

EINE WELT OHNE KIRCHEN?

In seinem Buch „Nachtzug nach Lissabon" lässt der Philosophieprofessor Peter Bieri, der das Buch unter dem Pseudonym Pascal Mercier veröffentlicht hat, den Portugiesen Amadeo de Prado sagen: „Ich möchte nicht in einer Welt ohne Kathedralen leben. Ich brauche den Glanz ihrer Fenster, ihre kühle Stille, ihr gebieterisches Schweigen. Ich brauche die Fluten der Orgeln und die heilige Andacht betender Menschen."

mg

Schatz im Acker

Das Himmelreich gleicht einem Schatz,
verborgen im Acker, den ein Mensch fand
und verbarg; und in seiner Freude ging er
hin und verkaufte alles, was er hatte,
und kaufte den Acker.

MATTHÄUS 13,44

Das Himmelreich gleicht ...

Als ich ein Kind war, liebte ich das Buch von Robert Louis Stevenson „Die Schatzinsel". Wie viele Leser dieser spannenden Geschichte wuchs ich mit dem Wunsch auf, den verborgenen Schatz zu finden, der mein ganzes Leben verändern und mir eine gewisse Sicherheit in einer sehr ungewissen Welt geben würde.

Wir Menschen sind von dem Traum ergriffen, irgendwann im Leben einen verborgenen Schatz zu finden. Eine solche Entdeckung verheißt Überraschung und das Versprechen materieller Sorglosigkeit im weiteren Leben.

Jesus zog es vor, solche Fantasien zu vermeiden, um in der wirklichen Welt zu leben. In dieser Welt gibt es keine Sicherheit, die man mit Geld kaufen könnte. Wir möchten uns als Meister unseres eigenen Schicksals betrachten, aber tatsächlich sind wir sterbliche Wesen, die unter allen möglichen Belastungen in einer sich verändernden und herausfordernden Welt leben, über die wir keine totale Kontrolle haben. Die endgültige Sicherheit liegt nur dort, wo wir zugeben, dass wir Gott und einander brauchen. Jesus interessiert sich nicht für eine weltliche Sicherheit, die von einer freudlosen Furcht getrieben wird. Er fordert uns heraus zu erkennen, dass Sicherheit gerade nicht im Erwerben von Reichtum oder irgendeiner materiellen Absicherung zu finden ist. Er bietet uns die Freiheit, von unseren Fantasien befreit zu werden, damit wir unsere wahre Sicherheit in ihm finden können – denn er hat den Tod überwunden.

Der wahre und überraschende Schatz ist nicht im materiellen Gewebe der Welt zu finden, sondern in einer Liebesbeziehung mit dem Gott, der am Ende der Welt immer noch da ist – dessen Liebe nicht ausgelöscht werden kann. Gott hat uns gefunden und wir sind frei.

nb

MEIN SCHATZ

Allein auf Gottes Wort
will ich mein Grund und Glauben bauen.
Das soll mein Schatz sein ewiglich,
dem ich allein will trauen

Text: Johann Walter, EG 195

Verkauft, was ihr habt, und gebt Almosen.
Macht euch Geldbeutel, die nicht veralten,
einen Schatz, der niemals abnimmt, im
Himmel, wo kein Dieb hinkommt, und den
keine Motten fressen.

LUKAS 12,33

Ein Schatz, der niemals abnimmt

Als Bischof in der Kirche von England trage ich jeden Tag ein silbernes keltisches Kreuz, das sehr schnell anläuft: Ich muss es regelmäßig polieren. Mein Auto sieht auch nicht mehr so glänzend aus wie am Anfang unserer Beziehung. Dinge werden alt und sie verlieren ihren Glanz.

Warum vertrauen wir dann auf solche Dinge, die letztendlich nur Staub sind und irgendwann wieder Staub werden? Jesus rief seine ersten Freunde dazu auf, keine Einkäufe zu machen, sondern mit ihm durch das Land zu wandern. Sie waren Pilger, die jene Freiheit fanden, die ihnen erlaubte, ihr bisheriges Leben loszulassen. Petrus konnte nicht in seinem Schiff sitzenbleiben – er musste aufstehen, aus dem Boot aussteigen und den Entschluss fassen, mit Jesus loszuziehen.

Vor 30 Jahren erwarteten wir unseren ersten Sohn. Damals hatten wir fast kein Geld und wir fragten uns ständig, wie wir in Zukunft über die Runden kommen sollten. Wie würde sich unser Leben entwickeln – und nach welchen Werten? Dann hörte ich ein Lied von Cliff Richard: „Travelling Light", was auf Deutsch „mit leichtem Gepäck reisen" bedeutet. Da schworen wir uns, niemals so an Gegenständen zu hängen, dass wir sie nicht mehr loslassen könnten.

Wenn du die Großzügigkeit der Liebe und Gnade Gottes erhalten hast, dann musst du ebenfalls mit Großzügigkeit und Gnade mit anderen leben. Das heißt, mit geöffneten, ausgebreiteten Händen durch eine ängstliche und unsichere Welt zu wandern. Ja, wir sind versucht, die Dinge festzuhalten, die uns scheinbar etwas Dauerhaftes anbieten. Aber Gott lädt uns ein, von der Großzügigkeit und nicht von der Furcht angetrieben zu sein. Dieser Schatz wird nie abnehmen.

nb

„UP IN THE AIR"

Leben mit leichtem Gepäck: Mir fällt dabei George Clooney ein. Im Film „Up in the air" spielt er den Handlungsreisenden Ryan Bingham – ein Mann mit entwaffnendem, aber unverbindlichem Lächeln, dieser unschlagbar selbstbewussten Körpersprache und der Fähigkeit, in jeder Situation eine gute Figur zu machen. Was er zum Leben braucht, passt mühelos in einen Bordgepäcktrolley, und er kennt die Tricks, wie man geschmeidig durch jede Kofferkontrolle kommt. Doch man ahnt es Tausende von Flugmeilen voraus: Hinter der kühlen, „ballastfreien" Fassade gähnt die Leere. Bingham verliebt sich und spürt unvermutet die Sehnsucht nach Geborgenheit ...

mg

Denn wo dein Schatz ist,
da ist auch dein Herz.
MATTHÄUS 6,21

Und dein Bankkonto?

Ich kenne einen Seelsorger, der einigen Personen als Supervisor dient. Das heißt, dass sie sich regelmäßig mit ihm treffen, um ihr geistliches Leben zu besprechen. Diese Personen sind sehr froh, dass er bereit ist, sich mit ihnen zu treffen, weil er ein sehr frommer und berühmter englischer Bischof ist.

Aber ihre Freude verschwindet sofort, wenn er sagt, was sie zum ersten Treffen mitbringen müssen: die letzten drei Kreditkartenauszüge. Das musste doch bestimmt ein Missverständnis sein? Sicher wollte er sagen: „Bring bitte deine Bibel und irgendein spirituelles Journal mit, damit wir nett und geistlich über deine Spiritualität sprechen können."

Aber, nein. Er wollte mit den letzten drei Kreditkartenauszügen anfangen. Warum? Sind die nicht Privatsache? Und was haben sie mit Spiritualität zu tun?

Jesus erkannte keine Trennung zwischen Spiritualität und Materie, unrein und rein, heilig und profan. In der Tat ging Jesus weiter. Wenn er wissen möchte, wie es um deinen Geist steht, fängt er mit einem Blick darauf an, was du mit deinem Geld machst und wie du deinen Besitz verwendest.

Jüngerschaft bedeutet, wie Paulus es ausdrückt, „Jesus ähneln". Das heißt, dass wir durch seine Augen in die Welt hinausschauen und auf seinen Wegen gehen. Geistliche Realität zeigt sich nicht in den Hymnen und Liedern, die wir im Gottesdienst singen. Sie zeigt sich auch nicht in dem Selbstbildnis, das wir sorgfältig schaffen. Nein, die geistliche Echtheit zeigt sich in der Weise, wie wir unseren materiellen Besitz, unsere Dinge und unser Geld gebrauchen.

Jesus sagte einmal, es sei schwieriger, dass ein Reicher ins Reich Gottes komme, als dass ein BMW durch eine Drehtür gehe. Oder so etwas Ähnliches …

nb

DARF ICH VORSTELLEN? NICK BAINES!

Der Autor dieser Reihe vom Schatz im Acker, Nick Baines, ist Bischof der anglikanischen Kirche, verheiratet und Vater von drei Kindern. Er wurde 1957 geboren und hat vor dem Theologiestudium zunächst ein Studium der deutschen und französischen Sprache absolviert. Er ist in Großbritannien und mittlerweile auch bei uns in Deutschland durch seine Radioandachten populär geworden, nicht zuletzt, weil er die große Gabe hat, in ganz alltäglicher Sprache und mit viel Humor von Gott und dem Glauben zu erzählen. Feinsinnig beschreibt er Beobachtungen oder Erlebnisse und deutet sie von seinem christlichen Verständnis her, ohne das dies aufgesetzt oder verkrampft wirkt. Viele seiner Impulse sind auch bei uns in Büchern erschienen, als „alltägliche Begegnungen mit Gott am Rande notiert" oder von Popsongs inspiriert. Es ist herrlich, sehr fein und oft „very British", wie wunderbar leicht bei ihm große Themen des Glaubens daherkommen.

mg

Besser wenig mit der Furcht des HERRN
als ein großer Schatz, bei dem Unruhe ist.
SPRÜCHE 15,16

Furcht und Unruhe

Die Israeliten wussten, dass sie Gott gehörten, weil sie in ihrem eigenen Land lebten, materiell erfolgreich waren und offensichtlich von Gott bevorzugt wurden.

Aber nach einigen Jahren hatten sie alles verloren. Ihr Land wurde von den benachbarten Reichen überfallen; ihr Besitz wurde geplündert, und sie wurden in ein fremdes Land verbannt. Ihre Eroberer demütigten die Israeliten und verspotteten sie mit solchen Fragen wie: „Wenn dein Gott so groß ist, warum sitzt du hier? Ist dein Gott schwach oder gar nicht existierend?"

Unter solchen Umständen, wenn all unsere Sicherheiten weggenommen worden sind, wie können wir in dieser Erfahrung einen Sinn finden? Wo ist Gott, wenn wir alles verloren haben?

Es scheint eine Ironie des Schicksals, dass wir nur selten aus unserer Erfahrung lernen. Denn wir gehen davon aus, dass Gott nur dazu da ist, unser Leben bequem zu machen – und wenn etwas schief geht, fangen wir an, Gottes Treue oder Anwesenheit in Frage zu stellen. Zum Beispiel, wo ist Gott, wenn unsere Beziehungen zerbrechen? Oder wenn unser Kind stirbt? Oder wenn wir arbeitslos sind?

Aber das ist der falsche Ansatzpunkt. Wir folgen nicht einer Formel, die lautet: Wenn wir alles richtig machen, dann wird es uns gut gehen – es ist der Beweis, dass Gott mit uns und für uns ist; sondern wir folgen einer Person: Jesus. Und er will, dass wir einfach erkennen, dass er bei uns bleibt, unabhängig von den Umständen unseres Lebens. Es geht nicht darum, unsere Sicherheit in den Dingen und Umständen zu suchen, die uns möglicherweise enttäuschen werden.

Es ist möglich, in dieser Welt ohne Schatz zu leben. Ohne Gott zu leben, ist aber immer enttäuschend.

nb

AUF DEM WEG

Einmal am Tag
sammele ich meine Gedanken.
Ich denke an dich.

Wenn ich Hunger habe auf halbem Weg,
bist du da
und stärkst mich.

Auf den Durststrecken mitten am Tag
bist du da
und erfrischst mich.

Ich lebe von dem,
was ich von dir empfange.
Gott, ich danke dir.

fb

Elia aber ging hin in die Wüste eine Tagereise weit [...] und wünschte sich zu sterben. Und siehe, ein Engel rührte ihn an und sprach zu ihm: Steh auf und iss! Denn du hast einen weiten Weg vor dir.
1.KÖNIGE 19,4A+5B+7B

Den eigenen Weg gehen

Elia, ein Prophet Gottes ist am Ende. Er weiß beim besten Willen nicht mehr weiter. Für Gott hat er seine ganze Kraft aufgezehrt. Jetzt verfolgen ihn die, gegen die er für Gott gestritten hat. Er kann nicht mehr und will nur noch sterben. Am Ende sein, ausgepowert, erschöpft und unendlich müde. Ausgebrannt sein, oder unter „Burnout" leiden, wie die Diagnose dann lautet. Zunehmend mehr Menschen geraten in diese Sackgasse, die sich meist ganz plötzlich auftut. Am Anfang steht die Begeisterung für eine Aufgabe und der Wunsch, alles dafür zu geben. Sich so in die Arbeit stürzen, dass die Kerze an beiden Seiten gleichzeitig brennt. So erging es Elia im Eifer für Gott. Er musste merken, wer mit Leib und Seele für eine Sache brennt, kann auch ausbrennen. Am Ende ist alle Kraft dahin. Jetzt nur noch davonlaufen, vor den anderen mit ihren Erwartungen, vor Gott und seinem Auftrag und vor allem, vor sich selbst und den eigenen Ansprüchen. Was bleibt, ist Flucht und Resignation. Wüstenzeit, Sehnsucht nach Stille und Alleinsein, schlafen und denken: „Ach, wäre ich doch tot, dann hätte ich endlich meine Ruhe."

Genau richtig, wie es Elia macht: Abstand gewinnen zu den Alltagsproblemen und sich selbst – oft nach viel zu langer Zeit – wieder einmal etwas Gutes tun, seinen Bedürfnissen nachgeben, schlafen und ausruhen.

Aber allein kann er sich nicht aus dieser Erschöpfung und Depression befreien, die den eigenen Weg nicht mehr erkennen lässt. Elia darf zwischen Schlafen und Wachen Hilfe erfahren. Behutsam, fürsorgend wird er von einem Engel berührt und mit dem Nötigsten an Nahrung und Zuwendung gestärkt.

Unerwartet ist jemand da, der ihm hilft, wieder auf die Beine zu kommen und Kräfte zu sammeln – so lange, bis der Mut zum Leben wieder spürbar wird. Die lebensnotwendige Ration Wasser und Brot und die Erinnerung an den eigenen Weg können selbst die Wüste verwandeln: „Steh auf und iss! Denn du hast einen weiten Weg vor dir."

Immer ist es noch Zeit, einem Engel zu begegnen, den Gott sendet, mitten in die Wüste des eigenen Lebens. Einen Engel von nebenan oder von irgendwo her, der dich zärtlich berührt mit der Geste des Verstehens und den eigenen Weg wieder erkennbar macht.

dk

BEFREIUNG

Ich sehe Stillstand.
Du siehst Bewegung.

Mir stockt der Atem.
Du schaffst mir Luft.

Mich drücken Lasten.
Du schenkst mir Hoffnung.

Du lässt mich wissen:
Ich bin dein Kind.

ds

Der Herr sprach: Geh heraus
und tritt hin auf den Berg vor den HERRN!
Und siehe, der HERR wird vorübergehen.

1. KÖNIGE 19,11A

Im Vorübergehen

Der Prophet Elia bleibt in der Einsamkeit der Wüste und geht vierzig Tage und vierzig Nächte, um an den Berg Horeb zu gelangen.

Ein langer Weg wird möglich, wenn Leib und Seele gestärkt sind – und wenn ein klares Ziel vor Augen ist: der Berg Gottes! Auf diesem Berg war schon Mose Gott begegnet und er hörte aus dem brennenden Dornbusch die Stimme Gottes: „Zieh deine Schuhe von deinen Füßen; denn der Ort, darauf du stehst, ist heiliges Land!" (2. Mose 3,5b)

Es gibt sie, diese Orte mit der besonderen Ausstrahlung, denen Menschen sich bewusst oder unbewusst mit innerer Ehrfurcht nähern. Orte, die von Begegnungen erzählen zwischen Gott und den Menschen. Wer je nach langer Bergtour einen Gipfel erklommen hat und in die Weite schauen konnte, mag davon etwas gespürt haben. Interessantererweise sind es oft gerade Orte, die Weite vermitteln – wie der Blick über Meere oder Berge, wie die Weite einer Steppe oder des nächtlichen Sternenhimmels. Oder es sind Orte, die den Blick auf andere Weise weiten, neue Möglichkeiten aufzeigen oder Einsichten vermitteln und so auf Gott hinweisen.

Doch solche Augenblicke, in denen Gottes Nähe spürbar wird, lassen sich weder planen noch herbeizwingen. Sie geschehen unverhofft und – wenn auch erhofft – wohl immer anders als erwartet.

Elia birgt sich am Berg Horeb in einer Höhle, Sinnbild für Geborgenheit und Schutz und auch für sich anbahnende Veränderung.

„Geh heraus!", so lautet die Aufforderung an Elia. Nur wer sich rufen lässt, die schützende Höhle zu verlassen, wird für Begegnung offen. Die Begegnung mit Gott ereignet sich nicht so, dass wir als Menschen vorübergehen wie an einem Standbild. Gott selbst ist in Bewegung – und geht an uns vorüber. Er ist auf dem Weg zu uns, nicht wir auf dem Weg zu ihm. Im Vorübergehen ist kein Festhalten möglich, nur ein Hinschauen jetzt in diesem Augenblick.

Immer kann es sich ereignen, dass Gott an uns vorübergeht. Und im Hinschauen und erst recht im Hinterherschauen wird die Frage laut: „Ist mir da eben Gott begegnet?" Aber es gibt keine Wiederholung, kein „Noch-einmal-vorbeigehen".

Gottesbegegnung geschieht wohl immer im Vorübergehen. Doch schon die Ahnung, dass Gott uns nahe gewesen ist, wird den Weg, der weiter zu gehen ist, verändern. Jede Begegnung ist Leben (so Martin Buber) – wie viel mehr die Begegnung mit Gott. Elia hat das erfahren.

dk

DANKE

Wie gut, dass du da bist.
Du schenkst mir im Vorübergehen
Augenblicke,
die mir ganz neu
den Blick für meine Zukunft
öffnen.

fb

Nach dem Wind aber kam ein Erdbeben;
aber der HERR war nicht im Erdbeben.
Und nach dem Erdbeben kam ein Feuer;
aber der HERR war nicht im Feuer.
Und nach dem Feuer kam ein stilles,
sanftes Sausen.

1. KÖNIGE 19,11B+12

Das Ewige ist stille

Sturm, Erdbeben und Feuer. Aber erst, als Elia, der Prophet, ein „stilles, sanftes Sausen" vernimmt, verhüllt er aus Ehrfurcht sein Gesicht mit seinem Mantel, denn er weiß: Gott ist nahe. Gottes Gegenwart zeigt sich nicht in der zerstörerischen Kraft von Naturgewalten, die den Menschen zu allen Zeiten Furcht eingeflößt haben. Vielmehr still und sanft ist das Sausen, das Gottes unmittelbare Nähe anzeigt und lauschend aufmerken lässt.

„Das Ewige ist Stille, laut die Vergänglichkeit, schweigend geht Gottes Wille über den Erdenstreit", so hat es der Dichter Wilhelm Raabe (1831 – 1910) einst formuliert.

Das Laute und Tosende verträgt sich nicht mit dem Wort des ewigen Gottes. Denn erst in dem stillen, sanften Sausen vernimmt Elia Gottes Wort, das ihn neu beauftragt und wieder aus der Wüste zu den Menschen führt. Aus dem Alleinsein, aus der Stille, die Gottesnähe ermöglicht, erwächst die Kraft, das Leben zu gestalten.

Jeder Mensch kennt Zeiten der Sehnsucht nach Ruhe, nach Oasen der Stille und Räumen, die zum Nachdenken und Tagträumen einladen. Die Suche nach Orten und Augenblicken der Kontemplation und Einkehr, die ein aufmerksames Betrachten und Schauen ermöglichen. Das lateinische Wort „Kontemplation" meint anschauen und betrachten, Zeit haben, Dinge und Gedanken genau wahrzunehmen. Dabei geht es nicht um Zeiten einer unheimlichen Stille, die wir als „Totenstille" empfinden oder als Ruhe vor dem nächsten Sturm. Es geht um eine Stille, die Seele, Leib und Geist guttut und sich nicht selten auch ganz überraschend und ungesucht ereignet. Wie wenn wir aus einem Raum heraustreten, in dem viele Menschen gleichzeitig miteinander reden, und die plötzliche Stille uns wohltuend empfängt.

Stille kann aber auch ganz bewusst gesucht werden. Wenn es an der Zeit ist, mal wieder abzuschalten, eine „Auszeit" zu nehmen und die vielen Stimmen und Geräusche um uns zurückzulassen. Sich selbst wieder wahrnehmen und spüren. Denn mit dem Lärm und der Hektik des Alltags mit seinen vielen Anforderungen werden auch unsere Gefühle und Empfindungen unterdrückt oder „übertönt". Da ist es gut, in die Stille zu gehen, durchzuatmen und der inneren Stimme eine Chance zu geben. Und wenn Gott mit seinem Wort still und sanft zu uns kommt, dann wird es nötig sein, in der Stille auf dieses Wort zu lauschen.

dk

SCHWEIGEN UND HÖREN

„Schweige und höre, neige deines Herzens Ohr, suche den Frieden", so heißt es in einem Lied der ökumenischen Gemeinschaft in Taizé (Frankreich). Es nimmt damit den ersten Satz der klösterlichen Regel des Heiligen Benedikt auf.

dk

Wenn ich mit Menschen- und
mit Engelzungen redete
und hätte die Liebe nicht,
so wäre ich ein tönendes Erz
oder ein klingende Schelle.

1. KORINTHER 13,1

Miteinander

Klaus lehnt sich genüsslich in seinem Garten-
stuhl zurück. Ein schöner Tag war das heute!
In der Firma liefs gut. Im Garten hat er auch
noch was geschafft. Am Abend haben er und
seine Frau Sabine noch einen Spaziergang
gemacht und viel miteinander geredet. Klaus
seufzt zufrieden. Er dreht den Kopf zur Seite
und sieht Sabine an, die jetzt neben ihm sitzt,
ganz in eine Zeitschrift vertieft. Die Lesebril-
le tief auf der feinen Nasenspitze, die dicken
braunen Haare locker hinters Ohr geklemmt.
„Stell dir vor", Sabine schaut nur kurz hoch,
um an ihr Glas zu kommen, dann liest sie laut
aus der Zeitschrift vor: „Hier steht, dass es
Ehepaare gibt, die angeblich im Durchschnitt
täglich nur etwa zehn Minuten miteinander
reden." Klaus muss grinsen. Er gießt sich noch
ein Glas von dem kühlen Rosé ein und nimmt
sich ein paar Oliven. „Nur zehn Minuten? Das
glaub ich nicht!"

„Naja, ich kann mir das schon vorstellen. Grad
im Winter, abends? Wenn da einer redet, dann
ist es der Fernseher! Und tagsüber geht es eigentlich auch nur darum, wer wann nach
Hause kommt, die Kinder chauffiert, oder was
es zum Essen geben soll! Rechne das mal zusammen." Sabine lacht, aber Klaus schaudert's
bei dem Gedanken.

Wie sehr würden ihm solche Abende und die
vielen Gespräche fehlen, wenn Sabine mal
nicht mehr da wäre. Im Sommer scheint das
alles viel einfacher. Aber auch sonst: Der
Mensch braucht doch schließlich den Austausch, das Miteinander. Er braucht die Nähe
zu anderen Menschen. Sonst vereinsamt er
doch. Klaus ist wirklich dankbar, dass sie sich
haben und dass sie beide gern unter Menschen sind. Er mag es, einfach nur dazusitzen
und seinen Gedanken nachzuhängen, während Sabine liest. Aber er liebt es noch mehr,
mit ihr im Gespräch zu sein – über gemeinsame Unternehmungen, über ihre Arbeit, die
Kinder, Freunde, die neuesten Nachrichten.
Klaus streckt ihr seine Hand entgegen. Sie
ergreift sie und beiden wird ganz warm ums
Herz! „Erinnerst du dich an das Sprichwort?",
fragt er: „In einem guten Wort steckt Wärme
für drei Winter." Sie lächelt ihn an. „Ja", sagt
sie, „ein gutes Wort und mehr noch deine
Liebe, das ist mein Heizkraftwerk!"

mg

GESPRÄCHSSTOFF

Aus Schweden kommt eine nette Idee, eine
Art Kartenspiel unter dem Namen „Gesprächsstoff". Das sind Karten mit lauter interessan-
ten, lustigen oder auch mal fantastischen
Fragen. "Gesprächsstoff" gibt es in verschiedenen Varianten, etwa zum Thema Liebe, für
einen Frauenabend, für eine Party, für Kinder
oder für die Männerrunde, zum Beispiel: Gibt
es etwas, das Kinder viel besser können als
Erwachsene? In wie vielen Sprachen kannst
du „Ich liebe dich" sagen?

mg

Und wenn ich prophetisch reden könnte
und wüsste alle Geheimnisse und alle
Erkenntnis und hätte allen Glauben,
sodass ich Berge versetzen könnte, und
hätte die Liebe nicht, so wäre ich nichts.
1. KORINTHER 13,2

Die Augen strahlen auch heute noch

Es war Samstagabend und im Dorf großes Tanzvergnügen. Mine freute sich seit Wochen auf
diesen Abend. Sie hatte sich mit ihren Freundinnen verabredet. Und jetzt zogen sie durch
die Straßen auf dem Weg zur „Weserpforte",
der Dorfkneipe mit dem großen Tanzsaal. Sie
alberten herum wie die Kinder.

In einer Straße auf der andern Seite begegneten
sie einigen der Jungs aus dem Ort, ebenfalls
auf dem Weg zum Vergnügen. Unter ihnen
Hans, nicht sehr groß, aber schön und schlank,
mit tiefschwarzen Haaren und dunklen Augen
und einem Lächeln ... ein äußerst schicker, fast
italienischer Typ. Mine hatte schon lange ein
Auge auf ihn geworfen und in diesem Moment
geht der Übermut mit ihr durch: „Den da", ruft
sie laut und zeigt mit dem Finger auf Hans,
„den da, den heirate ich mal!"

Das war vor 53 Jahren. Und sie hat ihn geheiratet, ihren Hans. Die „Weserpforte" gibt es
nicht mehr, die Haare sind bei beiden längst
weiß geworden und die Figur ist auch nicht
mehr schlank, wie sie's mal war. Aber die Augen strahlen noch wie früher und bei seinem
spitzbübischen Lächeln wird ihr immer noch
ganz warm ums Herz. Sie sind nach wie vor
glücklich miteinander und feiern bald ihre
Goldene Hochzeit. Darum erinnern sie sich
an den Anfang: Wie sie zusammenkamen an
jenem Abend beim Tanzvergnügen. Und dass
Hans sich ja auch schon längst in sie verguckt
hatte. Dass es wahrlich nicht immer einfach
war in all den Jahren: Hans, der viel arbeitete

und oft abends noch unterwegs war. Mine,
die derweil den Haushalt machte und die Kinder versorgte und die sich dabei sicher schon
öfter mal allein fühlte. Aber letztlich haben
sie sich doch immer wieder zusammengerauft
und sich nach und nach Schönes geleistet.
Und mittlerweile, seit Hans im Ruhestand ist,
machen sie ohnehin fast alles gemeinsam. Die
beiden können sich heute das Leben nicht
schöner vorstellen.

Und was ist nun ihr Geheimnis? Auf diese
Frage hin holt Hans einen Text hervor aus
einem Buch von Hanns Dieter Hüsch. „Was
das Geheimnis ist, fragen Sie?", sagt Hans und
dann liest er ein Gedicht von Hüsch laut vor:
„Er kann mir sagen, was er will, und kann mir
singen, wie er's meint; mir erklären, was er
muss, und mir begründen, wie er's braucht:
Ich setze auf die Liebe! Schluss!"

mg

LIEBESLIED
Ja, ich will euch tragen bis zum Alter hin.
Und ihr sollt einst sagen, dass ich gnädig bin.
Ist mein Wort gegeben, will ich es auch tun,
will euch milde heben: Ihr dürft stille ruhn.
Denkt der frühern Jahre, wie auf eurem Pfad
euch das Wunderbare immer noch genaht.
Text: Jochen Klepper, EG 380

Die Liebe ist langmütig und freundlich,
die Liebe eifert nicht,
die Liebe treibt nicht Mutwillen,
sie bläht sich nicht auf.
1. KORINTHER 13,4

Liebe ist ...

Da gibt es doch diese Zeichenfiguren, ein kleines Pärchen. Sie blond, er schwarzhaarig, beide große Augen, lange Wimpern und ein ungeheuer verliebter Blick. Und zu jeder Zeichnung passend steht als Text dazu eine Botschaft, die mit den Worten beginnt: „Liebe ist ..."

Zum Beispiel: „Liebe ist ... gemeinsam zu den Sternen zu greifen" und das Pärchen schaut verträumt in den Nachthimmel. Oder: „Liebe ist ... zu wissen, dass jemand auf dich wartet", da fallen sie sich gerade sehnsüchtig in die Arme.

Die ersten dieser Zeichnungen sind vor über vierzig Jahren entstanden und zwar tatsächlich aus Liebe!

Im Sommer 1970, da lernten Kim und Roberto sich kennen. Sie aus Neuseeland und er ein junger Amerikaner. Für beide war es Liebe auf den ersten Blick und sie wurden ein Paar. Weil sie oft getrennte Wege gehen mussten, begann Kim, ihrem Liebsten kleine Liebesbotschaften zu zeichnen. Zettelchen, die sie ihm heimlich unters Kopfkissen legte oder für ihn versteckte: in seinem Schreibtisch, in seiner Reisetasche oder im Handschuhfach; überall dorthin, wo er sie dann auch garantiert bald fand.

Bereits Ende 1970 erschien dann zum ersten Mal eine solche Botschaft als Bildchen in der Zeitung „Los Angeles Times". Es hat Kim Casali berühmt gemacht. Auch in Deutschland wurden diese Bildchen zu einem Kassenschlager.

„Liebe ist ...?" So viel wurde und wird darüber nachgedacht und veröffentlicht. Ob nun so persönlich zugemünzt wie bei Kim und Roberto oder ganz allgemein.

Dabei liegt mir eine Antwort ganz besonders am Herzen. „Liebe ist ... langmütig und freundlich", schreibt Paulus. Ein „hohes Lied" auf die Liebe stimmt er an. Er meint Gottes Liebe. Und was er davon schreibt, setzt Maßstäbe – im ersten Brief an die Korinther, Kapitel 13.

Es ist unter Menschen nicht leicht, sich so zu lieben. Aber, und das ist bei Paulus die entscheidende Botschaft, für Kim und Roberto genauso wie für jeden anderen Menschen: die Liebe, Gottes Liebe, hört niemals auf.

Tja, „Liebe ist ..." – Was meinen Sie?

mg

LEBEN OHNE LIEBE?

Glauben ohne Liebe macht fanatisch.
Pflicht ohne Liebe macht verdrießlich.
Ordnung ohne Liebe macht kleinlich.
Macht ohne Liebe macht gewalttätig.
Gerechtigkeit ohne Liebe macht hart.
Ein Leben ohne Liebe macht krank.
Unbekannt

Die Liebe hört niemals auf, wo doch
das prophetische Reden aufhören wird
und das Zungenreden aufhören wird
und die Erkenntnis aufhören wird.
1. KORINTHER 13,8

Die Liebe hört niemals auf

Sommer 1862. Nach wochenlanger Reise läuft das Schiff im Hafen ein. Die Sonne brennt heiß. Julie läuft der Schweiß und sie ist schrecklich müde. Aber sie ist am Ziel: Afrika. Endlich wird sie ihren Verlobten wiedersehen! Als sie sich kennenlernten und ineinander verliebten, da hatte er seine Ausreisepapiere gerade beisammen. Er war Pfarrer und wollte als Missionar nach Afrika gehen. Für Julie war bald klar, dass sie ihm nachreisen würde. Sie war so glücklich mit ihm. Die beiden verlobten sich noch, dann fuhr er in die Mission.

Als endlich auch Julie die nötigen Papiere zusammen hat, macht sie sich auf die lange Reise, um ihrem Verlobten zu folgen.

Während das Schiff nun am Kai festgemacht wird, hält Julie aufgeregt Ausschau nach dem Geliebten. Aber er ist nicht da. Julie fragt sich durch, nimmt Träger und Führer in Dienst, die sie zur Missionsstation bringen. Sie fragt nach ihrem Verlobten. Doch die Leute schauen sie nur traurig und mitleidig an. Bis sie schließlich einer zum Friedhof führt. Drei Tage zuvor hat man ihren Verlobten dort beerdigt: Er war an einer Seuche gestorben.

Eine ergreifende Liebesgeschichte mit tragischem Ende. Es ist die Geschichte der Julie von Hausmann. Es heißt, sie habe sich noch am selben Abend hingesetzt und ein Lied gedichtet: „So nimm denn meine Hände und führe mich!" – so fängt es an. Noch heute gehört dieses Lied zu den bekanntesten aus unserem Evangelischen Gesangbuch (Nr. 376).

Früher durfte es bei keiner Trauung fehlen, inzwischen kennt man es vor allem von Beerdigungen. Aber diese Vorgeschichte dazu kennen nur wenige.

Ich will allein nicht gehen, nicht einen Schritt. Wo du wirst gehn und stehen, da nimm mich mit." – so dichtete Julie von Hausmann. Ihre Antwort auf den Tod. Eine Antwort der Liebe! Eine Antwort auf die Frage: was nun? Julie vermisst die Hand ihres Verlobten. Sie würde in diesem Moment am liebsten mit ihm sterben. Aber zugleich legt sie ihr Leben ganz in Gottes Hand. Gott wird sie weiter führen. Da ist sie sicher. Denn wenn auch ein Mensch stirbt – die Liebe hört niemals auf, sie bleibt.

mg

GLAUBEN HOFFEN LIEBEN

Ohne dich, wo käme Kraft und Mut mir her?
Ohne dich, wer nähme meine Bürde, wer?
Ohne dich, zerstieben würden mir im Nu
Glauben, Hoffen, Lieben,
alles, Herr, bist du.

Text: Cornelius Friedrich Adolf Krummacher, EG 407

Nun aber bleiben
Glaube, Hoffnung, Liebe, diese drei;
aber die Liebe ist die größte unter ihnen.
1. KORINTHER 13,13

Ein wahres Gottesgeschenk

Der Film beginnt Weihnachten: Sam erlebt in der Stadt Seattle das erste Fest ohne seine Frau. Sie ist gestorben. Sam vermisst sie sehr. Genau wie Jonah, sein Sohn. In dieser Nacht finden beide keinen Schlaf. Jonah würde seinen Vater so gern wieder glücklich sehen. Darum ruft er in einer Radioshow an, erzählt über Funk seine Geschichte, und dass er sich für seinen Vater eine neue Frau wünscht.

Zur selben Zeit ist am andern Ende des Landes in New York Annie mit ihrem Wagen unterwegs. Sie hört Jonahs Aufruf über das Autoradio und ist zutiefst gerührt. Als dann auch noch Sam spricht und Annie hört, wie liebevoll er von seiner verstorbenen Ehefrau erzählt, ist es um sie geschehen. In ihr wächst der Wunsch, Sam kennenzulernen. Sie schreibt einen Brief an ihn, in dem sie ihm ein Treffen auf dem Dach des Empire State Building vorschlägt, und zwar am Valentinstag, so wie sie es mal in einem Liebesfilm gesehen hat.

Der kleine Jonah ist auf Anhieb begeistert. Aber Sam wimmelt ab. Was für eine verrückte Idee? Daraus kann doch nichts werden! Jonah ist nicht davon abzubringen, dass Annie die richtige Frau für seinen Vater ist. Er fliegt allein heimlich nach New York, um Annie dort zu treffen und wartet den ganzen Tag auf sie, bis es dunkel wird. Aber Annie kommt nicht. Inzwischen ist Sam seinem Sohn hinterhergereist und in dem Moment, als er ihn erleichtert wieder in die Arme schließt, steht plötzlich Annie vor ihnen. Happy End.

Ja sicher, es ist ein Film. Aber der erzählt von dem, was wir alle unbedingt brauchen: Liebe. In diesem Fall eine Liebe, die ganz und gar dem Gefühl vertraut, füreinander bestimmt zu sein, die ihre Hoffnung und den Glauben an ein glückliches Ende nicht aufgibt und die Distanzen und Grenzen überwinden kann. Das zu sehen, ist einfach nur schön. So eine Liebe tut gut. Sie gibt Kraft, macht fröhlich, tröstet und gibt dir das Gefühl, ein ganzer Mensch zu sein. Sie ist ein wahres Gottesgeschenk. Wenn zwei sich lieben, ist Gott selbst am Werk. Das zu erleben, ist möglich – an jedem Ort, zu jeder Zeit. Und zwar auch im richtigen Leben – nicht nur im Film.

mg

AUS DER LIEBE LEBEN
Menschen, die aus der Hoffnung leben,
sehen weiter.
Menschen, die aus der Liebe leben,
sehen tiefer.
Menschen, die aus dem Glauben leben,
sehen alles in einem anderen Licht.
Lothar Zenetti

Eine Reise nach Israel

Und Jesus ging hinab nach Kapernaum,
einer Stadt in Galiläa, und lehrte sie am
Sabbat. Und sie verwunderten sich über
sein Lehre; denn er predigte mit Vollmacht.
LUKAS 4,31+32

Alte Mauern

Zum ersten Mal bin ich in Israel. Unsere Reisegruppe besucht die Ausgrabungen in Kapernaum. Gaby, die Reiseleiterin, zeigt uns die Reste der alten Synagoge. An den Längsseiten bilden helle Steinquader hohe Stufen. Das waren die Sitzplätze für die Besucher. Auch wir lassen uns dort nieder. Gaby hält ihren Vortrag. Aber was mich am meisten interessiert, erzählt sie nicht. Also frage ich: „Könnte Jesus hier gesessen haben, hier, wo ich jetzt sitze?" Gaby lacht: „Nein, mit den hellen Steinen wurde erst später gebaut. Zur Zeit Jesu gab es vor allem dunklen Basalt. Kommt mit."

Wir verlassen die Synagoge und gehen durch die verfallenen Mauern des Ortes Kapernaum. Gaby weist mit dem Arm geradeaus. „Dort ist das Haus von Simon Petrus. Die untersten Fundamente sind noch aus der Zeit Jesu."

Mein Blick geht von den alten Steinen nach oben. Über den Ruinen steht eine moderne Kirche auf Stelzen! Für mich sieht die Kirche aus wie eine fliegende Untertasse, die soeben gelandet ist. „Du meine Güte, was für ein hässliches Ding", entfährt es mir.

Über eine Brücke geht es in die Kirche. In der Mitte: ein Glasboden, durch den ich in das Haus des Petrus hinabschauen kann. Durch die großen Fenster hat man einen weiten Blick über den See Genezareth. Das hat ja doch was! Gaby erklärt: „Die alten Mauern sind sichtbar und werden bewahrt. Oben drüber feiern Christen heute ihre Gottesdienste. Das ist wichtig. Die Christen sind in Israel in der Minderheit. Mit dieser Kirche wollen sie zeigen: Wir bekennen uns zu Jesus Christus, der hier gelebt hat."

Alles klar: Alte Mauern sind eben alte Mauern. Was Jesus wollte, muss immer wieder neu erzählt werden.

mh

VIELE ZUNGEN – EIN LOB

Du, Gott, hast dir aus vielen Zungen
der Völker eine Kirch gemacht,
darin dein Lob dir wird gesungen
in einer wunderschönen Pracht.

Text: Friedrich Konrad Hiller, EG 250

Und die Kunde vom ihm erscholl
in alle Orte des umliegenden Landes.
LUKAS 4,37

Dieser Freitag

Nie werde ich diesen Freitag vergessen. Ich war auf Studienfahrt mit einem Kurs von angehenden Pastorinnen und Pastoren aus dem Predigerseminar unserer Kirche. Es ging nach Jerusalem. Wir sind den Spuren Jesu gefolgt, haben aber auch Botschafter getroffen, die uns mit der politischen Dimension der Stadt vertraut gemacht haben, und wir erlebten die jüdische Kultur und den jüdischen Glauben hautnah in verschiedenen Familien.

Und dann also dieser Freitag. Wir fuhren auf den Ölberg, östlich gegenüber der Altstadt gelegen. Knorrige Ölbäume an seinem Hang lassen mich gerne glauben, hier könnte der Garten Gethsemane sein, in dem Jesus vor seiner Kreuzigung gefangen genommen wurde. Zu Fuß gingen wir von der Erlöserkirche am Gipfel des Berges gemächlich hinunter, vorbei unter anderem an der Himmelfahrtsmoschee, der „Vater-Unser-Kirche", dem großen jüdischen Friedhof und der Grabstätte Marias. Immer wieder gab es dabei Aussichtspunkte, an denen wir stehen blieben, um den faszinierenden Blick auf die Altstadt mit der goldenen Kuppel des Felsendoms und der herausragenden Al-Aksa-Moschee bewusst aufzunehmen. Und während wir uns wieder der Altstadt näherten, tönte von dort herüber der Ruf des Muezzin zum Freitagsgebet der Moslems. „Die Kunde von ihm erscholl" – über alle Dächer hinweg. Zugleich liefen mehr und mehr Juden, die sich für die Sabbatfeier am Abend rüsteten. Und wir als Christen erkundeten derweil ehrfürchtig

die markanten Stationen von Jesu Passionsweg. Ein ganz normaler Freitag in Jerusalem? Für mich nicht. Mich hat dieser Moment schwer beeindruckt. In dieser Stadt kommen wirklich die großen Weltreligionen zusammen. Warum kann es nicht immer so friedlich zugehen wie in diesem Moment? Aber es ist ein leicht zerbrechlicher Friede. Denn wieder an der Altstadtmauer, am Stephanstor angekommen, hatten wir Absperrungen der israelischen Polizei zu passieren und jüdische Soldaten patrouillierten zur Sicherheit in den engen Gassen.

Es heißt, Jesus habe damals beim Blick vom Ölberg auf die Altstadt geweint über Jerusalem. „Wenn doch auch du erkenntest, was zum Frieden dient!". Die Kirche „Dominus flevit" (zu deutsch: „Der Herr weinte") steht dafür. Ich gebe zu, gerührt war ich bei diesem Anblick und diesem Erlebnis auch. Tiefe Frömmigkeit, das Bewusstsein von Gott, von Jahwe oder von Allah erwählt zu sein und an ihn als den Einzigen zu glauben, all das eint uns doch eigentlich mehr, als dass es uns trennen dürfte.

mg

WÜNSCHT JERUSALEM GLÜCK!
Wünschet Jerusalem Glück!
Es möge wohlgehen denen, die dich lieben!
Es möge Friede sein in deinen Mauern
und Glück in deinen Palästen!
Um meiner Brüder und Freunde willen
will ich dir Frieden wünschen.

Psalm 122,6-8

Als es aber Tag wurde, ging er hinaus an eine einsame Stätte; und das Volk suchte ihn, und sie kamen zu ihm und wollten ihn festhalten, damit er nicht von ihnen ginge.
LUKAS 4,42

Wunderbare Momente

Am See Genezareth scheint die Sonne auch im Herbst noch warm. Der Bus unserer Reisegruppe bleibt auf einem Parkplatz stehen und wir gehen zu Fuß ans Ufer. Einige ziehen die Schuhe aus, krempeln die Hosenbeine nach oben und planschen mit den Füßen im warmen Wasser. Ich gehe lieber ein paar Schritte abseits. Jeder Schritt dauert lang, weil die Füße im Kies versinken. Als ich die anderen kaum noch höre, setze ich mich auf einen Stein und halte mein Gesicht in die Sonne. Herrlich! Oder sogar göttlich? Am liebsten würde ich die Zeit anhalten.

Jesus und seine Freunde stiegen auf einen Berg, vielleicht auf den am Ufer gegenüber. Er brauchte Ruhe und wollte mit Gott reden. Als er betete, leuchteten seine Kleider hell und der Glanz Gottes spiegelte sich auf seinem Gesicht. Gottes Herrlichkeit wurde sichtbar in diesem außergewöhnlichen Moment. Die Freunde wollten die Zeit anhalten. Den Glanz Gottes festhalten. „Lass uns Zelte aufschlagen!" Mit diesem Vorschlag war Petrus schnell bei der Hand. Doch der göttliche Glanz verflüchtigte sich. Die Gruppe stieg vom Berg herab.

Kein Augenblick lässt sich festhalten. Nicht einmal ein göttlicher Moment ist ewig. Wehmut bleibt.

Aber, wenn die herrlichen Augenblicke dauern würden, wären sie dann noch schön und hell? Würde die Zeit versteinern, sie würde sich schwer auf uns legen, uns anketten. Nur weil die wunderbaren Momente kommen und vergehen, bleiben sie licht und leicht.

Ich lege meine Wehmut in die offene Hand und puste sie sanft davon.

Als die anderen mir winken, stehe ich auf und kehre zu ihnen zurück. Eine Spur Glanz bleibt in meinem Herzen.

mh

MORGENGLANZ DER EWIGKEIT
Morgenglanz der Ewigkeit,
Licht von unerschaffnem Lichte,
schickt uns diese Morgenzeit
deine Strahlen zu Gesichte,
und vertreib durch deine Macht,
unsre Nacht.
Text: Christian Knorr, EG 450

Er sprach aber zu ihnen: Ich muss auch den
andern Städten das Evangelium predigen vom
Reich Gottes; denn dazu bin ich gesandt.

LUKAS 4,43

Eine Palästinenserin in Bethlehem

Hat Jesus je in Bethlehem gepredigt? Für mich predigt Khadra mit einer unglaublichen Geschichte. Khadra ist Palästinenserin und zeigt unserer Reisegruppe ihr Bethlehem. Sie beginnt mit einem Gang über den Basar. Tücher und Kleider hängen vor den Läden. Es stapeln sich Kisten mit grünem Salat und Mandarinen. Dann gehen wir zur Geburtskirche. Auf dem Vorplatz hält Khadra an: „Ich wollte euch erst den Markt zeigen. Ihr solltet sehen: Wir Palästinenser sind normale Menschen, keine Terroristen. Wenn ihr mehr Zeit hättet, hätte ich euch gern zu mir nach Hause eingeladen. Mein Sohn hat vor einigen Jahren junge Israelis mit zu uns gebracht. Das war etwas ganz Besonderes. Sonst kennen sich Israelis und Palästinenser nicht." Khadra atmet durch.

„Wenig später war Bethlehem von israelischem Militär besetzt. Es gab eine Ausgangssperre. Am Osterfest bin ich trotzdem zur Kirche gegangen. Ein israelischer Panzer fuhr immer hinter mir her. Als der Gottesdienst vorbei war, stand der Panzer noch vor der Kirchentür. Auf dem Rückweg fuhr er wieder hinter mir her." Ich höre Khadra zu und bekomme eine Gänsehaut.

„Als ich vor meinem Haus war, ging der Deckel des Panzers auf. Und ich schaute in zwei bekannte Gesichter. Die jungen Israelis, die bei uns zu Besuch gewesen waren, waren jetzt beim Militär. Sie haben mich gefragt, ob ich etwas brauche ... wegen der Ausgangssperre. Da habe ich erst begriffen: Die jungen Solda-

ten – sie haben mich nicht bedroht, sondern beschützt." Khadra hat Tränen in den Augen: „Ich versuche meine Feinde zu lieben, wie Jesus es gesagt hat."

Auf dem Vorplatz der Geburtskirche in Bethlehem predigt mir eine Palästinenserin vom Reich Gottes.

mh

FRIEDENSWUNSCH

Wenn wir in Frieden
beieinander wohnten,
Gebeugte stärkten
und die Schwachen schonten,
dann würden wir
den letzten heilgen Willen
des Herrn erfüllen.

Text: Johann Andreas Cramer, EG 221

Denn ihr seid alle durch den Glauben
Gottes Kinder in Christus Jesus.
GALATER 3,26

Ein möglicher Brief
aus der Schule (im Jahre 1497)

Mein lieber Freund Johannes!

Ich hoffe, es geht dir gut. Du hast ja jetzt deine Lehre als Tischler angefangen. Das macht dir bestimmt Spaß.

Ich gehe immer noch zur Schule und büffele Latein und Griechisch und all die anderen Fächer. Unsere Lehrer sind sehr streng. Sobald mal jemand nicht aufpasst oder wenn ein Schüler nicht die richtige Antwort weiß, gibt es Prügel. Das ist hier an der Schule ganz normal – aber Spaß macht das nicht.

Man muss sich schon sehr anstrengen, um immer alles zu wissen.

Ich glaube, ich bin ein guter Schüler und auch fleißig, aber trotzdem habe ich schon oft den Rohrstock auf meinem Rücken gespürt.

Unser Unterricht beginnt morgens immer mit einem Gottesdienst. Da hören wir die biblischen Geschichten. Manche sind schön, aber manche verstehe ich auch nicht. Heute Morgen hat der Rektor zum Beispiel gesagt: „Ihr seid alle Gottes Kinder!" Und eine Stunde später – im Griechisch-Unterricht – hat er den kleinen Karl windelweich geprügelt. Karl kann sich immer so schlecht die griechischen Worte merken.

Also ich versteh das nicht: Wenn wir Gottes Kinder sind, dann sind wir doch wertvoll – dann sind wir was Besonderes. Da kann man doch nicht drauf rumprügeln – oder?

Viele Grüße von deinem ratlosen Freund Martin Luther

aw

HINSEHEN

Herr, gib mir Augen für die Menschen
neben mir,
für das, was sie freut,
aber noch mehr für das,
was sie traurig macht oder quält.
Gib mir Augen für die Erfolgreichen,
dass ich mich ohne Neid mit ihnen freue.
Aber mehr noch gib mir Augen
für die Wehrlosen,
dass ich für sie das Wort ergreife
und für ihre Rechte eintrete.
Gib mir Augen für alles,
was um mich herum geschieht.
Ich will mein Herz
nicht davor verschließen.

mg

Weil ihr nun Kinder seid, hat Gott den Geist
seines Sohnes gesandt in unsre Herzen,
der da ruft: Abba, lieber Vater!
GALATER 4,6

Ein möglicher Brief
aus dem Kloster (im Jahre 1505)

Lieber Johannes!

Wie geht es dir als Tischlergeselle? Du baust jetzt sicher schöne Schränke und Truhen.

Diesen Brief schreibe ich dir aus einer Klosterzelle. Da staunst du?! Eigentlich wollte ich ja Kaufmann werden oder Anwalt. So hat es auch mein Vater gewünscht. Doch jetzt bin ich Mönch.

Das kam so: Ich war auf dem Weg in die Stadt und dabei guter Dinge. Ich freute mich schon auf meine Freunde. Wir Studenten würden am Abend sicher wieder lustig in einem Gasthaus sitzen, Wein trinken und lachen – so dachte ich noch auf meinem Weg.

Doch dann wurde es mit einem Mal dunkel. Ein furchtbares Gewitter zog auf. Blitze und Donner, Sturm und Regen überall um mich herum. Ich suchte Schutz unter einem Baum und dachte: Gott will mich bestrafen für meine Sünden. Er ist zornig auf mich. Im selben Augenblick schlug ein Blitz genau in diesen Baum ein und ich rief: „Ich will Mönch werden, wenn ich das hier überlebe!" – Ich habe überlebt und ich habe mein Versprechen gehalten.

Jetzt bin ich schon ein paar Wochen hier im Kloster. Ob es mir gelingen wird, so zu leben, wie es Gott gefällt? Ich bemühe mich jeden Tag. Ich wünsche mir so sehr, dass Gott mir gnädig ist, dass er mich lieb hat, obwohl ich ein schlechter Mensch bin.

Oder bin ich das nicht? Es ist alles so ungewiss. Hoffentlich komme ich hier im Kloster zur Ruhe – auch innerlich.

Das wünscht sich dein Freund Martin Luther

aw

AUF EINSAMEN WEGEN

Gott, wenn wir einsam sind und erschöpft,
dann sei du da.
Füll uns neu mit deiner Gnade.
Sei in Dunkelheit ein Licht
und gib dem Leben wieder einen Sinn.
Zeige uns Wege, die wir gehen können
durch alle Stürme des Lebens hindurch.
Amen

mg

So bist du nun nicht mehr Knecht,
sondern Kind; wenn aber Kind,
dann auch Erbe durch Gott.
GALATER 4,7

Ein möglicher Brief
von der Wartburg (im Jahre 1522)

Lieber Johannes,
ich hoffe, du bist wohlauf und deine Frau und
deine Kinder ebenso. Als Tischlermeister hast
du sicherlich viel zu tun.

Mir geht es gut – obwohl ich mich verstecken
muss und auf einer Burg unter falschem Namen lebe. Man nennt mich hier „Junker Jörg".
Es ist so viel geschehen in diesen letzten Jahren
– ich kann es gar nicht alles beschreiben.

Erst war ich Mönch. Dann wurde ich Priester.
Danach Professor für Theologie in Wittenberg.
Es waren aufregende Jahre für mich. Aufregend
war auch, was ich mit Gott erlebt habe. Das
wundert dich vielleicht, darum will ich es dir
erklären.

Ich dachte lange Zeit, Gott sei zornig auf mich.
Ich müsste Gott gnädig stimmen. Doch dann
habe ich beim Lesen der Bibel entdeckt: Gott
liebt uns. Wir sind wirklich seine Kinder. Jesus
hat es doch gesagt: Gott ist wie ein liebender
Vater. Wir müssen uns Gottes Liebe nicht verdienen. Eltern lieben ja ihre Kinder auch nicht
deshalb, weil sie viel leisten – sondern einfach
so. Und genauso ist es mit Gott.

Das ist meine Entdeckung gewesen. Darüber
habe ich dann geredet und Bücher geschrieben. Das wiederum fanden manche Fürsten
und Kirchenleute gefährlich, denn sie waren
der Ansicht: Die Leute müssen Angst haben vor
Gott – dann gehorchen sie auch sonst besser.
Wer keine Angst vor Gott hat, der traut sich zu
viel. Was meinst du?

Es grüßt dich aus einem Burgzimmer dein
Martin Luther

aw

REFORMATIONSJUBILÄUM 2017

Luthers Thesenanschlag am 31. Oktober 1517
gilt als das entscheidende Datum der Reformation. Er hat damit einen Modernisierungspro-
zess ausgelöst, dessen Auswirkungen sich bis
heute zeigen. Mit dem 500. Jubiläum im Jahr
2017 wird dieses Ereignis aber nicht nur in
Deutschland, sondern weltweit gefeiert werden.
Die LUTHERDEKADE von 2008-2017 verbindet
jetzt schon den Rückblick in die Geschichte mit
dem Ausblick in die Zukunft. Sie macht Stätten
der Reformation erlebbar und (wieder) bekannt
und sie beleuchtet das Leben und Wirken Luthers, wichtiger Zeitgenossen und die Zeit des
15./16. Jh.

Das Jubiläumsjahr 2017 ist der Höhepunkt der
so genannten Lutherdekade, jedoch bestimmt
nicht das Ende der Begegnung mit Luthers Leben und Werk.

mg

Reformation

So halten wir nun dafür,
dass der Mensch gerecht wird
ohne des Gesetzes Werke,
allein durch den Glauben.
RÖMER 3,28

Ein möglicher Brief aus Wittenberg (im Jahre 1535)

Mein lieber, alter Freund Johannes!
Ich höre mit Freude, dass ihr alle gesund und munter seid. Du hast eine liebe Frau und aufrechte Kinder. Dein Ältester ist schon Geselle in deinem Betrieb. Das wird dich mit Stolz und Glück erfüllen.
Dir – als meinem Freund – kann ich es ja anvertrauen: Auch ich bin oft sehr glücklich.
Meine Frau Katharina und unsere Kinder singen und lachen viel, auch wenn immer mancherlei Trubel in unserem Haus ist.
Ich habe zahlreiche Studenten und einige davon wohnen bei uns mit im Haus.
Sie wollen viel lernen über Gott und Jesus und über den Glauben. Oft halte ich lange Vorträge darüber oder schreibe dicke Bücher, obwohl – und das schreibe ich dir im Geheimen – es doch eigentlich ganz einfach ist:
Wir können auf Gott vertrauen, denn er liebt uns ohne Vorbedingungen.
Wir brauchen vor Gott keine Angst zu haben. Das hat uns Jesus gelehrt.
So einfach ist das!
Für die Studenten drücke ich das manchmal etwas schwieriger aus – damit sie was zu denken haben.
Aber – lieber Johannes – das bleibt unter uns!
Lebe wohl und schreib mir mal wieder.

Dein alter Freund Martin Luther

aw

DANKET DEM HERRN

Danket dem HERRN; denn er ist freundlich, und seine Güte währet ewiglich.
Ich werde nicht sterben, sondern leben und des HERRN Werke verkündigen.
Der HERR züchtigt mich schwer; aber er gibt mich dem Tode nicht preis.
Der HERR ist Gott, der uns erleuchtet. Du bist mein Gott und ich danke dir.
Psalm 118,1+17+18+27a+28a
Psalm 118 war Luthers Lieblingspsalm

NOVEMBER

**LEBEN UND ABSCHIED,
LOSLASSEN UND FRIEDEN FINDEN**

Zuversicht
Glück und Seligkeit
Seligpreisungen
Martinstage
Frieden in der Welt
Buß- und Bettag
Vergebung
Wenn ein Mensch gestorben ist
Todes- und Lebensengel

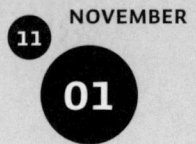
Zuversicht

Gott ist unsre Zuversicht und Stärke,
eine Hilfe in den großen Nöten,
die uns getroffen haben.
PSALM 46,2

Lutherspaß

Ein starker Gott. Einer, der Stärke verleiht, gerade dann, wenn ich mich schwach fühle. Ja, auf den hat er vertraut: Martin Luther. „Ein feste Burg ist unser Gott", das war sein Lied. Stark und fest ist er oft selbst aufgetreten, der Reformator, gern auch mit starken Sprüchen.

Nein, er war kein Heiliger. Auch wenn viele heute zu Allerheiligen an Luther erinnern werden. Genauer in der Nacht, bis heute früh. Denn deutschlandweit gab es an über tausend Orten eine sogenannte „ChurchNight" zum Reformationstag. Jugendliche kommen in dieser Kirchennacht zusammen. Statt um gruselige Geister geht es um den Geist der Reformation. Statt Halloween-Süßigkeiten gibt's Luther-Bonbons.

Und bei Luther gab es stets beides: Süßes und Saures. Süß ist für ihn die Freiheit eines Christenmenschen. Wer seine Glaubensfreiheit einschränken will, ob Papst oder Kaiser, der bekommt von ihm Saures. Denn: Fromm, frech und frei, so muss ein Christ nach Luther sein. Und, so sagt er: „Die Jugend soll nicht traurig sein, sondern heiter und fröhlich."

Kein Wunder also, dass junge Leute Luther neu entdecken. In der ChurchNight oder tagsüber am Reformationstag. In Wittenberg haben sich wie jedes Jahr wieder hunderte Konfirmanden zum „Lutherspaß" getroffen. Ich durfte dort einmal predigen und weiß, es gibt fröhlichen Pop und Hip-Hop, es wird fromm gebetet, aber auch frei von der Leber weg geredet.

„Nee, 'n Heiliger war der nich'", sagt Konfirmand Felix. „Luther hat auf stark gemacht, dabei ist er oft schwach gewesen. ‚Sündige kräftig', hat er gesagt, ‚aber glaube kräftiger.' Cool, oder?" Ich glaube, Luther hätte sich über den halbstarken Felix gefreut.

mw

EIN LIED

Ein feste Burg ist unser Gott,
ein gute Wehr und Waffen.
Er hilft uns frei aus aller Not,
die uns jetzt hat betroffen.
Der alt böse Feind
mit Ernst er's jetzt meint;
groß Macht und viel List
sein grausam Rüstung ist,
auf Erd ist nicht seinsgleichen.

Und wenn die Welt voll Teufel wär
und wollt uns gar verschlingen,
so fürchten wir uns nicht so sehr,
es soll uns doch gelingen.
Der Fürst dieser Welt,
wie sau'r er sich stellt,
tut er uns doch nicht;
das macht, er ist gericht':
ein Wörtlein kann ihn fällen.

Martin Luther, EG 362

Darum fürchten wir uns nicht,
wenngleich die Welt unterginge und
die Berge mitten ins Meer sänken.
PSALM 46,3

Weltuntergänge

Wieder einmal soll die Welt untergehen. „2012", so hat es Hollywood bereits verfilmt. Am 21.12.2012 sagen die Maya und andere mythische Kalender den Untergang voraus. Mein Sohn ist eingeladen, zur Weltuntergangsparty am Tag danach. Ist das die Spaßgeneration oder die unendliche, jugendliche Zuversicht?

„Darum fürchten wir uns nicht ..." Doch, ich fürchte mich. Oft sogar. Nicht vor den Vorhersagen und Vorhersehern. Aber vor dem, was ich fast täglich sehe: Weltuntergänge. Der Tsunami, Fukushima, die Concordia. Nicht vergleichbar, aber doch Untergänge. Ein Kreuzfahrtschiff sinkt ins Meer. Während ich das schreibe, sind noch nicht alle Toten geborgen. Für alle, die trauern, geht eine Welt unter. Und erst recht in Fukushima. Verseuchte Erde, verstrahlte Menschen.

„Wenngleich die Welt unterginge ..." Täglich gehen Welten unter. Sinken Berge „mitten ins Meer". Der Tsunami, ich habe ihn nicht erleben müssen, aber die Riesenwellen stehen mir noch vor Augen. Damals in Thailand. Und nicht nur dort. Immer wieder bäumt es sich auf, das Meer. Und mit ihm die Urangst vor der Sintflut.

Unsere Erde ist bedroht, auch durch uns. Aber: Sie ist auch Gottes Schöpfung und darum bewahrt. Wie viele Hände arbeiten daran, wie viele Menschen halten und helfen einander durch Katastrophen. Bauen Häuser wieder auf und – neues Vertrauen ins Leben.

Nein, keine Sintflut mehr, so verspricht der Schöpfer unter dem Regenbogen. Er hält am Leben fest und an seiner Liebe. In der Welt, die da ist und die da kommen wird. Daher diese unendliche Zuversicht des Psalmbeters. Vielleicht war er so jung wie mein Sohn: „Darum fürchten wir uns nicht, wenngleich die Welt unterginge ..."

mw

HILF DU
Ich fürchte mich, ach mein Gott.
Wenn meine Welt untergeht,
wenn ich mich verliere,
wenn ich traurig bin und betrübt.
Oft könnte ich versinken,
falle in tiefe Wasser, nur ich allein.

Hilf du, höre mich, ach Gott.
Zieh mich aus den Wassern,
trockne die Flügel meiner Seele.
Halte mich, stehe bei mir,
bis ich ihn wieder spüre, den Grund,
Grund zu leben ...

mw

Seid stille und erkennet,
dass ich Gott bin!
PSALM 46,11A

Männer

„Psst ..." Einfach nur schweigen, sitzen, atmen. Eine StillZeit für Männer im Kloster auf Zeit. „Pfft ..." Das ist mehr als schwer für Thomas. „Zwei Tage nichts tun, kaum reden." Kein Termin, kein Phone, kein Pad. Kein Netz, nicht erreichbar. „Einfach nur da sein, ich allein mit mir, das war nie meine Stärke", meint Thomas. Und nicht nur er.

Männer haben Probleme und machen der Gesellschaft zunehmend welche. Das sagen Männerforscher, Andrologen. Denn das starke Geschlecht wird laut Statisitk immer schwächer. Junge Männer hierzulande sind weniger selbstbewusst als Frauen und schlechter ausgebildet. Einige tun zu wenig, andere arbeiten zu viel. Mann jagt nach dem Superbody, der Superkarriere und landet oft beim Superherzinfarkt.

Das eben ist Anlass für den heutigen „Weltmännertag". Männer sind kränker als Frauen und sterben früher. Sie kommen oft nicht zur Vorsorge, so die Erfahrung der Andrologen, aus Angst davor, krank und schwach zu sein. Brauchen wir mehr Männerärzte oder gar Männerbeauftragte?

„Neue Männer braucht das Land", wurde schon in den Achtzigern gesungen. Und geschrieben wurde über Jesus, den „neuen Mann." Ziemlich dämlich, denn Jesus ist die Männerfrage schnuppe. Wenn er auch ein besonderer Mann war. Krankheiten nimmt er jedenfalls ernst. Das berichtet die Bibel immer wieder. Jesus hört Kranken zu, er sieht sie an, er heilt Menschen an Körper und Seele. Denn beides gehört zusammen.

Also „Psst ..." Sorgt besser für euch, ihr Männer. Warum nicht mal eine StillZeit nehmen wie Thomas. Schweigen, stille sein. „Pfft ..." Die Mitte suchen, sich finden und wer weiß, wen noch. „Seid stille und erkennet, dass ich Gott bin."

mw

EINE FRAGE
Wie sorgen Männer am besten
für Leib und Seele?
Mein kleiner Tipp zur Vorsorge
im November:
Ab und an mal Schwäche zeigen,
das macht Männer stark. Oder?

mw

Weil wir nun solche Hoffnung haben,
sind wir voll großer Zuversicht.
2. KORINTHER 3,12

Hoffnung pflanzen

Es gab sie tatsächlich, eine Revolution in Deutschland. Noch dazu eine friedliche. Mit Kerzen und Gebeten haben Menschen gegen das DDR-Regime gekämpft. Auch an jenem 4. November 1989. „Wir sind ein Volk", rufen eine halbe Million Menschen wie aus einem Mund.

So viele sind in Ostberlin zur Montagsdemo gekommen. Dazu Redner wie Christa Wolf oder Friedrich Schorlemmer. Alle voller Zuversicht, dass nicht auf sie geschossen wird. Einige Tage später wird sie fallen, die Mauer in Berlin. Doch an jenem Tag ahnt das noch niemand. Nur die Hoffnung lebt.

Auch in Ifta. Das Thüringer Dorf, mit eigenem Dorffunk, bangt mit am 4. November. „Noch fällt kein Schuss", so hört man erleichtert. Und tatsächlich, die Revolution bleibt friedlich bis zum Schluss. Ein deutsches Novembermärchen. Das geteilte Land ist vereint, die Grenze seit über 20 Jahren offen.

Auch in Ifta. Doch im ehemaligen Grenzort bei Eisenach steht noch ein Stück Grenzzaun – als Denkmal. Gleich nach der Öffnung beginnen die Leute hier zu pflanzen: Eschen entlang dem ehemaligen Todesstreifen und Linden an der Bundesstraße. Zwei Alleen kreuzen sich, ein „Baumkreuz" wächst. Über 20 Kilometer ist es bereits lang. Ein Kreuz als Zeichen, dass das Leben weitergeht, grün wie die Hoffnung.

Die „Baumkreuzler" – Christen, Bürgerrechtler, Künstler aus Ost und West – kommen jeden November zusammen. Es wird Gottesdienst gefeiert und vor allem werden Bäume gepflanzt. Als Zeichen gegen die Mauern im Kopf. „Und gegen die unsichtbare Spaltung des Landes in Ost und West, in Arm und Reich", sagen die Menschen in Ifta. Sie sind zuversichtlich und pflanzen weiter auf Hoffnung.

mw

EIN LIED

Jesu, meine Freude,
meines Herzens Weide,
Jesu, wahrer Gott.
Wer will dich schon hören?
Deine Worte stören
den gewohnten Trott.
Du gefährdest Sicherheit.
Du bist Sand im Weltgetriebe.
Du mit Deiner Liebe.

Text: Gerhard Schöne, zu singen nach EG 396

Der Seligkeit ganz nah sein

„Glück und Seligkeit" heißt ein Restaurant in Bielefeld. Und es ist wohl auch so: Gutes Essen, am besten in netter Gesellschaft und in einer schönen Atmosphäre, macht Menschen glücklich. Das „Glück und Seligkeit" ist etwas Besonderes. Denn es gehört zu einer Reihe ehemaliger Kirchen, die zu einem Restaurant umgebaut wurden. Wo sich die Menschen früher zum Gottesdienst versammelten, kommen sie heute zusammen, um miteinander zu essen, zu trinken, zu reden und zu feiern.

„Glück und Seligkeit" heißt dieser Ort und das kommt nicht von ungefähr. Denn in diesen Räumen lässt sich erahnen, dass es über das auf Erden zu erfahrende Glück hinaus noch etwas anderes, geradezu eine höhere Glücksstufe gibt: Es ist ein vollkommenes Glück, das nicht nur für einen Moment oder ein paar Stunden anhält, sondern für die Ewigkeit. Man nennt diesen Zustand „Seligkeit".

Jesus verspricht diesen erstrebenswerten Zustand den Menschen, die in ihrem Leben von Glück und Seligkeit weit entfernt sind: den Armen, die ihr Gottvertrauen verloren haben, und denen, die sich für Frieden und Gerechtigkeit einsetzen und dabei oft viel Gegenwind bekommen. Er spricht auch denen Seligkeit zu, die auf Grund ihres Glaubens beschimpft und verfolgt werden. Und schließlich sollen gerade die Trauernden, die Sanftmütigen und Barmherzigen und die Menschen mit reinem Herzen, denen manchmal übel mitgespielt wird, nach Jesu Aussage selig sein.

Die Seligkeit liegt manchmal ganz nah, zum Beispiel, wenn wir mit lieben Menschen zusammen essen, mit ihnen reden und feiern. Aber sie ist manchmal ganz fern, wenn wir Not und Trauer, Ungerechtigkeit und Unfriede erleben. Doch gerade auch dann ist sie uns versprochen.

sw

GLÜCK UND SEGEN

„Gottes Gunst mit fünf Buchstaben!", ruft mein Sohn. Ich löse nie Kreuzworträtsel und bin überfragt. Doch da fällt bei meinem Sohn der Groschen: „Glück", ruft er. „Ist doch logisch!"

„Gottes Gunst" mit fünf Buchstaben – ist das wirklich „Glück"? Irgendwie kommt mir diese Lösung seltsam vor. Heißt es nicht: Jeder ist seines Glückes Schmied? Wer sein Glück sucht oder sogar sein Glück macht, ist eben nicht unbedingt auf Gott angewiesen. Aber leider ist das Glück ja nicht immer so leicht zu haben. „Es küsst dich rasch und flattert fort", schrieb schon Heinrich Heine.

„Papa. Das passt nicht", informiert mich inzwischen mein Sohn: „Gottes Gunst muss am Anfang ein S haben und in der Mitte ein G." Da fällt uns fast zeitgleich die Lösung ein: „Segen"! Zugegeben: So habe ich das Wort „Segen" noch nie umschrieben, als eine „Gunst Gottes". Zur Sicherheit schaue ich noch in einem Rätsellexikon nach und entdecke noch ein anderes Wort, das möglich gewesen wäre: Gnade.

jvl

Selig sind, die da geistlich arm sind;
denn ihrer ist das Himmelreich.
MATTHÄUS 5,3

Wann reißt der Himmel auf?

In seinem Leben ist nicht alles glatt gelaufen. Die Ausbildung zum Elektriker hat er abgebrochen. Es gab Ärger mit dem Chef, die Berufsschule hat er so gut wie nie besucht. Doch er hat einen Job in der Fabrik vor Ort gefunden – drei Schichten. Soweit lief eigentlich alles ganz gut. Aber jetzt geht alles drunter und drüber. Seine Freundin hat ihn verlassen. Sie sagt, dass es nicht mehr geht, dass sie es mit ihm einfach nicht mehr aushält. Sie hat die Kinder mitgenommen. Er weiß nicht, wann er sie das nächste Mal sehen wird.

Er ist ratlos. Nachts liegt er in seinem Bett und grübelt. Er überlegt, was er falsch gemacht hat, warum alles so gekommen ist. Und er denkt darüber nach, was er tun soll, ja, was er überhaupt tun kann, um seinen Kindern trotz der Trennung nahe zu sein. Er weiß nicht, wie es weitergehen soll. Lange liegt er wach. Irgendwann am Morgen – draußen dämmert es schon – findet er in den Schlaf. Vollkommen gerädert steht er am Morgen auf. Beim Frühstück schaltet er das Radio an: „Wann reißt der Himmel auf?" fragt die Gruppe Silbermond in einem ihrer Lieder. „Ja, das wäre was, wenn der Himmel aufrisse und all meine Sorgen und Probleme wären dahin", schießt es ihm durch den Kopf.

Er fasst einen Entschluss: Nach dem Frühstück wird er hinausgehen, sich auf eine grüne Wiese stellen und in den Himmel sehen. Wenn er Glück hat, reißt der Himmel in eben diesem Moment auf. Es mag verrückt sein; aber er hat nichts zu verlieren.

sw

ICH WÜNSCH MIR ...
Wünsch mir den klaren Kopf,
den wachen Blick zurück und voraus,
feste Schuhe, den Schal,
den warmen den langen,
der mich mitzieht durchs Jahr.

Wünsch mir allzeit ein leeres Blatt
für die hüpfenden Gedanken,
dass sie nicht zu Boden fallen,
einen Becher gefüllt mit Tee,
der mich hebt über die Hürden.

Wünsch mir am Morgen
den stillen Moment,
daraus ein Tag auftaut zum Leben,
einen Abend ohne Sorgen.
dass sie verwehen im Schlaf.

Wünsch mir im weiten Raum
ein wachsames Auge,
ein offenes Ohr
für alle Friedensgebete der Welt.

as

Selig sind, die da Leid tragen;
denn sie sollen getröstet werden.
MATTHÄUS 5,4

Einen Menschen trösten

Die Begleitung von Trauernden gehört zu den schwierigsten Aufgaben, vor die wir Menschen gestellt werden. Wie macht man das, einen Menschen trösten? Manchmal ist diese Aufgabe so groß, dass man am liebsten flüchten möchte. Man weiß einfach nicht, was man sagen oder tun soll. Man hat Angst, den Tränen und der Trauer zu begegnen und keine Antworten auf die vielen Fragen zu finden. Da scheint es am besten, dem trauernden Menschen aus dem Weg zu gehen.

Trost meint von seiner Wortbedeutung her aber soviel wie Festigkeit, Sicherheit, Vertrag, Bündnis, Treue. Wer einen anderen tröstet, stellt sich ihm zur Verfügung und ist ihm ein zuverlässiger Partner. Wenn einer angesichts von Tränen und Trauer nicht geht, sondern bleibt, dann tröstet er. Es sind nicht die vielen Worte, die klugen Antworten und hilfreichen Tipps, die Trost spenden, sondern das Da-Sein, das Schweigen und Mitweinen.

Das macht die Aufgabe nicht unbedingt kleiner und einfacher.

Doch der Satz Jesu „Selig sind die Trauernden, denn sie werden getröstet werden" ist nicht nur ein Zuspruch für die Trauernden, sondern auch eine Entlastung für die Tröstenden. Denn so hängt nicht mehr alles an mir und meinen Fähigkeiten. Es gibt noch einen, der seine Treue verspricht, der sich als zuverlässiger Partner erweisen will – jetzt und in Ewigkeit.

sw

AN MEINER SEITE

Am Grab möchte ich
mehr noch als anderswo
glauben dürfen,
dass es nicht Gott ist,
der mir einen Menschen nimmt,
den ich liebe.

Am Grab möchte ich
mehr noch als anderswo
sicher sein dürfen,
dass es Gott ist,
der an meiner Seite ist
und mich tröstet.

tw

Selig sind die Friedfertigen;
denn sie werden Gottes Kinder heißen.
MATTHÄUS 5,9

Ein bedeutender Wissenschaftler

Alfred Nobel war und ist ein bedeutender Mann. Die Welt hat ihm schließlich die Nobelpreise zu verdanken. Doch Alfred Nobel war schon zu seinen Lebzeiten überaus berühmt. Dem schwedischen Ingenieur und Erfinder war es gelungen, Nitroglycerin kontrolliert zu zünden. Das Dynamit war erfunden. Das Leben wurde mit diesem gewaltigen Stoff einfacher. Nun konnte man Sprengungen vornehmen, die den Bau von Eisenbahntrassen und Straßen schneller und kostengünstiger machten. Diese Erfindung, wie noch viele andere, verhalfen Alfred Nobel zu Reichtum und Ansehen.

Alfred Nobel war aber nicht nur ein begeisterter Forscher, der für die Physik und die Chemie lebte. Er begeisterte sich auch für gute Literatur, und er interessierte sich für die aktuellen politischen und gesellschaftlichen Themen seiner Zeit.

So ließ er sich von der Friedensaktivistin Bertha von Suttner überzeugen, einen Preis an Menschen zu verleihen, die in besonderer Weise für den Frieden arbeiten. Er verfügte in seinem Testament, dass aus dem Zinsertrag seines Vermögens Jahr für Jahr ein Preisgeld für bedeutende Wissenschaftler, Literaturschaffende und Friedensaktivisten ausgezahlt werden sollte.

Der Nobelpreis war geboren – und eben auch der Friedensnobelpreis, der seit Beginn des 20. Jahrhunderts Menschen verliehen wird, die sich in besonderer Weise für den Frieden in der Welt eingesetzt haben.

Alfred Nobel – ein bedeutender Ingenieur und Erfinder und ein bedeutender Arbeiter für den Frieden.

sw

WERKZEUG DEINES FRIEDENS

O Herr,
mach mich zu einem Werkzeug
deines Friedens,
dass ich Liebe übe, wo man sich hasst,
dass ich verzeihe, wo man sich beleidigt,
dass ich verbinde, da, wo Streit ist,
dass ich den Glauben bringe,
wo der Zweifel drückt,
dass ich die Hoffnung wecke,
wo Verzweiflung quält,
dass ich ein Licht anzünde,
wo die Finsternis regiert,
dass ich Freude mache,
wo der Kummer wohnt.
Ach, Herr, lass du mich trachten,
nicht, dass ich getröstet werde,
sondern dass ich tröste;
nicht, dass ich verstanden werde,
sondern dass ich verstehe;
nicht, dass ich geliebt werde,
sondern dass ich liebe.
Denn wer da hingibt, der empfängt;
Wer verzeiht, dem wird verziehen;
Und wer stirbt,
erwacht zum ewigen Leben.

Franz von Assisi zugeschrieben

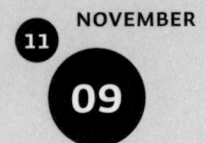
Selig sind, die um der Gerechtigkeit
willen verfolgt werden;
denn ihrer ist das Himmelreich.
MATTHÄUS 5,10

Schicksalstag der Deutschen

Der heutige „9. November" – manche nennen
ihn den „Schicksalstag der Deutschen". An
diesem Tag gab es große Wendepunkte in der
Geschichte Deutschlands – zum Guten oder
zum Bösen.

Der 9. November 1918. Das ist das Ende der
Monarchie unter Kaiser Wilhelm II. Vom Balkon des Berliner Reichstags wird die Republik
ausgerufen. Doch die ist gefährdet.

Nur fünf Jahre später: der 9. November 1923:
In München marschieren Nationalsozialisten
auf die Feldherrnhalle zu. Anführer ist Adolf
Hitler. Immer mehr lassen sich von ihm verführen.

9. November 1938. Die Reichspogromnacht.
Im gesamten Deutschen Reich brennen Syn-
agogen, jüdische Geschäfte werden geplündert. Etwa 100 Juden werden ermordet, rund
26.000 in Konzentrationslager gebracht. Die
Deutschen halten still oder machen mit.

Und dann – wieder ein Zufall der Geschichte
– der 9. November 1989. In Ostberlin findet
eine Pressekonferenz statt. Es soll Reiseerleich-
terungen für alle DDR-Bürger geben, sie sind
sofort „wirksam". Da gibt es kein Halten mehr.
Grenzübergänge werden gestürmt und mutige Offiziere entscheiden: Keine Gewalt, wir
öffnen die Schranken. Am Abend liegen sich
Ost- und Westdeutsche in den Armen.

Viel dazu beigetragen haben die Kirchen in
der damaligen DDR. Schon Jahre zuvor – in
der Zeit des Kalten Krieges – versammelten
sich dort eine Handvoll Christen und beteten
für den Frieden. Bald kamen Hunderte, später
Tausende, schließlich die Massen. Im Schutz
der Kirchen wurden Parteien gegründet und
die Wende herbeigeführt.

Der 9. November – Schicksalstag der Deutschen. Hier entscheidet sich, ob Republik oder
Diktatur, Verfolgung oder Vereinigung, Gutes
oder Böses. Jesus mahnt: „Selig sind die Friedfertigen!"

jvl

KERZEN UND GEBETE

„Mit allem haben wir gerechnet,
nur nicht mit Kerzen und Gebeten.
Sie haben uns wehrlos gemacht."

So wird Horst Sindermann, damals Vorsitzender des DDR-
Ministerrates, zitiert.

jvl

Martinstage

So lasst euer Licht leuchten.
MATTHÄUS 5,16A

NOVEMBER
11
10

Der „doppelte Martin"

„Ach, mir gefällt das Martinssingen", sagt eine Mutter, als sie mit ihrer Tochter beim Laternenumzug der Kindertagesstätte mitgeht. Die andere Mutter erwidert: „Ach, ich dachte, das heißt Martinisingen?" „Nein: Martinssingen! Wir erinnern doch an den heiligen Martin, der vor 1600 Jahren gelebt hat", antwortet die andere.

„Vor 1600 Jahren? Also, mein Martin hat vor 500 Jahren gelebt", sagt die zweite Mutter erstaunt. Die andere erwidert: „Also, der Martin, den ich meine, war – glaube ich –römischer Soldat und später Bischof in Frankreich ..." Die andere: „Nein, mein Martin war doch der Mönch und Reformator, und der war Deutscher ..."

„Der doppelte Martin" – des Rätsels Lösung: Beim Martinisingen und beim Martinssingen wird an zwei verschiedene „Martins" erinnert.

Das Martinisingen ist ein alter protestantischer Brauch. Gefeiert wird er vor allem in den lutherisch geprägten Gebieten Nordwestdeutschlands und Nordostdeutschlands und zwar am heutigen 10. November. Denn am 10. November wurde Martin Luther geboren. Seine 95 Thesen und seine Schriften führten zur Reformation und zur Gründung der Evangelischen Kirche. Daran erinnern Laternenkinder beim Martinisingen in einigen evangelischen Regionen, wenn sie singen:

„Martinus Luther war ein Christ,
ein glaubensstarker Mann.
Weil heute sein Geburtstag ist,
zünd ich mein Lichtlein an."
Am 11. November wurde Luther getauft. Und weil sein Tauftag der Martinstag war, wurde er nach dem heiligen Martin benannt.

Und jener „andere" Martin, der vor 1600 Jahren lebte, sah als junger Soldat einen frierenden Bettler am Straßenrand und teilte mit ihm seinen Mantel. Aber welcher Martin beim Martini- oder Martinssingen auch gemeint ist – darin sind sich evangelische und katholische Kinder einig: Beide waren Menschen, die auf ihre Weise Licht in diese Welt brachten. So wie auch die Kinder am Martinstag, wenn sie singen:
„Ich geh mit meiner Laterne
und meine Laterne mit mir.
Da oben leuchten die Sterne.
Und unten da leuchten wir!"

jvl

EIN ANDERES LATERNELIED
Leuchte,
du mein Friedenslicht.
Leuchte
und verlösche nicht.
Gib dem Frieden ein Gesicht.
Leuchte,
du mein Friedenslicht.

fb

Ich bin nackt gewesen
und ihr habt mich gekleidet.
MATTHÄUS 25,36A

Martin von Tours

Martin war ein ganz besonderer Mensch – und ist auch dafür „verantwortlich", dass später der große lutherische Reformator „Martin" hieß und dass es den Martinstag gibt.

Er wird um 316 in Ungarn geboren. Mit 15 Jahren kommt er zur Reiterei, wird bald Offizier und in seiner Abteilung nach Frankreich beordert.

Einmal reitet Martin – kaum 18 Jahre alt – auf einem Pferd durch Schnee und Wind zu seinem Quartier. Er spürt die Kälte nicht, da sein roter, weiter Umhang ihn warm hält. Am Stadttor einer französischen Stadt sieht er plötzlich im Schnee einen nur mit Lumpen bekleideten Bettler sitzen, der entsetzlich friert. Martin lässt sein Pferd anhalten. Und er teilt ohne zu zögern mit dem Schwert seinen Mantel – und gibt dem Bettler die Hälfte. Der arme Mann ist überglücklich und möchte dem guten Soldaten danken. Aber da ist er schon wieder weg.

In der nächsten Nacht soll ihm dann der Heiland erschienen sein. Er hatte genau den halben Mantel an, den er dem Bettler geschenkt hatte. Und Martin hörte, wie der Heiland zu seiner Engelschar sagte: „Seht, das ist Martin. Der hat mir den Mantel geschenkt und die Liebestat vollbracht."

Kurze Zeit später wird Martin getauft. 18 Jahre ist er alt. Er tritt aus dem Militär aus. Denn er sagt: „Soldat sein und Christsein lässt sich nicht miteinander vereinbaren."

Die Geschichte von Martin und dem Bettler – und viele andere – verbreiten sich überall wie ein Lauffeuer. Nachdem in Tours der Bischof verstorben war, will das Volk Martin als Bischof. Aber Martin will nicht. Er will in Abgeschiedenheit leben. Martin versteckt sich in einem Gänsestall. Und es wird erzählt: Das Versteck Martins wird durch das Geschnatter von Gänsen gefunden. Deshalb sieht man auch oft eine Gans bei Martin abgebildet: die Martinsgans.

Martin wird dann doch nach Tours gebracht und zum neuen Bischof gewählt. Seine Wundergabe, die er von Gott hat, nutzt er zu der Bekehrung der Menschen. Viele Kranke werden wieder gesund. Am 8. November 397 stirbt Martin. Er wird am 11. November unter großer Anteilnahme der Menschen beerdigt.

fb

WIE KAM ES ZU DER MARTINSGANS?

Es wird erzählt: Das Versteck Martins wird durch das Geschnatter von Gänsen gefunden.
Das ist eine Legende.
Der Brauch der Martinsgans könnte allerdings auch darauf zurückzuführen sein, dass am Martinstag einst die Pfarrer ihre „Kirchensteuern" in Form von Hühnern und Gänsen bekamen.

fb

Wolf und Schaf sollen beieinander weiden.
JESAJA 65,25A

Der Friedensweg

Nach links und rechts steigen die Hänge steil an. Almwiesen, mit Blumen übersät. Dazwischen Felsbrocken. Meine Frau und ich keuchen mit unseren Kindern den Pfad aus dem Kärntener Lesachtal zum Schönjöchl hinauf. Von oben soll man nach Italien hinübergucken können. Italien! Die Kinder sind gespannt. Nach 1.200 Höhenmetern haben wir es geschafft und genießen den weiten Blick nach Süden. Entlang der Scharte verläuft eine flache, mit Natursteinen geschichtete Mauer, überwuchert von Thymian. Die Kinder springen über sie hinweg.

Plötzlich stolpert unser Sohn. Sein rechter Fuß ist an einem Stacheldraht hängen geblieben, der aus dem Gras ragt. Stacheldraht? Hier oben? Die Schafe werden doch nicht eingezäunt!

Da merken wir, dass der Stacheldraht sehr rostig ist. Er muss alt sein. Nun entdecken wir morsche Pfähle in der Mauer. Auch an ihnen hängt Stacheldraht. Und überhaupt – die Mauer: Wozu braucht man hier eine Mauer?

Erst jetzt fällt uns ein: Vor knapp hundert Jahren verlief hier die Front zwischen Italien und Österreich-Ungarn. Wo wir rasten, haben damals Soldaten in ihrer Stellung gelegen. Wo wir die Aussicht genießen, haben sie auf andere geschossen und sind selbst beschossen worden.

Wir sitzen auf Boden, auf den Blut getropft ist. Dass unsere Kinder jetzt an dieser Grenze spielen können, verdanken sie Menschen, die sich für Versöhnung eingesetzt haben – geleitet von der Verheißung, dass „Wolf und Schaf beieinander weiden".

Später erfahren wir: Entlang dieser Grenze verläuft der „Friedensweg". Auf Militärsteigen aus dem Ersten Weltkrieg wurde er Mitte des 20. Jahrhunderts als Wanderweg angelegt.

ds

FÜR EINE ZUKUNFT IN FRIEDEN

Gott des Friedens,
wie Sonne den Nebel auflöst,
so lass die Zukunft,
die du unserer Welt verheißt,
den Hass auflösen, wenn er in mir aufsteigt.
Und wenn andere Hass verbreiten,
lass mich aufstehen, einschreiten
und eintreten für deine Zukunft,
in der Wolf und Lamm beieinander weiden.

ds

Sie werden ihre Schwerter zu Pflugscharen
und ihre Spieße zu Sicheln machen.
Es wird kein Volk wider das andere das
Schwert erheben, und sie werden hinfort
nicht mehr lernen, Krieg zu führen.

MICHA 4,3B

Ein Symbol des Friedens

Wie gut, dass für das Bedrucken von Vlies – anders als von Papier – eine Druckgenehmigung nicht erforderlich war! Es firmierte nach DDR-Recht unter „Textiloberflächenveredlung". Und so ließ der sächsische Landesjugendpfarrer Harald Bretschneider im Jahr 1980 100.000 Vlies-Lesezeichen mit den Worten bedrucken: „Frieden schaffen ohne Waffen. Schwerter zu Pflugscharen".

Und wie gut, dass die Vision des Propheten Micha so eindrücklich ist, dass sie den sowjetischen Künstler Jewgeni Wutschetitsch zu einer Bronzeskulptur inspirierte, die einen Mann zeigt, der ein Schwert zu einer Pflugschar umschmiedet! Das Werk hatte Nikita Chruschtschow 1959 den Vereinten Nationen geschenkt, vor deren Hauptquartier in New York es noch heute steht. Wie sollte die DDR Einwände gegen ein Abbild dieser Skulptur im Lesezeichen erheben, wenn sie doch vom „großen Bruder" Sowjetunion stammte?

Damit war das Symbol für die Friedensdekade entstanden, die die Landesjugendpfarrer in der DDR 1980 zum ersten Mal für die zehn Tage bis zum Buß- und Bettag ausriefen. So nahmen sie die Besorgnis junger Menschen vor der Aufrüstung auf, die gerade in den beiden deutschen Staaten zu immer mehr Waffen führte.

Jugendliche legten das Vlies in ihre Schulbücher, nähten es auf ihre Jacken und protestierten so gegen die Rüstungspolitik ihrer Regierung. Nach einer Neuauflage zur Friedensdekade 1981 wurde das Symbol als „staatsfeindlich" gebrandmarkt. Wer mit ihm angetroffen wurde, musste mit Nachteilen rechnen.

„Schwerter zu Pflugscharen" – dieses Stück Vlies wurde zu einer der Wurzeln, die 1989 zur gewaltlosen Revolution in der DDR führten. Die Botschaft bleibt weiter aktuell. Und so begehen die Kirchen auch heute noch die Friedensdekade.

ds

ES LIEGT AN UNS

Durch „Rüstungskonversion" können destruktive Gegenstände in produktive verwandelt werden. Das zeigt, wie viel in unserer Hand liegt. Es liegt an uns, das, was Gott uns mit seiner Schöpfung schenkt, gut zu verwenden.

ds

Den Frieden lasse ich euch,
meinen Frieden gebe ich euch.
JOHANNES 14,27A

Verwundbarkeit, die Frieden schafft

Was für ein Friede soll das sein, den jemand verspricht, der sich nicht einmal selbst schützen kann?
Kann man einem Gott, der in seinem Sohn verwundbar geworden ist, glauben, dass er Frieden geben kann?
Friede muss doch durchgesetzt und gesichert werden!

Aber vielleicht liegt genau hier der Fehler. Indem Gott sich verwundbar macht, öffnet er uns die Augen: Der Schlüssel zum Frieden besteht in unserer Verwundbarkeit.
Menschliches Leben ist grundsätzlich verwundbar und gefährdet. Deshalb ist es Aufgabe jeder organisierten Gesellschaft, ihre Glieder vor Gewalt und Bedrohung zu schützen. Alle Menschen, besonders die Schwachen, haben ein Recht darauf.

Was allerdings keine Gesellschaft kann, ist, Unverwundbarkeit zu garantieren. Wie verwundbar selbst die Stärksten sind, hat der 11. September 2001 gezeigt. Und wie wenig erfolgreich der Versuch ist, sich militärisch unverwundbar zu machen, ist im „Krieg gegen den Terror" deutlich geworden. Das Streben nach einem Frieden, der in Unverwundbarkeit bestehen soll, ist nicht Realpolitik, sondern unrealistisch.

Gerade in unserer Verwundbarkeit liegt die Möglichkeit, Frieden zu schaffen. Sie lässt uns die Verwundbarkeit anderer erkennen, öffnet uns für Mitgefühl und Verantwortung. Indem wir andere in Obhut nehmen und uns von ihnen in Obhut nehmen lassen, werden wir zu Menschen. Der völlig unverwundbare Mensch wäre ein Monster.

Die eigene Verwundbarkeit anzuerkennen, bahnt den Weg dafür, gemeinsam nach Lösungen zu suchen, anstatt die eigene Sicherheit mit Gewalt durchsetzen zu wollen – und so die Spirale von Gewalt und Gegengewalt in Gang zu setzen.
Die eigene Verwundbarkeit zu zeigen, kann helfen, gegenseitig Vertrauen zu schaffen.

ds

GEBET DER VEREINTEN NATIONEN
Herr, unsere Erde ist nur ein kleines Gestirn im großen Weltall.
An uns liegt es, daraus einen Planeten zu machen,
dessen Geschöpfe nicht von Kriegen gepeinigt werden,
nicht von Hunger und Furcht gequält,
nicht zerrissen in sinnlose Trennung
nach Rasse, Hautfarbe oder Weltanschauung.
Gib uns Mut und Voraussicht,
schon heute mit diesem Werk zu beginnen,
damit unsere Kinder und Kindeskinder
einst stolz den Namen Mensch tragen.

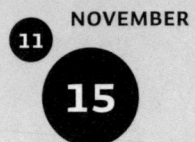
Liebt eure Feinde und bittet für die,
die euch verfolgen, damit ihr Kinder
seid eures Vaters im Himmel.
MATTHÄUS 5,44B+45A

Gedenken

Die Feinde des Krieges über den Gräbern versöhnen – dazu sollte der Volkstrauertag helfen. Anfang der 1920er Jahre wurde er als Gedenktag für die Gefallenen des Ersten Weltkriegs eingerichtet.

Bald aber wurde er zum „Heldengedenktag". Man ehrte die im Krieg getöteten Soldaten als Helden – aber nur die deutschen. Die Trauer sollte sich in Hass wandeln: auf die anderen Staaten und Soldaten – von denen doch auch so viele gefallen waren. Aus dieser Saat ging ein neuer Krieg hervor.

1952 wurde der Volkstrauertag wieder eingeführt: als Gedenktag für die Opfer der beiden Weltkriege und die Opfer des Nationalsozialismus. Wie seine Geschichte zeigt, ist die alles entscheidende Frage: Welcher Toten gedenken wir? Und wie gedenken wir ihrer?

Als Christinnen und Christen gedenken wir der gefallenen deutschen Soldaten nicht als Helden, sondern wir trauern um ihren viel zu frühen, gewaltsamen Tod und um die Verblendung, mit der viele einem verbrecherischen Regime gedient haben. Wir halten inne und überlegen, wo wir heute verblendet sind, wo wir umkehren müssen.

Wir gedenken der Gefallenen und Zivilopfer aller Nationen. So wird deutlich: Die Trauernden der verfeindeten Seiten sind grundsätzlich in der gleichen Lage: Sie trauern um Tote. Hieraus kann eine Solidarität der Trauernden erwachsen, die ausruft: „Krieg soll nach Gottes Willen nicht sein!" Der Ausruf stammt von der Gründungsversammlung des Ökumenischen Rates der Kirchen 1948 in Amsterdam. Wir gedenken der Opfer des nationalsozialistischen Staatsterrors. Wir gedenken ihres Leidens und ihrer Verzweiflung – und lassen uns mahnen, wachsam zu sein. Wir gedenken auch ihres klaren Blicks, ihres Mutes, ihrer Hoffnungen – und erwecken sie in uns zur Kraft.

ds

LASS MUT WACHSEN

Ewiger Gott,
wir gedenken der Opfer von Krieg,
Gewaltherrschaft und Terror.
Wir denken an ihre Träume,
die zertreten worden sind,
an ihre Liebe, die verblutet ist.
Wir erschrecken davor,
was Menschen Menschen antun können.
Du bist die Kraft,
die in den Schwachen mächtig ist.
Lass uns nicht derer gedenken,
die sich mit Gewalt durchgesetzt haben,
sondern derer,
die unter Gewalt gelitten haben.
Ihre Träume lass in uns blühen,
ihren Mut lass in uns wachsen,
ihre Liebe lass in unseren Herzen schlagen –
in der Kraft Jesu Christi,
der durch den Tod ins Leben gegangen ist.

ds

Darum bekehrt euch, so werdet ihr leben.
EZECHIEL 18,32B

Ein Tag der Neuorientierung

Bereits im 8. Jahrhundert gab es zu Beginn eines jeden Vierteljahres Bußgebete – mit der Bitte um Segen für die kommende Zeit. Immer wieder wurden Bußtage aus Anlass konkreter Notstände ausgerufen, mal während einer Türkenbedrohung, mal wegen der Pest. In solchen Notsituationen wurde die gesamte Bevölkerung zum Gebet und zur Buße aufgerufen: Kehrt um! Orientiert euch neu! Vielleicht kehrt Gott mit seiner Gnade dann zu uns zurück – und geißelt uns nicht weiter mit Krankheiten und Tod.

Ein Buß- und Bittgottesdienst entwickelte sich so auch während des Dreißigjährigen Krieges. Man beichtete die eigene Schuld. Vielleicht würde dann alles besser. In so einer Tradition ist der Buß- und Bettag besonders ein „Gedenktag", in dem es um das öffentliche Leben, das Leben der gesamten Gesellschaft geht.

Seit 1893 gibt es in den meisten Evangelischen Landeskirchen den „Buß- und Bettag". 1934 wurde er von der Evangelischen Kirche in Deutschland allgemein eingeführt.

Wegen eines Problems des „Öffentlichen Lebens" wurde der Buß- und Bettag als gesetzlicher Feiertag auch wieder abgeschafft: 1994 wurde beschlossen, den Buß- und Bettag als arbeitsfreien Tag ab 1995 zu streichen. So sollte die Mehrbelastung der Arbeitgeber durch ihre Beiträge zur neu eingeführten Pflegeversicherung ausgeglichen werden.

Der Buß- und Bettag bezieht sich in der Praxis heute oft mehr auf den Einzelnen und sein Verhältnis zu Gott und den Menschen. Wenn die ehemalige hannoversche Bischöfin Margot Käßmann gerade an diesem Tag zu Gottesdiensten im Rahmen der „Ökumenischen Dekade zur Überwindung von Gewalt" aufgerufen hat, wird der ursprüngliche Charakter des Tages auf neue Weise wiederentdeckt.

Immer wieder gibt es gute Gründe, einen Buß- und Bettag zu begehen. Denn wir als Gesellschaft in Deutschland verstricken uns oft genug in Schuld – nicht nur „alle Jahre wieder". Aber sich dieses einmal im Jahr bewusst zu machen und zu schauen: Welche Umkehr ist für uns notwendig? Das würde uns allen gut tun.

fb

WIEDER NEU BUCHSTABIERT
die Anfragen ans Leben,
die ewig jungen:
In welchen Gärten
wachsen dir Flügel zu?
Unter welchem Himmel
wohnt der Geist, der befreiende,
der Scherben beiseite räumt,
der Licht schaltet im Dunkel,
der Menschen neu bedrängt,
deutlicher zu erkennen,
klarer zu sehen, was Sache ist,
auf dieser Welt?

as

Gesprächsfäden zu Gott

Im Kalender steht er noch, der Buß- und Bettag. Aber bedeutet er uns noch etwas? In der Schule gab und gibt es noch heute an manchen Orten Schulgottesdienste und am Abend feiern Menschen in den Kirchen Andachten oder Gottesdienste. Aber ist Buß- und Bettag – ist Beten eigentlich noch aktuell?

Genau das haben sich meine Konfirmandinnen und Konfirmanden auch gefragt und sie haben herausgefunden: Es gibt sie, diese unzähligen feinen Fäden zwischen Himmel und Erde. Eine Gruppe Konfirmanden hat sie am Samstagmorgen auf dem Markt entdeckt. Sie sind mit einem Aufnahmegerät ausgerüstet zu den Passanten gegangen mit der Frage „Sprechen Sie mit Gott?" Die befragten Männer und Frauen, jünger oder älter, antworteten erstaunlich schnell. Und viele waren sich so einig, als hätten sie sich abgesprochen: „Ja, ich bete, permanent, ganz egal wo, beim Joggen, vor dem Schlafengehen, ich spreche mit Gott über das, was am Tag passiert ist." Ein anderer: „Ich bete am Grab meines Vaters. Ich mach die Augen zu und bete innerlich". Eine dritter meint: „Überall kann ich beten: im Bus, jetzt, zu Hause, aber nicht laut. Ich danke Gott und ich bitte ihn. Ich glaube an ihn und ich weiß, er wird mir helfen, wenn's mir schlecht geht".

Die Konfirmanden haben sich dadurch anregen lassen – diese vielen Gesprächsfäden zu Gott motivierten sie, selbst mit Gott ins Gespräch zu kommen. Und sie haben ein Gebet für einen Menschen geschrieben, der lange schon nicht oder noch nie zu Gott gebetet hat: „O Herr, ich weiß, ich bin dir nicht immer treu, glaube auch nicht wirklich an dich. Aber ich brauche deine Hilfe. Gib mir Kraft, auch wenn du mich vielleicht vergessen hast. Ich vertraue auf dich. Hilf mir, mich von Sachen oder Menschen zu trennen, die schlecht für mich sind. Darum bitte ich dich. Ich hoffe, dass du mich erhörst. Amen"

Die Konfirmanden sind fest überzeugt, dass Gott antworten wird. Er wird dem Beter die Augen öffnen. Also schicken die Konfirmanden noch ein Dankgebet hinterher: „Vater im Himmel, ich danke dir, dass du mir die Augen geöffnet hast, dass ich deine Kraft bekommen habe. Danke!"

eh

BUSS- UND BETTAG

Vor dir, Gott,
ablegen dürfen, was mich beschwert.
Den abgetragenen Mantel,
mit dem ich mich zu schützen versuche.
Die Maske, die mein Gesicht verbirgt
und den Kontakt zu anderen so mühsam macht.
Vor dir, Gott, das Alte loslassen.
Mich bergen in dein Versprechen:
Siehe!
Ich mache alles neu!

tw

Und er machte sich auf und kam zu seinem
Vater. Als er aber noch weit weg war,
sah ihn sein Vater und es jammerte ihn [...].
LUKAS 15,20A

Er kommt uns dann entgegen

Dünn ist er und blass, der Patient mit der halben Lunge.

Aber wenn er spricht, fast flüsternd, leuchten seine Augen ausdrucksvoll und lebhaft.

Fast als sprächen die Augen – für die Lunge, die es nicht mehr schafft.

„Wenn mich jemand überfällt, kann ich nicht mal um Hilfe rufen."

Und er erzählt mir, der Pastorin, eine alte, schmerzliche Geschichte.

„Ja, man weiß manchmal nicht, wofür man büßen soll."

Er blickt auf seinen schmächtigen Körper.

„Ich hatte einen Freund, mein bester Freund. Der kriegte mit Anfang dreißig einen Schlaganfall. Und ich – ich hab ihn nicht besucht! Bin einfach nicht hingegangen.

Wir waren jung, stark, dynamisch ... und dann auf einmal: So ein Krüppel, das

konnte ich nicht anseh'n. Seine Frau hat sich davongemacht. Er tat mir furchtbar leid.

Aber ich bin die ganze Zeit nicht bei ihm gewesen. – Was er sich wohl gedacht hat?"

Ich helfe ihm: „Der wird sich gedacht haben" – ich gucke auf das Namensschild an seinem Fußende – „der Fritz, mein bester Freund, wo bleibt der bloß?"

„Genau", nimmt er den Faden auf, „Fritz, du! Wo bleibst du bloß?

Ich verstehe selbst nicht, warum ich damals so feige war."

Was denn aus seinem Freund geworden sei, frage ich.

„Eines Abends im Winter, auf dem Nachhauseweg, da ist er ausgerutscht.

Er konnte nicht allein hochkommen. Er ist erfroren. Das war das Schlimmste."

Wir schweigen für eine Weile.

„Ich glaube nicht," sage ich dann, „dass Gott uns bestrafen will. Er liebt uns doch. So vieles geht uns im Leben verloren, Menschen, die Gesundheit, Orte, Beziehungen ... Vielleicht gibt es ja jemanden, der das alles einsammelt und es uns am Ende zurückgibt."

„Ja", sagt der Kranke, „Ja: Der kommt uns dann entgegen."

chr

GEH NICHT VERLOREN

Gott, geh uns nicht verloren,
bleib ein Teil von uns
im Tun im Denken,
bleib uns auf der Spur,
halte dich wach
in unserm Gedächtnis,
öffne die Augen,
das Herz,
dass wir an jedem
neu geschenkten Tag
auferstehen mit dir.

as

Was siehst du aber den Splitter
in deines Bruders Auge und nimmst
nicht wahr den Balken in deinem Auge?
MATTHÄUS 7,3

Der mit den Plastiktüten

In unserer Stadt gibt es einen älteren Mann, den kennt wohl jeder.
Man denkt, ein Obdachloser.
Immer sieht man ihn mit seinen Plastiktüten.
Er guckt in alle Papierkörbe, wühlt verstohlen im Müll.
Eigentlich sieht er so aus, dass man lieber wegguckt.
Er hat ein ganz rotes Gesicht, wie entzündet von diesem Leben.

Es war einer der ersten Tage mit Sonnenschein nach dem langen Winter.
Ich war mit dem Fahrrad unterwegs. Dankbar habe ich die Wärme auf meinem Gesicht genossen.
Auf einer der Bänke am Flussufer saß der Mann.
Die Plastiktüten links und rechts von sich abgestellt.
Die Beine in den klobigen Schuhen nach vorne ausgestreckt, die Arme hinter dem Kopf verschränkt, der war etwas zur Seite geneigt.
Sein Gesicht, umrahmt von aschblonden Locken, war im Schlafen entspannt und nicht ganz so rot.

Nur ganz kurz hatte ich hingeguckt, aber meine Verwunderung traf mich wie ein Schlag.
Der Mann sah richtig schön aus mit seinen weiblich-weichen Gesichtszügen, er war ganz bei sich. So schlief er, der Sonne zugewandt, mitten in der Stadt.

So schutzlos, entrückt und preisgegeben, dass es mir fast Angst machte.
Angst um diesen Menschen, weil er wehrlos war.
Dabei sah er irgendwie stolz aus. Würdig. Hier am Fluss, in der Sonne.

Später, zu Hause, fragt mich meine halberwachsene Tochter: „Mama, du kennst doch diesen Mann, der immer mit den Plastiktüten rumläuft? Der schlief hier an der Bushaltestelle. Da waren so Jugendliche, die wollten den grad verprügeln. Ich bin total sauer geworden, hab die angebrüllt, haut ab hier! Lasst den Mann in Ruhe, der tut doch niemandem was! Ich wusste gar nicht, dass ich so schreien kann. Aber das war richtig gut. Die sind abgehauen – Mama, wie findest du das?"

chr

WO WOHNST DU?
Wo wohnst du – Gott,
fragst du wieder und wieder,
bis du ihn neu wahrnimmst,
bis du erkennst:
Gott – du bist der Himmel,
der Himmel über mir,
der Himmel in mir,
der Himmel, der mich bewegt,
der mich wachhält im Weitergehen.

as

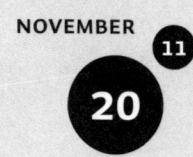
Da hatte der Herr Erbarmen
mit diesem Knecht und ließ ihn frei
und die Schuld erließ er ihm auch.
MATTHÄUS 18,27

Barmherzigkeit

Nach dem Gottesdienst verlässt er als letzter den Raum.
Er drückt mir lange die Hand, wendet sich halb ab.
Dann sieht er mir in die Augen und sagt: „Ich möchte mit Ihnen sprechen."
Ich biete ihm einen Stuhl an. Aber er will im Stehen reden.

„Jetzt, im Alter, habe ich ein Problem. Aber die Sache liegt schon sechzig Jahre zurück. Es war Krieg. Ich war siebzehn Jahre alt. Damals war das richtig. Ich war damals überzeugt davon. Das waren ja alle. Ich war Panzergrenadier in Ungarn, Rumänien. Immer den Russen gegenübergelegen. Versteh'n Sie: Ich hockte hinten auf'm Panzer drauf, Kanonenfutter! Hab geschossen, geschossen, geschossen! Heute fragt man sich ..." Er schluckt, schaut aus dem Fenster.

„Ich war vorher bei der Hitlerjugend. Wandern, Lieder singen, Lagerfeuer ... Das war was! Aber ... was danach kam." Er unterbricht sich, schluchzt und fasst sich wieder. „Damals haben wir das mit Begeisterung getan. Heute fragt man sich, ob nicht der eine oder andere von denen ... auch Vater und Mutter gehabt hat." Er steht auf die Stuhllehne gestützt und sieht mich eindringlich an.

„Nein, so was darf nicht wieder passieren! Wenn ich heute die Bilder von Panzern sehe, im Irak oder in Afghanistan und so, da wird mir immer schlecht. Ich kann das nicht seh'n! Ich sage den jungen Leuten: Ihr seid heute dafür verantwortlich, dass so was nicht wieder passiert! Und dankt Gott auf Knien dafür, dass ihr damals noch nicht gelebt habt.
Eine ältere Frau, eine Nonne, hat mir auf meine Fragen mal geantwortet: Gott ist Barmherzigkeit."
„Ja", sage ich nur, „Gott ist Barmherzigkeit." Und ich bin froh, dass wir eben das Abendmahl miteinander gefeiert haben.

chr

DU BIST DAS LICHT
Du brichst durch Wolken
und Dunkelheit.
Du erhellst den Horizont
der Gedanken.
Du weitest den Blick
auf die Dinge des Lebens.
Du löst aus Lähmung.
Du holst heraus
aus der Sprachlosigkeit.
Du zündest ein Gebet
auf den Lippen,
eins zu werden mit dir.

as

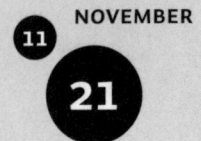

Vergebung

HERR, deine Güte reicht,
so weit der Himmel ist,
und deine Wahrheit,
so weit die Wolken gehen.
PSALM 36,6

Segen um mich rum

Sie hat ein bisschen was von einer Königin, wie sie da liegt in ihrem Pflegebett im Heim. Aber der Hofstaat ist auf Bett und Nachtschrank geschrumpft. Sie kann nicht mehr viel.

Der Mann ihres Herzens sitzt bei ihr und hält ihre Hand. Die Königin will am liebsten aus dem Bett raus. Sinnlos herumliegen ist nichts für sie.
„Ob das wohl wieder wird?", fragt sie und blickt uns ängstlich hoffend an.
„Du weißt doch, wie es letztes Mal ausgegangen ist, unser Ausflug mit Rollstuhl", meint ihr Freund besorgt. „Das hat ja mit dem Notarzt geendet."

Da sie nicht zum Gottesdienst kommen kann, freut sie sich, wenn ich nach der Feier bei ihr reinschaue. „Es ist ein – Segen um mich rum, das kann ich spüren!", sagt sie. Dazu erzählt sie eine besondere Geschichte. Der Gentleman an ihrer Seite lächelt, denn er kennt sie schon.

„Einmal, ich war noch jung, machte ich Urlaub im Ausland. Das Meer war den Tag wild, und ich bin zu weit raus geschwommen. Irgendwie bin ich in einen Strudel geraten, da war es schon zu spät. Ich dachte noch: wer sich wohl um mich grämen wird, wenn ich tot bin? Da fiel mir meine Mutter ein. Und ich betete zu Gott: Wenn es schon sein soll, dass ich sterben muss, dann nimm mich in deine Hände!

Und in dem Augenblick", sie strahlt mich ergriffen an, „da spür ich unter mir starke Hände! – Das waren die Männer vom Rettungsdienst, die brachten mich in ein Zelt, hüllten mich in Decken … Ja, ich wäre fast ertrunken." Ihr Freund drückt lächelnd ihre Hand.

Beim Abschied wünsche ich ihr, dass sie bald wieder aufstehen kann; dass sie noch eine gute Zeit genießen kann an der Seite ihres charmanten Partners.

chr

SEGEN
Eine Sprache finden,
die dich befreit
wie Gesang.
wie Gebet.

as

Maria aber stand draußen
vor dem Grab und weinte.
JOHANNES 20,11A

Jesus, unser Trost

Das Grab Jesu ist leer. Und die, die um ihn trauern, fühlen sich ebenso leer, leer und ausgebrannt. Es ist aus und vorbei. Nicht einmal ein Ort zum Trauern ist geblieben.

Für mich ist das Grab der Platz, an dem ich mich an den Verstorbenen erinnern kann. Ich höre die Stimme, das Lachen, sehe sein Gesicht. Ich versenke mich in die Bilder der Vergangenheit. Wie gut das tut, wie weh das tut! Ich sage ihm all das, was ich noch gerne gesagt hätte. Und das ist so viel! Ich rede mit ihm, weil ich Klarheit haben möchte über so manches, was mir geheimnisvoll und unverständlich geblieben ist. Hilflos lege ich ein paar Blumen ab. Wenigstens etwas, was ich noch tun kann.

Doch das Grab Jesu ist leer, der Ort der Erinnerung ausgelöscht. Nichts ist geblieben, nichts als Leere. Jeglicher Hoffnung beraubt, kehren die Jünger dem Grab Jesu den Rücken. Nur Maria Magdalena schafft es nicht, sich abzuwenden. Sie bleibt allein zurück. Die Menschen, die eben noch mit ihr die Trauer teilten, sind weg.

Das ist der schlimmste Zeitpunkt: allein sein mit der Trauer. Draußen stehen und weinen. Einsame Tränen, die nur dem geliebten Menschen gelten; die letzte Intimität, die geblieben ist.

Die Trauer, das Leben, der Tod zwingen Maria in die Knie. Tief gebeugt sucht sie am Ort des Todes nach Spuren verlorenen Glücks. Und findet – zwei Engel.

Am kalten Ort des Todes spürt sie plötzlich Gottes wärmende Liebe. Wunderbar und unerklärlich ist das und doch eine ganz reale Kraft, die ihr hilft, sich wieder dem Leben zuzuwenden. Anders, als sie es je für möglich gehalten hat, spürt sie nun Jesu Gegenwart. Neues Leben liegt vor ihr. Befreit und glücklich eilt sie davon, um andere mit der neu gewonnenen Kraft anzustecken.

eds

DER STEIN
Und plötzlich wälzt dir
ein Engel den Stein
von der Gottfinsterferne.

as

365

Einfach nur in den Arm nehmen

„Mein herzliches Beileid!" Annas Nachbarn und Freunde wissen nicht, was sie anderes sagen sollen. Wenn ein Mensch nach langer Krankheit oder im hohen Alter stirbt, dann kommen die Worte vom Ende des Leidens und von der Erlösung ganz von selbst über die Lippen. Anna aber hat ihren Mann und ihr Kind durch einen Unfall verloren. Dieser Tod reißt mitten aus dem Leben – auch die Trauernden. Und er macht hilflos, so hilflos, dass man nur noch die eingeübten Beileidsfloskeln stammeln kann. An Anna prallt das ab. Der Tod hat auch sie erstarren lassen. Stumm und regungslos ist sie. Die tränenlosen Augen scheinen durch die kondolierenden Menschen hindurchzusehen. Unfähig zu reagieren und doch dünnhäutig im Blick darauf, wie man mit ihrem Leid umgeht. Es tut ihr gut, von Freunden einfach nur in den Arm genommen zu werden. Und es schmerzt, Worte zu hören wie: „Du bist ja noch jung. Du hast das Leben noch vor dir." Ja sogar „Du kannst noch viele Kinder kriegen", muss sie sich anhören. Wehren kann sie sich nicht – noch nicht.

Jahre später noch gehen ihr diese so unüberlegt dahergesagten Worte nach. Doch sie macht ihren Frieden mit denen, die sie sagten, zeigen sie doch nur, wie unerhört schwer es ist, Tod, Leid und Trauer auszuhalten. Worte, die die Trauer möglichst schnell beiseite schieben wollen, sind im Grunde Ausdruck absoluter Hilflosigkeit.

Hiobs Freunde haben nach den schweren Schicksalsschlägen, die Hiob erlitten hatte, zuallererst sieben Tage lang geschwiegen. Als stumme Zeugen der Trauer. Sie waren einfach nur da. Sie haben gesehen, was der trauernde Freund jetzt braucht. Seine Trauer war ihre Trauer.
Solche Freunde erweisen sich auch für Anna als wahres Gottesgeschenk.

eds

AM GRAB
Bald wird der Rosenstock
erblühen für dich.
Er steht in vollen Knospen.
Farbe, die Fülle
wird um dich sein
wie mein Erinnern
gefüllt ist mit Farben.

as

Der letzte Feind, der vernichtet wird, ist der Tod.
1. KORINTHER 15,26

Der Tod ist nicht der Feind

Im Vorschulalter hatten meine beiden Geschwister und ich ein gemeinsames Kinderzimmer. Vor dem Einschlafen unterhielten wir uns regelmäßig über alles Mögliche, was uns Kinder gerade beschäftigte. Eines Abends begann meine ältere Schwester das Gespräch mit der Feststellung: „Alle Menschen sterben irgendwann einmal." Ungewohnt still war es daraufhin im Raum. Bis mein großer Bruder antwortete: „Ich nicht!" „Doch, du auch!", entgegnete meine Schwester. Es folgte ein längerer Schlagabtausch zwischen den beiden, bei dem jeder auf seiner Position beharrte. Ich, die Jüngste von uns dreien, hielt mich da raus, machte mir aber schon so meine Gedanken. Ich war mir nicht sicher und hielt es durchaus für möglich, dass mein Bruder recht haben könnte, so groß und stark, wie er war.

Dass diese Begebenheit sich so fest in meine Erinnerung gebrannt hat, hängt damit zusammen, dass ich damals begriffen habe, dass der Tod der ärgste Feind des Menschen ist. Lange Zeit habe ich ihn auch so gesehen. Ich habe ihn mit Missachtung bekämpft, habe so getan, als gäbe es ihn gar nicht, oder habe ihn gedanklich auf einen Sanktnimmerleinstag hinausgeschoben.

Eigene Leiderfahrungen haben meine Einstellung zum Tod geändert. Schwere Erkrankungen geliebter Menschen, der Abschied von ihnen und die Trauer um sie haben dem Tod mitten in meinem Leben einen Platz eingeräumt. Er gehört zu meinem Leben, so wie die geliebten verstorbenen Menschen immer Teil meines Lebens bleiben werden. Das alte Feindbild, das ich vom Tod hatte, besteht nicht mehr.

Diesen Wandel empfinde ich nicht als Sieg, den ich errungen habe, sondern als Geschenk Gottes. Er hat das alte Feindbild in mir zerstört und neues Leben geschenkt – schon vor dem Tod.

eds

ICH WARTE DOCH NUR AUF EUCH
Ich bin nur ganz leise auf die andere Seite des Weges gegangen.
Alles bleibt genauso, wie es war.
Ich bleibe ich und ihr bleibt ihr.
Das Leben, das wir so voll Liebe miteinander verbracht haben, bleibt unberührt.
Was wir füreinander waren, das sind wir noch.
Sprecht von mir wie eh und je und nicht anders.
Werdet nicht feierlich oder traurig.
Lacht weiter über Dinge, über die wir gemeinsam gelacht haben.
Spielt, freut euch und denkt an mich.
Betet auch für mich.
Alles, was das Leben für uns gemeinsam bedeutet hat, das bedeutet es immer noch.
Ich bin ja nicht weit weg, nur auf der anderen Seite des Weges.
Ich warte doch nur auf euch.
Alles ist gut.
Augustin

Ebenbürtige Partner

Liebe und Tod – was haben sie gemeinsam, dass sie so oft in einem Atemzug genannt werden? – Sind sie einander verwandt wie Mann und Frau, Schwester und Bruder? Etwas Gegensätzlicheres ist doch kaum vorstellbar als Tod und Liebe – gegensätzlich wie Feuer und Wasser. Der Tod zerstört Leben, die Liebe hingegen ermöglicht Leben. Der Tod ist grausam, die Liebe zärtlich. Der Tod ist rücksichtslos und hart, die Liebe ist einfühlsam und gnädig. Je mehr ich darüber nachdenke, desto mehr Gegensätze fallen mir ein.

„Liebe ist stark wie der Tod" behauptet der Dichter des Hohen Liedes. Was Tod und Liebe gemeinsam haben, ist für ihn offenbar ihre Stärke. Beide üben sie eine ungeheuere Macht aus. Beide beherrschen sie den Menschen ganz und gar. Erfahrungen von Liebe und Tod sorgen dafür, dass nichts mehr so ist, wie es war. Sie verändern den Körper eines Menschen ebenso wie seinen Geist. Tod und Liebe haben den Menschen in ihrer Gewalt. Sie bestimmen, wann er am Boden zerstört ist oder himmelhoch jauchzend über den Dingen schwebt. Liebe und Tod sind ebenbürtige Partner. Wo sie gegeneinander geraten, gibt es keinen Sieger und keinen Besiegten. Der Tod ist nicht stärker als die Liebe; die Liebe aber auch nicht stärker als der Tod. Auch wenn wir es gerne so hätten und deswegen behaupten, in der Bibel stünde, die Liebe sei stärker als der Tod. „Liebe ist stark wie der Tod" steht da, nicht mehr und nicht weniger. Wie der Tod schert

die Liebe sich nicht um die Begrenztheit und Vergänglichkeit des Lebens. Sie sprengt die Grenzen und verleiht den Liebenden Flügel. So können sie mitten in der schwachen, vergänglichen Welt Gottes Wirklichkeit spüren. Gott ist Liebe, die Liebe, die die Grenzen des Todes überwindet.

eds

EINES TAGES
verflüchtigst du dich
wie ein Traum sich
verflüchtigt am Morgen.

Eines Tages
wird kein Tag mehr sein
und keine Nacht für dich
gefüllt mit Träumen.

Eines Tages
öffnet sich der Horizont,
du löst die Riemen der Schuhe
und fliegst davon.

as

Denn ich bin gewiss, dass weder Tod noch Leben
[...] uns scheiden kann von der Liebe Gottes,
die in Christus Jesus ist, unserm Herrn.
RÖMER 8,38A+39B

Begegnung mit dem Tod

Nach den ersten Beerdigungen, die ich als junge Pastorin gehalten hatte, hielt mir der begleitende Organist vor, ich würde den Menschen zu wenig Gericht predigen. Daran musste ich denken, als ich eine Biografie des Malers Edvard Munch las. Von ihm stammt das Bild „Der Tod im Krankenzimmer".

Noch ist der Tod nicht eingetreten und doch beherrscht er ganz und gar den Raum. Es ist, als hätte er die Uhr angehalten und die Bewegungen der Menschen eingefroren. Er sitzt mit der Sterbenden auf dem Lehnstuhl und zeichnet sich ab in den Gesichtern derer, die Abschied nehmen müssen.

Weiß die Farbe der Sterbenden, schwarz die der Trauernden. Der Tod trennt. Mit dem Tod stirbt auch ein Teil der Hinterbliebenen – unwiederbringlich. Viel zu früh heißt es für Edvard Munch Abschied zu nehmen von der geliebten Schwester. Gerade mal fünf Jahre war er, als seine Mutter an Tuberkulose starb, und nun beendet die böse Krankheit auch das Leben seiner älteren Schwester. Sie ist erst 15. Edvard fühlt sich alleingelassen. Einsam steht er an der Zimmertür, als wollte er fliehen, während die übrigen Familienmitglieder einander Halt zu geben scheinen oder im Gebet Gott um Hilfe bitten.

Die Gewissheit, dass weder Tod noch Leben ihn von der Liebe Gottes trennen könnte, war ihm in dem tief religiösen Elternhaus nicht vermittelt worden. Stattdessen hat der vierzehnjährige Edvard fürchterliche Angst, vor dem himmlischen Richter nicht bestehen zu können und zu ewiger Verdammnis verurteilt zu werden.

Diese Angst hat ihn beherrscht und die Hoffnung auf Gottes Liebe und Vergebung nicht zugelassen.

Das ist wohl die größte Sünde, das Evangelium, die frohe Botschaft nicht als Befreiung, sondern als Drohung zu verkünden.

eds

DEINE STIMME

Deine Stimme nie mehr hören,
dein Lachen nie mehr sehn,
nie mehr mit dir streiten,
mit dir spazierengehn.
Wie soll ich das begreifen?
Wie soll ich das verstehn?
Du wirst für immer gehn …

In der Weite des Himmels geborgen,
in der Nähe Gottes zuhaus –
in meinem Herzen bleibt ein Teil von dir
tagein, tagaus.
Text: Hans-Jürgen Netz

HERR, du erforschest mich
und kennest mich.
Führe ich gen Himmel, so bist du da;
bettete ich mich bei den Toten,
siehe, so bist du auch da.

PSALM 139,1+8

Das Geheimnis des Lebens

Wer bin ich? Woher komme ich? Und wohin gehe ich? Antworten auf diese Fragen zu bekommen, ist für den Menschen so wichtig wie Essen und Schlafen.

„Am Anfang war das Gottesteilchen", mutmaßt die moderne Teilchenphysik. Im Juli 2012 wurde bekannt: Wissenschaftler haben das sogenannte „Gottesteilchen" endlich gefunden. Jahrelang haben die Physiker danach gesucht. Sie jagten Protonen durch eine 27 Kilometer lange unterirdische Röhre und ließen sie mit nahezu Lichtgeschwindigkeit aufeinanderprallen – die Ergebnisse lassen darauf schließen: Ja, es gibt sie, diese sogenannten Higgs-Teilchen. Sie sind wie Kraftfelder und halten die Welt im Innersten zusammen. Der Physiker Peter Higgs hatte bereits vor Jahrzehnten diese These aufgestellt, so spannend und so glaubwürdig, dass Milliarden von Euro in den Bau des Teilchenbeschleunigers bei Genf investiert wurden. Nun hat er die Existenz des Gottesteilchen nachgewiesen. An sich finde ich das Forschungsprojekt großartig und bin gespannt auf die Ergebnisse. Verdächtig finde ich nur die Bezeichnung „Gottesteilchen", entlarvt sie doch die alten Turmbauer zu Babel. Bei aller Begeisterung für das Menschenmögliche haben die Menschen ganz und gar verdrängt, dass sie den Tod nicht besiegen können, selbst wenn sie das „Gottesteilchen" finden sollten.

Für den glaubenden Menschen ist Gott Ursache, Ziel und Sinnstifter des Lebens. Als Teil seiner Schöpfung ist er geborgen im ewigen Woher und Wohin.

So sehr wir uns auch bemühen und so spannend es auch ist, das Leben und das Universum zu erforschen, so heilsam und wohltuend ist es, sich das Staunen über das wunderbare Geheimnis des Lebens zu bewahren und die letzten Fragen getrost Gott anzuvertrauen.

Wie eine Antwort auf die alten und neuen Fragen der Menschheit lesen sich die Worte des 139. Psalms: *Gott, du erforschst mich und kennest mich. Führe ich gen Himmel, so bist du da; bettete ich mich bei den Toten, siehe, so bist du auch da.*

eds

GOTTESTEILCHEN

Der Begriff „Gottesteilchen" geht zurück auf einen Buchautor, der sie ursprünglich „Gottverdammte Teilchen" nannte, weil sie sich so schwer nachweisen lassen. Der Verleger des Buches machte daraus kurzerhand den verkaufsfördernden Titel: „Gottesteilchen". Dies sei geschmacklos und unangemessen, meinen selbst Physiker, denn wir kommen Gott nicht durch Experimente auf die Spur. Trotzdem sagt diese Entdeckung auch etwas über Gott und seine Schöpfung aus: Denn was unsere Welt im Innersten zusammenhält, sind eben nicht nur physikalische Bausteine. Aus christlicher Sicht zeigt sich hier Gottes Schöpferkraft, die in *allem* wirkt. Im Gesangbuch klingt das so: *Was nah ist und was ferne, von Gott kommt alles her, der Strohhalm und die Sterne, der Sperling und das Meer ...* – warum sollte das nicht auch für die neu entdeckten Elementarteilchen gelten?

jvl

Ein Mensch ist in seinem Leben wie Gras,
er blüht wie eine Blume auf dem Felde;
wenn der Wind darüber geht, so ist sie nimmer
da, und ihre Stätte kennet sie nicht mehr.
PSALM 103,15+16

Ein zweites Leben

„Du fängst bei Null an", stellt Stefan D. fest. Sein ‚erstes Leben' endete am 14. November 2005. Da wurde er, der Bundeswehrsoldat, Opfer eines Selbstmord-Anschlags in Kabul. Eine Woche später beginnt sein ‚zweites Leben'. Er erwacht aus dem Koma. Ohne Beine. Die hat ein Sprengsatz zerfetzt. Ein anderer Soldat hat den Anschlag nicht überlebt. Aber an all das kann Stefan sich nicht erinnern. Gut so! Das bewahrt ihn vor Bildern, die ihm den Schlaf rauben und ihn nicht loslassen würden. „Ohne Beine", erzählt Stefan, „bist du erst einmal wie abgebrannt. Du hast zwar noch alles – aber du kannst nichts mehr gebrauchen, weder dein Fahrrad noch dein Auto."
Als seine Frau informiert wird, dass ihr Mann an den Beinen schwer verletzt ist, denkt sie an einen komplizierten Bruch. Die Ärzte des Bundeswehrkrankenhauses versuchen ihr schonend beizubringen, dass die Beine ihres Mannes amputiert werden mussten. Bevor sie ihn sehen kann, zählen die Mediziner auf, was ihm noch an körperlicher Lebensqualität geblieben ist: seine Sehkraft und nach mehreren Trommelfell-Operationen auch sein Gehör. Sein Gesicht sei ebenso unverletzt geblieben wie die inneren Organe. Doch die Beine seien nicht zu retten gewesen. Wichtig sei, dass er die nächsten drei Tage überstehe, dann könne er es schaffen.
Er hat es geschafft. Gott sei Dank!
Seine beiden kleinen Söhne geben Stefan die Kraft weiterzuleben. „Ohne sie", sagt er, „wäre mein Lebenswille begraben gewesen. Aber mit meinen Söhnen waren da Menschen, die mich wirklich brauchten." Zeit für sie zu haben und sie aufwachsen zu sehen, lässt neuen Lebensmut in ihm aufkeimen.
Am eigenen Leib hat Stefan erfahren, wie vergänglich das Leben ist. Es klingt paradox, aber seitdem er dem Tod ins Auge geschaut hat, weiß er, was für ein Geschenk das Leben ist.

eds

MITTENDRIN
zwischen den hellen,
den Tagen des Glücks
der dunkle Tag,
an dem kein Gedanke gedeiht,
kein Lachen gelingt,
keine Frage sich klärt,
dieser Tag,
der dich einfängt in sein Netz,
dem zu entkommen
eine Schere nottut,
die Schere im Kopf,
das Netz zu zerschneiden.

as

Eine andere Wirklichkeit

Oft lese ich diese Wundergeschichten im Neuen Testament mit viel Skepsis im Herzen. Das gibt es doch nicht, kann es nicht geben, dass da jemand die Regeln unserer Welt durchbricht: dass Tote wieder leben, Blinde sehen oder Aussätzige geheilt werden! Immer geht es dabei ja vor allem um eins: Gott fügt wieder zusammen, was auseinandergebrochen ist. Er geht dabei Wege, die aus meiner heutigen Perspektive manchmal ziemlich verrückt wirken, weil sie die Wirklichkeit verschieben. Manchmal ist dann auch von Engeln die Rede, diesen himmlischen Gottesboten, die mein Leben auf wundersame Weise bereichern. Aber gibt es das wirklich?

Wenn ich diese Heilungen mit einem gewissen Abstand betrachte, spricht vieles gegen sie. Denn ich kenne so viele Geschichten, in denen jemand nicht geheilt worden ist, obwohl er so darum gebetet hat. Oder ein Kind ist bei einem Autounfall ums Leben gekommen und es gab keine Rettung. Viele verzweifeln daran – an diesem Widerspruch: Wie kann Gott zulassen, dass solch schlimme Dinge geschehen? Wo ist der Engel, der mich beschützt?

Auf diese Frage kann ich oft nur schweigen. Oft verstehe ich das ja selbst nicht und ich hadere deshalb mit Gott. Was ich aber zutiefst glaube: Wir können Gott immer mehr zutrauen, als wir mit unserem Verstand für möglich halten. Ich übe mich selbst darin, in diesem Vertrauen. Und dieses Üben fängt eigentlich genau genommen jeden Tag wieder neu an. Weil jeden Morgen die Fakten der Wirklichkeit dagegensprechen, dass da jemand die Regeln der Welt durchbricht. Ich schaue dann oft in den Himmel. Dort ist dieser Satz eingeschrieben: „Mädchen, ich sage dir, steh auf!" Und wenn ich ganz aufmerksam bin, dann spüre ich den Engel, der mich auf meine zweifelnde Stirn küsst.

ns

WAS ZU BEWAHREN IST
ist nichts als ein Lächeln,
ein weises,
über den Lauf der Dinge,
ein Lächeln,
das in Kraft verwandelt
das Chaos der Welt.

as

Der Engel sprach zu ihr:
Fürchte dich nicht, Maria,
du hast Gnade bei Gott gefunden.
LUKAS 1,30

Fürchte dich nicht!

Gott lässt einfach nicht locker. Wieder so ein Moment, in dem er alles auf den Kopf stellt! Ein Engel kommt zu Maria und sagt „Fürchte dich nicht"! Aber wie soll das gehen? Natürlich fürchtet sie sich! Denn was er sagt, wird sie in Schwierigkeiten bringen. Ein Kind wird sie bekommen – ohne dass sie in gesicherten Verhältnissen lebt. Das war damals vor über 2000 Jahren nicht weniger problematisch als heute. Obendrein noch die ungeklärte Frage der Vaterschaft. Allen Grund zum Zweifeln hat sie also. Wie kann das alles sein, was der Engel ihr erzählt? Es muss zu viel für ihr junges Herz gewesen sein. Aber sie stellt sich ihrer Berufung. Sie flüchtet nicht. Sie nimmt das Kind, das noch ganz klein in ihrem Bauch ist, an. Sie spürt in ihrem Herzen: Dieses Kind ist ihr Leben. Sie wird ihm folgen, wohin es auch gehen wird.

Ich bin mir sicher, dass Maria schon in diesem Moment der Empfängnis wusste, dass ihre Liebe zu ihrem Sohn mit viel Schmerz verbunden sein würde. Bei dem Lied „Maria durch ein Dornwald ging" kann ich diesen Schmerz am eigenen Körper spüren. Und bei der Zeile „Da haben die Dornen Rosen getragen, als das Kindlein durch den Wald getragen" stehen mir fast immer die Tränen in den Augen. Denn in diesen Worten ist für mich alles enthalten: die übergroße Liebe, aber auch der kaum auszuhaltende Schmerz einer Mutter, die um ihr Kind ringt.

Vielleicht sind solche Herzensangelegenheiten wirklich nicht zu ertragen – nicht für Maria und auch für keine andere Mutter auf dieser Welt. Wenn es da nicht diesen Engel geben würde, der auch zu dir spricht: „Sei gegrüßt! Gott ist mit dir! Fürchte dich nicht!"

ns

DA HABEN DIE DORNEN ROSEN GETRAGEN
Maria durch ein Dornwald ging,
Kyrie eleison.
Maria durch ein Dornwald ging,
der hat in sieben Jahr'n kein Laub getragen.
Jesus und Maria.

Was trug Maria unter ihrem Herzen?
Kyrie eleison.
Ein kleines Kindlein ohne Schmerzen,
das trug Maria unter ihrem Herzen.
Jesus und Maria.

Da haben die Dornen Rosen getragen.
Kyrie eleison,
als das Kindlein durch den Wald getragen,
da haben die Dornen Rosen getragen.
Jesus und Maria.

aus dem Eichsfeld

DEZEMBER

**ADVENT FÜR DIE SEELE –
WAS MIR GUT TUT**

Die Vorgeschichte der Weihnacht
Nikolaus
Vorbereitungen im Advent
Ankunft und Warten
Lieder zur Weihnachtszeit
Advent
Heiligabend
1. Weihnachtstag
2. Weihnachtstag
Weihnachten
Zwischen den Jahren
Silvester

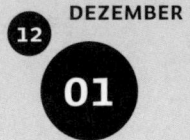

Die Vorgeschichte der Weihnacht

Aber der Engel sprach zu ihm:
Fürchte dich nicht, Zacharias, denn dein
Gebet ist erhört, und deine Frau Elisabeth
wird dir einen Sohn gebären, und du sollst
ihm den Namen Johannes geben.

LUKAS 1,13

In Erwartung –
Elisabeth und Zacharias

Elisabeth packt das Bündel für ihren Mann Zacharias. Heute muss er aufbrechen, um Dienst am Tempel in Jerusalem zu tun. Sie streicht über frischgewaschene Leinentücher und lächelt. Bald wird sie die Tücher als Windeln gebrauchen – sie ist im fünften Monat schwanger. Behutsam legt sie die Hand auf den Bauch, der sich schon sichtbar wölbt. Die Freude wächst in ihr in gleichem Maße wie das Kind.

Lange hat sie vergeblich auf ein Kind gehofft. Das Lächeln verschwindet, als sie an die Bemerkungen denkt, die sie früher zu hören bekam: „Ihr wisst wohl nicht, wie es geht ..." oder „Ihr wollt wohl keinen Kinderlärm!" Haben die Frauen nicht geahnt, wie sehr sie das verletzt hat?

Wenn sie nachts in ihrem Bett weinte, hat Zacharias ihr übers Haar gestrichen und gesagt: „Du musst nur Vertrauen haben. Gott erhört unseren Wunsch." Aber Elisabeth hatte dieses Vertrauen fast verloren. Oft hat sie sich stumm abgewendet und die Decke fest um sich geschlungen.

Nun ist sie alt geworden – und doch schwanger. Am Anfang hat sie der Sache nicht recht getraut. Aber es ist wahr. Sie wird ein Kind bekommen.

Elisabeth nimmt das Bündel und legt es neben die Tür. Zacharias kommt herein. Er betrachtet seine Frau liebevoll und streicht ihr über den Rücken. Schon will er das Bündel schultern, da hält Elisabeth ihn auf: „Warte noch.

Nimm dies mit in den Tempel." Sie hält ihm die kleine silberne Brosche hin, die Zacharias ihr einst zum Trost geschenkt hatte. „Du kannst sie zu Geld machen und jemandem damit helfen. Dank sei Gott, ich brauche sie nicht mehr." Zacharias nickt ihr zu und legt die Brosche vorsichtig zwischen ein paar Tücher; dann schultert er das Bündel und macht sich auf.

bs

ADVENT

Im Dezemberdunkel
tappe ich
meiner Sehnsucht hinterher.

So oft schon
ins Leere gefasst.
Durch Löcher gestolpert.
An dornigen Zweigen mir
das Hoffnungskleid zerrissen.

Da schweift am Horizont
ein Stern.

Als suche jemand die Erde ab.
Als hoffe er, im Lichtkegel
einen Verlorenen zu entdecken.

Einer hat sich
auf den Weg gemacht
zu mir.

tw

Da sprach Maria zu dem Engel: Wie soll das
zugehen, da ich doch von keinem Mann weiß?
LUKAS 1,34

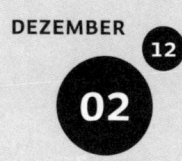

Im Zorn – Marias Mutter

„Ausgerechnet Maria", denkt die Mutter zornig und wirft den Krug an die Wand, den sie gerade gescheuert hat. Er zerspringt in Scherben. „Noch nicht verheiratet und schwanger, das dumme Ding. Was für eine Schande."
Sie rauft sich die Haare. Maria will nicht recht raus mit der Sprache, wie das geschehen konnte. Dabei sind Josef und Maria gerade erst verlobt. Ob Josef sie nun überhaupt noch heiratet? Das Schlimmste ist: Maria scheint sich nicht einmal zu schämen.

Maria kommt aus der hinteren Kammer. „Du willst doch jetzt nicht hinausgehen", herrscht die Mutter sie an, „willst du etwa, dass im Dorf alle mit dem Finger auf dich zeigen?" Maria bleibt gelassen: „Ich wollte nur schauen, ob ich helfen kann, ich habe gehört, dass etwas zerbrochen ist."
Die Mutter schnaubt: „Da hast du recht, es ist wirklich etwas zerbrochen. Mein Vertrauen zum Beispiel." Wütend wendet sie sich ab.
Maria bückt sich und beginnt, die Scherben einzusammeln. Einmal hat sie versucht, ihrer Mutter zu erklären, was geschehen ist. Aber es hat nichts genützt. Sie hat ja selber kaum verstanden, was geschehen ist, als ihr ein Engel erschien.
In ihrem Herzen klingen seine Worte nach: „Du wirst einen Sohn gebären, den sollst du Jesus nennen. Er wird der Sohn des Höchsten genannt werden." Erst hat ihr das Angst gemacht. Aber die Angst ist gewichen. Nun ist

sie ganz ruhig. „Gott hat es angefangen, er wird schon für mich sorgen – und für das Kind."
Maria öffnet die Tür, um die Scherben hinauszuwerfen. Einen Moment bleibt sie stehen und genießt die kühle Abendluft. Sie schaut auf die Scherben. Der Krug ist zerbrochen – aber in ihr ist etwas, das heil macht.

bs

MEINE HAND UND DEINE HAND
Gott,
Ich schaue meine Hände an.
Sie spiegeln mein Leben:
Von wem ich sie geerbt habe,
welche Arbeit sie gewöhnt sind,
wie das Wetter ist,
was ich spüre, was ich suche –
und wie es mir geht.

Was ich mir unbedingt merken muss,
schreibe ich mir in die Hand.
Und was mir kostbar ist,
berge ich schützend in meinen Händen.

Gott,
du hast mich
in deine Hände gezeichnet.
Das kann ich mir kaum vorstellen,
Aber es bedeutet mir viel.

cth

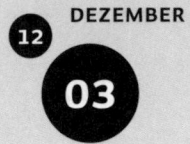

Und es begab sich, als Elisabeth den Gruß
Marias hörte, hüpfte das Kind in ihrem Leibe.
Und Elisabeth wurde vom Heiligen Geist
erfüllt und rief laut und sprach: Gepriesen
bist du unter den Frauen, und gepriesen ist
die Frucht deines Leibes!

LUKAS 1,41-42

In geteilter Freude –
Maria und Elisabeth

„Elisabeth!" Maria läuft der Verwandten freu-
dig entgegen. Elisabeth, die ältere der beiden,
steht mühsam auf und öffnet ihre Arme für
die junge Frau.
Maria fällt ihr in die Arme und sie müssen
lachen, als ihre Bäuche aneinanderstoßen.
Beide sind sie schwanger – doch wie unterschiedlich ist ihre Geschichte!
Sie setzen sich nebeneinander auf die Bank vor
das Haus. Elisabeth erzählt von sich. Ihr halbes
Leben hat sie sehnsüchtig auf ein Kind gewartet. Gehadert hatte sie und eigentlich hatte sie
schon resigniert. „Und als ich dann merkte,
dass ich schwanger bin, und es meinem Mann
Zacharias erzählt habe, stell dir vor, es war, als
ob er es schon gewusst hätte. Man kann es
kaum glauben! Wir freuen uns so sehr."
„Bei mir ist alles ein bisschen anders", Maria
schaut in die Ferne, „aber damit gerechnet hat
auch keiner, ich selber doch auch nicht." Maria
bekommt ein Kind, obwohl sie selber fast noch
eines ist.
Sie erzählt Elisabeth von der Botschaft des Engels, dass ihr Kind Gottes Liebe in die Welt
bringen wird. Elisabeth schaut ihr forschend
in die Augen. „Und, was sagst du?"
Maria zögert. „Ich freue mich ... Ja wirklich,
ich freue mich sehr!"
Als Maria spricht, ist es, als ob Elisabeths Kind
in ihrem Bauch einen Purzelbaum schlägt.
Elisabeth sagt: „Gott hat etwas vor mit deinem
Kind. Ich spüre das, und auch mein Kind kann
das fühlen." Sie legt die Hand auf den Bauch,
wo das Ungeborene immer noch heftig stram-
pelt. Da springt Maria auf. Ihre Furcht und ihre
Freude verbinden sich zu einem Lied. Sie singt:
„Meine Seele erhebt den Herrn und mein Geist
freut sich über Gott. Er hat mich angesehen
und große Dinge hat er getan. Mächtig ist er,
groß und heilig!"

bs

ÜBERRASCHUNGEN
Jemand hält mir die Augen zu.
Wer das wohl ist?

Ich fühle die Hände
und frage mich,
ob ich die Person
an ihren Händen erkennen kann.

Zwischen den Fingern blinzele ich hindurch,
und die Welt sieht ganz anders aus.

Ich kann gar nicht erwarten,
mich umzudrehen,
um endlich zu wissen,
wer es ist.
Ich bin voller Vorfreude
auf das Wiedersehen.

Gott, du schickst mir solche
Überraschungen in meinen Tag.
Danke.

cth

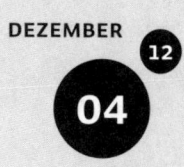

Und sie winkten seinem Vater,
wie er ihn nennen lassen wollte.
Und er forderte eine kleine Tafel und schrieb:
Er heißt Johannes.
Und sie wunderten sich alle.

LUKAS 1,62+63

In Stummheit – Zacharias

„Ein Name muss her!" „Wie willst du ihn nennen?" „Natürlich nach dem Vater!"
Der kleine Wohnraum von Zacharias und Elisabeth hallt von den Stimmen, die durcheinanderrufen. Die Verwandten sind gekommen, nur wenige Tage nach der Geburt. Elisabeth sieht blass aus. Kein Wunder, die Jüngste ist sie nicht mehr. Nun ist das Kind da - und dann so viel Besuch. Der Raum schwirrt von Lärm und entzückten Rufen.

Die meisten fordern, das Kind nach seinem Vater ‚Zacharias' zu nennen. Aber Elisabeth setzt sich gegen die lauten Stimmen durch. „Johannes soll er heißen", sagt sie ruhig. Zacharias lächelt stumm.
Bevor Elisabeth schwanger wurde, ist ihm im Tempel in Jerusalem ein Engel erschienen. Der hat zu ihm gesagt: „Ihr werdet ein Kind bekommen. Nenne es Johannes, denn Gott hat Großes mit ihm vor. Er wird ein Prophet sein." Zacharias hat dem Engel nicht geglaubt – und seit diesem Tage konnte er nicht mehr sprechen.
„Nun sag du doch auch mal was dazu", wendet sich seine Schwester an ihn. Gleich darauf schlägt sie sich errötend auf den Mund. Aber Zacharias schaut sie dankbar an. Er winkt und sie bringen ihm eine Tafel. Darauf schreibt er: ‚Er heißt Johannes!' Johannes heißt: Gott ist gnädig. Nun endlich wird es ruhig im Haus. Zacharias nimmt seinen Sohn aus der Wiege. Mit dem Kind auf dem Arm tanzt er durch die Wohnung. Da löst sich seine Stimme und er singt: „Gelobt sei Gott, der Herr Israels! Gott erlöst sein Volk! Du wirst ein Prophet heißen, mein Kind, und wirst dem Herrn einen Weg bahnen. Und Licht wird werden auf der Erde." Die Verwandten schauen auf den singenden Zacharias. Er strahlt. Und sie stoßen sich an: „Johannes, ja, so soll er heißen. So gnädig ist Gott!"

bs

JOHANNES
Johannes der Täufer –
der Sohn von Elisabeth und Zacharias –
tritt in seinem Leben
für ein radikal erneuertes Leben ein.
Er sagt eine verheißungsvolle Zukunft an,
steht für eine Wende, die sich lohnt.

Johannes sieht sich als „Vorläufer" Jesu,
als der, der ihm den Weg bereitet.
Als er Jesus in seinem Leben begegnet,
sagt Johannes:
Er (Jesus) muss wachsen,
ich aber muss abnehmen.

fb

Wohl dem, der sich des Schwachen annimmt!
PSALM 41,2A

Morgen, Kinder, wird's was geben

„Morgen, Kinder, wird's was geben", so wird am Vorabend von Nikolaus gesungen.

Den alten Brauch, dass es morgen, am Nikolaustag tatsächlich was gibt, verdanken wir drei jungen Frauen.

Es gab und gibt Orte und Zeiten, in denen es für junge Frauen gefährlich wird: wenn Eltern arm oder nicht mehr da sind. Mädchen in heiratsfähigem Alter, für die niemand eine Mitgift aufbringen kann, werden in die Prostitution verkauft. Viele sind noch Kinder.

Das war nicht nur zu Zeiten des Nikolaus so, als er Bischof in Myra war. Damals gab es die Kultprostitution an heidnischen Tempeln. Heute ist es der Sextourismus. In Indien, in den Slums von Südamerika, Afrika, Asien und sogar in Europa.

Als Nikolaus von den drei jungen Frauen erfuhr, denen dieses schlimme Los bevorstand, taten sie ihm leid. So schlich er nachts um ihre Hütte, stieg auf das Dach und warf einen Beutel mit Goldstücken durch den Schornstein ins Haus – direkt in eine der Socken, die am Feuer zum Trocknen aufgehängt waren.

Es ist nicht überliefert, wie viel Mühe es den alten Mann gekostet haben mag, heimlich auf das Dach zu steigen. Wohl aber das Glück der jungen Frauen, die mit der Hilfe des Nikolaus diesem grausamen Schicksal entgingen.

Bis heute werden daher in der Nacht vor dem 6. Dezember Socken aufgehängt oder – wenn die zu sehr riechen – Schuhe vor die Tür gestellt, damit der Nikolaus sie füllt.

Und Menschen, die etwas von dem Glück dieser Mädchen verstanden haben, wollen einen Teil dieser Freude weitergeben, in kleiner Münze: mit Schokoladentalern, Süßigkeiten und Spekulatius – ohne es an die große Glocke zu hängen.

Uns Große mag es daran erinnern, wie sehr unsere Welt Menschen braucht, die sich der Armen annehmen.

ams

WAS HAST DU FÜR ANDERE GETAN?

Jeder muss sich entscheiden, ob er im Licht der Nächstenliebe oder im Dunkel der Eigensucht wandeln will. Danach werden wir beurteilt. Die wichtigste und dringlichste Frage, die die Advents- und Weihnachtszeit stellt, lautet daher: Was hast du für andere getan?

Martin Luther King

Mein Lieber, folge nicht dem Bösen nach,
sondern dem Guten.
Wer Gutes tut, der ist von Gott [...].
3. JOHANNES 11A

Nikolaus und die Kinder

Nikolaus – als Schutzheiliger der Kinder wird er in vielen Gegenden bis heute verehrt und so verdanken wir ihm einen besonderen Brauch: die Kinderbischöfe. Jedes Jahr am 6. Dezember werden sie in ihr Amt eingeführt. Entstanden ist der Brauch an den mittelalterlichen Klosterschulen. Dort wurde straff unterrichtet und zimperlich waren die Lehrer auch nicht mit ihren Zöglingen. Einmal im Jahr aber ging es andersherum: verkehrte Welt! Die Schüler wählten einen der ihren zum Bischof und bekleideten ihn mit dem Bischofsornat. Während die geistlichen Herren und Lehrer die Messe am Vorabend des Nikolausfestes sangen, kamen die Kinder herein. Mit dem Vers des Magnificat auf den Lippen „Gott stürzt die Mächtigen vom Thron und erhebt die Niedrigen" mussten hochwürdige Herren das Chorgestühl räumen.

Der Kinderbischof hatte das Sagen. Er stellte die Herren zur Rede, rügte, ermahnte und bestrafte sogar. Den Lateinlehrer, der das Jahr über zu viele Aufgaben verlangte, traf es ebenso wie den Koch, der die Suppe mit zu viel Wasser zubereitete, oder den Präfekten, der die Rute zu oft gebrauchte. Doch auch mit Anerkennung und Lohn wurde nicht gespart. Auch heute gibt es sie wieder, die Kinderbischöfe. Achtsam und mit ihrer Sicht der Dinge tragen sie die Belange der Kinder in viele Stadtrats- und Kirchenvorstandssitzungen. Gut so! Denn das ist Zukunftsmusik und Weihnachtsmusik zugleich. So kann schon jetzt

vor „Gericht" kommen, was an Missständen um die Kinder herum zum Himmel schreit. Aber mit jenem Augenzwinkern und der Gaudi, die nur Kinder daraus machen können. Fröhlich und nachdenklich ernst zugleich – Vorgeschmack von Weihnachten, wenn Gott auch als Kind kommt, damit er uns Große endlich erreicht.

ams

NIKOLAUS

Kennst du den Herrn Nikolaus?
Heimlich kam er nachts ins Haus,
half den Menschen seiner Zeiten,
milderte so manches Leiden.

Myra war sein Heimatort,
predigte dort Gottes Wort;
sah, was Menschen dort bewegte,
Hoffnung in die Herzen legte.

Korn, genug für viele Jahr,
brachte Brot, wo Hunger war.
Alles ist von Gott gegeben.
Danket ihm für euer Leben.

jvl

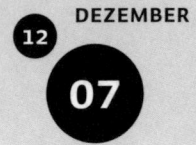
Vorbereitungen im Advent

Du, Tochter Zion, freue dich sehr, und du,
Tochter Jerusalem, jauchze!
Siehe, dein König kommt zu dir.
SACHARJA 9,9A

Macht hoch die Tür

Ein Lied gehört für mich zum Beginn jeder Adventszeit: Macht hoch die Tür, die Tor macht weit; es kommt der Herr der Herrlichkeit, ein König aller Königreich, ein Heiland aller Welt zugleich, der Heil und Leben mit sich bringt; derhalben jauchzt, mit Freuden singt: Gelobet sei mein Gott, mein Schöpfer reich von Rat. Denn Advent heißt Ankunft. Und ich wünsche mir in der Adventszeit oft besonders: „Komm du bei mir an, Gott."

Kennen Sie das Lied auch? 168 000 Einträge sind zu dem Lied „Macht hoch die Tür" im Internet zu finden – meist erscheint dann einfach der Text des wohl bekanntesten Adventsliedes. Manchmal auch die Frage: Für wen wird denn „das Tor" heute aufgemacht – und vor allem: für wen nicht? Und schon sind wir mitten in der Asyl-Debatte und damit mitten im Adventsgeschehen. Ein Lied, das Assoziationen freisetzt.

Von wem spricht der Prophet Sacharja, wenn er sagt: Siehe, dein König kommt zu dir, ein Gerechter und ein Helfer (Sacharja 9,9)? Ist es der, den der Autor des Liedes vor Augen hat – und von dem im Evangelium am ersten Advent die Rede ist?
Da zieht Jesus in Jerusalem ein (Matthäus 21,1-9). In dem Lied wird es zu einer jubelnden Aufforderung: Macht hoch die Tür unserem Heiland. Ganz Freude. Ganz Erwartung. Da wird etwas Großartiges passieren.

Im Hintergrund: der Dichter. Über ihn kann man kaum etwas im Internet finden. Er lebte in der Weite Ostpreußens, aber in einer Stadt mit großen Toren: Königsberg. Ihm verdanken wir Lieder, von denen einige bis heute im Gesangbuch zu finden sind. Pfarrer Georg Weissel schrieb immer wieder gerade zu biblischen Texten neue Lieder, die in den Herzen der Menschen ankamen – wie dieses.

Komm, o mein Heiland Jesu Christ, meins Herzens Tür dir offen ist. Ach zieh mit deiner Gnade ein; dein Freundlichkeit auch uns erschein. Dein Heilger Geist uns führ und leit den Weg zur ewgen Seligkeit. Dem Namen dein, o Herr, sei ewig Preis und Ehr.
Ja, wenn wir dieses Lied singen, dann wird es für mich wieder Advent. Gibt es für Sie auch solche Lieder?

fb

IDEE
Stellen Sie doch mal Ihre Hitparade für die Advents- und Weihnachtszeit auf.
Platz 1 ....
Platz 2 ....
Platz 3 ....
....

fb

Du hast Gnade bei Gott gefunden.
LUKAS 1,30B

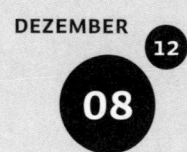

Dreierlei Geschenk

Beim Schenken kann man fast nichts falsch machen. Seitdem mir das bewusst ist, gehe ich entspannt durch den Advent. Es gibt nur dreierlei Art von Geschenken. Und alle drei Arten haben ihren guten Weihnachtssinn.

Die erste Möglichkeit: Ich schenke, was ich auch letztes Jahr geschenkt habe. Warum nicht? Krawatte. Badeöl. Feine Trüffel. Ok, von meinem Schwiegervater kam letztes Jahr ein Rundruf, Rasierwasser habe sich derart angesammelt, dass es bis 2030 reiche. Aber als dann tatsächlich keiner Rasierwasser geschenkt hat, war es doch schneller alle, als er gedacht hat. Wie auch immer: Es gibt eben Geschenke, die sind nicht originell. Na und? Wir hören Weihnachten auch jedes Jahr die gleiche Geschichte, singen die Lieder, die wir schon immer gesungen haben. Gerade das Vertraute ist das Schöne an Weihnachten. Die vertrauten Geschenke sagen auf ihre Weise: Gottes Liebe zieht ein in diese Welt. So war es, so ist es, so bleibt es. Gut so.

Daneben gibt es eine zweite Weise zu schenken: Wenn wir etwas aufmerksam vervollständigen. Ich schenke etwas, wovon ich meine, dass es dem anderen noch fehlt. Der Partnerin das Seidentuch, das sie sich schon lange wünscht. Dem Kind das neueste Drei-Fragezeichen-Buch. Schenken kann ergänzen, was noch fehlt. Weihnachten schenkt Gott dieser Welt, was ihr fehlt: Liebe und Hoffnung. Darum schickt er seinen Sohn.

Und jetzt noch die dritte Art zu schenken: Da setze ich auf etwas ganz Neues. Ohne zu wissen, wie es ankommt. Den Schwiegereltern eine Tagesreise dahin, wo sie noch nie waren. Dem Partner ein Buch, von dem ich nicht weiß, ob es ihm gefallen wird. Geschenke dieser Art brauchen manchmal einen langen Atem, vielleicht liegen sie erst mal eine Weile in der Ecke. Plötzlich wird das Buch dann gelesen – und das Leben verwandelt sich. Auch das Geschenk Gottes, das wir Weihnachten feiern, trägt diese Kraft in sich. Es ist ein Wandel durch Liebe, der manchmal schon unter dem Weihnachtsbaum beginnt. Manchmal aber auch erst sehr viel später.

In jeder der drei Geschenkarten steckt die Weihnachtsbotschaft. Viel falsch machen kann man also nicht. Seitdem mir das klar ist, genieße ich das Geschenk des Advents umso mehr.

cs

**DAS WICHTIGSTE
BEKOMMEN WIR GESCHENKT**
Deshalb hat man angefangen,
sich zu beschenken,
damit uns die kleinen Geschenke
an das große Geschenk Gottes erinnern.
Und die Wünsche erinnern uns
an den großen Wunsch,
Gott nah zu sein und seine Liebe zu erfahren,
weil wir nur so gut leben und
heil werden können.

fb / pa

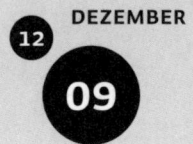
Maria aber sprach: Siehe, ich bin des Herrn
Magd; mir geschehe, wie du gesagt hast.
Und der Engel schied von ihr.
LUKAS 1,38

Der wiederkehrende Adventskalender

Der Adventskalender über dem Couchtisch wirkt ziemlich zerknittert. Neun Türchen sind geöffnet. Dahinter jeweils ein Satz. Während der Mann den Tee holt, beuge ich mich nach vorne und lese: 9. Dezember: Mir geschehe, wie du gesagt hast. „Marias Worte, als der Engel ihr die Geburt ankündigt", sagt der Mann vom Türrahmen aus. Mein Blick wandert zu den anderen, schon offenen Türchen. Die Schrift ist vergilbt, aber leserlich: Am 4. Dezember heißt der Spruch: Mir geschehe, wie du gesagt hast. Derselbe Satz. Etwas verwirrt fliegen meine Augen über die übrigen Papierfenster. Immer wieder dieser eine Satz: Mir geschehe, wie du gesagt hast.

Ratlos schaue ich den Mann an. „Was ist das denn für ein Adventskalender?" Gelassen hört er meine Frage. „Für mich ist das Advent", sagt er leise, „wenn ich diesen einen Satz buchstabiere. Und der kann dann etwas mehr in mir wachsen." „Also: hinter jeder der 24 Türen der gleiche Satz?", versuche ich zu verstehen. „Aber warum machen Sie dann noch jeden Tag ein Türchen auf?" Er lacht. „Glauben Sie, ich hätte den Satz schon verstanden? Ich dachte mal, ich hätte. Da war die Welt in Ordnung. Alles war gut. Dann verlor ich meine Frau. Im selben Jahr verließ meine Schwiegertochter meinen Sohn. Über zehn Jahre ist das jetzt her. Da musste ich erst mal mit zurechtkommen." Zehn Jahre … Deshalb also das Knittrige und Vergilbte. Zehn Jahre dieser eine Satz: Mir geschehe, wie du gesagt hast. – Jeden Tag im Advent.

„Und, was ist gewachsen?", frage ich. Er schaut zu mir rüber: „Freude an Gottes Fügung? Meinen Sie so was? Ach, die klugen theologischen Antworten, die können Sie sich selber geben, Herr Pfarrer. Bei mir ist etwas anderes gewachsen. Ich habe in den letzten Jahren oft meine Enkel versorgt, habe angefangen, mit ihnen zu basteln. Adventskalender. So schöne mit kleinen Päckchen. Für mich haben wir diesen hier gemacht. Meine Enkel haben das nie vergessen. In der Adventszeit rufen sie mich oft an. Können Sie sich vorstellen, wie ich mich freue, jeden Morgen, wenn ich das kleine Türchen Papier hier öffne? Und da stehen dann Marias Worte! Im Kopf höre ich die Stimmen meiner Enkel. Bei denen klingt das so: Opa, dir geschehe, wie gesagt ist. Und wie gesagt, wir – lieben dich!"

cs

ANKOMMEN

Hinter dem Tag,
hinter dem Lärm
der Mühsal,
dem Kopfzerbrechen
ankommen
im Lichtpunkt
eines Gedankens,
eines Tones,
der dich hinausträgt
an Lichtpunkte des Lebens.

as

Aber meine Seele soll sich freuen des HERRN
und fröhlich sein über seine Hilfe.
PSALM 35,9

Vier Kerzen – vier Farben

Ein wenig gewöhnungsbedürftig scheint er mir schon, der Adventskranz, den sich ein Freund von uns in diesem Jahr zurechtgesteckt hat. Vier Kerzen, aber nicht wie sonst in einer Farbe, sondern in vier. Für jeden Sonntag eine andere Farbe. „Hat alles seinen guten Sinn", setzt er an zu erklären. Aha, denke ich, und sehe nur, dass die goldene Kerze schon ein Stück runtergebrannt ist. „Das war vorletzten Sonntag", sagt er, „erster Advent. Mit Gold beginnt alles, denn: ‚Siehe, dein König kommt zu dir, ein Gerechter und ein Helfer', so heißt der Spruch für den ersten Advent. Daher die goldene Kerze."

Ich bin neugierig geworden. Vier Kerzen und vier Farben auf dem Adventskranz. Gold zuerst – aber wie geht es weiter? Mit blau, lila oder rot? „Na, rate mal", sagt der Freund. Ich krame in meinem Kopf nach dem Wochenspruch für den zweiten Advent. „Seht auf und erhebt eure Häupter, weil sich eure Erlösung naht", kommt er mir zu Hilfe. Ich ahne: Das wird die Kerze rechts sein, die blaue. In der Tat. Der Docht ist schon schwarz, die Kerze blau – die Farbe der Hoffnung. Der zweite Advent steht im Zeichen der Hoffnung: Steht auf, und erhebt eure Häupter – hinauf zum Blau des Himmels, der sich öffnen soll.

Und am nächsten Sonntag? Das Farbenspiel ist durchaus reizvoll. Jeder Adventssonntag bekommt die Farbe, die zu ihm gehört.

„Bereitet dem Herrn den Weg, denn siehe, der Herr kommt gewaltig." Der Freund liest den Spruch für den dritten Advent und uns beiden ist klar, dass hierfür die lila Kerze aufgesteckt ist. Bereitet dem Herrn den Weg: Das erinnert an Johannes, den Täufer. Der hat die Menschen zur Buße aufgerufen. Kehrt um. Bereitet euch vor: Lila ist die Farbe der Buße.

Bleibt als vierte eine rote Kerze auf diesem bunten Adventskranz. „Rot", sagt der Freund, „rot, klar, das ist die Liebe. Und die Freude. Am vierten Advent ist Weihnachten ganz nahe. „Freuet euch in dem Herrn allewege, freuet euch, der Herr ist nahe." Das sind so richtige Jubelworte. Die passen gut zum letzten Adventssonntag!

Gold, blau, lila, rot – vier Farben für die vier Sonntage im Advent. Gold für den König, blau für den Himmel. Lila die Buße und rot die Liebe. Zugegeben: Der bunte Adventskranz ist ein wenig gewöhnungsbedürftig. Aber mir leuchtet er ein.

cs

KERZENLICHT
Konturen werden weicher,
Schatten sanfter.
Menschen werden schöner
außen und innen.

Kerzenlicht ist wie
eine große freundliche Hand,
die dich empfängt
und zuhause sein lässt.

tw

Ein hörendes Ohr und ein sehendes Auge,
die macht beide der HERR.
SPRÜCHE 20,12

Advent im Minutentakt

„Das Projekt Advent, das ist, dass etwas Kleines immer mehr wächst." Der Manager, der diese Worte gesagt hat, war ein Workaholic. Sein Motto: Wer viel arbeitet, muss gut planen können. Also hat er für sich den Advent geplant, akribisch und ganz im Sinne der Idee: Etwas Kleines soll wachsen. Etwas Kleines, das war in seinem Fall Zeit für Besinnung. Am ersten Advent hat er mit einer Minute Besinnung begonnen. Er hat Musik eingelegt. Flötenkonzert. Eine Minute. So kurz ist kaum ein Stück auf der CD. Von da an hat er die Zeit verdoppelt, täglich. Mit anderen Worten: Montag zwei Minuten, Dienstag vier, Mittwoch acht usw. Am Sonnabend war er bei 64 Minuten. Um die CD ganz hören zu können, hat er sich eine Minute dazu geschenkt. Wer gut plant, muss auch Ausnahmen genehmigen, hat er schmunzelnd zu sich selbst gesagt. Andere meinten, die Woche habe ihn schon verändert: Er werde lockerer.

Am zweiten Advent hat er die Anfangszeit verdoppelt: zwei Minuten. Das Projekt der zweiten Woche hieß in Sachen Musik Weihnachtsoratorium. Also Montag vier, Dienstag acht, Mittwoch 16, Donnerstag 32, Freitag 64 und am Ende der Woche, am Sonnabend 128 Minuten – oder anders gesagt: über zwei Stunden. Genau genommen hat er sich noch eine ganze Stunde dazu geschenkt und gleich alle sechs Teile des Weihnachtsoratoriums gehört. Seine Frau meinte, an eine so lange Pause könne sie sich in den letzten Jahren nicht erinnern. Er selbst

hatte das Gefühl, eigentlich bräuchte er nun den selbst auferlegten Adventsplan gar nicht mehr. Die Besinnung setze sich auch so durch.

Aber er wäre nicht der Zielstrebige, der er nun mal ist, wenn er den Plan nicht zu Ende führen würde. Also wurde am dritten Advent die Startzeit wieder verdoppelt: vier Minuten. Und dann täglich mal zwei. Am Sonnabend vor dem vierten Advent hieß das 256 Minuten besinnliche Zeit. Um es kurz zu machen: Er ist ins Konzert gefahren. Die letzten Tage bis Weihnachten hat er einen Kurzurlaub drangehängt. Ich will nicht sagen: planlos. Eher mit diebischer Freude. Etwas Kleines ist da gewachsen, auf das wird er in Zukunft nicht mehr verzichten. Zeit für sich, für Frau und Familie, für Musik. Zeit für Gott, von dem er ahnt: Der, der den großen Plan macht, der wird sich immer wieder durchsetzen. Auch wenn es klein anfängt, das Projekt Advent.

cs

ADVENT
Die Kette dieser Tage
Kerze um Kerze zum Fest
knüpf dich an das kleine
Feuer der Freude
dass die Gedanken heller werden
und die Schritte sicherer
im vibrierenden Licht
neuer Hoffnung

as

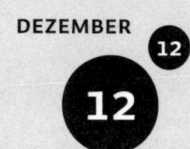
Meine Seele ist stille zu Gott, der mir hilft.
PSALM 62,2

Stille

Mache ich mir klar, wo sie überall nicht ist, spüre ich viel deutlicher, wie sie mir fehlt – die Stille!

Der Lärm fängt ja schon morgens mit dem Wecker an, dann die Motorengeräusche, Autos, Busse – überall Krach, den ich zwar nicht bewusst wahrnehme, aber doch höre. Ganz zu schweigen von dem Musikgesülze in Aufzügen, in Kaufhäusern, in Restaurants. „Stille Nacht" eigentlich schon ab Oktober. Im Grunde meines Herzens müsste ich sagen: „Ich hab die Faxen dicke, Schluss jetzt! Ich will auf dem Weihnachtsmarkt in Ruhe meine Bratwurst essen, dann Geschenke einkaufen ohne ‚Kling Glöckchen klingelingeling' bis zum Erbrechen". Weil es vielen anderen Leuten auch so geht, gibt es mittlerweile einen Verein. Man kann viel über ihn lesen. Er nennt sich „Pipedown", was so viel heißt wie „halt mal die Klappe". Die Leute dieses Vereins wollen niemandem den Mund verbieten, sie wehren sich allein gegen die musikalische Dauerbeschallung und kämpfen sozusagen für akustische Freiräume, für Oasen der Ruhe.

Interessant finde ich in diesem Zusammenhang, dass das Wort „stillen", also dem Säugling mit der Mutterbrust Nahrung geben, deshalb so heißt, weil das Kind, das vorher vor Hunger oder Unruhe geschrien hat, dann still wird. Durch den Körperkontakt, durch die Nahrung, durch die Zuwendung wird das Kind still. Zunächst äußerlich, aber dann auch innerlich. Oft kommt mir unsere leider so laute und hektische Adventszeit auch so vor, als würden die Menschen nach Zuwendung schreien, nach Körperkontakt, nach Nahrung, innerer Nahrung. Und darum geht's doch im Advent: mich einzustimmen auf die innere Nahrung, auf die Seelennahrung. Ein Kollege sagt immer: „Damit diese Nahrung ankommen kann in meinem Herzen, muss ich erst einmal bei mir selber ankommen. Sonst kann niemand anderes bei mir ankommen. Und um bei mir selber anzukommen, brauche ich Stille. Nichts als Stille."

th

AUF WEIHNACHTEN ZUGEHEN

Ein Weg über den Tag hinaus,
Aufbruch an einen Ort,
der sich erschließt
im Anhalten, im Aufhorchen,
im Hinschauen auf
zündende Zeichen,
ein Weg über dich hinaus.

Wes das Herz voll ist,
wer hellhörig wird,
dessen Hände rühren sich,
dessen Schritte werden sicherer
auf Wegen in eine von Verheißung
getragenen Zukunft.

as

Aller Augen warten auf dich,
und du gibst ihnen ihre Speise
zur rechten Zeit.
PSALM 145,15

Warten

„Wer warten kann, hat viel getan" – so sagt es zumindest ein Sprichwort. Aber stimmt das wirklich? Warten ist doch eher der Inbegriff von „passiv sein", von „nichts tun". Und daraus soll sich etwas entwickeln?

Wenn man mal nach der Herkunft des Wortes „warten" schaut, dann findet man schnell heraus, dass es ursprünglich „auf der Warte wohnen" heißt. Also: den Überblick bekommen, Ausschau halten und etwas bewachen. Das Wort „warten" hat noch eine zweite Bedeutung: Auf etwas Acht geben, etwas pflegen. Das kennt man ja vom Auto. Denn das Auto, zumindest wenn man den Garantieanspruch nicht verlieren will, muss gewartet werden. Immerhin einmal im Jahr!

Wie ist das aber bei mir selbst? Beim Auto lasse ich regelmäßig nachschauen, ob es noch richtig fährt. Ich sehe zu, dass es nicht gefährlich wird, wenn ich mich mit der Kiste auf die Straße wage. Aber lasse ich auch mein Leben regelmäßig warten? Lass ich da auch regelmäßig nachschauen, ob ich noch richtig ticke? Ob noch alles rund läuft bei mir? Was könnte das heißen, Wartung meiner Person, und wie könnte das gehen?

Ich glaube, die Adventszeit ist genauso gemeint: eine Art Kundendienst für die Seele. Das heißt also: Mach mal den Motor aus, check dich mal durch, nimm mal wahr, was sich so tut an Leib und Seele. Schau, wo es knackt, wo es holpert oder gar Aussetzer gibt. Wenn ich das, was mich antreibt, einmal zur Ruhe kommen lasse, wenn ich mein Leben mal „warten" lasse, also im doppelten Sinn „warten" lasse, dann kann sich mein Herz öffnen und mein Blick kann sich weiten. Dann werde ich achtsam für den Augenblick, dann werde ich achtsam für die Menschen um mich herum. Und ich nehme sie neu wahr. Nicht im Vorbeirauschen, sondern mit Zeit. Dann ticke ich wieder richtig. Runderneuert.

th

WAS DU BRAUCHST
ist Übereinstimmung,
ist der Zusammenklang
von Körper und Geist,
von Körper und Seele,
Erkenntnis, die klärt,
Erfahrung, die freimacht,
Licht, das erhellt,
Töne, die dich tragen,
über die Zeit.

as

Denn wer zu Gottes Ruhe gekommen ist,
der ruht auch von seinen Werken
so wie Gott von den seinen.
HEBRÄER 4,10

Trödeln

„Hast du wieder getrödelt?", mit dieser Frage wurde ich zu Hause des Öfteren empfangen, wenn ich mal wieder länger als nötig für den Schulweg gebraucht hatte. Ja, ich habe häufig getrödelt. Laut Deutschem Sprachrat gehört „trödeln" zu den schönsten deutschen Worten. Weil es so schön gemächlich klingt: das „Trödeln". Und es klingt auch ein wenig verschwenderisch. Und das ist laut Duden die Bedeutung von „trödeln": Zeit verschwenden, langsam sein, sich langsam ohne festes Ziel irgendwohin bewegen.

Ich möchte sie nicht missen, die Trödeleien meiner Kindheit. Ohne sie wäre ich im Sommer vielleicht nie barfuß durch den Bach gelaufen. Ohne die Trödeleien wäre ich im Herbst nie mit aufgespanntem Schirm über Okerwiesen gerannt und hätte den Eindruck gewonnen, ich schwebe. Ohne zu trödeln hätte ich vielleicht nie die Schönheit einer Schneeflocke erkannt. „Trödeln" – für mich ist das auch ein Wort, das wie geschaffen ist für den Advent. Oft ist der Advent ja ziemlich geschäftig und hektisch, aber im Grunde schreit der Advent nach Ruhe. Advent ist eine Zeit, die einen fragen lässt: Wohin renne ich eigentlich, für wen rackere ich mich ab, wofür kämpfe ich?

Advent heißt Ankunft. Lange habe ich gedacht, ich müsste etwas tun, damit sich auch religiös bei mir was tut. Bis ich gemerkt habe, das ist völliger Quatsch. Religion hat nichts mit Leistung zu tun. Damit bei mir was ankommen kann, muss ich mal was lassen, was zulassen. Zumindest ablassen davon zu glauben, dass ich mein Leben selbst in die Hand nehmen könnte. Ich werde ins Leben gehalten. Darum kann ich mich „loslassen" und mich auch mal ohne festes Ziel langsam irgendwo hinbewegen.

th

DIE PAUSE
Zeit zum Atemholen
im Versteck
zum Verweilen
hinter dem umtriebigen Tag

ein Buch,
das mich bannt,
eine Laube,
die mich lockt,
eine Rose
zum Reden,

ein Bild,
das mir Brücken baut
zu einem anderen Ufer
leichtfüßig
weiter zu wandern;

auszumachen,
was bleibt
im Flüchtigen.

as

Besser eine Handvoll mit Ruhe als beide
Fäuste voll Mühe und Haschen nach Wind.
PREDIGER 4,6

Entschleunigung

„Manchmal kommt man langsamer schneller ans Ziel." Das jedenfalls meint der Dichter und Theologe Johann Peter Hebel. Sein schöner Satz fällt mir immer ein, wenn mich einer mit greller Lichthupe auf der Autobahn wegdrängeln will. Die Ungeduld ist wohl eines der markantesten Kennzeichen unserer Gegenwart. Nicht mehr warten können. Möglichst viel in die Tage hineinpacken. Es ist ja noch so viel zu tun. Vor allem im Advent. Ich gebe zu, mich steckt diese Ungeduld oft an. Dann habe ich keine Zeit. Dann ballere ich meinen Kalender nur so mit Terminen voll. Bis ich eine Vollbremsung brauche.

Der Advent ist eine Zeit im Jahr, die mich heilsam ausbremsen will. Eine Zeit der sogenannten „Entschleunigung". Sorry, es ist ein Modewort – aber es beschreibt etwas Richtiges. Der Advent lädt ein, einfach mal weniger zu tun. Oder wenn das nicht geht, dann könnte ich wenigstens das, was ich tue, einmal ganz bewusst tun. Leider geht das nicht von allein. Ich muss mir das vornehmen. Und ich muss es dann auch organisieren. Ich muss mir dann eine Zeitoase im Kalender eintragen, die ich für nichts hergebe. Von Franz von Sales, der vor mehr als 300 Jahren gelebt hat, stammt der Satz: „Nimm dir jeden Tag eine Stunde Zeit zum Gebet. Außer wenn du viel zu tun hast. Dann nimm' dir zwei Stunden Zeit!" Also, wenn ich so richtig im Stress bin, dann wage ich den kleinen adventlichen Widerstand gegen die vorweihnachtliche Ungeduld.

Dann verweile ich wenige Minuten in einer Kirche. Oder ich lese einige Seiten in einem Buch und komme auf neue Gedanken. Oder ich gehe eine Tasse Kaffee trinken mit meiner Frau oder einem Freund, gerade weil nachher noch so vieles auf mich wartet. Das alles hilft, mich herunterzuregeln, mich zu entschleunigen. „Manchmal kommt man langsamer schneller ans Ziel."

th

DER TRAUM VON WEIHNACHTEN

Dieser Wachtraum zwischen den Zeiten
zwischen Tag und Nacht,
dieses Ereignis, diese Mär,
die für einen Augenblick
die Welt verzaubert,
die Menschen menschlicher macht,
sie anstößt, sie auferweckt
wie im Blitzlicht zu erkennen,
was ist – was sein könnte
zu erhorchen den Ton,
den betörenden,
der Menschen umstimmt,
sie meilenweit trägt
durch alle Gezeiten.

as

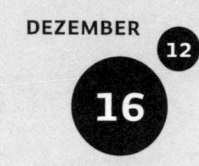

[...] bereitet dem HERRN den Weg.
JESAJA 40,3A

Ein besonderer Adventskalender

In einem Jahr hatte unser Sohn einen besonderen Adventskalender. Er hatte keine Türen, sondern bestand aus 24 Büchlein, eines für jeden Tag bis zum Heiligen Abend.

Am Abend zündete ich die Kerzen auf unserem Adventskranz an und wir machten es uns bei Tee und Plätzchen gemütlich. Dann lasen mein Mann oder ich vor. Märchen, Gedichte, Geschichten über die Advents- und Weihnachtszeit. Eine Geschichte etwa von Kindern, die am Heiligen Abend ihr Festessen für eine arme Familie hergeben. Und ihr so Liebe und Freude schenken.

Und da fand sich auch manches wieder, was ich schon lange vergessen hatte. Alte Gedichte aus der Schulzeit: „Holler Boller Rumpelsack" oder „Denkt nur, ich habe das Christkind gesehn". Jetzt entdeckte ich diese Schätze neu. Mit ihnen kam ein Stück eigene Kindheit zurück. Und wir erzählten plötzlich von damals.

Nach dem Vorlesen blieben wir oft noch eine ganze Weile auf dem Sofa sitzen und sprachen über die Gedichte und Geschichten. Manchen Text lasen wir ein zweites Mal.

Obwohl der Adventskalender keine Türen hatte, kam es mir vor, als habe er in mir Türen geöffnet. Denn als ich schließlich am Heiligen Abend das Büchlein mit der Weihnachtsgeschichte vorlas, fühlte ich mich anders auf das Fest vorbereitet als sonst. Ich hatte nicht nur Geschenke gekauft, Plätzchen gebacken, den Baum geschmückt. Nein, ich war trotz aller Hektik auch zur Ruhe gekommen. Und hatte gemeinsam mit meiner Familie darüber nachgedacht, was an Weihnachten wichtig ist.

Es war, als hätten sich in diesen Minuten auf dem Sofa nicht nur die kleinen Büchlein geöffnet, sondern auch mein Herz. Für die Wärme, die von der Adventszeit ausstrahlt. Und für Gott, der am Weihnachtsfest zu mir kommt.

tw

ADVENTSWUNSCH
Durchleuchte mich,
lass mich ein Stern sein.

Transparent, filigran
am Fenster zur Welt

will ich Sehnsucht nähren
nach deinem Licht.

tw

Und außer mir ist kein Heiland.
JESAJA 43,11B

Die offene Tür zum Himmel

Die Adventszeit rüttelt in mir die Sehnsucht nach dem Himmel wach. Einerseits duftet es im Haus, Kerzen leuchten und vertraute Lieder erzählen von Liebe und Frieden.

Andererseits abends die Nachrichten: wieder ein Terroranschlag. Wieder ein Flugzeugabsturz. Wieder die Bilder von weinenden Menschen.

Gerade im Advent kann ich das kaum aushalten. Da sehne ich mich nach einer heileren Welt. Und manchmal wünsche ich mir einen, der von oben her eingreift und alles anders werden lässt!

So muss es auch Friedrich Spee gegangen sein, der ein altes Lied aus dem Gesangbuch gedichtet hat. Er fragt verzweifelt: „Wo bleibst du, Trost der ganzen Welt?" Und sehnsüchtig ruft er: „O Heiland, reiß die Himmel auf!"

Ich finde mich wieder in diesen ungeduldigen Worten. Ja, mein Gott, wo bleibst du denn? Reiß doch den Himmel auf! Komm endlich und tröste uns!

Aber so ist es nicht. Gott verändert die Welt nicht durch einen Himmelsriss oder gar durch Gewalt. Er wählt einen leiseren, sanften Weg. Er öffnet fast heimlich die Tür zum Himmel und schickt seinen Sohn auf die Erde – als kleines Baby. Dieser Jesus lässt mich einen Blick durch die Himmelstür werfen. Ich sehe, wie es dort zugeht: Traurige werden getröstet, Kranke geheilt und Tote lebendig.

Und so legt Gott mir die Sehnsucht nach dem Himmel ins Herz. Und wenn sie müde ist, rüttelt er sie wach. Denn sie soll in mir brennen, auch wenn ich es manchmal kaum aushalten kann. Die Sehnsucht nämlich verändert mich: Sie lässt mich mitfühlen und macht mich bereit, anderen etwas zu schenken: Freundlichkeit und Liebe oder Zeit und Geld. Damit auch sie einen Blick in den Himmel werfen, dessen Tür Gott für uns geöffnet hat.

tw

SCHENK DEN BLICK IN DEN HIMMEL
O Heiland, reiß die Himmel auf,
herab, herab vom Himmel lauf,
reiß ab vom Himmel Tor und Tür,
reiß ab, wo Schloss und Riegel für.
Text: Friedrich Spee, EG 7

Und in deinem Lichte sehen wir das Licht.
PSALM 36,10B

Die Hilfe vor der Tür

Was ist heute hinter der Tür? Einen Moment hält er inne, spürt sein Herz klopfen. Er stützt sich auf seinen Stock, dann drückt er sachte die Klinke und betritt das Zimmer. 4711 hängt im Raum, nur ein Hauch.

Sie sitzt im Sessel, es scheint einer der besseren Tage zu sein.

„Hallo, mein Schatz", sagt er, „wie geht es dir heute?" und schaut in ihre Augen, wasserblau sind sie, immer noch.

Sie sieht ihn an, fremd, als müsse sie weit zurückgehen, in die Erinnerung.

Er nimmt ihre Hand, streicht darüber. Worte sind gar nicht nötig, denkt er.

Zum Advent hat er ein Gesteck mitgebracht. Er stellt ein paar Kekse auf den Tisch und legt eine CD mit Adventsliedern auf. Gemeinsam hören sie eins ihrer Lieblingslieder: „Wie soll ich dich empfangen und wie begegn` ich dir?" Er reicht ihr einen Spekulatius. Das Essen fällt ihr schwer. Immer wieder fallen Krümel aus dem Mund. Er wischt sie weg, mit seinem karierten Taschentuch.

„Weißt du noch, wie wir früher mit den Kindern um den Adventskranz gesessen haben?" sagt er, „deine Zimtsterne waren immer so lecker." Es scheint ihm, als wolle sie lächeln.

„Seid unverzagt, ihr habet die Hilfe vor der Tür", singt der Chor auf der CD.

Er denkt daran, wie er jeden Tag vor ihrer Tür steht. Er fühlt sich oft so hilflos. Unverzagt sein, das ist gar nicht so einfach ...

Und doch: Das ist ein schöner Gedanke: Seid unverzagt, ihr habet die Hilfe vor der Tür. Dort steht einer, der mit ihm das Zimmer betritt. Einer, der hilft und ihm das Herz stärkt.

Das brauche ich, denkt er. Und sie wohl auch. Das verbindet uns miteinander.

Dann nimmt er die Streichhölzer und zündet die Kerzen an. Für dich und für mich, denkt er.

tw

GUTE FRAGE

Wie soll ich dich empfangen
und wie begegn ich dir,
o aller Welt Verlangen,
o meiner Seelen Zier?
O Jesu, Jesu, setze
mir selbst die Fackel bei,
damit, was dich ergötze,
mir kund und wissend sei.

Text: Paul Gerhardt, EG 11

Und der Engel sprach zu ihnen: Fürchtet euch nicht! Siehe, ich verkündige euch große Freude, die allem Volk widerfahren wird.

LUKAS 2,10

Musst sie aufwecken

„Sie werden die Geburt unseres Herrn Christ wieder verschlafen." Er poltert, schon seit einiger Zeit. Geht in der Küche auf und ab. Denkt laut über seine Predigt nach. Zwei Tage sind es noch bis zum Heiligen Abend des Jahres 1535. Die Pfarrkirche in Wittenberg wird voll sein. Seine Studenten zwischen den Handwerkern, den Bauern und den vielen, vielen abgearbeiteten Frauen. Müde werden sie sein. Verständlich. Bei all den Vorbereitungen zum großen Fest.

„Musst sie halt aufwecken und singen lassen, Martin. Mit Worten, die sie verstehen. Die sie mit nach Hause nehmen und singen können.", sagt Käthe. Während sie Mehl vermengt, summt sie, wie sie es immer beim Arbeiten macht. Heute ist es ein altes sächsisches Volkslied. Dann sagt sie: „Lass doch die Engel vom Himmel kommen und lass sie erzählen. Die Geschichte vom Herrn Christ, unserm Gott, der uns aus aller Not führn will." „Ach Käthchen, du Weib! Wenn ich dich nicht hätte", Martins Stimmung schlägt sofort um. Ein Lied zur Weihnacht – eine gute Idee! „Die Melodie von eben, summ die noch mal." Er läuft in die Stube, holt Papier, die Schreibfeder, das Tintenfass. Er stimmt ein in das Summen. Die Melodie erfüllt die Küche. „Die Krippe, Windelein. Das Kind, das alle Welt erhält und trägt – was singen die Engel, Käthe, was ist die Mär?" „Na, vom Himmel kommen sie her, dann werden sie das auch singen. Vom Himmel hoch, da komm ich her!"

Sie werfen Worte hin und her. Setzen Reime auf die Melodie. Martin prüft mit kritischem Ohr. Sie sehen den Stall vor sich, hören den Jubel der Hirten. „Des lasst uns alle fröhlich sein und mit den Hirten gehn hinein". Strophe reiht sich an Strophe. Vierzehn sind es schon. „Jetzt wirst du übermütig, Martin. Das ist viel zu lang." „Dann teil ich es halt auf. Am Heiligen Abend nur den Engelsgesang und die Weihnachtstage nach und nach die anderen Strophen." „Und zum neuen Jahr die letzte", lacht Käthe, „des freuet sich der Engel Schar und singet uns solch neues Jahr." „So soll's sein, mein Käthchen". Er umarmt sie lange und sie streicht ihm eine Handvoll Mehl über den Kopf. Laut singen sie ihr neues Lied: Vom Himmel hoch, da komm ich her!

ak

HEILIGE NACHT

Am Tor steht ein Engel
und lächelt dich an:

„Möchten Sie einen Blick
in den Himmel werfen?
Wir haben Tag der offenen Tür.

Der Hausherr ist gerade unterwegs.
Er ist Mensch geworden.

Wir bauen nämlich unser Terrain aus.
Es wird reichen bis an die Enden der Erde."

tw

Und du, Bethlehem Efrata, die du klein bist unter den Städten in Juda, aus dir soll mir der kommen, der in Israel Herr sei, dessen Ausgang von Anfang und von Ewigkeit her gewesen ist.
MICHA 5,1

Die erste „Stille Nacht, heilige Nacht"

Eine Kerze erleuchtet den Raum. Die Fenster sind zugefroren. Franz, der Lehrer, hält seine Gitarre zwischen den klammen Fingern. Joseph, der Pfarrer, sitzt neben ihm. Auf dem Tisch vor der Kerze das Blatt Papier. Zwischen den dicken Wollhandschuhen hält er die Schreibfeder. Hinter den beiden das gleichmäßige Atmen des Jungen unter der dicken, wärmenden Daunendecke. Es ist der kalte Winter 1818.

Sie haben ihn gefunden. Gerade noch rechtzeitig. Draußen. Halb erfroren im Schnee. Er wollte in den Himmel. Ganz nach oben auf den Gipfel. Wo Mama ist. „Holder Knabe im lockigen Haar, schlaf in himmlischer Ruh."

Die Nacht hat gar nicht still angefangen. Und schon gar nicht heilig. Ein Schrei war da. „Der Bub ist nicht da!" Er war weg. Beim Durchzählen der Kinder vorm Zubettgehen fehlte einer. Es war sofort klar, wer. Er hatte es so oft gesagt. „Ich gehe zu ihr nach oben!" Jeden Abend und Morgen hat er hochgeschaut. Auf den sonnenbeleuchteten oder mondbeschienenen Gipfel der Bergkette. „Da oben ist Mama jetzt. Im Himmel", hatten sie ihm oft gesagt. Und gestern Nachmittag hat der Bub sich auf den Weg gemacht. Zu ihr. Das Schneetreiben war in vollem Gange. Sie sind los. In die Nacht. Der Lehrer und der Pfarrer. „Alles schläft, einsam wacht." Er war schon halb vom Schnee zugeweht, als sie ihn hinter einer Bergkuppe entdeckt haben. Sie haben ihn geschüttelt und immer wieder seinen Namen gerufen. Bis seine Augen aufgingen. „O wie lacht Lieb aus deinem göttlichen Mund, da uns schlägt die rettende Stund."

Das Lied der Rettung soll geschrieben werden. Nach der Melodie der Berge. Der Melodie der Alphörner, mit denen die Hirten sich von Berghof zu Berghof zurufen, wenn etwas geschehen ist. Der Lehrer zupft die Melodie und der Pfarrer findet Worte. Immer wieder versuchen sie es zu singen. Leise. Ganz leise. "Stille Nacht, heilige Nacht! Hirten erst kund gemacht durch der Engel Halleluja." Ab und zu drehen sie sich um. Schauen den Bub an. In einigen Tagen werden sie es singen. In der kleinen Bergkirche. Mit den rauen Hirtenstimmen. Dem Brummen der Bauern. Den hellen Kindertönen. Und dem klaren Sopran der Frauen. Zum ersten Mal. Das ewige Lied. Begleitet von einer verstimmten Gitarre. Aber es wird klingen, wie es nie wieder klingen wird. „Stille Nacht, heilige Nacht. Christ, der Retter ist da! Christ, der Retter ist da!"

ak

EIN WEIHNACHTSHIT AUS OBERNDORF
Ausgerechnet zu Weihnachten war in dem kleinen Dorf Oberndorf in Österreich die Orgel defekt. Dies führte 1818 zur Entstehung des Liedes „Stille Nacht, heilige Nacht". Hilfspriester Josef Mohr und Organist und Dorflehrer Franz Gruber schrieben und komponierten das Lied. In Oberndorf erinnert eine „Stille-Nacht"-Gedächtniskapelle an sie.

jvl

Josef aber [...] war fromm und
wollte Maria nicht in Schande bringen,
gedachte aber, sie heimlich zu verlassen.
MATTHÄUS 1,19

Ein fürsorglicher Vater

Er hat es gewusst. Der wohl berühmteste Vater der Weltgeschichte – Josef – hat von Anfang an gewusst, dass er eigentlich gar nicht der Vater von Jesus war. Für ihn war das keine einfache Geschichte. Als er wusste, dass Maria schwanger war, hat er lange überlegt, ob er sich nicht lieber aus dem Staube machen sollte.

Aber es kam anders. Denn bevor er Maria sitzen lassen konnte, hatte er einen Traum. Ein Engel sagte ihm: „Fürchte dich nicht, Maria zu dir zu nehmen." Und so blieb er bei ihr und bei ihrem gemeinsamen Kind.

Diese berühmte Geschichte über den fürsorglichen Vater, der bei seinem Kind bleibt, das er nicht gezeugt hat, ist ein passender Kommentar zu einem Urteil des Bundesverfassungsgerichtes. Da hatten die Richter in einer Klage über Vaterschaftstests zweierlei entschieden: Heimliche Vaterschaftstests ohne Wissen des Kindes oder der Mutter sollen nicht gelten. Und: Jeder Vater muss ein Recht darauf haben, zu erfahren, ob er der biologische Vater eines Kindes ist oder nicht.

Keine Heimlichtuerei! Für Josef war die Sache zwar reichlich mysteriös, aber für ihn war immerhin sicher: Ich bin nicht der Vater. Da hat Maria nicht herumgeredet und der Engel hat auch Klartext gesprochen. Keine Heimlichtuerei, kein Misstrauen.

Genau das können auch Kinder heute nicht gebrauchen: Misstrauen und Heimlichtuerei. Sie brauchen Liebe und Vertrauen. Da kann Klarheit helfen. Und ich finde es richtig so: Ein Vater muss wissen dürfen, ob er biologisch Vater eines Kindes ist oder nicht. Auch wenn das nichts über die Liebe zu einem Menschen und die Zuneigung zu einem Kind aussagt. Davon erzählt schon die Bibel, in der Geschichte von Josef und Jesus. Und davon können all die Väter und Mütter heute erzählen, die ihre Kinder lieben, egal ob leibliche Kinder oder nicht.

rm

JOSEF TRÄGT EINEN PONCHO

Die Krippe ist aus Ton. Sie zeigt Maria in bunten Indiogewändern, Vater Josef trägt einen Poncho und die Hirten treiben Lamas vor sich her. Und hinter dem Stall erhebt sich der heilige Berg der Indios in Peru: der Machu Picchu. Hergestellt wurde die Krippe in Südamerika – und darum trägt das kleine Jesuskind eine Indiomütze.

Euch ist heute der Heiland geboren – dieses „Euch" nehmen Menschen in aller Welt sehr ernst. So entstehen weltweit die unterschiedlichsten Weihnachtsbilder oder Krippenfiguren. Bei afrikanischen Christen z. B. hat Jesus eine dunkle Hautfarbe, und die Heiligen Drei Könige sind Stammeshäuptlinge. Ein Krippenbild aus Korea zeigt das Jesuskind inmitten von Soldaten und Panzern. In Japan wird Jesus unter einem blühenden Kirschzweig geboren, bei den Eskimos dagegen in einem Iglu.

Euch ist heute der Heiland geboren – das gilt für Menschen überall auf der Welt.

jvl

Ich vermag alles durch den,
der mich mächtig macht.
PHILIPPER 4,13

Der Wunschzettel

Das ist er. Der Wunschzettel meiner Tochter. Pünktlich zum ersten Advent war er fertig. In Schönschrift steht hier alles, wovon sie träumt: eine Baby-Born Puppe, eine Krone für die Verkleidungskiste, das Buch vom magischen Pony, eine Weihnachtskugel mit Verzierung und eine Glitzertasche. Stolz hat sie ihn meiner Frau und mir überreicht: Nun macht mal!

Wunschzettel – ein Kinderbrauch, der von dem Zauber lebt, alle Wünsche könnten erfüllt werden. Der Traum, dass alles, was gemalt oder geschrieben wurde, Heiligabend wirklich auf dem Gabentisch liegen könnte.

Vermutlich wären die Erwachsenenzettel in den Adventswochen genauso randvoll mit Wünschen wie die Kinderlisten, wenn wir sie schrieben. Für mich steht ganz oben: Ich wünsche mir, dass alle Kinder geliebt und ohne Gewalt aufwachsen können. Dass wir die Armut in unserer so reichen Gesellschaft begreifen als das, was sie ist: ein Skandal. Und dass sich niemand vor der Frage drücken darf: Wie wird unsere Gesellschaft gerechter?

Ich könnte immer so weitermachen. Und hätte noch überhaupt nichts gesagt über die ganz persönlichen Wünsche. Seitenlang könnte ich es aufschreiben.

Ein Zettel adventlicher Träume. Mehr nicht? Doch! Denn auch wenn nicht alles erfüllt wird, das Wünschen hat einen eigenen Wert. Nicht die Wunscherfüllung allein ist es, die zählt. Auch das Nachdenken über das, was mir fehlt in dieser Welt.

Vielleicht lohnt es sich doch, sich wieder einmal hinzusetzen und aufzuschreiben, was ich mir wünsche, was mir fehlt in meinem Leben und in dieser Welt. Und diesen Wunschzettel dann nicht nur abgeben nach dem Motto: Gott, nun mach mal! Sondern ihn sich immer wieder anschauen: Es gibt noch einiges zu tun, für Gott und für uns, damit es auf dieser Erde für alle Menschen Weihnachten werden kann.

rm

WO WIRD WEIHNACHTEN ENTSCHIEDEN?

„Weihnachten wird unterm Baum entschieden", heißt es in großen Buchstaben auf bunten Plakaten, in Anzeigen und Werbefilmen eines Technikhauses. Zu sehen sind glücklich beschenkte Männer, die riesige Kühlschränke umarmen, oder Kinder, die Geschenke aufreißen. Wo wird Weihnachten entschieden? Der Lieddichter Paul Gerhardt hat darauf schon vor 350 Jahren eine zeitlose gute Antwort gegeben. In seinem Weihnachtslied schreibt er: „Ich steh an deiner Krippen hier, o Jesu, du mein Leben." Ein Mann, der die Wirren des Dreißigjährigen Krieges durchgestanden, der Frau und Kinder verloren hat, findet im Weihnachtsfest Frieden und Halt: „Ich lag in tiefster Todesnacht, du warest meine Sonne. Die Sonne, die mir zugebracht, Licht, Leben, Freund und Wonne ..." – Wo wird Weihnachten entschieden? Bestimmt nicht unter dem Weihnachtsbaum. Sondern in den Herzen der Menschen!

jvl

Da machte sich auf auch Josef aus Galiläa, aus
der Stadt Nazareth, in das jüdische Land zur
Stadt Davids, die da heißt Bethlehem, weil er
aus dem Hause und Geschlechte Davids war,
damit er sich schätzen ließe mit Maria,
seinem vertrauten Weibe; die war schwanger.

LUKAS 2,4+5

Josefs supercoole Ideen

Josef sprüht schon wieder. Mit Worten beim Üben fürs Krippenspiel. Heute hat er supercoole Ideen für die Engel: „Die Flügel müssten leuchten. Und glitzern. Von innen raus." Klar, sein Papa baut da in die Flügel was rein. Der kriegt das hin.

Josef ist in der dritten Klasse, und da heißt er Leon. „Meine Lehrerin kriegt graue Haare. Von mir, sagt Mama." Er kann nicht ruhig sitzen. Und sein Mundwerk ist dauernd in Bewegung. „Aber ich will Josef sein!", hat Leon sofort gesagt bei der Rollenverteilung.

Und so leben wir nun bei jedem Üben mit diesem Energiebündel von Josef. Am Freitag hätte er den Wirt fast überzeugt, dass der sein Schlafzimmer räumt für die Heilige Familie und selbst für ein paar Tage im Stall schläft. Vorher gab es eine kurze Diskussion, warum es in Bethlehem kein Krankenhaus gibt, in dem die Kinder geboren werden.

Leon fragt das sehr ernsthaft, auch wenn es die anderen Kinder manchmal nervt. Er will alles ganz genau verstehen und glaubhafte Antworten haben. Ich sage ihm: „Vielleicht steht ein Plan hinter der Geburt des Christkinds, den wir nicht völlig begreifen können. Es sollte eben im Stall sein. Und nicht im Krankenhaus und auch nicht im Schlafzimmer von dem Wirt."

Ob meine Antwort ihn wirklich überzeugt hat? Ich weiß es nicht. Jedenfalls konnten wir weiter üben. Und heute kann der Verkündigungsengel schon „Vom Himmel hoch, da komm ich her"

singen, ohne dass Leon dazwischen redet. Aber das mit den leuchtenden Flügeln meint er ernst. „Weil die Engel das Besondere in der Geschichte sind. Das müssen die Leute Heiligabend dann auch sehen."

Hoffentlich ist Leons Papa wenigstens Heiligabend beim Krippenspiel dabei. Seit April lebt Leon mit seiner Mama allein. „Es ging einfach nicht mehr", sagt sie und streichelt ihrem kleinen Josef über den Kopf. „Aber wir kriegen das hin, wir beide. Und vielleicht reicht ja auch Goldglanzpapier." „Ja, das ist gut. Und angestrahlt leuchtet es dann ja auch."

„Meinst du, dass hinter allem ein Plan steht, den wir nicht wissen?", fragt er mich beim Rausgehen. „Ich glaub schon", antworte ich ihm. „So einer, dass es Gott gut mit uns ausgehen lässt." *(Aus dieser Reihe lesen Sie übermorgen, am 1. Weihnachtstag, mehr!)*

ak

JOSEF MELDET SICH ZU WORT

Psssst! Leise ... – das Kind ist eben eingeschlafen. Noch nie hatte ich so ein Baby im Arm. Ich werde schon für ihn sorgen – und für Maria. Am Anfang wollte ich mich eigentlich davonmachen. Heimlich. Gut, dass ich erst mal eine Nacht drüber geschlafen habe. Am nächsten Morgen war mir, als hätte eine Stimme gesagt: „Josef, ihr gehört zusammen! Die beiden brauchen dich – gerade jetzt." – Manche Träume sind schon seltsam.

jvl

!

Die Weihnachtsgeschichte

Es begab sich aber zu der Zeit,
dass ein Gebot von dem Kaiser Augustus
ausging, dass alle Welt geschätzt würde.
Und diese Schätzung war die allererste
und geschah zur Zeit, da Quirinius Statthalter
in Syrien war.
Und jedermann ging, dass er sich schätzen
ließe, ein jeder in seine Stadt.
Da machte sich auf auch Josef aus Galiläa,
aus der Stadt Nazareth, in das jüdische Land
zur Stadt Davids, die da heißt Bethlehem,
weil er aus dem Hause und Geschlechte
Davids war, damit er sich schätzen ließe mit
Maria, seinem vertrauten Weibe;
die war schwanger.

Und als sie dort waren, kam die Zeit,
dass sie gebären sollte. Und sie gebar ihren
ersten Sohn und wickelte ihn in Windeln
und legte ihn in eine Krippe; denn sie hatten
sonst keinen Raum in der Herberge.
Und es waren Hirten in derselben Gegend
auf dem Felde bei den Hürden,
die hüteten des Nachts ihre Herde.
Und der Engel des Herrn trat zu ihnen,
und die Klarheit des Herrn leuchtete um sie;
und sie fürchteten sich sehr.
Und der Engel sprach zu ihnen:
Fürchtet euch nicht!
Siehe, ich verkündige euch große Freude, die
allem Volk widerfahren wird;
denn euch ist heute der Heiland geboren,
welcher ist Christus, der Herr, in der Stadt

Davids. Und das habt zum Zeichen: Ihr werdet
finden das Kind in Windeln gewickelt und in
einer Krippe liegen.
Und alsbald war da bei dem Engel die Menge
der himmlischen Heerscharen, die lobten Gott
und sprachen: Ehre sei Gott in der Höhe
und Friede auf Erden bei den Menschen seines
Wohlgefallens.

Und als die Engel von ihnen gen Himmel
fuhren, sprachen die Hirten untereinander:
Lasst uns nun gehen nach Bethlehem
und die Geschichte sehen, die da geschehen
ist, die uns der Herr kundgetan hat.

Und sie kamen eilend
und fanden beide, Maria und Josef,
dazu das Kind in der Krippe liegen.

Als sie es aber gesehen hatten, breiteten
sie das Wort aus, das zu ihnen von diesem
Kinde gesagt war. Und alle, vor die es kam,
wunderten sich über das,
was ihnen die Hirten gesagt hatten.

Maria aber behielt alle diese Worte
und bewegte sie in ihrem Herzen.

Und die Hirten kehrten wieder um,
priesen und lobten Gott für alles,
was sie gehört und gesehen hatten,
wie denn zu ihnen gesagt war.
Lukas 2,1-20

Heiligabend

[...] Siehe, ich mache alles neu!
OFFENBARUNG 21,5A

Fest der Sehnsucht und der Verwandlung

Bekommen wir weiße Weihnacht? Hoch – und Tiefdruckgebiete, Windrichtung oder Temperaturen, alles nur wichtig unter der Frage: Schneit es zu Weihnachten?

Dieser weit verbreitete Wunsch hat viel mit Erinnerungen zu tun. In meiner Erinnerung hat es Weihnachten immer geschneit. Was natürlich Unfug ist. Aber es ist nicht nur die Erinnerung an früher. Viele Geschichten und Lieder, die wir in diesen Tagen hören, erzählen vom Schnee. Da stapfen Maria und Joseph in vielen Kinderbüchern durch meterhohe Schneewehen auf der Suche nach einer Unterkunft. Und wir summen: Leise rieselt der Schnee, still und starr liegt der See.

Hinter unserem Wunsch nach weißer Weihnacht steckt eine tiefe Sehnsucht. Die Sehnsucht nach Verwandlung. Weihnachten ist das Fest der Verwandlung und nirgendwo wird das schöner deutlich, als wenn alle Straßen und Häuser von einem zauberhaften weißen Schleier bedeckt werden. All das Grau dieser Jahreszeit, das Braun wird verhüllt von reinem Weiß. All die Wunden, die der Mensch der Erde zufügt hat, werden behutsam zugedeckt und verzaubert. Zugleich zwingt uns diese Verwandlung, unser Verhalten zu ändern. Es geht nicht mehr schnell. Wir müssen langsamer gehen, vorsichtiger Auto fahren, selbst die Geräusche werden gedämpft. Die verschneite Welt ist eine verwandelte Welt.

Weihnachten ist das Fest der Verwandlung. Und vieles, was wir tun, zeigt unsere Sehnsucht nach dieser Verwandlung. Das Glänzen in den Straßen, die Lichter in der Stadt, die liebevolle Dekoration: Wir wollen in dieser Zeit der Welt ein anderes Antlitz geben. Und ganz egal, ob mit Schnee oder ohne, wir werden feiern, dass einmal vor langer Zeit ein Kind geboren wurde. Und der Glanz dieser einen Nacht leuchtet bis heute – und verwandelt die Welt.

rm

HEILIGE NACHT

Nach Hause kommen.
Gott hat
ein Licht ins Fenster gestellt.

Es gleicht einem Stern.

tw

Und als sie dort waren, kam die Zeit,
dass sie gebären sollte. Und sie gebar ihren
ersten Sohn und wickelte ihn in Windeln
und legte ihn in eine Krippe; denn sie hatten
sonst keinen Raum in der Herberge.

LUKAS 2,6+7

Maria braucht Hilfe

Maria weint. Beim Üben für das Krippenspiel. Sie hat ihren Text vergessen. Schon wieder. „Sie kann sich nie was merken", sagt Leon, der mit ihr in die Klasse geht, seit sie sitzengeblieben ist. Maria heißt Sonja und sie ist lernbehindert. Der Schulpsychologe hat das rausgefunden.

„Sie lebt in ihrer eigenen Welt", sagt ihre Großmutter. „Da kann sie erzählen. Den ganzen Tag lang. Ohne Punkt und Komma. Und seitdem Sonja Maria ist, redet sie immer über Weihnachten. Da singt sie das sogar: „Josef. lieber Josef mein, hilf mir wiegen mein Kindelein"

Ihre Eltern sind berufstätig. Das Haus muss abbezahlt werden. Und da sind auch noch andere Schulden. Darüber wird nicht geredet. Aber alle wissen es. Zum Glück ist die Großmutter noch so fit und wohnt direkt nebenan. „Jetzt geht das ja noch mit den Schularbeiten. Aber wenn Englisch losgeht oder Mathe schwerer wird, dann kann ich auch nicht mehr helfen."

Doch nun bei der Probe vergisst Sonja ihren Text und weint. Leon, der den Josef spielt, hat seinen Arm um sie gelegt. „Vielleicht hat ja Maria gar nichts geredet. Und wirklich geweint. Weil's doch so kalt war und bestimmt auch ganz schön dreckig im Stall." Sonja schluchzt noch zweimal. „Ich will aber was sagen. Ich heul doch nicht am Heiligabend." „Was willst du denn sagen?" „Dass ich immer für das Jesuskind da sein will. Und dass Josef

mir dabei helfen soll. Und wir noch mehr Kinder kriegen, damit Jesus nicht immer alleine spielen muss. Und dass wir sonntags in den Zoo gehen oder ins Kino."

„Das kann sie doch sagen oder?" Leon – also Josef – sieht mich an. Und nickt dabei. „Klar kann sie das. Und wenn sie es mal nicht schafft, sich um die Kinder zu kümmern, gibt es ja noch andere, die für das Kind da sind. Anna, Marias Mutter zum Beispiel. Omas können das besonders gut."

Sonja lacht. Und fängt an zu singen. Einfach so. Vor allen. Und sieht dabei Leon ganz lange an. „Josef, lieber Josef mein, hilf mir wiegen mein Kindelein."

ak

MARIA MELDET SICH ZU WORT

Ach, ihr kennt ja unsere Geschichte. In den Häusern der Menschen war kein Platz für uns, und wir kamen bei den Tieren unter. Es war erbärmlich. Kalt. Wir waren wie Flüchtlinge. An diesem schutzlosen Ort kamen die Wehen, die Schmerzen. Und dann haben wir das erlebt, wovon ihr euch immer erzählt. Der Stall war uns genug. Er war ein wundersamer Ort. Und das Stroh, auf dem das Kind schlief, war das Wertvollste, das Eltern ihrem Kind geben können. In mir wuchs eine Liebe, wie ich sie nie zuvor erlebt habe. Und ich habe später oft gedacht, dass dies der Moment war, in der Gott mir am nächsten war. Seltsam, nicht?

jvl

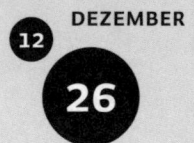

Und es waren Hirten in derselben Gegend auf dem Felde bei den Hürden, die hüteten des Nachts ihre Herde. Und der Engel des Herrn trat zu ihnen, und die Klarheit des Herrn leuchtete um sie; und sie fürchteten sich sehr.

LUKAS 2,8+9

Der Hirte Fritz und ein ganz normaler Engel

Üben fürs Krippenspiel. Nils ist ein Hirte. Mit Filzhut. Von seinem Opa. Und Nils will Fritz heißen. Unbedingt. Weil sein Opa auch Fritz heißt.

Gestern Nachmittag haben wir geübt. Zum zweiten Mal. Für Heiligabend. Sarah ist die kleine Schwester von Nils. Sie hängt beim Üben wie eine Klette an ihm. „Ich muss auf sie aufpassen. Mama hat diese Woche Spätschicht im Altenheim. Und sonst ist keiner zu Hause."

So ist Sarah ein Engel geworden. Seit gestern. Der Engel von Fritz, dem Hirten. Und sie geht jeden Schritt von Fritz mit und auch Fritz lässt sie nicht aus den Augen.

„Die Engel kommen doch erst viel später zu den Hirten aufs Feld." Eine Große aus der vierten Klasse sagt das. „Da rennt doch nicht schon die ganze Zeit vorher ein Engel mit den Hirten rum!"

„Genau! Und seit wann passen denn die Hirten auf die Engel auf? Das ist doch umgekehrt!" Die Große aus der vierten Klasse hat im letzten Jahr schon mitgespielt. Sie weiß genau, wie das Heiligabend ablaufen muss: Die Engel stehen auf den Stufen hoch zur Kanzel und oben singt Lenja dann „Vom Himmel hoch, da komm ich her."

Nils lässt nicht locker. „Mein Opa sagt auch immer 'mein kleiner Engel' zu Sarah, obwohl er auf sie aufpasst." Ich werde langsam unruhig.

Die Heiligen Drei Könige haben sich ihre Winterjacken wieder über den Umhang gezogen.

Einer knistert mit seiner Chipstüte. Zwei Mütter amüsieren sich in der vierten Bankreihe. Sie lachen. Hörbar. Joseph verteilt zum dritten Mal das Stroh in der Krippe und Maria hat das Jesuskind ganz lässig an der rechten Hand hängen. „Ist doch jetzt egal", sagt Timo. „Dann muss Weihnachten eben mal ein Mensch auf einen Engel aufpassen. Macht doch nichts!" Die Kinder nicken. Nur die Große ist noch skeptisch. „Aber Sarah darf nicht so ein weißes Kleid anhaben wie wir anderen Engel! Wenn sie ganz normal aussieht, ist gut."

Nun passt Heiligabend der Hirte Fritz auf einen ganz normalen Engel auf. Ich bin gespannt, wie das wird.

ak

EIN HIRTE MELDET SICH ZU WORT

Die Herde, die Schafe, die Wiesen – jene geheimnisvolle Nacht. Stellt euch das bloß nicht so romantisch vor! Unser Leben war hart. Hitze am Tag, Kälte bei Nacht. Wir trieben die Schafherden der Reichen über die Wiesen und Hügel, schützten sie vor wilden Tieren – für einen Hungerlohn! Wir waren Menschen ohne Land und ohne Rechte. Nicht mal in die Stadt ließ man uns. Wir stanken nach den Tieren und unsere Kleidung war heruntergekommen. Draußen auf dem Feld aber – in jener Nacht – war das anders. Und dann sah ich dieses Leuchten am Himmel und hörte Musik.

jvl

Und der Engel des Herrn trat zu ihnen,
und die Klarheit des Herrn leuchtete um sie;
und sie fürchteten sich sehr. Und der Engel
sprach zu ihnen: Fürchtet euch nicht!
LUKAS 2,9+10A

Lenja darf Engel sein

Lenja hat hundert kleine Perlen im Haar. Mindestens hundert. Mama hat sie ihr eingeflochten. Damit sie auch wirklich wie ein Engel aussieht. Beim Krippenspiel. Und sie glitzern in allen Regenbogenfarben. Bis übermorgen sollen sie drin bleiben. Wenn Heiligabend ist. Auch ohne Perlen würde Lenja sofort als Engel durchgehen. Sie hat so was Fliegendes, immer ein bisschen von der Erde Abgehobenes an sich. Sie geht nie richtig, sie schwebt. Wie eine Feder. Und wenn sie redet, singt sie. Im Sommer kommt sie in die Schule. Das hat sie mir beim ersten Üben erzählt. „Und dann lerne ich die Noten lesen und kann selber Querflöte spielen. Wie Mama." Ihre Mutter spielt wie ... ach, ich finde kein Wort dafür. Sie hat die Kirche verzaubert. Am letzten Sonntag beim Weihnachtskonzert. Mit diesen Engelstönen.

Lenja lebt mit ihrer Mama allein. Seit dem Unfall. Vor vier Jahren. Sie kann sich an ihren Papa kaum noch erinnern. Glatteis. Ein Laster konnte nicht mehr bremsen. Auf der B 6. Ihre Mama ist davon gekommen. Vier Monate in der Klinik in Hannover. Ein paar Narben sind geblieben. Im Gesicht. Und an den Beinen. Und die große Wunde in der Seele. Lenja war in der Zeit bei ihren Großeltern.

Die anderen Kinder haben abgestimmt: „Wer soll der Verkündigungsengel sein?" Einstimmig: Lenja! Ihre Mutter wollte es nicht. „Singen? Meine Tochter? Vom Himmel hoch, da komm ich her. Nein. Das geht nicht. Das halte ich nicht aus."

Sie hat es ausgehalten. Das Üben. Sie ist immer dabei. Und sie hat noch mehr ausgehalten. Gewagt. Für sich. Die Querflöte wieder in die Hand nehmen. Spielen. Vor Publikum.

„Es ist der Herr Christ, unser Gott, der will euch führ'n aus aller Not." Und alle in der Kirche haben nicht nur die Musik gehört. Sie haben das Schreien der Seele, das Beten ihres Herzens in die Stille hineingenommen, bevor der riesige Beifall losbrach.

„Kann ich die vierte Strophe auch noch singen?" hat Lenja gefragt beim letzten Üben. Von der Kanzel, da wo der Verkündigungsengel immer singt. „Er bringt euch alle Seligkeit, die Gott der Vater hat bereit, dass ihr mit uns im Himmelreich sollt leben nun und ewiglich." „Ja bitte, sing es", hab ich gesagt. Für Mama. Und für Papa.

ak

EIN ENGEL KOMMT ZU WORT

Ihr fragt, wer wir sind, wir Engel? Wir sind Musik. Wir sind Licht. Wir sind Hoffnung. Wir sind Glaube. Und wir sind mitten unter euch. Ich gehe durch Zeit und Raum. Ich bin ein Wanderer zwischen eurer Welt und der Ewigkeit. Ich singe für den, der traurig ist. Lege meine Hand auf die Schulter dessen, der einsam ist. Ich begegne DIR – in Gestalt eines Menschen, der dir hilft und zuhört. Ich halte deine Hand in der Stunde der Gefahr. So begleite ich dich, meist ohne dass du es spürst ...

anb

12

28

Als Jesus geboren war in Bethlehem in Judäa
zur Zeit des Königs Herodes, siehe, da kamen
Weise aus dem Morgenland nach Jerusalem
und sprachen: Wo ist der neugeborene König
der Juden? Wir haben seinen Stern gesehen.
MATTHÄUS 2,1+2A

König Caspar träumt

Caspar, der König träumt. Er träumt den ganzen Tag lang. Eine bessere Besetzung für diesen Heiligen König als Malte hätten wir nicht finden können für unser Krippenspiel. Er guckt in den Himmel. Er sieht Sachen, die sonst niemand sieht. Und er kann sie auch noch deuten: Die Düsenflieger schreiben Botschaften an den Himmel. Und die Wildenten fliegen Geschichten mit ihren Kreisen.

Und Malte will unbedingt mit mir die Glocken im Turm angucken. Und schlagen lassen. Immer wenn die Uhrglocke anschlägt, ist das Üben kurz unterbrochen. Er hebt seine rechte Hand. Legt den linken Zeigefinger auf den Mund, sieht nach oben und hört. Malte hört so, dass alle anderen auch hören. Hören müssen.

Reden kann er nicht so gut. Er sucht lange nach Worten. Wenn er einen ganzen Satz gefunden hat, lacht er. Und die Sätze wiederholen sich. Immer wieder. Wie sein Lachen. In der Integrationsklasse ist er eins von drei Kindern mit Behinderungen.

„Der kennt den Himmel so gut. Malte muss einer von den Heiligen Drei Königen sein!", hat Sonja, die die Maria spielt, bei der Rollenverteilung fürs Krippenspiel gesagt. „Und es reicht doch, wenn Balthasar und Melchior ihren Text können."

Es sieht majestätisch aus, wenn sie in ihren bunten Glitzermänteln über den roten, langen Teppich von hinten durch die Kirche schreiten. „Stern über Bethlehem, zeig uns den Weg", soll die Gemeinde am Heiligabend dabei singen.

Caspar trägt sein kleines Goldkistchen wie einen Lebensschatz vor sich her. Die beiden anderen schaukeln ihr Weihrauchfässchen und den Korb mit Myrrhe ganz lässig in der rechten Hand.

Bei den letzten Worten des Liedes „Stern über Bethlehem, schein auch zu Haus!" sollen sie bei der Krippe stehen. Kurz vor den Altarstufen lässt Caspar die Kiste fallen, legt den Zeigfinger auf den Mund, streckt die rechte Hand nach oben. Die Uhrglocke schlägt. „Wann gehen wir Glocken hören, Pastor?", fragt er zum vierten Mal heute beim Üben. Die anderen Kinder geben ihre ziemlich deutlichen Kommentare ab. Nur Sonja nicht. „Kann Malte das nicht einfach sagen? Hört ihr die Glocken läuten? Und Glocken haben doch bei der Geburt von Jesus in Bethlehem bestimmt geläutet!"

Nun muss ich unserer Küsterin nur noch beibringen, dass die Glocken an dieser Stelle am Heiligabend die Geburt des Jesuskindes einläuten. Und dann sind hoffentlich alle zufrieden.

ak

EIN STERNDEUTER MELDET SICH ZU WORT
Ich bin einer der Sterndeuter aus dem Morgenland. Wir haben die Bahnen studiert, auf denen sich die Himmelskörper bewegen. Aber *dieser* Stern – dieser Komet – war etwas Besonderes. Denn die alten Legenden sagen, dass ein Stern am Himmel die Geburt eines großen Königs ankündigt. Und so machten wir uns auf dem Weg ...

jvl

Denn tausend Jahre sind vor dir wie der Tag, der gestern vergangen ist, und wie eine Nachwache. Du lässest sie dahinfahren wie einen Strom.
PSALM 90,4+5A

Zwischen den Jahren

Wir sehen uns „zwischen den Jahren"! Das sagen wir in diesen Tagen manchmal – und meinen damit: Wir sehen uns zwischen Weihnachten und Silvester. Eine seltsame Formulierung – mit einer langen Geschichte.

Denn Jahrhunderte lang gab es sehr unterschiedliche Vorstellung, wann das Jahr eigentlich beginnt. Für die einen am 25. Dezember, für andere am 1. oder am 6. Januar. Das hing sogar davon ab, ob Menschen evangelisch oder katholisch waren. Zwischen den Jahren hieß – die einen waren schon im neuen Jahr angekommen, während die anderen noch im alten Jahr hockten.

Kalender sind eben etwas sehr Kompliziertes. Und das spürten die Menschen im Mittelalter besonders. Der alte römische Kalender war nicht korrekt, es fehlten ein paar Tage und irgendwann würde Heiligabend im Frühling gefeiert werden. Also musste eine Kalenderreform her. Mathematiker, Physiker, Astronomen errechneten die neue Jahreslänge und Papst Gregor XIII. legte den Jahresanfang fest: auf den 1. Januar! Aber darf ein Papst bestimmen, wann das neue Jahr beginnt? Das war den Evangelischen ein Dorn im Auge. Sie blieben bei ihrem alten Kalender. Das hatte seltsame Folgen. So gab es in Europa verschiedenen Zeitrechnungen und Feiertage wurde an unterschiedlichen Tagen begangen. Um zehn oder mehr Tage unterschieden sich die Daten. Erst im Jahr 1700 übernahmen die protestantischen Länder den sogenannten gregorianischen Kalender.

Geblieben ist diese seltsame Formulierung: „zwischen den Jahren". Wir spüren, dass diese Zeit etwas Besonderes ist. Kinder haben Ferien, viele Betriebe sind geschlossen, Menschen haben mehr Zeit. „Zwischen den Jahren" heißt Atemholen, sich eine Auszeit gönnen. Es ist, als wäre der alte Kalender schon abgelaufen, ohne dass ein neuer begonnen hätte.

Und vielleicht ahnen wir in diesen Tagen besonders: Die Zeit ist eben doch unverfügbar. Ein Geheimnis. Und ein Geschenk.

jvl

EINE BESONDERE ZEIT

„Zwischen den Jahren" nennen wir diese Zeit zwischen Weihnachten und Neujahr. „Zwischen den Zeiten" sagen andere, oder auch „die heiligen Nächte" oder „Raunächte". Früher galten diese Tage als gefährliche Zeit, da die Gesetze der Natur außer Kraft gesetzt schienen und allerlei Spukgestalten ihr Unwesen trieben. Die Bezeichung „Raunächte" könnte vom Räuchern des Hauses mit Wacholder oder Weihrauch hergeleitet werden, so sollten böse Geister vertrieben werden. Heute nutzen wir diese Tage anders: Viele lesen in ihrem Tagebuch, schauen sich Fotos aus dem vergangenen Jahr an, ziehen Bilanz, planen voraus und treffen sich mit Freunden und Familie. „Zwischen den Jahren" heißt „Zeit haben" zum Innehalten und Nachdenken.

jvl/ak

[...] Ich bin das A und das O,
der Anfang und das Ende.
OFFENBARUNG 21,6A

In Liebe

Die beiden sind verliebt – das ist mir sofort klar.
die beiden, das sind:
sie, die junge Frau, die auf dem Bahnsteig steht,
dicht am Fenster des Zuges.
Er, der junge Mann, auf dem Sitzplatz direkt
hinter der Fensterscheibe.
Öffnen kann man das Fenster nicht und hören
können sich die beiden auch nicht. Also reden
sie mit den Augen: Er schaut verträumt, sehn-
suchtsvoll zu ihr – und sie blickt ihn zärtlich
und mutig lächelnd an. Und doch scheint es
so, als möchte sie beinahe weinen. Es ist ein
Abschied.
Die Türen des Zuges werden geschlossen.
Gleich wird der Zug abfahren.
Ich weiß nichts von ihnen – aber ich spüre
deutlich, dass sie beide offenbar ineinander
ihre große Liebe gefunden haben.
Jetzt gleich setzt sich der Zug in Bewegung,
ganz langsam.
Da berührt sie ganz zart die Fensterscheibe –
und er tut das gleiche von innen, dann be-
schleunigt der Zug. Ein letzter Blick, ein kleines
Lächeln, ein gehauchter Kuss. Der Zug fährt
schon schneller. Und jetzt sind da nur noch die
Rücklichter zu sehen.
Sie wendet sich ab – geht zur Rolltreppe.

Ich habe vielleicht zwei Minuten diesen beiden
Menschen zugesehen.

Und ich habe gemerkt, es stimmt, was in der
Bibel steht: Wer in der Liebe bleibt, der bleibt
in Gott und Gott in ihm.
Das gilt von Anfang bis zum Ende.

aw

AUF DEM WEG NACH VORN
Nie hörst du auf zu träumen
auf dem Weg nach vorn
es gibt kein Zurück ins Gestern
es gibt nur ein Weiter
vielleicht an Strände
närrischer Vernunft
vielleicht an Ufer
vergessener Weisheit

as

Silvester

Denn er hat seinen Engeln befohlen, dass sie dich behüten auf allen deinen Wegen.
PSALM 91,11

Zum Engel werden

Das kleine Kind zerrt juchzend an den lockigen Haaren des Vaters. Oben auf den Schultern von Papa ist der Blick auf das wuselige Treiben der Stadt ja auch viel besser als unten im Kinderwagen. Autsch, denke ich, so wie sich das Kind da an den Locken des Vaters festkrallt, ist es bestimmt schmerzhaft! Aber nein, der Vater lacht fröhlich und umfasst mit sicherem Griff die kleinen Beinchen an seinen Schultern. So viel Liebe steckt in diesen kleinen Gesten.

Und die junge Frau dort, die mit größter Selbstverständlichkeit den Rollstuhl schiebt. Vielleicht ist die alte Dame ihre Oma oder Tante. Ganz zärtlich berührt sie jetzt deren Oberarm und beugt sich vor, um etwas zu sagen. Ich höre nicht, worum es geht. Ich sehe nur das Lächeln in den beiden Gesichtern. So viel Liebe schimmert durch diesen Augenblick hindurch.

Zugegeben: Das sind alles nur Kleinigkeiten. Und doch: In jedem Moment der Weltgeschichte gibt es Tausende solcher liebevollen Gesten, Worte und Handlungen. Viele davon sind unscheinbar, manche werden übersehen, andere sogar versäumt. Wenn ich aber aufmerksam bin (was ich viel zu oft nicht bin …), dann kann ich entdecken, dass es unendlich viel Liebe in der Welt gibt. Und auch ganz in meiner Nähe.

Neben allem Dunklen, neben Angst, Not, Leid und Kummer gibt es die großartige, leuchtende, unverfügbare Liebe. Spürbar in kleinen menschlichen Gesten, Worten, Augenblicken. Da wird ein Mensch dem anderen zum Engel. Da geschieht das Behüten ganz praktisch. Da kommen Zärtlichkeit und Liebe in die Welt. Da ist Gott ganz nahe bei uns.

Ich wünschte, ich hätte einen sechsten Sinn, um beides – Gott und die Liebe – immer neu zu entdecken. Und ich möchte gern für andere zum Engel werden.

Wenigstens hin und wieder – im neuen Jahr.

aw

SILVESTER

365 mal aufgestanden.
Gearbeitet. Ausgeruht.
Urlaub gemacht.
Gelacht. Gefeiert. Manchmal geweint.
Menschen begegnet. Allein gewesen.
Mich leicht gefühlt.
Manches schwer genommen.
Viele normale Momente.
Und einige ganz besondere.
365 Tage. Ein Jahr meines Lebens.
Jetzt gebe ich es zurück in Gottes Hand.

tw

ZUSÄTZLICHE EINHEITEN

Geburtstag
Geburt
Taufe
Konfirmation
Trauung
Tod und Trauer
Zu guter Letzt

Denn wenn ein Mensch viele Jahre lebt,
so sei er fröhlich in ihnen allen.
PREDIGER 11,8A

Schon wieder ein Jahr rum

„Ja, wieder ist ein Jahr vergangen. Es wird immer weniger. Es will alles nicht mehr so recht. Vor einem Jahr habe ich immer noch was im Garten gemacht. Geht nicht mehr." „Voriges Jahr war meine Freundin noch hier. Jetzt ist sie schon nicht mehr. Die meisten von meinem Jahrgang sind schon nicht mehr." Äußerungen beim Geburtstag einer 86-Jährigen gegenüber einem Gratulanten.

Geburtstag treibt zu einer Bestandsaufnahme des Lebens. Besonders im höheren Alter ist die Fröhlichkeit oftmals nicht das vorherrschende Gefühl. Im Blick ist, was alles nicht gelebt werden konnte, was sich an Einschränkungen eingestellt hat, was sich als Signal der Endlichkeit bemerkbar macht. Eine Traurigkeit bricht auf, die in der Klage zum Ausdruck kommt.

Klagen ist erlaubt, wird nicht verurteilt. Das lernen wir am Psalter im Alten Testament. In etwa 50 von 150 Psalmen klagen Menschen über ihr Dasein, über Krankheit, Todesangst, Einsamkeit, Gottverlassenheit. Klagen muss sein, gehört zum seelischen Stuhlgang, erleichtert. Selbst eine Anklage Gottes wird nicht gerügt.

Doch sogleich ist da auch ein Perspektivenwechsel aufgezeigt, ein Aber. Aber vergiss auch nicht, was er, Gott, dir Gutes getan hat. Vergiss Gott nicht, der deinen Mund fröhlich gemacht hat. Das beinhaltet der Psalm 103.

Menschen, die zur vorschnellen Dankbarkeit zwingen wollen und das schlechte Gewissen der Undankbarkeit schüren, mögen einem erspart bleiben. Schön ist es, wenn man auf Menschen trifft, die einem behutsam und wohlwollend den Blick für die Haben- und Gehabthaben- und eine hoffnungsvolle Habenwerden-Seite des Lebens öffnen. Auch in Eigeninitiative mag man sich aufmachen, nach dem Guten zu fragen, das war, das ist und das kommen soll. Das bewahrt vor Lebensekel, ebnet den Weg zu einer Zuversicht, lässt Fröhlichkeit aufkommen, die einem Worte auf die Lippen bringt wie:

kd

NIRGENDS ALS BEI DIR ALLEIN
Führe mich, o Herr, und leite
meinen Gang nach deinem Wort;
sei und bleibe du auch heute
mein Beschützer und mein Hort.
Nirgends als von dir allein kann
ich recht bewahret sein.
Text: Heinrich Albert, EG 445

Geburt

Lass deinen Vater und deine Mutter sich freuen,
und fröhlich sein, die dich geboren hat.
SPRÜCHE 23,25

Das erste Wickeln

Das erste Wickeln zu Hause ist ein großes Fest. Vorsichtig packt die Mama den kleinen Neugeborenen aus. Er ist noch keinen Tag alt. Die drei großen Brüder stehen andächtig um die Wickelunterlage. Keiner wagt etwas zu sagen. Bis der Kleine anfängt zu schreien.

Für den ältesten der Brüder ist damit das Schweigen durchbrochen. Bestimmt erklärt er: „Ja, Kleiner, du hast nun ein wirklich langes Leben vor dir." In der Stimme des Ältesten schwingt keine Melancholie, der große Bruder hat einfach klug gerechnet. Und diese Rechnung lautet: Wer erst fast einen Tag auf der Welt ist, der hat noch mehr vom Leben als einer, der schon sieben Jahre alt ist. – Wenn es doch immer so auszurechnen wäre, denke ich, aber halte meinen Mund.

Da kommt schon der zweite Bruder mit seinem Lieblingsgedanken und sagt zum Ältesten: „Als du geboren wurdest, war ich noch bei Gott. Und jetzt ist das Baby da. Auch das war erst bei Gott, dann in Mamas Bauch und jetzt haben wir es." Damit sind zwei der entscheidenden Fragen angesichts des Babys geklärt. Frage eins: Wie lange bleiben wir? Und Frage zwei: Wo waren wir, bevor wir wurden, was wir jetzt sind?

Ich höre die Antworten der Kinder gern: In ihrer Welt sind wir sowieso ewig. Wenn nicht hier, dann eben vorher und nachher bei Gott. An unseren Geburtstagen glauben wir Erwachsenen das nicht immer so leicht. Manchmal braucht es ein Neugeborenes – am besten auf dem Arm, um das zu fühlen. Ein Baby ist dem Himmel noch so nah. Wir spüren die Ewigkeit, die auf der Erde Einzug hält.

„O Baby, o Baby, o Baby", fängt nun der kleinste der großen Brüder an zu singen. Er ist erst drei, Zeit ist noch ohne Bedeutung für ihn, die Beziehung zu dem neuen Erdling herzlich und direkt. Der hat gerade auf dem Wickeltisch erste Spuren hinterlassen. Sogenanntes „Kindspech", die erste Ausscheidung des Neugeborenen. Dazu ein kleines, zufriedenes, unwillkürliches Engelslächeln. Kindspech und Engelslächeln, Zeit und Ewigkeit wickeln sich bei Neugeborenen jeden Tag ein wenig mehr ineinander. Und doch, bei aller Verwicklung: die Herkunft bleibt. Und die Zukunft auch: der Himmel.

cs

DANKE, GOTT
Guter Gott,
ich bin dankbar für dieses Kind.
Es ist ein großes Geschenk.
Es ist ein Zeichen für mich,
dass du es gut meinst mit dieser Welt.
Schenke uns in der Familie
füreinander eine gute Zeit.
Segne du unser Zusammenleben.

aw

!

Das Taufevangelium

Und Jesus trat herzu
und sprach zu ihnen:

Mir ist gegeben alle Gewalt
im Himmel und auf Erden.
Darum gehet hin
und machet zu Jüngern alle Völker:

Taufet sie
auf den Namen des Vaters
und des Sohnes
und des Heiligen Geistes
und lehret sie halten alles,
was ich euch befohlen habe.

Und siehe,
ich bin bei euch alle Tage
bis an der Welt Ende.
Matthäus 28,18-20

Ein Gebet aus der Bibel für die Taufe,
aber auch für Konfirmation, Trauung,
Beerdigung – ja, für das ganz Leben:

Der HERR ist mein Hirte,
mir wird nichts mangeln.
Er weidet mich auf einer grünen Aue
und führet mich zum frischen Wasser.
Er erquicket meine Seele.
Er führet mich auf rechter Straße um seines
Namens willen.
Und ob ich schon wanderte im finstern Tal,
fürchte ich kein Unglück; denn du bist bei
mir, dein Stecken und Stab
trösten mich.
Du bereitest vor mir einen Tisch
im Angesicht meiner Feinde. Du salbest mein
Haupt mit Öl und
schenkest mir voll ein.
Gutes und Barmherzigkeit werden mir folgen
mein Leben lang,
und ich werde bleiben im Hause des HERRN
immerdar.
Amen.
Psalm 23

Fürchte dich nicht, denn ich habe dich erlöst;
ich habe dich bei deinem Namen gerufen;
du bist mein!
JESAJA 43,1B

Sarah

Bei der Untersuchung beim Frauenarzt letzte Woche hatte noch alles bestens ausgesehen; jetzt waren es nur noch zwei Monate bis zur Geburt. Zu Hause war schon fast alles vorbereitet für die kleine Tochter.

Plötzlich setzten große Schmerzen ein und mit ihnen starke Wehen; per Notarztwagen ging es ins nächste Krankenhaus; nach zwei Stunden war sie da, die kleine Sarah, sieben Wochen zu früh.

Die Eltern waren glücklich – und hoch angespannt und besorgt zugleich. Denn irgendwas stimmte nicht mit ihrem Kind; Sorge und Anspannung waren auch beim medizinischen Personal mit Händen zu greifen.

Schon bald war klar: Sarah hat einen schweren Herzfehler! Eine erste Operation innerhalb der nächsten drei Tage und später waren vermutlich weitere Operationen erforderlich, um ihr Leben zu retten.

Die Eltern fühlten sich wie zwischen Himmel und Hölle; Freude und Erleichterung waren durchmischt mit Sorge und Angst. Wie lange könnte Sarah leben? „Wir wollen für sie da sein und alles für sie tun, was in unseren Kräften steht" – darüber waren sie sich schnell im Klaren. „Und wir wollen, dass alles erdenklich Gute über ihr ausgesprochen wird."

Am nächsten Tag wurde Sarah vom Klinikseelsorger getauft. Die Eltern hatten sich als Taufspruch Jesaja 43,1 gewünscht: „Fürchte dich nicht, denn ich habe dich erlöst; ich habe dich bei deinem Namen gerufen; du bist mein!"

„Gott hat dich, Sarah, beim Namen gerufen. Bei ihm hast du einen Namen, lange bevor du dir selbst einen ‚Namen machen' kannst. Von Gott bist du geliebt, lange bevor du diese Liebe erwidern kannst." Es flossen viele Tränen; Tränen der Rührung, der Hoffnung und der Sorge. Sarah wurde erfolgreich operiert. Jetzt ist sie ein Jahr alt; eine weitere Operation steht noch bevor. Sie lebt. Gott sei Dank!

rf

BITTE SEGNE UNSER KIND

Gott, wir taufen unser Kind
und bitten dich:
Sei mit ihm mit deinem Segen.
Erweise du an ihm deine Güte
so wie eine gute Freundin,
wie ein guter Freund.
Führe es auf rechter Straße
um deines Namens willen.
In Gefahren beschütze es.
In Angst begleite es.
Lass es so aufwachsen,
dass es sich am Leben freuen
und anderen Freude bereiten kann.
Und gebe du uns Augen
für gewährtes Glück und Tapferkeit
nach versagten Träumen.

Und segne du auch uns, dass wir liebevoll zusammenleben können in deinem Sinn.
nach Psalm 23

fb

!

Du bist mein lieber Sohn,
an dir habe ich Wohlgefallen.
MARKUS 1,11B

Ich bin getauft auf deinen Namen

Die Zahl der von mir getauften Kinder und Erwachsenen in den 30 Jahren meines Pfarramts kann ich nur schätzen; es dürften um die 600 gewesen sein. Bei keiner dieser Taufen aber war ich emotional so berührt wie bei der meines ersten Enkelkindes. Nicht mal bei den Taufen unserer eigenen drei Kinder war mein Empfinden ähnlich intensiv – denn da war ich ‚nur' Vater; jetzt aber war ich Großvater und Täufer, durfte selber die frohe Botschaft der Taufe verkündigen und über meinem Enkelsohn aussprechen: „Du bist Gottes geliebtes Kind!"

Woran die ungleich dichtere emotionale Beteiligung letztlich lag, vermag ich nicht genau zu sagen. Vermutlich war es nur das: selber die Liebe Gottes einem Menschenkind zusagen zu dürfen, das auch mir am Herzen lag. Was hätte ich Schöneres, Größeres, Verheißungsvolleres über mein kleines Enkelkind sagen können?

Unsere Taufe verbindet uns mit dem Leben des Jesus aus Nazareth; durch die Taufe werden wir mit hineingenommen in ein Geschehen, dass im Namen Gottes vor 2.000 Jahren begonnen hat. Das sichtbare Zeichen dafür ist das Kreuz, mit dem wir in der Tauffeier bezeichnet werden. Inhaltlicher Höhepunkt der Taufe aber ist genau dieser Satz, der auch schon Jesus in seiner Taufe zugesagt worden ist: „Du bist mein lieber Sohn."

Gewiss: Für mich wie für alle Getauften gilt er nur in abgeleiteter Form; aber um Jesu willen gilt er eben auch für uns. Deshalb singen wir in einem Tauflied: „Du hast zu deinem Kind und Erben, mein lieber Vater, mich erklärt; du hast die Frucht von deinem Sterben, mein lieber Heiland, mir gewährt; du willst in aller Not und Pein, o guter Geist, mein Tröster sein."

rf

TAUFLIED

Kind, du bist uns anvertraut.
Wozu werden wir dich bringen?
Wenn du deine Wege gehst,
wessen Lieder wirst du singen?
Welche Worte wirst du sagen
und an welches Ziel dich wagen?

Kampf und Krieg zerreisst die Welt.
Einer drückt den andern nieder.
Dabei zählen Macht und Geld,
Klugheit und gesunde Glieder.
Mut und Freiheit, das sind Gaben,
die wir bitter nötig haben.

Freunde wollen wir dir sein,
sollst des Friedens Brücken bauen.
Denke nicht, du stehst allein;
kannst der Macht der Liebe trauen.
Taufen dich in Jesu Namen.
Er ist unsre Hoffnung. Amen.

Text: Friedrich Karl Barth, Peter Horst

Und sie brachten Kinder zu ihm,
damit er sie anrühre.
MARKUS 10,13A

!

Tante Anneliese

So wie geplant, ist es dann nicht gekommen, denn das Kind bekam den Namen Johannes. Und doch ist diese Geschichte aus den Kindertagen des Täufers ein früher Hinweis auf einen Brauch, der sich bis in unsere Tage erhalten hat: Kinder bekommen den Vornamen eines Elternteils – oder eben auch mehrere Vornamen: die der Patinnen oder Paten. So wie meine Tante Anneliese.

Mitte Dezember 1914 wurde sie in einem kleinen Dorf südlich von Hildesheim geboren. In diesen Tagen tobte der Erste Weltkrieg, französische und deutsche Soldaten standen sich in Schützengräben gegenüber. Der Vater des Kindes war Unteroffizier an genau dieser Kriegsfront, als ihm die Nachricht von der Geburt seiner Tochter überbracht wurde. Die Freude war riesengroß, bei ihm genauso wie bei den Kriegskameraden. Sechs von ihnen verabredeten ein gemeinsames Patenamt für das Neugeborene.

Zur Taufe des Kindes konnten aber weder der Vater noch die ‚Patengemeinschaft' anwesend sein, sodass weitere Paten erforderlich waren. Drei Frauen sollten es sein; sie hießen Elfriede, Martha und Anna. Ihre Namen wurden dem Rufnamen Anneliese als weitere Vornamen angehängt. Da aber auch die ‚Patengemeinschaft', wenn sie denn schon nicht anwesend sein konnte, berücksichtigt werden sollte, mussten auch ihre Vornamen dem Täufling mitgegeben werden. Dabei aber ergab sich ein Problem: Männernamen waren für ein Mädchen nicht möglich. So wurden kurzerhand die weiblichen Varianten der männlichen Vornamen in die Geburts- und Taufurkunde eingetragen.

Der volle Vorname meiner Tante lautete also: Anneliese Elfriede Martha Anna Auguste Friederike Henriette Karola Wilhelmine Luise. In dieser Vollständigkeit war ihr Vorname auch auf dem Personalausweis vermerkt.

rf

WUSSTEN SIE SCHON,

dass das Wort Pate mit dem lateinischen Wort „Pater" (Vater) zusammenhängt?
Mit Pate ist der Taufzeuge, aber vor allem auch der „pater spiritualis" gemeint, der „geistliche Vater", der auf die Seele des Kindes achtet – auf das, was zwischen Himmel und Erde geschieht. Auch „geistliche Mütter" können so etwas gut.

fb

(!)

Dies ist der Tag, den der HERR macht;
lasst uns freuen und fröhlich an ihm sein.
PSALM 118,24

„Können wir endlich los?"

Inga steht in der Tür und klappert mit dem Autoschlüssel. Peter trinkt schnell noch einen letzten Schluck Kaffee.

Mattis, der Sohn, schaut schon wieder in den Spiegel und rückt seine Krawatte zurecht.

Dann ist es soweit. Die Glocken läuten. Die Orgel ertönt mit festlicher Musik.

Inga erhebt sich wie die anderen von ihrem Platz und schaut nach hinten. Da kommen sie durchs Kirchenportal, die Jungen und Mädchen in ihren festlichen Anzügen und Kleidern. Und mitten drin ihr Mattis.

Sie schreiten durch die Kirche. Manch einer riskiert einen Blick nach rechts oder links zu seinen Eltern.

Inga wischt sich verstohlen eine Träne aus den Augen. ‚Mein Sohn, wie groß er geworden ist', geht es ihr durch den Sinn. Stolz und Freude erfüllen sie.

Und gleichzeitig merkt sie, wie ihr Herz ein wenig schwer wird. Bald wird er seine eigenen Wege gehen. Wird er den Anforderungen gewachsen sein?

Der Gottesdienst nimmt seinen Lauf.

‚Lobe den Herrn' und ‚Der Herr ist mein Hirte, mir wird nichts mangeln'.

Und dann geht Mattis zusammen mit seinen Freunden zum Altar und kniet nieder.

Inga fasst neben sich und ergreift die Hand ihres Mannes. Sie drückt sie ganz fest.

‚Gott Vater, Sohn und Heiliger Geist, segne und behüte dich.' Mattis entzündet stolz seine Konfirmationskerze.

Festen Schrittes geht er zu seinem Platz zurück. Inga lächelt ihn an.

‚Behüte dich Gott, mein Kind.'

akr

FIRM WERDEN

Das Wort „Konfirmation" kommt von dem lateinischen Wort *confirmatio*. Und das bedeutet so viel wie „Bestätigung oder Befestigung". Darin steckt das kleine Wort „firm". Das sagen wir ja manchmal: Einer ist firm, der kennt sich aus und weiß Bescheid. Genau darum geht es bei der Kon"firm"ation. Denn viele Konfirmanden wurden ja als Babys getauft – ohne Wissen, ohne sicher oder „firm" in ihrem Glauben zu sein. Im Konfirmandenunterricht lernen sie ihren Glauben nun kennen. So wird der Glaube zu einem Seil, das durch unser ganzes Leben führt. Schon bei der Taufe wird dieses Rettungsseil gespannt, in der Konfirmation ertasten und ergreifen wir es neu. Das Seil brauchen wir vielleicht manche Jahre nicht, aber es ist da. Es spannt sich bis ins hohe Alter und gibt uns Sicherheit, wenn uns vieles andere aus den Händen gleitet.

jvl

Einer mag überwältigt werden,
aber zwei können widerstehen,
und eine dreifache Schnur
reißt nicht leicht entzwei.
PREDIGER 4,12

!

Man muss mindestens zu zweit sein

„Man muss mindestens zu zweit sein, wenn ein Sturm beginnt." Diese schlichte Weisheit bekommt Stina in ihren Sommerferien beim Opa auf der Insel zu spüren. Stina, ein blondes Mädel aus dem Bilderbuch, verlebt jeden Sommer ein paar Wochen bei ihrem Opa, der in einer kleinen grauen Hütte direkt am Wasser wohnt. Sie genießt das Leben bei frischem Wind und frischem Fisch zum Abendbrot. Einen großen Wunsch hat sie: Sie möchte einmal einen richtigen Sturm erleben.

Der Seewetterbericht im Radio kündigt den Sturm an. Stina schleicht sich aus dem Haus und setzt sich mutterseelenallein auf die Klippen, um endlich einen richtigen Sturm zu erleben. Schnell wird ihr angst und bange. Sie fängt an zu weinen und ruft nach ihrem Opa. Der kriegt einen Schreck, als er Stina nicht schlafend in ihrem Bett findet und macht sich auf die Suche nach ihr.

Er findet sie bald auf einem großen Felsbrocken sitzen, weinend, frierend und ganz verschüchtert. Er nimmt sie schnell in seine Arme und tröstet sie. „Lass uns nach Haus gehen, trockene Sachen anziehen und einen Regenmantel, und dann gehen wir nochmal zusammen raus. Merk' es dir, man muss mindestens zu zweit sein, wenn ein Sturm beginnt."

Als dieses Brautpaar im Traugespräch vor mir sitzt, fällt mir der Satz wieder ein. Beide haben sie das Vertrauen, manchem Sturm des Lebens gewachsen zu sein.

Ich lese einige Trausprüche vor. Dann sagt sie, kann ich den einen nochmal hören, den mit dieser dreifachen Schnur: „Einer kann überwältigt werden, aber zwei können widerstehen. Und eine dreifache Schnur reißt nicht leicht entzwei." Der ist irgendwie gut, finden beide. „Aber was ist denn mit dieser dreifachen Schnur gemeint?", fragt sie.

„Ich glaube, diese dritte Kraft, das ist Gott", sage ich. Seine Liebe ist ein Geschenk für gute und für schwere Zeiten.

Man könnte auch sagen: Man muss mindestens zu dritt sein, wenn ein Sturm beginnt.

be

WUSSTEN SIE SCHON?

Aus staatlicher Sicht ist inzwischen eine kirchliche Trauung möglich, ohne dass zuvor eine standesamtliche Trauung stattgefunden hat. Alle zur Evangelischen Kirche Deutschlands gehörenden Kirchen haben aber nach dem christlichen Verständnis der Ehe entschieden, dieses nicht zu tun. Nach wie vor bedarf es also einer standesamtlichen Heirat, ehe man zu einer kirchlichen Trauung kommen kann. Bei einer kirchlichen Trauung versprechen sich die Eheleute gegenseitige Treue und Achtung, solange sie leben. Ein solches Versprechen in dieser Form geschieht nur noch im Gottesdienst. Und nur hier wird das Hochzeitspaar im Namen Gottes gesegnet, was mehr meint als einen bloßen frommen Wunsch: ‚Segen' ist Zusage von Gottes Nähe und Geleit.

mg

!

Lehre uns bedenken,
dass wir sterben müssen,
auf dass wir klug werden.
PSALM 90,12

Wenn Kinder sterben

Wie schwer muss es für Eltern sein, mit ihrem lebensbedrohlich erkrankten Kind über das Sterben zu sprechen. Manchmal kann ein außenstehender Mensch sie davon entlasten. Dorothea Bobzin hat, als Seelsorgerin im Kinderkrankenhaus auf der Bult, mit vielen Kindern über das Thema Sterben gesprochen und erzählt in einem Interview von ihren Erfahrungen:

Wie sprechen Kinder mit Ihnen als Seelsorgerin, wenn sie Fragen zu Leben und Tod haben?
Zum Beispiel denke ich an einen Jungen, der fragte: „Sag mal ehrlich, sterben eigentlich auch Kinder?" – „Ja. Aber warum fragst du mich?" – „Ja, das wollt' ich gern mal wissen." Und ich sagte: „Gestern ist gerade ein Kind gestorben." – „Siehste", sagte er, „dacht ich mir's doch, das hab' ich doch gemerkt. Ja, die haben mir hier nichts gesagt. Die waren alle anders, und ich hab'n paarmal gefragt." Und dann fragte er: „Hab' ich eigentlich eine schlimme Krankheit?" Ich sage: „Ja." – „Weiß ich, sagt er, weiß ich schon lange."

Was passiert, wenn ein Kind gestorben ist?, wollte der Zehnjährige wissen.
Da habe ich eine ganz lange Geschichte erzählt. Dass die Kinder gewaschen und schön angezogen werden. Dass die Eltern kommen und die Kinder ein schönes Kissen bekommen, ihr Lieblingstier. Und was die Menschen, die das dann tun, fühlen: Er hat dies so gern gehabt und sein Lachen mocht ich so gern. Und er hat so gern damit gespielt.

Wichtig ist Kindern auch die Frage: Was kommt nach dem Tod? Ein Junge befürchtet, dass die Eltern ihn nach seinem Tod vergessen könnten... – was antworten Sie?
Diesem Jungen, dem habe ich dann auch gesagt, also, dass sie ihn immer lieb behalten werden: den Jungen oder das Mädchen. Und dass alle, die ihn gekannt haben, immer davon sprechen werden, immer wieder daran denken. Und dass kein Mensch vergessen ist. Und dann habe ich gesagt, wie manche Menschen darüber denken, was mit den Menschen ist, die gestorben sind. Und dass ich glaube, dass die Menschen, die gestorben sind, ganz nah bei Gott sind." – „Ja," sagt er, „das glaub ich auch; und dann unterhalten die sich mit dem." – Und ich, in meiner Erwachsenenneugier blöde, frage noch: „Worüber denn?" – „Das weiß ich doch noch nicht," sagt er. Und ich sage: „Das wird dir dann aber einfallen."

lz

AN MEINER SEITE
Gott,
ich tauche in die Nacht ein.
Atme deinen Geist.
Lasse mich treiben.
Und es ist, als ob du still meine Hand hältst
und mich mitnimmst
in ein neues, unbekanntes Land.
Und ich
gehe mit dir.

fb

[...] Der Tod wird nicht mehr sein, noch Leid.
OFFENBARUNG 21,4A

Zu Hause

Lange bleibt er bei ihr im Zimmer.
Der Engel bei der kranken Marie.
Er hat seine Flügel abgelegt.
Will ihr nahe sein.
Kreidebleich sieht sie aus zwischen
den weißen Laken.
Ob sie ihn bemerkt hat? Er weiß es nicht.
Aber ab und zu – nachts – haucht er ihr ein
„Ich hab dich lieb" in die Seele.
Dann fängt sie an zu träumen.
Wie es da ist, über den Wolken?
Wie wird es sein, wenn ihr kranker Körper
irgendwann mit jungen Flügeln in eine
andere Welt fliegt?

Während sie träumt, spürt er – der Engel –
wie sich eine Träne ihren Weg bahnt.
Aus dem Augenwinkel rollt sie über seine
Wange.

„Ich werde nicht mehr weinen. Ich werde
nie mehr Schmerzen haben. Ich werde
nicht mehr krank sein!", träumt Marie.

Er sitzt am offenen Fenster und schaut sie
an. „Du Menschenkind. Ich bin da. Ich trage
dich", flüstert er ihr zu. „Steig auf. Trau
dich. Vertrau mir. Dann fliegst du, so wie
ich es dir in deinen Träumen gezeigt habe."

Sie kommt ans Fenster. Sie nimmt seine
Hand, fängt an zu schweben.

Seine Flügel tragen sie bis zu den
Baumwipfeln. Und noch höher.
Sie kommt mit ihm mit.
Entdeckt ihre eigenen Flügel.
Spürt den Wind.
Sie fliegen weiter – immer höher.
Bis alles nur noch Himmel ist.
Ein bisschen fliegen sie noch weiter.
Weil es so schön ist.
Dann klopft sie am Himmel an.
Und spürt: „Jetzt bin ich zu Hause."

fb / ns

SICHER WOHNEN
Da war ein Moment,
auf dem alten Friedhof –
ich saß auf moosiger Bank
um mich herum blühte es blau.

Schiefe Grabsteine und
kaum noch lesbare Namen
erzählten ganz still
vom Himmel.

Und ich setzte meinen Fuß
für eine kleine Ewigkeit
auf die Schwelle des Hauses,
in dem ich schon jetzt
sicher wohne.

tw

!

Glaubensbekenntnis

Ich glaube
an eine Bleibe
hinter dem Horizont
wohin kein Weh
mich verfolgt
wo keine Sorge mich lähmt
wo keine Trauer mich drückt

Ich glaube
an eine Bleibe für mich
unter einem anderen Himmel
befreit von Erdenschwere
auferstanden aus Asche

Ich glaube
an Siege über den Tod
ich glaube solange
ich glauben kann
an etwas ganz Neues
das noch kein Auge gesehen
kein Ohr erhorcht
keine Stimme besungen hat

Ich glaube
über das Leben hinaus
ans Leben

as

Zu guter Letzt

Lasst das Wort Christi
reichlich unter euch wohnen.
KOLOSSER 3,16A

Der Wert der kleinen Wörter

Herz, Hirn und Zunge waren sich einig geworden: „Wir werden künftig keine kleinen Worte mehr gebrauchen, sie nützen ohnehin niemandem!" Und so war Schluss mit kleinen Wörter wie „Du" und „Wir" oder „Danke" und „Friede". Es war höchste Zeit für große, bedeutende Wörter!

Und so trainierte die Zunge schnelle und flinke Bewegungen, ihr Spezialgebiet: Fremdwörter wie „Rentabilität". Das Herz schickte nur noch harte Sätze auf die Zunge wie „Was nützt mir das?" Und das Hirn? Das produzierte ausschließlich gelehrte Sätze, die niemand verstand und doch ganze Bibliotheken füllten. Die kleinen Wörter aber, die froh machten, Glück brachten, Geborgenheit ausdrückten, Liebe verschenkten, waren bald vergessen ...

Und so veränderte sich die ganze Welt: Die Herzen schlugen kaum noch füreinander. Die Hirne brachten keine Gedanken mehr zustande, die anderen guttaten. Und die Zungen konnten keine Wörter mehr schenken, die aus dem Herzen kamen. Die Welt war trostlos geworden – kalt und öde. Und auf den Gesichtern der Menschen war keine Freude mehr abzulesen, das Glück verkümmerte.

Doch dann fiel einem Jungen in der Schule ein Stift herunter. Da bückte sich ein Mädchen und gab ihm den Stift: „Deiner". Da sagte der Junge – einfach so – „Danke". In der großen Pause pflückte der Junge dem Mädchen eine Blume und sagte: „Für dich." Und die Klasse lauschte und nahm das „Für dich" mit nach Hause. Und die Lehrerin schnappte das „Danke" auf und brachte es ins Lehrerzimmer. Und als an diesem Tag die Schule zu Ende war, fuhren das „Für dich" und das „Danke" in Schulbussen, in Autos und auf Fahrrädern und erreichten die hintersten Winkel der Stadt. Und so kamen sie zurück, die kleinen Wörter.

„Ich", „Du", „Wir", „Danke" – und auf einmal schlugen die Herzen einen anderen Takt: „Du, ich hab dich lieb!", sagte das Mädchen dem Jungen. Und da konnte ein Mann zu seiner Frau nach langer Zeit wieder sagen. „Das hast du gut gemacht!" Und der Starke fragte den Schwächeren: „Darf ich dir helfen?" Und die Menschen erkannten: ein Herz haben, sich Zeit nehmen, geduldig sein – das ist die Sprache des Herzens.

gam

WOHNEN

wo der Wind Worte sät
zum Leben
wo pulsierender Herzschlag ist
Blut in den Adern der Silben
wohnen
wo Hoffnung aufblitzt
in Metaphern
wo Sprache Atem schenkt
zu befreitem Sein

as

Bibelstellenregister

1. Mose 1,3+4a	2. Mai	2. Mose 14,22	10. Juli
1. Mose 1,6a	3. Mai	2. Mose 19,17+18a	11. Juli
1. Mose 1,10b	27. Juli	2. Mose 20,2+3	24. September
1. Mose 1,11a	4. Mai	2. Mose 20,13	25. September
1. Mose 1,14	5. Mai	2. Mose 20,15	26. September
1. Mose 1,20	6. Mai	2. Mose 26,16	27. September
1. Mose 1,26	16. Mai		
1. Mose 1,27	7. Mai	5. Mose 5,33a	15. Juli
1. Mose 1,28	17. Mai	5. Mose 34,7	12. Juli
1. Mose 1,29	18. Mai		
1. Mose 2,2a	1. Mai	Rut 1,7b+8a	19. September
1. Mose 2,3	8. Mai	Rut 1,16b	20. September
1. Mose 2,8a	25. Juli	Rut 2,2a	21. September
1. Mose 6,9b	10. Mai	Rut 3,1	22. September
1. Mose 6,17a-19	11. Mai	Rut 3,18	23. September
1. Mose 7,17	12. Mai		
1. Mose 8,10+11	13. Mai	1. Samuel 12,7a	4. Juni
1. Mose 8,22	14. Mai	1. Samuel 16,7	3. Januar
1. Mose 9,13	1. Oktober	1. Samuel 16,11	1. Juni
1. Mose 11,4	26. April	1. Samuel 17,45	2. Juni
1. Mose 12,1+2a	7. Januar	1. Samuel 24,4+5b	3. Juni
1. Mose 12,1a+3b	8. Januar		
1. Mose 15,5	9. Januar	2. Samuel 7,17+18	5. Juni
1. Mose 17,9	10. Januar		
1. Mose 18,10b-14	11. Januar	1. Könige 19,4a+5b+7b	16. Oktober
1. Mose 25,9a	19. Februar	1. Könige 19,11a	17. Oktober
1. Mose 25,29+30	20. August	1. Könige 19,11b+12	18. Oktober
1. Mose 27,19	21. August		
1. Mose 27,38a	13. Juli	2. Chronik 5,14b	28. Juli
1. Mose 28,12	22. August		
1. Mose 29,10+11	23. August	Hiob 33,4	18. Januar
1. Mose 32,25b+27	24. August		
1. Mose 33,4	25. August	Psalm 8,2a	19. Mai
1. Mose 37,2-4	8. Juni	Psalm 8,5a	20. Mai
1. Mose 39,3+4a	9. Juni	Psalm 8,10	2. März
1. Mose 40,23	10. Juni	Psalm 9,2	9. August
1. Mose 41,14a	11. Juni	Psalm 9,2	1. September
1. Mose 45,4+5	12. Juni	Psalm 13,3a	2. September
1. Mose 45,24	13. Juni	Psalm 18,30	3. Oktober
		Psalm 18,30b	8. April
2. Mose 1,22	8. Juli	Psalm 23,1	29. Juli
2. Mose 3,2	9. Juli	Psalm 23,1-3a	8. Oktober

Psalm 23,3b+4	9. Oktober	Psalm 138,3	6. Juni
Psalm 23,5	10. Oktober	Psalm 139,1+2	11. März
Psalm 23,6	11. Oktober	Psalm 139,1+8	27. November
Psalm 31,16	2. Januar	Psalm 139,4	12. März
Psalm 32,7	10. April	Psalm 139,5	13. März
Psalm 32,4a	15. September	Psalm 139,23	14. März
Psalm 33,2+3	13. April	Psalm 145,15	13. Dezember
Psalm 33,4+5	14. April		
Psalm 33,16+17	15. April	Sprüche 10,12b	21. Mai
Psalm 33,20+21	16. April	Sprüche 14,30	26. Juni
Psalm 33,22	17. April	Sprüche 14,31	22. Mai
Psalm 34,6	11. April	Sprüche 15,16	15. Oktober
Psalm 34,15	15. August	Sprüche 16,9	23. Mai
Psalm 34,19a	3. September	Sprüche 20,12	11. Dezember
Psalm 35,9	10. Dezember	Sprüche 23,25	Geburt
Psalm 36,6	21. November	Sprüche 25,11	25. Juni
Psalm 36,10b	18. Dezember	Sprüche 31,8	24. Mai
Psalm 37,5	5. August		
Psalm 41,2a	5. Dezember	Prediger 3,1	1. Juli
Psalm 42,4a	28. Januar	Prediger 3,2	2. Juli
Psalm 42,10a	27. Januar	Prediger 3,3+8	3. Juli
Psalm 46,2	1. November	Prediger 3,7b	4. Juli
Psalm 46,3	2. November	Prediger 3,11	5. Juli
Psalm 46,11a	3. November	Prediger 4,6	15. Dezember
Psalm 51,12	4. September	Prediger 4,9-11	23. Juni
Psalm 62,2	12. Dezember	Prediger 4,12	Trauung
Psalm 63,2	16. August	Prediger 7,3	24. Juni
Psalm 65,6b-8	6. August	Prediger 11,8a	Geburtstag
Psalm 65,10a	7. August		
Psalm 65,12	8. August	Jesus Sirach 4,31	22. Juni
Psalm 84,3b	9. April	Jesus Sirach 19,6+7	27. Juni
Psalm 85,10-13	2. Oktober		
Psalm 90,4+5	29. Dezember	Hoheslied 8,6	25. November
Psalm 90,12	Tod und Trauer		
Psalm 90,17	14. September	Jesaja 40,3a	16. Dezember
Psalm 91,11	31. Dezember	Jesaja 43,1b	Taufe
Psalm 96,2	22. April	Jesaja 43,11b	17. Dezember
Psalm 103,15+16	28. November	Jesaja 43,19a	19. August
Psalm 104,10-13	23. Januar	Jesaja 55,8	20. Januar
Psalm 104,14+15	22. Januar	Jesaja 55,12	24. April
Psalm 113,24	Konfirmation	Jesaja 65,25a	12. November
Psalm 118,1	26. Januar	Jesaja 66,13a	29. April
Psalm 119,73	18. September		
Psalm 126,1	1. April	Jeremia 1,7	16. Juni
Psalm 130,1+2a	23. April	Jeremia 2,13	17. Juni

Jeremia 20,11a	18. Juni	Matthäus 6,9+10	26. Februar
Jeremia 23,5	21. Juni	Matthäus 6,11	27. Februar
Jeremia 29,4+5+7a	19. Juni	Matthäus 6,12	28. Februar
Jeremia 29,5	26. Juli	Matthäus 6,13b	29. Februar
Jeremia 29,5+6	21. Januar	Matthäus 6,21	14. Oktober
Jeremia 29,13b+14a	20. Juni	Matthäus 6,26	9. Mai
Jeremia 31,34b	16. Januar	Matthäus 6,26	30. Juli
		Matthäus 6,28b+29	7. Oktober
Ezechiel 18,32b	16. November	Matthäus 7,3	19. November
		Matthäus 7,7a	17. November
Daniel 2,47a	13. August	Matthäus 7,9	29. Januar
Daniel 5,25b	14. August	Matthäus 9,10b	24. Januar
Daniel 6,14	10. August	Matthäus 11,28	31. Juli
Daniel 6,17a	11. August	Matthäus 12,34b	9. August
Daniel 6,24b	12. August	Matthäus 13,3b+4+8	4. Oktober
		Matthäus 13,31b	13. Januar
Hosea 2,21a	14. Juli	Matthäus 13,32	14. Januar
		Matthäus 13,44	12. Oktober
Jona 1,3a	22. Februar	Matthäus 14,28	4. März
Jona 2,1+2a	23. Februar	Matthäus 16,18a	5. März
Jona 4,2b	24. Februar	Matthäus 18,1+2	11. Februar
Jona 4,6+7	25. Februar	Matthäus 18,3b	12. Februar
		Matthäus 18,10a	17. Januar
Micha 4,3b	13. November	Matthäus 18,27	20. November
Micha 5,1	20. Dezember	Matthäus 20,1	26. August
		Matthäus 20,3+4	27. August
Zefania 3,17	28. April	Matthäus 20,8	28. August
		Matthäus 20,10	29. August
Sacharja 9,9a	7. Dezember	Matthäus 20,16	30. August
		Matthäus 20,26b+27	20. Februar
Matthäus 1,19	21. Dezember	Matthäus 22,37-39	28. September
Matthäus 2,1+2a	28. Dezember	Matthäus 25,36a	11. November
Matthäus 2,1+2	5. Januar	Matthäus 25,40b	17. September
Matthäus 2,11	6. Januar	Matthäus 26,34+35a	6. März
Matthäus 4,17b	16. Juli	Matthäus 27,46	Passion
Matthäus 5,3-11	5. November	Matthäus 28,1	2. April
Matthäus 5,3	6. November	Matthäus 28,18-20	Das Taufevangelium
Matthäus 5,4	7. November	Matthäus 28,19	25. Mai
Matthäus 5,9	8. November		
Matthäus 5,10	9. November	Markus 1,11b	Taufe
Matthäus 5,13a	6. Juli	Markus 2,3	17. März
Matthäus 5,14a	7. Juli	Markus 2,4	18. März
Matthäus 5,15	13. September	Markus 2,5	19. März
Matthäus 5,16a	10. November	Markus 2,11+12a	20. März
Matthäus 5,19	30. September	Markus 4,35+37	1. August
Matthäus 5,44b+45a	15. November	Markus 4,39	2. August

Markus 4,40	3. August
Markus 4,41	4. August
Markus 5,41b	29. November
Markus 6,37a	25. Januar
Markus 10,13a	Taufe
Markus 14,3+6	23. März
Markus 14,9	27. März
Markus 15,40	26. März
Markus 16,1	3. April
Lukas 1,13	1. Dezember
Lukas 1,30	30. November
Lukas 1,30b	8. Dezember
Lukas 1,34	2. Dezember
Lukas 1,38	9. Dezember
Lukas 1,41-42	3. Dezember
Lukas 1,62+63	4. Dezember
Lukas 2,1-20	Advent
Lukas 2,4+5	23. Dezember
Lukas 2,6+7	25. Dezember
Lukas 2,8+9	26. Dezember
Lukas 2,9+10a	27. Dezember
Lukas 2,10	19. Dezember
Lukas 3,22b	17. Juli
Lukas 4,31+32	24. Oktober
Lukas 4,37	25. Oktober
Lukas 4,42	26. Oktober
Lukas 4,43	27. Oktober
Lukas 5,10b	3. März
Lukas 6,45a	5. September
Lukas 8,1+2	21. März
Lukas 8,3	22. März
Lukas 9,23	20. Juli
Lukas 9,48b	15. Januar
Lukas 9,57	17. August
Lukas 10,25b	9. September
Lukas 10,29b	10. September
Lukas 10,33b	11. September
Lukas 12,33	13. Oktober
Lukas 13,29	30. Mai
Lukas 15,4	19. April
Lukas 15,6b	20. April
Lukas 15,7	21. April
Lukas 15,11b+12a	15. Februar
Lukas 15,13+17	16. Februar
Lukas 15,20a	18. November

Lukas 15,20b+22a+24a	17. Februar
Lukas 15,25+26	21. Februar
Lukas 15,28	18. Februar
Lukas 17,21b	18. Juli
Lukas 18,11	21. Juli
Lukas 18,13	22. Juli
Lukas 18,14a	23. Juli
Lukas 18,14b	24. Juli
Lukas 19,5	7. März
Lukas 19,40b	30. Januar
Lukas 22,32	1. Januar
Lukas 24,5b	Ostern
Lukas 24,9+11	Ostern
Lukas 24,32b	Ostern
Johannes 8,4b+5	31. Januar
Johannes 8,12	18. April
Johannes 11,27	25. März
Johannes 12,24	15. März
Johannes 12,36a	16. März
Johannes 14,1	6. September
Johannes 14,27a	14. November
Johannes 15,5	5. Oktober
Johannes 19,17-30	Passion
Johannes 19,26+27	Passion
Johannes 19,30	Passion
Johannes 20,1	4. April
Johannes 20,11a	22. November
Johannes 20,16	24. März
Johannes 20,11-18	Ostern
Johannes 20,18	5. April
Apostelgeschichte 1,7-11	Himmelfahrt
Apostelgeschichte 1,8a	29. Mai
Apostelgeschichte 1,10+11a	Himmelfahrt
Apostelgeschichte 2,1-13.37.38.41.42	
	Pfingsten
Apostelgeschichte 2,4+42	Pfingsten
Apostelgeschichte 8,30	9. März
Apostelgeschichte 8,36	
Apostelgeschichte 9,5	1. Februar
Apostelgeschichte 9,41a	16. September
Apostelgeschichte 16,15	10. März
Apostelgeschichte 27,20+21a+22b+23+24a	
15. Mai	
Apostelgeschichte 27,23+24a	6. Februar

Römer 1,1	8. März	Philipper 4,4	7. Februar
Römer 3,28	31. Oktober	Philipper 4,13	22. Dezember
Römer 5,3-5a	6. April	Kolosser 3,16	27. April
Römer 8,28a	7. April	Kolosser 3,16a	Zu guter Letzt
Römer 8,38a+39b	26. November		
Römer 11,33a	18. August	1. Thessalonicher 5,16+17	1. März
Römer 12,15	12. April	1. Thessalonicher 5,16-18	14. Juni
Römer 12,15b	23. November		
Römer 15,7	31. Mai	2. Thessalonicher 3,3	15. Juni
1. Korinther 12,4	9. Februar	2. Timotheus 1,7	28. Juni
1. Korinther 12,6	10. Februar		
1. Korinther 13,1	19. Oktober	Philemon 1,7	30. April
1. Korinther 13,2	20. Oktober		
1. Korinther 13,4	21. Oktober	Hebräer 4,10	14. Dezember
1. Korinther 13,8	14. Februar		
1. Korinther 13,8	22. Oktober	1. Johannes 3,1a	29. März
1. Korinther 13,11	13. Februar	1. Johannes 4,16b	30. März
1. Korinther 13,13	23. Oktober	1. Johannes 4,18a	31. März
1. Korinther 15,9	2. Februar		
1. Korinther 15,10a	8. Februar	3. Johannes 11a	6. Dezember
1. Korinther 15,26	24. November		
1. Korinther 16,14	28. März	Jakobus 5,13	25. April
2. Korinther 3,2	7. September	1. Petrus 3,8	27. Mai
2. Korinther 3,12	4. November	1. Petrus 3,9a	28. Mai
2. Korinther 4,6a	8. September	1. Petrus 4,10a	19. Januar
2. Korinther 6,2b	19. Juli	1. Petrus 5,7	29. Juni
2. Korinther 12,9a	3. Februar		
		2. Petrus 3,13	30. Juni
Galater 3,26	28. Oktober		
Galater 3,27	4. Februar	Offenbarung 5,2	7. Juni
Galater 3,28	5. Februar	Offenbarung 12,7a	29. September
Galater 3,29	12. Januar	Offenbarung 21,4a	Tod und Trauer
Galater 4,6	29. Oktober	Offenbarung 21,5a	24. Dezember
Galater 4,7	30. Oktober	Offenbarung 21,6a	30. Dezember
Galater 5,22	6. Oktober		
Galater 6,2a	12. September		
Epheser 2,19	31. August		
Epheser 5,15	4. Januar		

Stichwortverzeichnis

A

Abendmahl, 28. Februar; 19. Juli

Abraham, 8. Januar ff

Advent, 1. Dezember ff; 7. Dezember ff

Adventskalender, 9. Dezember; 16. Dezember

Adventskranz, 10. Dezember

Ägypten, 9. Juni ff; 8. Juli ff

Alltag, 1. Januar; 7. Februar; 7. September; 24. September; 28. September; 16. Oktober

Alpha und Omega, nach dem 31. März

Alter, 24. Januar; 14. Februar; 28. März; 12. Juli; 7. Oktober; 21. November; 18. Dezember

Anerkennung, 17. April

Angst, 17. Februar; 1. August ff

Ankunft, 14. Dezember ff

Apokalypse, 30. Juni; 2. November

Arbeit, 19. Januar; 1. Mai; 16. Juni; 18. Juni ff; 17. August; 27. August ff; 24. September

Arche Noah, 10. Mai ff

Atem, 18. Januar; nach 31. Mai ff

Aufbruch, 7. Januar

Auferstehung, nach 31. März ff

Augustinus, 11. April

B

Babylon, 10. August; 14. August

Bach (Johann Sebastian), 28. Juli

Barmherzigkeit, 19. März; 5. September; 9. September ff; 20. November

Bathseba, 4. Juni

Baum, 14. Februar

Begabung, 19. Januar

Begegnung, 20. April

Behinderung, 13. September ff

Beistand, nach 31. März ff

Belsazar, 14. August

Besitz, 14. Oktober

Beten, 26. Februar ff; 14. Juni; 17. November

Bethlehem, 5. Januar; 27. Oktober; 23. Dezember; 28. Dezember

Betrug, 21. August

Boas, 21. September ff

Bonhoeffer (Dietrich) 1. Februar; 3. Juli; 20. Juli

Bontjes van Beek (Cato), 24. Mai

Böse, 27. Juni

Brief, 19. Mai ff; 19. Juni; 7. September; 29. Oktober ff

Brot, 27. Februar ff

Bund, 10. Januar

Buß- und Bettag, 16. November ff

C

Cash (Johnny), 22. April

Christen, 17. Januar; 30. Mai; 7. Juli

Christentum, 22. Mai

Clown, 8. September

D

Daniel, 10. August ff

David, 1. Juni ff

Deutsche Einheit (Tag der), 3. Oktober

Deutschland (Geschichte), 16. März; 4. November, 9. November; 13. November; 15. November ff

Dornbusch, 9. Juli

E

Ebenbild (Gottes), 29. Juni; 15. Juli

Ehe, 19. Oktober ff

Ehekrise, 31. März

Elia (Prophet), 16. Oktober ff

Elisabeth, 1. Dezember; 3. Dezember ff

Eltern, 5. Februar; 17. Februar, 29. März; 21. Dezember

Emmaus, nach 31. März ff

Engel, 22. August; 29. September; 29. November ff; 27. Dezember; 31. Dezember

Entscheidung, 16. März

Erbarmen, 20. November

Erde (Rettung), 16. Mai ff

Erde (Schöpfung), 2. Mai ff; 6. August

Erinnerung, 25. April; nach 31. Mai ff

Erstgeburtsrecht, 20. August

Esau, 20. August ff

F

Familie, 12. Januar;

Feiertag, 8. Mai

Feindschaft, 27. Juni

Ferien (Sommer), 29. Juli ff; 5. August ff

Feuer, 9. Juli

Finsternis, 2. Mai

Fischer, 3. März ff

Frauen, 6. Juni ff; 7. Oktober

Frauen (bei Jesus), 22. März ff; 18. Juli

Freiheit, 28. Juni

Friede, 15. Januar; 23. März

Frucht, 15. Mai; 5. Oktober

Frühling, 8. April

Frühjahrsputz, 19. März

Freudschaft, 7. Februar; 7. Oktober

Friede, 12. November ff

Fürsorge, 22. Mai

G

Garten, 25. Juli ff; 5. Oktober

Gast / Gastgeber, 22. März; 16. Juli; 18. Juli

Geborgenheit, 23. März

Gebote (Zehn), 11. Juli; 24. September ff

Geburt, 28. April; zusätzliche Texte
am Ende des Buches

Geburtstag, zusätzliche Texte
am Ende des Buches

Gemeinschaft, 26. Juni; 16. Juli

Geist (Heiliger), 29. Mai; nach 31. Mai ff

Geister, 21. März

Genezareth (See), 26. Oktober

Gerechtigkeit, 14. Januar ff; 22. Januar; 13.
April ff; 26. August ff

Gerhard (Paul), 12. März

Geschenk, 25. Januar; 11. September; 8.
Dezember

Geschöpfe, 5. Mai ff

Geschwister, 15. Februar, 18. Februar ff; 13.
Juli; 6. September

Gesellschaft, 17. Januar, 26. März, 17. April; 14.
November; 16. November

Gespräch, nach 31. März ff

Gewalt, 15. April

Gewissen, 26. September

Glauben, 13. Februar ff; 7. März ff; 11. August; 3.
September; 1. Oktober; 4. Oktober; 6. Oktober

Glück, 18. September; 5. November

Gnade, 2. Februar; 28. Juni; 13. Oktober

Goliat, 2. Juni

Gott, 25. Februar; 11. März ff; nach 31. März ff;
15. Oktober ff; 27. November

Gottesbild, 19. Juni

Gotteserkenntnis, 16. Januar

Gottes Reich, 13. Januar; 30. Mai; 16. Juli

Gottesteilchen, 27. November

Grab, 22. November

Grenzen, 30. Mai

Grönemeyer (Herbert), 23. April

Güte, 2. Oktober

H

Heil, 5. September

Heilige Drei Könige, 5. Januar ff.;
28. Dezember

Heiliger Abend, 24. Dezember

Heiliger Geist, 29. Mai; nach 31. Mai ff

Heilung, 17. März ff; 5. September

Helfen, 17. März f; 9. September ff

Heschel (Abraham Joshua), 15. Juli

Herz, 9. August; 1. September

Himmel, 9. Januar, 26. Februar; 6. November;
17. Dezember

Himmelfahrt, nach 31. Mai ff

Himmelreich 13. Januar

Himmelsleiter, 22. August

Hirten, 26. Dezember

Hoffnung, 16. April; 4. November

Holocaust, 27. Januar ff

Hunger, 25. Januar; 20. August

I

Isaak, 19. Februar; 21. August

Islam, 2. März

Ismael, 19. Februar

Israel, 24. Oktober ff

J

Jabboktal, 24. August

Jahreswechsel, 1. Januar; 3. Januar

Jakob, 20. August ff
Jeremia (Prophet), 16. Januar; 16. Juni ff
Jerusalem, 5. Juni
Jesus, 1. Januar; 3. März ff; nach 31. März ff;
    16. Juli ff; 6. September; 24. Oktober ff;
    2. Dezember ff
Johannes (der Täufer), 4. Dezember
Jona (Prophet), 22. Februar ff
Jonathan, 3. Juni
Josef, 8. Juni ff
Josef (Maria), 21. Dezember; 23. Dezember
Judas, 19. Juli
Judentum, 2. März; 13. Juli ff; 25. Oktober
Jünger, 3. März ff; 19. Juli

K

Kämmerer (aus Äthiopien), 9. März
Kampf, 24. August
Katastrophe, 26. April; 15. Mai; 2. November
Kinder, 5. Februar; 8. Februar ff; 17. Februar;
    29. März; 28. April; 20. Mai; 22. Mai; 27. Juli;
    9. August 12. August; 16. September,
    6. Dezember
Kindheit, 11. Februar ff; nach 31. Mai ff
King (Martin Luther), 14. Januar ff; 17. Januar
Kirche, 13. Januar; 25. Mai ff; 8. Oktober;
    11. Oktober
Kirchentag (ökumenischer), 28. Mai
Klima, 12. Mai; 14. Mai
Kloster, 24. März; 20. April; 4. Juli; 26. Juli; 29.
    Oktober; 3. November
Konfirmation, zusätzliche Texte
Krankheit, 6. Juni; 14. Juni ff; 1. August; 3.
    September; 12. September
Kreuz, nach 31. März ff
Kreuzigung, nach 31. März ff; 2. April
Krieg, 21. April; 4. Mai; 24. Mai; 3. Juli; 15.
    November
Krippenspiel, 23. Dezember; 25. Dezember ff

L

Lachen, 11. Januar
Land, 4. Mai
Leben, 2. Juli; 15. September; 18. September ff
Lebenskrise, 6. November
Leid, nach 31. März ff

Licht, 2. Mai; 7. Juli; 8. September
Liebe, 10. Januar; 27. März ff; nach 31. März ff;
    27. April; 21. Mai; 19. August; 2. September;
    19. Oktober ff; 25. November;
    30. Dezember ff
Lieder, 22. April ff
Lindgren (Astrid), 31. Januar; 11. Februar
Linsengericht, 20. August
Lob (Gottes), 29. Februar
Luther (Martin), 9. April; 28. Juni;
    28. Oktober ff; 19. Dezember
Lutherspaß, 1. November
Lydia, 10. März

M

Magdala (Maria von), 24. März; 1. April ff
Mandela (Nelson), 4. August
Männer, 3. November
Maria, 30. November; 2. Dezember ff; 21.
    Dezember; 25. Dezember
Meer, 5. August ff
Menetekel, 14. August
Mensch, 21. Januar; 23. April; 6. September
Mensch (Schöpfung), 7. Mai
Messias, 17. Juli
Mey, Reinhard, 25. April
Mirjam, 10. Juli
Moses, 19. April; 8. Juli ff
Müller (Ina), 24. April
Munch, Edvard, 26. November
Musik, 8. April ff; 13. April; 22. April ff; 28.
    Juli; 30. Juli; 13. September; 7. Dezember;
    11. Dezember; 20. Dezember
Mut, 26. März; 28. Juni ff; 8. Juli
Mutter, 24. April; 29. April
Mythos, 23. Februar

N

Nächstenliebe, 31. Mai
Nathan (Prophet), 4. Juni ff
Natur, 6. Mai; 14. Mai; 6. August
Neuanfang, 7. Januar; 7. März ff; 15. August;
    23. September; 28. November
Nikolaus (Heilger), 5. Dezember ff
Ninive, 22. Februar; 24. Februar
Noah, 10. Mai ff

Nobel (Alfred), 8. November
Noomi, 19. September ff

O

Obama (Barack), 14. Januar
Ökumene, 28. Mai; 4. September
Operation, 18. Januar ff; 15. Juni
Ostern, nach 31. März ff; 4. April; 6. April

P

Palästinenser, 27. Oktober
Paulus, (Apostel) 1. Februar ff; 8. März; 28. Juni
Paradoxon, 3. Februar
Passion, nach März ff
Petrus, 3. März ff
Pfingsten, nach 31. Mai ff
Pharisäer (und Zöllner), 22. Juli ff
Piatigorsky (Gregor), 13. September
Plan, 8. Februar; 23. Mai; 22. September
Politik, 28. Juni ff; 2. Oktober
Protest, 14. Januar
Prophet (Elia), 16. Oktober ff
Prophet (Jeremia), 16. Januar; 16. Juni ff
Prophet (Jona), 22. Februar ff
Prophet (Nathan), 4. Juni ff
Psalm 23, 8. Oktober ff
Psalm 139, 2. Februar

R

Rahel, 23. August
Rechte, 15. Januar
Reformation, 28. Oktober ff
Reise, 29. Juli; 5. August; 24. Oktober ff
Rettung (Erde), 16. Mai ff
Ringparabel, 2. März
Ruhe, 31. Juli
Ruhetag (Schöpfung), 8. Mai
Rut, 19. September ff

S

Salz, 6. Juli
Salzsäule, 20. März
Samariter (der barmherzige), 5. September; 9. September ff
Sankt Martin, 10. November ff

Sara, 8. Januar ff
Sarajevo, 30. Januar
Saul (König), 2. Juni ff
Schatz (im Acker), 12. Oktober ff
Schildbürger, 4. Januar
Schöne (Gerhard), 10. April
Schöpfung, 21. Januar ff; 2. Mai ff; 16. Mai ff
Schuld, 28. Februar; 15. März; 19. April; 21. April; 4. Juni; 23. August
Schutz, 13. März
Seele, 19. März; 10. Oktober
Segen, 8. Januar; 13. Juli; 5. August; 7. August; 21. August
Sehnsucht, 7. Januar; 18. April
Selig, 5. November ff
Seligpreisungen, 5. November ff
Senfkorn, 13. Januar ff
Sicherheit, 29. Januar
Silbermond (Musikgruppe), 27. April
Singen, 5. April; 8. April ff
Sintflut, 10. Mai ff
Sorgen (von Eltern), 5. Februar
Sohn (der verlorene), 15. Februar ff
Sonne, 12. März; 2. Mai; 30. Juli; 6. August
Spaziergang, 17. Juni; 8. August; 16. August
Stein, 29. Januar ff
Sterben, nach 31. März ff; 28. Juli; 18. August; 12. September; 22. November ff; zusätzliche Texte: Tod und Trauer
Sterndeuter, 28. Dezember; 6. Januar
Sterne, 9. Januar
Stille, 4. Juli; 2. August; 18. Oktober; 3. November; 12. Dezember
Strand, 2. August, 5. August ff
Sturm, 2. August
Sünde, 30. September
Synagoge, 24. Oktober

T

Tag der Deutschen Einheit, 3. Oktober
Talent, 10. Februar
Taube (Noah), 13. Mai
Taufe, 4. Februar; 25. Mai ff; zusätzliche Texte
Tempel (Jerusalem), 5. Juni
Thesen (95), 10. November; 30. Oktober

Tiere (Schöpfung), 6. Mai

Tisch, 24. Januar; 23. Juli

Tischgebet, 26. Januar; 10. August

Tod, 27. März; 5. Juli; 22. November ff;
zusätzliche Texte

Toleranz, 2. März

Töten, 25. September

Tours (Martin von), 11. November

Tschernobyl, 26. April

Tränen, 12. April; 29. April

Trauer, 3. April; 30. April; 24. Juni; 7. November; 22. November ff; zusätzliche Texte

Traum, 8. Juni; 10. Juni ff; 13. August; 22. August

Trauung, 30. März; 23. Juni; zusätzliche Texte

Treue, 20. September ff

Trost / Trösten, 18. März; 29. April ff; 7. November; 23. November

U

Überraschung, 23. Mai

Umkehr, 19. April; 17. Mai ff

Ungerechtigkeit, 22. Januar; 26. August ff

Unglück, 25. Juni

Unterdrückung, 13. April; 27. Mai

V

Verantwortung, 21. Januar; 28. Juni ff;

Veränderung, 7. Januar; 16. April; 19. April

Vergangenheit, 20. März; 20. November

Vergebung, 28. Februar; 15. März; 21. April; 18. November ff

Vergessen, 21. April

Verständnis, 28. März

Vertrauen, 4. März; 6. März; 14. März; 7. April; 2. September

Verwundbarkeit, 15. April; 14. November

Vielfalt, 9. Februar ff; 5. Oktober

Volkstrauertag, 15. November

Vorurteil, 21. März; 21. Juli

W

Wal, 23. Februar

Wartburg, 30. Oktober

Warten, 13. Dezember

Wasser, 4. März; 17. Juni; 22. Juni; 5. August ff; 24. August

Wasser (Sintflut), 10. Mai ff

Weg, 20. Januar; 17. Februar; 7. Juni; 22. Juni; 12. Juli; 5. August; 15. August ff; 20. September; 6. Oktober; 9. Oktober; 17. Oktober

Weihnachten, 24. Dezember, siehe auch 22./23. Dezember

Weinberg (die Arbeiter im), 26. August ff

Weisheit, 22. Mai ff; 22. Juni ff

Weltbevölkerung, 21. Januar ff

Weltgebetstag, 1. März

Weltreligionen, 19. Februar; 2. März; 25. Oktober

Wert sein, 2. Februar

Widerstand, 24. Mai; 3. Juli; 20. Juli

Wittenberg, 31. Oktober

Wort, 25. Juni; zusätzliche Texte am Ende des Buches: Zu guter Letzt

Worte (letzte), nach 31. März ff

Wunder, 1. September; 29. November

Wunschzettel, 22. Dezember

Wüste, 7. August

Z

Zacharias, 1. Dezember; 4. Dezember

Zachäus, 7. März

Zehn Gebote, 11. Juli; 24. September ff

Zeit, 2. Januar, 4. Januar; 1. Juli ff; 11. Dezember; 13. Dezember ff; 29. Dezember

Zeugenschaft, 26. März

Zivilcourage, 26. März

Zöllner, 22. Juli ff

Zorn, 18. Februar

Zuverlässigkeit, 14. April

Zuversicht, 1. November ff

Zweifel, 3. September

Kürzelerklärungen

af	Anke Fasse, Pfarrerin
ak	Achim Köhler, Pfarrer
ak-h	Andreas Kunze-Harper, Pfarrer
akr	Andrea Kruckemeyer, Pfarrerin
ams	Anke Merscher-Schüler, Pfarrerin
anb	Andrea Busse, Pfarrerin
ap	Andrea Petritsch, Pfarrerin
ar	Anne Rieck, Pfarrerin
as	Annemarie Schnitt, Lyrikerin (siehe „Zum Geleit" auf Seite 9)
aw	Albert Wieblitz, Pfarrer
be	Christine Behler, Pfarrerin
bk	Burghard Krause, Landessuperintendent
bn	Reinhard Benhöfer, Pfarrer
bs	Birgit Spörl, Pfarrerin
bü	Peter Büttner, Pfarrer
cb	Christian Berndt, Pfarrer
cbe	Christina vom Brocke, Pfarrerin
cf	Christoph Fasse, Pfarrer
cg	Christoph Gumpert, Pfarrer
chr	Christine Rüegg, Pfarrerin
cr	Christine Rösch, Pfarrerin
cs	Christian Stäblein, Pfarrer
cth	Christine Tergau-Harms, Pfarrerin
dk	Detlef Klahr, Landessuperintendent
dma	David McAllister, Politiker
ds	Dirk Stelter, Pfarrer
eds	Elke Drewes-Schulz, Pfarrerin
eg	Eckhard Gorka, Landessuperintendent
eh	Eva Hadem, Pfarrerin
em	Elisabet Mester, Pfarrerin
en	Eckhard Nagel, Mediziner
er	Elisabeth Rabe, Pfarrerin
es	Eckard Siggelkow, Superintendent i. R.
fb	Fritz Baltruweit, Pfarrer und Liedermacher
fw	Friedrich Weber, Bischof
gam	Gustav Adolf Meyer, Pfarrer i. R.
hb	Heinz Behrends, Superintendent
hg	Heinrich Grosse, Prof. i. R.
hhj	Hans-Hermann Jantzen, Landes-superintendent i. R.
is	Irene Sonnabend, Pfarrerin
jd	Jan Dieckmann, Pfarrer
jk	Jürgen Knop, Autor
jp	Jörg Prahler, Pfarrer
jvl	Jan von Lingen, Pfarrer
kb	Klaus Burckhardt, Pfarrer
kd	Klaus Depping, Pfarrer i. R.
kh	Klaus-Dieter Hampe, Öffentlichkeitsbeauftragter
ks-h	Kerstin Schaper-Herzberg, Pfarrerin
kvm	Klaus von Mering, Pfarrer i. R.
lz	Lothar Zachmann, Pfarrer i. R.
mg	Marianne Gorka, Pfarrerin
mh	Manuela Handelsmann, Pfarrerin
mk	Michael Klatt, Pfarrer
mr	Meike Riedel, Pfarrerin
mw	Mechthild Werner, Pfarrerin
nb	Nick Baines, Bischof
ns	Nora Steen, Pfarrerin
oghs	Oda-Gebbine Holze-Stäblein, Landessuperintendentin i. R.
os	Otmar Schulz, Pfarrer i. R.
pa	Ulrike Pallmeier-Gross, Diplompädagogin
pb	Peter Barz, Pfarrer
pe	Andrea Peschke, Pfarrerin
ps	Peer Schladebusch, Pfarrer
rb	Renate Bähr, Geschäftsführerin
rf	Reinhard Fiola, Pfarrer
rm	Ralf Meister, Bischof
rt	Ralf Tyra, Pfarrer
sm	Sabine Schiermeyer, Pfarrerin
sts	Stephan Schaede, Pfarrer
sw	Stefanie Wöhrle, Pfarrerin
tg	Thomas Gunkel, Propst
th	Thomas Hofer, Oberlandeskirchenrat
tk / ek	Theda Kruse, Diakonin und Eckhard Kruse, Pfarrer
tw	Tina Willms, Autorin
uf	Ulrike Fuchs, Pfarrerin
up	Ute Passarge, Autorin
ur	Ursula Raupach-Rudnick, Pfarrerin
wpk	Wolf-Peter Koech, Pfarrer
wr	Wolfgang Raupach, Pfarrer i. R.
wv	Wolfgang Vögele, Pfarrer

Die Autorinnen und Autoren

Bähr, Renate, Geschäftsführerin der „Stiftung Weltbevölkerung", Hannover, 21. – 23. Januar (rb)

Baines, Nick, Bischof, 12. – 15. Oktober (nb)

Baltruweit, Fritz, Pfarrer und Liedermacher, Haus kirchlicher Dienste in Hannover und Evangelisches Zentrum für Gottesdienst und Kirchenmusik im Michaeliskloster Hildesheim, 8. – 12. April, 27. April, 28. Juli, 11. November, 16. November, 7. Dezember, Thema Tod und Trauer (fb)

Barz, Peter, Pfarrer in Bordesholm, 11. März, 13. – 14. März (pb)

Behler, Christine, Pfarrerin in Arnum, Hannover, 20. Februar, 30. März, 18. April, Zusatztext Trauung (be)

Behrends, Heinz, Superintendent in Northeim, 6. – 7. Juni, 15. Juni (hb)

Benhöfer, Reinhard, Pfarrer, Haus kirchlicher Dienste in Hannover, 2. – 9. Mai (bn)

Berndt, Christian, Pfarrer in Müden an der Örtze, 29.+30. April, 10. – 14. August (cb)

Brocke, Christina vom, Pfarrerin in Knesebeck, 15. – 16. März, (cbe)

Burckhardt, Klaus, Pfarrer, Haus kirchlicher Dienste in Hannover, 13. – 17. April (kb)

Busse, Andrea, Pfarrerin, 27. Dezember (anb)

Büttner, Peter, Pfarrer in Fredesloh, (3. Januar, 21. April, 3. Oktober) (bü),

Depping, Klaus, Pfarrer i. R. in Hannover, Thema Geburtstag (kd)

Dieckmann, Jan, Fernseh-Pfarrer in Hamburg, 21. – 24. Mai (jd)

Drewes-Schulz, Elke, Pfarrerin in Nienhagen, 22. – 28. November (eds)

Fasse, Anke & Christoph, Pfarrerin und Pfarrer in Lima / Peru, 1. – 10. Februar (af / cf)

Fiola, Reinhard, Pfarrer, Haus kirchlicher Dienste in Hannover, Thema Taufe (rf)

Fuchs, Ulrike, Pfarrerin in Göttingen, 25. Januar, 1. März (uf)

Gorka, Eckhard, Landessuperintendent in Hildesheim, Thema Pfingsten (eg)

Gorka, Marianne, Pfarrerin, Predigerseminar im Kloster Loccum, 24. Januar, 25. April, 29. – 31. Juli, 1. – 2. Oktober, 4. – 7. Oktober, 19. – 23. Oktober, 25. Oktober, Thema Himmelfahrt (mg)

Grosse, Heinrich, Prof. Dr., Pfarrer i. R. in Hannover, 13. – 17. Januar (hg)

Gumpert, Christoph, Pfarrer in Buchholz, 26. Januar (cg)

Gunkel, Thomas, Propst in Goslar, 19. Februar, 21. Februar, 8. – 12. Juli, 16. – 19. Juli (tg)

Hadem, Eva, Pfarrerin, Predigerseminar im Kloster Loccum, 24. April, 17. November (eh)

Hampe, Klaus-Dieter, Öffentlichkeitsbeauftragter in Hermannsburg, 24. – 28. und 30. September (kh)

Handelsmann, Manuela, Pfarrerin in Liedersdorf, 24., 26. – 27. Oktober (mh)

Hofer, Thomas, Oberlandeskirchenrat in Wolfenbüttel, 12. – 15. Dezember (th)

Holze-Stäblein, Oda-Gebbine, Landessuperintendentin i. R. in Hannover, Thema Ostern (oghs)

Jantzen, Hans-Hermann, Landessuperintendent i. R. in Lüneburg, 26. – 29. Februar (hhj)

Klahr, Detlef, Dr., Landessuperintendent in Aurich, 16. – 18. Oktober (dk)

Klatt, Michael, Pfarrer, Haus kirchlicher Dienste in Hannover, 1. Mai (mk)

Knop, Jürgen, Autor, 15. – 16. September (jk)

Koech, Wolf-Peter, Pfarrer in Stadthagen, 29. – 31. Januar (wpk)

Köhler, Joachim, Pfarrer in Loccum, 28. März, 19. – 20. Dezember, 23. Dezember, 25. – 28. Dezember (ak) für „Achim Köhler"

Krause, Burghard, Landessuperintendent in Osnabrück, Thema Passion (bk)

Kruckemeyer, Andrea, Pfarrerin in Osnabrück, Thema Konfirmation (akr)

Kruse, Theda und Eckhard, Diakonin und Pfarrer in Garow, 10. – 15. Mai (tk / ek)

Kunze-Harper, Andreas, Pfarrer in Burgdorf, Leiter des Pastoralklinikums der Medizinischen Hochschule Hannover, 1. – 4. August (ak-h)

Lingen, Jan von, Rundfunkpastor in Hannover, 4. Januar, 27. – 28. Januar, 11. – 14. Februar, 22. – 25. Februar, 2. März, 12. März, 2. – 4. April, 23. April, 26. April, 20. Juli, 20. – 25. August, 14. September, 29. September, 9.+10. November, 29. Dezember (jvl)

Mc Allister, David, Politiker, Ministerpräsident in Niedersachsen, Hannover, 28. – 30. Juni (dma)

Mering, Klaus von, Pfarrer i. R. in Rastede, 16. – 20. Mai (kvm)

Meister, Ralf, Bischof in Hannover, 1. – 3. Januar, 21. – 22. Dezember, 24. Dezember (rm)

Merscher-Schüler, Anke, Pfarrerin in Hannover, 5. – 6. Dezember (ams)

Mester, Elisabet, Pfarrerin in Hannover, 5. – 6. Januar, 14. Juni (em)

Meyer, Gustav Adolf, Pfarrer in Ruhe in Selsingen, zu guter Letzt / Anhang (gam)

Nagel, Eckhard, Prof. Dr. med. Dr. phil. Dr. theol. h. c., Ärztlicher Direktor des Universitätsklinikums Essen, Professor an der Universität Bayreuth und Mitglied des Deutschen Ethikrats, 1. – 8. September (en)

Pallmaier-Gross, Ulrike, Diplompädaogin, 8. Dezember (pa)

Passarge, Ute, Autorin in Celle, 8. – 13. Juni (up)

Peschke, Andrea, Pfarrerin, am Pastoralklinikum an der Medizinischen Hochschule Hannover (MHH), 17. – 20. März (pe)

Petritsch, Andrea, Pfarrerin in Wien, 7. – 12. Januar (ap)

Prahler, Jörg, Pfarrer in Gusborn, 31. März, 15. – 19. August (jp)

Rabe, Elisabeth, Pfarrerin in Lengede, 21. – 24. Juli (er)

Raupach, Wolfgang, Pfarrer i. R. in Hannover, 22. – 27. Juni (wr)

Raupach-Rudnick, Ursula, Prof. Dr., Pfarrerin, Haus kirchlicher Dienste in Hannover, 13. – 15. Juli (ur)

Rieck, Anne, Pfarrerin, Haus kirchlicher Dienste in Hannover, 21. – 27. März (ar)

Riedel, Meike, Pfarrerin in Hildesheim, 17. Juli (mr)

Rösch, Christine, Pfarrerin und Geschäftsführerin der Diakonie Mitteldeutschland in Halle, 17. – 18. September (cr)

Rüegg, Christine, Pastorin in Gartow, 19. April, 18. – 21. November (chr)

Schaede, Stephan, Dr., Pfarrer, Direktor der Evangelischen Akademie in Loccum, 15. – 16. Februar, 18. Februar (sts)

Schaper-Herzberg, Kerstin, Pfarrerin in Osnabrück, 26. – 31. August (ks-h)

Schiermeyer, Sabine, Pfarrerin in Barteln, 29. März (sm)

Schladebusch, Peer, Pfarrer, Haus kirchlicher Dienste in Hannover, 6. – 7. Juli (ps)

Schnitt, Annemarie, Lyrikerin in Northeim (siehe „Die Lyrikerinnen" auf Seite 436) (as)

Schulz, Otmar, Dr., Pfarrer i. R. in Nienhagen, 18. – 20. Januar, 25. – 26. Juli (os)

Siggelkow, Eckard, Suprintendent. a. D., in Berlin, 22. April, 9. – 13. September (es)

Sonnabend, Irene, Pfarrerin in Drübeck, 20. April (is)

Spörl, Birgit, Pfarrerin in Ritterhude, 3. – 10. März, 1. – 5. Juni, 19. – 23. September,

1. – 4. Dezember (bs)

Stäblein, Christian, Dr., Pfarrer, Konventualstudiendirektor am Predigerseminar im Kloster Loccum, 8. – 11. Dezember, Thema Geburtstag (cs)

Steen, Nora, Pfarrerin in Hildesheim, 29.+30. November, Thema Tod und Trauer (ns)

Stelter, Dirk, Pfarrer, Haus kirchlicher Dienste in Hannover, 12. – 15. November (ds)

Tergau-Harms, Christine, Pfarrerin, Evangelisches Zentrum für Gottesdienst und Kirchenmusik im Michaeliskloster Hildesheim, 2. Dezember (cth)

Tyra, Ralf, Pfarrer, Direktor des Hauses kirchlicher Dienste in Hannover, 1. – 5. Juli (rt)

Vögele, Wolfgang, Pfarrer in Karlsruhe, 16. – 21. Juni (wv)

Weber, Friedrich, Dr., Bischof in Braunschweig, 25. – 31. Mai (fw)

Werner, Mechthild, Pfarrerin in Karlsruhe, 1. – 4. November (mw)

Wieblitz, Albert, Pfarrer, Haus kirchlicher Dienste, Hannover, 28. April, 8. – 11. Oktober, 28. – 31. Oktober, 30. – 31. Dezember (aw)

Willms, Tina, Autorin und Theologin in Hameln, 17. Februar, 1.+4. – 7. April, 27. Juli, 5. – 9. August, 16. – 18. Dezember (siehe „Die Lyrikerinnen" auf Seite 436) (tw)

Wöhrle, Stefanie, Dr., Pfarrerin in Bramsche, 5. – 8. November (sw)

Zachmann, Lothar, Pfarrer i. R., Wenn Kinder sterben (lz)

Die Lyrikerinnen

ANNEMARIE SCHNITT (AS)

Annemarie Schnitt wurde 1925 in Süd-China geboren. Die Eltern arbeiteten dort im Dienste der Mission auf einer Lepra-Station. Im Schulalter kam sie in ein deutsches Missionsinternat, zunächst in Kaiserswerth, später nach Wuppertal. Durch den Krieg erlebte sie 16 Jahre der Trennung von ihren Eltern und erst 1948 eine bewegende Wiederbegegnung. Der Fliegerangriff auf Wuppertal 1943 unterbrach ein Jahr vor ihrem Abitur jäh ihre Schulkarriere, die sie dann fortsetzte mit dem Besuch des Fröbelseminars in Bielefeld. Nach dem Examen war sie viele Jahre berufstätig an verschiedenen Orten, zuletzt als Leiterin einer Kindertagesstätte in Hamburg. 1956 heiratete sie Dr. med Karl Schnitt und schaltete ihr Leben um auf die Erziehung von drei Töchtern und einer Pflegetochter.

Ihr Hobby war von jung an das Schreiben. Über Tagebücher hinaus schrieb sie Weihnachtsspiele und Aufführungen für Kinder und versuchte sich auch an ersten Gedichten, um für sich Gedanken auf den Punkt zu bringen. Ihre Gedichte fanden Anklang, sodass es im Laufe der Jahre zu mehreren Buch-Veröffentlichungen kam. Inzwischen veröffentlicht sie seit über 20 Jahren Gedichte und Skizzen in Zeitschriften, Anthologien und eigenen Büchern. Auf ihrer Homepage www.annemarie-schnitt.de finden sich zum Beispiel Texte auf ihrer „Straße der Gedichte" zu den Themen *Familie* und *Feiertage* oder *Freundschaft, Hellhörig* und *Sprachlos* oder *Unterwegs*. Heute lebt Annemarie Schnitt in der Nähe einer Tochter in Northeim. Ihr Lieblingsplatz ist bis ins hohe Alter der Schreibtisch geblieben.

GEDICHTE

wie ein Teppich gewebt aus Worten
Bild um Bild eingelassen
in ein buntes Ganzes
Gedanken wie Lichtspuren
aufzuhellen den Boden unter den Füßen

TINA WILLMS (TW)

Tina Willms, Jahrgang 1963, wuchs in Ostfriesland auf. Sie studierte Theologie in Bethel und Heidelberg und wurde Pfarrerin. Nach Tätigkeit in Krankenhaus und Kirchengemeinde arbeitet sie heute als freie Autorin. Sie lebt mit ihrer Familie in Hameln. Sie ist Autorin für Radioandachten im NDR. Lyrische Texte von ihr finden sich bundesweit in Gemeindebriefen.

2012 veröffentlichte sie „Aufblühen und leben" (Verlag am Eschbach) und „Aus der Stille Kraft schöpfen" (Agentur des Rauhen Hauses).

2003 erhielt sie den Predigtpreis des Verlags für die deutsche Wirtschaft für die beste Morgenandacht im Radio, 2010 gehörte sie zu den Preisträgern des Hildesheimer Lyrikwettbewerbs.

Wir danken Tina Willms auch für die Lektoratsmitarbeit bei „Fünf Minuten mit Gott".

BOTE SEIN

Gelegentlich einem Menschen
an die Herzwand pochen,
so, dass der innewohnende Schlag
nicht mehr selbstverständlich erscheint,
sondern als Kontrapunkt einer Melodie erklingt,
die ihn selbst aussagt.

Bote sein
für den Unsagbaren,
der uns taktet,
eine Ahnung pflanzen,
wie es klingen könnte,
wenn man locken ließe
zu sich selbst
und zu ihm.

Die Herausgebenden

Zusammen mit Landesbischof Ralf Meister geben dieses Buch heraus:

FRITZ BALTRUWEIT

ist Pastor und Liedermacher. Er arbeitet im Haus kirchlicher Dienste in Hannover und im Evangelischen Zentrum für Gottesdienst und Kirchenmusik im Michaeliskloster Hildesheim.

CHRISTINA VOM BROCKE

ist Pfarrerin in Knesebeck.

MARIANNE GORKA

ist Pastorin am Predigerseminar im Kloster Loccum.

JAN VON LINGEN

ist Rundfunkpastor in der „Evangelischen Kirche im NDR" und Redaktionsleiter von „Fünf Minuten mit Gott".

RALF TYRA

ist Pastor und leitet als Direktor das Haus kirchlicher Dienste der Evangelisch-lutherischen Landeskirche in Hannover.

ALBERT WIEBLITZ

ist Landespastor für Ehrenamtliche im Haus kirchlicher Dienste in Hannover.

**IN ZUSAMMENARBEIT MIT ZAHLREICHEN
AUTORINNEN UND AUTOREN DER „EVANGELISCHEN KIRCHE IM NDR".**

Quellenverzeichnis

S. 28
Manchmal kennen wir Gottes Willen
Text: © Kurt Marti und Arnim Juhre

S. 46
Vergiss es nie (Du bist Du)
Originaltitel: "I Got You"
Text und Musik: Paul Janz
Dt. Text: Jürgen Werth
© Paragon Music Corp.
Adm. D, A, CH: Small Stone Media Germany
GmbH, Köln

S. 56
Kinder brauchen Hoffnung
Text: Holger Kiesé, Jan von Lingen
Musik: Holger Kiesé
Textrechte: tvd-Verlag Düsseldorf,
Holger Kiesé
Musikrechte: beim Autor

S. 62
Fürchte dich nicht, gefangen in deiner Angst
Text und Musik: Fritz Baltruweit
aus: Fritz Baltruweit – Meine Lieder, 1996
alle Rechte im tvd-Verlag Düsseldorf

S. 71
Weisst du wo der Himmel ist
Musik: Ludger Edelkötter /
Text: Wilhelm Willms
© KiMu Kinder Musik Verlag GmbH,
50259 Pulheim
(aus: "Weisst Du wo der Himmel ist" 7-006)

S. 72
Kommt mit Gaben und Lobgesang (Let us
talents and tongues employ)
by Fred Kaan, translated by Detlev Block
© Stainer & Bell Ltd, London, England,
www.stainer.co.uk

S. 74
Ich lobe meinen Gott
Text: Hans-Jürgen Netz
Musik: Christoph Lehmann
aus: Exodus, 1979
alle Rechte im tvd-Verlag Düsseldorf

S. 89
Vertrauen wagen dürfen wir getrost
Text und Musik: Fritz Baltruweit
aus: Gemeindelieder-Partituren, 1982
alle Rechte im tvd-Verlag Düsseldorf

S. 103
Wo ein Mensch Vertrauen gibt
Text: Hans-Jürgen Netz
Musik: Fritz Baltruweit
aus: Oekumene heute,
Mein Liederbuch 2, 1992
alle Rechte im tvd-Verlag Düsseldorf

S. 127
Titel: Danke, für diesen guten Morgen
Text: Martin Gotthard Schneider
© by Gustav Bosse Verlag, Kassel

S. 130 (3. STROPHE)
Gerhard Schöne, „Jesu, meine Freude"
aus: CD „Ich bin ein Gast auf Erden"
© BuschFunk Musikverlag GmbH

S. 163
Jörg Zink, Am Anfang schuf Gott Himmel
und Erde, in: Die Welt hat noch eine
Zukunft. Eine Anregung zum Gespräch,
Bd. 4, Kreuz Verlag, Stuttgart 1973

S. 175
Ein Segen sein
Text: Albert Wieblitz
Musik: Fritz Baltruweit
aus: Liederzünden, 2007
alle Rechte im tvd-Verlag Düsseldorf